中国移民史

第六卷 上 清时期

葛剑雄 主编

曹树基 著

复旦大学出版社

目 录

第一章 清时期的社会和自然环境 ·················· 1
第一节 疆域和政区 ································ 1
　一 清代前期的边疆和政区 ···················· 1
　二 鸦片战争后的领土危机 ···················· 5
　三 清时期的省级政区 ························ 7
第二节 政治和经济 ································ 7
　一 皇权的加强与崩溃 ························ 7
　二 经济的发展和新经济因素的出现 ············ 9
第三节 人口与社会 ································ 11
　一 社会动乱 ································ 11
　二 人口数量 ································ 13
第四节 气候与环境的演变 ·························· 16
　一 气候的变迁 ······························ 16
　二 环境的变迁 ······························ 16
　三 自然灾害 ································ 18

第二章 清兵入关和满族迁移 ······················ 20
第一节 明代末年东北地区的人口迁移 ················ 20
　一 女真对辽东的征服和汉人迁移 ·············· 20

	二	八旗对辽东以外明朝人口的掠夺	23
	三	辽东的汉人外迁	24
	四	满族人口和入关满族	26
第二节	满洲八旗的分布		27
	一	北京	28
	二	畿辅	34
	三	直省	36
	四	新疆	38
	五	东北	40
第三节	满洲八旗的生计		42
	一	圈地运动	42
	二	八旗兵饷与八旗生计	50
第四节	满族与汉族的融合		53
	一	汉族文化对满族的影响	54
	二	满族人口的汉化	55

第三章　西南移民潮：湖广填四川　61

第一节	明末清初的人口背景		62
	一	川东地区	63
	二	川中地区	64
	三	川西地区	65
	四	对战后人口的估计	67
第二节	湖广填四川		69
	一	移民政策的演变	69
	二	移民的迁入	73
第三节	移民的分布		77
	一	川东地区	77
	二	川中地区	78
	三	川西地区	80
第四节	对移民人口的估计		81

		一 清代四川人口	82
		二 移民人口的估算	85
		三 不同原籍的移民数量	87
	第五节	移民与区域社会	91
		一 人口增长与人口危机	91
		二 移民氏族与移民会馆	94
		三 移民与经济的增长	98

第四章	**西南移民潮：陕南、湘鄂西、黔、滇地区**	106
第一节	移民入陕南	106
	一 移民政策的变化	107
	二 移民分布	109
	三 移民数量和原籍	112
	四 移民活动与环境变迁	116
第二节	移民湘西和鄂西	124
	一 移民背景："改土归流"	124
	二 移民的迁入	125
	三 移民人口的估测	128
	四 汉苗冲突与移民垦殖	131
第三节	贵州	135
	一 改土归流后的军屯	135
	二 客民的迁入与分布	138
第四节	云南	145
	一 移民的迁入和分布	145
	二 移民人口的测算	149
第五节	川西地区	152

第五章	**东南棚民与客家：江西南部和中部**	154
第一节	赣南山区	154
	一 宁都直隶州	155

二　赣州府 ……………………………………………… 160
　　三　南安府 ……………………………………………… 167
第二节　赣中地区 ………………………………………………… 174
　　一　建昌府 ……………………………………………… 174
　　二　吉安府 ……………………………………………… 175
第三节　土客冲突与融合 ………………………………………… 183
　　一　赣南客家的形成 …………………………………… 183
　　二　土客冲突与融合 …………………………………… 186
第四节　客家移民的生产活动 …………………………………… 190
　　一　经济作物的种植 …………………………………… 190
　　二　经济林区的形成 …………………………………… 194

第六章　东南棚民与客家：江西北部 ……………………………… 196

第一节　赣西北地区 ……………………………………………… 196
　　一　明末移民的迁入 …………………………………… 197
　　二　驱逐与招垦 ………………………………………… 199
　　三　移民分布 …………………………………………… 201
第二节　赣东北地区 ……………………………………………… 211
　　一　人口背景 …………………………………………… 212
　　二　贵溪与铅山 ………………………………………… 213
　　三　玉山与上饶 ………………………………………… 215
第三节　土客冲突：棚籍之设与学额之争 ……………………… 221
　　一　棚籍的由来 ………………………………………… 221
　　二　棚民编籍 …………………………………………… 223
　　三　学额之争 …………………………………………… 225
第四节　棚民的生产 ……………………………………………… 230
　　一　经济作物的种植 …………………………………… 230
　　二　经济林的种植 ……………………………………… 234
　　三　造纸业的兴盛 ……………………………………… 235
　　四　番薯、玉米的种植 ………………………………… 236

第七章 东南棚民与客家：湘东、浙江和皖南 …… 238

第一节 湘东地区 …… 239
一 湘东南部 …… 239
二 湘东北部 …… 244

第二节 浙江 …… 250
一 移民的迁入及其分布 …… 251
二 移民人口的估算 …… 261
三 开玉环 …… 267

第三节 皖南棚民 …… 269

第四节 移民社会：宗族的重建 …… 270
一 宗族与氏族 …… 271
二 宗族的重建 …… 274
三 宗族与"会" …… 278

第八章 台湾的移民垦殖 …… 281

第一节 台湾地理和人口背景 …… 282
一 地理环境和土著居民 …… 282
二 清领台湾以前的移民 …… 283

第二节 从移民偷渡到政府招垦 …… 288

第三节 移民人口及其原籍分布 …… 292
一 移民人口的估测 …… 292
二 移民的原籍分布 …… 294

第四节 移民对台湾各地的垦殖 …… 296
一 嘉义地区的开发 …… 297
二 台中地区的开发 …… 300
三 台北地区的开发 …… 304
四 台南平原以南区域的开发 …… 307
五 台东地区的开发 …… 307

第五节 移民社会：分类械斗与社区整合 …… 309

	一	汉族与土著民族	309
	二	汉族移民之间	311
第六节		移民拓垦过程中的经营形态	316
	一	土地经营形态与垦号的性质	316
	二	土地所有权制度与佃农的身份	328

第九章 岭南的客家移民 … 331

第一节		广东	332
	一	移民背景：迁海与复界	332
	二	客家人的迁入与分布	335
	三	土客械斗和客家人的再迁移	349
第二节		广西	352
	一	平乐府	353
	二	浔州府	356
	三	郁林州和梧州府	358
	四	其他地区	360
	五	太平天国与客家外迁	363

第十章 太平天国战后的移民 … 365

第一节		战争中的人口流动	365
第二节		苏南地区	367
	一	战争与人口死亡	367
	二	战前战后的人口估测	374
	三	移民垦荒	377
	四	移民人口的数量估测	380
第三节		浙江	384
	一	战争与人口死亡	384
	二	移民垦荒与移民人口的估计	387
第四节		安徽	399
	一	战争与人口损失	399

二　移民分布 …… 401
第五节　小结 …… 413

第十一章　北方地区的移民　415

第一节　清代前期的北方关外移民 …… 416
　一　封禁和招垦 …… 416
　二　移民的迁入和分布 …… 420
第二节　西北地区的屯垦 …… 431
　一　关西地区 …… 431
　二　新疆地区 …… 433
第三节　清代后期的移民和放垦 …… 435
　一　奉天地区 …… 436
　二　吉林和黑龙江 …… 439
　三　热河地区 …… 441
　四　绥远、察哈尔地区 …… 442

第十二章　海外移民　445

第一节　海外移民的历史追溯 …… 446
　一　第一阶段：秦汉至隋时期 …… 446
　二　第二阶段：唐宋元明时期 …… 447
　三　第三阶段：明后期至清中期 …… 449
第二节　近代海外移民 …… 450
　一　大规模海外移民的历史背景 …… 450
　二　移民高潮的形成："苦力贸易" …… 453
　三　移民规模和移民流向 …… 460
　四　移民方式和移民动因 …… 464
第三节　海外移民对移民迁出地的影响 …… 468
　一　移民对迁出地人口的影响 …… 468
　二　移民对移民迁出地经济的影响 …… 470
　三　移民对移民迁出地社会的影响 …… 471

第十三章　民族人口迁移 ... 472

第一节　少数民族的迁移 ... 473
    一　土尔扈特蒙古的回归 ... 473
    二　陕甘回民起义后的回民迁移 ... 476
    三　西北其他少数民族的迁移 ... 480
    四　东北地区朝鲜族的迁入 ... 487
    五　南方少数民族的迁移 ... 488

第二节　西方传教士的活动 ... 490
    一　清代前期的传教士活动 ... 490
    二　清后期至民国年间的传教士 ... 494

第三节　殖民者与殖民地 ... 496
    一　澳门：从居留地到殖民地 ... 496
    二　香港的割让 ... 499
    三　各通商口岸租界地 ... 500
    四　中东(南满)铁路附属地的移民 ... 504

第十四章　城市化移民 ... 507

第一节　有关定义和研究方法 ... 508
    一　城市的定义 ... 508
    二　研究的方法 ... 512

第二节　中国城市的兴衰 ... 513
    一　1843—1893年的中国城市 ... 513
    二　1895—1953年的中国城市 ... 521
    三　对城镇移民人口的总估计 ... 526

第三节　城镇人口的由来 ... 528
    一　上海 ... 529
    二　天津 ... 531
    三　武汉 ... 532
    四　北京 ... 533

第十五章　移民与近代中国 …… 534
第一节　移民时间和空间的比较 …… 535
　　一　历次移民的比较 …… 535
　　二　移民与区域重建和边疆开拓 …… 538
　　三　移民输出区的人口分析 …… 541
第二节　移民人口与移民社会 …… 543
　　一　移民人口的增长 …… 543
　　二　从移民到土著：与台湾的比较 …… 550
　　三　移民社会的性质 …… 554

参考文献 …… 561

卷后记 …… 592

再版卷后记 …… 600

表目

表1-1　清代1700—1850年间人口的增长 …… 14
表2-1　京师满洲八旗佐领的设置（不含包衣佐领） …… 30
表2-2　畿辅地区的八旗驻防 …… 34
表2-3　直省八旗的驻防 …… 36
表2-4　新疆地区八旗驻防情况 …… 39
表2-5　东北地区八旗驻防情况 …… 40
表2-6　顺治年间(1644—1661年)八旗圈占土地一览 …… 44
表2-7　八旗宗室的标准占地情况一览 …… 47
表2-8　清代中期以前的八旗兵饷 …… 50
表3-1　云阳、南溪、合州、简阳、井研五县清代氏族迁入时间 …… 76
表3-2　1653—1953年四川人口的变动 …… 84
表3-3　云阳、南溪、合州、简阳、井研的土著和移民氏族 …… 86

表 3-4	乾隆四十一年(1776年)四川分区人口的测算	88
表 3-5	乾隆十八年至二十年(1753—1755年)四川移民分省籍户数	88
表 3-6	四川清代五县迁入移民氏族的原籍分布	89
表 3-7	乾隆四十一年(1776年)四川各区移民分原籍人口	90
表 3-8	清代四川外省会馆的分布	97
表 4-1	清代陕西省商州地区的人口变动	113
表 4-2	清代陕西省山阳县的人口变动	113
表 4-3	乾隆二十五年(1760年)湖南省永顺府属四县分类户口	128
表 4-4	清代湖南省永绥厅各类户口的变动	129
表 4-5	贵州苗疆六厅的军人与军屯	136
表 4-6	道光初年贵州各府客民分布	144
表 4-7	嘉庆、道光年间云南若干地区的移民人口估测	149
表 5-1	江西省瑞金县自然村建村情况及所含人口	157
表 5-2	江西省兴国县自然村建村情况及所含人口	161
表 5-3	江西省赣县自然村建村时代与原籍	164
表 5-4	江西省于都县自然村建村时代与原籍	166
表 5-5	江西省南康县自然村建村时代与原籍	168
表 5-6	江西省大余县自然村建村时代与原籍	169
表 5-7	江西省上犹县自然村建村情况及所含人口	171
表 5-8	江西省崇义县自然村建村情况及所含人口	172
表 5-9	江西省广昌县自然村建村时代与原籍	174
表 5-10	江西省遂川县自然村建村时代与原籍	177
表 5-11	江西省泰和县自然村建村时代与原籍	180
表 5-12	江西省永丰县南部山区自然村建村时代与原籍	182
表 5-13	洪武年间(1368—1398年)赣南各县人口的分布	185
表 6-1	袁州四县部分地区闽粤流民自然村建村时代	200
表 6-2	江西省万载县自然村建村时代与原籍	203
表 6-3	万载县客家氏族的原籍	203

表号	标题	页码
表 6-4	江西省修水县中南部地区自然村建村时代与原籍	206
表 6-5	江西省修水县北部自然村建村时代与原籍	207
表 6-6	江西省武宁县自然村建村时代与原籍	209
表 6-7	江西省奉新县自然村建村时代与原籍	210
表 6-8	追踪检索法统计所得奉新县客家移民村庄和人口的比例(%)	210
表 6-9	江西省贵溪县自然村建村时代与原籍	213
表 6-10	江西省铅山县自然村建村时代与原籍	214
表 6-11	江西省玉山县自然村建村时代与原籍	215
表 6-12	江西省上饶县自然村建村时代与原籍	217
表 6-13	玉山、弋阳、上饶三县闽籍移民原籍比较	218
表 7-1	湖南省汝城县氏族1931年所含人口	241
表 7-2	湖南省醴陵县氏族1948年所含人口	248
表 7-3	湖南省平江县氏族1947年所含人口	248
表 7-4	浙江省金华市原汤溪县境闽、赣籍自然村分布	255
表 7-5	浙江省江山县南部20个氏族的迁入时代和原籍	256
表 7-6	浙江省常山县自然村建村时代与原籍	258
表 7-7	浙江省青田县78个家族迁入时代与原籍	263
表 7-8	赣西北袁州府学前林氏各支派的祖籍地	272
表 7-9	浙赣地区20个移民宗族始建宗祠和始修族谱的时间	276
表 8-1	渡台始祖渡台时间统计	294
表 8-2	日据时期台湾各地汉人祖籍调查	295
表 8-3	康熙三十四、三十五年间(1695、1696年)诸罗县的九庄及其方位	298
表 8-4	清代台湾分类械斗的时间演变	312
表 8-5	清代台湾分类械斗的种类演变	314
表 8-6	清代台湾租种五甲土地佃户年收入结余	330
表 9-1	嘉庆年间(1796—1820年)新安县土客籍自然村分布	342
表 9-2	广西全州升平、恩德两区自然村(族)建村情况	361

表 10-1	太平天国前后江苏省人口的变动	381
表 10-2	1850—1953年广德县人口变动	402
表 10-3	安徽分府、州战前战后的人口变动	411
表 11-1	清代前期奉天、锦州两府人丁的增长	422
表 11-2	清代承德府属县人口变化	429
表 12-1	1801—1925年间中国海外移民数估计	460
表 12-2	1851—1875年中国海外移民的流向和流量	462
表 12-3	民国时期中国向海外移民的原因	467
表 12-4	中国近代华侨资本投资状况	470
表 13-1	陕甘回民起义失败后的回民安插	479
表 14-1	1843年与1893年中国各区域城市化水平比较	514
表 14-2	1900—1958年中国总人口与城镇人口统计	527
表 14-3	旧上海"华界"上海籍人口与非上海籍人口	529
表 14-4	旧上海公共租界上海籍人口与非上海籍人口	529
表 14-5	旧上海"华界"非上海籍人口籍贯的构成	530
表 14-6	旧上海公共租界非上海籍人口籍贯构成	530
表 14-7	1947年天津市居民籍别统计	531
表 15-1	乾隆四十一年(1776年)中国各地的移民迁入	538
表 15-2	清代长沙、赣中两地区七氏族男性人口的增长	544
表 15-3	清代赣西北地区客家与土著男性人口的增长	545
表 15-4	清代浙江不同区域氏族男性人口的增长	547

图目

图 3-1	清代前期四川的移民迁入与分布(1776年)	91
图 4-1	清代中期陕南地区的移民迁入与分布(1823年)	116
图 4-2	清代前期西南地区的移民迁入与分布(1776年)	151
图 6-1	清代前期江西及湘东地区的移民迁入与分布(1776年)	220
图 7-1	清代前期浙江的移民迁入与分布(1776年)	268

图 8-1　清代台湾的移民开拓示意图 …………………………… 308
图 9-1　清代岭南地区客家人的迁移与分布 …………………… 364
图 10-1　太平天国战后苏、浙、皖三省移民的迁徙与分布
　　　　（1889 年）………………………………………………… 413
图 11-1　清代前期北方地区的移民迁入与分布（1776 年）……… 430
图 15-1　清代湘、赣地区若干氏族人口增长率变动 …………… 546
图 15-2　清代浙江各类地形氏族人口增长率变动……………… 548

第一章

清时期的社会和自然环境

第一节 疆域和政区

一 清代前期的边疆和政区

清朝建立以后,经过康熙、雍正和乾隆三朝(1662—1795 年),首先平定"三藩之乱",削平镇守云南、福建和广东三地的地方割据势力,接着又开始平定边疆民族地区的叛乱和割据,多民族的统一国家得到了巩固和发展。

1. 东北地区

明代前期,奴尔干都司辖地北逾外兴安岭到鄂霍次克海以北地区。虽然在名义上,奴尔干都司所辖地方属于明朝,但实际上,明朝对这一广阔区域从未实施过有效的行政管理。明朝在东北的实际边界局限在辽东一线。

随着满族贵族的入主中原,这一区域就自然而然地成为中原王朝辖区的一部分。清政府将辽东划为盛京将军辖区,其建制略同于内地省,亦设府、厅、州、县;在辽河及苏巴尔哈河以东为奉天府,以西为锦州府。奉天府(治今辽宁省沈阳市)为奉天将军驻所,辖辽阳、复州(今辽宁省瓦房店市地)二州,开原、铁岭等八县及新民、昌图等四厅。锦州府(治今辽宁省锦州市)辖宁远(治今兴城市)、义州(治今义县)二州。州、厅、县之下,辖有城、堡、驿、站、屯、营、铺、寨。府、厅、州、县之外,设有副都统、协领、城守尉、防守尉各级驻防。由于辽东地区存在行政区划的基础,清朝很容易建立行政辖区;为加强对辽东军事重地的镇守,另设军事系列予以管理。同样,州、厅、县以下的政区也带有浓厚的军事管辖的色彩。

辽东以北则设吉林、黑龙江两将军辖区,以副都统辖区作为二级政区,协领、城守尉为三级政区。吉林将军驻所于吉林(今长春市),其下分设吉林、宁古塔(治今黑龙江省宁安市)、三姓(治今黑龙江省依兰县)、阿勒楚喀(治今黑龙江省哈尔滨市阿城区)、白都纳(治今吉林省扶余市)五副都统辖区。黑龙江将军驻所在齐齐哈尔,其下分设齐齐哈尔、黑龙江(爱珲,今黑河市爱辉区)、墨尔根(治今黑龙江省嫩江市)三副都统辖区,另在呼伦布雨尔(今内蒙古呼伦贝尔市海拉尔区)设有副都统领衔的呼伦贝尔总管辖区。管辖范围北达外兴安岭以南包括库页岛在内的广大区域。这一区域人口稀少,且居民主要为满族及其他少数民族,又是满族发祥的龙兴之地,因此,清政府的管理兼有军事、民政合一的特点。

明代后期,沙皇俄国越过乌拉尔山,迅速向东扩张,占据西伯利亚地区。清代初年沙俄开始深入外兴安岭以至黑龙江流域,强占尼布楚、雅克萨等地,并一度武装侵入松花江。清政府在雅克萨大败俄军,康熙二十八年(1689年),中俄签订《尼布楚条约》,从法律上确定了中俄两国的东段边界,以额尔古纳河、格尔必齐河和外兴安岭为界,黑龙江以北,外兴安岭以南和乌苏里江以东的广大地区,包括库页岛均为中国领土。乌第河以南地保留为待议地区。

2. 内、外蒙古

漠南蒙古清时称为内蒙古。在清兵入关前,满族贵族已经成功地控制了内蒙古各部,清朝建立后,清廷在内蒙古六盟(哲里木盟、昭乌达盟、卓索图盟、锡林郭勒盟、乌兰察布盟和伊克昭盟)及套西二旗(阿拉善、额济纳)实行蒙古盟旗制,设札萨克进行管理;旗上设盟,盟长官由旗长官推举;盟长官的任命权在清政府,享有自治权;在察哈尔和归化土默特,则实行满洲八旗制,由都统进行管理。

漠北喀尔喀蒙古和漠西厄鲁特蒙古,清时称为外蒙古,在清军入关前后曾遣使向清朝入贡。康熙二十七年(1688年),厄鲁特蒙古准噶尔部进袭漠北,迫使喀尔喀蒙古南迁,又追袭至内蒙古。康熙帝三次亲征,平定了准噶尔叛乱,划阿尔泰山以西、以北的科布多地区和唐努山以北的唐努乌梁海地区,给厄鲁特蒙古为牧地。喀尔喀蒙古仍回到漠北原居住地。清政府设乌里雅苏台定边左副将军和科布多参赞大臣,进行统一管理。

沙俄占领西伯利亚后,将势力伸展到柏海尔湖(今贝加尔湖)一带,对外蒙诸部的牧地进行逐步蚕食。雍正五年(1727年)中俄签订《布连斯奇条约》,确定中俄两国边界,外蒙古的北疆退至萨彦岭及色楞格河中游的恰克图以南。

3. 新疆

清代初年,天山以南由察合台后裔——已经维吾尔化的蒙古贵族"回部"——所统治。康熙十七年(1678年),准噶尔部发动对天山以南维吾尔族的进攻,击溃南疆回部政权,奴役天山南北的各个部族。乾隆二十年(1755年),清军大举进攻,平定准噶尔贵族的叛乱,四年后又平定南疆维吾尔贵族大、小和卓的叛乱。就在这一年,西域称为"新疆"[1]。此后,清政府于乌鲁木齐设都统一员,伊犁(今霍城县)、塔尔巴哈台(今塔城)、喀什噶尔(今喀什)各设参赞大臣一员,统辖全境驻防官兵,合称"四大镇"。另在巴里坤和哈密等处设办事领队大臣,统辖县、营各级文武职官。复设伊犁将军总理全疆的军政边防事务。

---

[1]《清高宗实录》卷601。

4. 青海

在青海游牧的青海厄鲁特蒙古和硕特部，清初接受清政府的封号。康熙年间准噶尔部吞并了和硕特部，和硕特部的首领发动叛乱进犯西宁。雍正元年（1723年），清兵平定叛乱，改西宁卫为西宁府，设立青海办事大臣，加强了对青海的统治。

5. 西藏

西藏在明代属于乌思藏、朵甘二都指挥使司辖地，与明朝关系属于羁縻的性质，类似于明政府在东北所设奴尔干都司。清初仍承袭明代原有的政治关系。康熙五十六年（1717年），西藏叛乱分子勾引准噶尔部入藏，三年后，清兵入藏，击败叛军，分兵驻藏。雍正四年（1726年），清政府置驻藏办事大臣于拉萨以资管理。乾隆十五年（1750年），藏王勾结准噶尔部叛军进行叛乱；清朝平定叛乱后废除藏王制，实行驻藏大臣、达赖、班禅"互参制"。清廷将西藏划分为卫（前藏，在中部拉萨一带）、藏（后藏，西部日喀则一带）、喀木（康，在东部察木多，即今昌都一带）、阿里（在西藏极西部至克什米尔东部一带）四部，总称西藏。各部之下，统辖营、城、呼图克图领地、部族及寺院。达赖及班禅喇嘛掌管西藏地区的政教。达赖掌全藏的政教，班禅仅辖后藏。乾隆五十八年，清政府正式颁布《钦定西藏章程》，对西藏政治、宗教制度做了全面改革；对驻藏大臣督办藏内事务，做了明确的规定。并将分理西藏政事的四噶布伦组成的噶厦，直接置于驻藏大臣的领导之下，表明清政府对西藏主权的确立。

6. 沿海岛屿

清初，郑成功率部于康熙元年（1662年）赶走了窃据台湾的荷兰殖民者，光复了台湾。康熙二十二年（1683年）清军进入台湾。次年清廷于台湾设府，在澎湖设巡检司，隶属福建省。

总之，清乾隆时期（1735—1795年）中国的疆域西达葱岭以西和巴尔喀什湖北岸及其西南，东到库页岛，北抵西伯利亚南部萨彦岭和外兴安岭，南至南海诸岛，我国领土辽阔的统一的多民族国家的疆域最后形成。

二 鸦片战争后的领土危机

中国疆域的巩固也存在一些不利的因素。有些边疆地区虽然在历史上早已是中原王朝的一部分,但在清朝统一之前已有相当长的分离时期。某些民族的首领曾经激烈反抗清朝,战争和镇压给他们留下的创伤难以在短时间内得到愈合。边疆地区远离政治、经济中心,大多路途遥远,在交通工具落后的条件下,要维持正常的联系有很大的困难。不少边远地区人口极少,存在大片的处女地和无人区,防守和管理都非常不便。更严重的威胁是,虎视眈眈的沙皇俄国已经越过西伯利亚,进入远东,随时准备攫取中国的领土;西方列强有的已经到达了中国的邻国,有的已经占有入侵中国的跳板,中国边疆面临被蚕食的危机。

1. 沙俄对东北领土的掠夺

中俄《尼布楚条约》订立后,俄国的势力不断向东扩张,大批俄国移民来到远东,到19世纪前期已经越过外兴安岭,到达中国黑龙江以北、乌苏里江以东的领土内。在清朝东北封禁的政策影响下,黑龙江和吉林两个将军辖区长期人烟稀少,兵力严重不足,很多地方仍是无人区。咸丰八年(1858年),沙俄趁英法联军攻占天津、威胁北京之际,进兵瑷珲(今黑龙江省黑河市爱辉区),胁迫黑龙江将军奕山签订《中俄瑷珲条约》;该条约规定除保留江东六十四屯为中国人民"永远居住"区并归中国政府管辖外,将黑龙江以北,外兴安岭以南约60万平方公里的中国领土全部划归沙俄。

《尼布楚条约》将两国边界最东段乌第河以南一块列为"待议地区",并没有划定归属,但是俄国势力进入后,不经过任何谈判就占据了这一地区。库页岛一向是中国的领土,岛上的土人每年过海到三姓衙门(今黑龙江依兰县)纳贡。清朝除接受土人的纳贡外,在岛上不事经营。乾隆年间,俄国和日本的势力进入该岛,清廷也一无所知。道光三十年(1850年),俄国单方面宣布库页岛为俄国领土;至1860年《中俄北京条约》规定岛上土人不再向清朝纳贡;实际上承认了俄国对该岛的吞并。

《中俄北京条约》还将《中俄瑷珲条约》中规定的中俄共管的乌苏里江以东的40万平方公里的土地划归俄国。到光绪二十六年(1900年),沙俄在参加八国联军攻陷北京的同时,屠杀江东六十四屯人民,夺取土地。

宣统三年(1911年),沙俄通过签订中俄《满洲里界约》,攫取了满洲里以北阿巴该图、苏克特伊和察罕敖拉地区。

2. 沙俄对西北领土的掠夺

19世纪前期,沙俄在占领哈萨克草原以后,开始向中国的巴尔喀什湖以东、以南地区逐步扩张。在完成对这一大片区域的事实上的占领以后,在《中俄北京条约》中,沙俄进一步将中国内湖斋桑泊、伊塞克湖强指为界湖。同治三年(1864年),沙俄迫使清政府签订《中俄勘分西北界约记》,正式割占了中国的巴尔喀什湖以东、以南44万多平方公里的领土。

同治十年(1871年),沙俄趁中亚浩罕阿古柏入侵新疆之机,占领伊犁九城。光绪四年(1878年)左宗棠收复新疆后,沙俄拒绝交还伊犁;七年签订《中俄伊犁条约》,沙俄才同意归还伊犁,却强行割去伊犁西部霍尔果斯以西的大片中国领土。以后又通过一系列条约,割占中国斋桑泊东南、霍尔果斯河以西、特穆尔图淖尔东南和阿克赛河源等处共7万多平方公里的土地。

光绪十八年(1892年)沙俄出兵帕米尔,再一次强占萨雷阔勒岭以西2万多平方公里的中国领土。

3. 其他殖民者对中国领土的掠夺

鸦片战争后,道光二十二年(1842年)中英签订《南京条约》,英国强行占领香港。第二次鸦片战争后,咸丰十年(1860年)中英订立《北京条约》,清政府又被迫割让九龙司。

光绪十三年(1887年),中葡签订《中葡条约》,葡萄牙强占了中国的澳门。

光绪二十一年(1895年),清政府在甲午战争失败后与日本订立《马关条约》,日本强占了台湾及澎湖列岛。

在西南边境，光绪十六年(1890年)，清政府与英国订立《藏印条约》，划定西藏与锡金边界，英国强行将热纳、隆吐山、咱利一带地方划归哲孟雄，并迫使清政府同意哲孟雄归英国保护。二十一年法国强占云南西双版纳的勐乌(今老挝孟乌怒)、乌得(今老挝孟乌再)等地。

三　清时期的省级政区

清初顺治时(1644—1661年)，仍沿袭明代布政使司的制度，仅改南直隶为江南省。康熙初恢复行省名称，但以十五省区划过大，影响政令的推行，于是分江南为江苏、安徽，分陕西为陕西、甘肃，分湖广为湖北、湖南。内地十八省的格局便从此确定下来。

光绪十年(1884年)，清政府将伊犁将军辖区改建为新疆省。次年，又将原属于福建省的台湾府改为台湾省。光绪三十三年(1897年)，因日俄战争后东北情况的日渐复杂，将原奉天、吉林、黑龙江三将军的统辖地区，分置奉天(盛京)、吉林、黑龙江三省，俗称东三省。

第二节

政治和经济

一　皇权的加强与崩溃

清朝的建立是边疆少数民族军事征服的胜利，反映在国家管理的体制上，不可避免地带上了若干民族政治的色彩。

清朝初年，中央行政机构如内阁、六部等都仿自明朝，组成这些机构的官员虽由满汉分任，但实权却在满官手中。权力最高的议政王大臣会议，由满族贵族所组成，汉人不得参预。雍正年间(1723—1735

年),清政府设军机处,处理全国的军政大事。军机处初设时仅仅是一个临时的班子,由满汉大臣共同组成,以后成为处理全国军政大事的常设机构。虽然军机处承担的是皇帝秘书的功能,裁决权在皇帝本人,但这一机构的设立却具有两个方面的意义:一是议政王大臣会议徒具空名,满族贵族的势力被大大削弱,皇帝的权力得到了加强;二是汉族知识分子进入了皇帝的决策机构,汉人在政治上的地位有所提高。

清初的地方行政组织沿袭于明代,只是在行省一级的官吏如布政使、按察使外,每省设有巡抚一人。巡抚是总揽一省军政、民政大权的最高官职。一省、二省或三省又设总督一人,主要负责辖区军政,兼及民政。清朝的督抚也是满汉分授,知府以下的官吏则全由汉人充任。

清朝政府对边疆地区采取了与内地不同的统治方法。在中央政府中,专设"理藩院"管辖少数民族地区的行政事务。理藩院的官吏由满人和蒙人担任,汉人不得介入。清朝政府还在蒙古、新疆等地设立将军掌边疆军政,又设大臣如参赞大臣、办事大臣,在西藏设驻藏大臣,他们与理藩院并无隶属关系,而是由皇帝特派,类似内地的督抚,直接听从皇帝的指挥。在各少数民族地区的地方行政机构中,具体负责地方行政事务的都是各族的上层统治者,但遇大事都必须与将军共同商议,其官职的任命由理藩院负责。在满族人发祥的东北地区,则设满族将军治理军政。中央行政的控制权已经深入到边区。在这种控制权被削弱之前,汉人向这些区域的迁移就不可能是大规模的。

清朝还通过与蒙古贵族保持世代的婚姻关系以笼络蒙古族的上层统治者。清朝赐给他们与满洲贵族同等的封爵及大量的俸银和俸缎,并经常予以特赏。对维吾尔族、藏族的上层统治者亦莫不如此。如乾隆年间班禅死于北京,乾隆为他修建"清净化域",又在承德修建了金碧辉煌的八大庙。通过上述各项措施,清朝有效地实施了对各少数民族的治理,奠定了中国多民族统一国家的基础。

清统治者长期禁止汉人与某些少数民族之间的通婚,如汉蒙之间、汉满之间的婚姻皆是不允许的。此外,清政府还建立严密的保甲法对人民实施控制,对汉族与各族人民之间的往来监视得尤为严厉。法律规定不许少数民族窝藏汉人,甚至不许汉族商人在少数民族村寨中留宿。在清代,人口的自由流动是不合法的,而民族区域之间的人口流动更是不合法的。

清朝对明朝以羁縻形式控制的西南苗疆展开了大规模的"改土归流",废除这一区域世袭的土司制度,改行中央政府任命的流官进行行政管理。这无疑加强了中央政府对边远地区的统治。同样,土司制度的废除使得汉人有可能迁入那些昔日被视为蛮荒之地的苗乡侗寨。

和明朝政府一样,清政府通过各种手段加强对人民的控制。清统治者在全国各地驻扎军队,其中主要是八旗军,其次为绿营。八旗分为满洲八旗、蒙古八旗和汉人八旗,其中以满洲八旗为主要。绿营兵则由汉人组成。八旗一半驻防于北京和京畿,一半驻防于全国各大中小城市。八旗以及绿营的分布,构成事实上的移民。

清朝中、前期的稳定和繁荣大约维持了一百多年,此即史书上所称的"康乾盛世"。嘉庆以后,随着帝国主义的入侵和不平等条约的签订,中国进入了半殖民地半封建社会。皇权受到了来自西方文明大国的挑战,同时也受到来自白莲教、太平天国等一系列人民起义的冲击。随着洋务运动的兴起,民族资本主义产生,民族资产阶级开始走上历史舞台。甲午战争以后,中国大资产阶级的势力迅速崛起,他们发起了声势浩大的维新变法运动。变法虽然失败,但皇权的危机并没有消除。资产阶级革命派走上历史舞台,他们成立政党,频频发动武装起义,最后以辛亥革命的成功推翻了帝制。其后虽屡经复辟与反复辟,但共和政治已成为不可阻挡的历史潮流。皇权的削弱和垮台,使得中国近代的人口迁移呈现与以前不同的风采。

二 经济的发展和新经济因素的出现

清朝入关后宣布以明代的一条鞭法征派赋役,并免除一切杂派和"三饷"。康熙五十一年(1712年)宣布以康熙五十年的全国丁额为准,以后额外添丁,不再多征。雍正时,清朝政府进一步采取"地丁合一""摊丁入亩"的办法,把康熙五十年的丁银平均摊入各地田赋银中,一体征收。从此以后,丁银就完全随粮起征,成为清朝划一的赋役制度。封建国家对农民的人身束缚大大削弱了,这实际上有利于人口的自由流动。

在清代前期,鉴于明清之际战争造成的破坏,四川以及其他地区出现大量无主荒地,清政府采取了鼓励移民垦荒的政策,招民开垦,因此而形成规模浩大的"湖广填四川"的移民运动。台湾的移民垦殖也在这一背景下展开。另外,对于东南丘陵山区的棚民垦荒,清政府也采取了较为积极的处理措施。移民垦荒增加了大量耕地,国家赋税得以增加。

各种新作物如玉米、番薯、花生、烟草、马铃薯等广泛传播,茶、茶油、苎麻和靛青等经济作物也得到广泛种植。由于新作物和经济作物的普遍种植,使得土地利用的范围更为扩大,大片丘陵乃至山地,甚至高寒山地都成为垦殖的对象。新作物的拓展在某种程度上来说,也是移民活动的结果。

税制的变革也促进了手工业的发展。康熙以后,清政府将工匠代役银并入田赋中征收,又废除匠籍制度,使得手工业者对封建国家的人身依附关系大为松弛。大的手工业产区形成,如长江三角洲地区的丝织和棉织业、江西景德镇的制瓷业、广东佛山的铸铁业、四川的煮盐业等等都有不同程度的发展。同时在更多的地区产生了更多的手工业部门,如南京、广州、佛山的丝织业,福建、佛山的棉纺织业,福建、云南的制茶业,新疆、云南、贵州、两广等地的矿冶业,台湾、江西、四川等地的蔗糖业,都在全国手工业中占据了非常重要的地位。

商品生产的发展促成了各地商业的繁荣。康乾时期,许多城市恢复了明代的繁荣,不少大城市如南京、广州、佛山、厦门和汉口,则较明代有了更大的发展。长江三角洲地区小城镇的发展更加迅速。西北各地也出现了一批商业城市,如库伦、乌鲁木齐、呼和浩特、张家口、多伦诺尔、西宁、伊犁、哈密等。

毫无疑问,手工业工人和商人的流动比一般的农民更频繁。大量手工业工人和商人在迁入地定居,也在事实上构成了移民。

在清代江南和广东的一部分地区,一种新的生产关系出现了。包买商通过借贷、预付原料、供应织机等等方式控制小生产者。在这些地区和相关行业中,手工业工人和小农逐渐地雇佣工人化,而包买商及手工工厂主则逐渐地资本家化。传统的观点认为,如果没有帝国主义的入侵,中国的资本主义萌芽会逐渐地成长,中国社会可能逐步过渡到资本主义。近年来新的观点则认为,在中国特有的社会及人口背景下,商品经济的发展并不一定会导致资本主义。

帝国主义列强的入侵促使中国一批官僚军阀兴建新式的军事工业。以后,他们又致力于民用工业,如从事纺织、轮船、采煤、电报等行业。一部分官僚、地主和商人也投资于此,形成民族工业的最初基础。甲午战争结束后,帝国主义获得了在中国开设工厂的特权,外国资本的大量输入,刺激了中国民族工业的发展。工业的发展导致了一批城市的兴起和繁荣。大批农民离开土地,进入城市,成为产业工人,形成中国工人阶级的庞大队伍。城市和工业的发展,给中国近代的人口迁移带来了深刻的影响。

第三节

人口与社会

一 社会动乱

明末清初的社会动乱和战争给人民带来深重的灾难,受害最深者当首推四川。张献忠与明朝军队的长期厮杀使得蜀中人口锐减,之后南明王朝的支持者又在四川组织力量抗击清军,四川几乎为之一空。清军入关后的大肆屠杀,使得北方大地"极目荒凉",百姓四处流亡。在南方,松江、漳州、广州、南昌等城市备受摧残,又有扬州十日、嘉定三屠,还有诸如江阴保卫战、赣州保卫战以及上犹保卫战等大大小小的战役,造成人口的大量死亡。四川和赣南等地日后成为移民的集聚地。

清政权稳定不久,原已降清的明将吴三桂、耿精忠和尚之信于康熙十二、十三年之交(1673—1674年)先后起兵反清,这就是所谓的"三藩之乱"。"三藩之乱"给南方各省带来巨大的损害。在湖南、江西的许多地方,因"三藩之乱"产生的无人区日后也成为移民垦殖的场所。

康、雍、乾时期清政府对西北地区的频繁用兵,准噶尔部与清军长期的厮杀,导致了西北地区人口的大量死亡。只是由于缺乏对西北少数民族的人口统计,人口死亡的确切数字不为人们所知。

为了隔离沿海人民与郑成功及其他反清力量的联系,清统治者颁布"迁海"令,强迫山东、浙江、福建、广东等省的沿海居民内迁,"凡三迁而界始定"。迁海不仅造成了沿海居民的流离失所,而且在复界后也为移民提供了新的移居地。广东沿海客家人的迁入就与此有关。

改土归流过程中朝廷对西南少数民族地区的大肆屠杀,造成大片人烟荒稀之地,汉族客民得以大量迁入。客民对土地的经营使得汉苗矛盾逐渐尖锐,湖南苗民提出"逐客民、复故地"的口号。从乾隆至道光年间,湘西及贵州地区相继爆发苗民起义。起义和镇压给当地的汉苗人口都带来重大的损失。

嘉庆元年(1796年)爆发的白莲教起义波及川、楚、陕、甘、豫五省,起义的队伍中既有秦巴山区的棚民,也有长江的盐户和船夫,还有川东的逃兵。湘西的苗民起义和川、楚地区的白莲教起义都是大量人口集聚的结果。大量的移民使得区域内部人口与土地的矛盾变得突出起来,失去土地和工作的贫民铤而走险,参加反抗政府的武装斗争。

道光三十年十二月初十,即1851年1月11日,洪秀全领导的拜上帝会在广西金田发动起义,建号太平天国。起义波及长江及黄河流域的许多省份,而对长江中下游地区的影响最为深远。战争导致了全国大约7 000万人口的死亡,人口死亡最多的省份是江苏、浙江、安徽和江西。

太平天国失败以后,北方的捻军继续坚持斗争;贵州的苗民、云南的回民和陕甘的回民相继起义。民众的起义和政府的镇压都对当地人口带来深刻的影响。战争将一些区域的人口扫荡一空,甚至将以前的移民史迹也扫荡一空,遂导致战后发生新的移民运动。

民国时期的历次国内战争,包括护国战争、北伐战争、蒋桂战争、中原战争、抗日战争和国共两党之间进行的历次战争,对中国社会和中国人口的影响也是深远的。

需要指出的是,还在太平天国革命发生之前,中国南方曾发生了一场新的战争。这场战争与上述历次国内战争具有不同的性质,这就是1840年爆发的中英鸦片战争。鸦片战争的规模并不算大,涉及的地域并不算广,死亡的人口也并不算多,但对中国社会的影响却是非常的深刻。战后一批不平等条约的签订标志着中国进入了半殖民地半封建的社会。

鸦片战争以后相继发生了一系列帝国主义侵华战争,如第二次鸦片战争、中法战争、中日甲午战争、八国联军的入侵以及民国时期的日军侵华战争,都表明帝国主义企图强行通过战争和征服将中国纳入世界资本主义的体系,暴露了帝国主义列强将中国沦为殖民地的罪恶阴谋和野心。帝国主义通过战争在中国获得的大大小小的殖民地,只不过是帝国主义势力大举入侵的前沿和阵地。西方列强诸国的殖民就在这一背景下展开。

二 人口数量[1]

在《中国移民史》第五卷《明时期》中,我们已经对明代的人口数做了详尽的论述。洪武二十六年(1393年),中国人口大约为7 000万,至万历中期,即1600年左右,中国人口约达1.8亿。这一数额并不包括不在户口统计之列的少数民族人口。

---

[1] 本节参见何炳棣:《1368—1953中国人口研究》,葛剑雄译,上海古籍出版社1989年版。葛剑雄:《中国人口发展史》,福建人民出版社1991年版。姜涛:《中国近代人口史》,浙江人民出版社1993年版。

万历中期以后,中国人口的发展进入了相对停滞期。从万历至崇祯,北方连年出现旱灾和蝗灾,南方的洪涝灾害也相当严重。长时期的饥荒改变了中国人口增长的趋势。这一时期鼠疫一次次肆虐华北数省,导致人口的大量减少。[1] 再加上明清之际长时间的战争,中国人口少于1.8亿了。

由于缺乏清代初年的人口数,我们并不知道明清之际中国人口的确切数量。何炳棣在《1368—1953中国人口研究》》一书中采用逆推的方法对清代初年的人口进行估计,其基本的思路如下:

> 乾隆四十四年到五十九年(1779—1794年)的官方人口数反映了人口的持续迅速增长,这些年间保甲人口登记体制得到改良,没有严重的地区性遗漏。这十五年的平均增长率是0.87%,则乾隆四十四年(1779年)至道光三十年(1850年)整个时期是0.63%,道光二年(1822年)至三十年(1850年)间是0.51%;这可与1800—1850年间工业化前的东欧人口0.771%的年平均增长率相比。假定康熙三十九年(1700年)或稍后中国人口为1.5亿左右,那么到乾隆四十四年(1779年)可能已增加到2.75亿,五十九年(1794年)为3.13亿。如果这样,在对人口增长提供了旷古无比有利的条件的一个世纪中,人口已不止翻了一番。[2]

葛剑雄根据这一推测列出表1-1。

表1-1 清代1700—1850年间人口的增长　　人口单位:亿

年　份	人口总数	年平均增长率(‰)
康熙三十九年(1700年)	1.50	—
乾隆四十四年(1779年)	2.75	7.7
乾隆五十九年(1794年)	3.13	8.7
道光二年(1822年)	3.73	6.3
道光三十年(1850年)	4.30	5.1

资料来源:葛剑雄:《中国人口发展史》,第246页。

---

1 曹树基:《鼠疫流行与华北社会的变迁(1580—1644年)》,《历史研究》1997年第1期。
2 何炳棣:《1368—1953中国人口研究》,第268页。

葛剑雄表述了他对何炳棣推论的基本看法：

> 何先生认为乾隆四十四年是比较准确的统计数开始的一年。从该年至道光三十年的各项数字和增长率都是建立在可靠的数量基础上的。而从乾隆三十九年回溯到康熙三十九年则是出于推算，估计的基础自然也是后阶段的实际增长率，即取了比较适中的7.7‰。虽然这一推算结果还无法找到其他核实的途径，但可以肯定要比以赋税单位"丁"为基础得出的结论可信得多。[1]

如果我们将康熙十二至十七年（1673—1678年）"三藩之乱"作为清初人口数量的最低点，再以7‰的人口年平均增长率往前回溯，至1676年，中国人口最低值仅为1.23亿。从1600年至1678年的近80年间，在灾荒、瘟疫和战争的交替作用下，中国人口损失了30%。

姜涛对明清之际人口谷底值的估计采用了更为粗略的做法。他根据雍正帝的观察，在明末清初的变乱中，"中国民人死亡过半"，因此估计"1650年前后中国人口大约为明代人口峰值的50%—60%，即在0.8亿—1.0亿左右"[2]。

道光三十年后爆发了太平天国起义，战争主要在长江中下游地区人口最密集的省份中进行。在持续14年的战争中一共损失了7 000万左右的人口，大约至清朝末年才恢复到战前的人口数。

---

[1] 葛剑雄：《中国人口发展史》，第245—246页。
[2] 姜涛：《中国近代人口史》，第25页。

第四节

气候与环境的演变

一 气候的变迁[1]

气候从 14 世纪开始转寒,至 17 世纪达到极点。这一冷期持续至 18 世纪初,贯穿整个顺治和康熙时期,其中特别是 17 世纪后半期最为寒冷,汉水曾五次结冰,太湖与淮河四次结冰,洞庭湖三次结冰,位置最偏南的鄱阳湖,康熙九年(1670 年)也结了冰。然而,17 世纪前期出现的黄河流域大旱和长江流域大涝,入清以后并不再持续。由于人口的大量减少,即使出现灾荒与歉收,也不可能造成明代末年那么大的社会动荡了。

19 世纪后半叶中国又开始进入一个新的冷期。在这次冷期中,汉水结冰四次,鄱阳湖三次,太湖两次,洞庭湖和淮河各一次。其间寒冷最显著的如咸丰九年(1859 年)六月的"青浦夜雪大寒,黄岩奇寒如冬,有衣裘者",咸丰十一年(1861 年)十二月"蒲圻大雪,平地深五六尺,冻毙人畜甚多,河水皆冰"[2]。这一寒冷期正当太平天国战争时期,战争与寒潮共同扫荡了长江中下游,使之成为当时中国人口减少最多的地区。

二 环境的变迁

清代以来是中国环境变化最为剧烈的时期。与以前的时代相比,

---

[1] 据中国科学院:《中国自然地理·历史自然地理》第二章,科学出版社 1982 年版。
[2] 《清史稿》卷 40《灾异志》。

清代的环境变化有其鲜明的时代特征。

如前所述,清代是中国人口总量迅速增加并不断创造有史以来人口峰值的时期。在当时的生产力水平下,人口过剩已是一个不争的事实。人口过剩的含义是,与相对稳定的土地及其他资源相比,人口的数量显然是过多了。换言之,人均占有的土地及其他资源的份额越来越少。为了生存的需要,人们开始了对土地、森林及其他资源的破坏性掠夺,由此而导致环境的急剧恶化。

为了满足造房、燃薪、制棺和日用的需要,清代的森林资源进入了一个急剧衰减的时期。大片的森林被砍伐,大片的禁山被开辟。更为严重的是,为了获得更多的农作物以满足日益增长的人口需求,大片的丘陵乃至山地被开垦成粮田,种上耐旱、耐瘠的玉米、番薯、马铃薯等新作物。尤其是玉米和马铃薯这两种作物,可以种在相当陡峭的山坡上,马铃薯所具有的耐寒性使得它能够适应海拔2 000米左右高寒山地的种植。在浙江、安徽、江西、湖北、陕西等地的一些山区,过度的山地垦殖使得童山濯濯,河溪断流。研究表明,"十九世纪陕南、鄂西、鄂北所有的方志都可以证实对原始森林的无情砍伐,在山坡上以竖行密集地、连续地种植玉米以及整个汉水流域日益严重的水土流失";从嘉庆元年(1796年)至宣统三年(1911年),汉水的洪水频率有明显的加大的迹象[1]。

实际上,不仅仅是汉水流域,整个长江流域都在吞咽环境破坏带来的苦果。长江干流的挟沙量明显增加,导致长江中的沙滩涨落频繁。然而,最为明显的还是长江中游洞庭湖和鄱阳湖水面的变化。清代道光以后,洞庭湖处于急速萎缩当中。萎缩的基本原因在于长江荆江段的南岸决口,大量荆江泥沙通过藕池、松滋等口输入洞庭湖,导致湖区北部的迅速淤滞。洞庭南区也因各支流带来的泥沙增多而淤积,开始出现大面积的围垦,湖面迅速缩小。这一淤塞过程直到今天仍在继续。又如鄱阳湖,清代后期以来鄱阳湖区在地质构造上,总的趋势由下沉转为上升。而以赣江为主的入湖诸水挟带泥沙不断淤积使湖

---

[1] 何炳棣:《1368—1953中国人口研究》,第227页。

底渐渐抬高,大量泥沙在鄱阳南湖河口堆积,发育成鸟足状三角洲。清代后期以来的围垦造田更加速了鄱阳湖萎缩的进程。长江流域环境的恶化,与清代山区的人口增长和流民垦山不能说没有直接的联系。

北方的情况原本没有南方那般糟糕,只是随着清代后期放垦的展开,大批无地农民涌入口外及内蒙古,导致了北方一些区域生态环境的恶化。以清代的围场为例,放垦前这里原本是一个树木参天、清流潺潺、野兽出没的皇家围猎之地,清末放垦以后,在不长的时间里,自然景观为之一变,树木被大量砍伐,土地被大片垦殖,土壤沙化日趋严重。今日的围场县生态系统已相当脆弱。

以善徙善决著称的黄河在清代咸丰年间经历了一次重要改道。咸丰五年(1855年),黄河在河南兰阳铜瓦厢决口,夺大清河道入渤海,从此结束了七百多年来由淮入海的历史。在决口以后的二十多年中洪水在鲁西南大地到处漫流,直至光绪初年才最后完成全线河堤,形成了今日的黄河下游河道。黄河改道所引起的人口流动至少表现在两个方面:新河道形成阶段对当地村庄、农田的破坏,势必引起人口的外流;废弃故道却又成为移民的集聚地。只是因为没有引发规模性的人口迁徙,本书不予专门的论述。同样,由于黄河泥沙大量输入河口,造成了黄河三角洲的迅速发育和生长。这类因河口陆地的扩张所造成的移民,一般都是由邻近县份的人口迁移所引起,依本书有关移民的定义,也不在详述之列。

三 自然灾害[1]

最后要提到的是清时期几次大的自然灾害对社会及环境带来的影响。康乾时期,政治的安定和气候的稳定之间呈现某种相关性。在长达一百多年的和平时代里,不曾出现大的旱灾和涝灾。清代后期,除了上述黄河改道之外,至少还有以下几次大的灾荒:咸丰年间波及

---

[1] 参见李文海等:《中国近代十大灾荒》,上海人民出版社1994年版。

广西、直隶、河南、山东、江苏、浙江、安徽、湖北、陕西、湖南等地的大蝗灾,历时七年,并与大旱相伴随。光绪初年发生于山西、河南、陕西、河北、山东以及苏北、皖北、陇东和川北等地的大旱灾,称为"丁戊奇荒",造成的饿殍就达千万人以上;当时的清朝官员称此灾为有清一代"二百三十余年来未见之惨凄、未闻之悲痛",是"古所仅见"的大灾荒。在人口大量死亡的同时,又有大批人口逃离家乡,还有一些人口,尤其是女性人口被贩卖他乡。在一些灾情严重的地区,灾后也有政府组织的客民迁入,在一些地区,赈灾机构有组织地将一些灾民迁往其他地区。然而,就总体而言,此类移民的数量不多,本书亦不予论述。

第二章

清兵入关和满族迁移

清朝的建立是满族对汉族军事征服的产物,它和中国历史上若干类似的政权一样,其建立本身就是一次周边少数民族向中原地区的移民。

第一节

明代末年东北地区的人口迁移[1]

一 女真对辽东的征服和汉人迁移

16 世纪后期,即明朝隆庆、万历间,女真建州部的社会生产力有

---

[1] 参见李洵、薛虹:《清代全史》第一卷(辽宁人民出版社 1991 年版)的有关章节。

了显著的提高。在建州部居住的费阿拉和赫图阿拉等地区,农业已经成为主要的生产部门,手工业也有很大的发展。与此相适应的是八旗制度的建立。在此之前,女真部落社会结构还是松散的氏族形态,随着建州女真势力的强大,努尔哈赤将本部和各部的壮丁组织起来,以三百丁为一牛录,五牛录为一甲喇(队),五甲喇为一固山(旗),共八固山。壮丁出则为兵,入则为民,无战耕猎,有战征调。出兵时,八固山各有不同的旗色,即黄、红、蓝、白、镶黄、镶红、镶蓝和镶白,所以八固山又叫八旗。

各旗的大小首领都是各部的氏族贵族,旗主则是努尔哈赤最亲近的家族。他们都拥有大量的土地、财富和奴隶,八旗的士兵出自各部的平民,他们有自己的耕地和牲畜,大多蓄有奴隶一二人或四五人。无论是八旗贵族还是士兵,奴隶都是他们重要的财富,奴隶的多少也就成为财富多少的标志。所以,通过战争掠夺财富和人口,便成为八旗将士进行战争的最强大的推动力。

万历四十四年(1616年),努尔哈赤在赫图阿拉建立了"后金"政权,作了皇帝,开始大举侵明。最初后金的进攻并不以占城掠地为目的,而是掠夺粮食和财物。如努尔哈赤攻掠抚顺等辽东边地后,俘获的人和牲畜分了五天五夜还没有分完。对于抵抗的军民,则一概屠杀。清河(今辽宁开原市西南)地破,五万军民全部被杀;铁岭城陷,城中男女大多被屠,只有一万余人成为俘虏。被俘者分给女真作为奴隶,有记载说:"国初时,俘掠辽沈之民,悉为满臣奴隶。"[1]

最初,后金在同明的战争中,攻下城池即杀尽抵抗者,收编投降者,分配俘虏,毁坏城池,然后将战俘和财物带回辽东边墙之外的老家。当攻下辽阳以后,情况发生了变化,努尔哈赤不再以攻掠,而是以占领明土作为自己的战略目标,所作一切都是为了建立后金在辽东占领区的统治和秩序。辽阳陷后,后金立即将自己的首都迁至此城,稍后又迁至沈阳,将女真八旗军户,迁来辽东各地驻防。天命六年(1621年)九月,大约有一万女真军丁被迁入辽东,安置在东起鞍山,

---

[1] 昭梿:《啸亭杂录》卷2。

西至海州(今海城市)、牛庄(今海城市西北)一线的各城堡中[1],一般为三分之一驻防,三分之二耕作[2]。次年,驻防点分布于辽河东岸各地,也包括辽南地方。

努尔哈赤进入辽阳后,首先迁徙辽阳城中的汉人,并剥夺其财产。最初是将汉人迁至辽阳北城居住,努尔哈赤和诸王公贵族、大臣和女真军户居住于南城。以后考虑到满汉同居一城并不安全,便将汉人全部迁入农村各地。天命六年六月,将辽东半岛东海岸的汉人内迁60里,自旅顺至金州(今大连市金州区)的居民尽收入城堡,接着又将金州、复州(今瓦房店市地)居民迁至海州。同年十一、十二月又强迁鸭绿江下游西岸凤凰城(今凤城市)、镇江(今丹东市东北)等十几个城堡的汉人至萨尔浒(今抚顺市东)、清河以北、三岔儿(今抚顺市北)以南和威远堡(今抚顺市北)、奉集堡(今沈阳市东南)等女真人居住的地区。这次大迁移的人口输出地西起辽河下游东岸的耀州(今大石桥市西北)和牛庄,东到鸭绿江西岸,南起旅顺、金州,北到海州,半个辽东的汉人都卷进了强制迁徙的行列。迁入地则包括沈阳南的奉集堡以北到铁岭,西起辽河沿,东到苏子河下游的辽东北部广大地区。

后金军队越过辽河夺取广宁城(今绥中县)后,迁徙河西各卫的汉人来广宁耕种;勉强维持了一年后,努尔哈赤将河西兵尽撤河东。这次迁徙,共将河西广宁五卫、义州二卫、锦州二卫等地的几万汉人强迁至河东的金、复、盖各州和沈阳、威宁营(今本溪市东北)、奉集堡以及岫岩(今岫岩县)、析木城(今海城市东南)、甜水站(今辽阳市东南)等地安置,并规定河西人和河东人"大家并于大户,小家并于小户,房同住,谷同吃,田同耕"[3],造成辽东的一次大混乱。

天命八年六月,后金又将辽南各地的剩余的汉人迁往耀州、海州、牛庄、鞍山(今鞍山市南)、穆家堡以西,授田安置。原先住在此地的女真人则北迁至辽河东岸沿边驻防或农耕。三次大迁徙给辽东汉人带来深重的苦难。

---

1 《满文老档》第27卷。
2 《满文老档》第35卷。
3 《满文老档》第38卷。

二 八旗对辽东以外明朝人口的掠夺

天聪六年（1632年）四月，皇太极率兵攻察哈尔，兼掠山西边境州县，俘获"人口、牲畜十万有余"[1]。天聪九年四月，多尔衮率兵进入山西州县，俘获人口、牲畜76 200余[2]。崇德元年（1636年）皇太极在沈阳改国号为清，开始对明境展开大规模进攻。计其规模大者，共有三次，每次均造成大批被俘人口的北移。

崇德元年（1636年），清军直入长城，过保定，至安州（今保定市东），沿途攻克定兴、房山、宝坻、文安、永清、漷县、迁安、雄县、定州、香河、顺义等州县，俘获人口、牲畜179 820[3]。这次战役前后只用了不到一个月的时间，清军东归时，驮载掠获人口牲畜财物的队伍，经四天才通过边口。

崇德三年，清军再次攻明，从迁安、丰润入关，至通州以西地区，绕过北京，南下涿州，向西穿行，分兵八路，于北京南部各县往来扫荡；又南下山东，攻下济南，大肆屠杀后，经天津卫东归。这次战役共俘获人口462 303人[4]。

崇德七年，清兵攻明，攻克山东兖州、直隶顺德和河间三府，大获全胜，次年的奏报称，俘获人民369 000名口[5]。

按照崇德七年三月皇太极的谕旨，"所获明国官民，不啻数百万"[6]，由于相当一部分"明国官民"是在辽东俘获的，对这批人口的安置当然也是在辽东本身，所以在计算移民人口时不加以考虑。据以上记载，除了辽东的官民外，从山西州县和河北、山东一带俘掠的人口数量达到百万以上。尽管可能存在某种程度的浮夸，但是这批人口的迁移对于补充辽东地区在战争中的人口损失是非常重要的。

---

1 《清太宗实录》卷12。
2 《清太宗实录》卷24。
3 《清太宗实录》卷31。
4 《清太宗实录》卷45。
5 《清太宗实录》卷64。
6 《清太宗实录》卷59。

三　辽东的汉人外迁

女真在辽东对汉人实施的迁移，仅仅是对未死于战火和未逃亡的汉人所实行的，实际上，大量的辽东汉人在明代末年的战乱中已经逃离了这一是非之地。还在萨尔浒战役之后，"河东士民谓辽必亡，纷纷夺门而逃也；文武官谓辽必亡，各私备马匹为走计也"[1]。金兵在辽东北部一带的大屠杀，更使辽民闻之丧胆，辽东、辽西之民狼奔豕突，有的逃入山海关内，有的逃入朝鲜，有的则渡海逃入胶东。自塔山（今葫芦岛市东北）至间阳（今锦州市东北）200余里，烟火断绝[2]。

在本书第五卷第六章的辽东一节中，我已经证明洪武年间的辽东人口约为50万。其中卫所军人和他们的家属约为40万人，辽东的土著民人，包括汉人、蒙古、女真和朝鲜等各种人口约为10万。明代中期以后，卫所军人大量脱籍，但人口的数量却并不因为军人的脱籍而减少。在第八章中，我还证明，明代中期又有相当数量的山东半岛居民浮海北上，成为辽东人，尽管他们中的大多数并未在辽东入籍。在不考虑明中期鲁人迁入的前提下，以年平均增长率为5‰的速度计算，至1620年，辽东人口可增至155万左右。假若将明中期的山东流入者以及他们的后裔人口和明末补充戍辽的将士考虑在内，1620年的辽东人口（不包括女真）约为300万。

在后金和清对明朝的战争中，辽东人口大量死亡或被俘。死亡者暂不论，俘获人数亦不详。从当时的记载看，辽东人口的大多数迁入口内，如天启时（1621—1627年），"分处辽人一万三千余户于顺天、永平、河间、保定，诏书褒美，遂用公帑六千买民田十二万亩，合闲田凡十八万亩，广募耕者"，至"广宁失守，辽人转徙入关者不下百万，宜招集津门，以无家之众，垦不耕之田便"[3]。

辽东人除了从山海关入口外，还有逃至朝鲜以及浮海进入山东

1　计六奇：《明季北略》卷1。
2　《明史》卷259《熊廷弼传》。
3　光绪《重修天津府志》卷28《舆地·屯田》。

半岛的。在辽人渡海南逃时,明政府曾组织船队接纳。势族刘国缙率领大批部众进入山东就是一例,刘氏曾"募辽兵一万七千四百余名,分发镇江、清河防守,一时逃散殆尽。金、复、海、盖四卫不守,金、复难民遂纷纷航海抵莱州暨潍县矣";刘国缙甚至为侨民"设金、复二卫学于潍,遂奠居焉"[1]。以刘氏所带兵士及家口计,人口就有八九万之众,再加上随行的普通百姓,人口就可能超过 10 万。此外,还有大批滞留于海岛的辽人,与迁入山东半岛的合计,至少有 20 万之众。迁入朝鲜的汉人也为数不少,有人估计可能达到数十万人[2]。

按照叶向高的说法,辽民避难入关者已达 200 多万[3]。明代末年的社会秩序已经崩坏,对移民的统计和安置并不是一件很容易的事,叶向高的数据从何得来,我们并不清楚。然据上列各方向的逃民数估计,明代末年辽人逃散者达到 200 万左右是完全可能的。

崇祯十六年(1643 年),吴三桂以 50 万众南迁入关[4]。辽东外迁的人口可能达到 250 万。

在明代后期辽东地区大约 300 万汉人中,有 250 万左右外迁了。另有一大批死于兵火或被满人掳为奴隶,所剩就是金兵占领区的汉人了。至清兵入关前,辽东的土著人口还有多少呢?杨伯馨在《沈故》中说:"盛京土著自开国以来,半隶汉军。"如下文所析,清兵入关之前,大约有汉军共 159 个佐领,每佐领编 200 丁,共有军人约 3.2 万,合家属约 15 万。据此匡算,清代初年辽东的土著人口大约只有 30 万了。

顺治年间(1644—1661 年)辽东的社会环境,肯定不利于汉族人口的增长,土著人口的数量只会减少而不可能增加。另外,在入关之前的战争中,清兵已经掠有百万人口进入辽东,但在战乱中到底有多少人能够生存下来,还不清楚。另外,这些被掠者大多是满族贵族的奴隶,他们其中有些可能随主人南下入关。虽然同时原处于辽东之外的八旗满人也有迁入辽东的,但人口不多,估计清代初年的辽东人口

---

1 民国《潍县志稿》卷 32《人物》。
2 陈仁锡:《无梦园集》卷 4。
3 叶向高:《条陈要务疏》,《明经世文编》卷 462。
4 彭孙贻:《山中闻见录》卷 3。

远不足100万人。这是清代移民发生前东北人口的基本状况,以后对辽东的移民垦殖就在这一背景下发生。

四 满族人口和入关满族

天聪元年(1627年),皇太极改建州为满洲,建州女真时代建立的八旗制度仍然存在。牛录是八旗的基层单位,由数目相近的人丁组成,如上所述,每旗下辖25个牛录,辖人丁7 500人。八旗共200个牛录,辖人丁约60 000人。

《满文老档·太祖》卷5记载建旗的第二年,即天命元年(1616年),努尔哈赤命令:"从每牛录派出制造独木舟各三人,共六百人去兀尔简的河源头密林中,造独木舟二百艘。"正好是200个牛录的编制。

到清兵入关之前,八旗下辖牛录总数已较初创时期有了很大的增长。入关前满洲八旗下编立的牛录有:镶黄旗31牛录,正黄旗29牛录,正白旗39牛录,正红旗31牛录,镶白旗36牛录,镶红旗32牛录,正蓝旗33牛录,镶蓝旗33牛录[1],共计264个牛录。另外有蒙古八旗牛录100余个,汉军八旗牛录159个。

除了上述属于国家所有的旗分牛录外,还有属于诸王公等私有的包衣牛录,即家内奴隶组成的牛录。据估计,入关前八旗共编立包衣牛录为64个左右[2],与满洲八旗合计共有牛录328个。

最初以300人编一牛录的做法后来稍有变化,每牛录编壮丁200名[3],如崇德六年(1641年)三月,明锦州外城守将蒙古人诺木齐、吴巴什率"蒙古男子一千五百七十三名、汉人一百三十九名"归降,编为九牛录[4],合计人口为1 712人,每牛录编入190.2人,与每牛录编壮丁200名的编制大体相符。到后来,如《圣武记》卷11中说:"每佐领壮丁百有五十",编丁数目更有减少。但是,这并不能说明入关以前编定

---

1 乾隆《八旗通志》卷3至卷10。
2 郭成康:《清初牛录的数目》,《清史研究通讯》1987年第1期。
3 嘉庆《八旗通志》旗分志。
4 《清太宗实录》卷55。

的满洲牛录也会发生编丁上的变化。因此,仍按每牛录编丁300计算,合计入关前夕的满洲八旗辖有人丁9.8万。壮丁仅指成年男子,并不等于全部的人口。以一丁带四口计,则有人口约40万。这大概就是入关前的满族人口数。

顺治元年(1644年),摄政王和硕睿亲王多尔衮率军攻明时,"统领满洲、蒙古兵三之二及汉军恭顺王等三王、续顺公兵"[1]入关作战。清代中期,东三省驻防兵共达"三万五千三百余人"[2];这一数据当然不全是入关前的留驻东北的军额,考虑到清兵入关后从东北调入关的八旗军士与新编入的军士两相抵消,这一军额距入关时驻守在东北的旗军总数可能相差不远。入关前的满洲八旗丁数已如上述,此外还有蒙古八旗牛录约百个左右。蒙古八旗编制的时间晚,丁数少,以平均每牛录辖丁200计算,合计辖有壮丁2万人。蒙古八旗与满洲八旗合计,则有壮丁12万;其中三分之一留守东北,有壮丁4万左右。这与《清史稿》的记载大体吻合。以同样的方法估算,迁入关内的满洲八旗壮丁约6.6万,合家属约有26万—27万(不包括家内奴隶)。如此众多的满人入关,构成大规模的民族人口迁移。

第二节

满洲八旗的分布

从清兵入关到平定"三藩"之乱,八旗将士几乎马不停蹄,连年征战。在清兵南下的征战中,虽然有"扬州十日""嘉定三屠"之类的屠城惨剧发生,但从另一方面看,汉人的拼死抵抗也造成了八旗将士的大量死亡。顺治十一年(1654年)靖南王耿继茂曾上疏就攻取广州城后纵兵掳掠一事辩解说:"前大兵抵广州,城中死拒,阅九月乃下,士卒餐

---

[1]《清世祖实录》卷4。
[2]《清史稿》卷130《兵志一·八旗》。

风宿雨,炮击锋伤,不知凡几。城下之日,即食肉寝皮,未足以泄其恨。"[1]企图以广州军民的顽强抵抗作为夺城后屠杀的辩词,由此可见战事的激烈和将士死亡的惨重。康熙间的平定"三藩"之役也是少有的残酷,以至于"禁旅南征,宿卫尽空,及察哈尔叛,诏选八旗家奴之健者,付图海北征"[2],正是"因京城八旗禁旅遣发过多,命调盛京兵一千至京,调乌喇兵七百赴盛京,命巴海派宁古塔兵镇守乌喇"[3]。从盛京调1 000兵马入北京,本不是什么重要的军事行动,只因八旗兵力严重不足,康熙帝捉襟见肘,不得不在盛京兵员调出后调乌喇兵补防盛京,又调宁古塔兵补防乌喇。由于满洲八旗是国家禁旅,所以,重大的军事行动几乎都需他们出征。如康熙五十六年(1717年)四川提督康泰奉命率兵出征策妄阿拉布坦,因扣发士兵军饷,引发士兵骚乱;事端平息后,调京城八旗前往支援。事后,康熙深有感触,认为凡地方有绿旗兵丁处不可无满洲兵。满洲兵纵至粮绝,艰难困迫,至死断无二心。若绿旗兵遇此,即怨忿作乱。康熙帝说:"康泰之事未起之前,朕竟若预知。"[4]事实上,战场上"八旗士卒多争先用命,效死疆场,故人丁稀少"[5]。京师附近,"八旗之故军士,葬地狭窄,坟墓累累"[6],就是明证。满洲八旗将士的人口在长年的征战中有相当数量的损耗。和平时期,清政府采取对满人优惠的政策,保证了满族人口较快的增长。

一 北京[7]

北京不仅是清代的都城,而且是满族入关后的主要聚居地。有清一代,关内满族人口的绝大多数居住在北京,并延续至今,形成十分独

---

1 《清世祖实录》卷76、84、90。
2 魏源:《圣武记》卷13。
3 《清圣祖实录》卷51。
4 《清圣祖实录》卷274。
5 昭梿:《啸亭杂录》卷1。
6 《清圣祖实录》卷72。
7 参见韩光辉:《清代京师八旗人丁的增长和地理迁移》,《历史地理》第六辑,上海人民出版社1988年版。

特的移民现象。

按照清代制度,八旗与各直省人丁分别编审,八旗人丁每三年编审一次,其丁档册籍也是分别管理的,有类于明代军卫人口的管理。今天,八旗丁档已不可见,关于八旗人口的推算仍通过对其佐领(顺治十七年以后将牛录改称佐领)的数目而求得。

从顺治至康熙,除东北地区外的各地八旗佐领都编于北京,驻于外地的八旗仍属于在京八旗佐领的编审。也就是说,外地驻防的八旗并没有独立的编制,他们不过是在京八旗的派出部分,各自的户籍编审属于北京的系列。如康熙二十三年(1684年)四月的一条记载就这样说:

> 嗣后除盛京、宁古塔不议外,江宁等各省驻防,凡有老病致仕退甲及已故官兵家口,俱令回京。所缺之兵,即于彼处顶缺披甲。如不得人,该将军申明原由咨部,自京补送,著为定例。……西安等各省驻防官兵,原非令其久住,若置立产业、坟茔,遂同土著,殊属不合。著该将军等严行禁止。[1]

由此可知,在清代前期,驻防各地的八旗是一支相当特殊的军队,他们由北京的总部派出,却不允许地著于驻防地,退伍、致仕以后都必须携家属返回北京。所谓"八旗禁旅"的意义即在于此。

1. 满人数量的变化

如前所述,入关的满族八旗壮丁大约为6.6万人。据《清史稿》,顺治二年(1645年),大约有4 000满、蒙兵士驻于江宁(今南京市)和西安两地。按照满、蒙八旗佐领的比例,其中约有3 300满人。留在北京的满洲八旗壮丁约6.3万人,合家属约有25万人。

入关后的八旗佐领数量有了迅速的增长,其原因有二:一是为了征战的需要,从外地调入部分兵员作为补充;一是由于八旗人口自然增长,政府增置佐领安置八旗子弟。其实更重要的原因则是佐领辖丁数的变化所致,即由佐领划小所导致。佐领数的变动可见表2-1。

---

1 《清圣祖实录》卷115。

表 2-1　京师满洲八旗佐领的设置(不含包衣佐领)

时　代	迁入佐领	增设佐领	累计数	增加比例(%)
入关前	—	—	264	—
顺治时期(1644—1661 年)	0	51.5	315.5	19.5
康熙前期(1662—1691 年)	44	252	611.5	93.8
康熙后期(1692—1722 年)	0	61.5	673	10.1
雍正时期(1723—1735 年)	0	5	678	0.7
乾隆时期(1736—1795 年)	1	2.5	681.5	0.5
嘉庆时期(1796—1820 年)	0	0	681.5	0

资料来源：据韩光辉《清代京师八旗人丁的增长与地理迁移》。
说　　明：关于入关前的牛录数，韩文统计为 307.5 个，比一般学者所得为多。 笔者统计数为 264 个。 在我看来，韩氏将一批顺治年间增设的佐领当作入关前设立的了，导致对入关前佐领数的高估及对顺治年间增设佐领数的低估。

从表 2-1 的统计来看，康熙前期是京师满洲八旗数量增加最快的时期。在这 30 年中，满洲八旗的数量几乎翻了一番。其中虽说有 44 个佐领从外地调入，但绝大多数的佐领都是由于满洲八旗的"人丁滋生"而分设的，即从老佐领的滋生余丁中挑选壮丁组成的。这种滋生在康熙年间一直在进行。雍正以后，随着开始实行诸如增加驻防、实行屯垦等疏散兵丁的措施，就很少为滋生人丁设置新的佐领了。

因滋生人丁而编制新的佐领一事与佐领编丁数的改变是联系在一起的。康熙时期，规定满洲、蒙古凡一佐领余丁多至百名以上者，可分作两佐领。康熙十三年(1674 年)又规定八旗每佐领编壮丁一百三四十名，余丁汇集，另编佐领[1]。从表 2-1 的统计看，至康熙后期，京师满洲八旗共有 673 个佐领。如果按照每佐领只编丁 135 名的规模推算，康熙中期的满族壮丁有 8.3 万人，康熙末期的满族壮丁合计有 9.1 万人，比入关前的满族壮丁有了较大的增加。

在康熙十三年八旗佐领的编制确定以后，随着人口的自然增殖，八旗正丁之外，出现大量的闲丁。康熙年间，京师"八旗生齿日繁，则马甲粮额有定，不以人众而增饷"，"一甲之丁，积久而为数十丁、数百

---

[1] 光绪《大清会典事例》卷 1120。

丁,非复一甲之粮所能赡"[1]。乾隆初年,京师八旗仅闲散丁壮就达数万人[2]。同时代的八旗佐领共达1368个,合计有壮丁共18.5万。若闲丁为5万,则占八旗人丁总数的21%。此时满洲八旗佐领占八旗佐领总数的52%,假定各类八旗闲丁的比例是大致相同的,其中满洲八旗闲丁有2.5万。

据表2-1,在康熙后三十年(1692—1722年)中满洲佐领增加了十分之一的数量,由于每佐领所含人丁的数量是相同的,就可算出这30年中人丁的年平均增长率约为3.2‰,增长的速度是不高的。其他因人口增殖产生的新的人丁被闲置了起来,未被编入佐领之中,在雍正时期不再增设新的佐领之后,这一现象就看得更加清楚。康熙末期,满洲八旗的人丁大约有近12万。按下文记载,从顺治至康熙末年,各省(含京畿地区)驻防八旗约有5.3万人,同时代满八旗佐领约占八旗佐领总数的52%,这5.3万人中,满洲壮丁应有2.7万。因此,北京满洲八旗共有壮丁约9万。

除了满洲八旗外,还有包衣佐领。已知入关前的包衣佐领共有64个,至康熙末年,已达149个。只是由于新设的包衣佐领中有大量投充的汉人,故无法推算其中的满族壮丁。考虑到包衣中满族人口的自然增长,设其人口增加50%,也有满人约3万左右。总之,康熙末年,北京城中居住的满洲壮丁约12万左右。以一丁带四口计,有满族人口约48万。

从顺治元年(1644年)至康熙末年(1722年)的79年中,北京城的满族人口从25万增加到48万,人口的年平均增长率约为8.3‰。若扣除其中外来人丁迁入的因素,人口的年平均增长率约为8‰。尽管满旗将士在战争中有所损耗,但如后文所述,在清代前期满旗人口在享有大量政府补贴和优惠政策的背景下,其人口的增长达到这一速度并不是不可能的。

2. 满人的居住地

清廷于顺治五年(1648年)下令圈占京师内城,除了投充旗下者

---

[1] 《圣武记》卷11、卷14。
[2] 舒赫德:《八旗开垦边地疏》,《皇清经世文编》卷35。

及衙署内居住之胥吏,寺庙中居住之僧道外,其他汉官、汉民尽迁南城[1]。同时还规定,八旗官员兵丁不许在京城外居住[2]。自此,北京内城便成为八旗兵丁及其家属的集中聚居区[3]。

具体地说,京师九门中除正阳门有巡捕营兵看守外,"其余崇文门等八门,于沿河空闲处修造房屋。于各满洲、蒙古、汉军三旗,派章京四员、骁骑校四员、马甲二百名,携家移住。盖给章京房屋每员八间,骁骑校每员五间,兵丁每名二间"[4]。按八旗佐领数量进行测算,八旗官兵大约占房达40万间。

随着八旗人口的自然增殖,京师内城的住房日趋紧张。清政府紧缩官兵住房面积,并在内城空地建房给无房兵丁居住。康熙三十四年(1695年)开始于内城八门外,每旗盖造住房2000间,共1.6万间,令旗下无房的穷乏兵丁8000名携家居住。康熙末年,因八旗兵丁增加,"住房更觉难容"[5],于是在近郊郑家庄建房1293间。雍正二年(1724年),在外城及圆明园造房1万余间,分驻八旗驻兵。到清代中期,在北京四郊造房累计达4.8万间,派驻官兵2.2万名[6]。由此,北京八旗的相当一部分已经转入郊区居住。

清政府对于满洲八旗的控制要比对汉军八旗及蒙古八旗严格得多。如康熙二十二年(1683年)规定,汉军文武官员有愿在外城居住者,准其居住。而满蒙告老告病官员才准居住外城[7]。满旗官兵也有擅自迁居城外的,如有满洲官兵400余户居于正阳城外,乾隆十八年(1753年)被责令迁回内城[8]。随着八旗人丁的继续增加,八旗生计也愈益窘迫,清代中期以后,满洲八旗必须居住内城的规定事实上已无法执行了。

3. 满人的外徙

满洲八旗闲散人丁的继续增加给政府财政造成巨大的压力,也

---

1 《清世祖实录》卷40。谈迁:《北游录·纪闻下》。
2 康熙《大清会典》卷81。
3 《清史稿》卷54。
4 乾隆《八旗通志》卷116《营建志五》。
5 光绪《顺天府志》京师志8。
6 韩光辉据嘉庆《八旗通志·营建志》等资料统计。
7 康熙《大清会典》卷81。
8 《清高宗实录》卷213。

给京城社会带来一系列的问题。雍正二年(1724年)开始,政府从八旗闲散丁壮中挑选养育兵,共5 120名,每人各给三两钱粮[1]。乾隆三年(1738年)和十八年又增养育兵共26 384名,至嘉庆十年(1805年)和十一年又增7 726名。历年合计共增养育兵39 230名,由国家财政拨款负担其生活。

乾隆七、八年间,为解决八旗闲散人丁增加的问题,开始在八旗中实施出旗为民的政策。基本做法是,先将京城八旗汉军人员"所有愿改归民籍与原移居外省者","俱限一年内具呈本管官查奏"[2];后将这一政策推行至地方,地方汉军所出之缺,即将京城满洲兵派往顶补[3]。这一措施为北京满旗的闲散壮丁找到了一条谋生之路。

乾隆年间政府还规定,八旗的另记档案人员,即先世为八旗奴仆,后来因积功取得正身旗人身份的旗人,"俱准出旗为民"[4]。以后又规定不食钱粮的闲散人员,"即令出旗"。这样就使得八旗闲散人员的数量大为减少,国家则得以减轻日趋沉重的财政负担。

乾隆五年(1740年),清廷派大学士查郎阿等东行出关,相度地势。查郎阿等次年回报,拉林、阿勒楚喀(今黑龙江哈尔滨市阿城区)一带地方适于垦种[5]。再次年,清廷派出京城满旗闲散余丁前往,为移住京旗每户垦田三顷,建房三间。两年以后,移京师满旗1 000户前往。乾隆十七年(1752年)还规定,移垦人员需带家属。至乾隆二十一年,陆续从北京迁出的满人达3 000户[6]。数年以后,这一区域"驻扎满洲日多,居民日密,商贩牲畜,不期而集"[7]。乾隆年间移北京城的满旗闲丁往东北开垦,是自清兵入关以来满族人口第一次大规模地移回原籍。

---

[1] 光绪《大清会典事例》卷1121。
[2] 《清高宗实录》卷164。
[3] 《清高宗实录》卷459。
[4] 《清高宗实录》卷506。
[5] 《清高宗实录》卷153。
[6] 《清高宗实录》卷504。
[7] 《清高宗实录》卷615。

至道光年间,又迁北京满旗1 000户于双城堡(今黑龙江哈尔滨市双城区)[1]。此前还有一些零散的迁移满人之事,累计自乾隆以降从北京迁出的满人不足5 000户。对于北京城中数十万满人而言,外迁的数量是不多的。

除北京外,八旗将士还在各地驻防。北京以外的八旗驻防可以分为四类,曰畿辅、曰东三省、曰直省、曰新疆[2]。兹分别述之。

二 畿辅

河北地区是京畿重地,顺治七年派八旗兵驻防京师附近之顺义、昌平、三河、潮县、良乡、固安、采育(今北京市大兴区南)、东安等处,每处满洲章京二、蒙古章京一,每处牛录兵四名[3]。从驻防之初的情形来看,清代初年各点所驻将士不多,仅数人而已。以后,各县驻军人数有所增加,达到大约每县(点)50名甲兵的规模。

畿辅地区驻防旗兵的分布如表2-2。

表2-2 畿辅地区的八旗驻防

地名	驻防时间	甲兵	地名	驻防时间	甲兵
顺义县	顺治七年(1650年)	50	张家口	康熙三十二年(1693年)	1 020
三河县	顺治六年(1649年)	50	古北口	顺治三年(1646年)	200
宝坻县	康熙十二年(1673年)	50	千家店	康熙五十年(1711年)	40
采育里	顺治二年(1645年)	50	热河	雍正元年(1723年)	1 760
霸州	康熙十二年(1673年)	50	昌平州	顺治七年(1650年)	50
玉田县	康熙十二年(1673年)	50	良乡县	顺治八年(1651年)	50
雄县	康熙十二年(1673年)	50	固安县	顺治七年(1650年)	50
天津府	雍正四年(1726年)	2 000*	东安县	顺治六年(1649年)	50
山海关	顺治初年	700*	永平府	康熙三十四年(1696年)	100

1 《清宣宗实录》卷153。
2 《清史稿》卷130《兵志一·八旗》。
3 《清世祖实录》卷47。

续 表

地名	驻防时间	甲兵	地名	驻防时间	甲兵
保定府	顺治六年(1649年)		喜峰口	顺治二年(1645年)	100
沧 州	顺治五年(1648年)	311	独石口	顺治初年	100
密 云	乾隆四十五年(1780年)	2 000*	冷 口	康熙九年(1670年)	38
罗文峪		40	围 场		800

资料来源：乾隆《八旗通志》卷117《营建志六》各省驻防二。

说　　明：带*据《清史稿》卷130《兵志一·八旗》。

在乾隆《八旗通志》中，天津府(治今天津市)、保定府(治今河北保定市)和山海关三地的驻兵情况不详。按营房的间数进行推算，一般一个士兵有营房二间，则天津府的驻兵有营房4 000间，驻防兵丁应有2 000名左右；查《清史稿》中的记载果然如是。保定府有营房339间，则可能有兵丁160人左右。合而计之，畿辅地区的驻兵约为9 900人，设其中52％为满洲八旗，则有满兵5 000人，与家属合计约有2万人口。

据表2-2，在畿辅地区的25个八旗驻防地中，以天津府、热河(今承德市)、张家口、围场和山海关五地最为重要，驻兵从700人至2 000人不等。仔细分析，这五地都是清朝的边防重镇或其他重地，如天津为北京之门户，这2 000兵丁皆为天津水师；热河为皇室行宫之所在；张家口是清廷镇守蒙古草原的重要据点；围场则是清朝皇室的围猎之所，也是八旗子弟的演兵处；山海关的地位虽然不如明朝时重要，却仍然是清政府扼守关内人口流入关外的重要关卡。这其中的一些驻防之地，最初的地位并不重要，设兵也少，如康熙年间张家口只设兵丁160名，乾隆七年和二十四年两次增兵使其兵丁匠役达到1 000余人。围场的情况也是如此，最初设防时只有兵丁数十人，以后从北京调入520名兵丁，加上从本地招入的200名，合计兵丁数达到800名之多。另外，驻防兵丁最多的密云，设防时间最晚，迟至乾隆后期才设兵驻守，显然是乾隆帝为加强北京城的北部防御而考虑的。

至于畿辅地区其他20个较小的驻兵点，有的本身是县城，有的则是地理位置相对重要的关隘,虽然驻兵不多,却形成了满族人口的聚居点,对于满族人口的分布,具有一定的意义。

三 直省

《清世祖实录》卷20记载八旗对各直省的驻军始于顺治二年,因"土贼窃发",著八旗兵驻防直隶顺德府(治今邢台市)、山东济南府、德州、临清州、江北徐州府(治今江苏徐州市)、山西潞安府(治今长治市)、平阳府(治今临汾市)、蒲州府(治今永济市)八处。每处驻兵600名,设协领一,满洲章京四,蒙古、汉军章京各二。这一年又设江宁驻防将军,由梅勒章京(副都统)二人协助之,设八旗兵2 000名[1]。以后的八旗驻防有了很大的变化。

直省的八旗驻防情况见表2-3。

表2-3 直省八旗的驻防

地 名	设置时间	兵 丁	地 名	设置时间	兵 丁
江 宁	顺治二年(1645年)	6 000	京 口	顺治十六年(1659年)	1 000
西 安	顺治二年(1645年)	7 700	太 原	顺治六年(1649年)	764
德 州	顺治十一年(1654年)	400*	杭 州	顺治十五年(1658年)	7 200
宁 夏	康熙十五年(1676年)	2 000*	福 州	康熙十九年(1680年)	2 258**
广 州	康熙二十年(1681年)	2 900	荆 州	康熙二十二年(1683年)	4 400
山西右卫	康熙三十二年(1693年)	1 060	开 封	康熙三十六年(1697年)	760***
成 都	康熙六十年(1721年)	2 400*	乍 浦	雍正六年(1728年)	1 600***
青 州	雍正七年(1729年)	2 000	潼 关	雍正五年(1727年)	1 000***
凉 州	雍正十三年(1735年)	2 000	庄 浪	雍正十三年(1735年)	2 400
绥 远	乾隆二年(1737年)	2 400	热 河	乾隆二年(1737年)	1 000

资料来源:《清史稿》卷130《兵志一·八旗》。

注: *据乾隆《八旗通志》各地营房数推测,每兵用房2间。

 **乾隆《八旗通志》记福州府马兵、步兵共1 758名,《清史稿》记福州水师兵500名。

 ***据乾隆《八旗通志》。

---

[1] 《清朝文献通考》卷185。

对各驻防地兵丁人数进行累加,至乾隆二年,各直省驻兵数为51 242人。

从驻防地的分布来看,在20个驻防点中,以西安、杭州、江宁三地最为重要,三地的驻防兵丁都在6 000人以上。其次则为荆州、广州、成都、绥远、庄浪(今甘肃永登县)、福州等地。西安是西北地区的重镇,加强防守是理所当然的。新疆平叛结束以后,西安成为向新疆各地输送兵员的大本营。江宁为明代两京之一,其政治地位之重要不言而喻。何以杭州在清代八旗的驻防体系中充当了如此重要的角色,则难以理解。至于广州、福州、成都等地,因其为各地之省会,加强驻防很有必要。荆州是华中地区的中心城市,所以成为重要的军事戍所。绥远和庄浪地处民族混居的边境地带,在军事上具有重要的意义,如庄浪在明代就是重要的军卫驻地。

上述各省八旗将士的驻军之处多构成与北京内城相似的"满城"。乾隆《八旗通志》中对各地满城有详细的记载,如潼关满城,新建于潼关城外,"东至潼关城一里许,周围四百九十二丈二尺","城中留十字大街,东西设街道八条,八旗甲兵住于城中",城中有各种衙署和兵营2 000多间。又如太原满城,于旧城中建城,"分府城西南隅为满城,东北二方设立栅栏,关门为界,南北长二百六十丈,东西阔一百六十一丈七尺",城不算大,却是城中之城;除衙署外,另有营房898间。西安满城也是城中之城,规模随着兵员的增加而不断扩大,最初"自府城北门起,南至城中钟楼止,自钟楼起,东至东门止,修筑界墙,驻扎官兵。南北长一千二十八步,东西长一千二百步",因规模太小,"将城内东南隅余地修筑界墙,自南界墙中,咸宁县东边起,至府城南墙止,南北长四百六十步,东西宽五百十三步,将南界旧址拆毁,合为满城一座",城中有衙署和兵营一万多间。杭州满城建筑在靠近大运河和西湖西北部的地方,呈长方形,周长约九里,城中有一条水道与西湖相连以运输给养。再如德州,则干脆将城市一隅的民房征作军用,且没有围墙与民居相隔;福州和广州也类似。

最初的"满城"实际为"旗城",驻扎其中的不仅仅是满人,也有大批的汉军八旗和蒙古八旗。乾隆初年,北京的汉军八旗开始陆续改归民籍,乾隆十九年(1754年)谕将福州驻防八旗汉军人等"亦照京城汉军之例,各听其散处经营"[1],或改归绿营。七月以后,又扩大至京口、杭州、广州以及全国各地的驻防汉军。汉军所出之缺,即由京城满洲兵派往顶补,于是,各地"满城"的居民结构也就发生了变化。以西安为例,乾隆四十五年,"因汉军官兵全行改归绿营,将满城毁去一半,改如初设规制。……共空出衙署二百一十二所,其兵丁弓匠陆续移去五千名……共空出房八千间。又汉军出旗空房二千八百八十三间,嗣于四十四年、四十七年两次由京师移来官兵"。从下文中可知,西安的满洲八旗多调往新疆,在乾隆二十七年、三十年和三十八年,由西安迁往伊犁、惠宁和巴里坤等地的满人至少有3 000人以上,留下的多是汉军,汉军一出,满人所剩不多。京师满兵移入后,除占住部分汉军空出房屋外,还新盖房屋4 100间。此时的"满城"可以说是真正的满城了。

至乾隆四十五年,除广州驻防八旗尚为满汉参半,汉军只保留1 500人外,其余各直省的八旗汉军全部出旗为民。以杭州为例,清代前期人丁滋生,满城狭小不够居住,不少满人居于满城之外,直至汉军旗人出旗,城外的满人才全部搬入满城。

最初的规定是,各直省驻防的八旗不可以地著于驻防地,驻防官兵死后,其家属被遣返北京,沿途官吏须提供车马、安排食宿。乾隆二十一年以后,这一作法被取消了,死者家属一律留在驻防原地,买不起墓地的旗兵葬入旗人专用墓地,丧葬费由驻防承担。这实际上意味着驻防八旗的地著,即本地化。

四 新疆

满族八旗入驻新疆,是在清廷平定准噶尔部的叛乱之后。清政府在新疆广设城、营,驻扎八旗和绿营,并开展屯田,引发了满族人口向新疆的迁移。

---

[1]《清高宗实录》卷459。

八旗在新疆各地的驻防可见表2-4。

表2-4 新疆地区八旗驻防情况

地　名	设　置　时　间	兵丁(估计)	民族	来　源
伊犁	乾隆二十七年(1762年)	2000	满族	西安
宁远城	乾隆二十六年(1761年)			
惠远城	乾隆二十九年(1764年)	4500	满族	凉州、庄浪、热河
惠宁城	乾隆三十年(1765年)	2000	满族	西安
左营广仁城	乾隆四十五年(1780年)	700		
右营瞻德城	乾隆四十五年	700		
霍尔果斯营	乾隆四十五年	700		
巴燕岱营熙春城	乾隆四十五年	300		
塔尔奇营塔尔奇城	乾隆二十六年(1761年)	200		
乌鲁木齐	乾隆三十八年(1773年)	3300		
古城	乾隆四十年(1775年)	1000	满族	巴里坤
吐鲁番	乾隆四十五年(1780年)	500		
巴里坤	乾隆三十八年(1773年)	1000	满族	西安、宁夏
塔尔巴尔台	乾隆三十年(1765年)	100	满族	
乌什	乾隆三十一年(1766年)	20	满族	
阿克苏	乾隆三十一年	50	满族	
叶尔羌	乾隆二十四年(1759年)	80		
喀什噶尔	乾隆二十七年(1762年)	40		
英吉沙尔	乾隆二十七年	10		

资料来源：乾隆《八旗通志》卷118《营建志七》。

尽管表2-4中的估计可能存在一些误差，但可以肯定地说，按照乾隆《八旗通志》的记载，乾隆年间，八旗驻防于新疆各地的兵丁大约为2万人，只是这一数据与《清史稿》所载有些出入。

以伊犁驻兵为例，按《清史稿》，乾隆二十五年阿桂率满洲索伦骁骑500人、绿营兵100人、回人200人在伊犁驻城屯垦，以后陆续增调屯田兵至2500人。两年以后，"以凉州、庄浪驻防兵五千并户口移驻伊犁"。又"以察哈尔移驻兵一千八百户"及"以黑龙江移驻户千"，"又拨锡伯兵、热河满、蒙兵各一千及达什达瓦厄鲁特兵五百,俱携眷驻伊犁,定马兵,永远驻守"。虽然《八旗通志》在惠宁城条下说明该城是"给西安移驻伊犁官兵居住"的,但与伊犁驻防的其他2 000兵员合计仍只不过4 000人而已。而在《清史稿》中,一次从凉州、庄浪调出的兵丁就有5 000户。在表2-3中,已知凉州和庄浪的驻军为4 400人,该地兵员全部调往伊犁,可以号称5 000户,实际则可能不足。从伊犁兵员的分析中可以得出结论,即所谓从西安及凉州、庄浪等地迁入伊犁的,可能是指伊犁地区,它包括了新疆的大部分地区。

从表2-4中可见,清代新疆驻军是分北区、东区和南区戍守的。北区是新疆的中心,由伊犁将军直接管辖,兵员约13 000人。东区由乌鲁木齐的都统管辖,有兵员数千,其中以古城和巴里坤两地最为重要,各驻满兵1 000名。南区则不同于东区和北区,没有常驻军,大部分驻军是来自其他两区的换防兵。他们三年或五年一换,不得携眷前往。旗人和绿营兵驻防在喀什噶尔、叶尔羌、英吉沙尔和乌什吐鲁番。至于库车等地则是绿营兵的驻防地,不在本节的论述之中。

五 东北

《清史稿·兵志一》说:"东三省驻防兵制,共驻四十四所,兵三万五千三百余人。"按照乾隆《八旗通志》的记载,东北地区的驻防地只有32所,各所的驻防人数不详,营房的记载也多有遗漏,难于进行精确的分析。

东北地区各八旗驻防地及营房间数如表2-5。

表2-5 东北地区八旗驻防情况

地 名	驻 防 时 间	营房(间)
盛京将军辖:		
奉天府	天聪六年(1632年)	3 636
辽 阳	—	90
盖 州	—	48
广宁县	—	—

续 表

地　　名	驻 防 时 间	营房(间)
开原县	康熙十八年(1679年)	54
海　城	—	—
小凌河	—	4
金　州	—	—
熊　岳	—	245
旅顺口	康熙五十五年(1716年)	1 204
兴　京	清太宗时	80
牛　庄	天聪六年(1632年)	—
凤凰城	康熙二十六年(1687年)	220
义　州	—	80
铁岭县	康熙二十九年(1690年)	—
锦州府	—	—
宁　远	—	—
金州水师	康熙五十四年(1715年)	1 344
岫　岩	康熙二十六年(1687年)	220
吉林将军辖:		
吉林乌喇	康熙十三年(1674年)	316
白都纳	康熙三十二年(1693年)	—
珲　春	—	—
拉　林	—	—
宁古塔	康熙五年(1666年)	—
三　姓	康熙五十四年(1715年)	—
阿尔楚	雍正五年(1727年)	—
黑龙江将军辖:		
黑龙江	康熙二十三年(1684年)	—
呼　兰	—	1 000
呼伦贝尔	雍正年间	—
墨尔根	康熙二十五年(1686年)	—
齐齐哈尔	康熙三十年(1691年)	—
科布多	乾隆二十九年(1764年)	185

资料来源: 乾隆《八旗通志》卷116《营建志五》。

在这 32 个八旗驻防点中,只有少数几个建于清兵入关之前,大多数设于康熙年间。这就意味着,在清兵入关驻防各地的同时,东北地区的驻防也在进行,满族对东北的移民也在同时进行。只是与关内相比,满族人口迁移的距离要短得多。

关于各地驻军的数量,《清史稿》中只有笼统的说明,如"乾隆十一年改奉天将军为镇守盛京将军,盛京各额兵都一万五千有奇"。关于黑龙江的驻军,同书的记载有分项说明,前锋共 146 人,领催 748 人,马甲 9 213 人,诸匠 152 人,养育兵共 800 人。其中的养育兵显然不是清初的编制。吉林各地兵的记载多不确切,合计有兵丁约 9 200 人左右。三地总计为 3.5 万兵丁。除吉林外,无各地驻军的详细记载。

第三节

满洲八旗的生计

以征服者身份入关的满族移民,是一种特殊的移民。他们既是政治上的统治者,又是军事上的征服者。清初圈地,就是与这种移民过程相配合的对京畿地区汉族土地的强制性剥夺,即是在军事行动支持下赤裸裸的土地掠夺。

一 圈地运动

1. 圈地过程

后金军队在进入辽东以后,就曾实施过大规模的圈地运动。天命六年(1621 年)七月,"圈占海州地方十万日(按:晌),辽东地方二十万日,共计三十万日之田地"[1] 给八旗将士。这三十万日土地相当于辽

---

[1] 《满文老档》卷第 24 卷。

东都司所辖二十五卫登录土地的一半[1]，可见圈占的规模之大，范围之广。清兵入关的当年，即顺治元年十二月，清廷下令圈地。上谕户部曰：

> 我朝建都燕京，期于久远，凡近京各州县民人无主荒田及明国皇亲、驸马、公侯、伯、太监等死于寇乱者，无主田地甚多，尔部可概行清查。若本主尚存，或本主已死而子弟存者，量口给与。其余田地尽行分给东来诸王、勋臣、兵丁人等。此非利其地土，良以东来诸王、勋臣、兵丁人等无处安置，故不得不如此区画。然此等地土，若满汉错处，必争夺不止，可令各府州县乡村，满汉分居，各理疆界，以杜异日争端。今年从东先来诸王、各官、兵丁及见在京各部院衙门官员，俱著先拨给田园，其后到者，再酌量照前与之。[2]

实际上，圈地的对象并不完全对着"无主荒地"以及明朝的皇亲、贵族和太监们所拥有的土地。谕文中关于"满汉分居"的规定，事实上已使"圈地"的对象从明朝的皇亲、贵族扩大到一般的普通百姓。两个月后，顺治帝传谕各州县："凡民间房产有为满洲圈占、兑换他处者，俱视其田产美恶速行补给，务令均平。"[3] 这说明在"满汉分居"的借口下，普通百姓的土地、房屋都成了圈占的对象。虽然有关于兑换、补给的规定，但在多大程度上能够实行，却是令人怀疑的。这与清廷将北京内城划为八旗驻地并且无偿占有内城民房的做法是相同的。

顺治二年（1645年）九月，清廷又下令圈地，将河间、滦州、遵化等京南、京东各府州县凡"无主之地"，查明给与八旗，故明勋戚太监之地除照家口发给外，其余给八旗[4]。

顺治四年一月，又再次下令圈地，理由是，因去年八旗所圈占之田地中薄地甚多，今年新从东来者尚无地分给，决定将近京之府州县土地，不论有主无主，全行圈占，以调换去年所圈之薄地，并分给八旗之

---

1 李洵、薛虹：《清代全史》第一卷，第161页。
2 《清世祖实录》卷12。
3 《清世祖实录》卷14。
4 《清世祖实录》卷20。

新来者[1]。这一做法实际上是"满汉分居"政策的逻辑结果。因为,八旗辖丁编入了军队系列,除了驻扎在京畿地区若干个驻防点外,绝大部分八旗兵丁都驻扎在北京内城中,不可能与汉人混居。所以,对"满汉分居"的规定的理解事实上成为从地理上划分满汉土地的政策依据。

顺治年间各县被圈占的土地如表2-6。

表2-6 顺治年间(1644—1661年)八旗圈占土地一览

地　点	数量(晌)	地　点	数量(晌)
顺义、怀柔、密云、平谷	60 705	雄县、大城、新县	49 115
容城、任丘	35 051	河间府	201 539
昌平、良乡、房山、易州	59 860	安肃、满城	35 900
完县、清苑	45 100	通州、三河、蓟州、遵化	110 228
霸州、新城、潮县、武清、东安、高阳、庆都、固安、安州、永清、沧州	192 519	涿州、涞水、定兴、保定、文安	101 490
		宝坻、香河、滦州、乐亭	102 200

资料来源:《清世祖实录》卷30。

大量圈地的结果导致京畿地区农民的流离失所。顺治四年三月,清廷下令停止圈地,并作出如下解释与规定:

> 满洲从前在盛京时,原有田地耕种,凡赡养家口,以及行军之需,皆从此出。数年以来,圈拨田屋,实出于万不得已,非以扰累吾民也。今闻被圈之民,流离失所,煽惑讹言,相从为盗,以致陷罪者多,深可怜悯。自今以后,民间田屋不得复行圈拨,著永行禁止。其先经被圈之家,著作速拨补。如该地方官怠玩,不为速补,重困吾民,听户部严察究处。[2]

此后,虽然不再见有大规模圈地的记载,但圈地仍在其他名义下进行。如顺治十七年(1660年)正月,户部奏镶白、正蓝二旗以南皮、交河、青县三县的土地不好,将"三处所居王下大庄子及诸臣庄子搬

---

1 《清世祖实录》卷30。
2 《清世祖实录》卷31。

移"，并奏请将投充英王阿济格下"新人"的房地拨换。议政王大臣会议奏准后，户部提出将滦州、香河、宝坻、三河、玉田、丰润、乐亭、开平卫的田地拨给投充英王的人，共计 687 名投充人，拨地 142 291 晌，折合 85.4 万亩土地，平均每人带地 1 240 亩，投充到英王名下[1]。又如康熙三年一月甲戌，正黄旗副都统穆占奏称该旗壮丁 440 名地亩无法耕种，请予更换。当天即得旨，各旗村庄地亩不好者，壮丁百名以下者仍留住，百名以上者准其迁移。经户部查复，镶黄、正黄、正白、正红、镶蓝各旗壮丁 100 名以上地亩不好者共 26 450 名，应将顺天、保定、河间、永平等府属州县圈出地亩 132 250 晌，分给上述壮丁每人 5 晌，准其迁移。于是遣户部尚书、侍郎及更换地亩各旗之副都统前往办理[2]；更换的圈地达到 80 万亩之多。类似的置换圈地在康熙初年时有发生，如康熙五年（1666 年）十二月，从蓟州、遵化、迁安三处拨地补充镶黄旗圈地，又将玉田、丰润二处民地补给正白旗[3]。直至康熙八年六月戊寅，康熙帝下令永远停止圈地，谕称："比年以来，复将民间房地圈给旗下，以致民生失业，衣食无资，流离困苦，深为可悯。自后圈占民间房地，永行停止。其今年所已圈者，悉令还给民间，……至于旗人，无地亦难资生，应否以古北等口边外空地，拨给耕种，其令议政王贝勒大臣，确议以闻。"[4] 至此，入关八旗对京畿地区民田的大规模掠夺才基本结束。

光绪《顺天府志》卷 53《旗租》中记载了直隶一省中被圈占土地的数量，宗室庄田为 13 338.45 顷，官兵圈地为 140 128.71 顷，合计为 153 467.16 顷。嘉庆《八旗通志》卷 66 记载，在清初的圈地运动结束以后，八旗满洲、蒙古和汉军三次共分得旗地 2 335 477 晌零 9 亩，折算为 14 012 871 亩，即 14 万顷。王庆余《石渠余记》卷 4 记："各旗官兵分拨庄田以顷计者十四万九百有奇。"王庆云在《熙政纪要》卷 4《纪圈地》中说，八旗前后圈地共占耕地面积达 16.68 万顷。由此看来，在

---

1 明清档案部藏：《顺治题本》，顺治十七年正月二十一日，户部尚书噶达洪题：《为圈补土地事》。转引自杨学琛、周远廉：《清代八旗王公贵族兴衰史》，辽宁人民出版社 1986 年版，第 220—221 页。
2 《清圣祖实录》卷 11。
3 《清圣祖实录》卷 20。
4 《清圣祖实录》卷 30。

清代初期的直隶地区,八旗圈地的数量大约为 15 万顷是没有什么问题的。这一数字没有包括东北的旗地。

康熙二十四年(1685 年),直隶田地数为 54 万顷[1],这应当是纳税的民田,加上八旗圈地,直隶田地总数约为 69 万顷,圈地占 22%,即五分之一强。若考虑八旗王公贵族在规定之外多占土地的因素,则八旗圈地在直隶土地中所占比例还将增加。直隶各府中,顺天府旗地的比例当高于其他各府。

2. 土地分配[2]

圈地狂潮中获利最多的是满洲八旗,其中尤以满洲贵族得利为多。顺治二年规定,给诸王、贝勒、贝子、公等,大庄每所地 420 亩至 720 亩,半庄每所地 240 亩至 360 亩,园每所地 60 亩至 120 亩。三年后又规定,亲王给园 10 所,郡王 7 所,每所地 180 亩。仅园地一项亲王可获土地 1 800 亩,郡王可获 1 260 亩。加上庄地,亲王、郡王所获土地当是非常大的数量。

八旗贵族除分得庄园地外,还可"按丁给地"。顺治二年规定,王以下所属壮丁计每丁给地 36 亩,后改成每丁 30 亩。王以下所属壮丁,大多编入包衣佐领,如上所述,入关前八旗包衣佐领大约有 64 个,每个佐领辖丁 200 名,就有壮丁 12 800 名。每人圈地 30 亩,合计可得耕地 38 万亩,即 3 800 顷。还有若干附属于家主户下的包衣,也应计丁领地。王公庄园通过"按丁给地"获得了大量的土地。

除了按爵位和按丁给地外,各王公还利用逼民投充的方式攫取土地。顺治二年,清廷颁布诏谕说,被俘获的包衣人丁,其近支弟兄或无衣无食的贫民,可以投充旗下为奴。各王、公、贝勒、官将皆有定数,不能多收,更不能逼民投充。但实际上,大多数投充者人数远远超过额数。

如多尔衮家滥收投充人丁多达 1 400 多名[3],以每丁带地 30 亩计,就有土地 4 万亩。只是这个标准并不适合所有投充人的情况,如

---

1 《清朝文献通考》卷 2《田赋》。
2 参见杨学琛、周远廉:《清代八旗王公贵族兴衰史》。
3 《清世祖实录》卷 59。

多尔衮所收的投充人,并不是贫穷无地的贫民,而是"尽皆带有房地富厚有力之家"。上述英亲王阿济格的投充人,平均每丁带地十余顷,可见投充者所带土地之多了。其中如丰润县黄绍兴一人,强将他人田产并在己下,顺治四年,带地69顷投充英王阿济格[1]。

清代八旗宗室的标准占地可见表2-7。

表2-7 八旗宗室的标准占地情况一览

旗 名	整庄	半庄	园	半园	土地(顷)	分 布
镶黄旗	4	1	1	0	360.60	大兴、通州、武清、平谷、河间府
正黄旗	9	12	3	0	106.56	大兴、宛平、三河、宝坻、顺义、涿州、房山、保定、雄县、易州、任丘
正白旗	4	1	2	0	36.00	顺天、香河、通州、宝坻、房山、沙河
正红旗	145	3	50	11	1 244.16	顺天、宛平、昌平、涿州、文安、保定、定兴、涞水、辽阳、海城、盖平
镶白旗	184	5	28	0	1 717.14	京畿大兴、宛平等25县及辽阳、海城、盖平、铁岭、山海关等地
镶红旗	303	23	110	2	2 630.01	大兴、宛平等15县及张家口外
正蓝旗	610	151	176	19	5 313.24	大兴、宛平等29县及承德、辽阳、开原、锦州等7县
镶蓝旗	240	63	105	2	2 254.70	大兴、宛平等11县及辽阳、海城等5县
合 计	1 499	259	475	34	13 662.41	

资料来源:《清朝文献通考》卷5。

按照每庄地570亩、半庄地300亩、园180亩、半园90亩的规模计算,八旗庄园共可拥有土地10 207顷,再加上八旗包衣应有土地3 800顷左右,合计约为14 000顷,与表2-7中八旗庄园土地总数相当接近。可见,《清朝文献通考》中记载的各旗庄园田亩数是按制度确定的。但是,这仅仅是一个基本配置,即八旗实际占有土地数的最低

---

1 明清档案部藏《顺治揭帖》,黄国兴题《为斯君误国事》。转引自杨学琛、周远廉:《清代八旗王公贵族兴衰史》,第220页。

数额，八旗王公的土地扩张就是在这一庄园的基础上进行的。从庄园分布的情况看，京畿地区已经成为王公贵族圈占土地的重点，其次为辽东，仅有个别庄园分布在张家口外的地方，王公贵族的土地扩张也有突破这一区域的趋势。

据杨学琛和周远廉根据清末王庄的地亩清册所作研究，清代末年王公贵族的土地数量和分布都与清初大不相同。如庄亲王的土地占有情况是：延庆、宝坻、昌平、武清、永清、固安、霸州、涿州、良乡、房山、通县、大兴、宛平、迁安、滦州、安州、沧州、肃宁、安肃、雄县、河间、新城共22个州县中有地78 000余亩，在张家口、承德等处有地4 000余亩，在独石口有地71 000余亩，在山西省马厂有地324 000余亩，在辽宁九县有地70 000余亩，共有地55万余亩，即5 500余顷。庄亲王府属镶红旗，清初圈地范围未包括上列之武清、固安、良乡、迁安、安州、安肃、雄县及独石口、承德等地；清初规定各旗不能越旗垦种或买卖土地的规定显然被打破了。庄亲王在独石口、承德、山西开垦的土地系清代中后期所为，是旗地扩张的结果。另外，如表2-7所见，八旗王公的庄园在辽宁地方的并不很多，但根据清末的调查，辽宁省的王公庄地有几百万亩。据此可知，至清代末年，八旗王公、贵族的庄园土地远远超过了清初政府规定的数额。

王公贵族的大庄园一般设立庄头进行管理，稍小的贵族和军官也同样可以设立旗庄进行统一的管理。有时候一个拥有多丁的家庭和家族也可以合成一个小小的庄园。清代京畿地区"旗庄林立"，但八旗丁口并不居住于旗庄，只是委托庄头管理而已。对于丁口较少的家庭和单丁家庭而言，壮丁在京城居住，不仅不可能耕种这些土地，就是连收租也还有个时间和交通成本的问题。正如记载所说："身在京城，不能自种；有限之地，不可以设庄头；差人讨租，往返盘费，所得租银，随手花销，实无管业之方。"[1] 顺治二年圈地时已经注意到远地和近地的置换，如这一年的十二月辛丑，户部查得如"满城、庆都等二十四州县，尚有无主荒地，若拨给旗下，则去京渐远，兵民杂处，多有未便。议

---

[1] 孙嘉淦：《八旗公产疏》，《皇朝经世文编》卷35。

将易州等县有主田地酌量给兵,而以满城等处无主田地就近给民,庶几两利"[1]。对于北京城驻守的旗丁而言,易州虽然比满城和庆都要近30—50公里,但离京城的距离仍有50公里之遥,管理上的不便和高成本是显而易见的。因此,人口较少的旗丁对圈地并不感兴趣。顺治十一年(1654年)间,都察院左都御史屠赖、赵开心等言,满洲兵丁虽有分地,因兵丁出征,壮丁随往,土地往往空闲,一遇旱涝又需户部供给口粮,决定将壮丁四名以下之兵丁土地尽数退出,将地换给原得瘠地者,其余退还民间。退地之兵,增加钱粮月米[2]。四丁以上的兵丁家族可以将土地联合起来设庄经营,联片土地可达100亩,单位土地的管理成本要比单丁土地低得多。这样,一些八旗兵丁愿意放弃土地而多领兵饷和兵粮了。

据嘉庆《八旗通志》卷73的记载,顺治二年(1645年)上谕户、兵二部,直隶顺德府,山东济南府、德州、临清州,江北徐州,山西潞安府、平阳府、蒲州八处驻满兵者,给以无主房地,其余明公、侯、伯、驸马、太监地,察明量给原主外,余给满洲兵丁。该书卷72记载,江宁驻防旗员,给园地10晌至30晌不等,西安驻防旗员给园地15晌至40晌不等。顺治七年全国驻防八旗才有统一的标准,规定各省八旗"驻防官员量给园地,甲兵壮丁每名给地五晌",只有杭州驻兵例外。与京师相比,京城以外驻防兵员少,所分旗地相对集中,路程也较近,旗丁对旗地的耕种和管理不应存在太多的困难。

除了因管理困难而放弃土地的以外,康熙中期以后,一些旗人因生计问题,开始将土地大量典卖与民[3];至乾隆初年,畿辅旗地典卖与民者已达半数[4]。雍正年间,政府用国库银两回赎民典旗地,并勒令原业主取赎,或卖给旗人。乾隆年间,清政府先后多次大规模回赎民典旗地,有数可查的共赎回土地2万余顷。赎回土地之大部为原主赎回,有些被其他官兵所买,剩下的部分收归国有。对于大部分旗丁而

---

1 《清世祖实录》卷22。
2 《清朝文献通考》卷5。
3 赫泰:《筹八旗恒产疏》,《皇清奏议》卷45。
4 赫泰:《复原产筹新垦疏》,《皇朝经世文编》卷35。

言,他们的生活实际是靠薪饷来维持的,并不靠土地。从顺治中期开始,政府就用薪饷而不是用土地来维持其军队了。

二 八旗兵饷与八旗生计

拥有大片土地的王公贵族不用考虑他们的生计,他们通过庄园所获,可以过着优裕的生活。一般的旗丁生活虽无法与王公贵族们相比,但在清代初年,他们的生活较之其他人口,显然要好得多。

八旗兵丁是职业兵。按照清代制度,八旗子弟除了通过科举进入仕途外,其他能够选择的职业只能是充当八旗兵。顺治年间,连年征战使八旗子弟视当兵为畏途,多希冀以科举中考而进入仕途,以免充军之苦。顺治十四年(1657年)正月二十一日甲子,上谕吏、礼、兵三部,荫八旗各官子弟入国子监读书例尽行停止,令其学习武事,于武职补用,俟太平之日再照旧例行,同时又禁止八旗官员与其子弟以家仆代替从军,违者治以重罪[1]。为了保证八旗将士的生活,清政府给予较优厚的兵饷,八旗兵饷在清代中期以前的变化可见表2-8。

表2-8 清代中期以前的八旗兵饷

时代	项目	前锋、护军领催	甲兵	匠役	步兵	步兵领催	养育兵
顺治中	月银(两)	3	3	1	1	1.5	—
	岁米(斛)	—	—	—	—	—	—
康熙中	月银(两)	4	3	3	1.5	2.0	—
	岁米(斛)	46	46	—	22	22	—
嘉庆	月银(两)	4	3	2	1.5	2.0	1.5
	岁米(石)	22.2	22.2	11.2	10.6	10.6	1.6

资料来源:康熙《大清会典》卷37。嘉庆《大清会典》卷14。
说 明:1斛=5斗=0.5石。

实际情况比表2-8中所列还要复杂一些,比如觉罗氏的饷银比一般的满人要多出一两。弓匠中分列等级,最高与最低者相差悬殊,如

---

[1] 《清世祖实录》卷106。

嘉庆年间的弓匠长、弓匠及二等铁匠，月支银三两，而四等铁匠仅一两，表中则取中数。另外如满蒙养育兵发给米，汉军养育兵则无。外地驻防八旗银饷少于京师八旗，岁米只有数石而已，完全不能与京师八旗相提并论。

顺治以后，八旗兵饷就基本稳定了下来。部分八旗兵丁的收入除月银岁米之外，还有旗地。银饷之外，还有马料银。最初马料银的支出是为养马而设的，康熙中期以后，有些地方马匹数量减少，但马料银照发。如从康熙三十二年（1693年）到雍正七年（1729年），广州的马甲尽管只养一匹马，却领三匹马的补助金；乾隆三十六年（1771年）以后，不再养马，但每月仍领着四钱的养马金[1]。杭州的情况也大体如此，其马甲的草料补助可多达四两银子[2]。此不论，单就薪饷而言，雍正帝曾说："计其所得，已多于七八品官之俸禄。"[3] 可见当时八旗兵丁收入不菲，他们的生活应是充裕的。

如果八旗兵丁的家口不再增加，他们的生活是可靠和丰裕的。事实上，人口增长的结果使旗丁生活变得相当窘迫。清代中期以后，八旗人口增加，而佐领不再增加，即八旗部队的编制不再增加，这就意味着大批新滋生的八旗子弟不能获得八旗的兵额。驻防八旗的职位是有限的，旗人又被禁止从事除农业和军政以外的其他职业，因此，随着人口的增多，失业的旗人越来越多。旗丁家庭的人均收入远远不及同等收入的七八品官。对于这一点，制定八旗政策的清政府是始料不及的。

政府被迫建立养育兵制度，以直省驻防地而言，乾隆四年（1739年），绥远城有300名养育兵；乾隆四十年，广州驻防有400名养育兵；五十一年，荆州有720名养育兵；五十五年，京口养育兵数达到了250名，都是为安置闲散旗丁所为。另外政府还采用减少马甲以增加薪水较低的副甲、步甲和养育兵的办法来安置闲散旗丁，结果是政府花钱

---

[1]《驻粤八旗志》卷6。
[2]《杭州八旗驻防营志略》卷15。
[3] 嘉庆《八旗通志》卷67。

养了一支没有战斗力的部队[1]。

另外,政府虽然还采取八旗汉军出旗为民,京师满旗顶补外地驻防以及京师满旗移垦东北等一系列措施,但对于迅速增长的八旗人口而言,仍是杯水车薪,无济于事。在职的八旗官兵必须养活他们的直系亲属,又必须供养他们的旁系亲属。据研究,只有在一个马甲的家庭成员不超过5人,或者不止1人有收入的情况下,其收支才能持平,其结果是造成了大批旗人不敢结婚。乾隆五十七年,乍浦驻防报告,在没有经济援助的情况下,有数百名旗兵无法婚娶;当时的乍浦只有2 000名旗丁[2]。和平时期况且如此,一旦发生社会动乱,兵饷不足,旗丁生活就更成问题了。如太平天国爆发以后,兵饷就不按银两发放,一般兵丁只能领到原先银两的六七成[3],直到光绪十一年(1885年)才恢复原饷额。到光绪、宣统之际,实际所发数目只有规定的五分之一[4]。八旗兵丁已经无法养活家小,太平天国期间,青州旗人靠乞讨为生,甚至有死于饥饿者。

辛亥革命以后,按当时优待条例,八旗粮饷照旧发放。但在实际上,各地粮饷在几年至十几年间就陆续停发了。如北京八旗的银饷发到民国十三年(1924年),而粮食只发到民国二、三年[5]。1924年呼和浩特将满兵组织解散,停发军饷。新疆旗兵于1911—1914年间解散,每人发几十两银子作为解散费。四川军政府发给每个满兵三个月的俸饷,广州旗兵得到十元毫洋解散费。总之,辛亥革命后,各地驻防旗兵被解散,停发饷银,从此满人走上了自食其力的道路。

对于八旗的王公贵族而言,辛亥革命推翻了他们赖以为生的清廷,权势一落千丈。庄园佃户群起抗租,甚至拒绝承认其产权。八旗王公贵族收入断绝,经济状况恶化,于是纷纷变卖庄地。这一做法遭到佃户、庄丁的反对,最后,由政府出面丈放。1915年初,奉省官地清丈局订立章程,主持丈放。旗地以大大低于民田的价格出售。未丈放

---

1 [韩]任桂淳:《清朝八旗驻防兴衰史》,生活・读书・新知三联书店1994年版,第103—105页。
2 [韩]任桂淳:《清朝八旗驻防兴衰史》,第121页。
3 光绪《大清会典事例》卷254。
4 《满族社会历史调查》,辽宁出版社1985年版。
5 《满族社会历史调查》,第81—138页。

部分则被收归省有,实则为军阀所有。在土地清丈出售之后,多数王府断绝收入来源,尽管各王府都拥有大量金银财宝,但王公贵族大多挥霍无度,不思节俭,不思开源,十几年的光景,就把祖先遗下的产业变卖一空。有些王府败落得很快,以至于当时的报纸上常出现"世子王孙倒毙城门洞,郡主命妇坠入烟花院"的新闻[1]。满族的王公贵族,作为一个曾经显赫达数百年的统治阶级,辛亥革命以后,无论在政治上还是在经济上的特权优势都不复存在了。

总之,作为征服者入关的满族移民上层,通过政府组织的圈地运动获得了大量的土地,又通过其特殊的政治地位在清朝数百年间敛聚了大量的财富;满族移民下层,即一般旗丁也因政府的倚重而获得稳定和优裕的生活。他们因此形成一个特殊的职业阶层,即官员和士兵。未编入八旗部队的滋生人丁则不工、不商、不农,成为北京城及各驻防城市中的闲游者。这一切,随着清朝的灭亡而发生剧烈的变化,王公贵族纷纷衰落,八旗兵丁解甲归民,自食其力。自此,满族开始进入与汉族迅速融合的时期。

第四节

满族与汉族的融合

满族是来自边疆的征服者。清朝的建立和巩固,虽然是满族军事和政治上的双重胜利,但这并不意味着,军事和政治上的胜利同时也是文化的征服和成功。事实恰恰相反,在长期与汉民族接触的过程中,满族人越来越多地接受了汉文化,满族文化的基本特征逐渐消失。清朝灭亡以后,满族人的政治地位一落千丈,从统治者一变而为受歧视的民族,为了生存,他们多以汉族自称,导致满族人口的急剧减少。

---

[1] 关于八旗王公贵族的衰落,可以详见上引杨学琛、周远廉二位的著作。

关内满族人口的大部分融合于汉族之中了。

一 汉族文化对满族的影响[1]

女真人在进入辽沈地区以后,就着手翻译汉族典籍。努尔哈赤命达海翻译《明会典》《素书》《三略》等书籍。天聪三年(1629年)四月,皇太极设文馆,将儒臣分为二直,达海等专事翻译汉字书籍,库尔缠等人则专事记注本朝事务[2]。翻译汉籍的目的很明确,即"以历代帝王得失为鉴"。达海只活到38岁,《通鉴》《六韬》《孟子》《三国演义》《大乘经》等皆已译完。作为满族文化发展的开创者,他一直受到后世的称颂。

很显然,努尔哈赤时期才制定的满文确立了满族文化的载体,而作为满族文化内涵的重要组成部分却是汉文化典籍。从皇太极即位到康熙中叶,翻译汉文化典籍的工作一直在进行。从天聪年间至康熙中期,除上述各书外,达海译《武经》,从辽、宋、金、元四史中译出了各种有关政要内容,汇纂成书。顺治三年(1646年),译成《洪武宝训》;七年颁行满文《三国演义》,作为兵书阅读;康熙十二年,译成《大学衍义》,赐诸王以下各官及八旗官学各一部。康熙十七年六月,因精通满汉文字的老人已经不多,以后继续翻译汉文典籍会有困难,于是命儒臣编纂一部满文分类辞典,名《清文鉴》。乾隆年间辑补增加蒙古文、藏文、维吾尔文,成《五体清文鉴》。康熙三十年,康熙帝为满文《通鉴纲目》刊刻亲制序文。汉族文献中的各种儒家经典和明代的典章制度对于从后金至清的历代满族贵族帮助甚大,成为他们开国立业、治国施政的理论基础。儒家的伦理道德也成为满族必须遵守的行为准则。孔子和孟子也成为满族统治者敬仰的圣贤。尤为奇特的是《三国演义》一书,竟成为满族统治者在军事、政治斗争中汲取智慧和智谋的宝库。

清代前期,在汉文化熏陶下成长起来的满族学者在继承汉族文

---

1 参见左步青:《满族入关和汉族文化的影响》,《故宫博物院院刊》1987年第3期。
2 蒋良骐:《东华录》卷2。

化方面取得了重要成就。一批满族理学名臣如阿什坦、德格勒等在理学著作的撰述上取得成就,不少以汉文著书立说的满族作家也达到了相当高的水平,如纳兰性德在清初词坛上极负盛名。《八旗通志书目》中刊载的经、史、子、集多达500余种。从学术和文学的角度讲,满文化实际上就是汉文化。

《清文鉴》的撰修暗示着满文的衰落。入关后,清廷曾把满文、满语列为官方使用的语言文字。朝廷公文如诏书、谕旨、国书及文武官员奏章,皆用满汉两种文字合写。皇帝的起居注册、实录等官书,则专有满文写本。设立宗学、觉罗学、八旗官学,也以满文为主。清初诸帝皆通晓满文满语,并规定举行经筵时,满值讲官先以满语进讲,然后由汉值讲官继续开讲。新进的翰苑名臣,也都要学习满语满文,召见时以满语奉对。至康熙十年(1671年),因满族官员已熟习汉语,撤销了各部院、各省将军衙门的满语通事。乾隆间,刑部录供不用满文。尽管如此,从康熙至乾隆,各帝一直强调满族语言文字的重要性,尤其对于满洲八旗,"须以清语、骑射为务"。

随着时间的推移,迁居北京和关内的各地满族,逐渐通用汉语。到康熙末年,盛京地方也出现了因"旗民杂处,以至满洲不能说满话"[1]的现象。到了晚清,各地满族中能运用满文、满语的就更少了。作为满民族基本特征之一的满语在绝大多数满人聚居区中已经消失了。

至于满民族其他一些特有的风俗,如不论辈行的婚姻,以人殉葬的陋俗等等,皆随着他们与汉人接触的加深而被逐渐抛弃。对于满族,尤其是入关满族而言,其民族特征的丧失是相当彻底的。可以说,清代中期以后,入关满族的风俗已经大部分汉化了。

二 满族人口的汉化

1. 满汉从分居到混合居住

汉民族不仅具有高度发达的封建文化,而且人口众多。入关之前

---

[1]《康熙起居注册》,康熙五十四年二月二十六日。

的满族不过40万人口,而当时的汉族人口已在1亿以上。以如此少的人口统治如此多的人口,就使少数民族的统治者不能不关心本民族人口的生存,即民族人口的延续问题。有清一代,他们采取了种种措施避免满族人口的汉化,使这一过程充满了戏剧性。

清代初年的统治者强调满汉民族的分居,这显然是想从地理上隔开满族与汉人,以使满人尽可能少地与汉人接触,避免满族的汉化。为此迁北京内城人口于外城,专使八旗居于内城,从而使北京内城变为"旗城"或"满城"。在盛京及其他如杭州、荆州等一系列直省驻防地,出现了大大小小的"满城",形成一个个满族移民点。这些凭借政治权力和军事力量建立起来的移民点,在一个相当长的时期内,阻挡了满族人民与汉族人民的接触,也就延缓了满族汉化的进程。

康熙年间,因八旗人口增多,京城八旗住宅已开始突破内城,建于各内城门外。同时政府还规定,满蒙告老告病官员有愿住外城者,准许居住[1]。到了雍正年间,开始在圆明园一带为八旗建造大量房屋,实行从内城向郊外迁移的历史性大转变。但八旗住房仍以营房的形式建造,且居住于远郊,目的之一也是为了阻隔八旗旗丁与汉人之间的交往。到乾隆初年,政府进一步规定,八旗闲散人员"有情愿在屯居住自行耕种者,俱各听其自便"[2],满汉民族的混合居住合法化了。

对于外省驻防地的八旗来说,乾隆中期以前,一直推行人死归籍,即归还京师原来旗籍的政策。雍正帝提及此事时说:

> 我朝设立各省驻防兵丁,原以捍卫地方。……乃近有以一二事渎陈朕前者:一则称驻防兵丁子弟,宜准其各省乡试。……若悉准其在外考试,则伊等各从其便,竞尚虚名,而轻视武事,必至骑射生疏,操演怠忽,将来更有何人充驻防之用乎?……一则称驻防兵丁身故之后,其骸骨应准在外瘗葬,家口亦准在外居住。独不思弁兵驻防之地,不过出差之所,京师乃其乡土也,本身既故之后,而骸骨、家口不归本乡,其事可行乎?若照此行之日久,将

---

1 康熙《大清会典》卷81。
2 孙嘉淦:《八旗公产疏》,《清经世文编》卷35。

见驻防之兵皆为汉人,是国家驻防之设,竟为伊等入籍之由,有是理乎?[1]

在雍正帝看来,北京是入关满人的故乡,而各外省驻防地则是满人的出差之所,满人不可以世代居于驻防地,其子弟不可以在驻防地参加考试,旗丁本人不可以死后葬于驻防地,家属也不可以在正丁死后仍居于驻防地,他们必须回北京参加考试、安葬和定居。这一切,都是为了防止年长日久,满人被驻防地的汉人所同化。的确,对于驻防地的汉人而言,满人的数量实在是太少了。北京则不相同,清代初年就已经构成了一个以内城为中心的满族社会。康熙末年,京城满族人口达到50万人之多,仍然是北京城人口最多的民族。所以,必须以北京的满族作为各省满族的大本营;只有加强各省满族与京师满族之间的联系,才可能有效地保证满族长久的存在。

由于八旗人口的滋生以及政府财政能力短绌,各省满人回归京师的设想至乾隆间就不可能再实行下去了。尽管乾隆中期以后对驻防旗人的安排有地著化的趋向,但是各省大大小小满城的存在仍然相当有效地阻挡了满汉民族之间的交往和融合。直到民国年间,随着清朝的灭亡,满城不复存在,满汉民族的混居才真正成为现实。也正是在这一时期,满族融合于汉族的速度明显加快。

2. 满汉从禁婚到通婚

满汉之间的通婚和禁婚经历过从通婚至禁婚,再从禁婚到通婚的曲折过程。还在后金时代,对于来降的辽东将领,努尔哈赤就多次采取过以宗室女妻之的手段,以达到笼络降将的目的。如他曾将宗室之女嫁给降将李永芳、佟养性等。至皇太极时,曾采取过对来降的明朝一品官,以诸贝勒之妻妻之,二品官以国中大臣女妻之的作法。

满族入关之初,这一基本政策并没有发生变化。这是因为,投靠清廷的汉族将官,被视为夺取天下的重要力量,因此,拥有重兵的汉藩王,成为清帝联姻的对象。直到康熙元年(1662年),清宗室女与三藩联姻之事多有发生。顺治五年(1648年)上谕礼部曰:"方今天下一

---

1 《清世宗实录》卷121。

家,满汉官民,皆朕赤子,欲其辑和亲睦,莫如联姻一事。凡满汉官民,有欲联姻者,皆从其愿。"[1]同年八月又谕户部:"嗣后凡满洲官员之女欲与汉人为婚者,先须呈明尔部,查其应具奏者,即与具奏;应自理者,即行自理。其无职人等之女,部册有名者,令各牛录章京报部方嫁;无名者,听各牛录章京自行遣嫁。至汉官之女,欲与满洲主婚者,亦行报部;无职者,听其自便,不必报部。其满洲官民娶汉人之女,实系为妻者,方准其娶。"[2]这一政策的要点是官员子女嫁娶必须报部登记,平民则否。但只准娶之为妻,不可纳之做妾。可见,政府对于满汉通婚一事,持的是相当宽容的政策。

康熙年间,满汉联姻政策发生了变化,这与"三藩之乱"对清帝的打击不无关系。虽然没有明文规定满汉之间不准通婚,但事实上,通婚的性质发生了变化。乾隆三十年(1765年),军机大臣议复:"蒙古、锡伯、巴尔虎、汉军包衣佐领下之女,照满洲例,禁止与汉人结亲。"[3]从"照满洲例"一句来看,此前当有明令规定不准满洲之女嫁与汉人。乾隆三十年将这一规定扩大至其他民族,甚至包括汉军包衣。如果有违规的,则将旗女开除户册[4],即不承认外嫁女为旗人。这对于企图通过婚姻摆脱窘迫生活的旗人来说,倒并不是一件坏事。

乾隆五十七年,议准"宗室觉罗不得与民人结亲,违者照违制律治罪"[5]。这一规定的内容包括清朝宗室不得娶汉人女为妻,但仅限于宗室这一特殊的阶层。如果一般旗人纳汉民女为妻,则是允许的。《户部则例》中规定,民女与旗人联姻,一体给与恩赏银两。

如此看来,在政府的规定中,满汉不能联姻主要局限于旗女不能外嫁,汉女嫁与满人则不受限制。按照中国传统的婚姻观念,汉女嫁给满人,是汉人融合于满人的一种形式,而不是相反。

清代后期,随着满汉民族交往的日益加深,民间互通婚姻之事多有发生,对于旗女嫁给汉人的,最严厉的处罚不过是开除旗女户册。

---

[1]《三朝辽事实录采要》卷3。
[2]《清世祖实录》卷40。
[3]《清高宗实录》卷748。
[4]《清宣宗实录》卷280。
[5]《东华录缀言》卷4。

这实际上是没有约束的处罚,对于民间满汉通婚,没有太大的意义。所以,同治四年(1865年)六月,定"旗人告假出外,已在该地方落业,编入该省旗籍者,准与该地方民人互相嫁娶"[1],对于这部分旗人与汉民的婚姻已不再加以约束。光绪二十七年(1901年)慈禧太后的一道上谕将满汉之间通婚的法律障碍全部扫除,谕文说:"我朝深仁厚泽,浃洽寰区,满汉臣民,朝廷从无歧视。惟旧例不通婚姻,原因入关之初,风俗语言,或多未喻,是以著为禁令,今则风同道一,已历二百余年,自应俯顺人情,开除此禁。"此后满汉"彼此结婚,毋庸拘泥"[2]。辛亥革命以后,满汉实现了真正的普遍通婚。

3. 满族人口的锐减

清代末年及民国年间满汉民族的混居和通婚对于满族融合于汉族起了重要的作用,但对满族人口影响最大的,则是辛亥革命以后中国政治的变化。

孙中山先生领导的辛亥革命是在"驱逐鞑虏,恢复中华"的旗号下展开的。民国建立后,满人地位一落千丈。特别是在民国初年,满族人受到很大的民族歧视,只要一说是满族,找工作就不被录用,已录用的还要被解雇。大多数满族人都隐名埋姓,报称汉族,导致满族人口的锐减。

以北京为例。清朝末年,北京满洲、蒙古、汉军八旗有官员 6 676 名,兵丁 120 309 名,共 126 985 名[3]。如按每名平均有家属 4 人计算,八旗总人口约为 63 万余人。如上所述,顺治年间迁入北京的满族人口不足 30 万;63 万这一数据并未包括蒙古八旗人口,至清代后期,蒙古八旗已经融入满族,汉军八旗大都出旗为民,或改为绿营,此处则略而不计。顺治年间,蒙古八旗共有 130 个佐领,合计为 1.76 万兵丁,除去未入关和分布在各驻防地者,北京城的蒙古兵丁约有 1 万人,合家属为 4 万人左右。因此,清初北京城的满、蒙人口大约为 30 万人。从顺治末至清朝末年的 248 年时间里,北京满族人口的年平均增长率

---

[1] 《清穆宗实录》卷 144。
[2] 《清德宗实录》卷 429。
[3] 《满族社会历史调查》,第 81—138 页。

大约为 2.9‰。如果考虑到这一时期内满族人口外迁的因素,增长率可能有所增加,只是外迁人口不多,不可能对这一增长率产生太大的影响。据第一章中的有关分析,顺治末年中国人口约有 1.5 亿左右,清末约为 4.8 亿。从顺治末年至宣统三年(1911 年),中国人口的年平均增长率为 4.7‰,比京城中满族人口的自然增长率要高得多。这说明清代中期以后,满洲旗人生计窘迫,已经影响到人口的增长。

1949 年调查,北京市满族人口为 3.1 万,仅及清末满族人口的 4％弱。至 1951 年随着民族政策的落实,满族人口增为 7 万,1952 年超过 8 万,1982 年人口普查时北京市的满族人口已达 11 万多人[1],但与清末相比,满族人口已大大减少,其大多数已融入汉民族当中去了。

其他地方的满族,人口也急剧减少,如呼和浩特市,清朝中叶有驻防八旗官兵及其眷属 11 827 人,到民国初年下降到 8 000 人,过了 20 年又减为 4 000 人[2]。又如西安市,乾隆年间有驻防官兵 5 000 人,清朝末年尚有人口 3 万余,到了新中国建立前夕,只剩下 900 人,仅为 40 年前的 3％。四川成都市,清末满族有 1.4 万余人,过了 40 年,只剩下 1 000 余人,减少了十分之九[3]。1896 年广州市有满人 6 112 人,新中国建立前夕减少到 2 000 人[4]。

简言之,移民入关的满族在政治权力丧失之后,大部分融合于汉族。而留居关外的满族也在民国年间经历了同样的过程,只是融合于汉族的人口比例远较关内为低。

---

1 《中国人口·北京分册》,中国财政经济出版社 1987 年版,第 330—335 页。
2 《满族社会历史调查》,第 149—158 页。
3 同上书,第 179—189 页。
4 同上书,第 190—200 页。

第三章

西南移民潮：湖广填四川

清代移民史上，由东部往西南地区的移民最引人注目。西南地区的移民涉及地域广阔、人口众多，其中以四川最为突出。可以说，四川是清代前期接受移民最多的地区。自元末明初湖广黄麻一带人口大量迁入以来，四川人口逐渐得到恢复和发展。然而至明末清初，四川天灾频频，继之发生了一场空前的社会动乱，盆地中各种性质的武装自立山头，其中尤以占据川北及川东地区的"摇黄"的势力最为雄厚；张献忠部数十万大军屡次进出四川，是当时川省最大的一支武装力量，并在成都建立政权；"摇黄"与各种地方武装及张献忠部之间的厮杀，明军对各种反政府军队的剿杀和清军与明军的对垒，造成了四川的凋残不堪。清藩吴三桂的反叛则使得清初的四川未经喘息，复陷入新一轮长达七年之久的浩劫当中。四川人口大量死亡，千里良田鞠为茂草，于是就有了政府的招民垦荒和湖广、广东、江西、福建等省人口的大量迁入。各省移民以湖广人为多，民间仍沿明俗，称之为"湖广填四川"。

第一节

明末清初的人口背景

在本书第五卷第四章中,我们已知洪武二十六年(1393年)的四川人口约为180万。按照人口年平均增长率为5‰的速度增长,至1600年,四川的人口总数达到500万。《明会要》卷5记载万历六年(1578年)四川省户262 694,口310 273。其中户数仅仅是官方赋役黄册登记的纳粮户,而口数也只是纳税单位,不具有真实的人口含义。

万历三十七年,四川出现全省性大旱[1]。次年,"全蜀荒旱,殍死无数"[2]。顺治三年(1646年),"四川大饥,重庆斗米值银四五十两"[3]。次年,"四川大饥,民互相食"[4]。五年"全蜀大饥,人民相食"[5]。

万历二十六年,"全蜀诸郡邑大疫"[6],"人民死亡甚众"[7]。顺治四年,四川流行头肿,即"赤大如斗"的"大头瘟",造成了人口的大量死亡[8]。关于清代初年四川的这次大疫,清代后期的方志有各种各样的描述,如"马眼瘟""马蹄瘟"之类,但根据笔者对明代后期华北地区疫情的研究,所谓"大头瘟"者,实为腺鼠疫大面积流行的别称[9]。事实上,金元之际随着蒙古人的征战,四川地区也曾经发生过一次规模很大的鼠疫流行[10],成为这一时期引起四川人口死亡的主要因素之一。

由此可见,大致在1600年前后,四川遭受了饥荒和瘟疫的袭击,

---

1 道光《乐至县志》卷16。
2 光绪《荣昌县志》卷19。
3 民国《长寿县志》卷15。
4 道光《綦江县志》卷10。
5 转见王纲:《论明末清初四川人口大量减少的原因》,载《张献忠在四川》,社会科学丛刊,1981年。
6 光绪《射洪县志》卷17。
7 道光《大足县志》卷8。
8 道光《安岳县志》卷15。
9 曹树基:《鼠疫流行与华北社会的变迁(1580—1644年)》,《历史研究》1997年第1期。
10 曹树基:《地理环境与宋元时代的传染病》,《历史地理》第十二辑,上海人民出版社1994年版。

人口数量不但停止增长而且随着灾情的扩大而迅速减少。灾荒引发的战乱使四川的人口死亡成为全局性的了。

兹将战乱对四川各地的影响分述如下[1]。

一　川东地区

所谓川东地区,包括清代夔州府(治今重庆奉节县)、太平厅(治今万源市)、绥定府(治今四川达州市)、忠州(治今重庆忠县)、石砫厅(治今石柱县)、酉阳州(治今酉阳县)。

崇祯七年(1634年)初,张献忠部第一次攻入四川。张部从湖北经三峡入川,先后攻取巴中、通江等县,不久就通过川东北的大巴山区,进入陕西和河南。这一次张部入川时间不长,旋即撤离,对人口的影响有限。

崇祯十二、十三年间,张献忠在陕、鄂、川交界地带与明军展开长时间的周旋,继而夺得川东若干县城,并奔走游击,北至广元、昭化,南到泸州、南溪,西至成都,以后又从夔州、巫山出川,攻打湖广之襄阳和武昌。这次入川的主要战役发生在川东地区,故对川东的破坏强于对四川其他地区。

崇祯十七年(1644年),张献忠率军30余万从荆州出发入川。夺得巫山、夔州以后,便长驱直入四川腹地,攻取重庆和成都。作为四川门户的川东地区在经张部与明军的两次大战役后,开始残破了。

名为"摇黄"的地方武装势力也频繁活动于川东。他们以"通江、达州、巴州为巢穴,而蔓延于岳池、广元、定远、合州、巴县。凡川东之北岸,任其出没。掳掠人口,则责人取赎。当耕种时,则敛兵暂退,及收成后则复来。……因土人强悍,乡兵四起,相约杀贼。而贼遂逢人即杀"[2]。他们"惟川北、川东诸州县恣意去来。山溪寨洞,十存一二,

---

[1] 关于明末清初四川地方的残破,参见《张献忠在四川》,社会科学研究丛刊,1981年。下引各种有关论文见此书,不另注明。
[2] 顾山贞:《客滇述》。

都鄙士民,千存一二。久之,数百里寂无烟火,燕巢林上,虎入城市"[1]。顺治二年(1645年),"'摇黄'贼屠巴州、通江、东乡、太平、达州、梁山、新宁、开县各地方,人烟俱绝"[2],川东的残破愈益严重。

至顺治年间,李自成部的"夔东十三家"农民军在荆襄及川东一带山区坚持抗清,至康熙三年(1664年)方才失败。长期的战争使得川东地区成为四川破坏最为严重的地区之一。

二 川中地区

所谓川中地区,包括清代的保宁府(治今四川阆中市)、顺庆府(治今南充市)、潼川府(治今三台县)、重庆府(治今重庆渝中区)、叙州府(治今四川宜宾市)、泸州(治今泸州市)和叙永厅(治今叙永县)。

清代川中南部以重庆为中心。张献忠第三次入川,在重庆遇到了强有力的抵抗。城破后,城中官军尚存3.7万余人,为张氏尽断手臂而纵之。由于张献忠未留重兵守卫,重庆当年即复归明军之手。因此,就张献忠而言,所部军队与明军在重庆地区的战斗并未引起大量的人口死亡。以后,重庆府长江以南的地区就为明军牢牢控制。

清兵入关以后,南明军队以川中南部为基地,坚持抗清。上引王纲文中指出明军对地方的残害,如"曾英、王祥、王启、冯朝鲜等各集兵走涪、泸、合、永、遵、綦、真等地,凡所过所驻,皆抢劫而食。东南大扰,庐舍一空"[3];各部在此区展开混战,"彼此互相残杀"[4]。如杨展与王祥、马应试在泸州一带的混战,王祥与曾英在江津一带的混战,王祥与袁韬、武大定的混战,皮熊与王祥之间的混战,土豪葛佑明与袁韬、武大定之间的混战等,经年不休。人民死亡众多,如杨展"至永宁战不利,还屠泸卫而去"[5],在江北之定远,甚至有"死于明兵者亦半"[6]的

---

1 李馥荣:《滟滪囊》卷3。
2 欧阳直:《蜀乱》。
3 同上。
4 乾隆《富顺县志》卷5。
5 民国《江津县志》卷3。
6 民国《武胜县新志》卷7。

说法。

军队需要军粮。顺治三年,"时官兵无粮,曾英条议云:'今沿江间田,一望荒芜,各营所获牛只颇多,请准兵丁择便屯种,无事则登岸耕作,有警则登舟敌忾。'阁部(按:王应熊)……不允其说。于是营兵尽抢劫以自活,自叙、泸以至重、涪两岸'打粮'。至一月,路上地方残民尽饿死,田上尽荆莽矣"[1]。

川中北部为"摇黄"的盘踞地,他们"拥众十万,……川北保宁、顺庆一带,悉为残破"[2]。顺治二年,"'摇黄'贼攻破长寿、垫江、邻水、大竹、广安、岳池、西充、营山、渠县、定远各州县,城野俱焚掠。炮烙吊拷后,尽杀绅士及军民老弱男妇,掳其少妇幼子入营。所获壮丁,用湿牛皮条绳之,文其面背粮,无人得脱。积尸遍地,臭闻千里"。次年"摇黄"驻军于广安州之河东,"顺江棋布而居,上抵达州,下抵合阳,连营千余里。数日内,草木根俱为采薪挖尽,采粮至月余路而后返"[3]。川中残破的程度也是相当惊人的。

三 川西地区

所谓的川西地区,包括清代龙安府(治今四川平武县)、茂州(治今茂县)、绵州(治今绵阳市)、成都府(治今成都市)、邛州(治今邛崃市)、眉州(治今眉山市)、资州(治今资中县)、嘉定府(治今乐山市)、雅州府(治今雅安市)。

崇祯十七年(1644年)张献忠攻取成都,建立大西政权,自称皇帝。各种野史有关于他屠戮成都的记载,但近年的研究表明,张献忠破成都后即行屠城一说实不成立;破城后所杀的只是明蜀王宫室及明政府官员及城外各处反抗的士绅[4]。直至大顺二年即顺治二年(1645年)十一月,张献忠才剿洗成都。当时随军的依利、安二教士曾目

---

1 欧阳直:《蜀乱》。
2 计六奇:《明季南略》卷13。
3 欧阳直:《蜀乱》。
4 孙次舟:《张献忠在蜀事迹考察》。

击之,其语云:"一六四五年冬十一月二十二日,献忠怒甚,忽发疯狂,决意剿杀全城居民。……剿洗成都后,旋即传令,谕各乡镇村民入住城内,填实京师。残杀之后,成都空虚。除少数官员及文士外,别无居民。"[1]

又有张献忠屠杀邻近州县的记载,如《蜀乱》谓对崇庆州的屠杀:"剿局始于崇庆州";这是因为张献忠所派官员最先在此地受到逐杀所引起的。尔后又有屠邛州之说,《蜀碧》称"邛蒲二百里荡为血肉之场",此外还有丹陵、峨眉、顺庆之屠,这大概是张献忠为镇压反抗者所采取的措施。

成都平原的粮食不支张献忠之军粮,张氏有屯垦之举。但屯垦仍不能解决军粮的供应,不得不派人外出劫粮。劫粮者若不归队,则斩同伙。此时农民军中人众食寡,采粮已至数百里路远,终因粮绝而食人。

顺治三年,清兵进攻成都,但见千里无烟,一片残败,于是还龙安[2]。荒凉残破的成都对于清军已经没有什么吸引力了。

《蜀乱》记顺治四年,"成都残民多逃雅州,采野菜而食,亦有流入土司者,死亡满路。尸才出,臂股之肉少顷已为人割去,虽斩之不可止"。清兵入据成都,"成都空,残民无主,强者为盗,聚众掠男女,屠为脯。继以大疫,人又死。是后虎出为害,渡水登楼,州县皆虎,凡五六年乃定"。当年清兵退出成都,"成都守者亦驱残民千余北去,至绵州,复尽杀之。成都之人,竟无遗种"[3]。成都平原的确已残破不堪了。

大致说来,成都平原两侧的龙安和嘉定一带情况要好一些。尤其是嘉定,因杨展部屯田而得以保全,粮食也最为富足。同样,西部的雅安一带也因战事较少,人口稍有保留。其余地区则荒烟蔓草,荆棘塞途了。从地方志中残存的康熙初年户口数也可以看出这一点。如成都府之温江,康熙六年(1667年)仅有 351 户[4]。在资州东部,资州、资阳二县城市人口仅各有数十户[5]。井研有 1 143 户[6],可称为大县。眉

---

1 任乃强:《张献忠屠蜀辨》。
2 沈荀蔚:《蜀难叙略》。
3 吴伟业:《鹿樵纪闻》卷中。
4 嘉庆《温江县志》卷6。
5 光绪《资州直隶州志》卷7、咸丰《资阳县志》卷9。
6 光绪《井研志》卷5。

州的情况与井研相似,康熙二年(1663年)有户达2 094户[1]。这当然是指纳粮户而言,并不包括全部人口,否则就无法理解在与井研相邻的嘉定府荣县,康熙二年仅有28丁[2]。

四 对战后人口的估计

欧阳直在《蜀乱》中记述了清兵平定四川后的情形:

> 自此,东、西、南三川全归清,蜀乱暂定矣。自乙酉(按:顺治二年)以迄戊(戌)、己(亥)(按:顺治十五年和十六年),计九府一百二十州县,惟遵义、黎州、武隆等处,免于屠戮。上川南一带(按:嘉定府),稍有孑遗。余则连城带邑,屠尽杀绝,并无人种。且田地荒废,食尽粮空。未经大剿地方,或有险远山寨,间有逃出三五残黎,初则采芹挖蕨,继则食野草,剥树皮。草木俱尽,而人遇且相食矣。

康熙初巡抚张德地向朝廷奏报说:

> 臣初保宁,见民人凋耗,城郭倾颓……惟重属为督臣驻节之地,哀鸿稍集,然不过数百家。此外州县,非数十家或十数家,更有止一二家者。寥寥孑遗,俨同空谷。而乡镇市集,昔之棋布星罗者,今为鹿豕之场。……诚有川之名,无川之实。[3]

那么,四川人口的损失到底有多少呢?李世平在《四川人口史》中采用了根据若干样本县的人口存损比率进行估算的方法,并为其他学者及我在1993年出版的《简明中国移民史》所采纳。这一方法本身应该是可取的,却在数据处理中忽略了残存土著在原有人口中的比例和移民迁入后残存土著在总人口中的比例这两个概念的不同。蓝勇最近指出了这一谬误[4]。第一个概念的例证如广元"苟全性命者十

---

1 民国《眉山县志》卷3。
2 民国《荣县志》,转引自郭松义:《清初四川外来移民和经济发展》,《中国经济史研究》1988年第4期。
3 康熙《四川总志》卷10《贡赋》。
4 蓝勇:《清代四川土著和移民分布的地理特征研究》,《中国历史地理论丛》1995年第2期。

之一"[1]；苍溪县战乱后"土著几空"[2]；西充县"土著民人，十去六七"[3]；双流县"人民存者十之一"[4]；温江县"劫灰之余，仅存者范氏、陈氏、卫氏、蒋氏、鄢氏、胡氏数姓而已"[5]；威远县"乔木故家，一无存在"[6]；达县存者"百中之三四"[7]；东乡县"遗民数万不存一，遗民得返故居者，千不一二"[8]；云阳县"邑无世家大族"[9]；南溪县"故家旧族，百无一存"[10]；江安县"明季兵燹后土著仅十一二"[11]；高县"户口凋残八九"[12]；屏山县"明季流贼屠戮后土著仅十之三"[13]；永川县"遭献贼屠戮之后，土著复业仅十之二三"[14]。所说都是战后土著在原有土著人口中的大致比例。另一个概念的例子如郫县"占籍者几十之九"[15]；盐亭县"客户与土著，几共半矣"[16]；巴中县"土著仅十之二"[17]；武隆县"土著与流民各居其半"[18]；富顺县"招复者十之二三，落业者十之八九"[19]，所说皆是残存土著在移民迁入后的总人口中的比例，与第一个概念具有完全不同的内涵。举例说，如果某县明代后期有人口10万，战争中死去9万，剩余1万土著。清代前期若迁入1万移民，那么土著尽管减少了原来的十分之九，但他们在新的总人口中的比例仍占到二分之一，而我们却不能说土著只损失了二分之一。

根据这一分析，从上引资料来看，川东地区的土著残存已不足5%；川中地区北部土著残存大约为15%左右，南部不足10%；成都平

---

1 民国《广元县志稿》第五编。
2 民国《苍溪县志》卷9《食货志》。
3 光绪《西充县志》卷6。
4 民国《双流县志》卷4。
5 民国《温江县志》卷3。
6 乾隆《威远县志》卷3《建置志》。
7 民国《达县志》卷11。
8 民国《宣汉县志》卷6《户口》。
9 咸丰《云阳县志》卷2《舆地志》。
10 嘉庆《南溪县志》卷3《疆域志》。
11 民国《江安县志》卷11。
12 同治《高县志》卷7。
13 乾隆《屏山县志》卷1。
14 光绪《永川县志》卷2。
15 民国《郫县志》卷5。
16 乾隆《盐亭县志》卷1。
17 民国《巴中县志》第二编。
18 民国《涪州志》卷6。
19 乾隆《富顺县志·序》。

原及川西平原地区土著残存不足10％；合计四川土著残存的比例不足10％。考虑到战后对外流土著的招徕，残存土著的比例则可能达到10％[1]。明代后期四川人口约500万，清代初年的残存人口约为50万左右。据上引郭松义文，康熙初年四川有县仅80余，每县平均实有人口约为6 000左右，其中已经包括一批战后回到家乡的土著民人。

下文将证明从顺治年间至康熙十三年(1674年)，移民四川的运动就已经在进行，外来人口迁入的速度与康熙中期以后及雍正年间相同。然而，长达七年之久的"三藩之乱"中断了四川的移民进程，也中断了四川人口和经济恢复的进程。战争中的人口损失足以抵消战前的人口迁入。因此，顺治十年(1653年)至康熙二十年(1681年)间，成为清初四川人口的最低点，四川人口的全面恢复是从康熙二十年以后开始的。

在《清朝文献通考》及其他一些文献中，有顺治以及康熙初年若干年份的四川人丁数。这仅仅是有关纳税单位的统计，而不是对人口的统计，而且有不少年份的统计还是不完全的，存在大量的漏报。对于这一时期四川人口数字的估计，毫无意义。

第二节

湖广填四川

一 移民政策的演变

尽管战争结束后，四川人口约有几十万之众，但战乱中青壮年死亡众多，所遗多为老弱。"壮者涂膏血于原野"，"壮者既去，老弱妇女

---

[1] 如苍溪县，上引资料继续称，清初招徕流亡"仅十之四五，余皆楚、陕、粤、闽等籍插土为业居多"，所说虽不是招回了原有土著的40％—50％，而是招徕回乡土著在移民迁入后的人口总数中的比例。土著人口毕竟不是为零。

势不能自存"[1],可编作壮丁者当然就非常之少了。在一些人稀之县,管理仍处于无序状态,人丁编审的工作难以进行。因此,清初四川全省的丁额通常不过在1.5万—3.0万之间,如顺治十八年(1661年)全省人丁额只有1.6万[2],约与东南省区的一县相当。人丁稀少,土地亦不多,顺治十八年全省耕地面积只有118.8万亩,只及万历年间额地8.8%。四川地方财政严重不足,以至于清初需从外省拨银支持四川,如康熙十一年(1672年)调入岁银达80余万两。显然,这对于清朝财政是一个很大的负担。

顺治十年,清政府提出了"四川荒地,官给牛种,听兵民开垦,酌量补还价值"[3]的政策,意在招徕本籍逃散人口归籍。虽然宣布"凡抛荒田地,无论有主无主,任人尽力开垦,永给为业"[4],却也没有鼓励外省之人来川垦荒的意思。就招民复业一事而言,从上引川东的资料来看,进行得并不顺利,东乡县遗民得返故乡者,千不一二,真可谓微乎其微。招徕的民户也难于生存,有记载说:

> 窃照川中见有保宁、顺庆二府,山多田少……昔年生齿繁而虎狼息。自献逆、"摇黄"大乱,杀人如洗,遍地无烟。幸我大清恢靖三载,查报户口,业已百无二三矣。方图培养生聚,渐望安康。奈频年以来,城市鞠为茂草,村疃尽变丛林,虎种滋生,日肆吞噬。……据顺庆府附郭南充县知县黄梦卜申称:原报招徕户口人丁五百零六名,虎噬二百二十八名,病死五十五名,见存二百三十二名。新招人丁七十四名,虎噬四十二名,见存三十二名。造册具申到职。……夫南充之民,距府城未远,尚不免于虎毒,而别属其何以堪耶?[5]

揭帖中没有提及这些招徕者的原籍,从文字中看,很有可能是当

---

[1] 咸丰《内江县志》卷15。
[2] 《清朝文献通考》卷19《户口考》;康熙《四川总志》卷30。
[3] 嘉庆《四川通志》卷60《食货·田赋》。
[4] 《清代钞档》、《地丁题本五十·四川二》。
[5] 顺治七年《四川巡抚张璘揭帖》,中央研究院历史语言研究所编《明清史料》甲编,第六本,商务印书馆1930年版,第519页。

地逃亡的土著,因为这时还处于大乱当中,不太可能从外省招徕移民。复业的土著所处的环境相当艰苦,战后的恢复也就困难重重。显然,想靠招民复业一途来完成四川经济的恢复是不现实的,在这种情况下,移民入川成为政府的方略。

康熙七年(1668年)九月,巡抚张德地以四川历史上曾大量招民垦荒为理由,请求朝廷扩大招垦范围,鼓励湖广等外省农民进川垦荒[1]。十年六月,川湖总督蔡毓荣又提出"蜀省有可耕之田,而无可耕之民,招民开垦,洵属急务",提出放宽招民授官的标准和延长垦荒起科的年限,将原定的招民700名升官改为300名即升,又将起科年限由三年延长到五年[2],并宣布各省贫民携妻子入蜀开垦者,准其入籍。大规模的移民入川由此而展开。

这一大规模的移民浪潮为"三藩之乱"所中断。康熙二十年(1681年)战争结束,这年七月,清廷重申"招民议叙"之例,并规定内地诸省不再实施"招民议叙",只有四川和云南、贵州三省例外[3],因此而加快移民入川的进程。《康熙起居注》就载有二十一年二月"四川遵义县班衣绣招徕难民五十余口,应照例加一级",这仅仅是招徕战乱中的难民,还不是招徕垦民,仍可得到中央政府的褒奖,从中可见清廷鼓励移民入川的决心。康熙二十九年清政府宣布"凡流寓愿垦荒居住者,将地亩给为永业"[4]。还准许移民入籍子弟,可一体参加科举。这就从根本上解决了移民入川所引起的诸如土地所有权、子弟考试权等一系列法律问题,为移民的大规模入川创造了条件。

至少在康熙年间,由于地多人少,入川移民采取插标占田的方式获得土地。到雍正六年(1728年),户部提出了一个按户授田的方案,规定"以一夫一妇为一户,给水田三十亩,或旱地五十亩,如有兄弟子侄之成丁者,每丁增给水田十五亩,或旱地二十五亩。若一户内老少丁多不敷常赡者,临时酌增,俱给以照票,令其管业",并每户给银12

---

1 中央研究院历史语言研究所编:《明清史料》丙编,第十本,商务印书馆1936年版,第1000页。
2 《清圣祖实录》卷36;康熙《大清会典》卷20,《户部四·田土》。
3 《清圣祖实录》卷96。
4 嘉庆《四川通志》卷63《食货志上·田赋》。

两,作为移民的生活基金和生产基金;清政府为此一次拨银即达 10 万两[1]。

入迁之初,四川移民可以随意任报升科田地。雍正六年(1728年)二月四川布政使管永泽指出:"川昔日地广人稀……来川之民,田亩任其插占,广开四至,随意报粮。彼时州县惟恐招之不来,不行清查,遂因循至今。"[2] 这一现象的产生与康熙帝的态度有关,在康熙五十二年(1713年)的一份诏谕中,他表明了自己"国用已足,不事加征"的观点[3]。然而,四川土地毕竟是有限的,移民的大量迁入使得土地占有出现了问题,至雍正年间,不得不由政府出面来进行土地的分配了。

也就在雍正年间,有关移民入川的政策悄悄地发生了变化。雍正五年,川陕总督以湖广、广东、江西、广西等省逃荒者携家入川者多,奏请安插,却受到申斥。朝廷认为这些流民"良奸莫辨,其中若有游民无赖之徒,不行稽查,必转为良民之扰",因此规定,"四川州县将入川人户逐一稽查姓名、籍贯,果系无力穷民,即留川令其开垦;所用牛、种、口粮,目前将公项给发,即着落本籍州县官照数补还,如此,则游惰之民不致冒混……可杜流民之患于将来矣"[4]。这表明对移民入川不再是一概接纳,而需要验明身份,得到原籍官员的许可并出具证明。严格地说,此时的四川已经不具备大规模接纳移民的能力了。

乾隆九年(1744年)御史柴潮生奏:"窃照四川一省,人稀地广,近年以来,四方流民多入川觅食,始则力田就佃,无异土居,后则累百盈千,浸成游手。"[5] 出现了人浮于土的现象,于是有禁止流民入川的议论。乾隆帝则不以为然,他认为,"今日户口日增,而各省田土不过如此,不能增益,正宜思所以流通,以养无籍贫民"[6]。又说:"况此等无业贫民转徙往来,不过以川省地广粮多,为自求口食之计,使该省果无

---

[1] 《清世宗实录》卷 67。
[2] 台北故官博物院编:《宫中档雍正朝奏折》第 9 辑,1978 年,第 767 页。
[3] 《清圣祖实录》卷 256。
[4] 台北故官博物院编:《宫中档雍正朝奏折》第 8 辑,第 397 页。
[5] 《军机处录副奏折》,《康雍乾时期城乡人民反抗斗争资料》下册,中华书局 1979 年版,第 634 页。
[6] 《东华录》卷 51,乾隆二十五年谕湖广、江西、四川各督抚。

余田可耕,难以自赡,势将不禁而止。若该处粮价平减,力作有资,则生计所趋,又岂能概行阻绝?"[1] 显然,乾隆帝的着眼点与地方大臣有所不同。地方官员已经意识到移民继续涌入,四川的人口或土地危机很快就会出现,为保护川人利益,必须限制移民入川。乾隆帝则希望四川能够尽可能地多接纳移民,减轻他省的人口压力,维护社会的稳定。尽管如此,四川能够接纳的移民数量已不可能太多了。

对入川移民的户籍管理同时也在进行,乾隆五年令"外省入川民人同土著一体编入保甲"[2]。并规定来川探亲和回原籍探亲的人口都必须取得当地或原籍政府的印照[3],这一切都表明四川接纳移民能力的下降,移民入川运动大致在乾隆后期已经式微。

二 移民的迁入

1. 官修史书中的记载

康熙九年(1670年)王沄随蔡毓荣安辑地方,所见成都还是一片残破,"登楼四望……阡陌宛然,溪流清驶,人烟久绝,尽成污莱,山麋野豕,交迹其中。野外高丘累累……城中茅舍寥寥,询其居民,大都秦人矣"[4]。来自陕西的移民已经零星地迁入了。到康熙十一年(1672年),王士禛典试入川,沿途所见,荒凉不堪,他在《蜀道驿程记》中描述广元县所见,"自宁羌至此,荒残凋瘵之状,不忍睹。闻近有旨招集流移,宽其徭赋,募民入蜀者,得拜官";可见此时各地募民入蜀的工作已经展开。这一过程可能为不久就开始的"三藩之乱"所中断。

康熙二十年三藩之乱平息之后,移民恢复并持续进入四川。康熙四十年,湖广提督俞益谟在一个密奏中说:"湖南衡、永、宝三府百姓,数年来携男挈女,日不下数百名口,纷纷尽赴四川垦荒。"[5] 五十二年,又有人在奏疏中说:"查楚南徙川百姓,自康熙三十六年以迄今日,即

---

[1] 《清高宗圣谕》卷80。
[2] 嘉庆《四川通志》卷64《食货·户口》。
[3] 《钦定六部处分则例》卷17《户部·入川开垦》。
[4] 王沄:《蜀游纪略》。
[5] 《康熙朝汉文朱批奏折汇编》第1册,档案出版社1984年版,第923页。

就零陵一县而论,已不下十余万众。"[1]据康熙晚期的估算,湖广宝庆、武冈、沅阳等处人民"托名开荒携家入蜀者,不下数十万"[2]。以零陵一县计,移民人口即达十余万人,湖广三府移民数量多达数十万当然是可能的。

雍正年间移民继续迁入。在有关移民入川的报告中,除了湖南、湖北两地的移民外,广东、江西、福建的移民也开始介入其中。雍正五年的一份报告说:"湖广、广东、江西等省之民,因本地歉收米贵,相率而迁移四川者不下数万人。"[3]到雍乾之际,广东、福建两省几乎每年都有成批百姓挈伴入川。移民入川的高潮大约于此时形成。

从上引各资料的记载来看,湖南南部是移民入川的中心区域之一。这一地区大量人口的外出势必对与之毗邻的广东产生强大的拉动力。雍正年间的广东北部和东部各地为之沸腾起来。雍正十一年(1733年)九月九日,龙川县的一份《往川人民告贴》,把广东移民入川致富的愿望表达得淋漓尽致:

> 我等前去四川耕种纳粮,都想成家立业,发迹兴旺,各带盘费,携带妻子兄弟安分前行,实非匪类,并无生事之处……近来不知何故,官府要把绝我们生路,不许前去。目下龙川县地方处处拦绝,不容我等行走。思得我等若人少,他必不肯放,我们亦不敢同他争执。但是我等进生退死,一出家门,一心只在四川。阻拦得我们的身,阻拦不得我们的心肠。……我们今朝移家去四川,都是几年前经营停留,田土、房屋件件都齐,才敢前去落业。若要阻绝我们,是绝了我们归家生路,万万不可。……我等原是良民,今地方官把我等当不好人追赶。我等在本省地方自然遵法,惟有磕头哀求放走。若到江西,隔省拦阻我们,我等要拼死齐拼一死。……总之,我等众人都是一样心肠,进得退不得[4]。

---

[1] 《康熙朝汉文朱批奏折汇编》第5册,第336—337页。
[2] 《楚民寓蜀疏》,雍正《四川通志》卷47《艺文》。
[3] 嘉庆《四川通志》卷首之二《圣训二》。
[4] 台北故宫博物院编:《官中档雍正朝奏折》第22辑,1979年,第101页。

从这份告帖中可知,广东移民初入川时大多先由青壮年男子单身前往,经过几年经营,置有房屋田土,然后才返回家乡接家属。回乡以后再返四川,就遇到地方官是否放行的问题。但由于他们已在四川置有家产,回乡定居已不可能,才聚众同行以抗拒官府阻拦。告帖中的文句软硬兼施,与其说是写给同伴们看的,更不如说是写给官府看的。

乾隆初年外省移民入川的情况已如上述,除一批耕种者外,还有相当部分的人口"浸为游手"。一份资料称从乾隆八年至十三年,广东、湖南人户"由黔赴川就食者共二十四万三千余";从乾隆十八年至二十年的三年中,广东、湖南等省民入川者达到了6 374户[1],每年平均迁入的人口都在1万—5万。

在乾隆十八年至二十年迁入的6 374户中,湖南人2 851户,称为"湖广"的为1 612户,广东人1 279户,江西人534户,广西人81户,福建人最少,仅为17户。从这一比例中可见,广东移民已经具有了相当大的规模。

乾隆中期以后的记载已经不多,这与四川地方政府控制人口迁入的政策有关。从氏族迁移的情况来看,乾隆后期的移民已是不多了。

2. 方志和族谱中的记载

黄良友在《四川客家人的来源、移入及分布》[2]一文中列举了24个客家氏族的迁入时间和定居地。其中康熙年间迁入者8族,雍正年间迁入者7族,乾隆三十年以前迁入者8族,三十年以后迁入的只有1族。可见大部分的客家人是在乾隆中期以前迁入的。从居住地来看,这几十个氏族主要居住在内江、绵阳、资州、简阳等县,即四川的西部地区。这就说明,即使在四川西部地区,移民大潮在乾隆中期以前就结束了,更何况还是迁入时间较湖广人稍晚的广东客家人。

四川地区有完整氏族记载的县志共计五种,兹将各县有关氏族的迁入时间列如表3-1。

---

[1] 彭遵泗:《蜀故》卷3《田赋》。
[2] 载《四川师范大学学报》1992年第1期。

表 3-1 云阳、南溪、合州、简阳、井研五县清代氏族迁入时间

迁入时间 县名	顺治至 康熙十九年	康熙二十年 至六十一年	雍正	乾隆	嘉庆	嘉庆后	合计
云 阳	16	22	12	51	14	2	117
南 溪	24	13	1	6	—	2	46
合 州	44	39	3	6	1	3	96
简 阳	8	41	25	68	5	1	147
井 研	9	14	2	26	8	4	63
合 计	97	129	43	157	28	12	469
年均迁入	2.6	3.1	3.3	2.6	0.9	0.1	—

资料来源：民国《云阳县志》卷23，《族姓表》；民国《南溪县志》卷2。民国《合川县志》卷9《士族表》；民国《简阳县志》卷17—18；光绪《井研县志》卷7。

说　明：同一氏族的分支不另计；迁入时间不详的不计；本省其他县迁入的不计；记为"清初"由于不明究竟是康熙十九年（1680年）以前还是以后，故不计；记为"康熙初年"迁入的记于"康熙十九年"栏内，记为"康熙"迁入的记于"康熙二十年至六十一年"栏内，记为"清中期"者记入"乾隆"栏内。云阳县康熙年间迁入的氏族未并记载迁入的具体年份，据南溪、合州、简阳和井研四县的康熙十九年以前迁入的氏族在顺治及康熙时期迁入氏族总数中的比例测算。这样做的目的是为了有效地利用民国《云阳县志》中其他几个年份移民氏族的资料。

从表3-1中看来，移民迁入的高潮是在康熙二十年以后至雍正年间，仔细分析则不然。就年平均迁入氏族数而论，由于顺治年间的移民主要是在顺治中期以后才开始进行，康熙十三年至十九年间移民受到战乱影响而使速度减缓，扣除这几年，顺治中期至康熙十三年间的三十年中，移民迁入的速度与以后两期相当。乾隆间的情况也是如此，以简阳县为例，在68个于乾隆年间迁入的氏族中，记为"乾隆"年间迁入的有23族，乾隆三十年（1765年）之前迁入有32族，乾隆三十年之后迁入的仅有12族。据此可知乾隆前期迁入的氏族约占乾隆时期迁入氏族总数的70%以上。以此计算，乾隆前期年均迁入的氏族数大约为3.7个，形成高潮，乾隆后期的移民迁入速度明显放慢，至嘉庆年间已基本停息。

一般说来，乾隆后期各地的人口统计数已有较高的可信度，大规模的移民运动也于这一时期结束，因此，在估算移民人口时，我们将乾隆四十一年（1776年）作为估算的标准时点。不幸的是，乾隆四十一年的四川人口缺载，只有当年的人丁数，这使下文有关移民人口的估

算,增加了难度。

第三节

移民的分布

张国雄在《明清时期两湖移民研究》[1]一书中搜集了大量的方志资料,对四川各区域的移民分布进行了详细的说明。兹分述如下,并略作说明。

一 川东地区

太平厅(今万源市):"自明末清初大乱之后,土著无几……俗称老明人。其余系两湖、广东、江西等省平定后,陆续迁至,俗称客籍人。"[2]

绥定府:如东乡县(今宣汉县),"康熙四年,又招两湖、两粤、闽、黔之民实东西川"[3]。如达县,"自兵燹以后,土著绝少,而占籍于此者,率多陕西、湖广、江西之客"[4]。大竹县,"竹民向分五馆,五馆者,盖自楚、湘、粤、赣、闽五省迁竹者,各醵金建会馆为其乡馆"[5]。

夔州府:大宁(今重庆巫溪县),"宁邑为蜀边陲,接壤荆楚,客籍多两湖人"[6]。云阳,"明季大乱之后,见户凋耗,天下既定,始大迁吴楚之民以实之";在清代迁入的118个氏族中,迁自湖广的有94族,占清代迁入氏族的80%,其余主要来自广东、江西等东部省[7]。

忠州:丰都县,"清初流贼张献忠由陕入川……我邑城乡数百里,迄

---

[1] 张国雄:《明清时期两湖移民研究》,陕西教育出版社1995年版。
[2] 民国《万源县志》卷5。
[3] 民国《宣汉县志》卷6《户口》。
[4] 民国《达县志》卷9。
[5] 民国《续修大竹县志》卷3《祠祀志》。
[6] 光绪《大宁县志》卷1《风俗》。
[7] 民国《云阳县志》卷13《礼俗志》和卷23《族姓表》。

无居人,户口全空矣……先民田宅,悉外省人移补,而湖广麻城人尤多"[1]。

酉阳州:"境内居民土著稀少,率皆黔、楚及江右人,流寓兹土垦荒。"[2]

尽管各县都有移民的记载,但实际上,长江南岸的移民要比北岸地区少得多。在明末清初的动乱中,江南地区受到的损害要小于江北。咸丰《云阳县志》卷2称:"邑分南北两岸,南岸民皆明洪武时由湖广麻城、孝感奉敕徙来者,北岸民则皆康熙、雍正间外来寄籍者,亦惟湖南、北人较多。"

认真分析,川东各县的移民均以湖广移民为主,另有广东、江西、福建、贵州和陕西移民。处于长江沿岸的大宁、云阳和丰都三县在提及移民迁入时,并不提湖广以外的省份,可见此区移民的绝大多数来自湖广,其他省籍的移民比例很低。在江北远离长江的地带,非湖广籍的移民要比湖广移民活跃得多。究其原因,在清代前期的大移民潮中,湖广移民捷足先登,首先占据距离长江最近的地点进行垦殖,后来的其他省移民遂逐渐向长江腹地进发,由此而形成湖广人据沿江,外省人北上的局面。

二 川中地区

叙州府:南溪县,在清代迁入的58族中,有51族迁自湖广,占88%[3]。在宜宾县,"以今考之,其占籍者,皆可沿溯,大抵来自元明者多吴楚,来自皇朝者多闽粤"[4]。兴文县,"汉族多自赣、鄂、闽、粤来侨居边地,年远者不过二三十世,考其时间,大都明清之交也"[5]。

泸州:江安县,"自明季兵燹以后,土著仅十一二,余皆五方杂处"[6]。

---

1 民国《丰都乡土志》第三章《食货》。
2 同治《酉阳直隶州总志》卷19《风俗》。
3 民国《南溪县志》卷2《食货·户口》。
4 光绪《叙州府志》卷22《风俗》。
5 民国《兴文县志》卷22《种族》。
6 民国《江安县志》卷8《礼俗志》。

叙永县，"土著者少，寄籍者多，而以鄂省人为最"[1]。

重庆府：铜梁县，"土著者百之一，楚、黔两省人最多，亦有自闽、粤、江右来者"[2]。璧山县，"明末献贼几变，土著几空，国初招徕复业者十分之一二，余皆楚、粤、黔、闽人"[3]。合川县，清代迁入的112个氏族中，迁自湖广者78族，占70%[4]。

潼川府：安岳县，"四方侨寓，复多秦、粤、吴、楚之人，始则佃地而耕，继则携家落业"[5]。乐至县，"明季版荡，鞠为榛墟……豫章、楚、粤、黔、闽迁徙侨流，悉占数其中"[6]。三台县，"自兵燹后，流离播迁，隶版籍者，为秦为楚为闽为粤为江右，五方杂处"[7]。盐亭县，"潼属各县，俱有楚民新集，向惟盐邑独少，缘土地瘠也，今则楚、陕、闽、粤之人……渐集渐多，四乡场镇，客户与土著，几共半矣"[8]。

顺庆府：广安县，"稽其世系，有土籍焉，有蜀籍焉，有闽、粤、齐、晋之籍焉，有江、浙、豫章之籍焉，惟湘鄂特多"[9]。仪陇县，"邑中湖南、北人最多，江西、广东次之，率皆康熙、雍正间入籍"[10]。

保宁府：阆中县，"明末之乱，全川靡有孑遗，阆之所为土著者，大半客籍，以其毗连陕西，故陕西人为多。此外，江西、湖南北又次之"[11]。巴州（今巴中市），"国朝康熙、雍正间，秦、楚、江右、闽、粤之民著籍插占"[12]。广元县，"四方侨寓，率皆秦、楚、吴、粤之人"[13]。

从上述记载可知，四川中部，从南到北，到处都能遇见湖广移民的踪迹。其次才是粤人及江西人。只有在南部叙州府的宜宾和兴文，闽、粤人和江西人的地位似乎显得比湖广人更为重要。在北部的保宁

---

1 同治《叙永县志》卷2《礼俗志》。
2 光绪《铜梁县志》卷1《风俗》。
3 同治《璧山县志》卷1《风俗》。
4 民国《合川县志》卷8。
5 道光《安岳县志》卷2《风俗》。
6 道光《乐至县志》卷3《风俗》。
7 民国《三台县志》卷25《礼俗志》。
8 乾隆《盐亭县志》卷1《风俗》。
9 民国《广安州新志》卷10《户口》。
10 同治《仪陇县志》卷3《食货志》。
11 咸丰《阆中县志》卷12《户口志》。
12 道光《巴州志》卷1《风俗》。
13 乾隆《广元县志》卷7《风俗》。

府,移入最多的则为陕西人,其次才为湖广和其他地区移民。

将合川县的情况和云阳县作一对比,即使在川东地区的中部,湖广籍移民的比例也比川东为低。云阳县湖广移民氏族的比例高达80%,至合川降至70%,而至川西地区,这一比例则大大降低了。

三 川西地区

成都府:成都,"多粤东、湖广两省人"[1]。郫县,"当清始垦殖,如两广,如两湖,如陕西,如江西,如福建,占籍几十之九"[2]。双流县,"清初招徕,大抵黄(按:湖北黄州)之人为多,次则粤东,次则由闽、由赣、由陕服贾者于此"[3]。灌县,"余则来自远方,楚籍最多,粤、赣、黔、闽、秦、晋诸省次之"[4]。什邡县,"占籍惟楚人最多,粤人次之,江西、陕西、福建之人又次之"[5]。新繁县,"康熙时招徕他省民以实四川,湖广之人首先麇至,于是,江西、福建、广东继之……陕西则屈指可数也"[6]。金堂县,"楚省籍约占百分之三十七,粤省籍约占百分之二十八,闽省籍约占百分之一十五,其余各省籍约占百分之二十"[7]。简阳县清代迁入的184个氏族中,迁自湖广者有61族,占33%[8]。

绵州:安县,"县境各场占籍者以楚人为最多,其次粤省,其次秦省,其次闽省、赣省"[9]。德阳县,"民兼五土,聚族而居,楚语越吟,数代弗改"[10]。

邛州:邛崃县,"邛州在明末清初人口稀少,外省人之移来者江西、湖广、陕西为多,其远者如广东、福建,时亦有之"[11]。

---

1 同治《成都县志》卷2《风俗》。
2 民国《郫县志》卷6《风俗》。
3 民国《双流县志》卷1《风俗》。
4 民国《灌县志》卷16《礼俗记》。
5 民国《什邡县志》卷7《礼俗》。
6 光绪《新繁县乡土志》卷5《人类门》。
7 民国《金堂县续志》卷3《户口》。
8 民国《简阳县志》卷17—18。
9 民国《安县志》卷56《礼俗志》。
10 道光《德阳县志》卷1《风俗》。
11 民国《邛崃县志》卷2《庙祀篇》。

资州：以井研为例，在60个清代迁入的氏族中，迁自湖广的为23族，占38%[1]。

雅州府：雅安县，"雅地自献逆蹂躏之后，土著者少。四方侨寓，大率秦、楚、吴、粤、滇之人居多"[2]。名山县，"县人多楚籍"[3]。

川西的情况与川中有相当大的不同。首先，湖广移民氏族的比例从川中和川东的70%—80%降至了30%—33%。其次，粤人的比例上升，成都、郫县粤人的数量似乎已超过了湖广之人。在简阳，广东移民氏族的比例几达50%，已明显超过了湖南、湖北人。在简阳和井研，江西移民的比例已达到10%—30%，到邛州，这一比例可能还会上升。

总而言之，清代的"湖广填四川"是一场以湖广移民为主，广东、江西、陕西等省移民为辅的规模浩大的人口迁移。湖广移民沿长江由东向西分布，愈往西、往南、往北分布愈稀，同时，广东、江西移民则往西分布愈密。陕西人迁入的规模不大，主要集中于保宁府一隅。

第四节

对移民人口的估计

在《简明中国移民史》中，我做过有关四川移民人口的估计，但这一估计至少在两个方面存在问题。其一，关于四川残存土著比例的估计没有区别土著在明代后期人口中的比例和土著在清代移民迁入后人口总数中的比例这两个不同的概念，导致对土著乃至移民人口的估计失误；其二，以嘉庆年间的四川人口作为基数是不合适的，因为这时的移民入川已经基本结束，应采取乾隆时期的人口基数作为推测

---

1 光绪《井研志》卷23《氏族志》。
2 乾隆《雅州府志》卷5《风俗》。
3 民国《名山县新志》卷5《户口》。

移民人口的基点。由于缺乏乾隆年间分县或分府的人口数,因此就不采用分区估算的方法,仅从人口总数上做一谨慎的推测。

一　清代四川人口

虽然在估计四川移民人口时,只需要乾隆年间及乾隆以前的人口数作为估计的参数,但是由于清代的人口数存在一系列的问题,不能简单地加以引用,所以有必要建立 1644 年至 1953 年四川人口发展的序列,以确定清代四川人口数据的可靠性。

在嘉庆《四川通志》卷 64《食货·户口》中,康熙六十一年(1722 年)的四川户数为 579 309,丁数为 275 474。这一数据是根据所属 9 府 14 州的分府、州户数和丁数累加得出的。一般说来,同一时期其他省份进行的人口调查还仅仅是"丁"的调查,即纳税人口的调查,甚至是纳税单位的整理,与人口无涉。四川则不同,不仅有户的数据,而且有丁的数据,户是丁的两倍。看来,在五十一年朝廷宣布"滋生人丁,永不加赋"之后,四川进行了现有人丁的调查和整理,同时也对户数进行了调查。由于存在大量的移民户,所以出现户多于丁的情形。也可以说,正因为当时四川的移民人口众多,所以才有必要在清理人丁的同时也清理户籍。据此,这一户数是较为可靠的。

同书还记载了乾隆元年四川分道户数、丁数和流寓户数,分别为 612 200,612 200 和 41 230;户数和丁数完全相同,不解其意。分道户数与流寓户数合计则为 653 430。这一数据在与前后数据比较中,显得并不可信。

《清朝文献通考》卷 19《户口考》载有乾隆十四年(1749 年)至乾隆四十九年(1784 年)的四川人丁数。在别的地区,乾隆四十一年的统计已基本转为人口统计了,是否这一年四川"人丁"数 7 789 791 就是人口呢?在与嘉庆十七年的数字比较中,可以肯定这一数据也是不确的。

嘉庆年间的四川人口有两个统计数据。一是嘉庆《四川通志》中的嘉庆十七年(1812 年)的分县户口数,一是《嘉庆一统志》中嘉庆二十五年的四川户口数。十七年的口数为 2 071 万,二十五年的口数为

2 833万。王笛认为十七年的口数是根据分县口数累计所得的,较为可靠,而二十五年的数据较十七年增加了800万,人口的年平均增长率高达40‰,显然是不可靠的[1]。根据施坚雅的研究,这是四川地方州县浮夸人口的结果。到19世纪下半叶,有的州县人口统计出现了难以置信的数字,如灌县、丹陵和芦山等县户口分别比1982年的户口数多出1—4倍。尤其惊人的是绵州,1887年年初的户数为68 394,人口数竟高达6 629 533。施坚雅评论道:"在这个数字系列中,人口数和人口增加数(不是减少数),不知在什么地方置换了一位数字,结果增加了10倍;这里的差错不仅仅是因为粗心,也是由于没有头脑。"[2]仅此一地,就产生了多达600万以上人口的误差。到光绪年间,四川的册载人口已高达8 475万,达到20世纪70年代的水平,荒谬不堪。与此相反,施坚雅主要根据户均人口及男女性别比的资料,证实嘉庆十七年的四川人口数大抵可信。

王笛认为清代末年的四川人口数以宣统二年(1910年)内务部的调查数最接近真实。相对于其他一些荒谬绝伦的数据而言,这一数据无疑是较为准确的。但葛剑雄认为,这一调查整体上是低估的[3]。根据本卷第十章中对清代后期苏、浙、皖三省此期人口数字的分析,也可证实本期数字存在较大的遗漏,因此也要作相应的修正。

还有的学者认为1937年在四川保甲调查基础上所做人口统计是可信的,这一年四川人口数达5 209万[4]。从这一年至1953年,人口的年平均增长率高达15.5‰,可见1937年的数字偏低。若将1937年人口数与1949年的5 730万做比较,人口的年平均增长率为8.8‰,似乎合理。然而,从1949至1953年,人口的年平均增长率竟高达40‰以上,可见1949年的数字也是低估的。所以,与1953年的数字比较后,可以发现民国年间四川的人口数都是不可靠的。

---

1 王笛:《跨出封闭的世界——长江上游区域社会研究(1644—1911)》第二章"近代人口统计考释",中华书局1993年版。
2 施坚雅:《19世纪四川的人口从未加核推的数据中得出的教训》,载施坚雅:《中国封建社会晚期城市研究——施坚雅模式》,吉林教育出版社1991年版。
3 葛剑雄:《中国人口发展史》,第259页。
4 《中国人口·四川分册》,中国财政经济出版社1988年版,第59页。

1953年的人口普查是四川历史上第一次科学的人口普查,为我们全面地历史地考察四川人口数的变迁提供了坚实的基础。我们采用1953年的人口数,选用较为合适的人口增长率,可以重建清代末年的四川人口数据。因为外来人口迁入四川,在乾隆前期已基本结束,因此,乾隆四十一年(1776年)以后的人口增长速度必定迅速下降。同样,在康熙后期至乾隆前期,一方面移民人口在大量迁入,一方面定居的移民也在大量繁殖人口,其人口的增长速度必定很高。据此,我们可以建立起从顺治十年(1653年)至1953年四川人口的变动系列,见表3-2。

表3-2　1653—1953年四川人口的变动

时间	户(万)	口(万)	年均增长率(‰)	修正人口(万)	年均增长率(‰)
康熙二十年(1681年)	—	50.0*	—	50.0	—
康熙六十一年(1722年)	57.9	231.6	38.1	231.6*	38.1
乾隆元年(1736年)	65.3	261.2**	8.6		
乾隆四十一年(1776年)	—	779.0	27.7	1 000.0	27.9
嘉庆十七年(1812年)	511.3	2 071.0	27.5	2 071.0	21.0
宣统二年(1910年)	—	4 414.0	7.8	4 800.0	8.7***
1953年		6 568.5	9.3	6 568.5	7.3

资料来源：嘉庆《四川通志》卷的《食货·户口》;《嘉庆一统志》;宣统户部清册;《中华人民共和国人口统计资料汇编1949—1985》,中国财政经济出版社1988年版。下文中嘉庆、宣统及1953年人口数据均同此,不另说明。

说　　明：*为估计人口。康熙二十年人口数的推算见上文,康熙六十一年(1722年)及乾隆元年(1736年)人口数根据嘉庆十七年(1812年)每户平均4人的比例推算。户均人口规模较小可能与四川移民家庭这一特点有关。

**乾隆元年的统计与前后年份相差太大,且时间相隔较近,修正人口时弃而不用。

***葛剑雄认为民国年间的人口年平均增长率约为5‰—6‰。四川的水平略高,约为7‰—8‰,据此确定宣统二年的人口数。若认为民国年间四川人口的年平均增长率高于此数,则1910年的四川人口则会少于4 800万,于是从1812年至1910年的四川人口增长率就会低于民国年间值,于人口发展规律不合。

　　在未经修正过的数据中,人口的年平均增长率表现为忽高忽低的波动,不合情理。在施坚雅的论述中,四川人口的年平均增长率在乾隆后期达到顶点后,渐次下降至1873年的最低点,尔后又渐次上升直至1953年。人口年平均增长率竟然会出现如此的波动,与我们对中国人口发展规律的认识不相符合。清代后期至1953年四川人口的增长速度何以会渐次增加,令人费解。他所建立的清代以来的四川人口系列数据实不足取。

二 移民人口的估算

据表3-2可推算清代四川移民的数量。

康熙二十年至六十一年间(1681—1722年),四川人口的数量从50万增加至232万,人口的年平均增长率达到了38‰,这是人口的自然增长和机械迁入相互作用的产物。如果认为这一时期的人口自然增长率约为25‰,至康熙末年,土著和康熙二十年以前迁入移民的后裔约为134万,康熙二十年以后迁入的移民及其后裔约为98万,年均增加移民约2.5万。康熙末年的移民占当时总人口的42%。依我的定义,当移民人口未超过移入地的土著时,则称这种移民为人口补充式移民[1]。在康熙末年,对于四川而言,移民还仅仅是对死亡人口的补充。

从康熙末年至乾隆四十一年,假定四川已有人口的年平均自然增长率为20‰,期末人口数约为663万人,其中383万为土著繁衍之后裔,280万为康熙末年以前迁入移民及其后裔。是年四川实际人口数约为1 000万,那么,除去663万于康熙末年之前即已迁入的移民及其后裔以及土著,余337万即为新增移民人口;年均增加移民人口约6.2万。年均移民人口的增加并不完全意味着移民速度的加快,而是本期时间比上一期时间多出13年,从而导致新迁入移民后裔人口增加。至乾隆四十一年,土著占总人口的38%,移民占总人口的62%,移民及其后裔数约为617万。由于考虑到康熙二十年以前定居的人口中已有部分外来移民,实际上移民人口的比例可能还会高些。

坦率地说,对于上述两个时期土著人口年平均增长率的确定仅仅是我们在对于中国人口发展规律认识的基础上所做的一个假设,由于缺少氏族人口的记载,真实的人口增长情况难以为人所知。如果康熙及雍正、乾隆年间的人口的年平均自然增长率高于上述估计值,

---

[1] 参见本书第五卷中的有关论述。

则土著人口的比例就会提高,而移民的比例就会降低。可以这样说,无论作怎样的估计,移民人口的比例不会低于总人口的60%,当然也不会高于总人口的70%。

从乾隆四十一年至嘉庆十七年的36年中,移民人口的迁入已经不多。尤其在以前迁入的移民人口及其后裔已经积累了一个庞大的数量以后,新迁入的人口数量相比之下就显得微不足道了。因此,在无移民大规模迁入的情况下,四川人口保持了21‰的年均增长率,扣除移民因素,四川人口的年平均自然增长率可能达到17‰—18‰,不能不说是一个人口高速发展的时期。这一时期持续了30余年,嘉庆以后,降为9‰左右,民国年间,降为7‰—8‰,仍一直高于同期全国人口的增长。

对于上述移民人口的估测可以通过地方志记载的各类氏族比例来验证。详见表3-3。

表3-3 云阳、南溪、合州、简阳、井研的土著和移民氏族

县 名	清以前氏族	占氏族总数(%)	清代迁入氏族	占氏族总数(%)	合 计
云阳	27	19.3	117	80.7	144
南溪	11	19.3	46	80.7	57
合州	61	35.4	112	64.6	173
小计	72	31.3	158	68.7	100
简阳	98	34.8	184	65.2	282
井研	59	47.6	65	52.4	124
小计	157	38.7	249	61.3	100
合计	256	32.8	525	67.2	781

资料来源:同表3-1。记为"清初"及"清中期"迁入者皆记入。

就氏族的比例来看,川东和川南的土著氏族比例最低,皆不足20%。只是川南的比例可能有误。据蓝勇面告,从他们对当地人口的了解来看,川南土著的比例要远远高于这一估计值。造成误差的原因可能是南溪县氏族的样本过少所致。而四川盆地的土著氏族比例则较高,在30%—50%之间,与上引资料中的描述性记载相当,如巴中、郫县土著占当地总人口之10%—20%,而涪州、苍溪、长寿、崇庆等县土著则占30%—50%。总之,设南溪土著的比例占该县总人口的

60％，又为协调权重，将其氏族总数增加至 200，计算的结果，移民氏族仍占氏族总数的 60.5％。

在本书的第五卷中，我们已知氏族与人口不是一回事。一般说来，年代古老的氏族其人口多于年代较短的氏族。对于四川而言，清代前期的移民并不是在几年、十几年或二十几年的时间完成的，而是延续了将近一个世纪的漫长岁月。因此，即使从康熙二十年（1681 年）开始计算，土著氏族的平均人口也应多于移民，尤其是对于雍、乾时期迁入的移民来说，更是如此。然而，在湖南的例子中我们还证明，在人口遭到毁灭性破坏的地区，由于青壮年的大量死亡，会使土著人口在战后一个相当长的时期内难以有效地繁殖人口。相反，移民人口以青壮年居多，身体素质和生产技能都强于非移民人口，且占有土地比土著为多，形成所谓的"客强土弱"，他们的人口增殖也就比土著快得多。由于缺乏资料，我们无法对四川的人口增长模式作出更多的评述，只知四川移民的迁入是逐渐进行的，不存在与土著争夺资源的问题，也不存在客强土弱的问题，尽管土著遭到战乱重创，但恢复期的发展对土著显然是有利的。综合分析的结果，四川土著、移民氏族的比例可能就是各自人口的比例。

三　不同原籍的移民数量

近年来有些作者作了一些新的尝试，力图对四川移民的籍别比例做出合理的解释，看来并未成功[1]。依我的观点，准确地把握四川各地移民的比例以及推测各籍移民的数量，必须确定三个参数：其

---

[1] 如蓝勇在《清代四川土著和移民分布的地理特征研究》一文中对地方志中提到移民原籍的先后次序进行评分，即排名居先者为 10 分，次为 9 分，余类推。然后以得分的多少排定移民数量的多少，并根据分数来确定移民人口的比例。这样的处理方法可以排定分籍移民人口的多少次序，却不可能确定分籍移民人口的比例，因为谁也不知道第一名与第二名的人口差距到底有多少。蓝勇还用会馆分布的资料进行验证，证明分籍会馆的比例与分籍移民得分的比例是一致的。经我作统计检验，证明在 95％的概率把握下，分籍会馆的比例与分籍移民得分的次序比例无显著差异。但是，这并不能证明分籍移民得分的比例能够代表分籍移民人口的比例，因为会馆数量也只能够反映移民的分布，决定移民多少的次序，如认为会馆可以决定移民人口的比例，除非假设每一个会馆所代表的人口是相同的。再从逻辑上考虑，提到移民原籍先后次序的排名序列竟然会与代表移民人口多少的会馆比例吻合，本身就说明方法上的失误。鉴于此，蓝勇所认定的湖广移民在移民中的比例约为三分之一的观点是不妥当的。

一,乾隆四十一年(1776年)的分区人口数;其二,四川各区土著和移民的比例;其三,各区移民中分原籍移民的比例。

首先我们来确定乾隆四十一年的分区人口数,并据各区移民的比例测算出各区的移民人口。这一推测的前提是从乾隆年间至嘉庆十七年间各区人口的变化幅度基本一致。详见表3-4。

表3-4 乾隆四十一年(1776年)四川分区人口的测算

人口单位:万人

分 区	嘉庆十七年人口	百分比(%)	乾隆四十一年人口	其中移民比例(%)	移民人口
川东区	234	11.7	117.0	81.4	95.2
川中区	834	41.8	418.0	51.5	215.3
川西区	925	46.5	465.0	67.2	312.5
合 计	1993	100	1000.0	62.3	623.0

资料来源:嘉庆人口数据《四川通志》卷65《食货志·户口》。
说　明:懋功厅、杂谷厅、松潘厅、宁远府等无移民迁入地人口不计入,在乾隆四十一年的户口统计中,这些地区人口也未计入。
移民比例据表3-1。

计算的结果是,移民的比例比表3-3中略低,但也相当接近。再来估算各区移民中分原籍移民的比例。表3-5揭示了乾隆十八年至二十年的入川移民分省籍人口数。

表3-5 乾隆十八年至二十年(1753—1755年)四川移民分省籍户数

迁入时间	湖广	湖南	两广	江西	福建	合计
乾隆十八年	—	991	416	394	17	1818
乾隆十九年	1612	—	354	140	—	2106
乾隆二十年	—	1860	590	—	—	2450
合 计	1612	2851	1360	534	17	6374
百分比(%)	25.3	44.7	21.3	8.4	0.3	100

资料来源:彭遵泗:《蜀故》卷3《田赋》。

在"湖广填四川"长达百余年的移民运动中,这三年只是其中短短的一瞬,并没有什么特殊之处,所以完全可以将其视为一次抽样调查的结果。只是乾隆二十年缺少江西的移民数,且福建和陕西移民也不见记载,故湖广移民达到70％的这一结果可作适当调低。尽管福建及陕西移民数量不多,但无论如何,湖广移民的数量不会低于60％。湖广移民在移民总数中占有如此高的比例不能视作偶然。可见,认为湖广移民只占移民总数30％左右的观点经不起历史文献的检验。

再看氏族资料的内容。虽然就四川全省而言,目前所知氏族数量不能说是足够的多。但对于抽样调查而言,多达五县的500多个氏族的材料已可说明分籍氏族的比例,况且这五县的分布包括了四川省的东部、中部和西部,分布也还算均匀,符合抽样调查的原则。至于究竟哪些地区修有氏族志以及究竟有哪些氏族志存留至今为我们所见,则可视作一个随机的过程。为了不使样本的质量出现偏差,我们只取那些收录氏族数量多,同时含有大族和小族的氏族志。当然,所取氏族志可能会遗漏一批人口较少的小氏族,但因这批氏族所含人口太少,可以忽略[1]。另有一批四川方志,只记载几十个或十几个氏族,这些氏族一般为大族,与整群抽样的原则和随机抽样的原则相背离,故弃而不用。表3-6反映了四川各地分籍移民的数量和比例。

表3-6 四川清代五县迁入移民氏族的原籍分布

地区	湖广	湖北	湖南	广东	福建	江西	陕西	贵州	其他	合计
云阳	2	48	41	4	6	12	0	0	4	117
百分比(％)	1.7	41.1	35.0	3.4	5.1	10.3	0	0	3.4	100
合州	3	32	46	2	3	20	2	5	2	115
南溪	20	12	9	1	2	2	0	0	0	46
小计	23	44	55	3	5	22	2	5	2	161
百分比(％)	14.3	27.3	34.2	1.9	3.1	13.7	1.2	3.1	1.2	100
简州	4	30	32	98	5	19	2	4	2	196
井研	0	13	10	14	2	17	0	4	0	60
小计	4	43	42	112	7	36	2	8	2	256

---

[1] 参见本书第五卷第三章中的有关论述和证明。

续 表

地区	湖广	湖北	湖南	广东	福建	江西	陕西	贵州	其他	合计
百分比（%）	1.6	16.8	16.4	43.8	2.5	14.1	0.8	3.1	0.8	100
合 计	29	135	138	119	18	70	4	13	8	534
百分比（%）	5.4	25.3	25.9	22.3	3.4	13.1	0.7	2.4	1.5	100

资料来源：同表 3-1。原籍不详的不予统计。

湖广移民占移民总数的近 60%，与彭氏的统计大体吻合。

从统计中还可以看出，湖广移民的分布以川东地区最为集中，几达云阳县移民的 80%；而广东移民在四川西部地区最为集中，几达简州移民的 50%。这一分布趋势与文献记载大致相同。需要指出的是，通过对表 3-6 所列上述五县分籍移民百分比所作克方检验，证明在 95% 的概率把握度下，五县之间以及区域之间的移民分籍比例都存在显著的差异，这不仅说明地区之间的移民分布有很大的差异，而且说明抽样样本分布具有某种区域代表性。

据表 3-4 和 3-6 可估测出四川各区移民的分原籍人口数。

由于样本资料太少，所以各区的移民原籍分布存在一些误差，如川东地区缺少来自陕西的移民和贵州的移民，这与事实显然是不符合的。如果川东区的样本能够再多一些，就可能弥补这一缺憾。

需要做一点说明，来自广东的移民其迁出地主要是嘉应州、惠州和韶州府，本质上是一次客家人的迁移。

据表 3-7，可以做出乾隆四十一年四川各区接受的不同省籍的移民（包括后裔）人口分布图（见图 3-1）。

表 3-7 乾隆四十一年(1776年)四川各区移民分原籍人口

人口单位：万人

地区	湖广	湖北	湖南	广东	福建	江西	陕西	贵州	其他	合计
川 东	1.7	39.0	33.4	3.2	4.9	9.8	0	0	3.2	95.2
川 中	30.8	58.9	73.6	4.1	6.6	29.5	2.6	6.6	2.6	215.3
川 西	5.0	52.5	51.3	136.8	8.5	44.0	2.4	9.6	2.4	312.5
合 计	37.5	150.4	158.3	144.1	20.0	83.3	5.0	16.2	8.2	623.0

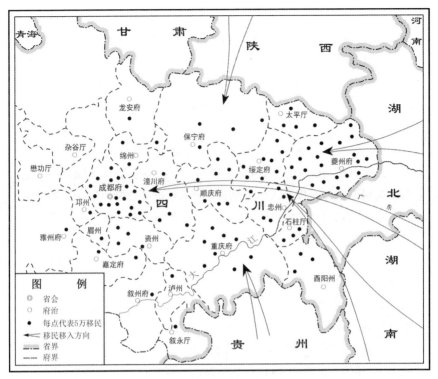

图 3-1 清代前期四川的移民迁入与分布(1776 年)

第五节

移民与区域社会

一 人口增长与人口危机

综上所述,至乾隆中期,移民人口几占四川全部人口的 60%;由此而形成所谓的"移民社会"。

问题在于,清代四川的人口增长并不完全表现为人口的机械输入引起的人口数量增加。在乾隆中期规模性的人口入川停止以后,四川人口的自然增长率可能仍保持着20‰以上的高速度,比同期中国人口的7‰左右的年平均增长率高出2倍以上。直至民国年间,四川人口的年平均自然增长率保持7‰以上的较高速度,仍比同期中国人口5‰—6‰的年平均增长率要高。人口的数量也由乾隆中期的1 000万增加至嘉庆中期的2 000万以上,继而增加至清代末年的4 800余万。由此可见,移民的迁入推动了四川人口的高速增长,但四川人口的量的积累却是由移民人口及原有土著人口的高速繁衍所完成的。

个别家族的例子可说明这一增长的速度和结果。如云阳涂氏,涂开盛和涂开宁两兄弟于雍乾间入川,第二代5子,第三代12子,第四代已有32子……至民国时期,繁衍十代,共有男女1 296人[1],设初入川时二兄弟携妻子父母共约10人,在200年的时间里,人口增长了百倍以上,年平均增长率达到了24.6‰。另有"陶氏族自乾嘉间入蜀,繁衍至数千口"[2],人口的发展速度与涂氏相当。涂氏、陶氏家族人口的增长速度,高于同期四川人口的平均增长速度。对于涂氏和陶氏家族而言,其始迁祖的迁入,仅仅是为日后涂氏家族的人口发展提供了人口繁衍的契机,土著稀少的社会环境为涂氏家族人口的增长提供了可能。移民人口就在这样的环境中迅速地增长起来。

根据表3-2提供的数据进行测算,大约在乾隆十六年(1751年)左右,四川人口已经达到了500万人,标志着四川人口已经达到了明末人口峰值时的水平。这时中国人口的总数约为2.3亿[3],略超过明代末年的人口峰值。可见在这一时期,四川人口的发展并没有表现出异常之处,只是由于明末清初四川人口的损失太大,恢复的难度也大,因而稍稍落后于全国人口的恢复。嘉庆二十五年(1820年),中国人口数约为3.7亿,是为明代末期中国人口最高峰值的1.7倍。这时的四川人口达到了2 000万,已是明代末年四川人口峰值的4倍。由此

---

1 《云阳涂氏族谱》,转见王笛:《跨出封闭的世界》,第529页。
2 民国《云阳县志》卷25。
3 葛剑雄:《中国人口发展史》,第246页。

可见,四川人口的异常增长主要发生在乾隆后期至嘉庆年间,四川人口的数量出现了一个巨大的飞跃。至清代末年,四川人口已达明代人口的9倍以上,中国人口仅为明代人口的2倍多。与中国其他地区相比,四川人口数量的增加确实是惊人的。

人口的压力始见于乾隆末年,到清代后期则进一步恶化。王笛对此作了详细的研究,他指出如新都县在乾嘉以后已"无荒可垦"[1]。彭县至乾隆末年已是"山坡水涯,耕垦无余"[2]。甚至在马边厅,嘉庆年间也是"户口滋增,到处地虞人满"[3]。道光时情形进一步恶化,如大足县,"则称穷荒,各处山村,仅谋生计"[4]。江油县更是"一户之土仅供数口,多男必出继,盖地不足而人无食也"[5]。时人称:"昔之蜀,土满为忧;今之蜀,人满为患"[6]。清代后期的情况更糟,四川自从"江楚客民源源而来,在今日已患人满,川东尤甚焉"[7]。事实上,至清代后期,四川已形成全局性的人口压力。

乾隆中期以后,四川人口开始向周边地区迁移。在四川西南部的宁远府,嘉庆初年,流入的汉人已达8.8万户,42.5万人[8]。会理一州,"男携女负,十百为群,不数年新户增至八九千家矣"[9]。在马边厅、眉州、洪雅、犍为、乐山、仁寿一带的人民"挈妻负子,奔走偕来"[10]。在雷波厅,乾隆二十六年仅有汉民189户,至嘉庆十九年(1814年)增至近3万户。在一些偏僻的山区,还常年聚集着一大批矿徒和矿丁。大批汉族流民进入四川的边缘山区,是摆脱人口压力的途径之一。

下一章将证明,至道光初年,迁入陕南的四川移民及其后裔已经达到了60万人之多,同时迁入云南、贵州的川人也不在少数,合计约有100万左右,约占四川在籍人口的6%左右。四川由人口输入变为

---

1 民国《新都县志》第2编。
2 光绪《重修彭县志》卷10《文章志》。
3 嘉庆《马边厅志略》卷4《人物一·风俗》。
4 光绪《大足县志》卷1《舆地志·风俗》。
5 道光《江油县志》卷1《志序》。
6 道光《新都县志》卷3《食货志·田赋》。
7 《渝报》第4册。
8 同治《会理州志》卷9《赋役志·户口》。
9 同治《会理州志》卷7《边防》。
10 孟端:《新垦马边碑记》,嘉庆《马边厅志略》卷4《艺文》。

人口输出,大约只经历了100余年的时间。

二 移民氏族与移民会馆

山田贤在《清代的移住民社会——嘉庆白莲教起义基础的考察》一文中指出,移民从家乡游离出来进入四川云阳一类地区以后,开始是同乡间的相互依托,形成同乡村落,后又发展为一个个的"家"所组成的"家族",最后演变成为聚族而居的大的血缘亲族集团宗族。原来在家乡已经分散解体了的宗族组织,此时又恢复建立起来。他们在经济基础巩固之后,修建宗祠,设置祭田,编纂族谱等[1]。这类移民重建氏族的现象,是移民历史发展的必然结果。在江西、浙江和其他一些移民迁入区,繁衍至今的移民氏族都经历过由家庭发展到家族,继而发展为宗族或氏族的完整过程。

一个移民家族一般要经过多长时间才能形成呢？从理论上推导,至少应有五代方能构成一个家族;而五代及五代以上的大家族才可能构成一个小的宗族,即由若干房构成一族。一般说来,构成一个宗族至少要花100年以上的时间。以人口的年平均增长率为15‰的高增长率为准进行计算,一个5口之家需要花费200年的时间才能够拥有100个家族成员。即使这就是一个宗族的话,其人口的数量仍然是不多的。如上文所述之云阳县涂氏、陶氏能够在200年左右的时间里,人口保持25‰左右的高速度增长,也确实是不多见的。所以,单一的移民由小家庭发展成为大宗族的事例当为极少。大部分的移民宗族或氏族的形成,实有赖于若干个家庭成员的共同迁徙。这样,在迁入地,他们就很容易组建成一个新的宗族。或者,更多原籍同宗族成员的共同迁徙,也容易在迁入地组建新的氏族。典型的例子如绵州张氏,雍正初年由粤迁蜀时,是祖孙三代连同部分近亲共十余人一道迁徙的。又如陇西李氏在迁往四川巴县时,也是举家13人同时迁往的[2]。以主干家庭,即一个小家族的规模进行迁徙的例子有许多,如

---

1 转见王笛:《跨出封闭的世界》,第530页。
2 转见郭松义:《从宗谱资料看清代的人口迁徙》,《清史研究通讯》1986年第1期。

刘正刚曾引用广东移民族谱作为例证：兴宁廖氏，"人繁费，祖业无几，于是父子商议上川"；永安陈氏，"地狭人稠，不足以供家人生产作业"而举家入川；长乐陈氏后人回忆先祖"与妣偕六子三媳"于乾隆二十年赴川，只留一子在粤[1]。

除了家庭人口的共同迁徙外，同宗及同籍乡亲的相互牵引，是移民过程中一个重要的因素，由此而形成移民分布的同宗或者乡籍区别。在四川这样一个四方移民杂处的地区，则很容易形成移民的省籍区别。不同省籍移民之间的矛盾冲突以及移民和土著之间的矛盾冲突，是移民社会冲突和动荡的根源。

政府为吸引移民入川所采取的一系列政策本身就蕴含了迅速重建四川社会之企图。如上述康熙十年（1671年）规定"各省贫民携带妻子入蜀开垦者，准其入籍"；康熙二十九年规定"蜀省流寓之民，有开垦田土纳粮当差者，应准其子弟在川一体考试"。这两条规定从移民运动的初始就明确了移入者的法律地位和权力，拥有地产并纳粮当差的移民即可成为百分之百的土著居民。他们不仅能够编入移民地的户籍，而且可以享有迁入地的学额和参加科举考试的权力。在本卷第六章有关江西移民历史的研究中，可以看到，有些移民尽管在迁入地已经置有房产、田地和坟墓，却因土著的反对而无法入籍，最后由政府出面编入专门的"棚籍"，纳粮当差。又由政府配予少量的棚民学额，以确保棚民不侵犯土著之权益。另外，在一些地方，政府将棚民编为专门的乡里，以示与土著的区别。身份上的区别使得土客矛盾长期存在，移民社会长期处于分裂的状态。

江西、浙江等地的土客冲突的根源在于土著多而移民少。四川则不然，四川土著在人口数量上并不占优势，缺乏如江西山区与外来人户抗争的前提。只是在移民迁入之初，土著与移民力量大体平衡之时，土客之间的冲突才是存在的。如一份康熙五十二年（1713年）的上谕说："湖广、陕西人多地少，故百姓皆往四川开垦，闻陕西入川之人各自耕种，安分营生，湖广入川之人每每与四川人争讼，所以四川人深

---

[1] 刘正刚：《清代前期广东移民四川原因考述》，《广东社会科学》1995年第1期。

怨湖广人。"[1]据上文,康熙末年四川人口数量中移民尚不敌土著,但也相差不多;湖广入川之人与四川土著的争讼就是在这一背景下发生的。而在同时,因陕西移民的数量较少,不足以与四川土著相抗衡,故秦人的表现相当安分。当移民人口远远超过土著以后,这种冲突就会减少。如在四川云阳,所谓的土著"自云洪武年间来蜀……经闯贼之乱而仅存者也。今县境扶、徐、向、冉、杨、谭诸族皆其孑遗,其始颇仇客民,久乃相浃,寻结婚媾"[2]。尽管云阳土著已大部损失,但在移民迁入之始,移民人口与土著相比可能并不占优势,以后移民逐渐增加,土著人口的比例愈来愈低,最终仅占人口总数的20%。在不成比例的力量抗争中,土著显然处于劣势。因此,在最初的对抗期过后,便是相互之间的通婚和融合。所以道光《安岳县志》卷2称:"四方侨寓复多秦、越、楚、吴之人,始则佃地而耕,继则携家落业。虽曰客民,同于土著矣。"至道光年间,土著和移民就不存在什么差别了。

不同省籍的移民之间也会发生矛盾和冲突。相对于台湾而言,作为移民社会的四川省,移民分籍冲突表现得就不那么强烈。嘉庆《什邡县志》卷18《风俗》中曾提及这类冲突,"张献忠蹂躏之后,土著稀少,四方侨寓率多秦、楚、闽、粤之人。人心不谐,党类攸分,生气斗讼,往往有之。近日时加劝谕,习久相安,渐归醇厚"。大约至嘉庆年间,这类分籍冲突就基本消弭了。

王笛认为四川分籍移民之间的冲突表现为会馆的设置。他指出会馆有以下三个特点:一是流寓在外的客籍居民创办的;二是有严格的地域区分,即对外籍具有排斥性的本乡本土人小至乡镇、大至省的结合;三是其内部供奉有本籍尊奉的神或先贤[3]。但是,这一分析并未能区别农业移民会馆和商业移民会馆。据此很难判断各籍移民的数量分布或其他相关的问题。

蓝勇对清代四川会馆做了全面的统计,这一统计目前看来是最全面的。按照本文对四川区域的划分,整理如表3-8。

---

1 嘉庆《四川通志》卷首。
2 民国《云阳县志》卷13《礼俗》。
3 王笛:《跨出封闭的世界》,第559页。

表 3-8 清代四川外省会馆的分布

原籍 地区	湖广	广东	江西	福建	陕西	江南	西南	华北	合计	统计县	每县均数
川东	135	26	47	14	52	3	2	1	280	18	15.6
川中	218	97	130	51	45	3	16	0	560	34	16.5
中部	131	54	71	27	28	2	6	0	319	14	22.8
北部	9	4	8	2	4	0	2	0	29	5	5.8
南部	78	39	51	22	13	1	8	0	212	15	14.1
川西	90	91	108	45	65	6	25	5	435	42	10.4
川西边区	34	28	35	6	20	0	14	2	139	14	9.9
合计	477	242	320	116	182	12	57	8	1 414	108	13.1

资料来源：据蓝勇《清代四川土著和移民分布的地理特征研究》中《清代四川移民会馆分布统计表》重新整理。

说　明：川东、川中地区的划分见本章。川中部包括重庆、潼川和顺庆三府，川中北部仅指保宁府，川中南部包括叙州府、泸州和叙永厅。川西地区包括龙安府、绵州、成都府、邛州、眉州、资州和嘉定州。川西边区包括茂州、松潘厅、雅州府和宁远府。

从表 3-8 中可以看出，以每县平均设有的外省籍会馆数计，四川中部的会馆设置最密，每县达到了 16.5 个，其中尤以中部的重庆、顺庆和潼川三府设置最多，每县平均设有外省会馆达到 23 个之多；北部的保宁府最少，每县只有 8 个外省会馆，此数甚至不及川西边区；南部则比中部为稀而较北部为密。从川中地区移民的分布看，也是中部多于南部，更多于北部。然而，我们知道，与川东区相比，川中地区的移民分布密度远不及川东，但会馆的分布却要密集得多。据此可知，会馆的多少与移民的多少并不存在什么必然关系。

再以川东为例，在表 3-7 统计的 18 个县中，每县平均有会馆 15.6 个，若其中达县、大竹、云阳三县不计，余 15 县平均有会馆 6.5 个。达县、大竹、云阳分别有会馆 72 个、59 个和 51 个，是为平均值的 8—11 倍。而我们决不可以得出云阳移民是川东地区每县移民平均数 8—11 倍的结论。

在川东地区，除达县、大竹和云阳三县外，会馆较多的还有万县和万源（太平厅），分别为 20 个和 19 个。川东会馆的这一分布实与交通和商业密切相关：达县、大竹和万源处于川中至陕南陆路的交通线上,大竹正处在这条南北交通线和从万县至川西这条东西交通线的交叉路口,万源处于陕南进入川中交通线的第一站;云阳和万县是长江沿线重要的商埠,其地位非川东其他县所能比拟。

其他地区也有类似的情况,如会馆密集的遂宁、乐至、简阳等县,正处于重庆到成都的陆路交通线上,这条交通线上的商业繁荣,是可以想见的。因此,在交通线上的城市分布有众多的各省会馆,也是合情合理的。

再从分籍会馆的数量上分析,云阳县来自陕西的移民极少,氏族志中只载有明代万历年间迁入的一族,却设有2所陕西会馆;广东、福建移民各为4族和6族,原籍会馆分别有1所和3所。显然,会馆的设立与农业移民没有直接的关系。西部的情况也是如此,简阳有陕西移民2族,却有陕西会馆7所,陕西会馆的设立者是商人而不是农民,于此可看得一清二楚。

至于有些地方志中所提及之"客长",实指会馆中的管理者。对本文讨论的农业移民而言,从清代前期迁入至清代后期乃至民国,历经数百年,何来"客"之称谓?既不称"客",又何来"客长"之称呢?

可以这样说,既然四川外来的农业移民尚且有设会馆之习俗,那么,外来的商人则更热衷于此。在我们无法区别城市会馆和农村会馆以及我们无法确定会馆所代表的各类分籍人口的前提下,根据会馆的数量是无法估计移民人口的数量的。

另外,从本书以后各章的论述中可知,四川是清代前期的大移民中接受外来人口最多的地区。大量会馆的出现是外省移民祖籍意识的产物。从逻辑上推测,也是各省移民对立或对抗的产物。由于资料的缺乏,我们对会馆在四川移民社会的整合过程中究竟发挥了一些什么样的作用,尚不知晓。进一步的研究有待于将来。

三 移民与经济的增长

1. 耕地和粮食产量的增加

移民初期的四川荒地很多,移民占垦几乎没有什么限制。有记载说:"占垦者至,则各就所欲地,结其草为标,广袤一周为此疆彼界之划,占已,牒于官。官不问其地方数十里、百里,署券而已。后至者则就前贸焉,官则视值多寡以为差,就其契税之。"[1]移民地区到处盛传的"插标为业"即是此意。

后来者向先期的占垦者购买土地,地价也十分便宜。银一两,"可购十亩之地"[2]。甚至有以"鸡一头、布一匹而买田数十亩者,有塘田不耕,无人佃种而馈赠他人者"[3]。还有移民因占垦过多,劳力不足,而放弃部分土地的[4]。雍正六年(1728年)开始计户授田,标志着人口增加和土地资源渐趋紧张。

移民垦殖使四川大片荒地得以开垦,这方面有非常多的文献记载,最典型莫过于纳税田亩的增加。康熙年间对四川新垦土地采取了较为宽松的申报政策,政府册籍上的田亩数与实际垦田数有较大的差距。雍正七年(1729年),四川全面清丈土地,结果是:田亩总额为45.9万顷,是明朝万历年间四川田亩额13.5万顷的3.4倍。这一年四川田赋总额为65.6万两,仅为明万历四川田赋额161.7万两的40.6%[5]。据表3-2进行推算,雍正七年的四川人口大约为270万左右,仅及万历年间人口高峰时的54%。据此可知,雍正四川人口的人均纳税田亩是明代万历年间的6.3倍,而人均田赋只及明代万历年间的6.5%。地多、人少、赋薄构成清代前期四川经济的鲜明特征。

大批移民成为拓荒的受益者。各地方志记载了一批垦田致富的移民,如湖南武冈刘才亨于康熙初入蜀,"至三传,子孙繁多,田百顷,家声崛起"[6]。武冈黄氏"高祖全凤公跋涉来川,居州治之铁匠营,插占土地,躬耕传家",五世后,"田产增至二千五百余亩"[7]。湖南邵阳李茂亮于康熙中后期定居云阳,与其弟"益治产业,买荒地,招佃垦殖,

---

[1] 民国《云阳涂氏族谱》卷19《家传》。
[2] 民国《荣县志》卷12《礼俗》。
[3] 民国《南溪县志》卷2《食货》。
[4] 民国《南溪县志》卷6《杂记》。
[5] 梁方仲:《中国历代户口、田地、田赋统计》,上海人民出版社1985年版,第258、272页。
[6] 光绪《德阳县乡土志·氏族》。
[7] 同治《续汉州志》卷22《艺文》。

积数十年,自盐渠至路阳,延袤数十里,沃壤相属,遂为县北著族"[1]。湖北大冶彭光圭,迁入云阳,初作小商贩谋生,后致富,子孙时,"所购田毗连数县,入谷至溢万石"[2]。类似的记载不胜枚举,兹不赘言。令人不解的是,在移民迁入之初,占有大量土地的四川移民和土著,究竟是用什么方式耕种土地的,是雇工经营还是出租,则不清楚。

王笛研究了雍正年间的四川粮价,认为雍正时川米一般每石价只约银九钱五分,成都平原米更贱,雍正十一年青黄不接之时,米价每石只用银五钱上下。一般的年成中,川米比浙江米价每石已贱至四五钱不等[3]。价格上的差异导致大量川粮外运。时人称:"向来聚米最多者,皆由四川土饶人少,产米有余,本地谷价甚贱,故川民乐于出卖。"[4]王笛认为大量川米东运至少在雍正年间已经开始,直至乾隆年间,每年东运的粮食大约在150万石左右[5]。四川的米粮外运在中国粮食运销体系中占有重要的地位。雍正帝认为,"江浙粮食,历来仰给于湖广,湖广又仰给于四川"[6]。直至乾隆年间,还有所谓"向来楚省民食,全赖川省商贩"[7]的说法。以至于有学者认为,清代盛传的"湖广熟,天下足"民谚,反映的是湖广在长江流域米粮运输中的地位,其中包括对四川粮食的转运[8]。只是到嘉道以后,随着人口的剧增,人均耕地的减少,四川粮食日益紧张,输出越来越少,最后基本断绝。至清代末年,川省粮价涨至每石5—8两,反映了当地粮食缺乏已经到了相当严重的程度。

2. 技术和物种的传入

四川移民大都来自东部各省,其中尤以湖南、湖北及广东、江西省最为主要。一般而论,东部各省,尤其是广东及江西等省,人多地少,

---

[1] 民国《云阳县志》卷35《士女》。
[2] 民国《云阳县志》卷23《族姓》。
[3] 王笛:《跨出封闭的世界》,第117页。
[4] 台北故官博物院编:《官中档雍正奏折》第六辑,第99页。
[5] 王笛:《跨出封闭的世界》,第207页。
[6] 《官中档雍正朝奏折》第三辑,第400页。
[7] 《清高宗实录》卷386。
[8] 张建明:《"湖广熟,天下足"述论兼及明清时期长江沿岸的米粮流通》,《中国农史》1987年第4期。

有精耕细作的传统，农田耕作较四川土著更为精细，产量亦高。广东、福建等省人民还多种植经济作物，如烟草、糖蔗等等，以弥补生计之不足。

在川西成都平原，"农事精能，均极播种之法，多粤东、湖广两省人"[1]。又有评论说，"川中农事尤为决裂，闻闽、广人来倡，率力勤田功，始颇修治"水利[2]。巴县人认为，在耕种与勤劳方面，"土著者不如楚人，楚人又不及闽广"[3]。在川北昭化，乾隆时的记载说，"昭化土著民不善种植，以其田佃于粤民，粤民岁奉租如自种所获之数，而又因以为利，利且丰。惰农曰其利钓焉，劳而获，曷若逸而获；良农口试，往探其术，则丰利可自有也。粤民告语，粪无瘠土，勤无荒年，吾岂有异术哉？或仿而行之辄效，今土著亦往往善农矣"[4]。闽粤移民的种植技艺无非是"粪"和"勤"二字，德阳人说："近见粤民来佃种者，家家用粪，所收倍多，德民何不效而行之？"[5]处于人多地少地区的闽、粤移民将原籍精耕细作的优良技艺传入四川，对四川农业的进步影响是很大的。

乾隆《三台县志》卷3《土产志》称，"流寓之众，又携各方物以为艺植，故昔之所无，或为今之所有"。最典型的引进物种似为川中南部的糖蔗生产，在南溪县的糖蔗产地，当地"父老相传，明代无有，清初粤人迁来者众，始由故乡携种来蜀，百年递衍，遂为大宗，县中富室之家，多以制糖起家"[6]。蔗田分布于沿河台地，仅仅是移民所为。资料称，"大约土著之民，多依山耕田；新籍之民，多临河种地。种地者，栽烟植蔗，力较逸于农，而利或倍之"[7]。与南溪县相邻的富顺县，至民国年间，全县的糖蔗产出额在三亿斤以上[8]。只是其蔗田分布于沱江上游，与南溪并不联片。沿沱江北上，有内江县农民种蔗作糖，"其壅资

---

1 同治《成都县志》卷2《风俗》。
2 乾隆《江津县志》卷6《水利》。
3 乾隆《巴县志》卷10《习俗》。
4 乾隆《昭化县志》卷5《田亩》。
5 乾隆《德阳县志》卷4。
6 民国《南溪县志》卷2《物产》。
7 同治《南溪县志》卷3《风俗》。
8 民国《富顺县志》卷5《物产》。

工值十倍于农","沿江左右,自西徂东,尤以艺蔗为务"[1]。再沿江北至简州,沿江之民也多种蔗,"州人多以致富"[2]。如上述,简阳县是广东人的集中移民区,该地的甘蔗种植是广东移民传入并发展起来的,形成沱江至长江一带四川最主要的糖产区。直至今日,这一区域仍是四川重要的糖蔗产区。

在上引资料中,除了甘蔗以外,广东移民还在沿河台地上种植烟草,只是种植的规模不详。烟草是传自美洲的新作物,明代后期传入中国。四川烟草的种植,当由广东或福建移民传入。成都平原烟草种植最多,郫县"业者最多","名与闽勒"[3]。新津县,"邑人业烟草者甚多,良田熟地,种之殆遍"[4]。甚至在川东之云阳,"业烟草者多闽人,赖、卢诸姓皆清中叶来,以其业名县中,利颇饶,今多土人承之。烟草出金堂诸县,由渝万转运,近利益薄,犹胜他业"[5]。这不仅说明川东的烟草种植源于闽籍移民,而且说明四川最大的烟草产地是在成都平原。如上所述,成都平原正是闽、粤移民密集的分布区。

嘉庆《南溪县志》卷4记载了双季稻的传入,"江西早,种自江西来,一岁可栽两次",种植情况则不详。

还如楠竹,合江人称当地"尤富竹木,竹种繁复,而南竹为冠。清初黎氏由闽携种来植于赤水县属葫芦脑之后槽……其种遂布;黎氏子孙,今尚在四区"[6]。威远人则称楠竹为"欧阳氏自江西带来"[7]。在合江、威远两县,楠竹都成为名产。在井盐生产中,楠竹广泛用于卤水传输。

再如什邡的造纸业。康熙初年,刘宗朝"由楚入川,发明制纸之法,至今全沟之民,无不以纸为业"[8]。中江县的线布,"纺线织成各种

---

[1] 道光《内江县志要》卷1《土地部·物产》。
[2] 民国《简阳县志》卷19。
[3] 彭遵泗:《蜀中烟说》,嘉庆《四川通志》卷75。
[4] 道光《新津县志》卷29《物产》。
[5] 民国《云阳县志》卷13《礼俗》。
[6] 民国《合江县志》卷2《食货》。
[7] 光绪《威远县志》卷2《食货志》。
[8] 民国《什邡县志》卷2《古迹》。

式样,最坚牢。刘氏自江西来,携匠至此,独专其利,今绝迹矣"[1],因传主过于保守而未能推广。

甚至四川人最喜爱的食品豆豉,也由江西移民带入。在合川,"淡豆豉制法……由江西传来。城中程姓,江西瑞州府人,乾隆时来合,即业此。程有孙某,媳亦江西娶也,尤擅此,今继其业,每岁所制销售绥定七属,其获利足以赡家。近虽有能仿制,然较程姓不及远甚"[2]。据此可见,清代四川因接纳四方移民,从而大大丰富了自己的物质文化的内容。

此外,移民们一些优良的品质,直到民国年间,还深受当地人民的赞许。如在叙永之天池、马岭两镇,广东移民后裔,"不啻数千家。每家生女自五六岁时即教以绩麻之法,白昼昏夜;其他操作外,则以绩麻为务。凑集麻纱或自织布,或以纱易布,售钱则为一己之储蓄,由少而壮,由壮而老,举凡衣线所需,惟此是赖,甚至有积成巨资购置田亩……能如粤人之治业有恒,亦何虑生计之日绌乎?"[3]四川人民已把广东客家人的勤奋、刻苦的精神风貌融合为自己优秀品质的一部分。

3. 番薯和玉米的种植[4]

东南沿海是我国番薯等美洲作物的最初传入地。番薯在明代末年及清代初年,闽粤两省人民已有广泛的种植。移民入川,将番薯带至四川。乾隆五十年(1785年)《潼川府志》卷3记载"潼民之由闽、粤来者多嗜之,曰红薯"。嘉庆二十年(1815年)《资州直隶州志》卷3记载"先是资民由闽、粤来者始嗜之,今则土人多种以备荒"。乾嘉时期的川中、川西地区有了广泛的种植。

按照经济地理学的方法,划分农作物集中产区的标准主要是种植面积和总产量,历史时期有关面积和产量的记载难以觅获,因此,我们采用以下要素作为判别集中产区的标准:(1)有大规模种植的记载;(2)有充当主要农作物的记载;(3)有充当主要食品的记载。据

---

[1] 民国《中江县志》卷2《物产》。
[2] 民国《合川县志·工业》。
[3] 民国《叙永县志》卷7《实业》。
[4] 参见曹树基:《玉米、番薯传入中国路线新探》,《中国社会经济史研究》1988年第4期;《清代玉米、番薯分布的地理特征》,《历史地理研究》第二辑,复旦大学出版社1990年版。

此,四川的番薯集中产区有如下府、州、县:川中区有保宁府之阆中,潼川府,顺庆府之西充、广安,重庆府之永川、江津、铜梁,叙州府之南溪、叙永。川西区有成都府之成都、简州,资州直隶州,绵州之德阳。川东区有夔州府之巫山、大宁、奉节,忠州之垫江,酉阳州之黔江。集中产区主要分布于川中地区,川西平原和川东山区也有一定面积的分布。

玉米是明代后期从西北地区由回族商人传入我国的,因此,西部地区玉米的种植早于东部。据同理,清代四川玉米集中产区有如下州县:川东区有太平厅之城口,夔州府之奉节、大宁,石砫厅,酉阳州之酉阳。川中区有保宁府之昭化、通江、南江、阆中,顺庆府之西充、三台,重庆府之江津,叙州府。川西区有龙安府之彰明,绵州之德阳,成都府之崇庆,邛州之大邑,资州直隶州,嘉定府之威远、峨边,雅州府之天全。可见,清代四川的玉米产区已经遍布全省各区,其中主要以川东北和川中北部川陕交界一带以及川中南部丘陵山区种植最多,形成连片的集中产区。川西地区也有较大面积的种植。

嘉庆中期四川的人口已经达到了明代四川人口峰值的4倍,由于耕地面积增加了相同的倍数,甚至更多,且田赋仍未达明代之数额,此时的四川人民至少比明代后期生活得要好一些。清代末年,四川人口已增至明代人口峰值的9倍多。从嘉庆中期至清代末期,四川的人口增长率仍保持8‰以上的高速度,重要的原因之一,就是新作物传播提高了四川土地的垦殖率,大片丘陵和山地得以垦辟,成为粮田。粮食总产的不断提高,支持了四川人口的不断增长。云阳的记载在提及移民时说:"二百余年以来,占田宅长子孙者,绵历数世。户口日蕃,田入不足以给,则锄荒,岁辟林麓以继之。先垦高原,续锄峻坂,驯至峰巅岩巇,均满炊烟。寻墼得水,则作梯田,隐石诛茅以求席地。"光绪以后愈为严重,时人已将四川比作往日之吴楚了[1]。川中北部的巴州人则云:"自教匪平定以来,荒山老林,尽行开垦,地无旷土,梯田层疊,弥望青葱。"[2]这些山区和老林的开辟,和新作物的种植大有关系。一般

---

[1] 民国《云阳县志》卷13《礼俗》。
[2] 道光《巴州志》卷1《风俗》。

说来,番薯适于种植在较为平坦的丘陵地上,或者为山脚隙地;山坡所种,只能是玉米了。

当番薯、玉米的种植仍不足以维持迅速增加的人口需要时,四川农民便以种鸦片以谋利。同治时期,鸦片已成为川东地区的主要农作物了。

第四章

西南移民潮：陕南、湘鄂西、黔、滇地区

清代移民迁入四川，构成西南移民最重要的组成部分。与此同时或稍后，陕西南部山区、鄂西、湘西以及贵州、云南也都在接纳移民，形成数百万人口西移的壮观场面。兹分区论述如下。

第一节

移民入陕南

陕西南部地处群山怀抱之中，其北有秦岭，南有大巴，东有武功。秦岭和大巴两山夹峙之间，有汉水流过，汉水串联着一个个山间盆地，是陕南主要的农耕地带。清代陕南地区主要分属于三个行政区，即商州直隶州(治今商洛市)、兴安府(治今安康市)和汉中府(治今汉中市)。在秦岭山麓，随着移民的迁入，新设有孝义、宁陕两厅，属西安府辖。在移民浪潮中，还有为数众多的伐木工人流入西安府及凤翔府所属州县,如盩厔、郿县、扶风等县。陕南之南界,与四川北部的保宁府和太平厅接壤。

明代末年,陕南既是李自成、张献忠率领的农民军与政府军反复较量的战场,也是李、张之间相互火并之所,同时又是"摇黄"等地方武装的大本营。直至康熙十三年(1674年)爆发"三藩之乱",汉中为吴三桂占据达五年之久。在明末清初的几十年中,各种武装力量频频往来于汉中,给汉中社会带来巨大的破坏。如雒南县(今洛南县),当地文献的记载说,"国初时而田园长蒿莱,行百里间绝人烟矣"[1]。战乱使"汉沔间几无宁日"[2],"民死于锋镝、饥馑、瘟疫者十分之五"[3],很多地方"较昔之盛时尚不及十分之二三"[4]。若陕南残存人口仅为明代后期该地区人口的30%,那么就有70%的土著人口死于战乱了。与四川相比,陕南的人口损失要少一些。

人口死亡达到70%左右的规模,就可以想见地方的残破景象。如汉阴县城,"破颓者仅存十余间","荒榛茂草遍城下,虎狼夜食鸡犬,居民不能息也"[5],与四川虎狼遍地的情形何其相似。顺治年间定赋额时,就因为"人户荒凉,原定之额不能符数,土著百姓以纳课为难"[6]。由此可知,"三藩之乱"平息以后,陕南也面临着招民垦荒,恢复经济的问题。

以湖广人为主的移民迁入与四川毗邻的陕南,是"湖广填四川"的自然延伸。

一 移民政策的变化

战乱结束后的陕南与四川一样迫切需要招徕移民,恢复经济。但直到康熙后期,当四川的移民垦殖已经大有成效时,陕南还毫无举措。

---

1 乾隆《雒南县志》卷4《食货·土田》。
2 嘉庆《汉阴厅志》卷9。
3 民国《汉阴县志·大事记》。
4 嘉庆《汉阴厅志》卷9。
5 同上。
6 严如熤:《三省边防备览》卷11。

当地人感叹："向因连接川省以至荒残,今不能与川省同其修复",以至土旷人稀的程度"在今日比川省为重";"所履之地,虎迹狼蹄多于人迹,千里幅员,大半黄茅白苇"[1]。从这些记载来看,陕南地区的开发已经大大落后于四川了。

康熙五十一年(1712年),川陕总督通饬各地招民开垦,陕南的沉寂终于被打破。西乡知县当年就公告:"如有无田耕种者前来踏看上等肥田,本县给以牛种,准其安插,承顶钱粮,永远管业。"二年之内,"楚粤等处扶老携幼而来者,不下数千"[2],其他各县也有类似情况。康熙五十三年,川陕总督又宣布:"令无业穷民开垦,即与永远为业";并规定六年后起科,禁止豪强霸占[3],完全肯定了开垦者的土地所有权。这一政策刺激了外来人口的大量迁入。

康熙末年,正是以"湖广填四川"为标志的移民运动进入高潮之时。从康熙二十年至此,大量的移民迁入四川,已经经历了几十个年头。最早迁入的移民也已大量繁衍他们的后代,自然条件较好的平原丘陵,人口开始变得密集起来。相对说来,陕南地区对移民的吸引力也就大大增强了。

对于大批人口迁往陕南,湖广方面表现出强烈的不满。他们引经据典,认为朝廷只允许楚民入蜀开垦,却没有说他们也可以移入陕西。至于粤人迁往陕西,更是闻所未闻[4]。确实,从四川方面的文献看,朝廷在论及四川的移民垦荒时,并没有把陕西放在一起论述。换言之,朝廷对四川的政策不能泽惠于陕西。湖广方面的意见有其强有力的行政学上的依据,因此,户部支持湖广的意见,要求湖广巡抚将"擅给印照并沿途放行官员及不行觉察之上司,一并题参";这样,湖广署院通知各营汛弁兵阻截迁往陕西的移民,"俱一概递解回籍","毋得违例放行"[5]。结果大批流民受阻于途中。如湖南郴州桂阳县宁如先等人,先赴四川,但"不得安插",于是便于康熙五十一年移往陕南西乡

---

1 康熙《西乡县志》卷9。
2 同上。
3 同上。
4 同上。
5 同上。

县；不久回湖南接取眷属，又在家乡联络了55户，男女约600人，迁往陕南，行至郴州府城，被截获押解回县[1]。再如零陵县陈咸亨等人，已在西乡获得土地，承顶钱粮，康熙五十三年回乡接取家口，同时招徕本地流民，并取得零陵县路引（内中开有流民580余口）；一行人走到湖北彝陵（施南府，治今恩施市），却被强行阻止。当时人估计，"徕民行至中道而复被驱回原籍者何止数万"[2]；数量相当可观。

  湖广方面之所以限制其人户入陕，原因在于湖广人丁的流失会导致当地赋税的减少。虽说当时的丁赋征收并不与实际人口挂钩，但在名义上，丁赋仍是人头税，壮丁的流失会成为纳赋地方拒纳丁赋的理由。所以，湖广方面就这样认为，"陕省招徕，不过欲增民赋"，"朝廷贡赋惟均，似不应挹此注彼"[3]。雍正年间实行"摊丁入亩"，将丁银摊入地税中一并征收，人丁税不复存在，湖广方面阻止人民外出的障碍也就化解了大半。陕西方面在乾隆初年进一步放宽垦荒政策，规定商州及所属地方的未垦荒地实行官招，无主之地，即给垦户为业，有主而无力开垦的，定价招垦，给照为业；五亩以下的零星土地永免升科；薄地数亩折正亩一亩；平衍肥沃土地每一壮丁限以五十亩，差地限于百亩；荒地就应查出开垦，上有土产收获的，则听民自便[4]。这一规定对所垦荒地的产权、税额、移民土地的分配都给与很大的优惠，愈加促进了外来移民的迁入。

二　移民分布[5]

  移民入陕，大致从北部、南部和东部三个方向迁入。有记载说："流民之入山者，北则取道西安、凤翔，东则取道商州、郧阳，西南则取道重庆、夔府、宜昌，扶老携幼，千百为群，到处络绎不绝。"[6]陕西巡抚毕沅也说："汉中、兴安、商州各府州属，延亘南山，水土饶益，迩年楚、

1　康熙《西乡县志》卷9。
2　同上。
3　同上。
4　《清高宗实录》卷146，乾隆六年七月陕西巡抚张楷奏疏。
5　参见萧正洪：《清代陕南的流民与人口地理分布的变迁》，《中国史研究》1992年第3期。
6　严如熤：《三省边防备览》卷11。

豫、陇、蜀无籍穷黎,扶老携幼前来开垦者甚众。"[1]所涉包括陕南周边各省的移民人口。兹就陕南三地分别论之。

1. 商州

商州,乾隆十年至二十年间(1745—1755年),已有相当多的外来人民在此"包工开荒"[2]。在商州直隶州的辖境中,以商州地势最为平坦,移民迁入的时间也就最早。

商南县,"乾隆二十年后,江南安庆数县人襁负迁商,爰得我所,闻风兴起,接踵者日益众,此商南有'小太湖'之名也"[3]。迁入商南县的安庆人,以安庆府辖的太湖县人为最多。

雒南县,"乾隆初,中干山南老林未开,土地荒芜","乾隆二十年后,始有外来流民向业主写山"。所谓"写山",即移民与土著山主订立租约,移民佃山以事垦殖。"及四十三、四年,安徽、两湖数省屡被灾浸,小民络绎前来","渐次开垦,安然乐业"[4]。乾隆五十一年何树滋在乾隆《雒南县志》附卷中也说:"雒南疆域寥阔,界连豫省。三十年以来,外省人民杂处其间,易生事端。"据以可知移民的迁入是在乾隆二十年以后。

镇安县,"客籍中湖北、安徽两省居大多数,查均系乾隆二十七、八年以后迁来者"[5]。镇安县的平均海拔高度为1 200米左右。

山阳县,乾隆三十七八年后,又有大批皖、楚籍移民进入了海拔高达800—1 400米的秦岭中部的山阳县。这里"向来树木丛杂,人烟稀少,不过一万余口,近来各省客民渐来开山,加至十倍之多"[6]。

商州的例子说明移民进入陕南是一步步由中心区向边缘区扩展,由盆地向四周山地推进的。至乾隆四十年左右,商州各县几乎为外省移民所布满。

移民大潮甚至波及秦岭山区的腹地。乾隆四十七年,析镇安和西

---

1 毕沅:《陕西省农田水利牧畜疏》,《皇朝经世文编》卷36。
2 乾隆《续商州志》卷3。
3 民国《商南县志》卷2。
4 嘉庆《山阳县志》卷12。
5 民国《镇安县志》卷9。
6 卢坤:《秦疆治略》。

安府之咸宁、蓝田设孝义厅。从以后的论述中可知,孝义厅人口的90％为外来移民。

2. 兴安州

兴安州(治今安康市)"通计地方四千余里,从前俱系荒山僻壤,土著无多。自乾隆三十七、八年以后,因川楚间有歉收处所,穷民就食前来,旋即栖谷倚岩,开垦度日。而河南、江西、安徽等处贫民,亦多携带家室,来此认地开荒,络绎不绝,是以近年户口骤增至数十余万"[1]。人口的迅速增加使兴安州的面貌发生巨大的变化,十年以后,升州为府。

嘉庆以后,移民迁入陕南,更多的是迁入秦岭和大巴山区。继乾隆间孝义厅设立以后,嘉庆五年(1800年),又析商州之镇安、兴安之石泉、汉中之洋县以及西安府之长安等县,设宁陕厅。而在大巴山区的镇平地方,乾隆时领荒开垦时尚不足80户,嘉庆间川鄂之人迁入约8000余户[2];尽管如此,大概是由于人口仍不够多,未有设县或厅的举措。因此,这一带山区的移民垦殖,可能在嘉庆乃至道光年间仍在进行。

3. 汉中府

据嘉庆《汉中府志》卷21的记载,清代初年汉中府各平坝(盆地)地区"老民"尚多。"老民"即土著。南北两山及西乡、凤县、宁羌、略阳、留坝、定远之属老民则十之二三,其余则为"客民",即乾隆以后迁入的移民。关于移民的具体数量,有记载说:"安徽、两湖、四川无业贫民转徙垦荒,依亲傍友,日聚日多,巉岩邃谷皆为居民。略阳所管辽涧河林内外至一万数千户,凤三四千,沔五六千,留坝二千余,两当、徽县两邑亦盈千";仍大致以地形高下为率,平坦处人口迁入多,高峻处移民进入少。至于盆地中心区,虽然"老民"众多,但可耕地亦相应较多,可供开垦的余地依然很大,所以,移民的迁入仍有相当的数量。如褒城县"乾隆初年,楚民流寓甚众,置田过粮"[3],即

---

1 嘉庆《安康县志》卷17《文征》。
2 民国《镇平县新编简要县志》。
3 道光《褒城县志》卷3。

是一例。

嘉庆年间南部大巴山区开始成为外来人口的移民之所。严如煜说:"嘉庆年间巴山增设定远一厅,流民垦荒开山附籍者增至十余万户。"定远厅于嘉庆七年析西乡地设置,虽然其人口已自乾隆间开始迁入,但其中的大多数是在嘉庆间迁入的,人口迁入的规模相当惊人。稍后,汉中府北部的秦岭山区增设佛坪厅。严氏继续说:"而宁陕至留坝南山脊膂相距八百余里,尚觉空阔,道光四年……设佛坪厅。"[1] 佛坪厅的设立比定远厅要晚22年。

孝义、宁陕和佛坪三厅的设立时代表明陕南秦岭山地存在一个由东到西渐次开发的过程,这一过程始于乾隆年间,终止于道光年间(1821—1850年)。大巴山区的开发要稍晚一些,嘉庆年间仅设置定远一厅。兴安府南部山区的行政建置未有新设。

据此,可以认为陕南地区的人口迁移至道光年间已基本完成。陕南地区的移民迁入不仅起始时间晚,而且结束时间也晚,从乾隆初年至道光初年,经历时间长达90年左右。由于迁入陕南的移民亦以湖广人为主,因此,可以将其看作"湖广填四川"运动的延续。

三 移民数量和原籍

1. 对移民人口的估计

在讨论陕南的移民历史时,我们将秦岭之东、之南的商州、兴安和汉中三地作为一个整体,是因为三地人口统计中包括了定居的移民。凤翔、西安两府除孝义厅外,移民的流入多表现为棚民的形态,他们不是定居的迁入者。随着山地木资源的耗竭,棚民也作烟云消散了。

陕南地区大规模的移民迁入始于乾隆年间,终止于道光年间。依照四川的经验,可以根据乾隆初年至道光年间的人口数来进行陕南

---

[1] 严如煜:《三省边防备览》卷14。

移民数的推测[1]。目前只查得商州四县乾隆七年(1742年)的人口数：山阳县 11 794 人[2]，镇安县 3 810 人[3]，雒南县 30 714 人[4]，商南县 5 852 人[5]。商州(本州)人口一直比雒南县为多，假定商州(本州)为 40 000 人，合计商州人口总数为 93 000 余。商州人口的变动可见表 4-1。

表 4-1 清代陕西省商州地区的人口变动　　人口单位：万

时　代	人口数	年平均增长率(‰)	估计土著	估计移民
乾隆七年(1742年)	9.3	—	9.3	0
嘉庆二十五年(1820年)	75.2	27.2	13.9	61.3
道光三年(1823年)	77.1	8.4	14.1	63.0

资料来源：嘉庆二十五年人口数采自梁方仲《中国历代户口、田地、田赋统计》甲表 88。道光人口数采自卢坤《秦疆治略》。

对土著和移民人口的估计来自对山阳县人口数字的分析。详见表 4-2。

表 4-2 清代陕西省山阳县的人口变动

时　代	人口数	年平均增长率(‰)	估计土著	估计移民
康熙三十三年(1694年)	9 159*	—	9 159	0
乾隆七年(1742年)	11 749	5.2	11 749	0
道光三年(1823年)	107 700	27.7	17 947	89 752

资料来源：康熙《山阳县志》卷 2。
说　　明：*根据乾隆七年户均人口 6.3 人的规模折算。

康熙《山阳县志》卷 2 记载了康熙三十三年该县 1 443 户居民的居住点。显然这一数据并不是所谓的"丁"，而是"户"，具有相当高的

---

1 有些学者曾利用嘉靖年间的户口数作为这一推测的基础，按照我们对明代人口及明代人口数据含义的理解，是不妥当的。见陈良学、邹荣础：《清代前期客民移垦与陕南的开发》，《陕西师范大学学报》1988 年第 1 期。萧正洪在论文中以康熙中期的丁数按每丁 3 口折算人口，以此建立清代陕南人口分析的基础，实际上，我们至今未发现此区康熙中期的"丁"与人口数有什么可供折算的关系。
2 嘉庆《山阳县志》卷 6《户口》。
3 民国《镇安县志》卷 3《户口》。
4 乾隆《雒南县志》卷 4《食货·户口》。这一年雒南县编审户数为 5 691，丁口 30 714，每户平均丁口 5.4 人，可见此时该县"丁口"已是人口。
5 乾隆《商南县志》卷 3《户口》。

准确性。至乾隆七年,山阳县人口为 1 851 户,11 749 人,户的年平均增长率为 5.2‰,可视作移民尚未迁入前的人口自然增长率,即土著人口的自然增长率。据此,可推知商州地区土著人口的一般增长率[1]。

道光三年,山阳县人口增至 107 700,从乾隆七年至此的人口年平均增长率为 27.7‰,同期商州的人口年平均增长率为 26.5‰,两者相差不多。山阳县的人口增长速度略高于商州,是因为西部移民比东部移民持续时间要长。正因为山阳县人口增长与商州同属一个类型,其土著人口的年均增长率也适用于商州。

据此可以推测商州道光三年的土著人口为 14.1 万,移民为 67.5 万。土著占总人口的 17.3%,移民则占 82.7%。这与严如熤判断的土著人口约占总人口 10%—20% 的说法颇为相合。从嘉庆末年至道光初年,人口年平均增长率大幅下降,说明商州的移民至此已基本结束,这与文献分析的结果大体相似。

因未查获乾隆年间兴安府和汉中府的人口数,所以不可能就两府的移民人口作详细的分析。嘉庆末年的兴安府人口与道光三年的数字完全相同,不知何故。汉中府则从 154.2 万增加到 170.1 万,人口的年平均增长率高达 33.3‰,令人费解。因此,只能根据两府的人口数字作一粗略的分析:按照商州的比例,道光三年兴安、汉中分别有人口 121.4 万和 170.1 万,其中各 83% 左右为移民,移民及其后裔人口分别为 101 万和 141 万,与商州移民合计则有 310 万人。

嘉庆年间的记载说,陕南的外省农民,"侨寓其中,以数百万计"[2],可谓不假。只是其中的"侨寓"者,已经包括有移民迁入以后繁衍的后代了。

据山阳和商州和情况,假定从乾隆四十一年至道光三年间陕南人口的年平均增长率为 20‰(含人口迁入引起的机械增长),至乾隆四十一年,陕南地区接受的移民及其后裔约为 120 万人。这一计算是

---

[1] 商州地区人口从道光三年的 77 万发展到 1953 年的 137 万,人口的年平均增长率为 4.4‰。据此亦可知康熙三十三年至乾隆七年山阳地区土著人口的年平均增长率可以代表同期商州地区土著人口增长的一般水平。

[2] 卓秉恬:《川陕楚老林情形亟宜区处》,《三省边防备览》卷 14《艺文下》。

为了和其他地区进行比较,并不意味着陕南地区的移民活动于此时已经结束。

2. 移民原籍

汉中知府严如熤认为,"川陕边徼土著之民十无一二,湖广客籍约五分,广东、安徽、江西各省约有三四分"[1]。在严氏的判断中,土著人口仅为陕南人口的15%左右,湖广移民却占了50%。萧正洪于1984年在平利、留坝、定远、镇安四县获得一批清代墓碑资料,统计结果表明：土著仅占8.1%,鄂、湘籍移民占46.3%,四川籍占17.3%,安徽籍移民占9.2%,余为江苏、河南、江西和广东移民。由于萧氏所取样本集中于山地,故其所得土著比例明显比严氏分析为低[2]。这表明陕南山地的土著比例与盆地中的土著比例有相当大的差距,乃至在作总体分析时盆地土著人口的比例仍为山地土著人口比例的一倍左右。

再如孝义厅的例子。光绪《孝义厅志》称："土著者十之一,楚、皖、吴三省人十之五,江、晋、豫、蜀、桂五省人十之三,幽、冀、齐、鲁、浙、闽、秦、凉、滇、黔各省人十之一。"移民的来源更为广泛。然就土著而论,与萧正洪根据山区四县墓碑作出的估计是大体吻合的。从地理上说,孝义厅比平利、留坝、镇远等县更为僻远,土著人口的比重不应超过平利等县,《孝义厅志》关于流民原籍只是一个模糊的概述,不应对其作过于精细的讨论。

上引文献表明乾隆中期以后,不仅有湖广、安徽等地的人口迁入陕南,而且还有大批的四川移民介入其中。如前所述,乾隆中期以后,移民入川的大潮已经基本结束,四川开始出现人多地少的新情况。因此,当陕南开禁,就有四川人口迁入陕南谋生。这就从另外一个侧面反映了四川大量接纳移民止于乾隆中期。乾隆中期以后,迁入四川的移民已经不多,四川人民本身也开始向外移民了。

大批的安徽移民开始活跃于陕南山地。他们中的大多数可能来自安庆府属的太湖等县。这里属于长江沿岸的滨湖及丘陵地带,无论

---

[1] 严如熤：《三省边防备览》卷11。
[2] 在萧正洪的论文中,他将严如熤所说的土著比例定为10%,是为理解之错误。若定为15%,统计检验的结果表明他的墓碑统计与严如熤的描述有显著差异。

是水田还是旱作,他们都有相当丰富的经验,他们的迁入为日后陕南地区的农业发展注入了新的活力。

移民的迁入和分布可见图4-1。

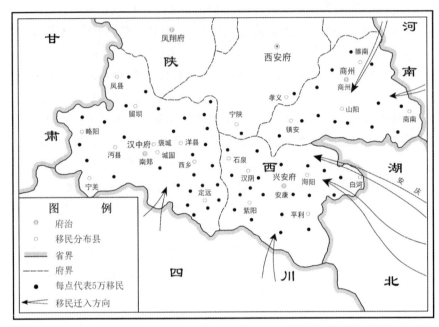

图4-1 清代中期陕南地区的移民迁入与分布(1823年)

四 移民活动与环境变迁[1]

1. 水稻种植

乾嘉时期迁入陕南的移民,绝大多数来自南方各省水稻产区,喜食大米,因而将水稻生产的技术带入陕南。有移民艾延兴氏,乾隆间奉母徙居镇安县,"母固南产,喜食稻米,时邑尚榛莽,鲜种稻,延兴尝至二百里外购之"[2],可见当时当地很少植水稻,稻米难求,才有百里

---

1 据萧正洪:《清代陕南种植业的盛衰及其原因》,《中国农史》1989年第1期。
2 《镇安县乡土志》。

购米之事。按照路程推算,艾氏的购米之处可能远在湖北郧阳或襄阳等地,若往四川则路程更远。可凭移民特长来分其源,"楚民善开水田,蜀民善开山地"[1],湖北、安徽移民,"用南方渠堰之法,以收水利"[2]。

乾隆时,略阳县的移民在娘娘庙、金池院、庙坝、接官厅等处,陆续开辟水田,只是规模不大。资料称:"皆因川楚人民来此开垦,引溪灌溉,或数亩或数十亩。"在留坝,"川楚徙居之民,就溪河两岸地稍平衍者,筑堤障水,开作水田","各渠大者灌百余亩,小者灌数十亩、十数亩不等,町畦相连"[3]。这所谓的渠道,实际就是塘圳。以天然山塘或在山间拦坝蓄水,是东南山区最常见的水利工程,也是山区最适用的水利工程。陕南平坝区或山区沿江沿溪处大大小小的稻田,就是这样逐步开辟出来的。

南部巴山一带,因地势较为缓平,水源相对充足,山间平坝处的稻田面积就更大一些。如定远厅,"其地形大概类蜀,每越一二大梁,即有平坝,如平落堰、盐场堰、九阵坝、三元坝、渔渡坝、固县坝、黎坝、上楮河等处,均产稻谷,水旺渠高,可资灌溉,旱不为忧"[4]。定远厅因安置移民而设,山间坝地的开辟可能与移民的活动有关。紫阳县,"倚山之麓除沟窄水陡者,余悉开成稻田"[5]。位于汉中盆地中心的褒城县,地势更为平坦,稻田面积也就更大,有名为碧玉泉的水利设施,可溉田几十顷[6]。在商州东部的商、雒间,清初旧有渠道"强半弃于无用之乡",至嘉道时,"湖北武、黄,安徽潜、六流徙之人,著籍其间,用南方渠堰之法,以收水利,稻田数万"[7]。灌溉的规模比秦岭、大巴山区要大得多。可以说,清代南方各省移民的迁入,促进了陕南地区的水稻种植业的发展。

2. 玉米和马铃薯的种植

在第三章中,我们已知川东及川中的北部地区是四川最重要的

---

1 道光《宁陕厅志》卷1《风俗》。
2 严如熤:《三省边防备览》卷8《民食》。
3 民国《续修陕西省通志稿》卷60《水利》。
4 同上。
5 卢坤:《秦疆治略》。
6 道光《褒城县志》卷2《地理》。
7 严如熤:《三省边防备览》卷8《民食》。

玉米集中产区。这一区域与陕南地区连成一片,由此构成中国西部最大的玉米产区。有意思的是,按照有关集中产区的概念,和川北地区一样,陕南地区不存在番薯的集中产区,所谓丘陵番薯、山地玉米的分布规律可以得到很好的验证。

和番薯的来源不同,玉米是明代从西域由回族商人传入的。因此,还在移民迁入之前,陕南就有了玉米的记载。最早的记载见于康熙二十二年(1683年)编纂的《西乡县志》,称之为"蕃麦",但没有大面积种植的记载。在当时人少地多、土地大片荒芜的情况下,此类作物很难得到大面积的种植。

在乾隆二十年(1755年)以前,镇安县即有记载说,"玉米,一名蕃麦,人畜俱食"[1],既作粮食,也作饲料,只是一种一般的粮食作物而已。到乾隆后期,大批江、楚移民,"熙熙攘攘,皆为包谷而来也"[2]。玉米在粮食中的地位骤然上升。邓林作《苞谷谣》,描述移民定居种植包谷的情形:"越阡度陌,涉水涉陆,爱居爱处,就此包谷。"[3]所说应当是乾隆年间的情形。相似的记载也见于乾隆五十三年《兴安州志》卷11《物产》中。石泉县人也说:"乾隆三十年之前,秋收以粟谷为大桩,与山外无异。其后,川楚人多,遍山漫谷皆包谷矣。"[4]大面积的种植意味着包谷已经成为农家主食,如宁陕厅,"山氓为常饭"[5]。严如熤则说,"讲民食,留(坝)、凤(县)、宁(羌)、略(阳)、定(远)、洋县均以包谷杂粮为正庄稼"[6],形成"夏收视麦,秋成视包谷,以其厚薄定岁丰歉"的局面[7]。可以说,至道光年间,玉米在陕南移民生活中已是不可缺少的主要粮食作物了,对于大多数居住在山区的移民来说,更是如此。

至嘉庆年间,玉米大面积种植的北端达到了秦岭北麓。凤翔府扶

---

1 乾隆二十一年《镇安县志》卷7《物产》。
2 乾隆四十八年《洵阳县志》卷11《物产》。
3 嘉庆元年《山阳县志》卷10《物产》。
4 道光《石泉县志》卷4。
5 道光九年《宁陕厅志》卷1《物产》。
6 严如熤:《三省边防备览》卷8《民食》。
7 严如熤:《三省山内风土杂识》。

风县的记载说,"近则瘠地皆种包谷,盖南山客民所植,浸及于平地矣"[1]。扶风之南山,即秦岭之北坡。所谓"客民",即陕南地区移民溢出境者。

马铃薯在山区的推广稍迟于玉米。有记载说,"洋芋来自海岛,自兴平杨双山载归,种于南山。乾隆时知食者少,嘉庆时渐多";道光年间,"则遍高山冷处咸莳之。其生甚蕃,山民遇旱,咸资此养生"[2]。另一说法是,"洋芋,旧志未载,相传杨侯遇春剿贼于此,军中采以供食,高山居民始知兴种"[3]。杨遇春所剿,为嘉庆初年的白莲教起义。可知平利县大规模地种植马铃薯是在嘉庆道光年间。最初种于高山的马铃薯,道光以后向平地扩展。在定远厅,"道光前惟种高山,近则高下俱种;春种则五六月可食,山民有因之致富者"[4]。

与玉米相比,马铃薯更适应于寒冷地区的种植,因此,流民携此种在高寒山区广为种植。据萧正洪的调查,在陕南山地海拔1 500米以上的高寒山区,至今仍留有嘉道时期流民垦殖的遗迹,如在紫阳县的会人坪,海拔达1 900米,砖坪厅的千层河、神仙河、横溪河和四季河等河流的源头地区,海拔最高可达2 200米,清中期均为流民垦殖。当年神仙河一带,"旧出洋芋,人烟颇多"[5]。平利县海拔2 200米的化龙山西侧,嘉道时期流民众多,以种植马铃薯为生,得名"千家坪"。同样,在海拔1 700米高的留坝县滚子坪和海拔2 000米的冲梁滩,镇安县海拔2 300米的四海坪,至今可见清代中期的农耕和村镇遗迹。现在这些地方生长着茂密的次生林和灌木,已经完全没有农耕活动了。

3. 经济作物和经济林

陕南地区最主要的经济作物为烟草和棉花。明末清初,烟草已经传入陕西,康熙后期,城固县已有烟草种植,且"较他邑为胜"[6]。

---

1 嘉庆二十三年《扶风县志》卷4《土产》。
2 张鹏飞:《修关中水利议》。
3 光绪《平利县志》卷9《土产》。
4 光绪《定远厅志》卷5《风俗》。
5 光绪《砖坪地理志》。
6 康熙《城固县志》卷3《食货》。

嘉道时期,烟草得到广泛的种植。严如熤说:"汉川民有田数十亩之家,必栽烟草数亩。"[1]嘉庆时人描述道:"城固胥水以北,沃土腴田,尽植烟苗,盛夏晴霁,弥望绿野,皆此物也。当其收时,连云充栋。"[2]汉中盆地的烟草产区主要是当地土著引种并经营的,由于有大批移民居于此地,所以,也可将这一产区的发展作为移民运动的成果来看待。

同样,陕南地区原有植棉业,在移民大批迁入之后也获得了较快的发展。严如熤指出:"近年汉南知种木棉,秋收之际,白英满畦,亦兴利之一端。"[3]湖广棉区人口的迁入对陕南棉花的大量种植起了促进作用。如一首竹枝词写道:"洵河大半楚人家,夜夜篝灯纺手车,宝庆女儿夸手段,明年多种木棉花。"[4]湖南宝庆府(治今邵阳市)移民的棉花纺织成为当地重要的家庭手工业。

陕南地区河谷盆地的面积狭小,约占总面积的十分之一,余为丘陵山地。因此,尽管清代陕南经济作物的种植已有一定的规模,但种植面积的绝对值仍是很小的,并未构成集中产区。相反,经济林却对陕南起着重要作用,其地位和影响超过了经济作物。

茶叶是陕南最重要的经济林。如本书第五卷中所指出的,明代中期,汉中府即以茶叶生产已经有很大的规模,成为西北边境茶马贸易的重要商品基地。陕西茶叶又称"汉茶","汉"即汉中府简称。汉茶主要产自西乡,有"汉中之茶独产西乡"[5]之说。大批移民迁入之后,茶叶产区扩大,紫阳县成为陕南最重要的产茶县。后有西乡人评价说:"清代陕南惟紫阳茶有名,而本县之茶则绝迹市场。"[6]这一变化显然与移民的扩大生产有关系。

漆树是陕南山区重要的资源。乾隆以前,当地人不知利用,"惟南人剖而沥之,邑人则不能"[7]。所谓"南人",据四川酉阳州的资料,有

---

1 严如熤:《三省边防备览》卷8《民食》。
2 岳震川:《赐葛堂文集》卷4《府志食货论》。
3 嘉庆《续修汉南郡志》卷27《艺文》。
4 光绪《洵阳县志》卷14《艺文》。
5 顺治《汉中府志》卷3《茶课附论》。
6 民国《西乡县志·农业志》。
7 康熙《雒南县志》卷4《物产》。

湖南宝庆人[1]。如上引资料，迁入陕南的移民中宝庆人不在少数。乾隆中期以后，南方移民，当然也包括宝庆府来的移民，将割漆技术传入陕南。如在镇安县，其山中多漆树，产漆最佳，"向来多湖北客民割去，量给租银，近年本地有效其术者"[2]。在紫阳县，"山极高处皆有漆树，每千树谓之一刀，其价昂时可值百金。此二种（按：生漆、茶叶）石窟贫民赖以存活"[3]。道光时，平利县即有漆会船帮与漆商30家，专门从事生漆和漆油的收购与贩运[4]。

油桐也成为陕南山区主要的经济林。在巴山地区，"乾隆以后，户口加增至数十倍，地利日辟，物产日增。低山以漆、木耳、苎麻、漆油、桐油为大宗，岁所出巨万，有业此而货殖致富者"[5]。

4. 棚民与山区采木业

依照四川的例子，一般来说，政府招募的移民除了分给土地以外，必须将他们编入当地户籍。由于不存在户籍方面的困难，所以，从移民转为土著的过程也就相当顺利。入籍以后，移民多被称为"新民"。

初来的移民在政府招募令下，分有土地，入籍新地，很快成为当地的在籍居民。另有一批外省人口在迁移的大潮中，随波席卷而来，迁入陕南以后，并未获得政府配给的土地，或者来时已迟，已无土地可供配给，便多流入山地进行垦殖，佃耕种粮。他们流入时，"不由大路，不下客寓，夜在沿途之寺庙、崖屋、或密林中住宿，取石支锅，拾柴做饭，遇有乡贯便寄住写地开垦，伐木支椽，上复茅草，仅蔽风雨。借杂粮数石作种，数年有收，典当山地，方渐次筑屋数板，否则仍徙他处，故统谓之棚民"[6]。只有那些置有产业，定居已久者，方被当地土著称为"新民"。所谓的"新民"，依我的理解，应当是已入户籍者。一般说来，大部分的农业移民最终都会定居落籍，所以，在农业区的户口统计中，我

---

1 同治《西阳直隶州总志》卷19《物产》。
2 乾隆《镇安县志》卷7《物产》。
3 卢坤：《秦疆治略》。
4 平利县大贵乡百家湾道光四年《景福寺碑》。
5 光绪《平利县志》卷9《物产》。
6 严如熤：《三省边防备览》卷11《策略》。

们可以估算出他们的人口数量。在老林中从事伐木的工人居地不定，人随厂移；其中部分可能为季节工人，农闲时进山伐木，农忙则回到原籍从事耕作。他们可能是外省的迁入者，也可能本就是陕南地区的农民。

根据严如熤《三省边防备览》中的记载，乾隆以来，流民进山日多，木材采伐业兴起。嘉庆四年(1799年)十月的上谕说："朕意南山内既有可耕之地，莫若将山内老林，量加砍伐，其地亩既可拨给流民自行垦种，而所伐材木，即可作为建盖庐舍之用。"[1]这道上谕实际上承认了流民入山伐木的合法性。嘉庆帝还希望流民在森林采伐迹地上开垦种植，以充分利用地利。

在盩厔县，"道光三年，查明山内客民十五万有奇，兼有大木厢三处，板厢十余处，铁厂数处，供厢之人甚伙"[2]。又有记载，"西安府盩厔县，西南至洋县六百里……林内开设木厢，冬春匠作背运佣力之人，不下数万，偶值岁歉停工，则营生无资"[3]。一厢中的雇工人数很多，"南山故产木……操斧斤入者，恣其斩伐，名曰供厢……一处所多者数千人，少不下数百，皆衣食于供厢者"[4]。人口的集中程度很高。总之，盩厔县成为陕南地区林木采伐业的中心之一。

在盩厔县的终南山区，数以万计的伐木工人多是棚民。他们"五方杂处，土著者仅有十分之二"[5]，以至于"棚居杂吴语，板屋半楚咻"[6]。

大量人口聚集山区，包谷成为他们主要的食粮。"山内丰登，包谷值贱，则厂开愈大，人聚益众。如值包谷清风，价值大贵，则歇厂停工。而既聚之众，不能复散，纷纷多事"[7]。年欠时散去者大抵为近处来的雇工，而不能散去者中，多为离家乡较远且长年在此扛活的棚民。他

---

1 《清仁宗实录》卷53。
2 卢坤：《秦疆治略》。
3 严如熤：《三省边防备览》卷14《艺文》。
4 民国《陕西省通志稿》卷34。
5 卢坤：《秦疆治略》。
6 严如熤：《三省边防备览》卷14《艺文》。
7 严如熤：《三省边防备览》卷9《山货》。

们"无族姓之联缀,无礼教之防维"[1],甚至可能没有携带家属。此为相当典型的流民,即棚民。

5. 环境变迁

移民垦山和伐木给陕南的生态环境带来很大的损害。山区的伐木完全是掠夺性开采,不间伐,不培育,具有很大的破坏性。紫阳县的林区,在乾隆末年已经伐尽;凤县林木道光初年也已砍空。终南山老林的有些林区,道光初年已伐去大半,太白河地区的伐木已深入 200 余里。森林的减少使各河流源头地区的涵水能力下降,水旱灾害出现的频次增加。光绪《洱县志》卷 4 记载:"县之饥馑,淫潦为多,从无旱灾,连年奇旱,虽七八十岁老翁有未经耳。"光绪末年又有人指出:"盖深山老林,铲削既遍,濯濯牛山,生意尽矣。山坡险峻,平土又稀,小民狃于目前,不复为十年树木之计,此生计所日蹙也。"[2] 道光以后,随着森林资源的枯竭,木厂业也随之萧条了。

山地玉米等杂粮多在荒山坡上种植。流民入山,"向业主写山,于陡坡斜岭之间,开作耳扒木筏,迨扒筏罢后,或种包谷,或种苦荞"[3]。其结果是,"挖土既松,水雨冲洗,三四年后,辄成石骨。又必别觅新山,抛弃旧土"[4]。水土流失使水利工程淤塞,良田被冲没;河道堵塞,不复通舟。凤县人称:"嘉道之间户口繁庶,光绪初年旱荒,山外旷地多,老林地力渐薄,棚民辄外徙,势使然也。"[5] 许多高寒山区的垦地被抛荒,棚民下山外徙。陕南经济走向衰败。

清代后期,在陕南种植业、林业走向全面衰退的同时,另一种畸形的种植业——鸦片种植——发展起来。直至民国,鸦片的种植与贸易一直都是陕南经济的支柱,这与川东的情形基本一致。

---

1 严如熤:《三省边防备览》卷 11《策略》。
2 伊继恒:《陕境汉江贸易表》。
3 嘉庆《山阳县志》卷 12《杂集志》。
4 严如熤:《乐园文钞》卷 7《复查山内匪徒禀》。
5 光绪《凤县志》卷 1《地理》。

第二节

移民湘西和鄂西

一 移民背景:"改土归流"

明朝对西南地区军事征服的成功和卫所制度建立,标志着这一地区进入了由土司改为流官的历史过程。所谓的"土司制度"是利用土著少数民族中的上层分子充当地方行政机构中的长官的制度。土司承认中原王朝的权力,并接受中央政府授予的官衔。中央政府也承认土司官员的世袭制。土司虽然在名义上处于中央政府的管辖之下,但在实际上,却是一个个相对独立的自治单位。土司头目的世袭制,形成了土司政府的独立性。此外,土司还有独立的军队、独立的财政和独立的法律,又有自己独立的文化和风俗。因此,长期以来,土司的存在构成了对中央集权国家政治的威胁和挑战。"改土归流",即是废除世袭的土官,改为由中央政府委任定期轮换的流官,变以前的羁縻之地,为中央政府的辖区。

明代贵州设省,标志着西南地区大规模"改土归流"的展开。从明代初年至明代后期,这一过程一直在陆陆续续地进行,取得相当大的成效。只是到了明代末年,明朝国力衰微,无力顾及西南地区事务,"改土归流"一事遂告停歇。清朝底定,继续进行对西南土司地区的归流工作。如在云南,吴三桂设黔西、平远和大定三流官府;吴三桂之乱平定后,清政府又设置开化府,设流官辖之。雍正元年(1723年),丽江府改流。雍正四年(1726年),因云南巡抚兼总督鄂尔泰之议,改土归流再度全面展开。

鄂尔泰在《改土归流疏》中强调改土归流的重要性是"为剪除夷

官,清查田土,以增赋税,以靖地方事"[1]。在中央政府有能力对少数民族地区实施统治之时,决不允许土司的存在。鄂尔泰的卜疏深得皇帝的赞赏,雍正六年,鄂尔泰受命为云南、贵州、广西三省总督,在西南地区开展大规模的改土归流。

清初湖南、湖北土司主要集中在西部湘、鄂连接地带。在云南、贵州等地大规模改土归流浪潮的冲击下,湘鄂土司纷纷纳土自投。清朝在鄂西南地区设置施南府(治今恩施市)和鹤峰州,在湖南设置永顺府(治今永顺县)。永顺府以南的乾州、永绥、凤凰、晃州等厅,明代为军卫驻地,居民除军人及家属外,余皆为"苗民"。清前期撤卫改隶州县,嘉庆间皆升为直隶厅。这一过程有类于对贵州古州地区苗疆的控制,也是改土归流的形式之一。改土归流之后,这一区域并未因此而平静,乾嘉之时,湘西苗区爆发了大规模的苗民起义,起义被镇压以后,苗疆的形势才稳定下来。

一般说来,上述各地均为少数民族居住区,改土归流之前,虽有一些汉人流入,但属零星的人口迁移。改土归流之后,出现较大规模的人口迁入,主要是汉人向少数民族聚居地的迁入,由此而构成汉民与少数民族杂居的西南地区移民运动的特色。

二 移民的迁入

湘西及鄂西南山区是一个与汉族居住区毗邻的少数民族居住区。无论是湖南中部还是湖北的江汉平原,都是重要的农业区。这里良田沃野,人口密集,清代前期是长江中游主要的人口输出区。湘西、鄂西山区的改土归流完成以后,原先被汉人视为禁区的山地,便成为他们迁移的乐土。对于人多地少的平原区移民来说,空旷的山区有大量可供开垦的土地,有各种丰富的资源,移民运动于是而展开。

乾隆十七年(1752年)十二月,湖广总督永常向朝廷报告移民迁入施南一事时说:"施南一府僻处万山……自雍正十三年改土归流以

---

[1]《清经世文编》,中华书局1992年版,第2136页。

来,久成内地,以致附近川黔两楚民人,或贪其土旷粮轻,携资置产;或藉以开山力作,搭厂垦荒,逐队成群,前后接踵。"[1]这说明入山的移民来自邻近省份,人数颇多。各地方志、族谱也有类似的记载,如恩施县,"四外流人闻风渐集,荆楚吴越之商,相次招类偕来"[2]。建始县,"由是荆州、湖南、江西等处流民竞集"[3]。利川县,"自改土归流,远人麇至"[4]。以至于在施南东邻的宜昌府(治今宜昌市),也有资料称:"设流以后,常德、澧州及外府之人入山承垦者甚重。"[5]以长乐县(今五峰县)为例,"外来各处人民挈妻负子,佃地种田植包谷者,接踵而来"[6]。在宜昌府北部的兴山、巴东和归州等县区,也可能有类似的情况发生。如上一章所述,在与宜昌西邻的川东地区,移民密集,他们不可能不分布到鄂西境内的山谷中。

在湘西山区,如永顺府之龙山县,"客民多长(沙)、衡(州)、常(德)、辰(州)各府及江西、贵州各省者"[7],以本省东部和南部迁入的人口为主。尽管龙山邻近湖北恩施,但这里并没有提及来自湖北的移民,这与清代中前期的湖广移民中湖南人居多这一背景有关。

在永顺县,"改土后客民四至,在他省则江西为多,而湖北次之,福建、浙江又次之。在本省则沅陵为多,而芷江次之,常德、宝庆又次之"[8],与龙山县的记载相似。在湖南本省的移民人口中,辰州府属之沅陵人口迁入者最多,虽属于同一地理区域的人口迁移,但由于这是汉族人口向少数民族聚居区的移动,且又是两府之间的人口流动,仍在本书的讨论之列。

同治《永顺府志》卷10《风俗》说:"客户多辰(州)、沅(州)民,江右、闽、广人亦贸易于此。"说明来自本区的客民多以务农为生,来自东部其他省份的移民多以商人的身份流入其中。

---

1 台北故宫博物院编:《宫中档乾隆朝奏折》第四辑,第461页。
2 同治《恩施县志》卷7《风俗》。
3 同治《建始县志》卷4《户口》。
4 同治《利川县志》卷3《风俗》。
5 同治《宜昌府志》卷16。
6 乾隆《甄氏族谱序》,转引自中共鹤峰县委统战部等单位合编:《容美土司资料汇编》,1984年。
7 同治《龙山县志》卷3《风俗》。
8 民国《永顺县志》卷6《风俗》。

在永绥厅(今花垣县),移民进入之前,"永绥厅悬苗巢中,环城外,寸地皆苗,不数十年,尽占为民地"[1],移民迁入的速度相当快。

在乾州(今吉首市),乾隆年间的记载说:"乾州逼近红苗,数经蹂躏,人烟寥落,户口凋残,其土民半系招徕,苗民皆系新附。"[2] 只是将移民称作"土民",与下文所述的永顺"土民"具有不同的含义。

沅州府本不属改土归流地区,却也是苗民的集聚区。改土归流以后,此间山区不再成为汉族移民的禁地,移垦者纷纷而来。乾隆年间的记载说:"凡土司之新辟者,省民率挈孥入居,垦山为陇,列植相望。"[3] 所称省民,显然是指来自本省的移民,亦当来自湖南的东部和南部。沅州府的例子似乎说明,改土归流以后,整个湘西苗区都成为移民垦殖的热点,无论该地原先是否为土司辖区。

从城步县的例子中更可以了解这一点。清代城步为宝庆府所辖,该县山区为苗民的聚居区。民国时人指出,"近百年来,外县人来上五乡垦殖谋生者,数七八千,且多获厚利,致富裕","他们来自新化、祁阳和邵阳"[4],实际就是同一府的汉族人口向边缘山区的迁移。在苗民未被有效地征服之前,汉人视之为化外,尽管设有营汛,人民的迁入却是慎之又慎。直到改土归流以后,大批汉民开始迁入。再如新宁,乾隆时期的记载称:"新宁下三都……利之所在,人趋赴之。异县之寄食于宁者,以数万计矣。"这批人,"有系本地召来者,有自行投至者,有援引附和者。或入山种蓝靛,舂香粉……做木料,砍柴烧炭,或赴厂煎盐,或贩卖酒米,或采买鱼虾,或作水手舵工,其间安分者少,滋事者多……"[5] 移民主要来自本地。

这一浪潮波及永州府(治今永州市)山区,大批人口从平原丘陵迁入山地。道光年间"自客民开山广种杂粮,而各邑皆蕃生矣"[6]。衡州府(治今衡阳市)所属祁阳、常宁、桂阳诸县也都有客籍人迁入[7]。移

---

1 魏源:《圣武记·乾隆湖贵征苗记》。
2 乾隆《乾州志·户役志》。
3 乾隆《沅州府志》卷24。
4 民国《湖南各县调查记·城步》。
5 乾隆《新宁县志》卷2。
6 道光《永州府志》卷7。
7 民国《嘉禾县图志》卷15。

民主要来自本省中部。

由此可见,湘西苗疆的开辟与山区的开发是同时的。改土归流的完成恰好顺应了平原地区人口外迁的需要,为大批的过剩人口提供了新的生存空间,促进了迁移活动的全面展开。

三 移民人口的估测

同治年间(1862—1874年)时人提及桑植县的人口构成,"县民最杂糅,由慈利拨归者曰民籍,旧土司治者曰土籍,旧卫所辖者曰军籍,苗曰苗籍,自外县迁移来者曰客籍"[1]。明初通过设置卫所,曾有大批军籍汉人迁入,这些移民后裔到清代已被视为土著。土籍为土司治下人口,其中以苗民为多,即文献中所说之"熟苗",其中也可能有早年迁入的汉人。客民为清代移民。乾隆二十五年永顺府属四县的各类户口数见表4-3。

表4-3 乾隆二十五年(1760年)湖南省永顺府属四县分类户口

县名\户口	土户		苗户		客户		合计		每户平均人口
	户	口	户	口	户	口	户	口	
永顺	20 346	113 765	4 686	25 133	9 155	46 123	34 187	185 021	5.4
保靖	7 952	34 497	3 227	12 386	1 418	5 552	12 597	52 435	4.2
龙山	9 982	50 555	1 364	7 155	7 071	37 407	18 417	95 117	5.2
桑植	8 031	21 219	163	536	12 547	30 837	20 741	52 592	2.5
合计	46 311	220 036	9 440	45 210	30 191	119 919	85 942	385 165	4.5
百分比%	53.9	57.1	11.0	11.8	35.1	31.1	100	100	

资料来源:同治《永顺府志》卷4《户口》。

永顺府属四县当中,桑植县的户口比偏低,恐有误。由于土户和客户均发生同样错误,故不修正。从表中可见,客户大约占当地人口总数的三分之一左右。

《钦定平苗纪略》卷30说:"自乾隆二十九年弛苗、民结亲之禁,

---

[1] 《桑植县志》卷2《赋役志·户口》。

客、土二民均得与苗民互为姻娅。"表明"土民"和苗民有很大的区别，但从今日永顺县人口中苗民、土家族人口占70%这一事实来看，土民已几乎全部划入苗族当中。

这一比例与今日的情况大体相同。如永顺县和龙山县，据1982年人口普查，两县汉族人口分别占全县总人口的30%和43%，比乾隆二十五年的客户比例略高。究其原因，可能是由于在所谓的"土户"中，有一些汉族人口，或者说，有一批土户人口未完全归化于苗。

永绥厅的各类人口变动情况可见表4-4。

表4-4 清代湖南省永绥厅各类户口的变动

户口 时间	苗民		客户		新入籍客民		合计	
	户	口	户	口	户	口	户	口
雍正十一年 (1733年)	5 228	23 636	—	—	—	—	5 228	23 636
乾隆十六年 (1751年)	6 256	28 736	1 914	8 721	—	—	8 179	37 457
嘉庆二十二年 (1817年)	12 103	50 954	3 321	18 455	948	5 619	16 372	75 028

资料来源：宣统《永绥直隶厅志》卷15《食货》。

嘉庆二十二年(1817年)栏目中，还有"土户"一目，有89户，415人，可能为明代的军卫人口或已熟化的苗民，不知为何在雍正和乾隆年间的户口统计中未被列入。合而计之，这一年永绥厅的清代移民人口共为24 074人，占人口总数的32%。客民比例与乾隆年间相比，略有增加。在1982年人口普查中，花垣县汉族人口仅占全县人口总数的22%，比嘉庆二十二年的比例要低10个百分点。这可能是在嘉庆以后有汉人迁出或汉人融于苗族之缘故。根据上引《永绥厅志》的记载，汉人的比例不会少于30%。

鄂西南地区可以宣恩县和来凤县为例。雍正间宣恩县土民为2 169户，15 642口；客民3 746户，25 043口[1]。来凤县土民2 312户，

---

[1] 同治《宣恩县志》卷9《户口》。

客民8446户[1]。两县以户合计,客户占总户数的73%。另外,在恩施府的典史汛中,客户占总户数的21%;另外巡检汛和县丞汛中无户口分类统计,比例不详。由于恩施府典史汛中的这一户口数是同治年间数据,故无法与上两县的雍正年间数作累加分析。大致说来,鄂西南地区的移民数量至少应与土著相等。

根据各区移民的比例,可以对移民人口作出以下估测:

嘉庆二十五年(1820年)施南府人口为92万,按上述比例,移民人口约46万。如加上宜昌府接纳的移民,合计应有移民及其后裔50万人。

同期永顺府人口数为64万余,其中约33%为清代移民,则有移民人口21万。

永绥、乾州、凤凰、晃州等四厅的汉人比例大约为30%。嘉庆二十五年四厅有人口共19万余,移民人口则有近6万人。

辰州府(治今沅陵县)、沅州府(治今芷江侗族自治县)、靖州(治今靖州县)均有苗族、侗族等少数民族人口居住。如辰州之泸溪,汉人比例仅占57%。这些苗族聚居区也曾是清代汉人移民地,只是从府、州角度来看,汉苗混居已久,清代到底有多少汉人迁入苗族居住山区实不详。假定迁移人口有10万,嘉庆年间的鄂西南及湘西地区共接纳移民86万人[2]。

乾隆二十五年至嘉庆二十五年永顺府的年均人口增长率为8.5‰。再如永绥,从雍正十一年至乾隆十六年,苗民人口的年平均增长率为10.9‰;从乾隆十六年至嘉庆二十二年降为8.7‰,这与我们对中国人口增长的一般规律的认识相符合。专以客民计,乾隆十六年至嘉庆二十二年间的人口年平均增长率则达到11.4‰,表明移民的人口增长速度高于土著。总之,以10‰的年平均增长率回溯到乾隆四十一年,鄂西南及湘西地区移民及其后裔约为56万人。

或问,鄂西北山区是否也存在同样的移民活动?鄂西北之郧阳府

---

1 同治《来凤县志》卷13《食货志》。
2 这一估算值将宜昌府的移民亦计算在内,就比以前在《简明中国移民史》一书中所作估计数为多。

与陕南相邻,同属山区,查地方文献不见有类似陕南及鄂西南的移民运动发生。同治《竹山县志》卷2《风俗》中说:"邑中土著外,附籍者有秦人、江西人、武昌人、黄州人,各有会馆,聚众日久,俗亦渐同。"既不能说明他们是清代移民,也不能说明他们是农业移民。该书卷11《赋役》中记乾隆三十七年(1772年)全县大小男女有17.2万,嘉庆九年(1804年)有18.4万,咸丰九年(1859年)为33.4万。前一个统计年份的人口年平均增长率为2.1‰,后一个统计年份则升至10.9‰;嘉庆九年以后可能有移民迁入。

同治《房县志》卷6《事纪》中说:"康熙十九年,民归者十之六七。二十六年秋大熟,邑令沈用将招抚逃民,始皆归业。"似乎战乱中的逃民大都复业归田了。

四 汉苗冲突与移民垦殖

1. 乾嘉苗民起义

从永顺的例子中可以看出,所谓的"土居"人口实际上是以苗族、土家族人口为主体的土著居民,其中虽然含有一批明代迁入的汉人,他们可能是以军卫的方式驻入的,但人口不多。宣统《永绥厅志》卷6《苗峒》中说:"土人只如省籍、厅籍之别,今如来他处者,即谓之客籍,久而著籍,即谓之土著。"所谓"省籍"者,可能为撤销之卫所人口,而"厅籍"者,则为改土归流以后编入的苗民。就鄂西、湘西和贵州苗疆而言,汉族移民的数量不及苗族土著。汉族人口的迁入,只是部分地补充了当地的人口。云南有所不同,在清代汉人迁入的地区,移民的数量大体与当地土著相当,形成了人口重建式的移民。

如以后的章节中所说,在东南地区,如果一个地区的移民数量较多,就意味着他们具备了与土著抗衡的力量,这一区域的土客冲突便显得激烈,就会长时期的延续,反之则不然。西南的情况也是如此,土著与移民的矛盾冲突在湘黔苗疆地区表现得最为尖锐和激烈。

汉人大量购买苗民土地,引起地方的骚动和不安。乾隆十二年(1747年)任永顺知府的骆为香曾上疏请禁汉人不得买土苗田产。他的奏疏这样说：

> 窃照府属山多田少，当土司时不许卖与汉民，一应田土皆为土苗耕食。自改流分设郡县，与内地一体，在永客户以及贸易人等，始各买产落籍。迨雍正八年，钦奉世宗宪皇帝上谕，令土民首报田地，仍按各属秋粮原数派征，每亩仅输银厘数至分余而止。旋又设立学校取进文武童生……讵邻封外郡人民因此地粮轻产贱，且可冒考嗣，随依亲托故，陆续前来，购产入籍。土苗愚蠢，易于诱哄，遂尔共相买卖。卑府自去岁抵任以来，细访所属田土价值，迩年日贵一日，偶遇出售，民间即争先议价……现在山头地角可垦之处，俱经劝令垦种，虽田土价值较前昂贵，已不啻倍蓰，然比之内地，尚属便宜，断难泯人民觊觎。伏思各该民向以土司改流同于内地，故相率来永置产，分住城乡村市，远隔苗人峒寨，各保身家，不敢生事为非。今已年久，自应听任落籍安居，毋庸另行区处。但若再任谋买田土，则土苗生齿日繁，将来势必难以资生。[1]

苗疆地广人稀，粮轻产贱，又有学额可考，引起汉族移民的兼并浪潮。贵州的情况也是如此，黔东南的新疆六厅暂且不论，如在遵义府之仁怀"通属皆汉庄"，镇远府之黄平州"苗产尽为汉有，苗民无土可依"，反而"承佃客民田土耕种"；兴义县三江一带，"田土悉归客有，苗人尽成佃户矣"[2]。不仅如此，乾隆二十九年（1764年）政府弛汉、苗结亲之禁，汉人对苗寨的渗透愈益加强，终于导致了土苗与汉客矛盾的尖锐化，并酿成乾隆末年爆发的湘黔边界乾嘉苗民大起义。《钦定平苗纪略》卷30有如下记载：

> 户口日滋，地界有限，未免生计日绌。兼自乾隆二十九年弛苗、民结亲之禁，客、土二民得与苗民互为姻娅，因之奸民出入，逐渐设计盘剥，将苗疆地亩侵占错处，是以苗众转致失业，贫难度日者日多。经石三保、石柳邓等假托疯癫，倡言焚杀客民，夺回田

---

[1] 民国《永顺县志》卷19《职官志》。
[2] 《黔南职方纪略》卷1。

地,穷苗闻风,无不振臂相从。起衅之端,实由于此。

有关乾嘉苗民起义的档案资料中录有当年起义者的供词。杨国安称,"平日苗子与客民交易,钱财被客民盘剥,将田亩多卖与客民,他们气愤,说要杀害夺回,这是常有的话";吴天半称,"苗子田地都被客民占了,心里不甘,声言各寨的苗子都要帮他夺回耕种,所以远近各寨,都想趁此抢夺田地";吴八月说,起义前夕,石三保派人来告诉他,"如今苗子的田地多被客家盘剥占据了,所以要杀客家,夺回田土";吴廷义也说,"只因苗子一年多一年,田亩不够养活,又被客民盘算穷苦,所以发起瘋来,焚抢客民"[1]。苗民与客民的矛盾冲突实由土地问题所引起。

有意思的是,在苗民起义的队伍中,竟然有相当数量的汉人介入。在吴天半的供词中,他提及在他所居住的苏麻寨,就有50余名汉人参加,并说"有个麻四方,系平打寨汉人,上年二月间,他替黑苗引路焚抢,又跟着石三保闹事,后来就到我寨内,曾引我到贵州攻打正大营,焚抢客民"。这个麻姓汉人极可能是前所引称的"土民",在吴天半看来,汉人麻四方与"客民"是有区别的。又如郑善供称,他本人祖籍江西,宗籍湖南,"没有生业",于是和其他汉人黄文忠等参加起义。如果郑氏系刚从江西迁入的"客民"的话,他在湖南不可能有什么"宗籍",郑氏在湖南之宗是明代形成的,他是明代移民氏族的后裔。据此可作判断,乾嘉年间的苗民起义,本质上是土著与移民的矛盾所引起的。土著中既有苗民,也有原住汉人。一些学者不明白苗疆汉人的身份,将汉人与"客民"混为一谈,认为苗民起义的性质是苗族、客民中的贫农反对客民地主,这一观点其实是不准确的。

乾隆六十年(1795年)正月,贵州铜仁府的苗人石柳邓以"逐客民,复故地"为号召,湘黔边界苗民群起响应,形成起义大势。苗民武装与政府军之间的战争,延续到嘉庆十一年(1806年),以苗民失败而告结束。

---

[1] 中国第一历史档案馆藏乾嘉苗民起义档案,转引自秦宝琦:《从档案史料看〈钦定平苗纪略〉的编纂》,《中南民族学院学报》1986年第1期。

乾嘉苗民起义失败以后,政府在"逆苗"抛荒的土地上实施屯垦,垦殖者既有汉民,也有苗民;既有军人,也有百姓。此后山区的农业垦殖进入了一个新的阶段。

2. 移民垦殖

西南山区移民垦殖最鲜明的特点是坡地玉米种植。在鄂西南地区,以长乐为例,"外来各处人民挈妻负子,佃地种田植包谷者,接踵而来"[1]。除了在山间盆地种植水稻外,山坡上所能种植的,只能是玉米了。

乾隆二十八年(1763年)《东湖县志》卷5称:"自彝陵改府后,土人多开山种植,所在皆有,乡村中即以代饭,兼以酿酒。"可见鄂西南地区的玉米种植与改土归流后的移民迁入有密切关系。

移民的迁入对这一区域影响最大的是人口的增加。如建始县,"山多田少,居民倍增,稻谷不给,则于山上种包谷、洋芋或蕨薯之类。深林幽谷,开辟无遗,所种惟包谷最多"[2]。又如来凤县,"乡人居高者恃包谷为接济正粮,居下者恃甘薯为接济正粮"[3]。

湘西也有同样的记载。乾隆二十二年《沅州府志》卷24《物产》称包谷"近时楚中遍艺之,凡土司新辟者,省民率挈孥入居,垦山为陇,列植相望,岁收子,捣米而炊,以充常食,米汁浓厚,饲豕易肥。近水者舟运出粜,市酤者购以酿酒,且有研碎滤汁为粉,搓揉漉汤成索以入馔者。水乡岁歉亦升斗易之以救荒,盖为利多矣",也将山区玉米的种植与移民迁入联系在一起。以至于辰州府的记载也说:"今辰州旧邑新厅居民相继垦山为陇,争种之以代米。"[4]只是辰州府并不属苗疆,不知何来"新厅"之说。

乾隆十五年《楚南苗志·谷种》中说:"包谷……苗疆山土宜之,在在多有,而永顺、龙山、桑植、永定一带,播种尤广,连仓累囤,舂杵炊饭,以充日食,且可酿酒及售于城市。"显然,玉米已经成为这一带山区

---

[1] 乾隆《甄氏族谱序》。
[2] 同治《建始县志》卷3《风土》。
[3] 同治《来凤县志》卷28《风俗》。
[4] 乾隆三十年《辰州府志》卷15《物产》。

最主要的粮食作物和商品了。

山地玉米的种植大都采用山坡垦殖的方式。一般说来,垦山者伐去山木,烧尽野草,便于林迹地上挖穴点种玉米。二三年后,地力耗尽,辄移垦他山。这种垦殖方式是对山地生态环境的大破坏,也是对山地资源的大掠夺。它所带来的直接后果是森林破坏,土壤流失。

第三节

贵　州

清代贵州土司虽多,但大土司如贵州宣慰司安氏、播州宣慰司杨氏已在明代的改土归流中被蠲除,其余势力稍小的土司在康熙年间也已大都臣服,不存在土司势力与中央政权的有力对抗。只是在贵州崇山峻岭之中,还存在不受土司辖制的苗族人口。鄂尔泰在《改土归流疏》中说:"贵州土司,向无钳束群苗之责,苗患甚于土司,而苗疆四周几三千余里,千有三百余寨,古州(按:今榕江县)踞其中,群砦环其外,左有清江可北达楚,右有都江可南通粤,皆为顽苗蟠据,梗隔三省,遂成化外。如欲开江以通黔粤,非勒兵深入,遍加剿抚不可。此贵州宜治之边夷。"这一区域位于黎平府东、都匀府东、清水江与古州江(都江)之间的古州地区,即今所称的苗岭山区。贵州改土归流的主要任务就是控制以苗岭山区为中心的苗疆,将苗民纳入流官的直接统治之下。在军事行动中清兵驻防的重要据点,以后大都成为厅治。

一　改土归流后的军屯

贵州改土归流的重点区域是黔东南地区的苗民聚居地。雍正七年(1729年)总督鄂尔泰和巡抚张广泗在此设古州、清江(今剑河县)、台拱(今台江县)、八寨(今丹寨县)、丹江(今雷山县北部)、都江

(三都、榕江二县之间的都江),同时设置六厅,称为"新疆六厅",并于其地驻兵防守。

雍正十三年黔东南地区爆发以包利、红银为首的苗民起义。清廷调十万大军前往镇压,次年事平。清军"剿苗寨八百有余,凡经附逆之寨,逐为稽核,有十去其二三者,有十去五六或八九者。统计现在户口,较之以前未及其半"[1]。苗民大量死亡,土地荒芜。贵州布政使冯光裕提出处理苗疆的六条办法,其中最重要的一条就是"招汉人错处,以变苗司",即召汉民进入苗疆,承垦苗人因死亡而废弃的土地,并让汉人与苗民杂居,尽量增加接触,最终达到"化苗渐可为汉"的目的。然而,朝廷大臣们则认为,让汉人进入苗区承垦土地,很可能酿成新的动乱,决定实行屯垦;垦民平时为民,有事为兵,可有效地防止或弹压苗民的骚动。贵州苗疆的屯田因此而展开[2]。

据张广泗的奏章,贵州屯田的基本做法是,清理苗土;集中屯垦,零散苗民搬迁他处;划定汉苗地界,严禁屯户侵占苗土。《黔南识略》记载了各厅的驻防军员和屯田数,详见表4-5。

表4-5 贵州苗疆六厅的军人与军屯

厅 名	军人户数	屯田亩数	堡 数	厅 名	军人户数	屯田亩数	堡 数
古 州	2 519	18 176	40	清 江	1 918	10 748	22
台 拱	1 786	12 455	22	八 寨	810	5 312*	11
丹 江	813	5 274*	12	都 江	810**	0	0

资料来源:《黔南识略》卷9—22。
说　明:＊为《嘉庆一统志》卷502所记数据。
　　　　＊＊记载不详,据八寨和丹江情况类比而得。

六厅之中,只有都江例外。都江在"明以前为化外生苗,国朝雍正九年平定后,设通判驻其地……通属苗寨一百有六,无汉庄,设二汛十一塘城中驻扎"[3]。这是由于其地过于偏僻,军队屯垦力量不足,所以军人皆驻于城中,未曾开屯。假设都江厅驻军与八寨相同,合计六厅

---

[1] 但湘良:《湖南苗防屯政考例》卷首。
[2] 参见潘洪钢:《清代乾隆朝贵州苗区的屯政》,《贵州文史丛刊》1986年第4期。
[3] 爱必达:《黔南识略》卷9。

驻军达8 656户,每户平均以3口计,合计有2.6万人口。在六厅附近地区,如凯里县,屯军共1 036户,领12屯堡[1],屯田6 566亩[2]。合计军户为9 692户,约3万人口。

关于屯垦户的由来,档案记载如下:"先尽兵丁子弟内人材壮健、能耕种者招令承领,再于从前招募、现在酌减归农各兵内招其人材健能种田亩,并情愿前赴苗疆承领者,给与耕种。再查从前招募之兵,现经臣等议请拨补新设兵额所余兵丁,尚不敷军之用,应令张广泗就近招募年力精壮可充兵丁之人,令其领种。"[3]简言之,即从兵丁子弟及退伍兵丁中挑选屯丁。然而,据张广泗奏称,乾隆二年(1737年)八九月以后,"闻风应募者众。盖因承平日久,内地不免有人满之患。其中有家无恒产,愿赴苗疆承领屯田者;亦有家业田亩无多,不敷口食,因去彼而适此者;亦有父兄子弟,田少丁多,不敷分种,抽拨壮丁前往领种屯田,自成一户者"。对前来应募者的审查相当严格,"心此承种屯户,除营兵暨兵丁子弟外,地方官核其是否土著,查其有无眷属,验其人材壮健是否可充屯军,取其里保居邻甘结,实在有无假冒。几经挑选裁汰,始行开具户口籍贯,详报到臣。臣复核其多寡,酌其远近,指定处所,饬令差委员役,陆续起用前往"。据此可知,进入贵州苗疆的屯民多为本省的汉人。

屯户所开田亩,据《黔南识略》卷22记载,"屯军所领田亩分上、中、下三则,每亩上田征米一斗,中八升,下六升。每户上田授六亩,中八亩,下十亩"。古州等五厅军人及凯里县军人屯垦田地共6万亩,合计户均屯田6.8亩(都江不计),可见军队屯田所占大部分为"上田",由此可知军队屯田是按照规定严格配给的。

此外,对于应征的屯民,除了所配土地"悉皆膏腴"外,"而又筹及栖身无所,耕种无赀,且不能裹带余粮以待收获,每户给修盖房屋银三两,牛具籽种银五两,并给口粮,秋冬应募者接济至夏收,春夏应募者

---

[1]《黔南识略》卷11。
[2]《嘉庆一统志》卷502。
[3]《朱批谕旨》第4册,第87页。

接济至秋收,计口授食,以待收成",如此筹划,"相待不可谓不厚"[1],表明了政府希望通过军屯来达到安定地方,巩固统治秩序的迫切愿望。

贵州的土地资源本来就有限,要不是出于巩固统治的需要,似乎不必通过军屯来垦复苗民抛荒的田地,在不长的时间内苗民的自然增殖就足以提供足够的人力。事实上却是,"自平苗后,平衍之区安屯设卫,余皆苗民开垦,未经丈量升科,无亩可计"[2],"苗民止种山坡沟涧畸零之田,永不征赋"[3]。古州等五厅及凯里县等地的军屯合计驻扎在119个点上,驻所实际上是一块块山间盆地。每个点平均驻扎80户左右,构成一个较大的村庄。随着屯户家属人口的繁衍,土地不敷,汉人垦殖的区域就会向盆地四周山地推进,苗民的分布就越来越向深山中退缩,从而引发汉人与苗民的矛盾与冲突。罗绕典指出:"顾设屯之始,无非抚驭归顺余苗,并禁约汉奸私入煽诱,播弄构衅,农隙之时仍须入伍操练,是以择其扼要处所,建筑汛堡,苗多则屯户多,苗少则屯户亦少。即于田土夹杂处所,逐一区划整齐,务令屯兵与苗人界限井然,所以杜后业挽混侵占之弊也。"然而事实则是,屯民招引客民来耕种分得的土地,"各省客民来者接踵矣","客民之依傍屯军,潜身汛堡而耽耽苗寨者,亦复不少矣",以至于政府下令,屯民的土地只能招佃苗人,不许招佃客民[4]。实际上,除了外省客民应召成为军屯户的佃农外,客民还大量迁入贵州其他地区了。

二 客民的迁入与分布

除屯军及屯田的汉人外,自由迁入的移民数量更多。罗绕典《黔南职方纪略》一书的记载尤为详细。这批客民户籍资料是糜奇瑜道光二年(1822年)春任贵州布政使时"编查通省客户"所得,并于道光二

---

1 罗绕典:《黔南职方纪略》卷6《镇远府》,贵州人民出版社1992年点校本。
2 爱必达:《黔南识略》卷13。
3 爱必达:《黔南识略》卷9。
4 罗绕典:《黔南职方纪略》卷6。

十七年刊印，资料可靠。据此书可获得有关贵州客民分布的基本概况。

贵州地区的土著汉民主要是明代的迁入者，他们的身份有两种，或为军人，或为贸易商民。如清代的贵阳府治地，"明初即设为省治，迄今五百余年矣。盖自元设元帅府以来，征调各省戍兵，留实斯土。明因之，改设卫所，分授田土，作为屯军，并设都指挥使以统率之，于是江、广、楚、蜀贸易客民，毂击肩摩，籴贱贩贵，相因垒集，置产成家者，今日皆成土著"[1]。既然明代迁入者已成土著，那么，清代文献中的客民就不再应当包括他们。客民只能是清代的迁入者。

清代客民的身份大致可以分为三类，一类是"有苗产之客民"，一类是"贸易、手艺、佣工并无苗产"的客民，还有一类则是"住居城厢内外并各司场市，置买苗产不填丁口"的客民。有苗产的客民应是通过租种、购买苗民土地的汉族农业移民；无苗产的客民则是指从事商业、手工业或其他职业的汉族移民，或仅以出卖劳动力为生的各种佣工；第三类客民身份比较复杂，可能是以商业活动为主，却购有苗民田产，而又不愿意将本人户籍落于田地所在地的汉族移民。

兹分贵州西部和东部分别论述如下：

1. 西部各府

贵阳府（治今贵阳市）清代前期的客民主要集中于府城周围地区，即府城和贵筑（今贵阳市）、贵定两县和定番州（今惠水县）。每州、县的客民都超过了1 000户。另有广顺州（今长顺县），"嘉庆间始有遵义及各省客民，住种其地"[2]。这是嘉庆初年苗民起义被镇压后才迁入的。其他各县客民较少，如罗斛州（今罗甸县）判，"山势稍平处，间有田亩，其高原广种木棉，较植稻粱获利加倍。苗民善于图利，是以种土客民甚少，即附寨客民亦甚寥寥"[3]。苗人已懂种棉获利，故不愿召人佃种粮食。这种情况在西南地区是少见的。

安顺府（治今安顺市）治附近的汉民土著被称为"屯田子""里民

---

1 罗绕典：《黔南职方纪略》卷1《贵阳府》。
2 同上。
3 同上。

子""凤头鸡"。"询之土人云：洪武间自凤阳拨来安插之户,历年久远,户口日盈,与苗民彼此无猜";正因为府治附近"新垦之田地有限,滋生之丁口渐增,纵有弃产之家,不待外来客民存心觊觎,已为同类中之捷足者先登。此安顺府属虽系五方杂处,四达冲途,而客民之羼足无由,实基于此"[1]。从表4-6中可见,与贵阳府相比,安顺府的客民数量确是较少的。

在安顺府的3 684户客民中,有1 558户分布于郎岱厅(治今六枝特区西南)。这里地形虽属崎岖,但"商贾往来,行人辐辏……且水西诸厂,由厅捷径可达,肩承背负,攀藤附葛者终日络绎于途,以故客户亦多"[2]。因商路和矿业的发展,大批客民迁入此地,并购置田产入籍。

同样的情况也见于普安厅(今盘州市)。该地狗场营,"路通平彝之铅厂,厂地皆五方杂处,客民往来搬运一切货物道所必经……客民逗留不少"[3]。该营计有客民200余户。

大定府(治今大方县)之威宁州(今威宁彝族回族苗族自治县),"州境颇宽,且滇省昭、东各厂运铜,陆道解至泸州,必由州境,人夫背负,牛马装驮,终岁络绎于途。兼之州属所产黑白铅子厂林立,砂丁炉户悉系客民,虽其地尽属夷疆,而客民之落业其间因而置产者不少"[4]。清代云贵矿业的兴盛导致了大量客民的迁入。在大定府10 048户客民中,威宁州有4 502户,占全府客户总数的45%。

兴义府(治今安龙县)的情况有些特殊。如在兴义府亲辖地区,"近城二三十里为安仁里,悉系屯民。……盖屯地原设于苗人巢穴之内,诚以地方之田土有限,苗民之户口殷繁,既将苗地安插屯民,不得不仍令苗民耕种屯地,其羁縻控驭之初,法至善也。迨后历年久远,屯民日渐滋生,族党亲故,援引依附而来",不仅屯民将田产转卖给外来客民,而苗佃也渐多退佃,"以致汉佃参半其间,各郡屯田,比比皆是"[5]。

---

1 罗绕典：《黔南职方纪略》卷1《安顺府》。
2 同上。
3 罗绕典：《黔南职方纪略》卷2《兴义府》。
4 罗绕典：《黔南职方纪略》卷3《大定府》。
5 罗绕典：《黔南职方纪略》卷2《兴义府》。

这里所说的屯民,可能指明代的屯军后裔,否则就难以理解"各郡屯田,比比皆是"一句,如上述,清代所设屯田只限于东南一隅。

嘉庆年间的苗民起义对兴义府影响很大。兴义县就是平定苗乱后设立的。"大兵之后,削平苗户十存三四。比岁以来,川、播之民,携老挈幼而至,十居其五";在兴化府的 25 633 户客民中,兴义县的客民有 7 346 户[1]。

《黔南识略》卷 20 记载,兴义县"汉、苗户口统计二百八十六寨,三十屯,一万五百七十五户,内仅五十四寨系苗户,其余二百三十二寨及三十屯则均属客民。缘自嘉庆二年苗变后,土著之苗民日耗,流寓之客民日增,现在统计男妇大小四万五百六十二名口,客民十居七八,苗民不过十之二三,五方揉杂,良莠不齐,较苗民为难治"。将上述兴义县客民户以每户平均 4 人计,可折成人口 3 万左右,占该县人口总数的 72%。

兴义县在嘉庆苗乱之前也应有老客户,只是他们在战乱中大多被害。如在册亨,该州老客民"于嘉庆二年,俱被逆苗戕害净尽。现在客户悉系五六年事平之后,陆续搬住者。而客户中半系下游之苗,客苗结党成群,势盛于客民,民皆望而知畏,又不得不酌议禁止也"[2]。该州客民实际只有 526 户,其中半数是苗民。

再如兴义府之普安县(今盘州市),罗绕典说:"近年以来,下游各郡并川楚客民,因岁比不登,移家搬住者惟黄草坝及新城两处为最多。揆其所由,其利不在田功。缘新城为四达之冲,商贾辐辏,交易有无,以棉易布。外来男妇无土可耕,尽力织纺。布易销售,获利既多,本处居民共相效法,利之所趋,游民聚焉。"[3] 移民大都是手工业工人或商人。

按照罗绕典在该书序言中所说:"惟遵义、思州、仁怀为未备,盖吏失其册也,又求府厅诸志,为补遗佚。"府厅志中并没有客民人口的记

---

[1] 罗绕典:《黔南职方纪略》卷 2《兴义府》。
[2] 同上。
[3] 同上。

载,故阙。在遵义府,客民就有"齐、秦、楚、粤"各籍[1],只是人数不详。

2. 东部各府

都匀府(治今都匀市)客民的半数以上集中在府治附近,即所谓的"亲辖地"中。罗绕典说:"今省城以东,龙里、贵定为滇楚要冲。至通粤之途,则由贵定南出至都匀,而都匀亦为一大都会。……虽其地群峰叠嶂,跬步皆山,然而溪流萦绕,水泉汩汩,每多膏腴之田,客民之贸易流寓其间,易于厝足焉。"[2]也是因交通和商业的发展引起外来人口的介入。

平坝地区能够接纳的移民毕竟有限,部分客民不得不深入高山密嶂之区,从事垦殖。如在都匀府之丹江厅(今雷山县),有称为牛皮箐之大山区,"箐内非石即木,无土可耕,且阴寒之气,逼人甚厉,所以历年于兹,弃与毒蛇猛兽耳。其余各寨之山,荒土辽阔,贫民挖种住居既久,日渐增多,或三二里一户,或十里八里三户五户。苗寨中住居汉户典买苗产者,不见其多,而种山客民则日益月盛"[3]。

平越直隶州(治今福泉市)"除杨义、高坪、中坪三司外,并无苗寨,所住汉户半系前明洪武间安插之户,及至削平播难,苗户凋零,十存一二,经督抚李、郭诸公重为厘定,将旧日荒芜苗产丈量定赋,听各省客民愿占籍者酌价缴官,以充建立城池、卫门、驿传诸费。二年之外,一律起科。于是客民之开垦官荒又复不少,此又客民住居苗地耕苗产之原也,后来客民盖寡"[4]。明代的迁入者已归入土著,只有清代迁入者才真正作为客民统计在册。全州客民仅见于州亲辖地,不足千户。

按照罗绕典《黔南职方纪略》卷6《黎平府》的记载,在黎平府(治今黎平县)的亲辖地,"屯所之户,明初军籍十居其三,外来客民十居其七,今日皆成土著";明代的迁入者与苗民的关系已非常融洽,"睦邻之道,例所不禁";若有苗民有力薄者弃产,也往往为他们所捷足先登。

---

1 道光《遵义府志》卷20。
2 罗绕典:《黔南职方纪略》卷5《都匀府》。
3 同上。
4 罗绕典:《黔南职方纪略》卷5《平越直隶州》。

然而，土著人口毕竟有限，黎平府地"虽有崇山峻岭，而两山之中每多平坝，溪流回绕，田悉膏腴，村墟鳞比，人户稠密，其富庶之象易起客民觊觎之心。且地利物美，物产丰亨，山土种木棉，苗妇勤于织纺，杉木、茶林到处皆有，于是客民之贸易者、手艺者，邻省邻府接踵而来，此客民所以多也"。于是形成土著居于屯所，业落苗寨，而客民难于购得苗产之事，"客民始计未尝不借径于贸易、手艺窥视苗产，及至身入苗寨，己则势孤，竟无从得土田，故苗寨客民虽多于他地，而客民当买田土则又寥寥者也"。在黎平府亲辖地，购置有苗产的客民仅有494户，未购得者则有1 716户之多。这说明黎平府的土地并不宽松，容纳移民的能力有限。

在镇远府（治今镇远县）亲辖地，"荒土甚多，苗民懒于开挖，弃之不问。于是寨内头人以为公土，租与天柱、邛水一带客民挖种杂粮，所租之地，并无界限。每丁认锄一把，每锄每年租钱数百文不等。客民自认租钱，任意择地而种，穷一人之力，遍山垦挖。此处利厚于彼，即舍彼而就此，随地搭篷居住，迁徙靡有定处，挈室而来，渐招亲故。上里尚少，下里颇多。甚有恃其强悍，硬开硬挖，成群结党，每启苗民争竞之端"[1]。罗绕典认为只有引进头人稽查各户，不准迁移，方可杜绝客民随意垦山之害。

松桃厅由铜仁府（治今铜仁市）分出，汛堡密布。所驻兵丁向不更调，各带家室同住。所以，不仅客民置买苗产，汛堡兵丁也置买苗产，"其他如湖南之永绥、凤凰，四川之秀山各邻省客民，以及江西、湖广各省会馆向苗人当买之产亦复不少"；这些苗土之中，竟然有一大批不需纳税的田亩。所谓"松桃客民典买苗产无粮者多，有粮者少所由来也"[2]。地价的低廉和无税土地的存在，可能是促使客民乐意入迁的主要原因。

大致将贵州各府的移民分为三类，即置有苗产之客民，贸易、佣工且未置有苗产之客民，以及居住城镇且置有苗产之客民。各府客民的分布如表4-6。

---

1 罗绕典：《黔南职方纪略》卷6《镇远府》。
2 同上。

表4-6　道光初年贵州各府客民分布　　　　　　　　单位：户

地　区	置苗产客民	不置产客民	城居客民	合　计
贵阳府	6 626	2 261	364	9 251
安顺府	1 955	1 411	318	3 684
兴义府	14 035	8 376	3 222	25 633
普安厅	0	792	32	824
大定府	7 421	2 124	503	10 048
都匀府	7 610	2 422	1 000	11 032
平越州	173	821	0	994
黎平府	5 049	4 626	240	9 915
镇远府	2 059	442	32	2 533
思南府	10	8	0	18
铜仁府	86	0	0	86
松桃厅	46	0	811	857
合　计	45 070	23 283	6 522	74 875

资料来源：罗绕典：《黔南职方纪略》。

关于贵州客民的数量，《黔南识略》卷1《总叙》有如下记载：

> 道光六年，巡抚嵩溥钦奉谕旨，饬禁汉奸私入苗寨，勾引滋扰。当经委员逐细编查，各属买当苗人田土客民共三万一千四百三十七户，佃种苗人田土客民共一万三千一百九十户，贸易手艺佣工客民共二万四百四十四户，住居城市乡场买当苗民田土客民一千九百七十三户，并住居城市乡场及隔属买当苗民全庄田土客民及佃户共四千四百五十五户。奏请自此次编查之后，如后再有勾引流民，擅入苗寨，续增户口，买当田土者，将流民递籍，并将勾引之客民立时驱逐出境，田产给还苗人，追价入官，仍照违制律治罪。

如前所述，这次对客民的清查并非嵩溥所为，但这次清查可能是清代汉族人口迁入之后，第一次大规模地清理移民户籍。只是由于若干地区统计口径的不一致，各类移民的数量与表4-6中略有出入，且总数也不完全吻合，《黔南识略》比表4-6中要少3 556户。实际上，《黔南识略》的卷1《总叙》也是罗绕典撰写的，与《黔南职方纪略》同出一人之手。两书中有关客民数量的误差，是统计中的差错造成的。

贵州的客民中,商业或手工业移民占有很大的比重。从表4-6中可见,商人、手工业工人、无产佣工以及居城客民的数量占全部客民的近40%,扣除佣工,商人和手工业者的数量可能占全部客民的30%左右。

上述威宁州的例子还可以说明,在贵州的农业移民中,还有很大的一部分是由商业和手工业中的客民转化来的。他们在商业和手工业中积累的资金,可能投入农业,购置地产。他们的身份因此而发生转变,由非农业移民转为农业移民。

道光初年的客民约为30万,如以8.7‰的年平均增长率回溯[1],乾隆四十一年(1776年)有移民20万左右。

道光年间的客民可能并不包括所有的客民,如在安顺府归化厅,罗绕典指出:"厅地自归流以后,百有余年,客民自外而来者各省俱有,亦有已成土著,聚族结寨而居者。"只是入籍的客民并不多,不影响上述估计。

在本书第五卷的有关章节中,我已经证明明代初年的贵州卫所的军籍人口约为42万,加上带管的9万民籍人口,合计有51万在籍居民。从明代初年至嘉庆年间的420年间,假定人口的年平均增长率为5‰,有人口414万。其他100余万人口当为明代中期以后迁入汉人的后裔和编入户籍的苗民。

第四节

云 南[2]

一 移民的迁入和分布

和贵州一样,明代云南卫所的建立,标志着中央政府的权力已经

---

[1] 民国《大定县志·食货志》记载,从乾隆十四年(1749年)到道光二十七年(1847年)大定府汉人由11 600余户增加至27 190户,年平均增长率为8.7‰,可以看作是汉族人口的自然增长。
[2] 参见方国瑜:《中国西南历史地理考释》下册,中华书局1987年版。

深入到西南边疆,却不表明中央可以对西南实施完全的控制。清代的改土归流继续进行,中央与地方土司的冲突和矛盾有时表现得相当尖锐和激烈。

明代云南军卫的驻地大体分布在北部和中部,即保山、顺宁(今凤庆县)、云州(今云县)以东,元江、建水以北,乌蒙、东川以南的地区。清代移民则随改土归流的进行,向云南东北、西北和南部的山区推进。

如在滇东北米贴(今永善县)地方,为了报复土司对政府军的屠杀,清兵入山,下令对彝族山寨"在者杀,去者杀,妇孺杀;小有姿首之女子不杀";对汉人入山娶彝族女子者,"又必以汉奸杀";米贴一个小小的地方,被杀者就有3万多人[1]。就这样,米贴完成了改土归流,立县名永善。继之而起的是乌蒙、东川和镇雄一带的彝族土司的反抗。鄂尔泰调集2万军队对这一区域发起进攻,大开杀戒,就连先前迁入的汉人也不能幸免。此役完成了对滇东北地区的改土归流,一部分彝族人民逃至四川凉山地区。在云南南部澜沧江下游的改土归流也受到当地傣族土司的反抗,清兵入境后亦大肆杀戮,随之确立这一区域的流官统治。

改土归流的战争结束后,移民活动即展开。如滇东北的乌蒙等府,原来是土官的领地,汉族人口很少迁入。改土归流之后,云贵总督高其倬认为,汉人迁入"可以填实地方,可以易倮(按:彝族)习";雍正十年(1732年),高其倬招募汉人前往垦荒,由官府借给路费和耕牛、籽种,至其地,每户给田20亩,"先尽熟水田给垦,熟水田垦完,再就生水田给垦,生水田又完,然后以旱地给垦","其田给与执照,永远为业"[2]。从给田的数量来看,这一区域招民垦荒的条件比贵州苗疆一带要好一些。

招垦来的农民多在分防汛地、塘房和哨所驻地垦殖。如昭通镇总兵徐成贞曾说,"昭郡郭北,一望沃野,平冈一带,周环荒土万亩,即余奏明拨戍新疆兵丁,越四年土渐成熟,变为农桑醉饱之乡"[3]。此万余

---

[1] 倪蜕:《云南事略》。
[2] 光绪《云南通志稿》卷39《田赋》引云贵总督高其倬雍正十年奏疏。
[3] 徐成贞:《省耕塘碑记》,民国《昭通县志稿》卷8。

亩荒土实为原来的彝族百姓耕垦之地,在改土归流的战争中荒弃了,归流以后成为汉人屯丁的耕种地。又有记载说:"但稽现时所有大族,又皆雍正间平定后,迁徙云南、曲靖二府之民,至昭填籍。"[1] 可见昭通一带的移民,多来自汉人久居之云南的曲靖等地,而不是直接来自外省。

按照方国瑜先生的观点,所有新居人户,主要为汛塘兵丁及内地人民远走谋生者。在明代没有设置卫所的云南僻远山地,清代多设汛塘哨卡以守,而且数量较多。这批移民在改土归流完成后就从各地被招募而来,驻守在各山地哨所,年老退役,大多在当地定居,不回原籍。云南许多当年设汛塘、关哨的地方,今日已成聚落,后代对先祖的身份也十分清楚,毫不讳言。汛兵及家属的人口迁入时间早,数量上似乎也应该多于一般来自内地的谋生者。文献中屯民与客户往往混称,故一并论述如下:

广南府(治今广南县)于康熙十八年(1679年)设流官管辖以后,"楚、蜀、黔、粤之民,携挈妻孥,风餐露宿而来,视瘴乡如乐土。故稽烟户,不止较当年倍蓰"[2]。民国《广南县志稿》对汉人的迁入有详细的描述:

> 在二三百年前,汉族人至广南者甚稀,其时分布于四境者,附郭及西乡多侬人,南乡多僳僳,北乡多沙人。其人滨河流而居,沿河垦为农田。山岭间无水之地,尽弃之不顾。清康、雍以后,川、楚、粤、赣之汉人,则散于山岭间,新垦地以自殖。伐木开径,渐成村落。汉人垦山为地,初只选择肥沃之区,日久人口繁滋,由沃以及于瘠。入山愈深,开辟愈广。山间略为平广之地,可以引山水以灌田者,则垦之为田,随山屈曲,垄峻如梯,田小如瓦。迨至嘉、道以降,黔省农民,大量移入,于是垦殖之地,数以渐增。所遗者,只地瘠水枯之区,尚可容纳多数人口。黔农无安身之所,分向干瘠之山,辟草莱以立村落,斩荆棘以垦新地,自成系统,不相错杂。

---

[1] 民国《昭通县志稿》卷6《氏族》。
[2] 道光《广南府志》卷2。

直至今日,贵州人占山头,尚为一般人所常道。

所称倮倮即彝族,侬人和沙人即壮族。汉人的迁入由河谷至山地,汉人的垦殖则由肥沃至贫瘠。以至于嘉、道年间贵州移民进入时,只能进入僻远、荒瘠之山地。

道光年间开化府(治今文山市)知府魏襄、广南知府施道生说:"开化所辖安平、文山,广南所辖宝宁等属,因多旷地,川、楚、黔、粤男妇流民,迁居垦种,以资生计,其来已久。自道光三年清查,除客户艺业生理,挟资主人,由客长约束,其余耕种流民,多有家室,即归各里乡约,附入保甲。开化府所属安平、文山等处,现计客户、流民二万四千余户,广南所属宝宁、土富州等处,现计客户、流民二万二千余户。"[1] 同书记载,道光十年(1830年)开化府实在土著民户 41 143 户,当是土著与落户流民合计。若是,客户已占过半之数。广南府的户数不详,但从广南、开化二府辖县相同、客户及流民数相近这一情况来看,广南府移民在总人口中的比例当与开化府相似。

雍正七年(1729年)设普洱府(治今宁洱县),下属四厅。道光《普洱府志》卷9说:"国初改流,由临元分拨营兵驻守,并江左、黔、楚、川、陕各省贸易之客民,家于斯焉。于是人烟稠密,田土渐开,户习诗书,士教礼让,日蒸月化,浸浸乎具有华风。"道光十六年(1836年)稽查户口的结果是:四厅总户数为 88 485,其中土著户占 45%,屯民户占 46%,客家户占 9%。[2] 屯民户即为驻军及退役驻军户,客家户就是所谓"内地人民远走谋生者"。土著和屯民的户数大抵相当,土著户数少于移民。由于普洱府屯民户与客户合计占人口总数的 55%,与开化府的"客户"比例相同,推测广南、开化二府移民也是以屯户为主的。

在滇南的元江州(治今元江县),道光年间的记载说,"原系夷户,并未编丁"。道光四年施南道查造保甲册,内土著 13 182 户,土著屯民 11 289 户,客籍 283 户。[3] 这里的"土著屯民"就是指汛塘驻军人口,与以后迁入的客籍相比,他们自然也可以称为"土著"了。屯民户

---

[1] 道光《云南通志》卷 56。
[2] 道光《普洱府志》卷 7。
[3] 道光《元江州志》卷 3。

占总户数的46%，与上述各州情形不相上下。

再如景东厅（今景东县），嘉庆《景东直隶厅志》卷10记人口为126 209，而《嘉庆一统志》记载的人口仅为63 200。道光《云南通志》卷55记景东人口仅为63 175，与《嘉庆一统志》相同，较《景东直隶厅志》少记63 034人，少记的人极可能就是屯丁或客民，如是则土著、客民各占50%。

在临安府（治今建水县），嘉庆时知府江浚源《条陈稽查所属夷地事宜议》指出："历年内地民人贸易往来，纷如梭织，而楚、粤、蜀、黔之携眷住居其地租垦营生者，十之三四。"[1] 临安府辖八州、县，其北部辖县已邻近昆明，人口众多，移民的比例当然较低。

至此我们估计云南的昭通、东川、元江、镇沅、景东、普洱、临安、开化、广南诸府、州、厅人口中移民的比例大致与土著相当。而在移民中，屯丁的比例远远超过了客民。

二 移民人口的测算

将上文中提及的云南各地的移民人口列如表4-7。

表4-7 嘉庆、道光年间云南若干地区的移民人口估测

人口单位：万人

地点	总人口	移民比例(%)	移民人口	地点	总人口	移民比例(%)	移民人口
开化	20.6	58.3	12.0	广南	18.9	58.3	11.0
临安	53.3	35.0	18.7	普洱	44.2	54.9	24.3
元江	24.8	46.8	11.6	景东	12.6	50.0	6.3

说　明：临安府人口见《嘉庆一统志》，景东厅人口亦为嘉庆年间数，余为道光统计数。只记户数者，以每户人口5人折算成人口数。

此六府、州、厅合计总人口约为174.4万，其中移民人口为83.9万，占48.1%。加上镇沅、昭通、东川等地的移民，移民人口达到100万是没有问题的。

---

[1] 转引自方国瑜：《中国西南历史地理考释》，第1233页。

滇西北的丽江府也是明代未设军屯的地区。明代丽江军民府所领通安等四州,编户仅28里,约合3 000户,1万余人[1]。道光《云南通志·赋役志》载:"云南丽江府原系土府,于雍正二年改设流官,比时清查田地户口,时有土官庄奴、院奴等类共二千三百四十四名。伊等并无田粮,皆愿自纳丁银,以比于齐民,每名编为一丁。"这些人大多是明代汉人军户的后代。设流后,废四州,合为丽江一县,境内设18汛、71塘、25哨。各塘哨兵力,多者50至100人,少者10余人。以50人作平均数,则有兵员4 800人;以30人作平均数,也有2 880人,仍超过土著。无论是土官之丁,还是兵丁,都可作为户来理解。

在永昌府保山以西以及保山西南地区,直到康熙中期,清政府还难以作有效的控制。此后,政府军队开始进驻,并以保山和腾越为中心,控制了滇西南的广大地区。汉族移民随即迁入,他们也应在各营汛、哨卡从事农业生产。光绪九年(1883年)大理县清查户口,"实在本籍"21 781人,"兵籍"1 928人,"客籍"7 083人,另有孤寡幼孩妇女若干。此兵籍为在籍军人,不包括退役且留耕于当地的人口。以各籍人口计,丽江移民人口占总人口的30%。嘉庆二十五年(1820年)丽江、腾越、永昌和顺宁四府有人口共98.5万,设其中30%为移民,也应有移民人口30万。

在滇西南地区,除屯垦的移民外,还有相当数量的流民进入矿山,从事开矿、冶金及其相关的工作。尤中先生指出滇西银矿的规模巨大,招收工人众多。在阿瓦山区,"打槽开矿及走厂贸易者,不下二三万人";乃至波龙(今缅甸腊戍)厂盛时,矿工达4万多人,大多来自江西、湖广和四川[2]。据李中清估计,嘉庆年间西南地区矿工达50万人,他们多在云南,其中70%由湖广、江西、四川迁入,合家属共100万左右[3]。只是随着乾隆年间矿禁政策的实施,矿厂关闭,矿工流散,只有部分矿工转化为农民了。

这样,大约在嘉庆、道光之际,迁入云南山地的农业移民至少有

---

[1] 正德《云南志》卷11。
[2] 尤中:《中国西南的古代民族》第五章,云南人民出版社1980年版。
[3] 李中清:《明清时期中国西南的经济发展和人口增长》,《清史论丛》第5辑,中华书局1984年版。

130万人,以年平均增长率7‰的速度回溯,至乾隆四十一年(1776年)约有人口95万。

清代绿营士兵进驻云南之初,由于当地难以招募到足够的兵丁,曾从外省补充兵员,但以后就只能就地招募了。而且,起初驻扎的官兵带来的家属不多,如顺治十三年(1656年)湖南新设东安营,招来937人,家属仅228人[1]。这是因为多数青年未婚,又并无明初那种家属必须随军的规定。清代云南绿营兵总数为48 554人[2]。他们及其部分家属由省外迁入,总计人口不会超过15万。其余60万移民中设有半数从川、楚、粤、赣等省迁入,共有外省流民约45万人。

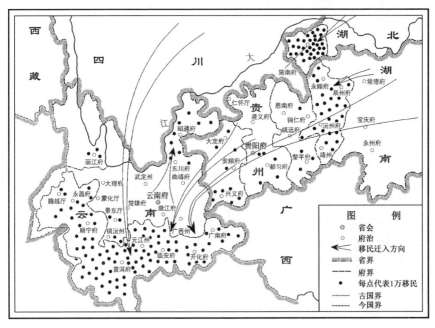

图 4-2 清代前期西南地区的移民迁入与分布(1776年)

除农业移民外,还有100万左右的矿山工人和他们的家属。仍以7‰的年平均增长率回测,乾隆四十一年(1776年)的矿工及其家属约

---

1 罗尔纲:《绿营兵志》,中华书局1984年版,第230页。
2 同上书,第207页。

为75万人。矿工的配偶有来自本地者,故估计作为移民的矿工大致为50万或不足50万。

第五节

川西地区[1]

四川东南的酉阳宣慰司在雍正年间改设直隶州,石砫宣慰司迟至乾隆中期才正式设厅。四川西南的改土归流,延续时间还要长一些,先是在雍正年间,清兵乘势深入凉山地区,设置营汛,派兵驻守。有些地区彝族人口散处,从无统治,遂先设土司以辖;有些地区则通过削弱土司权力为以后的改土归流创造条件。对川西地区的彝族、藏族居住地也采取相同的政策,从雍正至清末,改土归流一直陆陆续续地进行。清末,遂有西康省之设。在这些地区,汉族人口的迁入也是陆陆续续地进行的。

乾隆十二年(1747年)至十四年间,清政府发动了第一次征讨川西大金川土司之战役。事后改土归流,设置屯田。主事者提出了设置番屯的设想,即在归流的番丁中挑选精壮者,设屯垦田。至乾隆十七年,始于杂谷厅挑选番丁3 000作为屯兵,并设土守备、土千总、土把总、土外委各若干名以统辖之。无事耕田,有警作战。因土番屯兵"本系番人,不敢与官兵相埒,至遇冲锋打仗,其爬山越岭,无异土兵"[2],政府深感方便。至乾隆三十六年征金川战役再起,平定后决定采用安置番丁的办法以行屯垦,大批藏民归附者被安置为屯民,是亦称为改土归屯。

也有一些内地汉民进入此区进行垦殖。如乾隆四十四年十一月户部奏:"今据四川总督文咨称,渠县、什邡、长宁等县民人段万儒等十

---
[1] 参见潘洪钢:《清代乾隆朝两金川改土归屯考》,《民族研究》1988年第6期。
[2] 《金川档》,乾隆三十八年闰三月二十五日上谕。

二户,情愿携眷赴金川屯垦,请照携眷赴屯兵丁,派赴杂谷屯练之例,官为资送……又洪雅、天全、打箭炉等厅、州、县民人王文琳等三十户,情愿自备资斧,携眷赴金川屯垦。"[1]但汉人迁入的规模很小,无法与西南其他地区相比。

---

[1] 《金川案》,第120页。

第五章

东南棚民与客家：江西南部和中部

清代江西丘陵山区的人口迁移主要表现为棚民运动和客家人迁移，所以，我们以此作为这一时期江西移民运动的代称。本章主要讲述江西南部和中部丘陵山区的移民活动。

第一节

赣 南 山 区[1]

赣南山区位于江西省的南部。一系列大的山脉构成其高耸的地势。这些山脉包括粤、赣交界处的大庾岭、九连山；闽、赣交界处的武夷山；斜贯赣南北部的雩山山脉和湘赣交界处的万洋山。该区山地面积广大，山坡陡立，河谷深切，地势高峻。其间散布着若干个大小山间

---

[1] 参见曹树基：《明清时期的流民和赣南山区的开发》，《中国农史》1985年第3期。

盆地,是赣南重要的农业区。

在行政区划上,赣南山区属于清代的赣州(治今赣州市)、南安(治今大余县)两府以及宁都直隶州(治今宁都县)。此外,还包括属于吉安府(治今吉安市)的遂川县和属于建昌府(治今南城县)广昌县的南部山区。由于本卷的研究在大多数情况下以府为单位,所以遂川和广昌的移民将另作叙述。

自宋元战争以来,赣南山区进入了人口发展的萧条时期。直至明代中叶,这一区域的人口状况并没有发生很大的变化。在人口大量减少的同时,又有其他地区的人口流入。关于这一区域明代中期的人口迁入,除了本节罗列的各种表格及叙述中涉及的资料外,还可参见本书第五卷的有关章节。概言之,人口的来源主要是相邻的粤北、闽西和江西吉安等府。

一 宁都直隶州

1. 宁都和石城

康熙年间宁都学者魏礼曾议及宁都的人口变动:"阳都属乡六,上三乡皆土著,故永无变动,下三乡佃耕者悉属闽人,大都福建汀州之人,十七八上杭,连城居二三,皆近在百余里山僻之产……夫下乡闽佃,先代相仍,久者耕一主之田至子孙十余世,近者五六世、三四世……久历数百年。"[1] 以佃农身份进入宁都的闽人大约从明代前期至清代一直不断。

魏礼的这一说法在今天的自然村统计中可以得到印证。根据对《江西省宁都县地名志》中所载自然村建村年代和村庄原籍的统计,来自福建的移民村确如魏礼所说,从明代前期,甚至从明代以前直至明代后期,一直在不断地建立。就是在清代中期以前,也还有福建移民村在陆陆续续地兴建。

魏礼所说上三乡,是指宁都北部。从自然村的统计来看,这一区

---

[1] 魏礼:《魏季子文集》卷8《与李邑侯书》。

域只有零星的闽人迁入。此外还有一批来自江西其他地区的移民,其中多来自相邻的抚州和吉安属县。尽管如此,与南部山区相比,迁入北部的闽籍移民要少得多。但同样,南部山区也没有北部山区那么多的吉安和抚州籍移民。

在今天宁都县的西北部山区,还分布着一批闽籍移民村庄,如大沽乡,就有 28 个迁自闽地的自然村,集中分布于炉斜、小沽等地。明清时期,这一区域属于相邻的兴国县管辖,1949 年以后才划入宁都。同样,在与宁都东北部相邻的广昌县南部山区,也有密集的闽籍移民分布,独有柯树一乡例外,原因在于该地本属宁都县所辖,1949 年以后才划归广昌。从这两个例子中可以看出,魏礼的观察与对自然村统计的结果是吻合的,由此而奠定了我们用地名资料作移民分析的坚实基础。

石城的情形与宁都相似,在康熙初年甚至更早,一批闽人就在石城"赁土耕锄"[1]。从自然村的分布中可以看出,石城县的闽籍移民分布在该县的东南部山区。在今天该县殊坑、罗家两乡中的 125 个村庄中,直接自闽省迁入的就有 60 个村庄;在该县中部的丘陵河谷地带及其北部地区,则没有发现闽籍移民的分布。但这并不意味着这一区域没有闽籍移民的活动,相反,闽籍佃民的活动还相当活跃。还在顺治二年(1645 年),石城的闽籍佃农展开过轰轰烈烈的争取永佃权的斗争,他们"倡永佃,起田兵","纠宁都、瑞金、宁化等处客户一岁围城六次。城外及上水乡乡村毁几尽,巡检置俱毁"[2],有很大的规模和声势。这次风潮之后,闽佃可能受到土著的驱逐或限制,在石城东南山区以外的地区不再活跃。

由于两县移民村庄太少,故不作移民人口的数量分析。

2. 瑞金

明代中期的罗璟说瑞金"万山连亘,人迹稀阔,其深阻处,奸民蔽为盗区,出没为患"[3],至明朝末年,瑞金县"承平之时,家给人兴,闽广

---

[1] 康熙《石城县志·物产》。
[2] 乾隆《石城县志》卷 7《纪事志·兵寇》。
[3] 罗璟:《增修城垣记》,嘉靖《瑞金县志》卷 7《文章》。

及各府之人,视为乐土,绳绳相引,侨居此地。土著之人,为士为民,而农者、商者、牙侩者、衙胥者,皆客籍也。即黔徒剧贼窜匿其中,亦无分别。明季谢、阎二贼交织,凡闽广侨居者,思应之。皂隶何志源,应捕张胜,库吏徐矾,广东亡命徐自成、潘宗赐,本境惯盗范文贞效汀州、石城故事,倡立田兵,旗帜号色,皆书八乡均佃……凡畚插之家,苟有龃龉,立焚其屋,杀其人,故悍者倡先,懦者陪后,皆议聚入城,逼县官印,均田帖以数万计"[1]。能够组织武装与政府对抗的佃农当有相当的数量。康熙年间的记载说:"本邑事简民淳,公赋易完,近多异县侨居之民,颇不便于地方。"[2]根据地名资料提供的线索,可以知道他们在瑞金的分布状况。见表5-1。

表5-1 江西省瑞金县自然村建村情况及所含人口

人口单位:百人

原籍 年代		本 区			赣 中		福 建			广 东			其他省	合计
		(1)	(2)	(3)	(1)	(2)	(1)	(2)	(3)	(1)	(2)	(3)	(3)	
清代以前	村	52	75	18	7	7	17	8	22	9	—	7	4	226
	人口	64	212	25	10	31	18	37	21	8	—	7	10	443
顺治至 康熙	村	112	110	35	4	—	20	6	37	1	8	3	3	339
	人口	103	164	39	2	—	19	8	39	1	—	7	4	386
雍正至 乾隆	村	94	93	42	—	1	11	1	34	1	—	7	—	284
	人口	73	124	47	—	2	10	0	18	0	—	5	—	279
合计	村	258	278	95	11	8	48	15	93	11	8	17	7	849
	人口	239	500	111	12	33	48	45	78	9	6	13	14	1 108

资料来源:《江西省瑞金县地名志》,1985年。抽样乡镇:(1) 北部丘陵山区:冈面、下坝、日东、大柏地,抽样率66.7%。(2) 中部丘陵河谷:九堡、云石山,抽样率22.2%。(3) 东南部山区:拔英、泽覃。

说　明:各类移民村庄包括分迁的子村。人口数为1982年普查人口。江西山区移民在追溯迁居年代时,多用以"代"作为计算者,依我的经验,15代以下一般一代约为20~25年,15代以上一代一般为25年以上,定居年代越长,则"代"的时间间隔也越长。本表依此原则,将"代"折算为年代。以后各表均同,不另说明。

第一个问题是,表5-1尽管可以将各类原籍的人口作尽可能详细的区别,但这却使得清代移民变得不那么纯粹了,有相当一批清代以

---

[1] 杨兆年:《上督府田贼始末书》,道光《宁都直隶州志》卷31《艺文》。
[2] 康熙二十二年《瑞金县志》卷2《地舆》。

前迁入的移民村庄的分迁之村夹入了清代移民村之中。在明代移民较多的地区,估算清代移民就会产生一些误差,而在没有或几乎没有明代移民介入的地区,就不存在这个问题。

另一个问题是,我们讨论的是人口迁移,而不是讨论村庄迁徙。村庄有籍别之分,也有大小之分,一般说来,年代越古老的村庄,其人口就越多。举例说,一个明代以前的村庄人口可能是清代乾隆年间所建村庄人口的几倍。这是从统计的意义上说的,单个村庄的比较则无意义。在无法获得清代村庄人口数的前提下,我们只能以1982年的人口普查数作为我们比较分析的基础。这一比较是建立在各类自然村人口的增多或减少有着同样的规律的基础之上的。这一方法,在本书第五卷对洪武及洪武以前村庄的比较中也曾使用过。在表5-1中,至1982年,清代以前所建村庄平均人口为196人,顺治至康熙年间为114人,雍正至乾隆为98人。由此可见,瑞金县自然村建村年代的长短与人口的多少呈正相关,这反过来也说明对于该县自然村建村年代的调查是相当准确的。

第三个问题是,对于瑞金县乡镇的选择,并不完全根据随机的原则,而是根据地形的不同分别抽取不同数量的乡镇,只是东南部只有泽覃和拔英两个山区乡,未做选择。因此,在估计清代瑞金移民人口时,必须根据各类地形上人口的分布状况来进行估测。根据资料,瑞金县北部丘陵山区人口占全县人口总数的26%,中部丘陵河谷区占69%,东南部山区仅占5%[1]。所以,从下面的计算中可知,尽管东南部山区闽、粤籍村庄的比例很高,但他们在总人口中占有的比例却是很低的。

据表5-1,瑞金县的外来人口,多定居于南部和北部的山区。分区论之,闽、粤籍村庄在东南部山区占当地村庄总数的52.1%,在北部山区占17.9%,在中部丘陵河谷地带只占7.4%。用各类地形的人口比例分别计算,则知北部山区的闽、粤籍自然村占全县村庄总数的4.6%,中部丘陵区占5.1%,东南山区占2.6%,合计为12.3%。以人

---

[1] 江西省瑞金县农业区划委员会:《江西省瑞金县综合农业区划报告》,1982年。

口计算,这三类地形上的闽、粤籍人口比例分别为 4.8%、6.0% 和 2.1%,合计为 12.9%。这一计算的结果表明无论是村庄还是人口,其数值都是相当接近的[1]。这表明,在一般情况下,我们不用对村庄人口进行统计,因为,各类村庄的比例就是其所含人口的比例[2]。

从自然村的统计看,闽、粤籍人口约占全县人口的十分之一强,假若将其中清代以前迁入的闽粤村庄剔除的话,闽粤籍移民大约只占全县人口的 5% 左右。

嘉庆二十五年(1820 年)瑞金县人口为 32 万[3]。以人口年平均增长率 7‰ 的速度回溯至乾隆四十一年,有人口约 23 万左右,清代移民约为万人。

然而,这 1 万移民仅指定居者而言。明清时期活跃于瑞金而最终并未在此定居的侨民并不包括在内。尤其是在清代闽、粤客家人向赣南中部及西部以及向赣西北地区迁移的过程中,有相当一批"瑞金"人厕身其中,他们不可能是拥有田产的瑞金土著,最大的可能是从闽、粤迁入的佃农或其他人等的再迁移。

在瑞金,还有一批从事手工业的外来人口。康熙年间,有大批制烟工人流入瑞金,他们"至城郭乡村开锉烟厂不下数百处,每厂五六十人,皆自闽粤来";因而"岁增数万锉烟冗食之人"[4]。

锉烟者来自闽南地区,史料称:"瑞故产烟之地,故漳、泉之人麇至

---

[1] 统而论之,在样本乡镇的 849 个村庄中,共有 192 个闽、粤籍村庄,占村庄总数的 22.6%;以人口计,在样本乡镇的 11 万人口中,闽、粤籍人口约 2 万,占 18%。人口比例与村庄比例相差 5 个百分点。这一结果由于没有考虑到各类地形上样本的多少所造成的误差,所以是不确切的。
[2] 1983 年笔者曾在瑞金县作移民史调查,对当时尚未成书的瑞金县地名档案进行自然村建村情况的统计,样本相同,但各类村庄数与此略有出入。在 908 个样本村庄中,共得 162 个闽、粤籍村庄,占村庄总数的 18%,而在追踪检索法的统计中,这一比例高达 22%,因为追踪检索可以将移民子村统计在移民村栏内。按地形分别进行计算,则北部丘陵山区闽、粤人口占全县人口的 3.8%,中部占 4.3%,东南部占 2.3%,合计占 10.4%,与根据表 5-1 计算所得相差仅 2 个百分点。这实际上意味着,用非追踪检索法所作统计得出的结论与用追踪检索法统计所得结论没有太大的误差。其原因在于尽管由于统计方法的不同会导致一批移民分迁村即移民子村的漏记,但是,又由于闽、粤客家村的迁入多在清代,每村平均人口要少于明代和明代以前所建村庄,按照村庄统计所得出的比例显然会使闽、粤籍人口的比例提高。两种误差相互抵消的结果是一般的村庄统计竟能够大体符合对村庄人口所进行的统计。根据这一原理,笔者在无法再获得有关已经成书的地名志的前提下,依然采用以前所作地名档案中自然村的统计,也就不作村庄人口的繁杂统计了。
[3] 道光《宁都直隶州志》卷 10《田赋志》。
[4] 谢重拔:《禁烟议》,康熙二十二年《瑞金县志》卷 8。

骈集,开设烟厂。"[1]这大批的烟厂开设在什么地方呢?据我在当地的调查,瑞金烟叶的传统产区位于中部丘陵河谷地区,也就是表 5-1 中所揭示的瑞金县闽籍移民分布最少的地区。因此,我们以为这批从事烟草加工业的闽籍工人,并未在当地定居。居住在南部和北部山区的闽籍移民,其原籍是福建汀州,属于客家人的系列,和漳州、泉州来的闽南人,并不属于同一民系。至于中部河谷地区的少部分定居的闽籍移民,可能是康熙、乾隆时代的种烟者。这正如上引资料中所称,"自闽人流寓于瑞,植烟为生",他们中的一部分可能在此定居。

综之,自明代直至清代中前期,宁都州三县的闽、粤籍流民表现得十分活跃。他们中的一部分以佃农的身份进入江西,一部分则是来自闽南地区的从事制烟业的手工业工人。从自然村的统计来看,有一部分佃农在宁都定居下来,成为移民,而作为制烟工人或烟业厂主的闽南人则不见了踪影。他们中的绝大部分可能在以后的岁月中返回了原籍。

二 赣州府

1. 兴国

本书第五卷曾引海瑞《兴国县八议》,说明明代后期兴国县的土著逃亡现象非常严重,所谓"人丁凋落,村里荒凉,岭内县分似此,盖绝少也"。在兴国人口外徙的同时,来自江西中北部的移民大量地迁入此地,如海瑞指出的,迁入者多为吉安、抚州、南昌和广信诸府之人[2]。

明代人口的自发迁入并未改变当地人口稀少的状况。清代前期,兴国县就成为政府组织移民的地方。最初的移民人口是政府安插的投降的郑成功旧部。康熙九年(1670年),"蔡璋率其属张治、朱明等目,兵千余人,扶挈家口又数倍到县⋯⋯请于郡守孔兴训。兴训亲

---

1 乾隆《瑞金县志》卷 2《物产》。
2 海瑞:《兴国县八议》,《明经世文编》卷 309。

到邑,履亩按籍授田而析置之。军之名籍者,不自耕,召募闽广流人赁耕,旁郡邑赁耕者来如市"[1]。抗清失败的郑成功旧部不像其他的明朝军队那样被编入绿营,而是遣归农村。除了安置在赣南兴国县的一部分军人外,还有一部分被安置在河南省的西南部地区。

设屯田之兵为1 500人,以一家3口计,则有4 500人。由于在"三藩之乱"中,朱明等屯垦者群起响应,战乱平息后,"散归乡井者什之四,愿附兴籍为农者什之五,入军伍充兵者什之一"[2]。留在兴国的屯垦者大约只有半数左右了。这批战俘移民被安置于兴国,并不可能改变兴国县地广人稀的状况。只是由于被安置者获得了当地的户籍并获得了耕地,就使得他们很快变成了地主。他们从闽、粤等地招募佃农,为其耕垦。地方官称之为"频年以来,仰赖上宪嘉意无绥,广示招徕"[3]。降兵们对佃农的招徕得到当地政府的认可,兴国县的人口得以大大增加。

由降兵们招徕的佃农并没有获得当地的户籍。有记载说:"兴国土著少而流寓多,彼生齿既不列于兴之版图,姓名复不载于烟户,各居一方,不与土著处。"[4]或言"流移浮于土著,辄肆狂逞"[5]。似乎在康熙年间,外来的移民就已经超过了兴国的土著。然而,从自然村的统计中所得数据与这一估计存在明显的差异。详见表5-2。

表5-2 江西省兴国县自然村建村情况及所含人口

人口单位:百人

原籍 时代		本区	赣中	广东	福建	三南	其他	合计
清代以前	村	89	29	8	11	1	4	142
	人口	181	49	4	11	2	8	255
顺治至康熙	村	137	10	69	80	30	1	327
	人口	140	9	63	76	30	1	319

---

1 同治《兴国县志》卷14《武事》。
2 张尚瑗:《潋水志林》卷14《兵寇》。
3 康熙《兴国县志》卷3《户口》。
4 康熙二十二年《兴国县志》卷7《保甲》。
5 康熙二十二年《兴国县志·序》。

续表

时代\原籍		本区	赣中	广东	福建	三南	其他	合计
雍正至乾隆	村	186	36	84	73	26	1	406
	人口	161	19	57	54	20	1	312
合计	村	412	75	161	164	57	6	875
	人口	482	77	124	141	52	10	886

资料来源:《江西省兴国县地名志》,1985年。抽样乡镇:枫边、茶园、五里亭、鼎龙、古龙冈、杰村,抽样率21%。
说　明:各类移民村庄包括分迁的子村。"三南地区"为本卷特指赣南东南部如瑞金、安远、会昌、长宁、龙南、定南等县。

至1982年,三个历史时期所建自然村的平均每村人口分别为180人、98人和77人。从长期的趋势来看,每村平均人口随建村时代的远近而递减,与瑞金的情形相似。

就移民原籍分,从明代后期开始,来自闽、粤的移民有所增加,清代则蔚为大观。在样本中查得45个标明闽籍原县的村庄,其中宁化18村,武平15村,上杭9村,清流、邵武、莆田各1村。可见来自闽省者主要是汀州地区,而迁自广东的则主要来自兴宁、平远和长乐(今五华县)等县。据此可判定闽、粤移民即客家人无疑;郑成功部下的原籍多在漳州及厦门一带,何以迁至兴国则成了客家人,姑且存疑。迁自赣南东南部的主要来自瑞金、长宁(今寻乌县)、安远、龙南和定南等地。这一区域未经历明末清初的战乱,人口相对较多。如瑞金和龙南,其地多为土著盘踞;如长宁、安远和定南,在明代即为闽、粤客家人所占据。这里的人口分布与兴国一带完全不同,所以成为人口的输出地。又由于赣南东南部地处汀州和粤东客家进入赣南的路口,客家人的入迁会对他们产生迁移的推动力,这也是龙南等县人口北迁的原因之一。从其他县的情况来看,赣南东南部人口的外迁以长宁、安远、龙南和定南等县最多,在赣西北地区也能够发现他们的踪迹。

来自闽粤的移民村在兴国县有着相当密集的分布,这与上引《兴国县志》中的记载是一致的。只是在全部样本中,客家移民村共有382个,占村庄总数的44%,客家移民村所含人口约3.1万人,占人口总数的36%[1]。人口比例与村庄比例相差8个百分点,这是因为客家移民村建立较晚,其每村平均人口要少于土著村庄。如果把时间定于康熙年间,客家移民的比例会更低,与康熙时地方文献所述移民超过土著的记载有相当大的差距。

这就存在两种可能,一是上引资料所称"流寓"除了客家人之外,还应当包括来自赣中及赣南邻县的人口。在"本区"一栏中,就检得44个清代迁自赣州、宁都和雩都(今于都县)三县的村庄,合计人口为3361人,约占总人口的3.8%,加上迁自赣中的村庄,其人口比例约为3.2%,外来人口合计占全县人口的43%。二是大批的佃耕者最后并没有在兴国定居入籍,尤其是那些来自邻县的"流寓"或佃耕者,有类于瑞金的情形。这些"流寓"不在讨论之列,只有在此定居的客家人才是本书讨论的对象。

由于缺乏兴国县清代的人口数据,只能根据邻县的情况进行类比。1953年兴国县人口是瑞金县人口的1.2倍,是于都人口的0.8倍,估计乾隆四十一年(1776年)兴国县人口数约为24万,其中客家移民约为9万。

2. 赣县

清兵入赣,南明政府曾在赣州府城组织过长达数月之久的抗清保卫战,战争导致了人口的大量死亡。康熙《赣州府志》卷34称:"赣当明季户籍十万八千,丙戌十月城破,存者三千户。"只是赣州府城,地处僻远,在明代末年,竟有50余万人口,似不可能,此处的"十"可能为"一"之误,即1.8万户,约9万人口,也觉过多。可能是在清兵入赣以后,附近及属县中的部分人口进入了赣州城,在南明政府的领导下,参加了赣州保卫战。所以,战争造成的人口死亡,不仅包括赣州城中的,也包括赣州城外的。如在赣县的章水乡,"兵燹以来,十不存一"[2]。章水乡位于赣州城东部的章水沿江盆地,从今天自然村的

---

1 1983年笔者在兴国县调查时,曾对该县地名档案中的自然村情况作过一般性统计。样本乡镇为10个,在乾隆年间的1123个样本村庄中,共得360个闽、粤籍移民村,赣南东南部客家人村庄约为60个,合计客家移民村为360个,占村庄总数的37%,与按追踪检索法所得移民人口的比例相同。
2 康熙二十三年《赣县志》卷3《风俗》。

统计中可以看出,这一带清代以前的古老村庄的确不再存在了。详见表 5-3。

表5-3　江西省赣县自然村建村时代与原籍　　　　　　　单位:村

原籍 时代	本区		赣中		福建		广东		三南		其他省		合计
	(1)	(2)	(1)	(2)	(1)	(2)	(1)	(2)	(1)	(2)	(1)	(2)	
清代以前	50	167	11	14	17	8	11	19	4	2	8	2	313
顺治至康熙	102	157	5	3	46	28	64	7	21	5	2	—	440
雍正至乾隆	205	125	4	2	41	15	46	6	22	8	1	—	475
合　计	357	449	20	19	104	51	121	32	47	15	11	2	1 288

资料来源:赣县地名档案。
说　　明:(1) 中北部沿江河谷丘陵区:茅店、江口、储潭、吉埠、石芫、五云。
　　　　　(2) 南部丘陵山区:王母渡、阳埠、韩坊、长洛、小坪(抽样)。

由于资料的限制,关于赣县以及后文讨论的雩都和南康等县已不可能作详细的自然村人口统计了。瑞金县和兴国县的例子已经证明,在瑞金模式和兴国模式中,简单的自然村统计也能够代替复杂的追踪检索式统计以及对自然村人口的统计,虽然两种统计之间会产生一些误差,但误差较小,并不影响对问题的说明。

瑞金模式的内涵是,土著人口占有绝对的多数,相对而言,他们村庄所含人口多,明清时代迁入的客家村庄每村平均人口少,客家移民村庄分迁的子村没有被统计所产生的误差与客家村庄人口较少导致的统计误差可以大致抵消。兴国模式的内涵则是,虽然土著人口并不占绝对的多数,但客家村庄大多数是在清代迁入的,迁入时间不仅晚,而且集中,因此,客家村庄的平均人口少于土著或先到的其他移民,而客家分迁村庄的误差则与之抵消。

赣县接近于兴国类型,但有些不同。赣县清代以前的闽、粤客家人比例明显大于兴国,这批客家村庄的平均人口较多,且分迁村也可能较多。由于大规模的客家人迁入仍是在清代,就与兴国情况相类似。因此,可以按照兴国模式对赣县的客家人口进行估算,但必须有所修正。

清代的赣县比今天赣县为大,它包括今赣州市郊的6个乡镇。从地形上分析,今赣州市郊的6乡镇与赣县中部河谷丘陵区的地形相同,因距赣州城近,在明末清初的战乱中,人口大多死亡,因此也成为战后移民之所。这一区域移民人口的分布应与赣县中部河谷丘陵区相同或相近。因此,我们将赣州市郊的乡镇也纳入赣县一并讨论。

赣县的地形实际上可以分为三类,一是北部丘陵山地,包括8个乡镇,人口占全县的36.8%[1],若将赣州市郊一并考虑,则占总人口的28.4%[2],这一区域几乎没有外来移民的介入。中部丘陵河谷区的移民分布最为密集,这一区域人口占全县人口的37.4%,与赣州市郊合计,则占54.5%。在今赣县6乡的660个村庄中,有272个村庄直接迁自闽、粤和赣南东南部,占当地村庄总数的41.2%,人口则约占全县(含赣州市郊)人口的22.4%。南部丘陵山地虽有移民的分布,却不如中部河谷丘陵区那样密集。抽样结果表明,闽、粤及赣南东南部迁入的移民村占这一区域村庄总数的17.3%,由于该区人口占全县人口的25.8%,故客家人口占全县(含赣州市郊)的3.1%,合计之,客家移民约占赣县(含赣州市郊)人口的25%。如果考虑到赣县的客家人迁入情况与兴国之间的差异,即清代以前的客家村庄的平均人口较多以及有较多的分迁村,我们可以将这一比例提高到30%。

1953年的赣县人口与于都县相同,乾隆后期的人口数估计两县也相同,即在25万人左右,其中25%为客家移民,则有人口6万左右。

赣县的移民除了客家移民外,还有相当一批来自信丰的移民,他们所建村庄数量与从龙南、长宁一带迁入的村庄数相当。由于迁入的距离相隔太近,又属同一地形内的人口迁移,故不多加讨论。

赣县的数据还表明自明代以前及明代以来,赣中地区的迁入人口构成当地人口一个相当重要的组成部分。从统计上看,明代中前期迁入最多,正与海瑞所说兴国情况基本相同。

3. 雩都

雩都县(今于都县)介于赣县和兴国之间,地形与赣县相似。中部

---

[1] 江西省赣县农业区划委员会:《赣县农业自然资源和农业区划报告汇编》,1982年。
[2] 赣州市郊人口见《江西省地图册·赣县》,中华地图学社1993年版。

有贡水流过,地势平坦,两侧则为丘陵和低山。明代来自赣中及闽、粤的流民纷纷迁入,清代初年,"李玉廷,广东人,佣工为生,顺治四年,杀人拒捕,乃集粤众,盘踞佛婆里、老虎山、小庄等处,肆行掳掠,抚军刘公武元发兵捕剿,玉廷惧,率众投降。顺治丁酉复叛"[1]。从表5-4对于雩都县自然村的统计中可以看出,明代闽、粤人的迁入有相当大的数量。

表5-4 江西省于都县自然村建村时代与原籍

时代＼原籍	本区		赣中		福建		广东		三南		其他省	合计
	(1)	(2)	(1)	(2)	(1)	(2)	(1)	(2)	(1)	(2)	(1)	
清代以前	61	63	68	2	36	10	47	12	38	3	2	342
顺治至康熙	87	58	14	2	17	3	47	7	25	4	1	268
雍正至乾隆	193	91	18	2	29	11	39	6	32	4	2	427
合　计	341	212	100	6	82	27	133	25	95	11	5	1 037

资料来源:于都县地名档案。(1) 沿江丘陵河谷:西郊、罗江、罗坳、黄麟、岭背、梓山。抽样率54%;(2) 南、北山区:靖石、祁禄山、马安、桥头。抽样率27%。

雩都县明代以前的土著村庄所剩不多,在沿江河谷地区尤其如此。赣中移民长期以来一直源源不断地迁入,以至于在明代以前所建立的古老村庄中,来自赣中的村庄超过了土著。明代赣中移民仍在迁入,地方志的记载说:"正德以后凋敝益甚,或产去粮存,或户存人亡。产之归于吉安寄庄户者,已十之二三矣。盖以邑民悉贫,无可受产,乃遂归之他郡,他郡力能兼并之。且因寄庄之户,遂欲夺土著之山,使一邑送死者无瘗肉之地。"[2] 明代从赣中迁入者,大抵是以寄庄者的身份出现的,只是县志没有提及同时代来自闽、粤的移民人口,从大量闽、粤自然村存于至今这一情况推断,他们可能也是所谓的"寄庄"者,而不是宁都的"闽佃"。

明代以前雩都人口的大幅减少,可能是受到宋元之际战争和瘟疫的影响。整个明代,赣中和闽、粤人一直在不断地迁入,以至到清代,当兴国和赣县等地闽、粤移民大规模迁入之时,雩都依然如旧,客

1　康熙元年《雩都县志》卷11《纪事志》。
2　同治《雩都县志》卷5引旧志。

家人的迁入始终保持着不快不慢的节奏。究其原因,就在于明清之际的战争并未对雩都造成太大的伤害,人口不需要作大规模的补充。

分区论之,沿江丘陵区的客家人约占当地总人口的41%,由于这一区域人口占全县人口的56.4%,因此,本区的客家人约占全县人口的23.1%。南北山区的客家人比例仅占22.4%,占全县人口9.8%。合而计之,雩都县的客家人约占全县人口的近三分之一。这一比例正好介于赣县和兴国之间。其余则为来自赣中或邻县的迁入者以及土著。

乾隆五十年雩都县人口约为25.6万人[1],其中客家移民约为8万。

再如信丰,从明代后期至清代乾隆年间,各地移民只有零星迁入,与龙南的情况接近。以同样的方法进行分析,闽、粤籍客家村只占当地村庄总数的6%左右。在定南、安远、会昌和长宁等县,清代移民的比例大体相同。

三 南安府

南安府位于赣南地区的西部,包括南康、大庾(今大余县)、上犹和崇义四县。其中南康县和大庾县的大部分属于赣州盆地,上犹和崇义地处山地,属于罗霄山脉的东侧。

1. 南康

南康盆地是赣州盆地的一个组成部分,地貌以低丘为主,兼有较多的平坝。农田海拔多在200米以下,地势较平坦。盆地中有章水和上犹江通过,并在此交汇。盆地的南北两侧为高丘,海拔多在200—500米之间。

因受到顺治三年赣州保卫战的影响,南康县人口死亡很多。尤其是在章水及上犹江两岸的河谷丘陵地带,更是如此。表5-5揭示出战争对这一区域的影响和战后移民活动的规模。

---

[1] 同治《雩都县志》卷5《田赋》。

表5-5　江西省南康县自然村建村时代与原籍　　　　单位：村

原籍 时代	本区		赣中		福建		广东		三南		其他省		合计
	(1)	(2)	(1)	(2)	(1)	(2)	(1)	(2)	(1)	(2)	(1)	(2)	
清代以前	64	31	11	1	1	1	21	2	1	—		3	136
顺治至康熙	161	25	3	1	6	—	89	—	8	7	3	—	303
雍正至乾隆	253	81	5	4	5	1	88	—	8	3	2		450
合计	478	137	19	6	12	2	198	2	17	10	5	3	889

资料来源：南康县地名档案。抽样乡镇：(1) 中部丘陵河谷：龙岭、沙溪、三江、凤冈、龙华、平田，抽样率43%。(2) 山区：三益(南)、横市(北)，抽样率20%。

清代以前，来自赣中和广东的移民都有相当的数量。清代移民以广东客家人为主要，民国时人称，"清初兴宁人徙来占籍众"[1]，这一说法在自然村的统计中可以得到证明。从顺治到乾隆，在长达一个多世纪的时间里，来自广东兴宁(或称嘉应州)的客家人源源不断地流入，至乾隆年间，客家人所建自然村占全县总村数的27%。分区统计，中部河谷丘陵地带的客家自然村占31%，南北部占8.8%。由于中部河谷区的人口占全县人口的68%[2]，该地客家人口占全县人口的21%，南、北山区客家人口只占全县人口的2.8%。合而计之，南康县的客家人口占全县人口的24%左右。清代以前的迁入者甚少，不影响我们对清代客家移民人口的估测。

1953年南康县人口与零都相同，据此估计乾隆后期该县人口为25万左右，其中客家移民约为6万。

2. 大庾

大庾县(今大余县)的中部属于赣州盆地的一部分，其北部、西部则地处南岭山地，地势较高。在该县地名档案中抽得新城、浮江、青龙和梅关四乡镇进行分析，结果见表5-6。由此可见该地闽、粤人的势力非常大。

1　民国《南康县志》卷6《社会风俗》。
2　南康县农业区划委员会：《南康县农业区划报告汇编》，1982年。

表 5-6　江西省大余县自然村建村时代与原籍　　　　单位：村

原籍 时代	本 县	本 区	吉 安	福 建	广 东	其他省	合 计
清代以前	15	7	9	4	16	2	53
顺治至康熙	22	22	1	4	23	—	72
雍正至乾隆	21	35	4	4	36	—	100
合　计	58	64	14	12	75	2	225

资料来源：大余县地名档案。抽样乡镇：新城、浮江、青龙、梅关，抽样率22%。

与南康、赣县等地不同的是，大庾县的广东移民大多来自与之相邻的粤北地区，多记为南雄和始兴。只是在最东端的新城乡才能发现来自粤东兴宁客家人的踪迹。据对自然村进行测算，在建于乾隆及乾隆以前的225个样本村庄中，闽、粤客家村庄有87个，占全部村庄的39%。清代迁入之客家村庄有67个，占30%。

1953年大余县人口为崇义县人口的1.2倍。据以回溯，乾隆年间大余县人口约12万，其中约有3.6万客家移民。

3. 上犹

明代中期一批来自广东的流民聚集于崇义一带的山区，发动起义。起义被镇压后，割南康、上犹及大庾三县地设崇义县。从明代中期至明代末年，来自福建和广东的流民仍继续迁入这一区域。崇祯四年（1631年）十二月，"流寇钟凌秀围府城，大肆劫掠，杀人如芥"[1]。钟凌秀可能为流入上犹的闽粤客家人。

明代末年，与上犹相邻的龙泉县（今遂川县和井冈山市）闽粤流民骚动，以响应北方李自成的农民起义。有记载说："（崇祯）十七年闯贼陷京师，龙泉闽广流寓啸聚山林，裹红头，自号十三营。"[2] 他们出没于赣南西北部及湘东南各县，有一定的声势和规模。

明清之际，这批闽广流民仍然活跃于这一区域。顺治三年（1646年），南明政府招抚这批流民部队参加了赣州城的抗清保卫战。赣州

---

[1] 乾隆《上犹县志》卷10《杂记》。
[2] 同上。

失守后,流民们被清政府安置于上犹屯垦,尔后他们响应金声恒之乱,群起揭竿,失败仍回上犹垦殖。地方志中的记载说:"迨顺治十六年募垦檄下,其党乘间复集,始焉遍满(上)犹、崇(义)二邑,继而蔓延南康之北乡,以及吉安之龙泉……自甲寅一变,凡占垦之粤流遂尽为播毒之叛逆矣。迄今五载,土著遭杀遭掳,数邑尽殃而上犹为甚,上犹之营前、牛田、童子等乡尤甚。缘顺治十六年招垦余孽混集其地,斯根深而祸益深耳。今以大逆败北,势穷乞降,又蒙总镇概示不杀,暂令屯营前等处。"[1] 这就是所谓的"三招三叛"。

清政府屡屡对抗清的流民进行招抚,除了政治的因素外,另一基本的原因在于南安山区的人烟稀少,不安置流民垦荒,封建赋税无人负担。对于地方政府而言,屡屡闹事的流民构成地方的不安定因素,加上这批闹事的流民属于外来的"客家"人,他们与土著之间的冲突也导致地方上的不安宁。所以,有人动议驱流民回原籍。光绪《上犹县志》卷15《艺文》中有记载说:"府主曰,康熙十七年看得上犹之丁绝田荒而流民不肯归里,以致正赋丝毫无征也。由安插粤闽作寇之人在于境内,是以逃亡之人宁饥饿展转于异乡,莫敢旋归于故里耳……既间有归者,负耒牵牛回籍归垦,又遭广人之斥逐,不容住坐。"说的是土著外逃,有家不得归,其原因在于流民的猖狂。土著不归,则赋税无出。上引文献称土著之赋为"正赋",那么就很可能存在另外一种"非正赋",即对于政府所安置的屯垦流民所收赋税,包括丁税和地税。

南安府尹还援引江西其他地方的案例,证明驱逐流民之必要,"况宁州(按:今修水、铜鼓二县)、新昌(按:今宜丰县)、武宁等处投诚逆党现奉抚督两院批据南瑞道呈,详令将投诚人等俱发回原籍,有例可循,乘此兵势甚盛,勒令回籍。行文使彼处地方官安插,得所无悖"。南瑞道署按察司的意见是,"流民之民,饥则附人,饱则食人,江西之苦,莫如上犹,上犹之苦,莫如营前之惨"[2],也主张将流民驱回原籍。

抚宪佟某给总督的行文表明他对于驱流民回原籍一事的踌躇。

---

1 光绪《上犹县志》卷15《艺文》。
2 同上。

他说:"今据该道呈详勒令回籍,行文彼处,安插前来。但迁移抚众,恐阻向化之心,而因循复辙,不无厝火之虑。应否允徙,以顺舆情。"尽管如此,督宪董某做出驱逐流民的最后决定,其文曰:"为照粤东投诚之众安插上犹营前地方,即称于民不便,应如大咨,令其回籍安插可也。"[1]这应是地方最高长官的最后决定。然而,从上犹县自然村的抽样统计中,我们发现这一驱逐的成效大可怀疑。

在表5-7中,三个时期所建自然村每村平均人口分别为228、160和113,随建村时间的早晚,村庄规模有规律地递减。单以粤省移民村作同样比较,三个时期的人口分别为143、162和114。清代以前的客家村庄与其他自然村情况有所不同,其原因可能是样本过小所造成,也可能是清代初年的战乱中,客家由于多次卷入抗清斗争,又多次被招抚和安置。客家人的家族或大家庭在动乱中不易形成,真正的人口发展是从战乱平息之后开始的。这样,明代迁入的客家和清代迁入的客家在同一水平线上开始各自的人口增殖,由此而导致自然村平均人口数的接近。

表5-7 江西省上犹县自然村建村情况及所含人口

人口单位:百人

原籍 时代		本区		赣中		福建		广东		三南		其他		合计
		(1)	(2)	(1)	(2)	(1)	(2)	(1)	(2)	(1)	(2)	(1)	(2)	
清代以前	村	12	17	2	6	2	2	13	5	1	—	3	4	67
	人口	25	42	2	16	5	6	20	15	2	—	7	13	153
顺治至康熙	村	17	31	—	2	2	7	137	24	—	7		1	227
	人口	29	53		4	2	5	223	36	—	11		0	363
雍正至乾隆	村	43	33		1	2	2	74	21		4			180
	人口	51	29			1	2	84	33					203
合计	村	72	81	2	9	6	11	224	50	1	11	3	5	475
	人口	105	124	2	21	8	13	327	84	2	13	7	13	719

资料来源:《江西省上犹县地名志》,1984年。
说　　明:(1) 西部南部山区:金盆、营前、梅水、中稍;抽样率40%。(2) 东部丘陵:安和、社溪、黄埠;抽样率42%。

---

[1] 光绪《上犹县志》卷15《艺文》。

在样本村庄中,仅明代后期从广东迁入的移民村就有11个之多,而在顺治与康熙年间的移民村中,明确记为迁自顺治年间的广东籍移民村多达27个。以营前一地计,明末及顺治年间建立的广东籍移民村有17个。这说明文献中所称的驱逐是很不彻底的。

从统计中还可以看出,地方政府在驱逐广东流民的同时,又在大量招募广东移民。康熙年间建立的广东移民村竟达120个之多。同时又有一些来自福建的移民村,只是他们的数量不多。这一移民过程在乾隆年间仍在继续,移民仍有较大的规模。

按地形计,上犹县的闽、粤移民集中分布在西部山区,在东部的丘陵地带则要少得多。对客家人口的测算也就需要分地形进行。在上犹西、南部山区四乡乾隆年间的村庄中,闽、粤客家籍村庄占75%,以人口计也同样如此。在东部丘陵区,客家村庄占43%,而人口则占36%。分区折算客家人口,由于山区人口占全县人口的60%,该区客家人占全县人口45%,丘陵区人口占全县人口的40%,该区客家人占全县人口的14.4%。合计全县人口中客家人口占60%左右。由此而构成上犹纯客县的特色。

1953年上犹县人口为崇义县人口的1.4倍,估计乾隆后期上犹县人口为14万左右,其中客家移民人口为8.4万左右。

4. 崇义

崇义县是明代中期赣南流民活动的中心之一。崇义设县时的人口除了安置的客家人外,还有南康、上犹和大庾划割乡村的居民。该县自然村及所含人口见表5-8。

表5-8 江西省崇义县自然村建村情况及所含人口

人口单位:百人

原籍 时代		本区		赣中		广东		福建		三南		其他省	合计
		(1)	(2)	(1)	(2)	(1)	(2)	(1)	(2)	(1)	(2)	(1)	
清代以前	村	32	6	8	9	12	1	6	3	1		5	83
	人口	38	19	9	17	8	1	10	2	1		13	118
顺治至康熙	村	20	1	1	10	39	1	9	8	—		2	96
	人口	16	5	1	23	45	1	10	6	—		3	110

续表

时代	原籍	本区(1)	本区(2)	赣中(1)	赣中(2)	广东(1)	广东(2)	福建(1)	福建(2)	三南(1)	三南(2)	其他省(1)	合计
雍正至乾隆	村	37	9	2	1	28	2	8	4	1		4	96
	人口	18	12	3	3	16	1	6	3	3		4	69
合计	村	89	21	11	20	79	3	23	15	2		11	274
	人口	72	36	12	44	69	4	26	11	4		20	298

资料来源：《江西省崇义县地名志》(初稿)，1982年。抽样乡镇：(1) 山地：文英、思顺、横水、长龙，抽样率18%。(2) 丘陵：龙勾。抽样率50%。

三个历史时期的自然村平均人口分别为142人、115人和74人，表现出相当强的规律性。就移民分布情况看，崇义县地处高山大岭，只有东部的龙勾和扬眉属于丘陵。山地和丘陵自然村的构成有明显的差异。赣中移民大多迁入丘陵地带，而闽、粤移民人口则主要分布于山地。龙勾、扬眉与南康南部的丘陵山区毗邻，两地的人口分布也相同。

清代以前所建村庄中有自闽、粤迁入者，他们可能与明代中期这一区域的流民起义有关。清代，闽、粤人的迁入规模超过明代，康熙年间的记载说："现则杂以粤人侨寓，险诈叵测，叠遭毒害，只容其耕耘，以赡国赋，然轻于来者，尤当虑其掉臂而去也。"[1] 反映的也是当地政府对流民既欢迎，又担心的复杂心情。

在274个样本村庄中，客家村庄有122个，占总数的45%。分区计算，崇义山地客家村占51%，丘陵仅占11%。已知山地人口占全县总人口的85%，该地客家村庄占51%，即占全县村庄的43.3%；丘陵地区两乡人口仅占全县人口的15%，该地客家村占11%，即占全县村庄的1.7%，合计客家村庄占全县村庄的45%左右。用同样的方法测算，客家人口占全县人口的47%，与根据村庄测算所得结果仅相差2个百分点。

乾隆三十三年(1768年)崇义县户数为2.1万，人口数为9.8万[2]，其中客家移民人口数约4.6万。

崇义客家人口在全县人口中的比例略低于上犹。从文献记载上

---

[1] 康熙《崇义县志·风俗》。
[2] 光绪《崇义县志·户口》。

看,清代初年上犹县的客家人要比崇义县的客家人活跃得多。这可能与崇义县的土著中有一批明代迁入的闽、粤人有关。

第二节

赣中地区

赣中地区主要指江西中部地区,与移民有关的是建昌、吉安两府。赣中山区与赣南山区毗连,从某种程度上说,赣中客家的迁徙是赣南客家迁徙的延伸。

一 建昌府

建昌府的移民主要集中在广昌县。武夷山盘踞在境东和境南,雩山绵延境西,构成由边及里,自南向北倾斜,状如开口向北的山间盆地地形。来自武夷山东侧的移民进入武夷山西侧的广昌山地,形成人口由山脉东侧向山脉西侧迁移的独特景观。

来自闽西的客家人几乎全部居住在东南部山区,表5-9显示出他们的分布。

表5-9 江西省广昌县自然村建村时代与原籍　　单位:村

原籍 时代	本区		江西其他区		福建		其他省		合计
	山区	丘陵	山区	丘陵	山区	丘陵	山区	丘陵	
清代以前	113	36	28	9	57	—	3	1	247
顺治至康熙	150	30	31	5	102	—	1	—	319
雍正至乾隆	120	35	6	2	38	1	—	—	202
合 计	383	101	65	16	197	1	4	1	768

资料来源:广昌县地名档案。

说　　明:山区:千善、尖峰、塘坊、赤水、驿前、杨溪、高虎脑。
　　　　　　丘陵:甘竹、翠雷山。(抽样)

广昌的河谷丘陵地带几乎没有闽人涉足,土著大多生活在这一区域。广昌山地,尤其是东部的武夷山区则人口稀少。结合前几章的叙述,我们知道在宁都、瑞金、石城等地,来自福建汀州的佃农多进入山区,同样的情况实际上也在广昌出现了。

汀州地区的客家移民在明代前期即已迁入广昌,至明代末年仍在持续不断地进行。这一过程与宁都一带的情况相似。只不过,清代前期宁都一带不见有大规模的闽人入迁,广昌则不同,客家迁入的势头在清代前期达到高潮,这与兴国、赣县及南安府的情况相似。

在阅读地名档案中得知,来自汀州的移民村大多数的开基祖当年是打长工建村的。如在赤水乡,就有12个闽籍移民村说是打长工立村的,世代分别从28代至8代不等。还有5个来自南丰及石城的"长工村",其余或号称经商至此,或不谈由来。这所谓的"长工村",依我的理解,类似宁都、石城所见之"闽佃"村庄,在一般人看来,佃农和长工是不易明确分别的。同样,所谓的"经商"建村,也未必说明其开基祖真的就是腰缠万贯的大商人。

就山区而论,在全部的649个村庄中,闽籍村庄有198个,占全部村庄的30.5%。迁自江西其他区的村庄中,有56村迁自宁都和石城,与闽籍村庄合计占全部山地村庄的40%左右。表5-9的统计未包括移民村庄分迁的自然村,若考虑移民子村的数量,移民村庄可能占山区全部村庄的半数左右。但仅就清代移民人数而论,他们的数量则不足山区人口的50%。

广昌东南山区的人口仅占全县人口的四分之一左右,因此,山区客家移民的数量仅占全县人口的12%。1953年广昌县人口仅与崇义相当,如乾隆年间两县人口数也大体相同,那么有客家移民1万人左右。

二 吉安府

吉安府地貌大致由两部分构成,其西南部和东部蜿蜒着罗霄山和雩山,两山夹峙之间,则是吉泰盆地。吉泰盆地是赣中地区最大的平原,也是赣中地区主要的人口居住区和粮产区。

1. 龙泉

龙泉县(今遂川县和井冈山市)地处罗霄山脉的中段,以井冈山分支为主。县内西、南、北三面高,渐次向东部倾斜。形成西部高山峻岭、中部丘陵起伏、东部低平的地貌特征。

明代中后期的地方骚乱给龙泉人口带来很大的损失。地方志中有不少记载,如"崇祯五年,粤贼丫婆总流劫万安、龙泉、泰和,受祸甚惨。……十七年甲申春三月闯贼陷京师,龙泉闽广流寓啸聚山林,裹红头,自号十三营,掳掠各乡,村民走逐无宁宇,土田荒芜,拆毁人坟墓,掳妇女幼小,邀民间取赎"[1]。

崇祯年间在龙泉揭竿的闽、粤流民为数众多,他们的迁入可以追溯到明代中期甚至更早的时期。至清代初年,随着社会政治的急剧变化,龙泉客家流民的活动更为频繁。上引资料又有记载这样说:"(顺治)九年壬辰红巾贼刘京、盖遇时、王打铁等陷龙泉。康熙十三年甲寅春,闽海投诚将弁陈升、柯隆、李良等在泉垦荒,密受滇逆檄,率闽、粤流寓数千人叛。王自功率众为前锋,克复泉城,陈氏与其党走滇南。"又云:"甲寅秋七月闽广人反出攻城,陈升应之。守备胡元亨引兵突围出,护民南徙虔州,贼焚杀数载,掠男女入楚易盐米者无数。自二十都盘回二百余里,土著居民十户九绝,流寓于虔者十年不得归里,田多荒芜。十七年戊午闰三月寇掠七都,驱男女入水死者无算。驰守备陈五美,不发一矢,已去,乃遣兵压境,复掠而还。"

从其他的资料记载来看,陈升及其余党并没有败走云南。"先是陈升受垦,其所率部众皆颉颃作势,陵制有司,侵夺田里,民无所控告。及升众既败,田复蒿莱,主计簿者,恐虚国赋,复欲踵故步,仍以荒亩授降弁。"[2]他们被安置于龙泉耕种,承担赋税。由于龙泉山区在明清以来的动乱中大受屠戮,人口稀少,就为客家移民的大量迁入创造了条件。所以乾隆三十六年《龙泉县志》的《重修县志序》中称:"龙泉为吉郡西南边邑,界楚通粤,幅员广袤,准古侯大国,而崇山密菁,棚寮杂

---

[1] 乾隆《上犹县志》卷10《杂纪》。
[2] 乾隆《上犹县志》卷18《乡贤·王自功传》。

布,号称岩险。"该志的《风物》部还称:"泉山故多荒棘,康熙间粤、闽穷民知吾邑有山可种,渐舆只身入境,求主佃山。"并导致"粤、闽之人比户可封,生齿益繁,而相继流至者愈多"。这些居住在山间棚寮中的客家人,即是在赣西北等地多见的"棚民",在迁入地未获得户籍而被视为外来者。他们在康熙年间大量迁入之后,又有"相继流至者",这在自然村统计中可以看得非常清楚。详见表5-10。

表5-10　江西省遂川县自然村建村时代与原籍　　　单位:村

原籍 时代	本县		本区		赣南		福建	广东		其他省		合计
	(1)	(2)	(1)	(2)	(1)	(2)	(1)	(1)	(2)	(1)	(2)	
清代以前	59	52	39	61	5	1	52	60	—	2	4	335
顺治至康熙	62	26	8	14	6	1	39	241	2	2	1	402
雍正至乾隆	266	22	13	15	11	2	80	295	2	4	2	712
合　计	387	100	60	100	22	4	171	596	4	8	7	1 529

资料来源:遂川县地名档案。
说　明:(1) 山区:碧州、滁州、堆子前、草林、新江、五斗江、七岭,抽样率30%。(2) 河谷:瑶厦、雩田,抽样率29%。

从自然村建村的过程来看,明代闽、粤人即已迁入遂川,明代中前期有较大规模的迁入。这一时期来自闽省的移民略多于来自粤省者。明代后期这一趋势继续得到发展,但闽省客家人迁入的数量要明显少于粤省客家。至清代,龙泉移民的绝大部分是粤省移民,闽省移民的势力远不敌粤省。

在丘陵山区,来自闽、粤的自然村占当地自然村总数的62%,而在河谷区,则不足2%。从自然村的总数上看,在1 529个样本村庄中,来自福建、广东的客家村庄达到771个,占50.4%。由于两个地区的自然村抽样率大体相似,所以不需要对不同区域的村庄作加权分析。

由于大量的闽、粤自然村是在清代前期建立的,从赣南同类地区的移民村来看,闽、粤客家村庄的平均规模要小于土著村,但因统计中未计入移民分迁村庄,所以土著村庄因所含人口较少所产生的误差大体会被统计中对移民分迁村的缺载所抵消。因此,上述闽、粤客家村庄的比例可以大致看作闽、粤客家人口的比例。

除闽、粤客家外，迁自"本区"的村庄主要来自吉安和泰和。明代以前的村庄中，来自吉安、泰和者占有相当大的比例。整个明代，来自赣中者继续迁入，其半数以上在东部狭小的河谷地带聚集。同样的情形在赣南也有所见。

从赣南迁入者大多数是从邻近的南安府属县如上犹、崇义等县迁入。这类村庄数量不多，但多建立在山区，估计同样为客家移民所建。换言之，可能为迁入南安府山区的客家人的再迁徙。另外，在嘉庆、道光年间，还有一批闽、粤移民村源源迁入，在上述样本乡镇中，查得70个闽、粤籍客家村。如此，遂川县客家人的比例可能达到当地人口的60%左右。

井冈山市是近年由遂川、永新两县划出五个乡镇所组成。其中长坪、黄坳、下七三乡由遂川划出，地处山地，山高林密，气候寒冷。由于该地没有发现建于明代以前的自然村，故认为这一地区明代以前无人居住。由永新划出的厦坪、拿山二乡，虽同属山区，地形却比南部三乡略低。在此共查有5个明代以前所建自然村，这5个村庄均迁自吉安，说明这一时期人口也是相当稀少的。明代来自吉安的自然村增加，总数达24个，全部分布在厦坪、拿山两乡，无一迁入南部山地。此时广东移民有迁入山地者，但数量很少，只查得3个自然村。清代，从顺治至乾隆，有26个迁自吉安的自然村分布于厦坪和拿山，同时又有62个广东村及4个福建村迁入山地，粤人来自兴宁、龙川、长乐、和平诸县，闽人则来自汀州。在4个闽人村庄中，有2个村分布在厦坪和拿山。由此设想在永新县南部，也当有少量汀州人的迁入。

总之，在龙泉县，客家与土著分布的地理分野是如此清楚，即闽、粤之人绝少有迁入河谷及盆地平原地区的。这与整个赣中地区客家山区、土著平原的分布格局是相同的。

1953年遂川县人口是上犹县人口的一倍左右，据此推测，乾隆后期龙泉县人口可达28万，其中客家移民约有17万。

2. 永宁

永宁县（今井冈山市地）坐落在罗霄山脉的中段山区。境内山脉绵延,地势崎岖,起伏较大。境内主要山峰多在千米以上,唯中部有丘陵夹杂少量山间盆地。除去近年新设的井冈山市不计,宁冈县是江西全省面积最小、人口最少的一个县。

永宁于元代设县,明清之际的社会动乱对永宁也有影响,如顺治十年(1653年),"山寇未靖,四民逃散,城内居民什仅一二"[1]。由于县小人口少,战乱中死亡的绝对人口数不会太多。

清代闽、粤客家开始向这一区域迁徙。如"六保山场多沃,闽客欲招垦,利其金者许之。(尹)崇谓樵取诸山,灌资于水,力争之,咳以重金不为动"[2]。虽然尹崇不为闽人重金所动,并不意味着其他土著不为所动。事实上,有相当一批闽、粤客家迁入了永宁。

在宁冈县的东南部抽查了柏路、睦村和茅坪三个乡的自然村,明代以前所建4个村庄,均由本地或本区人口所建。明代迁入的3村皆为闽、粤之人。在清顺治至乾隆年间所建的109个自然村中,迁自赣南的有20村、闽省13村、粤省15村、湖南14村[3]。客家人在宁冈县东南地区人口比例大约为50%,合计宁冈县客家约占全县人口的25%。

有关宁冈县赣南移民村庄的记载是相当有意思的,如在睦村乡,有邝家里、挖蕉冲两村记为自"广东长宁县"迁入。又有一村记为福建车头坪,而挖蕉冲也记为长宁县车头,实为同一地名,即今寻乌县车头。这反映了闽西、粤东和赣南东南部人口相互混杂的事实。

在柏路乡的自然村中,有不少记为迁自龙泉下七,即今井冈山之下七乡,地处高寒山区,其人口来源大多为闽、粤流民,因此,迁自龙泉的流民可能为闽、粤客家人之辗转。

1953年宁冈县人口仅及万安县人口的28%,据此回溯,乾隆后期永宁县人口约有5万,其中客家移民约有1万人。

3. 泰和、庐陵

泰和、庐陵(今吉安市、吉州区、青原区、吉安县)两县是赣中地区

---

1 乾隆《永宁县志》卷5《宦绩》。
2 民国《宁冈县志·功行述》。
3 据《江西省宁冈县地名志》,1984年。

的大县,区域开发的程度很高。在明代初年的大移民中,庐陵、泰和两县均有大量人口外迁湖广。一般说来,这一区域不可能接受外来的移民。

然而,吉泰盆地的两侧分别为雩山山脉和罗霄山脉的分支所占据,山地的土地利用和平原区有很大的不同,如山区必须筑梯田以种水稻,耕作困难,交通不便,加以山区普遍存在的烟瘴之气,使得一般的平原地区人口很少会移民山地从事垦殖。尽管有相当多的吉泰居民迁入赣南,但大多居住于赣南的山间盆地,很少有进入山地者。吉泰周边山地的相对空旷给闽、粤客家的迁入提供了条件。

泰和县自然村的建村情况可见表5—11。

表5—11 江西省泰和县自然村建村时代与原籍　　　　单位:村

原籍 时代	本区		赣南		江西其他		福建		广东		其他		合计
	(1)	(2)	(1)	(2)	(1)	(2)	(1)	(2)	(1)	(2)	(1)	(2)	
清代以前	141	313	16	4	—	3	16	2	6	—	4	16	521
顺治至康熙	83	37	25	2	5	—	28	—	4	—	—	—	184
雍正至乾隆	63	44	70	12	2	—	26	1	14	1	—	1	234
合计	287	394	111	18	7	3	70	3	24	1	4	17	939

资料来源:泰和县地名档案。
说　明:(1) 山区:中龙、水槎、老营盘、碧溪、桥头。
　　　　(2) 平原:上模、塘洲、石山、灌溪,抽样率20%。

泰和山区的五乡分属东西两片,东片三乡分别为中龙、水槎、老营盘,西片则为碧溪和桥头。东片与兴国、万安和吉安壤接,西片则与永新县曲江、坳南,井冈山之拿山和遂川县北部山区相连。对于这一大片跨越数县的大山而言,闽粤人的踪迹几乎是无处不在。

在503个山区村庄中,来自福建、广东及赣南的村庄达205个,占村庄总数的41%。由此可知即使在吉泰一带的山区,土著与客家的势力也是大致相当的。有资料记载说:"夫邑之有附氓,犹人身肉之有瘤,迩者闽广流户动以万计,据山而耕,盘结滋蔓。"[1] 然而,在泰和县

---
[1] 光绪《吉安府志》卷1《地理志》。

的自然村统计中,却看不出闽、粤流民的迁入规模有如此之大。值得注意的是来自赣南的自然村,在111个赣南村庄中,有93村来自兴国;调查中发现,来自兴国者几乎全部为操客家方言的闽、粤移民的后代。上引资料中"动以万计"的闽广流户,于此可得解释。

由于与泰和山区毗邻,兴国客家人向泰和的迁移持续了相当长的时间,在东部山区的三个乡中,嘉庆至道光年间迁入有31村,咸丰至同治年间迁入25村,光绪至宣统年间迁入有36村,民国年间迁入有15村,合计有107村,与乾隆及乾隆以前迁入的村庄相等。由于大部分的客家村庄集中在泰和县的东部山区,即在东部山区所有的建于乾隆及以前的314个村庄中,有201个为客家村,占64%。加上乾隆以后陆续迁入的大批兴国村庄,东部三乡客家人的比例当在70%以上。所以泰和东部表现出强烈的客家色彩,尤其是表现出强烈的兴国客家色彩。

中部也有少量的客家村庄分布。其中直接来自闽、粤的村庄只有寥寥几个,而来自兴国的村庄则为数不少,尤其是在与山区相邻接的一些乡镇。尽管如此,但总的说来,客家山区、平原土著的分布格局并没有什么变化。

颜森指出泰和县的桥头、碧溪、老营盘、上圮、中龙、小龙、水槎、沙村等乡,讲客家话的人口约3万[1]。泰和县有人口约40万,共25个乡镇,山区乡镇平均每乡镇人口约1万人。从上述分析可知,在客家人最集中的老营盘、中龙和水槎三乡,他们的人口约占70%,有人口2万余。加上其他乡镇的客家人口,总数约为3万,约占全县人口的7%—8%。由于本卷研究的移民时间截止于乾隆四十一年(1776年),除去清代以前的迁入者和乾隆以后的迁入者,清代客家移民约占当地人口的5%。

以龙泉的情况作一类比,乾隆后期泰和县人口可能在20万人左右,若是,客家移民约为1万人。

吉安的版图有些奇特,在其东南方向有一狭长的地带,介于吉水

---

[1] 颜森:《江西方言的分区(稿)》,《方言》1986年第1期。

与泰和之间,又与永丰及兴国毗邻。这一狭窄的条形地带地势东南高、西北低,是客家人的迁居之所。该县西南与永新曲江、坳南及泰和西部邻接。如前所述,这一区域客家人口的分布不广,数量不多。所以,尽管相邻的吉安西南部有若干个乡镇有客家人之分布,但人数不多。吉安客家人主要居住在东南部的东固和富田等乡山区。

4. 万安、永丰

颜森的客家方言调查表明,万安县东南部的顺峰、涧田、宝山、武术等乡通行客家话,其人口占全县人口的40%。这一区域与兴国县和赣县壤接,客家人的迁入时间主要在清代前期。乾隆六十年(1795年)万安县有人口约20万人[1],客家移民人口约为8万。

永丰县的移民是以闽籍客家人为主体的人口迁移,集中分布在南部山区。详见表5-12。

表5-12 江西省永丰县南部山区自然村建村时代与原籍 单位:村

时代\原籍	本区	抚州	赣南		福建	广东	其他省	合计
			兴国	其他				
清代以前	41	11	13	9	38	1	4	117
顺治至康熙	27	3	5	18	23	—	—	76
雍正至乾隆	35	5	21	19	39	—	—	119
合计	103	19	39	46	100	1	4	312

资料来源:永丰县地名档案。南部山区指沙溪、上固、君埠、中村四乡。

自明代开始,赣南及福建人口就大量迁入永丰,且来自赣南的客家移民几与福建客家人成鼎足之势。就自然村的数量而论,客家村庄已经大大超过了土著村庄。颜森的方言调查称永丰县客家话的分布区为潭头、龙冈和君埠,当有遗漏。永丰县南部丘陵山区人口约占全县人口总数的20%[2]。可知清代迁入的客家人约占全县人口的10%。

1953年的永丰县人口为泰和县人口的83%,据此估计乾隆后期的永丰县人口约为16万,客家移民约为1.2万人。

---

[1] 同治《万安县志》卷4《食货志》。
[2] 永丰县农业区划办公室:《永丰县林业区划报告》,1982年。

第三节

土客冲突与融合[1]

一　赣南客家的形成

根据罗香林先生的论述,江西客家人的分布可以分为纯客县和非纯客县。所谓纯客县,是指该县人口的全部(或绝大部分)为客家人的县份;非纯客县,则指该县人口中一部分为客家人的县份。按照他的标准,江西省的纯客住县皆分布于赣南:寻邬(寻乌)、安远、定南、龙南、虔南(全南)、信丰、南康、大庾、崇义、上犹。罗香林先生解释说:"其所住的客人,有的是唐宋时即占籍其地的,有的是明清后,才从闽、粤搬去的。"赣南其他县则为非纯客住县[2]。

罗香林主要以是否使用客家方言作为客家人的识别标准,这也为以后的研究者所接受。近年的调查表明,"客家话主要分布在本省南部十七个县和西北的铜鼓县"[3],这和罗香林认定的赣南十个纯客县的观点有较大的差距。方言调查中确定的赣县、兴国、于都、会昌、宁都、石城和瑞金这七个纯客县在罗香林看来是非纯客县。这一差异涉及客家人的定义和识别标准,需要略加讨论。

对于赣南人口的由来,可以作以下简单的追溯。

西汉时期赣南3县合计约有1万人口[4]。南朝宋大明八年(464

---

[1] 参见曹树基:《赣、粤、闽三省毗邻地区的社会变动与客家形成》,《历史地理》第十四辑,上海人民出版社1998年版。
[2] 罗香林:《客家研究导论》,兴宁书藏1933年版。
[3] 颜森:《江西方言的分区(稿)》。
[4] 据《汉书·地理志》,西汉元始二年(公元2年)豫章郡18县合计有户67 462,人口351 965。赣南三县的人口不可能达到平均水平,设其仅占均值的五分之一,合计则有人口1万人左右。

年)赣南8县共有4493户,34684口[1];隋大业五年(609年)赣南4县共有11168户[2],以每户5口计,则有5.6万人,两个时期的人口的年平均增长率分别为2.7‰和3.2‰。尽管增长率不高,但相对于全国人口自东汉以来的减少而言,赣南人口的增加仍然是相当突出的,这应当归结于赣南处地的偏僻以及原有居民的稀少。

《旧唐书·地理志》记载天宝(742—756年)以前,赣南4县合计有8994户,39901口,较隋代减少了2000余户。这一数据恐有误。同书又记载天宝十四载,赣南6县共有37647户,275410口,户口较隋代增加了近4倍。这146年中人口的年平均增长率为11‰左右,显然不能完全归结为人口的自然增长,而是由外来移民所造成。如果将这146年间赣南土著居民的人口年平均增长率定为4‰的话,天宝十四载赣南土著只有10万左右,其余17.5万左右的人口应是此间外来的移民及其后裔。

北宋时赣南地区的人口年平均增长率一般保持在2‰—5‰,南宋时则有大幅增长。绍兴年间(1131—1162年)赣州府在籍户数为12.1万,淳熙年间(1174—1189年)增至29.3万[3],年平均增长率高达24.5‰。此后增长速度又降至年平均2‰—3‰的水平。假定认为从绍兴至淳熙年间赣南正常的人口增长速度为4‰,淳熙中就有77万人口属于外来的移民及其后裔,他们占当时赣南人口总数的一半以上。按照赣南平常年份的人口增长率为2‰进行计算,就有移民人口87万左右,而土著只有60万人。由此可见,南宋是赣南地区人口形成的关键时期,南宋初年迁入的人口超过了当地原有的土著,形成了人口重建。正如本书第四卷中所指出的,这一大规模的人口迁入与隆祐太后率官民南迁大有关系。

宋元之际的战争和瘟疫使赣州人口大量死亡,《元史》记载赣州人口不足30万。至洪武二十六年(1393年),也只有37万。考虑人口漏登的可能,赣州人口最多为40万左右,与南宋时相比减少了100余

---

1 《宋书·州郡志》。
2 《隋书·地理志》。
3 嘉靖《赣州府志》卷4《食货·户口》。

万人。元代南安人口超过了赣州,达到30.4万,尔后的瘟疫又使得南安人口大量死亡,洪武时期大幅降低至7.4万人口,人口损失达80%。这与赣州人口的降幅接近,只是延迟了一个朝代。

元代是闽西客家形成的重要时期。主要于唐代及南宋时代迁入闽西地区的北方移民的后裔开始了与当地畲族的密切接触,这一接触与融合的过程持续到明代初期,具有自己的方言、风俗和民系意识的"客家"人得以形成。大约从明代中期开始,客家人开始了向赣南东南部地区的迁移,而这一区域土著人口的稀少可见表5-13。

表5-13 洪武年间(1368—1398年)赣南各县人口的分布

县 名	户	口	户均人口	县 名	户	口	户均人口
赣 县	24 106	104 678	4.3	雩 都	3 911	16 555	4.2
信 丰	638	3 109	4.9	兴 国	14 153	56 371	4.0
会 昌	696	3 072	4.4	安 远	293	1 454	5.0
宁 都	36 702	157 306	4.3	瑞 金	1 421	5 722	4.0
龙 南	260	1 446	5.6	石 城	3 870	16 754	4.3
大 庾	6 558	28 346	4.3	南 康	9 214	39 616	4.3
上 犹	2 196	6 996	3.2	合 计	104 018	441 425	4.2

资料来源:嘉靖四年《江西通志》卷34—卷36。

在这一地区,迁入的闽、粤移民很容易在当地人口中占有较高的比例,从而形成有别于赣南其他地区而与闽、粤"客家"地区类似的人口构成,形成罗香林先生所称之"纯客"风貌。至清代,赣南东南部人多地少的矛盾突出,人口外流形成。他们与直接来自福建汀州、粤东的客家人一道迁徙,成为外迁"客家"人的一部分。

另外,在"纯客县"以外的许多地方,虽然通行的是客方言,但客方言的使用者并不认为自己是客家人,他们一概指称那些明清时代从闽、粤客家地区迁入的人口才是真正的"客家"。为此,有些研究者提出了"老客"和"新客"的概念,认为明代以前的赣南人是所谓的"老客",明清时期从闽、粤迁入的移民为"新客"。这两个概念的提出极不合理,它忽视了一个重要的问题,即所谓的"老客"在文化心理上并不与"新客"相认同,并且他们的风俗也有相当大的区别。仅以方言上的接近做此判断,是不妥当的。以下的论述还将证明,当清代来自闽、粤及赣南东南部的移民向赣南其他地区迁移时,他们与当地土著的矛盾和冲突是多么紧张和激烈。

二 土客冲突与融合

与周围其他县份比较,宁都县的外来佃农表现得最为安分,这可能要归结于宁都当地土著力量的强大。从人数上说,洪武二十四年(1391年)宁都全县人口约为15.7万,占同时代赣州府属十县人口的43%,所以,宁都县明代以前古老村庄的众多在赣南地区是相当突出的。不仅如此,该县团练之类的乡兵组织相当发达,罗玘指出:"无县无仓卒之寇,或缚杀长吏为恒,独畏宁都民兵如虎,以其善矛也,莫之敢近。"[1] 正是由于宁都土著力量的强大,才有效地遏制了外来移民的迁入。

乾隆《石城县志》卷7对该县闽佃的活动有以下详细的记载:

> 顺治二年乙酉九月,石马下吴万乾倡永佃,起田兵。本邑旧例每租一石,收耗折一斗,名为桶面。万乾借除桶面名,纠集佃户,号田兵。凡佃为之愚弄响应,初辖除桶面后,正租止纳七八,强悍霸佃,稍有忤其议者,经掳入城中。邑大户土著为多,万乾恐势不能胜,又要联客纲头目郑长春、李诚吾、连远侯,结党惑众。名纲义,约王振,初名集贤会,纠宁都、瑞金、宁化等处客户一岁围城六次。城外及上水乡乡村毁几尽,巡检署俱毁。

从石城土著的观点来看,既然称呼外来人口为"客户""客纲",就意味着他们将自己与"客户"作了严格的区别,并鲜明地表现出了土著自己的民系意识。另外,从前引资料中可知,虽然作为学者的魏礼并没有在他的文章中将闽佃称为"客民""客户"之类,但他指出从事佃耕的"悉属闽人"且"世代相仍"这一事实时,不能不让人觉得他的言词中表现了作为土著的他与闽人在身份上的差别。按魏礼的观点,土著不

---

[1] 罗玘:《罗圭峰文集》卷1《送知县平君之任宁都序》,《四库全书》本。

事佃业,其身份就应该是地主或自耕农,因此,来自汀州地区的佃农的身份是低微的。外来人口长期从事于某一地位较低的职业,就使得本地人与外来人之间的区别长期存在,难以混淆,因此构成了人群之间强烈的"地缘"差别,从移民方面来说,自然也就形成后来学者所称的客家"民系"意识。

瑞金也有相似的情况发生,上引杨兆年在《上督府田贼始末书》中提及瑞金的闽人与土著的冲突。闽人与土著的关系,除了佃农与地主的关系外,地缘的意义也已凸现。

如果来自汀州的佃农人口不多,且承认自己的社会地位,接受他们的生活现状,也就可能不会有"客家"的形成。问题恰恰在于石城、瑞金一带的闽佃不安于现状,他们力图通过暴力手段来提高自己经济和政治地位。因此,对于土著来说,闽佃又成为暴力的代名词。由于闽佃并不具备纯粹的阶级意识,因此,他们争取自身经济和政治利益的暴力斗争对土著而言具有破坏性。在很大程度上,阶级冲突为地缘冲突所取代,由此而加深土著与客佃之间的仇恨。这一点对于赣南"客家"民系的形成是相当重要的。

再与宁都一带的客家作一比较,在明清之际的社会动乱中,兴国客家表现得相当活跃。有记载说:"兴国处万山中,流遗浮于土著,一旦邻方有警,不逞之徒乘间窃发,阻箐嶂自固。虽其人无良,抑亦山川险恶,有所凭藉而然也。前甲申之变,傅会兴复,犹有所托名而为之,后甲寅寇乱,起于闽广孽嗣……"[1] 从响应明末李自成起义到参与康熙年间的"三藩之乱",闽籍移民皆置身其中,康熙九年安置的张治、朱明等人也揭竿而起,此虽不是如宁都一带的闽人抗佃,却也是由闽人发起的暴力斗争,地方官员为此深恶痛绝。地方志中有若干记载可见土著对闽、粤客家的态度:

> 屯弁石昭、朱明之为逆所据,以揭竿者起于江背峒……至今编户绝无土著,闽广流民杂耕其地,黠悍难驯。北二十五里为龙

---

[1] 康熙五十年《潋水志林》卷34《兵寇》。

冈墟,桀恶尤甚[1]。

张尚瑗曰:岭峤四冲,土著少而客籍多。民俗买田则立户,立户则充役。侨寓流移,襁负担簦,春来秋去,著之以名籍,惴惴乎[2]?

……盖缘兴国土旷人稀,异籍奸民潜居边界耕山为由,相煽为非[3]。

兴邑地处山陬,民多固陋,兼有闽、广流氓侨居境内,客家异籍,礼义罔闻[4]。

在这些记载中,闽、粤之人或被称为"流氓",或被称为"客籍""客家""异籍"和"流遗"。至于"黠悍难驯""桀恶尤甚""礼义罔闻"之类的词语更是极尽辱骂之能事。同样,兴国的客家也卷入抗佃风潮。康熙五十二年(1713年)九月,"衣锦乡顽佃李鼎三煽惑闽、广流寓,创田骨田皮许退不许批之说,统众数千,赴县门挟长官,要求勒石著为例。群奸一时得志,并创为会馆,远近传檄,每届有秋,先倡议八收七收有差,田主有执原额计租者,即号召多人碎人屋宇并所收租攫会馆,罹其害者案山积。雍正四年曾孝廉霖因佃林其昌踞耕告于官,乘其赴试,率党黄用章等为伏,俟其过,殴辱之,极窘"。此事惊动官府,终以"焚拆会馆""惩犯递籍"的严厉措施才使得风潮平息[5]。可见,兴国县客家的活动,既有政治性的,也有经济性的,而其中"惩犯递籍"一事,就夹有地缘的因素在内。

在赣南西部的南安府境,土客之间的冲突表现得相当残酷。有记载说:"今日投诚之广人,即数年来杀土人父兄子弟,扬土人祖墓骸骨,

---

1 《潋水志林》卷1《道里考》。
2 《潋水志林》卷31《保甲》。
3 《潋水志林》卷32。
4 张尚瑗:《请禁时弊详文》,乾隆《兴国县志》卷16。
5 乾隆《兴国县志》卷18《纪闻》。

淫土人妻女,掠土人老幼男妇转卖他乡之广人也。"又有记载说:"盖自甲寅蹂躏三载间,土人庐墓焚掘几遍,屠杀绅士百数十人,掠卖子女不下数千。平民死者尸横遍野,有阖族俱歼者,如象牙湾朱氏、浮潮李氏、周屋围周氏、石溪之王氏、杨氏、水头之胡氏、游氏无一存者。"[1] 在上犹县,明清之际的政治斗争和民族斗争演变为一场土客之争。有着如此深仇大恨的土客之间,"是可比户而居,同里而耕乎?"[2] 而康熙十二年(1673年)《南安府志》卷8《礼乐纪》记载的"仅崇义粤、闽界联,乃多侨客"一句则可看作是赣南西部"客家"称呼的最早由来。

光绪《吉安府志·赋役志·户口》引龙泉旧志户口跋云:"龙泉丁口半出流寓,语言殊音,实与他邑不同。"又将粤、闽之流民称为"客":"第使主客相安,庶几讼狱衰息,是在长民而持其大体者",土客界限也是相当清楚的。

乾隆年间,兴国县的土、客冲突有所缓和,乾隆《兴国县志》卷3《志地》指出:"今海宇隆平,王风浩荡,百有余年,无论世居巨族,悉归乐土,凡属侨居,皆编入户甲,化以礼让,泽以诗书,给公奉上,相率皆为善良。"此与康熙年间兴国县令张尚瑗对客家人的指责完全不同。

与赣西北地区相比较,赣南地区土客冲突持续的时间不长,康熙后期已基本停息。究其原因,其一,赣南及赣中地区没有为闽、粤客家设立专门的"棚籍",而被称为"新民",民国《南康县志》卷13《大事记》中称:"雍正九年,东粤新民五十一户入南康籍与考。""新民"一词可追溯于明代王守仁对闽、粤流民的安抚。由于"新民"不似"棚民"带有歧视之意,他们与土著享有相同的权利和义务,因此,因身份不同而导致的土客冲突就基本不存在了。其二,赣南客家和赣南土著的方言是相近或相同的,其来源与南宋时期北方南迁之民的语言有关。赣中地区的情况稍有不同,在龙泉、泰和等地,与客家移民相邻的是赣语区人口,尽管没有"棚籍"的相互区别,但方言之间差异强化了土客之间的差别和隔阂。

---

1 乾隆《上犹县志》卷10《杂记》。
2 光绪《上犹县志》卷15《艺文》。

第四节

客家移民的生产活动

在以江西为中心的东南丘陵山区,来自闽、粤的客家移民成为人数最多的迁入者,平原地区则因土著众多,不容客家置喙。所以,与客家移民相联系的生产活动大都与经济作物和经济林的种植有关。择其大要者概述如下。

一 经济作物的种植

1. 蓝靛

赣南蓝靛业的兴起和发展可以追溯到明代。嘉靖初年,周用曾指出来自赣中的流民"搬运谷石,砍伐竹木及种靛栽杉、烧炭锯板等项,所在有之"[1],似乎赣南的靛业是从赣中地区传入的。细查之,赣中吉泰盆地种植蓝靛,可溯至明代中期,"成化末年,有自福汀贩卖蓝子至者,于是洲居之民,皆得而种之。不数年,蓝靛之出与汀州无异,商贩亦皆集焉"[2]。还有记载这样说:"江西万羊山跨连湖广、福建、广东之地,旧称盗薮,而各省商民亦常流聚其间,皆以种蓝为业。"[3]在赣南,文献中所称的"各省商民"实以闽省商民为主,由此可知,汀州客家人在将蓝靛种植传入赣中地区的同时或前后,也将这一新作物的种植传入了赣南。至明代后期,赣南已经成为重要的蓝靛产区。赣州"城南人种蓝作靛,西北大贾岁一至泛舟而下,州人颇食其利"[4];至清代

---

1 康熙《西江志》卷146。
2 光绪《泰和县志》卷2《土产》引弘治志。
3 《明穆宗实录》卷26。
4 天启《赣州府志》卷3《土产》。

康熙年间,"虔惟耕山者种此,而赣县山谷间尤多"[1];兴国县,康熙时"兴国土满人稀,□北□□□□闽流寓耕之,种蓝种苎亦多"[2];至道光或稍前,"邑产除(茶)油、烟(草)外,蓝利颇饶"[3],可见蓝靛业已成为兴国客家移民的一大产业。本卷以下几章还指出,明末至清代,汀州客家人还将蓝靛的种植区扩大到了赣西北、赣东北和浙南地区,从而形成中国靛业的主要产区。

2. 糖蔗

福建沿海州县是糖蔗的传统产地,以漳泉二州最为著名。明代中叶,漳泉一带的甘蔗种植业相当发达,到万历间,漳州乃至闽南一带甘蔗种植满山遍野。大约与此同时,随着闽人活动的加强,赣南的甘蔗的种植业迅速发展起来。

在赣南中部的几个大盆地中,雩都县是明代闽人迁入最多的地区。可能在明代后期,雩都甘蔗的种植就有一定的规模。康熙元年《雩都县志》卷1《物产》中描写道:"濒江数处,一望深青,种之者皆闽人;乘载而去者,皆西北、江南巨商大贾。计其交易,每岁裹镪不下万金。"从时间上分析,以雩都为中心的甘蔗产区可能形成于明代后期或明代末年。至清代初年,已有相当大的规模。只是从自然村的统计来看,明清时期迁入雩都县的闽人主要是汀州人,而不是泉、漳之人。

清代随着闽、粤客家移民的大规模迁入,赣南的甘蔗产区有进一步扩大的趋势。南康县产区是康熙年间发展起来的,康熙四十九年(1710年)《南康县志》卷3《舆地志》称:"南康近产糖蔗,岁煎糖可若干万石……糖蔗悉系闽人赁土耕种……且客商贸易,往往受闽人骗害,讦讼不已,皆由里人利其重租,不肯易业。"闽人的身份是佃耕者。到乾隆时,南康县的糖蔗生产进一步扩大,糖蔗及红糖在县志"物产"中的地位上升,所谓"豆麦之收微,不如二物(按:指糖蔗和花生)之出广也",经济作物已经取代了传统的旱粮作物。以后情况进一步发生变化,"嘉道以来,种植繁多,圩于禾稼,核其岁入,几与闽、广争利广矣";

---

[1] 康熙《赣州府志》卷3《物产》。
[2] 康熙《兴国县志》卷2《土产》。
[3] 道光《兴国县志》卷12《物产》。

在利润的驱使下,甘蔗的种植最初"总在高阜,水不常得,或沙土不受水之地",这时"终及膏腴"[1],开始与水稻争地了。直至今日,南康县中部盆地仍然为赣南最重要的糖蔗产区,这一产区与清代闽、粤客家人的分布完全一致。

这一产区还沿章水向南延伸,在大余县,乾隆时"上下十五隘,最大双坑里,东西隔一溪,经亘数十里……种蔗不种麦,效尤处处是"[2]。清代中期以后,糖蔗产区向北沿贡江支流的梅江延伸至宁都,"州治下乡多种以熬糖,农家出糖多者可卖数百金"[3]。这里的植蔗者应是土著,而不是汀州客家移民。

乾隆《赣州府志》卷2《物产》记载:"甘蔗,赣州各邑皆产,而赣县、雩都、信丰最多……西北巨商,舟载交易,其利数倍。"加上南康和大庾,乾隆年间赣南实际已形成一个面积达数百平方公里的甘蔗种植区。

3. 烟草

烟草是哥伦布发现新大陆后传入中国的新物种。万历年间先传至福建的漳州和泉州,崇祯初年传到龙岩一带[4]。传入江西的时间,据康熙十三年《石城县志》记载,"三十年来始得其种并制作法",应当在崇祯末年。瑞金县也应如是。

就石城和瑞金两县比较而言,瑞金的烟叶生产发展得特别迅速。大批来自福建漳州、泉州两地的闽人在瑞金以植烟为生。有记载说:"自闽人流寓于瑞,以莳烟为生,往往徒手起家,骤拥雄赀。土著之人,贪目前之近利,忘久远之大害,于是赁田与人,或效尤而又甚",以至于该县"连阡累陌,烟占其半","或称膏腴之亩,半为烟土,半为稻场","缘乡比户往往以种烟为务";烟熟季节,"四方收烟之商及锉烟者,动盈万人,聚食于弹丸之邑,坐耗粟米。生之者寡,食之者众,以至米价腾沸",仅以烟厂工人计,"至城郭乡村开锉烟厂不下数百处,每厂五六

---

[1] 同治《南康县志》卷1《土产》。
[2] 余光璧:《勘灾道中诗》,民国《大庾县志》卷13。
[3] 道光《宁都直隶州志》卷12《土产》。
[4] 康熙《龙岩州志·物产》和康熙《宁洋县志·物产》。

十人,皆自闽、粤来"[1],合计可达数万人之多。仅此亦可见瑞金烟草业的规模。

自康熙年间开始,烟草种植从东向西推进至整个赣南。康熙《赣州府志》卷63的记载是:"近多闽广侨户,栽烟牟利,颇夺南亩之膏。"雍正《江西通志》则记赣州府"各县皆种,而瑞金尤甚"。具体说来,如安远,"小民弃本业而骛之"[2];龙南的烟叶种植十分普遍,"栽烟之户,取叶中柔者为烟"[3];宁都县,"州治及石城所出尚不能瑞金之多……然州治多种山烟"[4];兴国县"兴邑种烟甚广,以县北五里亭所产为最"[5],五里亭乡恰恰是闽、粤移民居住最集中的区域。再如雩都县,"惟北乡银坑、桥头者佳,近县惟赤砂、盘郭、屋寮三处颇能及之"[6];如大庾,"种谷之田半为种烟之地"[7],种植面积很大。

由此可见,由于闽、粤移民的活动,赣南烟叶产区与毗邻的闽、粤烟产地连成一片,成为南方重要的烟草产区的一个组成部分。

4. 其他经济作物

花生是赣南重要的经济作物之一,是从粤北经南康向赣南各地传入的。康熙年间,南康"落花生,种宜瘠土……二物(按:包括蔗糖)行远而利溥"[8]。乾隆初年有记载说:"向皆南雄与南安产也,近来瑞之浮四人多种之,生殖繁茂,一亩可收二三石,田不烘而自肥,本少而利尤多。"[9]花生是豆科作物,其根部有根瘤菌能固氮,可补充土壤肥力,这一现象为种植者观察到了,不可说不仔细。后又传入宁都,"州治近来种植者亦多"[10]。龙南县此时也开始种植,"邑境西沙土所种,胜于他处,称西河花生,贩运亦广"[11]。以南安府属南康县、大庾县为

---

1 康熙四十九年《瑞金县志》卷4《物产》。谢重拔:《禁烟议》,康熙二十二年《瑞金县志》卷8。
2 乾隆《安远县志》卷2《物产》。
3 道光《龙南县志》卷2《物产》。
4 道光《宁都直隶州志》卷12《土产》。
5 道光《兴国县志》卷12《物产》。
6 道光《雩都县志》卷12《土产志》。
7 乾隆《大庾县志》卷4《物产》。
8 康熙《南康县志》卷3《舆地志》,亦见康熙《南安府志》。
9 乾隆十八年《瑞金县志》卷2《物产》。
10 道光《宁都直隶州志》卷12《土产》。
11 道光《龙南县志》卷2《物产》。

中心的花生种植区,直到今天,仍是赣南经济作物区的一部分。

花业也是赣南重要的经济作物。有记载说:"兰花出闽中者为最,其次莫如赣,种类不一,四季皆花,为江淮所重。舟载下流者甚多,赣人以此获利。"[1]在瑞金,"近有以种兰为业者,每盎约值一金",兰花多用以制烟,"闽人曝其花粉之入烟,名兰花烟"[2]。除兰花外,还有"茶花、茉莉皆产自粤,赣人与蕙兰并种以资生计","茉莉花赣产最盛,有专业者,圃中以千万计。舟载以达江淮,岁食其利"[3],当是粤籍移民活动的结果。

二 经济林区的形成

康熙《石城县志·物产》记载,"赣田少山多,向皆荒榛丛樾,近年闽人赁土耕锄,石邑下水颇多。初开垦时,桐子、茶子二树并植,桐子一年即荣,三年茶树长茂,则伐桐树"。这一带油茶的种植与烟草加工业颇有关系,如瑞金,"又制熟烟,必得茶油为用,瑞故产油之地,故漳泉之人麇至骈集,开设烟厂"[4]。根据近人调查,瑞金县的油茶老区有二,一分布于西部丘陵地区,一分布于东南山区。前者是清末发展起来的[5],后者则为上文提及的闽、粤移民集聚区。

在兴国县,"兴之山阜向植杉木,安徽客贩多采焉,木去地存,闽粤流民侨居,赁土遍种茶子……吴中尤争购焉"[6],以至清代中期,"若茶不结实,则为歉岁"[7],由此可见茶油生产在兴国山区经济中的地位。有意思的是,由于相邻的宁都山区无闽、粤移民迁入,故山区也没有茶油树的种植。为了解决该县食油自给的问题,解放后从兴国划拨几个茶油乡给宁都,这几乡正是上文中提及的今日宁都县仅有的闽、粤客家人的聚居地。在龙泉县,有诗云:"油寮水碓杉皮蓬,蓬下担油妇趋

---

1 乾隆《赣州府志》卷2《物产》。
2 乾隆《瑞金县志》卷2《物产》。
3 乾隆《赣州府志》卷2《物产》。
4 乾隆十八年《瑞金县志》卷2《物产》。
5 宣统《江西农工商矿纪略·瑞金县》。
6 乾隆《兴国县志》卷3《物产》。
7 道光《兴国县志》卷12《物产》。

翁,今年木梓贱如土,六月六日天无风。赁土开荒客籍繁,年年棚下长儿孙,辛勤满叶仓箱咏,闽广湖湘共一村。"[1]说明油茶业是该县闽、广流民的主要产业,也是该县山区的主要商品性林产品。在赣南乃至赣中各县的调查表明,直至今日,二地油茶林的分布仍与闽、粤客家移民的分布大体吻合。正因为如此,乾隆年间的记载是,"茶、桐二油惟赣产佳,每岁贾人贩之他省,不可胜计。故两关之舟载运者络绎不绝,土人一大出产"[2],可以准确一点说,茶、桐二油是客家移民一大出产。

赣南的人口在经历过清代的大移民之后,原来土旷人稀的面貌发生了根本性的改变。在表5-13中我们已知洪武年间赣南的人口总数约为44万,即使有漏记,也不会超过50万人。乾隆中后期,赣南人口总数已达260万左右,至嘉庆年间,则有人口397万之多了。同治年间,赣南的许多地方已是"朝夕果腹多色粟薯芋,或终岁不米炊,习以为常"[3]。通过对各种地方文献的查考和实地调查,赣南地区少有种玉米充当粮食作物的习惯,所种代粮者,仅为番薯而已。

据康熙《石城县志·物产》,番薯是种山者从福建引种的。在赣南东南部的瑞金、安远、龙南等地都有较大面积的种植。在大庾县,乾隆年间因大量种植经济作物而引起粮食紧张,始有人种植番薯,"但未得其法",县令余光璧遂"出示告以种法",但收效还是不大[4]。只有龙泉县,乾隆年间,"山中种植更广,可充粮食"[5]。到清代中后期,番薯成为赣南山区广泛种植的重要农作物。

尽管如此,嘉庆年间赣南地区的人口密度已经达到每平方公里100人左右的规模,与袁州、饶州和信州等地接近。相比而言,赣南的山地面积更大,盆地面积更小,人口的经济密度更高。所以,在近代乃至当代,赣南一直是江西省粮食最为紧张的地区。

---

1 杜一鸿:《龙泉竹枝词》,乾隆《龙泉县志》卷13《风物》。
2 乾隆《赣州府志》卷2《物产》。
3 同治《赣州府志》卷20《物产》。
4 乾隆《大庾县志》卷4《物产》。
5 乾隆《龙泉县志》卷13《风物》。

第六章

东南棚民与客家：江西北部[1]

本章论述的赣西北和赣东北山区互不连接，分布于鄱阳湖平原的西部和东部两侧。明代开始并于清代前期大量迁入赣南及赣中山区的闽、粤客家人，穿越赣中盆地和赣北平原，进入赣西及赣西北的丘陵山区。清代前期，又有为数不少的客家人及闽南人，经闽北迁入赣东北；与他们同时进行迁移活动的还有南丰一带的江西农民。他们的迁移，构成了清代江西移民活动重要的组成部分。

第一节

赣西北地区

赣西北山区，由耸峙于湘赣、鄂赣边界的幕阜山和与之平行的九

---

[1] 参见曹树基：《明清时期的流民与赣北地区的开发》，《中国农史》1986年第2期。

岭山脉组成,山地面积广大,山体雄伟,蜿蜒绵亘,海拔都在千米以上。山脉之间,分布着一些山间谷地,是本区重要的农耕地带,只是这一地区的农耕地带面积较小。

在赣西北山区的南部边缘,属于赣中罗霄山脉与赣西北幕阜山、九岭山脉之间的凹陷地带。这一区域分布着连绵不绝的丘陵和河谷平原,是江西连接西部省份的主要通道,也是赣西主要的农耕区。赣西丘陵和赣西北山地,都是闽、粤客家移民及其他籍移民的聚居地。

一 明末移民的迁入

幕阜山区和九岭山区的深山大岭之中,历来人口稀少。如宁州(今修水县和铜鼓县),清代初年,景象荒僻,时人称:"宁地接壤荆楚兴(国州)、通(山)、咸(宁)、平(江)、崇(阳)、浏(阳)之境,其间多长菁邃谷,密箐崇山。若大围、石马、福寿、逍遥等山,沂源、北风、黄岗、招源、上源等洞,又有山豪藏奸,狐窜虺匿,出此而入彼,避急而趋缓,以方数百里之区,若其博戏之场。"[1] 上述各山、洞涉及宁州(今修水、铜鼓二县)、万载、新昌等县,清代前期均是移民活动的地方。

赣西丘陵地带有悠久的开发历史,人口较多,何以在明代后期出现大片无人区或人口稀疏区,至今仍不清楚。地方官员的解释是赋役的沉重,万历末年的袁州"惟是壤瘠赋重,民罔堪命,往往穷逼流徙,至于田之荒芜半,室之虚无人者亦半,则有望之而令人目蒿者"[2]。崇祯年间(1628—1644年)万载县令韦明杰则认为与自然灾害有关。他在《吁天四议》中说:"又因本县界在万山,田地如楼如梯,万历丙子(按:1576年)元冥作祟,巨浸稽天,山谷之田,榛莽蔽翳,沙石倾压,至万历己酉年(按:1609年)怀襄之势甚于丙子,鱼鳞册籍尽为河伯所收。夫田虽随水去,而粮则以户存,土既不毛,征复难贷,民于是故土难安,他乡可适。二三十年来逃亡相继,十室九空,一望荆榛,有不知系谁氏之田产,及至征粮,荒者称荒,不荒者亦称荒,人人藉口,莫可究诘";以至

---

1 张诚吾:《上王兵巡书》,道光《武宁县志》卷31《艺文》。
2 乾隆《袁州府志·序》。

于"如白水、书堂、潭埠、铁山界、浏阳界首等田,有送人认粮而不肯受者"[1]。三十年间两次大水灾造成了万载经济的大崩溃,大片田地被冲毁,粮册无着,人口外逃,相对而言,留居人口的赋税负担加重,更迫使他们加速外流。

韦明杰还指出,在两次水灾之间的万历九年,正值"巨盗李大銮啸聚黎源等处地方,附近七八十里庄佃俱扑追逃散,一切庄主俱为究窝株连。迨至盗辑民安,旧佃无一复业,新佃有难卒集,而庄主磨平又不能出办牛种,以致田产日任荒芜"[2],也是导致人口流失的重要原因。无论是水灾还是盗灾,影响最大的是万载县西部的丘陵区和西北部的山地。东部平原地带所受影响则要小得多。

外地移民首先迁入赣西丘陵地带。韦明杰说:"本县佃民多系抚(州)、瑞(州)等府,宁州、上高、新昌等州县,杂以闽楚,易来易去,牛租两无所恃,与他邑土著自耕者异。佃民孤处穷谷,形影相吊,贼至无援,水旱饥荒,牛种尽于剽掠,致多弃佃远徙。"[3]此时的外来移民以本省抚州(治今抚州市)和瑞州(治今高安市)人为主,少有闽人和湖南人。他们的人口不多,难以在新地有所作为。宜春县的情况与万载不同,闽省流民已大量聚集,他们"初寥寥散处,冬归春集,迄崇祯实繁有徒,群萃蓬处,形连势贯,接薮他治,依倚为奸";又有记载说:"袁州接壤于南,为吴楚咽喉重地,百年以前居民因土旷人稀,招入闽省诸不逞之徒,赁山种麻,蔓延至数十余万。"[4]或说:"封豕长蛇无虑数十万,往来如织纷如雨。"[5]规模浩大,较之同期赣南山区的流民活动,恐有过之而无不及。

这几十万种麻的闽省流民,大致活动于萍乡、宜春、分宜三县的北部及万载西部。崇祯时人指出:"袁州郡县,界连楚粤,崎岖险峻,延袤皆山。内有三关九图,环溪峭壁,昔为闽、广之交,诛茅而处,凿山种麻。"[6]查三县地名志,三关九图为宜春北乡地。至于说该地"为闽、广

---

1 康熙《万载县志》卷16《杂著》。
2 韦明杰:《吁天四议》。
3 同上。
4 《驱逐棚寇功德碑》,康熙二十二年《宜春县志》卷12《风俗》。
5 道光《宜春县志》卷10《田赋》。
6 佚名:《前井蛙行》,同治《袁州府志》卷9《艺文》。

之交",又说"界连楚粤",实让人难以理解。同治《新昌县志·武备》还记曰:"天井堝者……向多闽人种靛,搭棚以居。"天井堝地处万载县西北部与铜鼓交界处的山地,是可证明明代闽籍流民分布的基本状况。

在赣西北的宁州、新昌、武宁一带,虽不见地方文献中关于明代流民活动的记载,但据自然村的统计,也有相当数量移民的迁入。只是在宁州和武宁,明代的迁入者以湖北邻县为多,次则来自闽、粤者。

总之,这批来自闽汀地区的客家人与他们迁入赣南的乡党一道,揭开了客家人向江西各山区移民的序幕。

二 驱逐与招垦

在明末清初的社会动乱中,活跃于赣西的闽籍流民并不甘寂寞,他们频频起事,卷入各种政治力量的角逐。崇祯末年,以天井堝为中心的闽人在邱仰环的带领下,起兵抗清,并入据府城。顺治五年(1648年),朱益吾率闽人响应金声恒反清起义。顺治十六年,郑成功军兴,赣西闽人复揭竿以应。康熙十三年(1674年)"三藩之乱",吴三桂军占据长沙,他们再次群起响应,"绵亘数百里,焚杀淫掳,所过为墟。萍(乡)、万(载)二邑再陷,袁城危如累卵"[1],康熙十七年事平,朱益吾等首要分别被擒被歼。在明末以来的30多年时间里,闽籍流民四次举义,四次被压,与赣南上犹一带的闽籍流民的"三招三叛"如出一辙。

"三藩之乱"中闽籍流民与吴三桂军联合,以萍乡、浏阳、万载、宜春北部为中心,以新昌、上高为前哨,以醴陵为联络,盘踞萍乡两年,三陷万载,三陷新昌,破浏阳、醴陵、万安、上高等地。直到康熙十六年,吴三桂军主力被困于湖南衡山,无力援手义军,闽籍义军在万载县楮树潭投诚。这场战争对于当地人口和经济带来的巨大损害不难想见。不仅如此,由于闽人和吴三桂军联手,吴三桂军所作所为也就很容易被当地土著记于闽人的名下,更加深土著对客家人的怨恨。战后土著展开对客家人的大规模驱逐。

---

[1] 《驱逐棚寇功德碑》。

康熙十七年正月初六日,清军"前往三关九图等处驱逐棚民,又檄防守楮树潭都司汪国梁驱逐慈化、余家坊、上栗市、荆坪、黄塘、马岭、桃塘、马坑、施家坊等处棚民数千余户,悉令回籍,永绝根株"[1]。上述各地方均属萍乡、宜春北部和万载西南部之丘陵山区。也有资料说此次驱逐涉及分宜县北部的流民,"康熙十三年吴三桂反,邑北乡棚逆乘机猖獗,……至十七年荡洗棚穴,驱逐贼党,伪将等先后投诚。总督董卫国分散各标效用,愿归农者,准予回籍,邑境复平"[2]。闽籍流民的一部分被收为绿营,一部分被遣返原籍。

对于客家人的被逐,当地土著表现出由衷的喜悦。康熙二十二年《宜春县志》卷12《风俗》记曰:"迨康熙十三年楚变,遂蚁聚蜂屯,遍肆杀掠,宜境四境,几无宁宇。屡烦大兵征剿,今获驱除,地方始谧。"土著特立《驱逐棚寇功德碑》以志纪念。碑文指出:"但棚党奸狡百出,阳托旋里,阴匿近境者,实繁有徒。幸逢府宪于、军宪杨、县尹王,会同总镇梁深虑各乡隅不戒从前之失,复贻滋蔓,与袁民约束再三,严行保甲之法,逐户逐营查驱,毋俾遗种于兹土。"尽管存在假归故里的流民,但由于清查与编查保甲同时进行,流民的驱逐就可能是相当彻底的。从今天地名资料的统计来看,仍有部分闽籍流民在当地留了下来,尤其是在万载和萍乡两县。各县自然村建村时代详见表6-1。

表6-1 袁州四县部分地区闽粤流民自然村建村时代

时代 地区	明末至顺治	顺治以后	资料来源(从各县地名档案中抽样的乡镇)
宜春北部	4	12	寨下 柏木 丰顶山 洪塘 金瑞 楠木 尧市 竹亭 水江 天台
分宜中北部	4	14	双林 高岚 洞村 杨桥 凤阳
萍乡北部	16	36	桐木 上栗 鸡冠山 芦溪 宣风
万载南部	24	128	黄茅 潭埠 株潭 赤兴
合 计	48	185	

---

1 《驱逐棚寇功德碑》。
2 同治《分宜县志》卷5《武事》。

在萍乡北部及万载县的南部,闽籍流民的存留最多,而宜春和分宜两县,流民的驱逐相当彻底,与上述文献的记载是一致的。康熙二十二年《万载县志》卷6《户口》称:"新增棚民男妇一百五十五丁口,该征银一十一两三分八厘七毫。康熙十三年棚民朱益吾倡乱,详请禁旅剿平,余党就抚,各散归籍无征。"说的是参加起义的棚民被逐,而未介入者仍被编入户籍。道光《万载县土著志》卷10说:"各散归籍,盖专指逆党,非统论棚民也。"意指所留者为未参与起事的安分棚民。看来被驱逐者,主要是参与闹事的流民。

富有讽刺意味的是,大规模地驱逐棚民虽能给当地社会带来安宁,却不能带来繁荣。棚民被逐后,劳力缺乏,大片田地荒芜,赋税无人负担。康熙中期以后,地方政府不得不开始招民垦荒,除招徕本地的逃亡人口外,也招徕来自闽、粤的客家人。关于政府招徕移民的文件,虽未查获,但在《万载县土著志》卷10《户口》中,作者指出万载闽、粤籍棚民众多的原因是"其为康熙时已奉文招徕,另归棚籍"。既然是奉文招徕,就一定是政府行为,而不仅仅是民间的招佃活动。又知这次招徕始于康熙二十九年(1690年),记载说:"庚午以后,始招徕闽粤之人,渐次垦辟。"[1] 说明经过这次招徕,闽、粤流民进入或重新进入了赣西北。

三　移民分布

1. 袁州府

宜春县。宜春县为袁州府治所在,县北也是明末清初流民起义的中心。棚民驱逐以后,严禁重新招徕,所谓"流民断不可复招"[2] 即是。康熙中期以后招民垦荒,对宜春北部没有影响。在这一广阔区域的田野和山谷中只有十几个村庄。

宜春南部的丘陵山区,康熙中期以后迁入的客家村庄为数不少。据宜春县地名档案的统计,在南部洪江、南庙、温汤和彬江四乡,闽、粤

1　雍正《万载县志》卷6《财赋》。
2　道光《宜春县志》卷10《田赋》。

及赣南客家人建立的自然村达到49个之多,远远超过北部十个乡镇的客家村庄数。总之,驱棚和禁棚政策使客家移民的重新进入受到了严重阻碍,尽管有客家人迁入,但为数不多。有清一代,宜春的棚民问题及土客冲突也就自然消弭了。

在分宜县中部和北部的五个乡镇中,只检得十几个客家村庄,与宜春北部的客家村数相近。这表明驱棚以后,地方政府严格控制了客家人的再次迁入。

萍乡县。萍乡客家村庄的数量稍多,在调查的五个乡镇中,以北部三地:桐木、上栗、鸡冠山的客家人最为密集。他们和浏阳及万载一带的客家人聚居区连成一片。同治时(1862—1874年),萍乡北部仍发生土客之间大规模的械斗[1],此足可见萍北客家人口之众多、势力之强盛。

康熙变乱平定后,萍乡县编土著为104图,另有客图8个,"以处外来者"[2],客图占总图数的6.8%。以后又有客民以类相引,冒姓占据一事,即客民在编图之后,仍有源源不断地迁入者。从表6-1中显示的数据看,康熙中期以后的迁入者应当超过老移民。因此,估计萍乡人口中客家人占其中10%是没有问题的。嘉庆十三年(1808年)萍乡有户46 891,口194 771。以7‰年平均增长率回溯至乾隆四十一年,萍乡人口约为15.6万,其中客家移民及后裔约有1.6万。

万载县。万载县是袁州府属四县中所留棚民最多的地区。由于该县地处荒僻,劳力奇缺,故招垦尤急,康熙中期以后,大批来自闽、粤及赣南的客家人为地方政府所招,源源迁入,据地名资料可以明了他们分布的一般趋势。详见表6-2。

上引文献表明,明代迁入万载一带的主要是闽籍移民,而从表6-2数据分析中可知,存留至今的明代所建客家村庄,却以广东移民为主要。这大概是闽人卷入动乱事件中的比较多,所以驱逐的也多;广东人虽为客家,但卷入起义的较少,驱逐的也就少。尤其是在万载县,本身就存在一个区别"逆党"和"棚民"的问题。可能是广东客家人

---

1 吴宗慈:《江西棚民始末记》,载于其未刊著作《江西明清两代之民族问题》(油印本),1938年。
2 道光《萍乡县志》卷1《舆地》。

的安分守己得到了当地土著的信赖,在康熙中期以后的招垦活动中,迁入最多的就是广东人而不是福建人了,广东籍村庄占三地客家村庄的三分之二了。

表6-2　江西省万载县自然村建村时代与原籍　　单位:村

时代\原籍	本区(1)	(2)	赣南(1)	(2)	江西其他(1)	(2)	广东(1)	(2)	福建(1)	(2)	其他省(1)	(2)	合计
清代以前	133	182	—	1	9	10	22	6	10	—	13	7	393
顺治至康熙	179	76	27	2	3	2	156	—	54	—	8	2	509
雍正至乾隆	242	110	5	—	—	1	56	3	26	4	6	—	453
合　计	554	368	32	3	12	13	234	9	90	4	27	9	1 355

资料来源:万载县地名档案。
说　　明:(1) 西部:白水、高村、西坑、仙源、茭湖、赤兴、株潭、黄茅、潭埠。
　　　　　(2) 东部:三兴、鹅峰、罗城、马步(抽样)。

民国《万载县志·氏族志》记载了各地客家的具体籍别。详见表6-3。

表6-3　万载县客家氏族的原籍　　单位:族

广　东		福　建		赣　南	
原籍	氏族	原籍	氏族	原籍	氏族
广　东	81	福　建	25	赣　州	27
粤　东	10	上　杭	43	长　宁	29
平　远	126	武　平	43	南　康	16
嘉应州	46	长　汀	7	上　犹	11
镇　平	34	汀　州	4	兴　国	9
兴　宁	28	永　定	3	会　昌	7
龙　川	27	清　流	2	瑞　金	7
长　乐	21	宁　化	1	信　丰	6
其　他	21	其　他	3	其　他	13
合　计	394	合　计	131	合　计	125

资料来源:民国《万载县志·氏族志》。

三地客家中,广东、福建和赣南客家氏族分别占氏族总数的60.6%、20.2%和19.2%,而在以自然村为单位的统计中,三地的比例分别为65.3％、25.3％和9.4％。这两套统计数字出现了一些不吻合之处,广东氏族的比例比自然村的比例要低近5个百分点,可能是因单位不同所引起。需要讨论的是氏族中的赣南客家比例远远大于自然村,造成这一误差的根本原因可能是赣南客家的一部分本身属于福建移民或广东移民的再迁移。从县属籍别来看,万载县的客家移民主要来自以粤东嘉应州为中心的客家聚居区,并包括福建汀州和赣南东南部客家区。

从客家人在万载的分布来看,闽汀客家自然村的90％左右散落于县境西北部的山区中,西南丘陵地带主要是广东移民的天下。由此可见,在重新招徕移民的过程中,明末清初活跃异常的福建客家人被压迫在西北部一隅,可能是受到了某种限制的缘故。

康熙五十四年(1715年),苏州进士施昭庭任万载知县。其传记载曰:"万载地险僻,山岭绵亘,有客民自闽粤来,居之累数十年,积三万余人,曰棚民。"[1] 这是关于康熙末年万载客家人口的最翔实的记载。同时期的万载土著人口有多少呢?同治《袁州府志·户口》的记载是,康熙五十年"见在男妇"共52 007口,其中"男丁"9 697丁,"食盐课"42 310口。这一系列数据与"国朝原额"及顺治十三年(1656年)数基本相同。由此看来,这52 007口并不是万载全县的人口数,而是一个纳税单位。至乾隆六十年(1795年),同书记载万载县的土客户25 796,口187 333,内土著户25 126,口185 453,客籍户670,口1 880。显然,这时的"客籍"仅仅指新近入籍的移民。假设从康熙末年至乾隆末年的73年间客家人的人口年平均增长率为7‰,那么在乾隆末年万载县的客家移民人口有5万。加上未入籍的客籍人口,合计应为5.2万。他们占同期全县总人口的27.8％。

据表6-2,在全县乾隆年间及以前建立的1 355个村庄中,有433个外来村庄,占总数的32.0％。这一比例包括了非客家人村庄在内,若仅以客家村庄计,只占总村数的27.5％,与上述估计相同。

对民国《万载县志·氏族志》记载的各类原籍的氏族人口进行分

---

1 同治《苏州府志》卷82《人物·施昭庭传》。

类统计,结果是,该县闽、粤及赣南籍客家人口已达 12.4 万人,同期全县人口总数为 23.2 万,客家人口占其中 53%。然而,这一分析存在一些问题,在《氏族志》中,土著氏族人口总计为 127 015 人,然而在 178 个土著氏族中,有 80 族无人口记载,所得数据仅仅为 98 个土著氏族的人口。缺载的土著氏族中有不少是古老的大族,如两个李姓氏族,分别建立于唐和五代,宋代以来无人口记载的氏族还有许多。按比例计算,缺载的 80 个土著氏族的人口约在 10 万左右。这样一来,土著人口总数可能达到 23 万,万载全县人口总数约在 35 万—36 万。如此,客家人口只占全县人口总数的 35%。然而,1953 年万载全县人口不过 21 万,至 1982 年也仅有 39 万,故认为《氏族志》对各氏族人口的统计是有错误的。只是我们设想,若对分类氏族人口的统计误差是相同的,那么,这一关于客家人口比例的估计还是大体接近事实的。

尽管如此,在自然村的统计中,客家人口的比例仅为 27.5%,比民国年间的比例还要低,这可能与乾隆以后客家人口的继续迁入有关。根据地名资料统计,嘉庆、道光年间,由三地客家建立的自然村还有 60 个,道光以后建立的客家村还有 14 个。将这批村庄计入,则万载县的客家村庄的比例可增为 31%—32%,就与上述估计相近了。

总之,以乾隆四十一年(1776 年)为界,万载县接受的客家移民大约为 5 万人口。加上萍乡和宜春等地的客家人,袁州府的客家移民及其后裔合计可能达到 7 万左右。

2. 南昌府

清代南昌府下辖八县,其中武宁、义宁州、靖安和奉新四州县地处山区,都是外来移民的聚居地。宣统年间分立义宁州之铜鼓营为县,民国初年改义宁州为修水县。兹分述如下:

宁州。康熙十三年(1674 年)的动乱波及宁州。康熙十九年《宁州志》卷 2 记曰:"康熙甲寅变起,滇、闽逆贼盘踞奉武,攻城掠野。"同书卷 3 称:"康熙甲寅楚、闽氛浸,并起草泽,据奉武以招亡,啸聚攻城,三载四侵,民不堪命矣。幸州牧任将贼踞安、奉、武、崇四乡田土彻底清晰,衷详请蠲。"奉乡、武乡、安乡和崇乡为宁州南乡,其中一部分属今铜鼓县地。"滇"指吴三桂部,"闽"则指流民。和袁州府一样,明代也可能有闽籍流民迁入宁州,并在以后参与了"三藩之乱"。

"三藩之乱"后未见驱逐流民的记载。康熙中期以后,闽、粤移民开始大规模迁入。有记载说:"迨至康熙三十年后,国家生齿日繁,闽广诸省之人散处各方。分宁地广人稀,因而诸省之人扶老携幼,负耒而至。"[1] 从自然村的统计来看,移民中还应包括湖北人和本省南丰人。

修水县地域广阔,移民来源复杂,兹分区介绍如表6-4。

表6-4 江西省修水县中南部地区自然村建村时代与原籍 单位:村

原籍 地区	本区	南丰	赣南	江西其他	广东	福建	湖北	其他省	合计
清代以前	90	3	1	7	25	22	18	18	184
顺治至康熙	75	13	6	7	53	32	5	13	204
雍正至乾隆	232	15	11	4	94	88	12	15	471
合　计	397	31	18	18	172	142	35	48	859

资料来源:修水县地名档案。

说　明:中南部地区包括以下乡镇:黄沙、黄沙港、汤桥、桃坪、漫江、征村、山口、上奉、何市、宁州、赤州、桃里。

按照下文奉新县的例子,对自然村进行的上述简单统计已可大致反映各类人口的比例。因此,可以判断修水县中南部地区的土著大约占当地人口的一半左右;客家人约占当地人口总数的38%—39%。乾隆以后,迁入这一区域的客家村庄还有290个之多,据此可知今日的修水中南部地区客家人口可能超过当地总人口的50%。应该要说明的是,尽管乾隆以后迁入的村庄不少,但客家人的人口数量不可能与村庄的增加幅度保持同比。因为村庄人口的多少一般与村庄建立的时间早晚成正比,村庄建立的时间早,人口就多,反之则少。

来自广东和福建的移民村庄数量大体相当,表明宁州的移民背景与万载有所不同,即宁州未经历过大规模的棚民驱逐,当地土著对于闽籍或粤籍客民所持态度大体是一样的。与万载相比,来自赣南的移民不多,在地名档案中,有资料确切地说明从赣南迁入者多是闽、粤移民的再迁移。如在黄沙港乡东村,"邱孔普公康熙癸卯年由广东迁

---

[1] 同治《义宁州志》卷6。

上犹,再迁本县安乡十一都东村定居"。又如八担排村,村主于万历年间从福建迁赣州,以后迁此。另外还有陶家、楼下、庵子里等村,皆广东原籍,经上犹转此。

修水北部的移民情况见表6-5。

表6-5 江西省修水县北部自然村建村时代与原籍　　　　单位:村

原籍 地区	本区	南丰	赣南	江西其他	广东	福建	湖北	其他省	合计
清代以前	34	—	—	—	—	—	14	6	54
顺治至康熙	48	—	—	—	—	—	37	1	86
雍正至乾隆	88	1	2	1	—	—	105	—	197
合　计	170	1	2	1	—	—	156	7	337

资料来源:修水县地名档案。
说　　明:北部包括以下乡镇:上庄、溪口、扬津、大椿、新湾。

修水县的北部地处幕阜山南侧,山岭陡峭,沟谷狭小。清代以前土著人口不多,明代湖北移民开始陆续迁入,至清代蔚为大观,其中尤以乾隆年间的迁入者为多。至乾隆年间,修水北部山区中湖北移民约占当地人口的半数左右。在这一区域,竟然毫无闽、粤移民建立的村庄,可见移民的地理分野是何等清晰。

湖北移民来源于幕阜山北侧的诸州县,尤以通山、通城、崇阳和兴国州(今阳新县)为多。他们沿山地呈有规律地排列,在武宁县,也能发现同样的情形。

南丰人也作为规模性的移民出现了。康熙中期以前,在宜春等县也曾发现他们的踪迹,有记载说:"深山大泽中从前皆停留闽地枭獍及乐安、南丰人,种蓝耕苎,党与繁盛。"[1] 南丰人是作为闽籍移民的附庸出现的。大量福建汀州客家人向赣西北迁移时,路经盱江流域及鄱阳湖平原,可能对同样人多地少的南丰等地人口产生强烈的推动,导致南丰人的外移。如表6-4和表6-5中所示,在宁州,他们通常与客家混居,却不怎么与湖北人混杂。另外,他们还广泛分布于县境中部和

---

[1] 康熙二十二年《宜春县志》卷12《风俗》。

西部,与土著混居。这让人联想到南丰人的语言特征,据近年调查,南丰方言介于客家方言和赣语之间,这或许是他们较易与客家人及宁州土著相处的原因。

据对自然村的统计,修水土著主要分布于该县的中西部地区,正值幕阜山和九岭山两大山脉的夹峙地带,其间有修水流过,是该县主要的农耕区。除南丰移民外,这一区域仅有少量的闽、粤客家和湖北人夹杂其间。

铜鼓县的客家人"移自闽、广、赣州,居人民之半"[1]。今天该县大部分地区通行客家话,仅有西部几乡通行赣语,西部的赣语区与修水西部土著人聚居区连成一片。

至此,可以对宁州一带的移民数量做出这样的估计:乾隆六十年(1795年)宁州人口为25万[2]。以年均7‰的速度回溯至乾隆四十一年,约有人口22万。修水南部各乡和铜鼓县人口约占两县人口的三分之一,其中40%为客家移民,有人口近3万。同理分析,宁州北部山区的湖北移民约有0.7万。如果将南丰移民考虑在内,宁州接受的三地移民总数可达4万人以上。再加上其他各地移民,移民总数可能达到4.5万,与武宁县移民人口数相当。

武宁县。武宁县地形和修水相似,县北有幕阜山,县南有九岭山,两大山脉之间有修水流过,呈现南北高中间低的地形格局。南北山地,皆有移民活跃其间。

乾隆《武宁县志》卷30称:"武宁山谷荒僻……近自湖广、闽粤异民遍乡开垦,万山童秃。"其中尤以湖北移民为主要。同书又有记载,"楚尤接壤,朝发夕至,族党姻朋,往来络绎,其类益集,其谋益深",显得非常热闹。各籍移民的具体分布可见表6-6。

湖北人主要迁入武宁之北部,闽、粤人主要迁入南乡,混居者少。湖北人多集中于武宁西北境,与宁州之同乡移民相互联络,互为表里。而南乡的客家则多集中在东南一隅,与宁州客家并未连成一片。且因其人数较少,不成气候。至此,闽、粤客家的迁移似已成强弩之末了。

---

1 《大中华江西省地理志》。
2 同治《义宁州志》卷12《食货志》。

表6-6　江西省武宁县自然村建村时代与原籍　　　　　单位：村

原籍 时代	本区		江西其他		闽粤赣南		湖北		其他省		合计
	(1)	(2)	(1)	(2)	(1)	(2)	(1)	(2)	(1)	(2)	
清代以前	453	127	5	5	8	11	57	7	21	15	709
顺治至康熙	132	98	3	3	3	21	73	7	9	2	351
雍正至乾隆	197	144	15	2	7	31	136	18	11	6	567
合计	782	369	23	10	18	63	266	32	41	23	1 627

资料来源：武宁县地名档案。
说　明：(1) 北部乡镇：横路、路口、大桥、大洞、伊山、甫田、温汤、澧溪、南岳、东林。
　　　　(2) 南部乡镇：严阳、扬州、黄段、罗溪、石渡、宋溪。

从自然村的数量来进行分析，由于清代以前的土著村庄甚多，因此，尽管清代有大量的湖北人迁入，终难在当地人口中占据优势地位。仅以村庄的比例看，湖北移民和客家移民村庄约占全部村庄的23%—24%，与乾隆《武宁县志》所记几乎完全吻合："乾隆十八年土著烟户计共四万一千余户，棚民计共一万三千余户。"棚民户数恰好占总户数的24%。只是乾隆十八年(1753年)以后，湖北人仍在迁入，移民在武宁总人口中的比例可能还会有所增加。

据同治《武宁县志·户口》，乾隆四十六年(1781年)武宁县土著烟户棚民共有187 139名口，其中24%为移民，有移民4.5万人。

奉新县。奉新及其相邻的靖安、新昌两县地处九岭山脉的东侧，其东界为向鄱阳湖平原过渡的丘陵地带，三县的西部地貌均属山地，而东部则属丘陵地形或冈地平原。

与万载、宁州的情况相似，奉新的移民多来自闽、粤及赣南，也是客家移民的聚居地。他们主要分布于山地和丘陵地带，在岗地和平原区则无移民分布。兹将山地和丘陵区的自然村建村时代与原籍列于表6-7。

以原籍分，奉新的客家移民中，以赣南籍最为主要，次则福建，再次则广东。与万载相比，三地移民的多少次序恰好相反。这一现象说明，即使同是客家移民，其间也存在地域之间的差异。

根据对自然村的统计，客家移民村占山地自然村总数的32.7%,

表6-7　江西省奉新县自然村建村时代与原籍　　　　单位：村

原籍 时代	本区 (1)	(2)	江西其他 (1)	(2)	赣南 (1)	(2)	福建 (1)	(2)	广东 (1)	(2)	其他省 (1)	(2)	合计
清代以前	36	59	2	16	5	3	8	6	10	1	2	7	155
顺治至康熙	71	61	2	8	27	5	13	10	9	7	1	3	217
雍正至乾隆	126	101	4	4	19	5	19	13	10	4	1	0	306
合　计	233	221	8	28	51	13	40	29	29	12	4	10	678

资料来源：奉新县地名办公室：《江西省奉新县地名志》，1983年。

说　　明：(1) 山地：仰山、澡溪、西塔、七里、甘坊、石溪。
　　　　　 (2) 丘陵：上富、碳下、罗市。

占丘陵区自然村总数的17.1%，合计占山地、丘陵村庄的25%左右。奉新县的移民村大都经过分迁，有的甚至做过三次以上的分迁，即由A村分迁出B村，又从B村中分迁出C村。我用Prolog语言设计了一个追踪检索自然村原籍的系统，对奉新丘陵山区的1 148个自然村进行原籍的追踪检索，并对各村人口进行统计。结果可见表6-8。

表6-8　追踪检索法统计所得奉新县客家移民村庄和人口的比例(%)

截止时代	山地		丘陵		合计	
	村庄	人口	村庄	人口	村庄	人口
乾　隆	48.8	41.8	25.6	17.6	37.9	28.8
道　光	42.2	39.5	19.6	15.7	31.4	26.7

资料来源：《江西省奉新县地名志》。

　　如果我们将表6-7中各类自然村比例看作是各类人口的比例，就会发现，用简单统计所得结果和用追踪检索法所得结果并无大的差别。这也可证明我们关于奉新丘陵山区客家人口约占当地总人口25%的观点是大致可信的。

　　乾隆九年(1744年)奉新知县称："今查奉新县棚民俱有田园庐墓，非去来不定之棚可比。自应无论土著棚民，选择身家殷实，为人端愨者，佥点承充。今据该县查复，棚民委无全村聚族成姓，俱系散居安、兴、进、化四乡，从前亦未设立棚保，虽有四百余户，查册中土著三十四围,一围之中土著有百十余户,棚民只有十余户之烟。"[1]此时的客家人口仅占当地人口的 10% 左右,随着移民的迁入,他们在当地人口中的比例也就随之增加了。

据道光《奉新县志·户口》,乾隆五十二年"实在烟户"共 39 422 户,"男女大小"共 194 914 丁口。又据《江西省奉新县地名志》,1982 年奉新丘陵山区各乡镇人口占全县人口总数的 31.2%。以此比例回溯至乾隆五十二年,奉新县的丘陵山区人口约有 6 万左右,其中 25% 为客家移民,有人口 1.5 万。

靖安县。靖安县山区包括官庄、石井、周坊、澡都、西岭、北港和东源七乡。在建于乾隆年间的 369 个村庄中,来自赣南、福建和广东的客家移民村庄共有 42 个,湖北移民村庄 12 个,合计占总村数的 14.6%。该县中部和东部的丘陵盆地几乎没有移民的迁入。

今天的靖安县人口仅为奉新县的一半。依这一比例推算,乾隆年间靖安县人口总数约为 9 万,其中山区人口占全县人口的 37% 左右;客家移民又占山区人口的 15% 左右,客家移民人口约为 0.5 万。

瑞州府属的新昌县情况与靖安县相似,估计有客家移民 0.5 万人。

第二节

赣东北地区

赣东北山区由黄山支脉、怀玉山和武夷山组成。黄山支脉由安徽境内蜿蜒而来,怀玉山由浙赣边界伸延到该区中部,武夷山则构成闽、赣两省天然的边界。各大山体均作东北—西南走向,平均海拔约 500 米左右,部分山峰在 1 000 米以上。山脉之间分布宽阔的向斜谷地,

---

1 道光《奉新县志》卷 1《舆地·坊都》。

是本区主要的农耕区。

赣东北山区在行政区划上主要归属于广信府(治今上饶市),也有部分属于饶州府(治今鄱阳县)。从整体上看,赣东北地区东部高、西部低。清代的移民运动主要发生于东部县份,其中尤以上饶和玉山两县最为重要。

一 人口背景

赣东北地区是中国最大的铜矿基地,也是历史时期中国最重要的铜、银、铅等有色金属的产地。明代前期,曾有相当数量的破产农民流入此地,私开银矿。宣德七年(1432年),"浙江豪民项三等聚众潜入铜塘,又于色公尖、横山头、洪山坑等处起立炉场,聚众万余"[1]。正统五年(1440年),浙江处州叶宗留带领一批农民再次进入铜塘山采挖银矿,然遭禁止。叶宗留率民揭竿,七年后被镇压。此后,铜塘山周围300里被列为禁山。武夷山脉的江西一侧被严禁开垦,成为人烟杳无的荒凉之地。

北部的怀玉山此后也遭封禁。顾炎武说:"德兴、玉山等县地方,勘得云雾山场,界连开化等县,山势陡峻……穿心四五十里,周回百十余里,遍生大木森林,矿砂涌盛,官不征粮,民不佃种……是山自叶宗留窟穴盗矿以来,虽久已封禁安辑,而不许生心利孔者窥伺而动。"[2]自明代前期始,武夷山和怀玉山两大山脉的东段几乎全都封禁起来了。

尽管如此,清代初年,广信府属山区已有棚民的活动。吴湘皋在《上署江西巡抚包公书》中说:"本朝三藩之变,闽逆仅趋仙霞岭欲直捣杭州。是时武定李文襄巡抚两浙,案提标兵争先扼于界上,逆始不能越岭,而北斜突广信,继乃收复广信,深山大谷,棚民所在都有。"[3]从自然村的统计来看,从明代至清初,外来移民一直在陆陆续续地迁入,

---

1 乾隆《广信府志》卷8《武备》。
2 顾炎武:《天下郡国利病书》卷82。
3 同治《赣州府志》卷70《艺文》。

大规模的集中迁入,则在康熙中期以后。

"三藩之乱"对赣东北地区人口的影响很大。康熙时人指出,"信属自变乱以来,杀掠逃亡,于兹六年。故丁缺田荒,为江右十三府之最";为恢复农业生产,发展经济,地方官提出了招民垦荒的建议,认为"今日广信之大利,莫过于招垦"[1]。移民活动就在这一背景下大规模展开。

二 贵溪与铅山

广信府西部有三县,分别是贵溪、弋阳和铅山。弋阳地处平坦,清代移民规模极小,此不详述。贵溪、铅山两县南靠武夷山脉,两县山岭高大,清代以前人迹稀少,一直是闽北人的迁居地。对于这种陆陆续续、延绵不断的移民活动,历史文献没有给予任何记载,只有从自然村建村年代的统计上,可以发现移民的规模和分布。

两县各类自然村的建村情况分别见表6-9和表6-10。

表6-9 江西省贵溪县自然村建村时代与原籍   单位:村

原籍 时代	本区		南丰		江西其他		福建		浙、徽		其他		合计
	(1)	(2)	(1)	(2)	(1)	(2)	(1)	(2)	(1)	(2)	(1)	(2)	
清代以前	78	138	7	7	19	25	48	20	7	14	5	4	372
顺治至康熙	51	22	6	1	7	—	31	2	—	1	1	—	122
雍正至乾隆	60	34	2	2	10	3	38	3	1	2	—	—	155
合 计	189	194	15	10	36	28	117	25	8	17	6	4	649

资料来源:贵溪县地名档案。
说　　明:(1) 南部山区:塘湾、文坊、冷水、双圳、耳口。
　　　　　(2) 中北部丘陵河谷:志雄、新田、周坊、白田(抽样)。

截止于乾隆年间,在贵溪县南部山区五个乡镇的370个自然村中,有117村迁自福建,其中有69村于清代迁入,约占当地村庄总数的18%—19%。在该县的中部和北部地区,福建移民的村庄则很少见。再如铅山县,在其南部山区的两个样本乡镇中,建于乾隆及之前

---

[1] 曹鼎望:《咨询地方利弊条陈》,同治《广信府志》卷2。

表 6-10　江西省铅山县自然村建村时代与原籍　　　　　单位：村

原籍 时代	本区		南丰		江西其他		福建		浙、徽		其他		合计
	(1)	(2)	(1)	(2)	(1)	(2)	(1)	(2)	(1)	(2)	(1)	(2)	
清代以前	15	60	1	—	—	3	12	51	4	26	1	3	176
顺治至康熙	9	29	2	2	1	16	16	2	1	—	—	1	79
雍正至乾隆	20	31	2	1	2	20	18	—	4	—	—	98	
合　计	44	120	5	3	6	48	85	6	31	1	4	353	

资料来源：铅山县地名档案。

说　明：(1) 南部山区：武夷山、天柱山。（抽样）

(2) 中北部丘陵河谷：福惠、杨村、新滩、陈家寨、鹅湖。（抽样）

的自然村共有 102 个，其中清代直接迁于福建的村庄就有 43 个，占当地村庄总数的 42.2%；在中北部丘陵河谷地带，这一比例为 18%—19%。这一系列数据很有意思，贵溪县南部山区福建人的比例与铅山县丘陵河谷区相同，而铅山县南部山区福建移民几占人口的一半。这暗示着愈往东，地势愈高，福建移民的比例也可能愈高。

来自南丰的移民也有规模性的移入。在贵溪县的各个地区，他们都有分布。在铅山则大不相同，除了中北部丘陵河谷地带有少量的分布外，南部山区则不见他们的踪迹。在弋阳，也有部分南丰移民在活动。

与福建移民相比，来自浙江和安徽的村庄大多数是在清代以前迁入的。这说明无论是浙江还是安徽，都不是清代的人口输出地。

道光三年（1823 年）贵溪县人口为 26.3 万[1]，以 7‰的年平均增长率回溯至乾隆四十一年（1776 年），约有人口 19 万。贵溪南部山区五乡人口占全县人口的 10%，以此比例计，有人口约 1.8 万，其中移民约为 0.3 万。即使考虑到中部河谷地区散布的一些移民，该地移民的总数不会超过 0.5 万。

铅山县人口约为贵溪县人口的 70%。若乾隆时代也是如此，则有人口 13 万左右。铅山县南部山区人口占全县人口的 20% 左右，中北部河谷区占 80%，综合折算的结果，清代移民占铅山人口的 23% 左

---

[1] 同治《贵溪县志》卷3《食货》。

右,有 3 万人口。

三 玉山与上饶

玉山县的招民垦荒始于顺治年间,当时曾"将召垦闽人另立一图",但是由于赋役繁重,"以致力穷,仍复逃去者有之"[1]。和赣西北一样,康熙中期以后,大规模的招民垦荒才得以展开。

玉山县招民开垦的重点是其北部的怀玉山区。雍正年间(1723—1735 年),怀玉山中仅有"佃人数十户"[2],整个山区"树木丛杂,竹箐蒙密,时有麋鹿成群,游卧道旁,雉兔遍山,取之应手",景象十分荒凉。到乾隆初年,地方政府开山招垦,外来移民闻风而上,不久就"竹树扩清,人烟稠密"[3],风貌为之一变。

从自然村建村情况的统计可以揭示出各类移民的分布。详见表6-11。

表6-11 江西省玉山县自然村建村时代与原籍　　　　单位:村

原籍 时代	本区		南丰		江西其他		福建		徽、浙		其他省	合计
	(1)	(2)	(1)	(2)	(1)	(2)	(1)	(2)	(1)	(2)	(2)	
清代以前	10	69	—	19	1	3	7	23	6	49	1	188
顺治至康熙	25	53	14	51	4	7	56	49	19	25	1	304
雍正至乾隆	62	101	13	64	8	5	43	33	16	13	1	359
合计	97	223	27	134	13	15	106	105	41	87	3	851

资料来源:《江西省玉山县地名志》,1985 年。
说　　明:(1) 北部山区:怀玉山、游击、少华、南山、紫湖、童坊。
　　　　　(2) 中部和南部平原、丘陵:四股桥、双明、古城、林岗、横街、临湖、泌姆、群力、华村、六都。(抽样)

偌大一个玉山北部山区,仅在其边缘地区检得 24 个清代以前建立的村庄。可见封禁之严,几达无人立村的程度。在这 24 个村庄中,有 13 个村庄来自福建、安徽和浙江,其中以来自福建的移民

---

1 康熙二十年《玉山县志》卷 4《赋役志》。
2 同治《广信府志》卷 1《地理》。
3 乾隆《怀玉山志·土产》。

为最多。

清代移民运动展开之后,大批福建人相继迁入玉山。截至乾隆年间,清代迁入的闽籍移民村庄占当地总村数的34.8%,浙江移民占12.3%,南丰移民占9.5%;三地移民村占当地村庄总数的56.6%。还有来自广信府属其他县的村庄,因为属于同一个二级政区内的迁移,所以仍作土著处理。在较宽泛的意义上,玉山北部各乡的人口中,绝大部分都属于清代迁入的移民。

中部、南部的情况与北部不同。这首先归结为地形上的差异,即中部为低平的浅丘和河谷,南部才是稍高的丘陵区。在中部和南部,清代迁入的福建移民虽仍有较多的数量,但在当地总人口中,只占14.5%,远低于北部山区的同类比例。相反,中部、南部地区的南丰移民数量却在增加,清代迁入的南丰籍村庄占20.3%。这表明南丰移民多迁入与原居地环境相似的丘陵和河谷地带,而不是山高坡陡的山区。在广信府西部诸县,我们已知南丰移民有同样的分布。就是在赣西北的修水,南丰移民也大多集中于同类的地形,少有立村于山区的。

清代玉山县的移民村庄占山区村庄总数的62%,占丘陵平原村庄总数的43%。根据《江西省玉山县地名志》提供的分乡、镇人口数,山区人口占全县人口的20%,丘陵平原占80%。由此合计玉山县的自然村中,清代移民村占46.6%[1]。

上饶及广丰南部的铜塘山区是赣东北封禁的重点。蒋继洙在《稽查铜塘山禀稿》一文中揭示了铜塘禁山开禁的过程,他指出该山"与浙、闽二省毗连,袤延三百余里,约其界址,江西十分之七,闽、浙二省居十分之三";在乾隆年间怀玉山全面开禁后,铜塘山开禁的呼声日益高涨,主开派认为开山可尽地利,主禁派认为开山必致祸乱,以致"侍郎赵、前抚宪陈两次议开,皆不果行"。就在政府官员为开山和封禁争论不休的同时,移民已经在逐渐向禁山中心逼近。蒋继洙

---

[1] 我曾对山区紫湖、童坊及丘陵平原区的泌姆、四股桥和群力等五个乡镇进行自然村人口的追踪检索式统计,山区移民人口占当地人口数的70%,丘陵区移民人口占当地人口的41%,合计移民人口占五个乡镇总人口的46.8%。

说:"然其时近山棚民往往入内采樵私垦,有禁之名,无禁之实。"外来移民的垦殖一再突破禁令,促使主张开禁的官员默认了这一事实,禁山便一步一步缩小;其方式为,"前抚宪胡摺内所私另立禁碑者,实则移入内矣。久之,棚民移之尤内矣";而"约计禁内不过百里",表明禁山已被垦去了三分之二。乾隆以后,开垦禁山的过程仍在继续,"有自嘉庆年间入山者,有自道光年间入山者,迨咸丰年间,又有因发匪滋扰避乱入山者"[1]。200年间蚕食禁山的过程,就是人口逐渐移入的过程。

这一过程从自然村的建立年代中也可以看得清清楚楚。广丰县南部亦处铜塘山区,其腹心地带没有同治以前的迁入者,同治以后所建村庄也不多,大部分的居民点是中华人民共和国成立以后开垦山区时建立的。从中心向外,村庄的年龄有逐渐古老的趋势。

在上饶县南部的铁山乡蔡家坪村,至今矗立着一块乾隆十八年(1753年)所立的禁山碑。据上引资料,此碑立于蔡家坪村乃是移民不断将此碑内移的结果。由此可知,这一地区的南部山区是禁山的中心部分,该地绝大部分的自然村都是清代后期建立的。

再来看看上饶县自然村的建村情况。详见表6-12。

表6-12 江西省上饶县自然村建村时代与原籍 单位:村

原籍 时代	本区		南丰		江西其他		福建		徽、浙		其他省		合计
	(1)	(2)	(1)	(2)	(1)	(2)	(1)	(2)	(1)	(2)	(1)	(2)	
清代以前	73	75	1	6	8	5	11	32	25	26	2	4	268
顺治至康熙	47	134	9	21	6	8	21	84	8	47	3	6	394
雍正至乾隆	78	127	6	31	3	8	19	106	10	28	2	13	431
合 计	198	336	16	58	17	21	51	222	43	101	7	23	1 093

资料来源:《江西省上饶县地名志》,1985年。
说　明:(1) 南部和北部山区:铁山、前程、五府山、华坛山、南高峰、茗洋。
　　　　(2) 中部丘陵河谷:清水、汪村、湖村、罗桥、朝阳、旭日、沙溪、茶亭、四十八、花厅、田墩、黄沙。

---

[1] 蒋继诛:《稽查铜塘山禀稿》,同治《上饶县志》卷5。

在山区六个乡场的397个建于乾隆及乾隆以前的自然村中,清代迁入的移民村有87个,占山区自然村总数的22%。尽管铜塘山区开发的时间很晚,但其中大部分村庄是从本县村庄中分迁的。这些分自"本区"的村庄很可能有部分是外来移民的再迁移,但在简单的统计中却无法列出。按照我们以前的经验,简单统计和追踪检索自然村人口统计结果相差不大。因此,我们认为上饶山区的外来移民人口的比例为22%,其余除土著外,还有从本县其他地区迁入的。

在上饶县中部的河谷丘陵地带,清代移民村庄的比例约占当地自然村总数的51%。与贵溪、弋阳等县相比,上饶、玉山两县中部河谷地带的移民数量显然是相当多的。移民人口的这一分布状况与"三藩之乱"密切相关。康熙二十一年《上饶县志》卷1称:"康熙十三年甲寅广信府城守副将柯升……于四月二十四日挟标兵目反叛,夺城而出……信郡七邑俱为贼踞,百里之内,杀戮无数,断绝人踪,鸡犬无闻,遭祸独惨。"该书序言还说:"甲寅之变,上饶罹祸最惨,庐舍民人,十亡八九,田业鞠为茂草。"上饶、玉山两县之地,大约百里方圆。由此可见,自然村建村时间的统计可以和历史文献的记载相互印证。

今日上饶县山区人口仅占全县人口的10%,河谷丘陵区人口占90%;合计清代移民占上饶全县人口的48%左右。这一比例与玉山县相当。

在上饶县的各籍移民中,以来自福建的移民最多,安徽次之,江西南丰又次之,浙江再次之。

福建移民的具体籍别可见表6-13。

表6-13 玉山、弋阳、上饶三县闽籍移民原籍比较

原籍	玉山		上饶		弋阳	
	村数	比例(%)	村数	比例(%)	村数	比例(%)
闽南	117	78.5	87	41.0	6	21.4
西南	37		48		0	
东南	80		39		6	

续 表

原籍	玉山		上饶		弋阳	
	村数	比例(%)	村数	比例(%)	村数	比例(%)
闽北	32	21.5	125	59.0	22	78.6
合计	149	100	212	100	28	100

资料来源：《江西省玉山县地名志》，《江西省上饶县地名志》，江西省弋阳县地名档案。

说　明：《江西省玉山县地名志》中记载的福建移民，有记以"上四府"和"下四府"者。福建上下四府划分源于宋代，即将沿海四府(军)称为下四府，将西部山区四府称为上四府。清代乃至近代仍沿袭之。记为"下四府"者本应包括福州府各县，但从县级统计结果来看，福州府人没有入迁赣东北地区，所以我将下四府全部列入闽南东部，主要为泉州府属各县。"上四府"本应包括闽西南的汀州各县，这里无法析出，权作闽北处理。

在东部的玉山县，闽南人所建村庄占全部闽籍村庄的 78.5%，闽北人所建村庄仅占 21.5%；在西部的弋阳县，上述比例正好相反。处于两县之间的上饶县，二者比例相当。这反映出闽人内部由地域决定的移民趋向十分明显。

由于赣东北各县与闽西北毗连，闽西北人口向赣东北的迁移实不足为怪。最令人惊奇的还是闽南人的北迁，他们在赣东北已经超过了来自福建汀州的客家人。上饶县至今还有闽南方言的存在，当地人称之为"异化了的闽南话"[1]。闽南人多来自莆田、永春等县，他们在浙江常山一带也有相当广泛的分布。

依今日人口计，玉山县与贵溪县人口相当，若乾隆年间这一比例也是如此，则玉山县人口约为 18 万，移民人口则为 8.4 万。上饶县人口是贵溪县人口的 1.5 倍，若此比例不变，乾隆年间上饶人口应为 27 万，其中移民人口约为 13 万左右。

德兴、广丰、浮梁（今景德镇市地）等县也有一定数量的移民迁入，只是其人口不多，此不赘言。

兹将清代江西地区的移民迁入与分布图示如图 6-1。

---

[1]《江西省上饶县地名志·前言》。

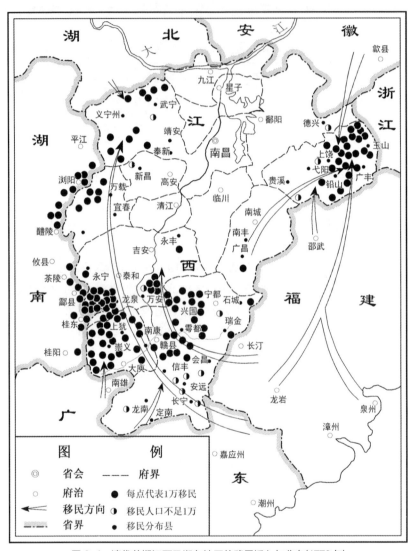

图 6-1 清代前期江西及湘东地区的移民迁入与分布(1776年)

第三节

土客冲突：棚籍之设与学额之争

总而计之，明末至清代前期赣北地区移民人口合计约为25万，其中大部分来自赣南、福建汀州和广东梅州，次为来自本省南丰及湖北、闽南、浙江、安徽的移民。赣北地区移民与土著的冲突，主要表现为客家人与土著的冲突，这一冲突持续的时间长，斗争激烈，构成当地清代社会的重大问题。

一 棚籍的由来

清代初期，赣西北地区编附流民的工作即已展开。由于迁入山区的流民多搭棚居住，开垦山场，故被当地土著称为"棚民"。如在宜春县，"顺治十三年始先后附编棚民户二千一十七余，丁五百九十一，棚户女口一千三十"，此为"棚民户口所由始"[1]。所编户籍为棚籍，并非真正意义上的土著。

康熙十七年（1678年）"三藩之乱"平息以后，袁州棚民的大部分为政府所驱逐。康熙二十二年（1683年）之后，复招入的客家移民重新迁入袁州属县，并迁入南昌府属山区各县。康熙六十年台湾林一贵举兵反清，失败后其党温上贵于雍正元年（1723年）潜入万载县歧源，聚合万载县客家移民举兵反清，不两月为当地土兵所讨平。事件平息后当地土著又提出驱逐棚民的问题，只是经万载县令施昭庭力争而未果。施氏对督抚的报告中说："棚民者，闽粤之贫人，来居山中，种麻自给，历年多，生齿日众，与居民间有告讦，皆细故不足惩。今日之乱，

---

[1] 康熙二十二年《宜春县志》卷6《户口》。

由台湾逸盗,不关棚民。而探贼动止,诱贼就缚,悉赖棚民。"棚民中只有不多的一部分卷入了温上贵之乱,而其他棚民有与政府合作者,在平息叛乱中立下功劳,不可一味驱逐。总督同意了他的处理意见,即"覆户口,编保甲,列齐民"[1]。雍正二年,张廷玉提出了处理棚民问题的基本对策:

> 近日如江西之瑞、袁等府,屡有抢夺嫖掠之事,皆棚民煽惑倡首,其明验也……安插既久,其素不为匪者,则编入烟户册籍之内;其居住未久,而踪迹莫定者,令取具五家连环保结,以杜日后事端,皆于编查保甲时一体稽核,毋许遗漏。再,棚民聚处日久,人数渐多,其中不无膂力技勇之人与读书问学稍知礼义者,亦令该州县查明,申详上司,分别考验录用,俾与彼地人民同沾圣朝之化。[2]

雍正三年(1725年)七月,朝廷关于处置棚民的措施如下:

> 见在各县棚户,请照保甲之例,每年按户编册。责成山主、地主并保长、甲长出结送该州县,该州县据册稽查,有情愿编入土著者,准其编入。有邑中多至数百户及千户以上者,添拨弁兵防守。棚民有窝匪奸盗等情,地方官及保甲长失察徇庇者,分别惩治。编册之后,续到流移,不得容留,有欲回本籍者,准其回籍。棚民有膂力可用及读书问学者,入籍二十年,准其应试,于额外酌量取进。[3]

据刘敏研究,至雍正四年(1726年),把"情愿入籍者,准其编入"改为"已置有产业并愿入籍者"准其编入当地户籍,作为"棚民保甲法"正式颁行,成为处理棚民户籍的依据[4]。尽管以后对有些条文有所修改,但基本精神却相沿未变,一直是处理棚民问题的基本法规。

---

1 同治《苏州府志》卷82《人物·施昭庭传》。
2 张廷玉:《请定安辑棚民之法疏》,《皇清奏议》卷25。
3 《清世宗实录》卷34。
4 刘敏:《论清代棚民的户籍问题》,《中国社会经济史研究》1983年第1期。

二 棚民编籍

棚民入籍需要财产作为依据，入籍之后，还要有20年的经历才可应试，这表明入籍棚民的土著身份仍不完整。更为重要的是，入籍棚民参加考试，"于额外酌量取进"，就将入籍棚民与土著作了明确的区别，使得移民的身份始终与土著有别。入籍移民的土著身份不完整，是导致土客冲突的一个基本原因。

若使得入籍移民与土著有别，"棚籍"的设立便是合法的。清初在赣西北设置的"棚籍"也就得到了法律的认可。在"棚民保甲法"颁布前后，各有关县展开棚民田产的调查工作，作为申报户籍的依据。雍正二年(1724年)，宁州进行棚民田产登记，笔者曾在江西铜鼓县获得一份光绪年间当地人手抄的棚民田产调查档案，名为《清代里甲丁户清册》，就是这次田产调查的结果。该书序言中称："闽广之人，入籍多年，置有田产坟墓，安分守法，即与土著无异，自应一体当差"，目的是"扶除以前无丁无甲之客户，例立自今有赋有役之里民"。该县呈报的棚民壮丁988人，幼丁818人，共1 816人，均为置有田产的客家移民。其中最早迁入的时间为康熙十八年(1679年)，最迟迁入者为康熙四十五年。同治《义宁州志》称雍正四年新编入籍棚民人丁1 320丁，应是指壮丁。此数多于《清册》中的数据，可能是雍正四年(1726年)复查后的结果。

在自然村的统计中，知宁州有于康熙十八年以前迁入的客家人，而在《清册》中则不见。同治《南昌府志·赋役》中说："雍正元年安辑棚民耕山者概编保甲，有产者另立都图，以怀远为名，寓招携之义，其秀者令于入学课习，一体考试；其居宁最久之老客户，原有庐墓、姻娅、亲戚，迥与客民不同者，又各援例改客为土，不在此例。""三藩之乱"前的迁入者已经"改客为土"，不在棚民之列。未有财产者，则未入棚籍，只是编入保甲而已。因此，棚民的土著化可以分为这样三个阶段：保甲—棚籍—土著。在宁州，雍正四年的编棚，实际上是将大多数的无产棚民编入了保甲，少数有产者编入了怀远都，取得棚籍，而更早的迁入者则编入了土著。

奉新的情况与宁州类似，却较宁州更复杂。雍正十三年（1735年）"奉新县知县赵知希查看棚民王、刘、徐，皆闽、广、南赣人也，耕凿奉邑地方盖有年矣。缘俾县例有土著客异之殊视，是以各棚民等虽置有奉邑田产，在粮多者，犹得以寄户于图甲册尾，而粮少者并不得自立的户，少有更置，即起物议，相沿至今"；经查实后，县令请求"援照邻邑宁（州）、武（宁）等州县棚民另立图甲之例，准其另立图甲，名曰归德。金点粮多大户为滚首，自行滚催，依限输纳，既免土著之纷争，尤省差催之滋扰，并可令各棚民自查户口，稽查匪类，急公请地，均属有益"；获允后设归德一乡，辖"散居奉化、进城、新兴、新安四乡"之棚民；由于棚民散居于奉新山区四乡之中，其保甲"不能挨顺成甲"，乾隆九年遂有立棚民保甲之议，被否决；棚民保甲仍附于土著保甲之末，仍归土著稽查[1]。归德乡遂成为有人无地之乡，有类东晋之"侨置"。归德及其所辖棚民在当地"也叫做十三乡，因为全县共十二乡，他们被叫做十三乡，就是摒弃于本地人民的圈子之外的意思"[2]。严格地说，这种由"广福赣棚民呈请添设"的棚民乡，并没有改变棚民的政治地位，却为政府催征赋税提供了方便，也为奉新县的客家人赢得了一个名字——"归德人"。显然，政府的这一做法，强化了客家人的民系意识或社区概念，以后土客之间的冲突实际上就是在"归德人"和土著之间进行。

从上述记载还可知道奉新的棚民编户是仿宁州、武宁两县进行的。因此，在宁州和武宁，棚民的编甲有可能也是采取同一形式。在今天的修水县，客家人仍称自己为"怀远人"。据上引资料，"怀远"为棚民都名，它可能也是一个无地的侨置都。

万载棚民的编甲与奉新相同。如前所述，万载县的客家移民大多居住于县境北部和西部的丘陵山地，在中部和东部的河谷丘陵地带则少有分布。然而，江西省图书馆所藏一部名为《万载县志都图里甲籍贯册》，客籍姓氏详细罗列于各乡都图的土著之下，称为"附图客

1　道光《奉新县志》卷1《舆地》。
2　甘艾：《赣北奉新的"客族"》，《国讯》第238期。

籍"。如在怀旧乡二图,"附图客籍李、黄、曹、张、刘、蓝、温、陈、王、钟、颜、郑、谢、赖、周共十五姓",其他各图均有附籍客家,只有城隅例外。

这本《户籍贯册》是《万载县志》的附件。究竟是哪本县志呢?该书云:"都图册何以另立一卷,非赘也。万邑土客之籍分别甚严,客籍各附于土著都图之末,而版图本归土著。辛志分别标题另立一卷,土著凭之,籍贯清而考试无争,意良深也。"据此可知该册实为道光二十九年(1849年)由辛辰云增订的《万载县土著志》中的附件。道光十二年间该县曾修过《万载县志》三十卷首一卷。道光二十九年辛氏增订之,卷秩不变,更名为《万载县土著志》,以示与客家之区别。辛氏成果之一在于编成这本《都图甲户籍贯册》,其用意就在于明辨土客,以使"考试无争"。

三　学额之争

清代的府、州、县学每年录取生员的数量都有定额,简称为"学额"。棚民入籍并在入籍地参加考试,势必要占取有限的学额,构成对土著利益的直接侵害,土客之间的冲突往往由此而引发。

康熙年间,入籍移民的考试一事已引起政府的重视。先看一个赣南上犹县的例子:

> 县主陈康熙二十四年七月十二日详,看得入籍应试,普天有之,必核其虚冒,严其诡秘,名器不致侥幸,而匪类无从觊觎也。卑县蕞尔荒陬,叠因寇变,土著百姓徙亡过半,田土悉多荒芜,招佃垦辟。胡子田等移居犹境,陆续营产置业,于康熙十二年起户牛田,又七甲当差。康熙十三年即乘逆叛,而粤佃附和肆毒,然其中亦有贤愚之不一也。兹当奉文岁试,粤民何永龄等二十余人连名呈请收考,虽人材随地可兴,而考试以籍为定。胡子田一户称已入籍,呈请与考,庶亦近理,然亦必须与土著结婚联姻,怡情释怨,里甲得以认识,生童可以互保,习熟同群,彼此相安。庸有面不相识,突如其来,或借以同宗之名,自或借寄升斗之田粮,依葛

附藤,呼朋引类,以犹邑有限之生童,何当全粤无穷之冒滥?况朝廷设科取士,首严冒籍,安容若辈率众恃顽,紊乱国法为也?至于胡子田一户,应否作何年限,出自宪裁,非卑职所敢也耳。[1]

我们不知道胡子田是否参加考试,但从上述记载来看,康熙年间入籍且未卷入动乱的移民已经获得了当地的考试权。胡子田入籍稍晚,地方官府认为他提出考试一事不合情理,于是就有了上述长篇申文。只是由于胡子田毕竟已经入籍,县令也不敢轻易剥夺他的考试权。可见在没有专门法规的情况下,入籍棚民的考试权是地方政务中一个相当棘手的问题。在雍正年间赣西北地区的棚民动乱中,学额问题也是一个重要的问题。雍正元年(1723年),宁州"土贼"黄本习、邹文诏蠢动,旋拿正法;次年,"合州因客籍罢考",府宪汪临州为安抚士民添兵宁州南部的铜鼓营,"铜营遂为重镇"[2]。虽然从这一记载中我们不知罢考一事的原委,但却可以揣测棚民的考额问题仍是土客冲突的焦点。

因此,在雍正年间政府颁布的关于棚籍的法令中,对棚民入籍者的考试资格作出规定,以后又对"额外取录"作出进一步的规定。规定云:"棚民子弟入籍后",于"义学课习,五年后得一体考试,卷面令注'棚童'字样,每童生五十名,取进一名,百名以上取二名,二百名以上取三名,其最多统以四名为率"[3]。据道光《萍乡县志·学校》的解释,是指文武童生各一名、二名、三名乃至四名。雍正九年,取消了入义学五年的条件,增加"有庐室坟墓"的规定[4]。乾隆二十八年(1763年),将宁州、万载等十州县的棚童改归土著考试,裁去棚额,引起土棚之间的尖锐冲突。万载县因棚民人数众多,矛盾尤为激烈。政府决定扩大名额,"文童加额四名,武童加额一名"[5],按成绩取进,不分棚土。由于棚童往往超过四名,引起土著不满,礼部最终决定土棚分额,将增加

---

1 乾隆《上犹县志》卷10《杂记》。
2 道光《义宁州志》卷32《杂记》。
3 乾隆《义宁州志》卷4《户口》。
4 《清朝文献通考》卷70《学校》。
5 《清仁宗实录》卷134。

的文童四名,武童一名,作为棚童定额[1]。可见,在棚民土著化的过程中,政府受到了来自土著的压力。最后的结果是政府对土著作出某种程度的让步,以保留棚籍而告结束。严格地说,棚籍的保留本身就是对棚民土著化过程某种意义上的否定,棚童学额的设置与此互为表里。

武宁县的棚民还时常想突破棚额的框框,但这一做法遭到来自当地土著士绅的强烈反对。他们的理由是,"武宁儒童现在应考者不下八九百人,入学定额八名,若入籍年久,遂可改入本籍,现今棚户有一万三千之多,将来人人效尤,呼朋引类,蕞尔有限之额,尽归冒籍,额外另取之例,渐成具文";这一观点得到了政府的认可,"乾隆十九年知县邹应元据绅士呈详,蒙上宪念武额隘不堪搀挤,而异民本有棚籍可考,应令楚人悉归棚籍考试,檄示永为定例"[2]。在土著士绅的反对下,武宁县湖北棚民的这一企图未能获得成功。

再以赣东北德兴县为例。乾隆初年,德兴县令申请将"棚民入籍二十年以上者,移入民籍,删除棚户册名",却未得允许,理由是,"查部议内称,棚民入籍二十年以上,置有产业葬有坟墓者,应听其入义学读书。五年后,许报明该地方官准其应试,于额外录取,则不使删棚籍可知"[3]。凌氏的意见很清楚,棚民可以考试,但棚民只占棚额,棚籍就是棚籍,不可改入土籍。可见,棚童学额的设立,从某种意义上说,更加强了棚籍与土籍的对立,对于德兴县的棚民来说,删棚籍改土籍就变得更加不可能了。

棚童学额的设立使得与此相应的学校教育出现了土客分离。以书院为例,铜鼓县有土客籍之分。原籍修水县的陈寅恪曾告诉罗香林说:"(修水)本地考试,初不许客家与考,后乃特设'怀远'籍额,并别有怀远书院以与本地人分别。"所谓的"怀远"籍额,就是"棚童"学额,怀远书院则是客家子弟习文的场所。在奉新县上富乡地,归德乡之客家人于光绪三年(1877年)建西平书院,后改为崇文学校,专门招收归德

---

1 《清仁宗实录》卷193。
2 乾隆《武宁县志》卷30《杂记》。
3 凌焘:《西江视臬纪事》。

乡的客家子弟入学,又称为"义学"[1]。万载县的情况也是如此,因开办客家书院一事所引发的土客冲突较其他各县表现得更为激烈。

《万载县志·都图甲户籍贯册》一书记载了此事的前因后果:乾隆十九年(1754年)客籍监生马之骥、谢鸿儒等买万载县城康乐坊土著宋元菁的房屋,拟建文公书院。此事受到县城土著的强烈反对,经"贡生辛汝襄、汪朝祖、生员韩大学等历陈棚民之害,控沮知县朱封屋,出示禁棚民往来生事";乾隆二十年,客家人"复买花园里唐魁选等众屋,唐光华等出控知县张,批令(马)之骥等不得在城建塾滋事。宋唐二宅断回追价,饬倾详完案。故迄今客籍无城居者"。这一客家买屋案以客家失败而告结束。不仅如此,客家人的失败还使他们永远失去了在城居住的可能。有关事情的原委可见同书所载县令张氏的批文:

> 建设义塾,立词未始不正,但揣之该生等之本心,岂欲尔客籍读书者求圣贤之道乎?抑欲与土籍树万年之乱乎?若欲求道而先蹈于争讼,匍匐公庭而不已,此本县所不取;若欲树敌,则是以客籍而欺土著,此本县所不许。尔何不思,尔等之衣食,何自而饱暖?有万载而后饱暖也。尔祖父子孙何自而安居?有万载而后安居也。不以万载为德,而反以为仇;不俯首下心以相让,反恃朝廷格外之恩以与之争,亦大不安分矣。夫朝廷所以另立棚籍之廪增附者,原不欲尔等多事也,而今藉此图建义学矣,在土著实有不得不争之势。尔今日曰我有廪增附应建义学,从之;他日曰我有廪增附另立学宫,则亦将从之乎?他日又曰我棚民与土著人相埒,地相埒,入学额应与土著等,则又将从之乎?……总之,不建客籍之义学,此隙或可历久而渐泯;一建义学,将来土客之混争殊未有已时,而尔等客籍断不能安居饱暖于世。本县非偏袒土著,而实为客籍计之深也。其宋元菁等所得价银候追领,府宪陈批设立义学,例应通详批允方许兴建,马之骥等假立义学名色,谋买未清之产,倡建会馆未遂,架以纠众焚牌,大题捏词妄控,均干法纪,本应亲提严审,治以诬告加等之条,姑念事因买卖细故,免其深

---

[1] 《江西省奉新县地名志》,第147页。

求,仰将唐魁选等所缴银两并宋元菁原得价银,照数追出,给领仍取。马之骥等不许借义学名色,私创会馆,科派棚民,遵依申送存案。

从感情上说,县令张氏的立场无疑是站在土著一方的。在他看来,移民的迁入,是藉万载而得安居,理应"俯首下心以相让",不应与土著发生争讼。朝廷给予棚籍学额,应知足感恩,不应为此设立义学,立学宫。若不建客籍义学,则土客之隙历久可泯;立义学,则土客矛盾加深。尤其是在土客人口和学额的比例上,客家更不应提出更多的要求,追求平等的待遇。张氏的立论强横武断,在最后裁定时更是毫无根据地将马之骥购屋建立义学之举,强行解释为倡建会馆,置客家人于十分不利的地位,从而顺利结案。尤为重要的是,此案自此成为客家不可在城居住之成例,载入县志,为后代援引。该书还强调指出:"畛域之见,自可不存。而相沿之案,必不容没。故公禀县宪杜批准移载存案礼科,两籍各守成规:城内寸土,土籍永不得卖,客籍永不得买,相安无事。"由此可见,不让客籍居城才是本案的关键。直到近代,万载客家人一直没有获得在城居住的权力。

土著对客家人的排斥是全面的。同书在客家不得城居案后又有记载:"吾邑二百年来县署十房并以清白土著承充,相约不引客籍,以杜弊端。不保任差役,子孙以清流,品虽重,利不为动。"客家人竟然连充任衙役的资格都没有,此条款实际上剥夺了客家人在城区从事较稳定职业的可能性。

在宜春、宁州等县,还不至于不让客家城居。据《袁郡学前林氏族谱》的记载,遍布宜春、万载两县的客家林氏,其宗祠就设在袁州城内,即府学之前,设置时间是道光三年(1823年)。在宁州,据1983年笔者的调查,各乡宗祠大都建于县城,其中包括闽、粤客家及湖北移民的宗祠。

在结束有关江西移民与土著冲突的论述之前,我还想谈一谈可与江西移民作为对照的湘西地区的情况。在湘西地区,由于土客角色的易位,学额之争导致的是另一种结果。

乾隆二十六年(1761年)永顺府知府张天如在《桑植县客童应考

详》[1]一文中详述了事情的经过。先是桑植县的一份报告说:"桑植县外半县地方系慈利拨入,有军民二籍;内半县地方,向系土司苗裔,则为土籍。岁科两试,额进童生八名,土六民二,军籍则未议及。是以外来客户俱向内半县等处买受土人田地,即填土籍应试。核其名实,原不相符,因相沿已久,惟察其入籍年份合例,准其应试。若分立客籍一项,不惟有占取进二名之民额,而土童文理平庸,不敷取额,转恐伊等混行招引,反致弊窦。今请于土童之中,以实在土籍之童,填为原土籍,其买地入籍之客户,填为新土籍。"其意很明显,客籍填为新土籍,便可获得相应的学额,由于客民的文化程度较高,更有利于他们的竞争。由此可见,苗疆地方县令对客民的态度与万载县张县令对待客家人的态度迥然有别。永顺府尹张天如对桑植县的方案略加修改,"土苗文理粗陋,将客籍一清,未必能敷取进之额,可否仰请宪台除实系土人于册卷上填明土籍外,所称新土者,应照永(顺)、保(靖)、龙(山)三县之例,填为客籍,于土童取不敷外,即军、民、客三项内酌取敷额,则土客籍贯分明,取额通融"。由于文理是否粗陋有很大的弹性,因此,也可认为张知府的方案对客民仍是有利的。可见,在湘西地区,官府的态度是向汉族移民倾斜的。

第四节

棚民的生产

一 经济作物的种植

1. 苎麻、蓝靛

顺治初年袁州郡守施闰章在他的诗中说:"闽海多流人,江甸多荒

---

[1] 同治《永顺府志》卷11《檄示》。

田……种蔗复种苎,地利余金钱。"[1] 另一首诗则说:"山陬郁郁多白苎,问谁种者闽与楚……剥麻如山召估客,一金坐致十石黍。"[2] 估客即麻商,苎麻是赣西北地区主要的商品性作物。

明万历末年随流民迁入而兴起的苎麻业,清康熙十八年(1679年)以后随着闽籍客家人的被逐而衰落。时人指出:宜春"迄今种麻之棚,荆棘成林,种麻之丁一足乌有。流民断不可以复招,土民不谙于耕山,此麻棚已废,万难复兴者也"[3]。靛蓝业也是如此,"在昔闽人、乐安人相率来锄草、开山、种蓝、种苎……今客民已鸟兽散,土著之名拙且惰,宁弃置不毛"[4]。在康熙二十二年《万载县志·物产》中的"苎麻"条下,竟注有"今无"两字,可见在闽人被驱逐之后,苎麻业衰落到何种程度。

由于驱棚政策的影响,复入的客家人很少分布在宜春的北部,而是向万载及其北部诸县迁移。尽管如此,万载县的苎麻生产,也没有能够恢复到明代末年的水平。如万载县西北部的天井垇地方,明代是麻、靛产区,康熙以后几无种植。原因之一,可能是流民复入后政府禁止他们垦山,以恐日后生事。原因之二,复入的流民以粤人为主,辅以赣南客家和福建汀州客家,不似明末客家主要由闽人组成。原因之三,毗邻的湖南浏阳一带的抗清棚民未遭驱逐,他们受招垦殖,苎麻业得以继续。嘉庆《醴陵县志》称:"苎麻,山民以种麻为本业。"可见苎麻生产的中心转移至浏阳、醴陵一带。虽然宜春、万载等县的苎麻种植至雍正、乾隆以后有所恢复,仍为江西省的重点麻区之一,但数十万流民从事商品麻、靛生产的情况不复重现了。

赣西北的苎麻产地随移民的分布有所变化。在宁州的东北部地区,出现了一个由闽、粤、鄂及本省南丰人发展起来的苎麻种植区。以南岭乡为例,该乡现有自然村167个,地名档案上载明以种苎麻立村的就有36村,时间多在雍正、乾隆年间。其中有来自闽、粤的17村,

---

[1] 施闰章:《施愚山先生全集·诗集》卷8《流人篇》。
[2] 施闰章:《施愚山先生全集·诗集》卷19《麻棚谣》。
[3] 道光《宜春县志》卷10《田赋》。
[4] 康熙二十二年《万载县志》卷3《物产》。

湖北7村,南丰6村,本地6村。直到民国年间,该地仍然是县级苎麻的主要产地。

客家移民还在宁州西南山区植靛。乾隆《宁州志》卷2称:"金鸡洞,洞在州治西南七十里,武乡二十七都之大幽山,源深谷邃……迩年以来,有闽广棚民在内种靛及烧炭、春香、盖棚十余所。"此地今为铜鼓县地。在相邻的新昌县,"天启间,福建流寓种山者,自愿立棚开垦,插蓝认租"[1]。因未见有新昌县的闽籍流人被驱逐的记载,所以估计由明代后期闽人发展起来的植蓝业在清代仍继续,只是规模不大。

苎麻也是赣东北地区移民的主要经济作物。康熙年间,"铅山多流民艺麻,棋布山谷"[2];他们应是"至铅开垦"的"闽人"[3]。从自然村的统计来看,铅山的闽籍流民多来自武夷山南侧的闽北山区,只有少量是来自汀州一带的客家人。玉山县的记载是,"闽建来玉多以种苎为生"[4]。"闽"指福建,"建"指江西建昌府,实指南丰移民。在广丰县东北部的大南乡,地名调查资料记载,清初来自南丰的移民以种麻为生,搭棚栖息,冬回原籍,春来广丰,以后逐渐定居。在上饶县北部山区的苏桥乡,"居民大都是福建和本省南丰人,开始来种麻山,尔后逐渐迁入定居"[5]。乾隆年间赣东北地区苎麻生产已颇具规模[6]。福建和南丰移民还将苎麻种植延伸到浙南山区,如在浙江常山县,"江西、福建人垦山广种(按:苎麻),常民多利其税"[7]。

靛蓝也得到广泛的种植。怀玉山开禁后,"地成片段者栽蓝,其零星畸衰者各植杂豆、烟草、萝卜等物"[8]。在相邻的浙江南部诸县,移民植蓝业的规模更大,成为当地山区主要的经济作物。

2. 烟草、糖蔗

在赣西北,客家移民试图将烟草的栽培传入移居地。在修水县的

---

1 同治《新昌县志》卷8。
2 同治《广信府志》卷64《职官·名宦》。
3 康熙《铅山县志》卷3《食货·里甲》。
4 道光《玉山县志·土产志》。
5 《上饶县地名档案·苏桥乡》。
6 乾隆《广信府志》卷2《地理·风俗》。
7 雍正《常山县志·物产》。
8 乾隆《怀玉山志·土产》。

桃坪乡,有一命名为"烟蓬下"的自然村,系由何姓祖先于康熙年间从广东迁入时植烟为生而得名,以后不见有其他的记载。事实上,植烟业在赣西北并未获得很大的发展。赣东北的情况有所不同,广丰县烟叶最负盛名,"浦(城)出名烟而叶实藉于(广)丰"[1],广丰县成了福建浦城名烟的一个原料产地。据我调查,广丰烟叶的中心产区在该县西南的关里一带,此地正处于铜塘山边缘。从前面所引资料知该地为流民的活动区域。查该地地名档案,流民主要来自福建,且数量不少。如关里乡的32个自然村中,有10村来自福建,可见烟产地的形成与福建移民的活动密切相关。直到今日,广丰烟叶仍是当地主要的经济作物。上饶县植烟稍迟于广丰,有记载说,"烟,向惟盛于广丰,今山农亦有种者"[2],产地也处于铜塘山边缘,应当都是闽籍流民活动的结果。

烟草加工业随之发展起来。清代中期,玉山县烟厂已有相当大的规模,"夫淡巴菰之名,著于永丰,其制之精巧,则色香臭味莫与玉比,日佣数千人以治其事,而声价驰大江南北"[3],形成很大规模的手工工场。厂主也多来自福建,"闽人之来玉者,率业此起家"[4]。直到民国年间,玉山县仍有制烟闽籍工商5 000人以上[5]。

康熙年间,福建移民一度植蔗于赣东北,"闽人来铅植蔗,冬月取汁煎成,亦不甚佳"[6]。在上饶县,"砂糖,以蔗浆煎成,多闽人种"[7]。虽然就今日而言,玉山一带有成片的糖蔗种植,但赣东北终究没有形成赣南那般规模很大的糖蔗种植区。甘蔗是亚热带作物,在赣东北地区种植缺乏所需充足的光照和积温,产糖率低,不可能得到大面积的推广和种植。在赣西北,客家移民也一度植蔗于彼,因同样原因也未获成功。

---

1 乾隆《广信府志》卷2《地理·物产》。
2 道光《上饶县志》卷12《土产》。
3 道光《玉山县志》卷12《土产志》。
4 同治《玉山县志》卷1《地理志·物产》。
5 《大中华江西地理志·玉山县》。
6 康熙《铅山县志》卷3《食货·物产》。
7 康熙《上饶县志·物产》。

二　经济林的种植

赣西北南部各县油茶栽培的历史较长。正德《袁州府志·土产》指出:"茶子树,冬花,子可作油",只是没有关于栽培方面的记载。北部各县的种植较晚,康熙《武宁县志》始见记载。道光时,各县的记载丰富起来。如万载县,茶油"摘茶树核榨之,出二、三、四区,商贩皆聚楮树潭"[1]。在靖安县,道光初期的记载是,"邑人近争种茶子……榨其仁以取油,计一邑之所产,岁取值逾十万缗"[2]。从上述记载来看,赣西北油茶经济林似乎是在嘉庆、道光年间形成的。

从调查的资料来看,赣西北油茶经济林的形成似乎与移民活动有某种相关性。在赣西北各县的农业区划报告中,油茶林的分布与上文中揭示的移民分布是一致的。又据当地许多客家及湖北移民的后代反映,他们的祖先迁入时,油茶种植也是山区垦殖的一项重要内容。在武宁、修水北部山区人迹罕至的深山之中,至今还有大片荒芜的油茶林,即为明证。

赣东北的油茶、油桐、漆树等经济林木,也是闽省及其他籍移民垦殖的项目。乾隆《广信府志·物产》称:"桐子、木子(按:即油茶)树皆可为油,上饶、兴安所出,较旺他邑。闽人种山者多资为生计。漆……种来自闽,七邑皆出,品视袁州稍劣。"清代前期赣东北地区的经济林规模很大,其产品成交动辄以万斤计。如"玉山俞敬德……尝储皮油万斤,商某求售,议价六百金"[3],说的是桐油。又如记载"货无他奇,惟茶油、菜油与时低昂"[4],已经是完全商品化的林产品。

又有茶叶。虽然茶叶早就是赣西北地区主要的林产品之一,但移民的迁入,给这一生产项目注入新的活力。在武宁县,乾隆年间的记载说:"茶,豫宁(按:武宁)所产,伊洞、瓜源、果子洞擅名。"[5]这三地位

1　道光《万载县土著志·物产》。
2　道光《靖安县志》卷3《食货志·物产》。
3　同治《广信府志》卷9《人物》。
4　道光《玉山县志》卷12《土产志》。
5　乾隆《武宁县志》卷7《土产》。

于武宁县北,均为湖北移民聚集地。客家移民中植茶叶的则不见记载。

三　造纸业的兴盛

赣北山区气候温和,雨量充沛,土壤深厚肥沃,有丰富的竹资源。移民迁入后,土纸生产得到很快的发展。

万载县的土纸生产,以西部山区为中心,是客家移民赖以为生的主要生产项目。清代前期,有人描述道,"棚棚连络百十里,侨民资竹纸以生",其山场佃自土著,"岁赋主息十之一"[1],租额很轻。在武宁县南部,客家移民也在大办纸厂,如严阳乡大垄里村的邓氏祖先,"邓亮初公以文坳落拓,假商远恣,于清康熙癸酉年由福建上杭仙姑村来武邑买青山数十里,大兴纸厂之利"[2]。查邻村黄土坝《邓磬远夫妻合碑》也有同样记载。这说明赣西北的客家人中,有一些携有雄厚的资本和技术,兴办起大规模的制纸手工工场,这是该地区纸业发达的主要原因。

宁州纸业的中心在铜鼓,和万载县西北部的纸产区连成一片。奉新县纸产区在其西部山区,即移民聚居区。乾隆年间,赣西北纸业已有相当规模。乾隆《袁州府志》记载表芯纸,"万载所出,视他土为良","通行南北,商贾皆骤"。道光《义宁州志》则记:"有火纸、花笺纸、表心纸、疏纸、谷皮纸、土棉纸、硬壳纸,出武乡。火纸、花笺、表心,各槽岁出万肩。"武乡即后来之铜鼓。铜鼓纸业又以排埠乡为最。排埠乡是铜鼓客家移民最集中的地方。清代末年,仅排埠一地就有132槽专产表芯纸[3]。再如奉新县,道光五年《奉新县志》称,"奉新火纸之利远通江淮";从当地"家家做纸,户户有槽"之谚可知其生产规模是很大的。上引民国年间甘艾所著文中,就专门提及奉新客家以纸业为生的情况。

1　李荣升:《李厚冈集》卷14《邓公岭经行记》。
2　《邓氏宗谱》,转引自武宁县地名志档案。
3　《铜鼓土纸》,《铜鼓县志通讯》第9期,1982年。

铅山的纸业生产,是福建移民的主要产业。康熙年间,仅南部石塘一地,"槽户不下三十余槽,各槽帮工不下一二千人"[1]。一般一个纸槽需帮工一二十人,此处"千"可能为"十"之误。又有记载称"石塘镇……地居险僻,流民繁多,土著稀少"[2],纸工与棚民的数量超过了土著人口。该县"四山之民,多煮竹焉"[3],"食其力十之三四焉"[4],从事纸业生产的人口达到全县人口的三分之一。这意味着,不仅来自福建的移民在从事这一行业,当地土著也卷入其中。

也有来自本省的流动人口进入铅山从事造纸业。嘉庆《东乡县志·风土》中说东乡人"谋生之方不一,书肆遍天下,而造瓷器于饶州,造纸于铅山尤多。铅山,故岩邑,而纸厂为亡命渊薮,乌合者动以千计,主者患焉。然为役苦,非壮有力者不胜"。直到民国年间,东乡人仍是纸业工人的主体之一,只是他们春来夏归,秋至冬返,未在此定居,与定居的移民不同。

四 番薯、玉米的种植

番薯是由福建移民传入赣北地区的。在万载县,番薯"乾隆初来自闽广,土人种之以代饭"[5]。在贵溪县,"先无此,近年得闽种,种者始多"[6],"有昔无而今盛者。番薯,出西洋,闽粤人来此耕山者,携其泛海所得苗种之,日渐繁多,色黄味甘,食之疗饥,可以备荒,历今三十余年矣"[7],据此推算,传入的时间也在乾隆初年。

赣西北的玉米大规模种植于北部山区,即湖北移民区。乾隆年间的武宁山区,"玉芦种自蜀来,近有楚人沿山种获,其实如豆,春熟治饭,亦可酿酒"[8]。楚籍移民耕山时,"火耕旱种,百锄并出","掘尽山

---

1 陈九韶:《封禁条议》,康熙《广信府志》卷9。
2 乾隆《铅山县志》卷1《疆域》。
3 康熙《铅山县志》卷8《杂志》。
4 乾隆《广信府志》卷2《地理·风俗》。
5 道光《万载县志·土产》。
6 乾隆十六年《贵溪县志》卷4《物产》。
7 乾隆四十八年《广信府志》卷2《地理·物产》。
8 乾隆《武宁县志》卷7《土产》。

头枯树根","打鼓高陵种玉芦",且种于山地之陡坡,"鸦锄掘尽崖根上,绝壑时闻坠石声"[1],由此而造成北部山区大面积的水土流失。记载说:"自楚来垦山者万余户,巉嵁密嶂,尽为所据,焚树掘根,山已童秃"[2],"棚民垦山,深者至五六尺,土疏而种植十倍,然大雨时行,溪流湮淤,十余年后,沃土无存,地力亦竭,今太平山、大源洞、果子洞诸处山形骨立,非数十年休息不能下种"[3]。实际上,直到今天,这片山场仍未恢复,500米以上的山坡基本无林,这是当年流民垦山造成的恶果。

玉米也传入赣东北。上引乾隆《广信府志》云:"近更有所谓苞粟者,又名珍珠果,蒸食可充饥,亦可为饼饵,土人于山上种之,获利甚丰。"在玉山县,"种于山者曰苞粟,山民半年粮也"[4]。据我在玉山县调查,其北部山区多种玉米,至今犹然,玉米种据当地老农称,是从安徽传入的。

玉山县北部山区的玉米种植,多采取林粮间作的方式:第一年在山坡上伐树,烧荒,下种,收获后垦山;次年在玉米地上植杉苗,仍种玉米其间;第三年间种油桐于杉林间,仍于其中种玉米;第四、五年,桐子树分权结籽,不种玉米,二三年后,伐桐树,杉木也基本成林。若干年后,又周而复始。垦山的方式也很特殊,多采用"戴帽穿靴"法,即山头树木不伐,山脚植被保留,据称此法可以较好保持水土。赣东北山区的水土流失不似赣西北那样严重,原因可能即在于此。

---

1 盛乐:《剑山诗抄·山棚鼓子词》。
2 道光《武宁县志》卷11《风俗》。
3 乾隆《武宁县志》卷10《风俗》。
4 同治《玉山县志》卷1《地理志·物产》。

第七章

东南棚民与客家：湘东、浙江和皖南

雍正二年(1724年)张廷玉在他的《请定安辑棚民之法疏》中说："查浙江、江西地方有曰棚民者。因浙东之衢州等府与江右之广信等府，界连福建，赣州等府界连广东。其间失业之徒，沿缘依附，什百成群，刈苎沤麻，倚为生计。其始无屋可栖，遂依崖傍麓，缚茅为棚以居，人咸目之曰棚民。"[1]张氏将浙江和江西并称，说明浙江的棚民是地方社会的一大问题。其实，湖南东部、安徽南部也都曾是清代棚民活动的区域，这一广阔区域中的棚民运动，构成了清代东南地区移民活动的主要特征。

---

1 《皇清奏议》卷25。

第一节

湘 东 地 区

湘东地区实指湘赣边界地区。在沿湘赣边界蜿蜒的罗霄山脉的西侧,分布着桂阳(今汝城县)、桂东、酃县、茶陵州和攸县。在幕阜山脉、九岭山脉的西侧则有平江和浏阳两县。醴陵县地处攸县以北、浏阳以南,与江西萍乡县邻接,是湘赣两省之间的重要交通线,今日的湘赣铁路就从这里通过。上述八县构成的湘赣边界,是清代棚民活动的主要场所。

一 湘东南部

清代前期迁入湘东南部各县的移民,都是在移入地人口稀少的背景下发生的。湘东地区的人口锐减,可上溯至明末清初的历次战乱。如在桂阳县,乾隆时人称:"明季屡遭盗寇,民人杀戮过半。山谷之间人迹罕至,名材大木,蔽阴绵密。"[1]这让人联想起崇祯年间发生于毗邻的江西上犹及龙泉两县的客家流民大起义。在第五章中已知,崇祯四年(1631年)"流寇钟凌秀围府城,大肆劫掠,杀人如芥"[2]。钟凌秀可能为流入上犹的闽、粤客家人。不久,龙泉县也发生流民骚动,"(崇祯)十七年闯贼陷京师,龙泉闽广流寓啸聚山林,裹红头,自号十三营"[3]。湘东桂阳县的"盗寇",很可能指这两次起事的客家义军。

顺治三年(1646年),南明政府招抚这批流民部队参加了赣州城的抗清保卫战。赣州失守后,被清政府安置于上犹地方屯垦的这批流

---

1 乾隆《桂阳县志》卷4《风土志·物产》。
2 乾隆《上犹县志》卷10《杂记》。
3 同上。

民,尔后又响应金声恒之乱,群起揭竿,失败仍回上犹垦殖。这群造反的客家移民屡叛屡招,活动于湘赣边界各县,对湘东邻县的人口也产生极大的影响。

有记载说:"顺治五年江西南昌金声恒、王德仁猝变,自永宁入据酃县……贼遁入桂阳、桂东,大肆杀掠。又有广东流贼王宗等聚众五千余人,裹红巾为号,入据桂阳县……遁入桂东,盘踞万阳山,时顺治六年正月也。饥则杀人以食,屠割最惨,死亡过半,一邑尽为贼薮,居民弃老稺,避锋镝,逃于江西上犹、崇义山谷中,继窜于郴之永兴、衡之耒阳等县。十年冬经略内院洪承畴率兵进剿,扫荡贼氛,饬县令汪震元招集流亡,仅存何时济、李青等六十三人。抚养生聚,民气渐复。"[1] 除金声恒的部队外,广东"流贼"王宗所属也是一支不可忽视的力量。他们以红巾军自称,与江西龙泉县的红巾军对应。据此可作判断,王宗等"流贼"可能是自明代后期以来迁入此地的闽、粤流民,在社会发生急剧变化的时候,流民武装具有相当大的破坏性。从桂东一县仅剩63人这一数据来看,不论这是指人口还是指"丁",都可见当地所受破坏之严重,人口死亡之众多。

酃县方面的记载是,"(顺治)六年贼(按:指金声恒)踞王镇,屠戮过半。八年复被粤寇十三营烹杀几尽……十一年大师恢剿,知县傅继说招集哀鸿,历年仅得老幼1 200人,逐名搜刮入册,遂无留余,以待缺额"[2]。又据同书卷11《事纪》的记载,"粤寇万余号红巾,贼陷城,知县徐萧臣、于琨先后死之"。这所谓的"粤寇十三营"即是崇祯十七年(1644年)在江西龙泉县造反的客家流民。以万余兵力压迫一个小小的山区县,知县死之,平民死之,战后全县老幼仅剩1 200人,受害程度与桂东相当。

康熙十三年(1674年)发生的"三藩之乱"给这一区域继续带来灾难。红头军仍进出于湘东,"(康熙)十六年冬十二月,江西红头贼由(兴)宁道入郴,男妇十余万,络绎数月,所过尽掳,次年王师至乃

---

[1] 同治《桂东县志》卷7《兵防志》。
[2] 同治《酃县志》卷6《田赋》。

息"[1]。兴宁县即今资兴，与桂阳和桂东两县毗邻。"江西红头贼"的军事行动可能携家属同行，所以"男妇十余万"，反映了流民武装的行动特色。大规模的军事行动对于残破的湘东，不啻是雪上加霜，同书记曰："康熙十七年三月……兼以江西红兵投诚，悉由宁邑（按：永宁县，今江西井冈山市地）赴州，络绎不绝，田地荒芜"，说的是红头军在前往郴州投诚路上所见田地荒芜的景象。可见，当地的经济恢复当在康熙十七年（1678年）"三藩之乱"平息之后。

乾隆《桂阳县志》卷4《物产》提及该县山区的情况时说："牟利者结篷其中，或种蓝靛，或蓄蕈耳。崇冈绝壑，砍伐殆遍。"只是从氏族统计的结果来看，清代迁入的人口仍是不多的。

表7-1　湖南省汝城县氏族1931年所含人口　人口单位：百人

原籍 时代	湖南		江西		广东		苏浙		其他省		合计	
	族	人口	族	人口	族	人口	族	人口	族	人口	族	人口
清以前	16	155	41	1 003	20	115	10	288	10	96	97	1 657
清前期	—	—	6	12	30	29	—	—	—	—	36	41
清后期	—	—	—	—	2	1	—	—	—	—	2	1
合计	16	155	47	1 015	52	145	10	288	10	96	135	1 699

资料来源：民国《汝城县志·氏族志》。
说　明：嘉庆以前为清前期，嘉庆及嘉庆以后为清后期。以后表同，不另说明。

虽然清代前期迁入的氏族不少，占此时氏族总数的27%，但从氏族人口所含的比例来看，清代前期迁入氏族的人口仅占全县人口的2.4%。清代后期迁入的氏族更少，几可忽略。由于迁入时间早晚而致移民氏族人口的多少差别很大，所以，即使如何炳棣先生所说，存在清代迁入的氏族未被《氏族志》登录的情况[2]，也因其所含人口太少，而可忽略。

尽管粤籍移民不多，但因他们的居住地相对集中，造成区域人口的客家化。有记载称"至东岭、热水招徕客籍已经百年，数十里无一土

---

[1] 光绪《兴宁县志》卷18《杂纪》。
[2] 何炳棣：《1368—1953中国人口研究》，第139页。

著,其佃户每难驾驭"[1]即是。

清代移民的来源主要是广东和江西。广东移民迁出地多为相邻的粤北山区,当地人多称乳源和乐昌等县。江西移民迁出地估计为与广东毗邻的赣南地区,也可能本身就是迁入赣南的客家人的再迁徙。

嘉庆二十一年(1816年)桂阳县人口为14.6万[2],以5‰左右的年平均增长率上溯到乾隆四十一年(1776年),该县人口数可能为12万左右。移民人口占其中2.4%,有人口3 000人左右。

桂东的残破甚于桂阳。桂阳县大族皆存,而桂东县在"三藩之乱"后仅存人口数十,大族凋零,自可想见。成书于康熙十一年(1672年)的《桂东县志·纪略》中记载有招垦一事,"重招垦,自己丑(按:顺治六年)兵燹,荆棘布野,独泉源陂泽之迹迤逦,(在)荷各上台之恩,给与良司牧之抚摩,而残黎有故园之乐。历年垦荒,以充国赋"。此时的招民垦荒发生在"三藩之乱"前,即使有所成就,也必为两年后的战乱所中止。大规模的招民垦荒应是战乱平息后的事情。同治《桂东县志》卷7《兵防志》中说:"邑邻猺峒,其所居皆悬峰峻岭,不可攀跻,又与酃之万阳山接壤,绵亘数百里,鸟道崎岖,为人迹所不经。且境内佃田之人,或多外来无赖之辈,最易生事。"可见所谓的垦荒是招外来人口所为。该志又云:"旧志为备患之条议有五:一严保甲……一审佃户:桂东缘山为田,所招佃人半江广贫民,责令本处有田人户,细加察核,果系贫民,方许佃耕。保甲随时稽察,田主不得额外滥索,则人安土著,自格非心。"据此可知佃民的半数来自江西和广东。

乾隆六十年(1795年)桂东大小男妇90 337丁口[3],与酃县相比,设其中70%为外来之佃民,则有人口约6.3万。佃民有半数来自江西和广东,则有移民约3万。其余佃民可能来自本省之邻县,不作移民讨论。

除了农业移民即佃农以外,桂东县还活跃着大批外来的矿工。"本地居民从无识炉火,辨砂色者,率皆临(武)、蓝(山)、嘉(禾)、桂

---

1 光绪《桂阳县乡土志·风俗》。
2 民国《汝城县志》卷13《财政·户口》。
3 同治《桂东县志》卷4《赋役》。

(阳)及江广奸徒与四方亡命"[1],可见矿工的来源中,湘南地区占有很大的数量,其中桂阳县也是人口外出的地区之一。这与上文分析的桂阳县的清代移民人口仅占全县人口2.4%左右的结论是一致的。桂东的矿工在康熙时代就很活跃,同书还记载,"忆康熙五十一年江广亡命,始聚众而数十,继而累百盈千,潜挖偷淘,既无所获,日食难供,即行剽劫。民壮殴之不得,继以官兵,官兵不足,继以乡团",以至于"今增万千人之夫役,则万千人之口粮,米价腾贵,穷民奚堪"。据此估计矿工的数量在1万人左右。对于一个数万人口的山区小县而言,矿工的数量不可谓不多。矿脉掘尽之后,大部分的本省籍外来者当散归原籍,而江广之人则有可能留下成为农业移民。

与桂东县相比,战乱后的酃县剩余人口要多一些,然据同治十二年(1873年)《酃县志》卷7《户口》的记载,同治年间该县寄籍烟民共10 108户,占总户数的58.5%;寄籍人口91 160人,占总人口的77%。上溯到乾隆四十一年(1776年),酃县人口约有6万,其中外来移民当有4万左右。若排除本省邻县的迁入者,来自江西和闽、粤的客家移民至少有2万—3万人口。

茶陵县的移民情况不明。从民国年间茶陵县的客家人与江西宁冈县客家人联合创办客家书院一事来看,其西部山区也应有一定的数量。

在攸县,同治《攸县志》卷6《户口》中说:"迩来闽粤之民,侨居吴楚,自吉、袁至楚南各郡县所在皆是。以为主户则本非土著,以为客户则已无他徙。而其人又皆居山而不居泽,凿冈伐岭。"湖南的闽、粤客家不仅已有相当多的数量,并且有的已土著化了。他们的居住特点如同江西,居山而不居泽,山地垦殖是他们基本的生产形态。攸县本地的客家人究竟如何呢?同书又说:"惟是其性桀悍,其俗犷悍,若置之户口之外,视同狉獠,恐不免为土著之累。窃以为欲化其性,驯其俗,不如引而近之,使其相习于文弱,相耀于甘美。日变月化,而桀傲犷悍,不辑而自消。是盖不独攸邑为然,而攸邑亦有未可忽者。"主张将

---

[1] 同治《桂东县志》卷6《物产》。

客家移民纳入土著户口系统之中,以达到化异为同的目的。

攸县的客家仍被称作棚民,嘉庆《攸县志·物产》中说:"今攸邑山居棚民多种旱芋,水芋则水田随处莳之。"又说:"今攸东棚民栽种成林(油茶)……谓之木子,曝裂压油,利较桐油更溥。"所谓的"旱芋"可能为番薯。可知攸县棚民和江西棚民的生产内容是基本相同的。

在无任何资料的情况下,估计茶陵和攸县的棚民暨客家移民各 1 万人左右,恐怕离实际情况不会相差太远。

二 湘东北部

湘东北部包括平江、浏阳和醴陵三县。浏阳县的人口亡徙可以上溯至明代后期。崇祯初年知县冯祖望在《八难七苦详略》一文中指出:"近因加派数多,民不聊生,挈家携族,逃亡过半。每年逋欠,必以一万六千为率,卑职近勘荒公,出穷乡僻壤,无地不到,颓垣败壁,所在皆然,白苇黄茅,一望即是。"[1] 与毗邻的江西万载县情况相似。冯祖望还指出,逃亡者"朝发而夕出境,凡有逋欠,即携家挈族潜往萍乡、万载、宜春、袁州、宁州等处"。只是在萍乡、万载等县,并未见有关于浏阳或湖南移民迁入的记载,可见大多数的浏阳及湘东的逋逃赋税者,在外地定居者必不多,未死于动乱者,日后多迁回故乡。

清代初年赣西北地区的棚民起事波及浏阳。康熙十九年(1680年)《浏阳县志》卷 10《兵难志》对此有详细的记载:顺治五年(1648年)冬,"江西土篷饥民,聚亡命数千人横行浏阳",浏阳卷入棚民反清之战事;康熙十三年"三藩之乱"起,赣西北有棚民朱益吾者,率众响应。朱益吾败死,"余孽朱永盛、揭先胜、丘善我、朱明升等篷党数万,屯聚邻界,傍田垅。由是浏阳南乡中如福建、乐安、南丰等篷民乘风揭竿,卖犊买刀,卖牛买剑。勾引萍、宜、万、醴四邑篷逆,九月初七日长驱入浏南境内,驱扎沙溪、铁山、界坑、江敏坑、沙木桥,连营数十里,洗

---

[1] 同治《浏阳县志》卷 6《食货》。

掳淫污,百姓全散,田土尽荒"。人口死亡很多,不仅死于棚民之乱,而且死于清兵征剿。其他地方不论,"其在东南乡,全为贼踞,又死徙于贼者什之七,死徙于兵者什之三焉"。康熙十八年上任的知县曹鼎新在《请宽额征》一文中说:"自甲寅吴逆倡乱,横征暴敛,元气铲削已尽,加遭篷寇数万,盘踞四年,掳掠子女,牛尽种绝,深山穷谷,搜刮无遗,以致王师赫怒,整兵剿洗,玉石难分,老幼死于锋镝,妇子悉为俘囚,白骨遍野,民无噍类。"数万棚民武装在浏阳盘踞四年,加以清兵征剿,人民大量死亡。对于清兵的滥杀,曹鼎新本人也不讳言。对于战后的人口残存,曹氏说:"赖前县周极力招徕,始有孑遗……迨至十七年四月内,贼始受招下寨。"他们下山受招后,并未受到驱逐,但"无牛无种,挥锄开挖",所垦"不过计斗计升之田耳";浏阳经济尚未恢复,政府辄议开征,迫使有田之人重又逃亡。曹鼎新举例说东乡十都里长冯、宋、潘、李等逃入江西宁州,南乡十三都里长杨氏兄弟逃往江西宜春,十八都里长高氏逃往江西萍乡,坊厢四十六都里长黎逃往江西万载,北乡里长袁氏等人逃往平江、湘阴,"更有散甲之内或全甲俱逃者,或一甲逃之十之六七、十之二三者。皆以垦田无几,额征无自出办,甘于流离转徙"[1]。在浏阳地广人稀,主户外逃的情况下,闽、粤棚民就有可能获得较好的佃耕土地,甚至获得土户的抛荒田地,成为地主。

康熙中期,浏阳土著刘升在一份《对知县试策》中云:"东乡逃户,纷纷具控,愿弃己业,拨给广省安插之民。"为何会出现地主将田地送给佃农的现象呢?刘升在他的《试策》中算了一笔细账,他说:

> 土著之民,多不躬亲稼穑,佣佃耕作。佃户秋登,除去牛租,除去谷种,方与田主平分。是每亩所入,田主不能得三之一。况《一统志》载浏阳田土不在高岸,则入泥泸,三日雨则低者绝,三日不雨则高者又槁,每年通计只可半收,于半入中而田主犹仅得三之一,无问仰事,俯蓄无资,即专以输将,能足正供三之一否?广省之民则身秉耒以耕,力皆出诸己也,且一家之中,主伯亚旅多

---

[1] 同治《浏阳县志》卷6《食货》。

者,承田多不过百亩,省不过五七十亩。我稼既同丰歉,皆属己有,是与土著大不相侔……广民身稍赢余,开征新饷,出橐金以供赋,不事称贷。秋成黍稻储仓,待价出粜,视土著获银不啻倍蓰,此土著以田为害,而安插即可因以为利者也。[1]

然而,按刘升的算法,即使浏阳的土著地主仅能获得一般正常亩产六分之一的地租,以正常亩产 4 石计,半收亦可产稻 2 石,其中三分之一交租,地主可得租谷 7 斗左右。清代每亩田赋上田约为 1 斗,重赋则可能达到 5 斗或者 1 石,在重赋情况下,所收之租则不足纳田赋了。浏阳并非重赋区,地主出租土地应该是有利可图的。其实关键在于征租的时间和方式。

刘升在《试策》中还说:"浏民则二月开征,即向庄佃揭新,抵银一两,批谷即十数石,甚至卯租寅支,抵银一两,批谷即二十石。禾稼将登,银主向佃坐守,间有肯减二三石者。今岁不全给,明年则求分文莫应,田主安有升合登之仓廪问价贵贱乎?"显然,土著地主受到征租时间的制约,往往求借高利贷,不得已卖青苗期货。结果所得不敷所出。棚民则相反,以现金支付赋税,谷物贮留待价而沽。与棚民的勤劳和善于经营相比,土著地主的素质是比较差的。

万载也有同样的情况,"万载土旷人稀,多募客佃……常见有市民,田连阡陌,募客民佃耕,岁收子粒,以资赡养,足经季不履田亩,至有纨绔子弟,不知田在何处者"[2]。顺治进士、诗人施闰章的《麻棚谣》说:"土人拱手客种禾,杀牛沽酒醉且歌,满眼芜田奈尔何。"[3]战乱之后人少地多,万载的土著地主只知放佃收租,不问田事。稍有不当,田地就会落入他人之手。

对于外来的棚民而言,能够轻易地获得土地,或者能够以很低的地租租种大片的田地,他们就能凭自己的劳动迅速地改善自己的生活。如果加以细心的经营,所获也就有可能超过土著地主。事实上,

---

[1] 同治《浏阳县志》卷 6《食货》。
[2] 康熙二十二年《万载县志》卷 3《风俗》。
[3] 施闰章:《施愚山先生全集·诗集》卷 19。

流民通过经营而购买土地成为地主者,在这一区域也并不鲜见[1]。随着人口的增加,土地也逐渐成为稀缺的资源,土客之间的冲突也就随之而起。土地之争可能成为以后土客冲突的经济原因。

嘉庆二十三年(1818年)浏阳县通计"土著烟民"46 374户,"男妇"200 019丁口,"寄籍烟民"15 960户,"男妇"67 776丁口。移民占全县人口的34%。至同治七年(1868年)土著人口增至233 590,寄籍人口增至79 061[2],人口的年平均增长率为3‰。从乾隆四十一年(1776年)至嘉庆十八年(1813年),设其人口的年平均增长率为5‰,浏阳则有移民人口5.5万。

醴陵县,"自崇祯十六年至清顺治十一年,人民备历刀兵、饥荒、厉疫诸劫,死亡过半,业荒无主。新来占籍者,准其自由管领,插标为界"[3]。崇祯十六年(1643年)战事指的是张献忠部攻陷长沙,此次战役蔓延至赣西北地区,处于交通孔道上的醴陵受祸尤深。顺治十一年(1654年)的战事不详由来,可能与当时活跃在这一带山区的棚民起义有关。战乱平息以后,闽、粤流民蜂拥而入,有记载说:"康熙、乾隆间,闽、粤之人,迁移至醴,乃挟其种(按:番薯)以俱来,剪茎插土,稍施肥料,自然繁殖。根肥当粮,藤叶饲猪。"[4]知醴陵移民也来自闽、粤,与赣西北移民同属一类。

除了农业以外,雍正年间,"有粤人播迁来醴者,始发见(按:瓷土)之于沩山,用制瓷器良佳。……并约其同乡技工陶、曾、马、廖、樊等二十余人共同组织,招工传习,遂为醴瓷之嚆矢"[5]。至今醴陵还是中国主要的瓷器产地之一。

根据醴陵县氏族人口的调查结果,可以推算清代醴陵移民人口的数量和原籍分布。详见表7-2。

---

1 如在与浏阳相邻的赣西北宁州地方,据雍正二年(1724年)对置有田产的棚民户口和土地所进行的调查,可以发现棚民在定居以后,开始购买田地,置产入籍。册中249户棚民,人均拥有土地在5亩以下的有188户,占75.5%,人均拥有土地5—10亩的有50户,占20.1%,人均拥有土地10亩以上的有11户,占2.4%。此结果据《清代里甲丁户清册》统计。
2 同治《浏阳县志》卷6《食货》。
3 民国《醴陵县志·政治志》。
4 民国《醴陵县志·物产》。
5 民国《醴陵县志·食货志》。

表 7-2　湖南省醴陵县氏族 1948 年所含人口

人口单位：百人

原籍 时代	湖南		江西		苏浙		粤闽		其他省		合计	
	族	人口	族	人口	族	人口	族	人口	族	人口	族	人口
清以前	21	480	227	5 394	17	238	26	449	20	820	311	7 381
清前期	1	4	43	250	—	—	90	1 122	2	12	136	1 388
清后期	—	—	8	9	—	—	5	2	—	—	13	11
合计	22	484	278	5 653	17	238	121	1 573	22	832	460	8 780

资料来源：民国《醴陵县志·氏族志》。

尽管清代迁入的氏族占全县氏族总数的 32%，然其人口仅占全县人口 16%。据民国县志的记载，嘉庆二十一年（1816 年）醴陵县人口为 29 万，以浏阳相同的人口增长率回溯至乾隆四十一年（1776 年），则有人口 23.5 万，其中移民人口约为 3.8 万。由于占全县人口 16% 的移民主要分布在醴陵县东部山区，遂构成醴陵东乡的客家风采。

平江县未经历明末清初的战乱，人口也没有大的损失。"明至万历时，人满地尽，其拼力攫种者只幸获于万一。故重梯作垯，不能一收，半岭凿塘，不藏勺水"[1]。然其东南山地，土著无法垦种，清代仍有闽、粤流民移入。康熙四十二年（1703 年），"伍士琪招广东、福建民于东南山区开垦，立名广福兴，编第二十里，雍正七年入籍"[2]。关于平江清代移民的数量，仍可用氏族人口的统计加以推求，如表 7-3。

表 7-3　湖南省平江县氏族 1947 年所含人口　人口单位：百人

原籍 时代	湖南		江西		广东		其他省		合计	
	族	人口	族	人口	族	人口	族	人口	族	人口
清以前	8	636	47	1 316	1	1	26	1 566	82	3 564
清前期	9	30	10	70	15	146	5	9	39	254
清后期	1	2	—	—	—	—	1	2	2	4
合计	18	668	57	1 386	16	147	32	1 577	123	3 822

资料来源：平江县氏族档案，1988 年。

1　同治《平江县志》卷 14《食货》。
2　同治《平江县志》卷 18《赋役》。

清代前期迁入氏族的人口占同期全县人口的 6.7％。若仅以广东客家人计,仅占全县人口的 4％左右。由于客家人局限于东南山区一隅,因而在当地的人口中,仍占有一定的份额。

平江县的客家人被编为第二十里,这也应当是平江县的最后一个里。以里数计,客家移民正好是全县人口的 5％,与根据氏族人口计算所得结果是相同的。

嘉庆二十一年(1816 年)平江县人口为 22 万[1],回溯至乾隆四十一年(1776 年),平江县人口为 17.5 万,其中移民人口约为 0.9 万人。

闽、粤客家人往西部的移民未获成功。康熙三十六年(1697 年),"襄汉大堤溃,北民南奔就食,始议安插湖旁,听其垦种。于是闽、广、江西,风闻胫走。沅江始有南湖洲、大狐岭之安插,长沙亦有湘阴湾、斗坑、韩湾村八百亩之给筑。至四十年以后,而龙阳大围堤成矣,武陵、姚家等障亦兴矣。其时业户垦民,互相争讼不休。自五十一年后,南来垦民日众,先后兴筑围堤,升科报粮,然亦旋溃",从这一记载中可知,所谓"南来垦民"应是指从南方流入的闽、广客家人。滥围滥垦一事引起水道不畅,并引起堤溃,于是政府出面干涉,禁止围垦,"今请开为首之张年丰本系福建游民,历年混呈屡禁勒碑不许多事,而张年丰刁翻不已,应饬县递回闽省原籍,以免再行多事"[2]。这对于闽籍移民向洞庭湖区的发展是一个严重打击。这样,清代闽、粤籍客家就被限制于湘东一隅了。

在长沙、湘潭一带,明代后期至清代前期的战乱也给人口造成很大的损失。如时人所说:"逆献攻城破武昌,屠毒万丈,湖湘以上,潭城十万户与左右邑皆烬……偶咨略沅抚□雪入衡湘七百里,如行绝漠。"[3]在湘潭县,"明代流寇迄三藩之乱,县当兵冲,逃死殆尽"[4]。类似的记载多见于湖南湘江流域各地。虽然有人口的大量死亡,战后闽、粤之人却没有涉足其中,如湘潭,"康熙初土旷人稀,多占田号标

1　1988 年《平江县志·人口》(稿)。
2　乾隆《长沙府志》卷 22《政绩》。
3　陶汝鼎:《哀湖南赋》,康熙《宁乡县志》卷 10。
4　光绪《湘潭县志》卷 11《货殖二》。

产。标产者,折竹木枝标识其处,认纳粮,遂为永业。其时大乱,漕重役繁,弱者以田契送豪家,犹惧其不纳,至今鬻产者于旧主,有脱业银,始于此也。然豪族强宗,或以仕宦兴,或以力田富,善货殖者无闻焉",仍保持农业社会的基本风貌。战后,"及复业,城中土著无几,豫章之商十室而九……东界最近江西,商贾至者,有吉安、临江、抚州三大帮。余相牵引,不可胜数。牙侩担夫率多于土人,争利者颇仇之",江西籍流民之多,引发了土人的仇恨。嘉庆二十年(1815年)夏天,江西客民在万寿宫中演戏时,因方言土音为土著嘲笑,引起冲突,双方械斗的结果,土著死数十人,"江西客民滥死者亦无数"[1]。从此案中可见,在湘东以外的地区,江西移民大多是以非农业人口的身份出现的。他们中定居者少,本文不多加讨论。

清代前期湘东地区的人口迁移和分布可见图6-1。

第二节

浙　江

据我们对于区域开发历史的了解,清代以前浙江省的土地开发,已经达到了一个很高的水平,并不存在成片的空旷地带,以俟移民的到来。按照清代人的观点,清代前期的移民运动,是明末清初战乱的产物,主要又是"三藩之乱"的产物。康熙时人指出:"独衢之江(山)、常(山)、开(化)三县,温之永(嘉)、瑞(安)等五县,处之云(和)、龙(泉)等七县被陷三载,俾俩困苦,备极颠连。又如西安(今衢州市)城郭虽存,而郊原或为贼据,或筑壕堑,以作战场,较与受害各邑相等。……自闽回处,惟见百里无人,十里无烟。"[2] 战后移民就是在这一背景下展开。

1　光绪《湘潭县志》卷11《货殖二》。
2　康熙《衢州府志》卷5。

移民的迁入可能与地方政府的招徕有关。时人谓："括自甲寅兵燹,田芜人亡,复遭丙寅洪水,民居荡析,公……又招集流亡,开垦田地,不数年土皆成熟,麻靛遍满山谷。"[1] 此指的是康熙二十七年(1688年)刘廷玑任处州知府时对流亡人口的招集。假若招集的仅仅是当地逃亡的人口,就不会出现"麻靛遍满山谷"的情景。如下文所述,清代前期迁入浙江山区的移民,主要来自福建和江西,并以麻靛种植为主业。据此可判断清代前期迁入的闽赣两省移民是浙江地方政府招徕的结果。

清代前期迁入的外省移民主要集中在山区。嘉庆年间的记载说:"浙江各山邑,旧有外省游民,搭棚开垦,种植包芦、靛青、番薯诸物,以致流民日聚,棚厂满山相望。"[2] 最初的迁入者多在山地搭棚以居,被土著称之为"棚民"。

具体说来,浙江山区可以分为三大部分:浙南山区由仙霞岭山脉、洞宫山脉、雁荡山脉和括苍山脉组成,地势高峻,平均海拔多在500米以上,千米以上的山峰连绵不绝。浙西山区由白际山脉、昱岭山脉和千里岗山脉组成,山势陡峻,切割较深。这两大山区构成清代棚民活动的主要区域。浙东山区位于宁绍平原以南,括苍山以北,包括会稽山脉、四明山脉和天台山脉,海拔较低,这一地区因棚民的活动较弱,本节不予论述。

一　移民的迁入及其分布

1. 浙南地区

云和县。1932年《木垟刘氏宗谱》说:"我云蕞尔区,深山僻处。明清之际,兵匪蹂躏。继以彭、耿递变,起伏于我云(和)、龙(泉)、庆(云)、景(宁)之间,以致沿溪一带,尽成荆棘。"战后来自福建汀州的客家移民迁入"沿溪一带",直至今天,他们的后裔仍居住在龙泉溪两岸的赤石、桑岭之间,以致当地形成"纯乎闽音"的客家方言。

1　雍正《处州府志》卷9。
2　张鉴:《雷塘庵主弟子记》卷2。

青田县。"青田自耿藩(按：耿精忠)平,荒田特多。康熙四十年(1701年)后,前县令郑新命招民开垦,大率皆有粮之荒田,谓之垦复";雍正间垦复渐完,招来的外籍移民占县中人口的一半,故有"民异籍居半"[1]之说。据我在当地调查,青田县的客家移民,主要集中在青田县北部瓯江两岸的沿江丘陵地带以及西南小溪江的两岸,在瓯江两岸的分布与云和县闽人的分布属同一地形,在小溪江两岸的分布则与景宁县闽人的分布相连贯。

丽水县。在云和县和青田县之间,隔有丽水县。道光年间的记载说:"近岁诸山经棚民垦辟,土质疏松,蛟水骤发,挟以壅溪。"[2]指的是丽水北部山地的棚民活动造成的山区水土流失。棚民也来自江西和福建,民国时人称:"靛青,闽人始来种之,俱在山,今渐种于田矣。"又说:"苎麻,乾隆间江右人来种之。"[3] 所指似乎都是丽水北部山区的棚民活动,没有涉及南部瓯江两岸的情形。在丽水县调查得知,在丽水南部的瓯江两岸,当地农民内部交流用的语言不是本地方言,究竟为何种方言,当地人也不知晓。根据云和县和青田县的情况,可以推证此区有一定数量的闽汀客家人分布,所用方言即客家话。他们是在"三藩之乱"后从福建汀州迁入的。

松阳县。1932年发表的《浙江松阳县经济调查》[4]称:"全县人口121 574……再就籍贯分之,土著占十成之六,福建占十成之二,温州占十成之一,各处杂居,共十成一。"福建人也就是汀州客家人。"汀州腔,石仓源、小巷一带及清源岔等处语之。"[5] 源石仓、小巷和清源岔与云和县毗邻,与云和县境内的客家人聚居区连成一片。

宣平县。在丽水和松阳两县邻接处,清时设有宣平县。现为丽水、松阳和武义县所分辖。清初人指出:"至于一切百工之业,俱为异郡寄民所专……靛苎诸利,归之闽人。"[6] 据此可知,大约在明代末年,

---

1 光绪六年《青田县志》卷4、卷7。
2 道光《丽水县志》卷14《杂记》。
3 民国《丽水县志》卷4。
4 杭州柳营路建设委员会调查,1932年。
5 民国《松阳县志》卷6。
6 顺治十三年《宣平县志》卷1《风俗》。

闽人即已迁入,且以种蓝植靛为其主业。

龙泉县。顺治十二年(1655年)《龙泉县志·序》说:"土著鲜少,客廛多闽暨豫章。"光绪《龙泉县志》卷11《风俗志》中说:"溪岭深邃,棚民聚处,种麻植靛,烧炭采菇,所在多有。唯木厂实繁有徒,易藏奸匪。"这些棚民也来自江西和福建,"其民(按:畲族)与江右暨闽异姓勤播植,旁山结茅",说的是畲民和来自江西和福建的异籍一道搭棚耕山。在《浙江省龙泉县地名志》中,共查得28个有迁入时间和地点的族谱资料,其中7种为闽汀客家人族谱,如叶山头村周氏迁自福建古田、李车坑村巫氏迁自福建长汀,道太源村廖氏、锦祥村廖氏迁自福建上杭,另有墙头巫氏、碧龙杨氏、杉皮寮黄氏等族皆是,迁入时间都在康熙、雍正年间。

遂昌县。遂昌县明末以来就是客家人的活动区。乾隆《遂昌县志·旧序》引顺治年间县志序言说:"明之末,靛寇即已滋种,延及于今,已十余载,日夕靡宁。"又有一年代不明的旧序云:"遂昌一邑,义界在郡之西鄙,崇冈复岭,诘曲逶迤,鸟道羊肠,尤称险隘,矧地逼三衢,越仙霞关,即与闽壤犬牙相错,其间艺麻靛者多非土人,性不易驯。"说明"靛寇"不是土著,而是外来流民。一份康熙年间的旧序则干脆说:"遂固岩邑也,界接闽、豫(章)居多,异籍所业者,艺麻靛、采铁,故多聚徒众,而不能无争斗。"即所谓的异籍人口来自福建和江西。种麻靛的流民也被称为"棚民",康熙三十七年(1698年),"邑令韩特命盘诘棚厂外来可疑之人"[1],即可为证。

景宁县。景宁县是畲族聚居地,今日为景宁畲族自治县。乾隆时的记载说:"北沿大溪,田瘠畏旱,多种麻靛,闽人杂处。"[2]此"大溪"即景宁北部的"小溪"江,是瓯江支流之一。从今日地图中可见,景宁县之畲族乡皆分布在这一区域,由此可知,闽汀人的迁入和畲族是基本同时的。或许有人会问,是否上引资料中的闽人即指畲族?回答是否定的。因为在此条记载下,还有专门记载畲族的文字,县志作者是将闽人和畲人作了区分的。

---

1 光绪《遂昌县志》卷6《职官·郑日炯传》。
2 乾隆《景宁县志》卷2《风土》。

除了在景宁北部沿江两岸种麻种靛的闽人外，还有在山地的垦种者。有记载说："至田之外为山，初种者率皆外籍棚民，迨开剥日多，土著亦尤而效之。"[1] 这些"外籍棚民"至少在雍正以前即已迁入。在"顺庄"条下又有记载指出："至雍正七年，总制李公卫题请申严顺庄滚催之法，委员按都查编，析除图甲，不许棚户扭名花分诡寄城乡坊庄，以连壤为序。照烟居保甲造册，给单分限滚催，而里长之弊除"，并"立石县前"[2]。这说明雍正年间景宁县的棚民户籍已成当地社会的一大问题。

缙云县。缙云县南部的山区面积不大，却也有棚民分布。在县人赵长庚提供给笔者的89种族谱中，有6种属于闽汀移民，分属上官、蓝、赖三姓。由此得知，嘉庆五年全县编户17 378，人口88 027，其中男子48 887人，妇口38 140人，外附寄居男女丁口1 423人，外附人口占全县人口的1.6％。乾隆后期，以整数计，缙云县的闽汀移民约为1 000人。

属于温州府辖的泰顺县，移民情况比较复杂，光绪《泰顺分疆录》卷2记载："自康雍以后，多汀州人入山种靛，遂至聚族而居，今皆操汀音。乾隆以后，多平阳北港人入山耕种。有发族者类皆国初由兴（化）、泉（州）内徙之民，故又持操闽音。"福建移民除来自汀州外，还来自闽南的兴化、泉州二府。

2. 金衢（金华、衢州）地区

汤溪县（今为金华市地）。金衢盆地的南北两侧分别为浙南山区和浙西山区。因其中部地势平坦，海拔较低，故其两侧山地较早地接受来自闽省的移民。乾隆《汤溪县志》卷1引该县万历志："闽人依山种靛为利。"说明万历年间即有闽籍流民进入汤溪山区。遂昌县的记载大体相同，"崇祯戊寅闽人种麻靛者发难于金华"，起因是"汀州人邱凌霄父子与金华人陈海九有隙，勾海贼称兵作乱"[3]，也是由土客矛盾所引起。从今日的调查来看，金华的闽籍移民主要居住在汤溪县南部的山区中。详见表7-4。

---

1 王锡藩：《本邑何利当兴何弊当革论》，民国《景宁县续志》卷10《艺文志》。
2 乾隆《景宁县志》卷4《赋役》。
3 光绪《遂昌县志》卷6。

表 7-4　浙江省金华市原汤溪县境闽、赣籍自然村分布

地　　形	自然村总数	闽籍村	百分比(%)	赣籍村	百分比(%)
山区(>800米)	74	24	32.4	0	0
丘陵(250—800米)	177	23	13.0	2	1.1
低丘岗地(<250米)	342	1	0.3	6	1.3

资料来源：《浙江省金华市地名志》，1985年。
说　　明：原汤溪县包括罗埠、汤溪、琅琊四区。山区：山坑乡、银溪乡；丘陵：塔源乡、周儒乡、草畈乡、岭上乡、山脚乡、石道畈；低丘冈地：罗埠区、溪口区各乡以及琅琊区大岩乡、琅琊乡。

闽籍移民分布的密稀程度与地形的海拔高度呈正相关。零星的赣籍移民分布规律则正好相反。只是由于《浙江省金华市地名志》中许多记载存在缺项，或详或略完全由调查员的意志所决定，故不可视表 7-4 中的统计比例为一确数。但作为移民分布的趋势，则是可以肯定的。

直到清末，汤溪县的流民问题仍然困扰着地方当局。光绪五年（1879 年），闽籍棚民还准备"揭竿起事"，"无籍流民附之"，事泄为清兵镇压，又"讹传匪党千人将谋狱"[1]。这"千人"是客棚人口中的部分成年男性，并不是指客棚人口的总数。

江山县（今江山市）。江山县南部为浙南山地的一部分，也是汀州客家人的聚居地。客家方言已不再在公共场合使用，今天江山县的绝大多数人口已经不知道县南山区还有客家人的存在。早在崇祯十五年（1642 年），江山县"二十七都闽人种靛者揭竿而起，屠戮张村、石门、清湖等处"。二十七都为县南山区，至今当地人还这样称呼。张村、石门和清湖为县北平原，地名至今犹存。顺治五年（1648 年），"闽寇魏福贤嚣聚亡命，出没三省"，活动范围比明末有所扩大。这次闽人起事直至顺治"十四年三省会剿始平，丁壮死徙殆尽，往往乡行竟月，绝无人烟"[2]。康熙十三年（1674 年）"三藩之乱"，耿精忠部至江山，盘踞三载，"死者无数"。战后，不但原有的棚民未被驱逐，还有新的移民迁入。

1　民国《汤溪县志》卷 1。
2　康熙《江山县志》卷 9《灾祥》。

种麻的江西南丰移民就是康熙中期以后迁入的。时人曰："今矿害虽无,而继靛以射利者,其弊已伏于麻蓬。大约流移杂处,闽人居其三,而江右之人居其七。日引月长,炎炎乎有反客为主之势。"[1]雍正二年(1724年)《常山县志》卷1《舆地》中有《麻山小序》一文,说"间读江山县志,武陵汪公炎炎乎有反客为主之惧",可见惧怕植麻之江西移民反客为主,在雍正年间已成土著之共识。种麻者由土著招来,流人租地种麻,土著获取地租。"他方流寓,以种麻为生,土人嗜其微利,立券招租,聚散不常,不可不防其渐。"[2]这一切似乎都可证明江西籍流民人口之众多。

在江山南部山区,我们查到了20种族谱,各族来源如表7-5。

表7-5 浙江省江山县南部20个氏族的迁入时代和原籍 单位:族

时代\原籍	本区	福建		南丰	徽州	合计
		汀州	其他			
清以前	1	1	1	—	2	5
清代	1	11	2	1	—	15
合计	2	12	3	1	2	20

资料来源:根据江山县地方志办公室毛永国先生提供江山县氏族调查笔记和笔者调查的族谱。

另外,毛永国先生还提供给我江山县中部平原区共12部族谱,其中10族为明代以前的古老氏族,1族为明代迁入,1族为清代从南丰迁入者。南部山区的情况与北部平原不同,大部分的氏族是清代迁入的,其中来自闽、赣的移民氏族就有16族。他们的人口至少应占山区人口的三分之二以上。

然而,上引资料中"流移杂处,闽人居其三,而江右之人居其七"一说并未得到验证。毛永国先生当年收集族谱,未及于江山北境;鉴于常山、开化一带的低丘岗地中有大量江西移民的分布,我推测在江山县的北部与常山邻接处,当有大量江西移民的分布。只是这一带经历了太平天国战争的扫荡,人口死亡很多,且无氏族调查作为基础,清代

---

[1] 谷应泰:《形势论》,同治《江山县志》卷1《舆地》。
[2] 乾隆《江山县志》卷16《杂录》。

前期移民的分布不详。

西安县(今衢州市地)的南部也处于浙南山区之边缘。康熙年间的记载说："山源深邃，林菁险密，有靛、麻、纸、铁之利，为江、闽流户篷罗踞者，在在而满。或蜂飞而集，兽骇而散，丛奸府患，不可爬梳，此隐忧在上者，而西安、龙游为急。"[1] 康熙时人还指出："闻之父老，明时南有靛贼，北有矿盗，生民皆大被其害，至本朝定鼎初及耿逆之变，两山为揭竿窟穴。"[2] 这说明自明末以来，县境南北山区的闽人活动就非常活跃。至清代，除了植靛以外，还种玉米，"包芦，西邑流民向多垦山种此，数年后土松，遇大水涨没田亩沟圳，山亦荒废，为害甚巨，抚宪阮于嘉庆二年出示禁止"[3]。

龙游县的地形与衢县相似。民国《龙游县志·氏族志》在议及龙游氏族变迁时指出："经明末清初之乱，继以耿精忠之乱，旧族丧亡不少，而迁来者福建长汀人占十之七八。"该志卷8记载的43个福建长汀移民建立的村庄，经与现代地图核对，几全部分布于南部山区，即今溪口区的范围内，约占溪口区自然村的10%。

常山与开化。除了山区外，明代后期闽籍流民已深入到衢州盆地的腹心。万历《衢州府志》在论及常山县的情形时说："闽中流民群来开垦，得利旋去。"说明他们开始并未定居，每年秋后，他们中的半数要回原籍[4]。"三藩之乱"发生后，在开化县池淮畈垦田的闽人叶隆率同乡起事[5]。战争结束后，江、闽移民才定居下来。

常山、开化地处金衢盆地，地势以低丘为主，夹杂小片的平原。这类地形本来当是开发较早的居民稠密区，何以土著少而让闽人厕身其中呢？有人认为是明中叶王浩八率兵屠杀所致，"池淮二乡，乡民十之八九罹其兵燹，老幼男妇刈如草芥，以及缧系而去者不可胜数"[6]；有人则认为是常山地处交通孔道，繁重的徭役导致了人口的流失，"常

1　康熙《衢州府志》卷首，马遴《序》。
2　康熙《西安县志》卷1《舆地》。
3　嘉庆《西安县志》卷21《物产》。
4　雍正《常山县志》卷1。
5　光绪《开化县志》卷6《兵防》。
6　顺治《开化县志》卷2。

山最贫,由孔道送迎,农皆为夫,肩背作田,而足作犁,田之荒芜,坐是故也"[1]。其实,根据现代医学调查,是血吸虫病流行造成了开化、常山两县的长期萧条[2]。解放以后的调查也表明,一二百年以前就有上百个村庄趋于毁灭。看来,疫灾流行也是此区人口流失的主要原因。

康熙年间的战争停息后,江西南丰人大量迁居于此,在常山最为密集,福建、安徽的垦户也在移民之列。雍正时,"离(常山)城未十里,三五来迎者已为闽、徽、江右之垦户,无复土著之氓矣"[3]。外省流民亦被称为"江(西)闽人",安徽移民不多,这与我们据《浙江省常山县地名志》(稿)所做统计是一致的。详见表7-6。

表7-6 浙江省常山县自然村建村时代与原籍　　　　单位:村

原籍＼时代	本 区	浙江其他	江 西	福 建	广 东	安 徽	其他省	合 计
清以前	135	9	38	38	—	26	12	258
清前期	184	10	304	69	8	27	4	606
清后期	233	5	123	14	1	18	0	394
合 计	552	24	465	121	9	71	16	1 258

资料来源:《浙江省常山县地名志(稿)》,1987年。

《浙江省常山县地名志》的作者告诉笔者,他们所作是模仿《江西省玉山县地名志》的体例编制。研读后发现,该志调查详细,编制工整,是目前所见浙江省唯一一部堪称完备的地名资料,史料价值很高。就江西移民而论,他们主要来自南丰和上饶。明清时代合计之,上饶移民村有87村,南丰(含广昌)移民村有287村;南丰移民构成了移民的主体。直到道光年间,南丰移民仍在迁入常山县,只是不属本卷讨论的范围了。

福建移民主要来自闽北的邵武、建宁二府、闽南的泉州、兴化二府和永春州。就村庄数而论,来自泉州一带的村庄有49个,来自邵武和建宁一带的村庄有51个,来自汀州的村庄仅12个,余府县不详。常

---

1 万历《衢州府志》卷首。
2 [美]罗塞:《池淮畈调查住血吸虫病报告书》,转引自1989年《常山县志稿》。
3 雍正《常山县志》卷1。

山县的闽籍移民以闽北和闽南为主,汀州次之,这一移民的籍别构成和浙南山区以闽汀客家为主的状况大不相同。

来自广东的9个自然村其原籍为广东嘉应州,是为广东客家人的北迁,然其人口不多。安徽移民大多来自徽州和安庆。

开化县移民的来源与常山完全相同。民国时人指出:"延及清代,其迁徙而来者,多为安庆、徽州之人以及江西之中部、东部,福建之闽北、闽西并其沿海各县之民,来居兹土。"[1] 各籍移民的比例不详。

3. 浙西山区

浙西山区在地势上不如浙南山地高峻,山地面积相对较小。由于开发历史早,地理条件相对较好,故山区人口密集,垦殖系数较高。宋代该区梯田就相当普遍,出于人口压力,溺婴相当普遍,甚至男婴也不例外[2]。尽管如此,山地陡坡仍未被开垦,清代流民于是迁入。

在建德南部,"崇山峻岭,密菁深林,最易藏奸。……近招江、闽无业闲民开山种麻,结棚聚处,愚民见短,利其荒税一时有补,未能远谋,遂致棚民联络盘踞,岁引日多。奸猾时闻,风非昔比。今方别编棚户,各设棚长,以专约束"[3]。乾隆《寿昌县志》卷1《物产》也说:"然如麻、靛两种,亦自近年江、闽篷民有之,前此未之见也。"今寿昌县已并入建德(市)。棚民来自江西、福建,以种麻为业,这与金衢盆地及处州山地移民的来源和产业一致。道光年间(1821—1850年)的记载说:"近来异地棚民盘踞各源,种植苞芦,为害于水道农田不小。山经开垦,势无不土松石浮者,每逢骤雨,水势挟沙石而行,大则冲田溃堰,小则断壑填沟。水灾立见,旱又因之。以故年来旱涝濒仍皆原于此。"[4] 于是建德提出严禁棚民垦山之令。可能在这一命令下,棚民不得不作撤离。1987年我在当地调查,也只在建德南部山区最深处找到他们的踪迹,人数不多,分布也窄,当地人几不能指认。

淳安县也有棚民的活动。当地人说:"召佃以山谷之利让之远方

---

1 民国《开化县志稿》卷5《户口》。
2 方逢辰:《田父吟》,光绪《淳安县志》卷15《艺文》。
3 乾隆《建德县志》卷1《方舆》。
4 道光《建德县志》卷21《杂记》。

之流民,爰为之厉禁。警其私受赇木,棚民非编甲不容。"[1]但今天在当地也难以发现他们的踪迹。

在浙西北部的湖州地区的长兴县,乾隆初年,"有福建、江西棚民携妻子,挟资本陆续而至,与乡民租荒山,垦艺白苎。共一百三十户。(乾隆)十三年五月米忽腾贵,棚民就近交易,遂以买贵米价"[2]。以130户棚民买贵一县米价,有耸人听闻之嫌。正是以此为契机,土著倡议驱逐棚民回原籍。几经争论,最后采用严格棚民保甲的措施,准予棚民居住。其理由是,"查山土高燥多石,不利稻麦,种苎最为相宜,本地乡民未谙其法,有用之土向来概置之无用。兹异省之氓,辟荒芜以收地利,与古者货恶弃地意颇合,地方官不时留心,稽察奸匪,自无得潜匿,即安用驱逐为也"。江西和福建棚民以自己种植苎麻的独特技艺获得了在长兴县的居住权。

嘉庆年间,浙西地区流入一批以种植玉米和番薯为生的流民。在湖州,"嘉庆初年,忽有民自他方来,云愿垦荒赁种。询所自,皆曰温州。其人剽悍多力,荷锄成群随垦,结厂栖身。所种山薯或落花生。由是地日以辟,类日以聚。厥后接踵来者益多,深山之中,几无旷土,谓之山茹厂,亦谓之棚民"[3],此山薯当为番薯。还有种植玉米的,"湖州以西一带,山近皆棚民垦种,尤多植包谷。一孝丰人云,山多石体,石上浮土甚浅,包谷最耗地力,根入土深,使土不固。土松遇雨,则泥沙随雨而下。种包谷三年,则石骨尽露,山头无复有土矣",于是导致大面积的水土流失;"山地价值不多,棚民多温处流人,初至时以重金诒土人赁垦山地,赁之值倍于买值,以三年为期。土人不知其情,往往贪其利,三年期满,棚民又赁垦别山,而故所垦处皆石田不毛矣",形成一种掠夺性的垦山方式;其结果是"流人之来益众,则棚益广,西至宁国,北至江宁,南且由徽州绵延至江西、福建,凡山径险恶之处,土人不能上下者,皆棚民占居,性凶悍,强垦人土,或掠人妇女畜产,土人不敢

---

1 光绪《淳安县志》卷1《旧序·刘世宁序》。
2 乾隆十四年《长兴县志》卷10。
3 同治《湖州府志》卷95《杂缀》。

校,官吏不敢诘"[1]。棚民的分布达到苏南地区。只是江西、福建棚民的迁入还要晚一些。

在杭州府属的於潜县(今并为杭州市临安区),嘉庆年间的记载说:"邑中山多于田,民间藉以取息者,山居其半。近年人图小利,将山租安庆人种作苞芦,谓之棚民。"流民迁入的时间也在嘉庆初年,只是棚民不是从温州或处州来,而是从安庆迁入;由于垦山种植玉米引起水土流失,"奉□阮大中丞出示严禁,立限驱逐,渐见安辑,然犹有年限未满而延捱如故者"[2]。除小部分棚民外,大部分垦山者在租约期满后已迁回原籍了。

总之,清代前期浙江山区的移民呈现这样几个特点:大约从明代末年开始,来自福建的移民就已经开始迁入金衢盆地的两侧山地,从事蓝靛的种植。清代初年,随着战争导致的土地荒芜,移民的规模有所扩大,广泛分布在浙南、浙西各大山区。除了闽西的移民外,还有来自闽南的移民;除了福建的移民外,还有来自江西的移民。江西移民主要来自赣东地区的南丰县和毗邻的赣东北,他们主要从事苎麻的生产。迁入浙西的棚民时间稍晚,他们多来自闽、赣、徽三省及本省的温州地区。除了种植蓝靛和苎麻外,各地棚民还多种植玉米和番薯,以至造成清代浙江山区普遍的水土流失。

二 移民人口的估算

移民人口的估算按照以下两个步骤进行:一是求出移民在各县人口中的比例,二是求出各县的实际人口数。移民人口统计的标准时点定为乾隆四十一年(1776年)。

1. 浙南地区

云和县移民,据乾隆年间的统计,"康熙三十年以前云和烟户一千三百耳,今将计五千,闽中客强半"[3]。康熙三十年以前的烟户究竟是

---

1 沈尧:《落帆楼杂著》,光绪《乌程县志》。
2 嘉庆《於潜县志》卷18《物产》。
3 同治《云和县志》卷15。

户口还是"丁"数,尚不可知,但乾隆的数字则为人口则属无疑。乾隆六十年(1795 年)全县有户 13 911,丁口 50 547,其中男大小 26 989 丁,妇大小 23 558 口[1]。从男女性别比例这一点看,此为人口统计。

从上引记载看,这 5 000 余人口中,"闽中客"超过了半数,意味着闽地移民已在当地入籍了。可是我在当地调查,当地人口都认为闽籍人口不可能超过土著。笔者在云和县图书馆读得 32 种族谱,其中 12 种为闽汀客家的族谱,1 族为南丰移民族谱。余 19 种为当地土著的。移民族谱占族谱总数的 38%。由于移民氏族的平均人口可能少于土著,所以,据族谱推测的移民人口的比例当少于 38%,姑且定为 25%,相信距实际情况不会太远。

在青田得 78 种族谱,揭示该县的氏族构成。见表 7-7。

闽西客家氏族 20 个,占总数的四分之一。一般说来,清以前土著氏族比较大,每族平均所含人口也比清代氏族为多,因此清代移民的比例还应更低。这个估计比上引乾隆时人"异籍居半"的说法要低得多。1987 年春我在该县调查时,当地人一般认为闽籍移民仅占总人口的 20%—30%,也比乾隆时的说法低许多。这或许意味着所谓的"异籍"人口中,还含有其他籍别的外来人口。光绪《青田县志》卷 4《风俗》中专有"外民"一条,"青田旧日土旷人稀,外民多聚于此,种麻者多江西人,栽菁者多福建人,破柴者多广东人,烧炭者多仙居人。永嘉、平阳、龙泉、金华、东阳亦间有寄居者。以其搭棚于此,名曰棚民。入籍有家室者,稽察尚易,而忽来忽去,仙居人较多。……又有畲民,佃种人田者多,众皆谓顺治间来青"。可知"异籍"的内涵远较福建客家人要丰富得多。如果将表 7-7 中来自其他地区的氏族合并统计,则"异籍"氏族的比重可占至 37%。如果考虑到样本的误差和来自邻县且在当地未修有族谱的氏族人口,则可相信乾隆时人所称"异籍居半"的判断。然而,本文讨论的移民主要为长距离的省际人口迁移,本省邻近区域的入迁人口不予讨论。如果将新迁氏族人口数少于古老土著这一因素考虑在内,闽籍移民占全县人口的 25%左右应当是合适的。

---

[1] 同治《云和县志》卷 6《户口》。

表 7-7　浙江省青田县 78 个家族迁入时代与原籍　　单位：族

原籍 时代	本区	本省	江西	福建		其他省	不详	合计
				闽西	其他			
清以前	5	21	2	—	11	7	3	49
清　代	—	5	3	20	—	1	—	29
合　计	5	26	5	20	11	8	3	78

资料来源：青田县志办公室提供的族谱调查资料，截止时间为 1987 年 10 月。

　　据上引民国年间的调查，松阳县闽籍移民约占全县人口 20％。我在调查中获知，他们的人口在松阳县绝不可能占 20％，估计是与松阳东南的畲族人口合计之数。排除畲人不计，闽籍移民的人口约占全县人口的 15％左右。

　　由于缺乏资料，我们无法得出丽水县闽籍移民的比例数。将其与云和、青田及松阳三县比较，其闽籍移民的比例可能只占 10％左右。

　　宣平县移民人口的数量，民国时人说："大抵宣平山多田少，山居之民多种包米，夏种冬收，可作正粮。又宜麻靛，麻始江右人，靛始于闽人。二省宜宣者十有其七。"[1] 侨居宣平县的江西移民和福建移民占宣平县人口的十分之七。

　　上引《龙泉县志》中所说"土著鲜少，客廛多闽暨豫章"一句，在今日的调查中得不到证实。笔者又在龙泉县图书馆和档案室查得 13 种族谱，只有 2 种属于闽西移民。据此推测龙泉县的氏族中清代闽籍移民氏族可能占 20％左右。若以人口计，清代移民氏族的人口比例应更低。姑且认为龙泉的移民人口约占全县人口总数的 5％—10％。

　　由于遂昌县的闽汀移民至今仍保持自己原籍的方言及其他一些风俗习惯，当地人对自己的祖籍十分清楚，就为今天的移民原籍调查创造了条件。今日遂昌县大约有 3 000 个自然村，对如此多的自然村进行全面调查显然是不可能的。笔者设计了一个抽样调查的方法，即在县地图上用等距抽样的方法选择了 101 个自然村作为样本进行方言、族别的调查，结果是：以讲本地方言为主的有 33 村，畲族为主的

---

[1] 民国《宣平县志》卷 4。

有 10 村,不详者 2 村,江西籍 1 村,而汀州方言有 55 村。畲族及福建村庄中有部分村庄与当地土著合居,调整后的结果,本地村庄达 36 村,畲族 8 村,汀州村 54 村,假定各类村庄每村平均人口大体接近,则汀州移民后裔占全县人口的 45%—64%,畲族人口占 3%—13%,概率把握度为 95%。1982 年遂昌县畲族人口为 12 893 人,占全县人口的 6.1%,正落在我们的估计区间内,与我们根据村庄比例做出的估计吻合。反过来也可以证明,根据村庄比例对客家人口做出的估计也应该是准确的。

根据笔者的研究经验,自然村的人口随立村时代的远近而有多少。一般说来,越是古老的村庄,人口越多,反之则越少。遂昌县为山区,老村和新村的平均人口数不会相差太多,所以我们估计遂昌县的闽汀客家人约占全县人口的 45% 左右,这从畲族人口的比例低于其村庄比例中可以得到印证。

景宁县畲族人口占今景宁县人口的 40%,闽汀移民的比例不详。设闽汀移民仅为畲族人口的一半,大概离事实不会太远。

光绪《处州府志》卷 11 中记载了所辖县份清代若干时期的人口数,但这一记载错误甚多,不堪使用。据《嘉庆一统志》,1820 年处州府人口为 115.1 万,乾隆六十年(1795 年)云和县人口为 5.05 万,同治二年(1863 年)为 7.3 万,1953 年达 12 万,两阶段的人口年平均增长率均为 5.5‰。依此推算,乾隆四十一年(1776 年)处州府人口约为 90 万。

由于缺少分县人口数,使我们难以直接估计处州府人口中移民的比例。若采用上文中提到的各县移民人口比,计算出 1953 年处州府辖十县的移民后裔数为 25.1 万,同期总人口为 133.9 万,移民后裔占总人口的 18.7%。假定从乾隆后期至 1953 年移民及土著人口的增长速度相同,则乾隆四十一年处州府人口中的移民比例也应为 18.7%,就有人口 17 万左右。本节未考虑畲族人口的迁入。

2. 金衢地区

由于缺乏必要的资料,对于金衢地区移民人口的估算存在很大的困难。依照上文中采用的方法,在某些地区,仍然采取与邻近或相似地区类比的方法求得其人口及移民的数量。

同治十一年(1872年)开化县令汤肇熙所著《出山草谱》一书对清代后期开化县的棚民活动多有记叙。在其中《禁吃斋拜会示》一文中,他写道:"本县留心访查,此等吃斋之人,潜踪境内,处处尚有,而山谷棚民尤多。"在《禀保甲局宪查拿斋党事》一文中,他说:"县有梅村口地方,界连德兴交界之封禁山,山谷深邃数十里,棚民杂处,有地无粮。"汤氏还在《复西安张明府言保甲事》中议及驱逐棚民范启三一事:"查该棚民曾于同治三年有因粮拒捕上控一案,自后并无过犯,且条银十数两之多年清年款,即有不合,特是蛮民,非即匪类,其罪似未可驱逐。居此已数十年,且有田园庐墓,非等外来雇工之徒,其势又不便驱逐,唯委员既有此函,不得不为根究,当即票差棚头,传到庭讯之下,严加训斥,棚头具结,遂即了此公案。"这一案例表明开化的棚民系统至清代后期仍然保存着,但棚民实际已是土著,不存在驱逐的问题了。所以,直到光绪十一年(1885年)的户口统计中,分乡户口仍列为"土、客、棚民"[1],只是没有分类的户口数。

关于棚民的比例,民国《开化县志》卷5指出:"开化设县,始自宋初,然氏族所居,则远在宋代前。据此次调取各家谱牒所载,在唐代迁居县境者有十族,五季时迁居县境者有四族……其可知者宋二十四族,元三族,明五族。清则迁入本县者不下四五十族,有谱可稽者为十八族。"就氏族数而论,清代迁入者与清代以前迁入者大体相当,当然,就人口而论,古老氏族人口众多,新迁氏族人口较少。开化县清代移民人口的比例远低于氏族的比例。

汤肇熙在《禁三清山进香示》一文中说:"(开化)大抵土民居十之五,客民三,棚民二。"此中客民是指太平天国以后的迁入者,"棚民"则是清代前期的移民。棚民占全县人口的20%。由于在太平天国战争中开化县人口蒙受了巨大的损失,战后的客民迁入不足以补充。相反,由于棚民居于深山,人口损失较小,故战后棚民在全县人口中的比例有所增加,估计战前棚民的比例在15%左右。

---

[1] 光绪《开化县志》卷5《食货》。

乾隆六十年(1795年)开化县"完赋实在户"25 412,口 36 084[1]。据分项数据分析,所谓的"口",实际上是"丁",而"户"则是一般的"户"。据此可知此时开化县人口数约为 12 万人,乾隆四十一年人口为 11 万,移民人口约 1.7 万。

据 1953 年人口普查数据,常山县人口为 14 万,开化县人口为 13.8 万,两县人口基本相同。以此推测乾隆四十一年常山县人口与开化相近,有人口约 11 万。表 7-6 统计结果表明,截止于清代前期,清代迁入的江西和福建移民村就占全县总村数的 44.1%。在清代以前迁入的闽、赣籍移民村中,有 44 村迁自明代末年,与清代二省移民村合计,则占全县村庄比例的 48.3%。从地形分布上看,清代移民占据了常山县中部的河谷平原地带,故认为其平均每村的人口数量不会少于土著。如此则江西、福建籍移民约有 5.3 万人口。

雍正《常山县志》卷 9 录有康熙六十年(1721 年)靳氏所著《议添赈详文》,其中提及"至于衢属外省流民数万侨寓于兹,散赈之米,向来无分"。不计康熙以后的迁入者,仅就康熙及康熙以前的迁入者论,至乾隆后期,他们的人口增殖以 7‰计,也是期初人口的 1.5 倍。就是说,如果康熙末年"流民"人口为 3 万左右,乾隆后期可达 4.5 万。如果康熙末年的流民人口为 5 万,乾隆后期可达 7.5 万,这还不包括雍正、乾隆年间的迁入者及其后裔。以此作比较,以上据人口数所作推测并非高估。

1953 年的江山县人口是开化县人口的 2.1 倍,由此估计乾隆四十一年间江山县人口约为 23 万左右。其中山区人口占 15%,移民又占其中三分之二,就有人口约 2.3 万。江山中北部地区的江西移民占该地人口的 10%,也有人口 2.3 万。合计江山县移民人口共 4.6 万左右。

1953 年龙游和衢县人口合计约为江山县人口的 2 倍,推测乾隆四十一年两县人口为 46 万。比照江山县南部的移民情况,做一谨慎估计,两县的移民合计约 2 万人是不成问题的。

---

1 乾隆《开化县志》卷 4《户口》。

在《嘉庆一统志》中,1820年金华府人口数为255.0万,衢州府人口仅15万余,竟少于"丁口原额",是为登记错误所致。按照1953年人口比例计算,衢州府人口约占金华府人口的43%,由于二地在太平天国战争中的损失大致相同,估计战前1820年衢州府人口为110万人,以5.5‰的年平均增长率回溯至乾隆四十一年,则有人口87万左右。此与上述据分县户口推测数相差4万人口,不足5%。五县移民总数约为13.6万,占衢州府人口总数的15%左右。

汤溪县属金华府辖,民国年间人口数4.4万[1],而在1953年的人口普查中,汤溪人口达到了11.6万,由此可知民国记载之不确。1953年汤溪人口比浙南之遂昌县略少,因汤溪县在太平天国战争中受害较深,故在战前,其人口数可能与遂昌相当。故推测乾隆四十一年汤溪县的人口数约为9万。汤溪县境的一半为山地,山地居民的数量可能占全县人口的30%,依相邻之宣平县例,山地人口的70%为外来移民,其数量则占全县人口的21%,共有移民1.9万。

从上文可知,浙西山区的棚民迁入较晚,除了部分于乾隆年间迁入外,大多于嘉庆年间迁入,然多被驱逐。对其人口,略而不论。

三 开玉环

除了山区的移民外,清代浙江移民史上另一重大事件就是开玉环。关于这一过程,雍正《特开玉环志》中有详细记载,兹简述如下:

玉环岛为温州府属沿海岛屿,"自从前迁界,弃置海外",说的是明初迁海所致。由于玉环岛地方辽阔,"无籍游民多潜其中,私垦田亩,刮土煎盐,及网船渔人搭寮住居,渐次混杂"。主要是"闽广温台各处匪类私搭棚厂"。该岛可垦田地共有10余万亩,土性肥沃,又有盐利,所以地方官呈请朝廷予以开发。其结果是,中央政府同意玉环开辟,指令由浙江桐庐县管垦,由"太平、乐清两县籍贯无过之人,取具本县族邻保结移送该令给与印照,计口授田。一切闽广游惰及曾有过犯

---

[1] 民国《汤溪县志》卷3《户口》。

者,概不准其保送。又恐田多人少,若限定二县之民或招徕不广,现在酌量如本省各府属县相近之处,有愿入籍开垦者,照例于本地方官取结移送,必须居住玉环,编入保甲。毋许往来不常,其外省远处之人,仍行禁止,则户口得实而藏奸无所矣"。对于移民的条件有相当严厉

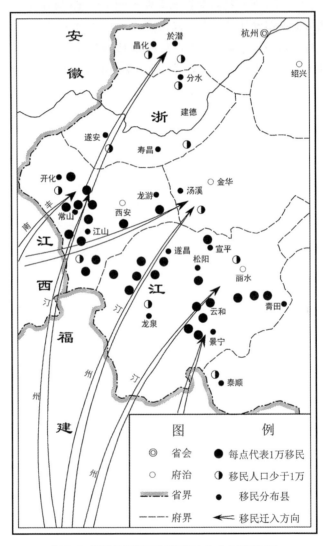

图 7-1 清代前期浙江的移民迁入与分布(1776 年)

的限制。其原则有三：迁移者必须是良民百姓；迁移者必须是邻县居民；迁移者必须接受政府管理。这与上文所述棚民活动有很大的区别。

玉环移民由桐庐县管垦，是因为主任其事的官员张坦熊原为桐庐县令。申请垦荒之人将家庭情况报予桐庐县，由桐庐县批准方可。我推测申报者不可能千里跋涉来桐庐县申报，而是由张坦熊代表桐庐县审核批准即可。对于原岛上居民，除闽省人民60余口，搬有家室住居10年以上，准其入籍，编入保甲之外，其他无籍之徒，概行驱逐了事。

玉环的移民和开发是政府组织移民的一个成功案例，整个过程有序和平静。雍正六年（1728年）设玉环厅，属温州府辖。

第三节

皖南棚民

於潜一带的棚民来自安庆，这和安庆棚民在皖南山区的活动密切相关。如在徽州府绩溪县，"近多不业农而图利者，招集皖人，谓之棚氓，刊伐山水，广种苞芦……虽屡奉严禁，里胥得规隐庇，漫山遍鸿，驱除为难"[1]，所谓"皖人"即安庆人。同书又说："近于乾隆三十年间，安庆人携苞芦入境租山垦种，而土著愚民间亦有效尤而自垦者。"[2] 故知棚民的迁入是在乾隆年间。如祁门，"祁自棚民开垦，河道日高，水在砂下"[3]。如黟县，"驱逐棚民，毋得垦山种苞芦"[4]。如宁国，"江北之氓，寄庐而开垦"[5]；民国时人说得更清楚，"住棚垦山皆安庆人，

---

1 嘉庆《绩溪县志》卷1。
2 嘉庆《绩溪县志》卷3。
3 同治《祁门县志》卷12。
4 同治《黟县志》卷4。
5 道光《宁国县志》卷3。

谓之棚民"[1]。旌德的记载也说："种苞芦者,都系福建、浙江暨池州、安庆等府流民。租山赁种,用锄开挖。"[2]旌德县竟有福建棚民,这在皖南山区确是不多见的。安庆人迁入皖南及浙西垦山,犹如他们迁入陕南山区。安庆是清代前期和中期长江流域人口输出的中心之一。

嘉庆七年(1802年),因为大面积垦山引起水土流失,徽州府曾令绩溪县驱逐棚民,棚民不从,与土著冲突,酿成命案。休宁县也有土著与棚民冲突酿成命案而惊动朝廷事。户部处理决定的基本精神是驱逐棚民:"除在徽属已久,业经置买田产,与土著民人缔姻,编入保甲者另册送部备查,毋庸勒令回籍外,其余棚民以租典地契内年限为断。其载有年限者,俟限满后,退山回籍,现在年限已满及不载年限而已久者,令再种二年,于嘉庆十四年退山回籍。"[3]尽管有以种种借口不回原籍的,但毕竟还是少数,大部分的棚民应是被遣回原籍了。於潜县棚民问题的处理与此相同。

第四节

移民社会：宗族的重建

在以前的章节中,我们结合各地的资料和特点,分别论述了移民与会馆的关系,移民与苗族的关系,移民与土著的冲突与融合,包括棚籍和学额方面的争端。本节论述的是移民在进入新地后,是如何组建他们的家族、宗族或氏族的。

---

[1] 民国《宁国县志》卷4。
[2] 嘉庆《旌德县志》卷5。
[3] 汪梅鼎:《驱逐棚民奏疏》,道光《徽州府志》卷4。

一 宗族与氏族

在本卷第三章中,我曾指出:从理论上推导,一个家庭至少要有五代方能构成一个家族;而五代及五代以上的大家族才可能构成一个小的宗族——即由若干房构成一个宗族。依我的观点,人口众多,分支众多的宗族可以构成氏族——即由一个大的,有时也由若干个大小不等的宗族构成氏族,以地缘和姓氏作为与其他氏族识别的标志。一般说来,构成一个家族的时间至少需要百年以上,而要构成一个宗族或氏族则需要更长的时间。一个五口之家要通过自身的人口繁衍而构造宗族,确实是非常困难的。要想在迁入地重建宗族的力量,宗族人口的共同迁移就显得尤为重要。

1919年《平阳巫氏家乘》提到巫氏族姓的源流和历代迁移的情况:

> 世居山西平阳府……唐贞观时有青州公讳罗俊迁宁化县,即黄连地。越二十四世卓亭公始迁文冈,嗣后二世祖百二十郎公迁洋贝乡,公生得贵,得贵生永政,永政生安礼,安礼公有四子,长付庚,次涂永,三付琼,四满琼。付庚子茂森、茂祖、茂广;付琼子茂辉、其九世孙皆有徙居江邑者。崇念、崇惠、兆光、如金、如琦则东积祖也。兆滋、如铠则霞峰祖也……他若芝龙、于重、于基,虽居西邑上株,而与迁江诸兄弟皆同为安礼之后,异日建造宗祠当必合诸派子孙共相努力。

在这一段记载中,我们注意到迁居江山的巫氏各支以安礼公为共同的始祖,据"代"数推测,安礼公可能是明代初期人。迁于江山县的,分布在南部山区的东积、霞峰等地,迁于西安县(衢州)的,居住于上株,都是巫安礼的后裔。以上各支都属于一个大的宗族,共同拥有一个九代以前的始祖。虽然西安上株巫氏的修谱活动与江山巫氏无关,但有可能在以后建造宗祠中合为一体。

江山县罗氏迁自江西南丰县。据1928年《怀玉罗氏宗谱》记载,南丰罗氏的祖先为罗袍,"五代之乱隐居南城磁龟,娶九妻,生十四子"。第三子曰礼通派,第五子曰进通派,罗袍之侄曰修通派。礼通派迁居江西玉山县八都紫坞,以后也有分居江山清湖的;进通派一支居玉山,一支居浙江江山;修通派迁江山周村。三派分别于康熙、乾隆年间迁入,并联祠修谱,祠设于江西玉山县大塘头村,以"怀玉"为谱命名。罗氏追溯共同的祖先至五代时期,比江山巫氏上溯更远。

由于宗族世系上溯过远,不免让人产生疑惑。但由于罗氏三派在原籍居住地并不分散,主要居于南丰和南城两县,因此,关于同宗的追溯仍有一定的可信度。只是关于共同祖先的追溯实在太远,血缘的关系实在淡薄,因此我们宁可称其为氏族,而不是宗族。

在赣西北地区的宜春、万载二县,有一个拥有更为久远的同祖的林氏宗族。据1903年《袁郡学前林氏族谱》记载,林氏的几十个支派,分别迁自广东、福建、赣南和湖南若干县。他们居然拥有某个上溯至南朝梁武帝时代的共同先祖。但各支派在居住和迁入的空间和时间上却存在着很大的差异,见表7-8。

表7-8 赣西北袁州府学前林氏各支派的祖籍地

支派名称	祖籍	始迁祖世系	迁入时间
宜春莲塘魁才、魁贤等	广东	46	雍正
宜春亭子下可望、齐复	广东	46	雍正
宜春黄陂坑锡文	广东平远	51	乾隆
宜春恒田锡贤	湖南浏阳	51	乾隆
宜春零江桥日聪	福建上杭	50	乾隆二年(1737年)
宜春上了山锡瑶	广东平远	51	乾隆初年
宜春自任	广东镇平	52	康熙
宜春鸟山荣新、荣蛟等	广东镇平	40	乾隆二十九年(1764年)
宜春缵塘习正	江西定南	41	雍正十一年(1733年)
宜春下巩三山	广东镇平	45	不详
万载梓塘坑上献	福建武平	47	不详
万载沙滩上云山	湖南浏阳	55	乾隆初年
万载包家山桂崇	福建武平	57	乾隆七年(1742年)

续表

支派名称	祖籍	始迁祖世系	迁入时间
万载山田坳藻、仕玉	广东平远	48	康熙
万载桃树坑汉伯	广东平远	48	雍正十一年(1733年)
万载松岭其烈	江西赣县	45	康熙四十年(1701年)
万载西坑燕山	福建武平	48	康熙五十年(1711年)
万载黎源祥彩	福建武平	49	康熙四十一年(1702年)

资料来源：1928年《袁郡学前林氏族谱》，江西省图书馆藏。

迁自湖南浏阳和江西赣南的，多为闽、粤移民的再迁移。具体资料不再申引。既或是从闽、粤祖籍地分，至少可分为广东平远、镇平，福建上杭、武平四县。而其中从江西定南迁入者，原籍亦分辨不清，只说是从闽、粤迁居定南，尔后才从定南迁居宜春。既然连出自闽、粤何地都分辨不清，怎么可能与其他林氏续上谱系呢？

始迁祖世系，指迁入赣西北的始迁祖从南朝梁武帝时计算下来的世代。这一世代通过什么方式保留下来，本身就是一个谜。上述18个支派的始迁祖的世系相差颇大，最大的差幅达到17代之多。不同的家族因人口繁衍速度的不同而会出现"代"的差异，但差异达到如此大的程度就很难让人相信他们真的拥有一个共同的祖先了。

只有那些原籍地相同、始迁祖世代相同或相近的支派，如宜春莲塘的魁才等派和亭子下可望等支派、宜春的恒田锡贤和上了山锡瑶支派、万载的山田坳藻和桃树坑汉伯支派等有可能在原居地同属一个宗族。

由于原居地林氏各族居地的分散，使得他们的迁移时间也有先有后，这种迁移甚至不可能是宗族之间相互吸引的结果，因为没有什么条件可以促成这种结果的形成。最合理的解释便是，这些支派本身就是从一个个独立的宗族中分迁出来的，他们在迁入新居地后，开始只是组建并没有多少血缘关系的氏族组织。为了证明血缘上的联系，便杜撰了拥有一个南朝时代共同祖先的神话。

可见，这类移民氏族的构建在很大程度上有赖于许多血缘的和非血缘的同姓宗族的组合。如果说，家族是家庭扩大的结果，即由若干个核心家庭所组成的话,那么宗族则是若干血缘家族的联合;而氏族则是宗族与宗族之间的联合,其中地缘的因素与血缘的因素是同样的重要。氏族形成的根本原因就在于新近迁入的移民家庭、家族甚至宗族缺乏足够大的规模以应付土著的挑战。

二 宗族的重建

由于涉及非血缘关系,通常氏族的组成要比宗族困难得多。移民"族"的组织仍以家族或宗族为其基本的单位。

移民在迁入新地的五代之内,与原籍的关系还相当密切。这是由于始迁者的父母兄弟可能还在原籍,即使家人一齐外出,还有叔伯姨姑等族亲留在家乡,家乡亲情不易割舍。所以移民与原籍家乡的联系,往往通过以下方式来维持:或者始迁祖本人返回原籍,留下子女于新地定居,如云和县图书馆藏《江氏宗谱》说:"天福公由福建漳州龙岩于有明末叶时携子杨科、杨贵来浙,卜居云和东门外前巷,旋回祖籍,殁于故里。"或者始迁祖携数子回籍,留下一子于新地居住,如云阳县《汤侯门颜氏宗谱》中就有这样的记载:"仕明公于顺治初年由福建漳州龙岩迁居斯地,当时公父廷凤公并弟仕信、仕里均同来,以后廷凤公仍率二子旋闽,仅留一子与公同居。"有些移民虽在新地置有产业,也会送子回原籍或嫁女回原籍定居,自己却留居新地。云和县《郑氏族谱》记载:"文秀公由福汀武平县信顺里西坑迁居是乡兴化垟,起炉烹煽,经营铁业生理,暂居数载,而后遍游至此……遂肇基立业。……所生三子,长福光、次荣光、三建光,长次两公仍归故里祖地,惟三子建光事父母久居于此。"至于五代之内将女儿嫁回原籍,以及从原籍娶回新娘的记载更是不胜枚举。这一切说明在一定的时间内,移民与原籍还能够保持相当紧密的关系。

除了基于血缘的关系外,还有其他一些原因驱使移民与原籍保持着关系。比如考试制度就是重要的因素之一。当移民在新地未获得考试权时,他们就有可能回到原籍参加考试,取得学额。1914年修江山县《保安张氏宗谱》中一份张应元撰于嘉庆十七年(1812年)的

《重修宗谱序》，提及"予三世客于外，乾隆甲寅岁旋汀应试"，就是证明。一般说来，移民在外又能够回原籍参试的不会很多，否则就很难理解赣西北的棚民为争取学额所做的种种努力了。尽管很少，但这仍然是移民与原籍联系的纽带之一。

对于大多数移民而言，尤其是对于始迁祖的数代子孙而言，宗族的联系甚于其他一切的联系。家乡的宗族被在外的移民视作"根"，直到今日在浙、赣山区向移民做调查时，他们仍将自己的来历视作"根"那般重要。要保持"根"的延绵和生长，就要保持与家乡宗族的往来和关系。然地隔遥远，往来不便，就为移民与家乡的联系带来很大的困难。《怀玉罗氏宗谱》就有这样的记载，他们在移入玉山后，"积一百年之久，尚未开族，每逢修谱，必归老祠。道路遥远，不胜其苦，而岁时祭祀更不便"，于是动议于光绪十二年（1886年）在玉山建造祠堂，称为"度地筑室为其支祖进通公栖身之区"。数年后又联络散居于玉山和江山的其他支派，"照丁给钱，同来归宗"，完成进通、礼通、修通三支合祠，并修撰族谱。至此，他们与原籍的关系才告断绝。从入迁至此，已有200年左右的时间了。

江山县巫氏如同玉山罗氏。巫氏的始迁祖于康熙间自福建宁化县文冈村迁至江山，散居于该县南部山区的若干乡镇及西安县山区。乾隆及道光年间，巫氏也回宁化老家修谱，同治十年（1871年）"文冈又议续修，鱼雁书来，诸同人俱以路途遥远为虑"，不欲前往，于是联络江山巫氏各支派，倡修族谱，自是江山巫氏宗谱独立地形成了，他们与原籍之间的联系也告结束。

从原籍福建上杭迁至江山的邹氏，其宗族的建立不仅对于邹氏宗族本身意义重大，而且对相邻的同姓移民产生震动。1941年《须江邹氏宗谱》中称："祖先以后裔为继，孙子以祠宇为宗。所以源不可塞，本不可忘，故迁居衢江之南，经营下作马三元村之地，因而建祠。"祠堂落成以后，开化县的其他邹氏支派闻讯来贺，开化人写道："近闻叔祖构祠修谱，开籍不胜仰慕，爱偕堂叔爱荣不惮险阻，来谒宗祠，合计二百余里，虽属同郡，如回上杭故乡。"与赣西北林氏相比较，江山邹氏并没有把自己太远的同宗认作一族，他们关于宗族的概念要比袁郡学前林氏严谨得多。尽管如此,开化的同宗并没有感到不快或者不满,反而表现出由衷的喜悦。从某种意义上说,祠堂的建立和族谱的修撰是移民对新居地认同的象征。如果说入籍是从法律上肯定了移民的土著身份,那么祠堂的建立和族谱的修撰所标志的宗族在移民地的重建,则是从心理和文化上固定了移民关于家乡的新概念[1]。

由于我们确立了宗族重建的标准,就可以对这一过程的时间进行测算。例见表7-9。

表7-9 浙赣地区20个移民宗族始建宗祠和始修族谱的时间

地点	姓氏	原籍	迁入时间	建祠时间	初修谱时	入迁至始修谱(祠)年数	资 料 来 源
遂昌	高	南丰	1776		1884	118	1943年《平昌高氏宗谱》
常山	段	南丰	1691	1835		144	《段氏宗谱》
龙泉	巫	长汀	1713		1930	217	1930年《巫氏宗谱》
龙泉	江	连城	1766		1890	124	1908年《江氏族谱》
云和	李	上杭	1700	1838		138	1901年《陇西李氏宗谱》
云和	刘	上杭	1700		1932	232	1932年《木垟刘氏宗谱》
云和	郑	武平	1790		1934	144	1934年《郑氏宗谱》(手写稿)
青田	傅	上杭	1729		1893	164	1893年《傅氏宗谱》(手写稿)
青田	丁	福建	1700		1895	195	1895年《丁氏宗谱》
青田	赖	武平	1698		1841	143	1841年《赖氏宗谱》
江山	巫	宁化	1700		1871	171	1919年《平阳巫氏家乘》
江山	张	连城	1710		1920	210	1920年《须江张氏宗谱》
江山	黄	宁化	1766		1895	129	1895年《须江黄氏宗谱》(手写稿)
江山	罗	南丰	1700	1886	1886	186	1928年《怀玉罗氏宗谱》
江山	汤	福建	1662	1868	1881	206	1919年《江峡汤氏宗谱》
江山	邹	上杭	1728		1860	132	1941年《须江邹氏宗谱》
宜春	林	福建	1700	1823	1823	123	1928年《袁郡学前林氏宗谱》
萍乡	戴	兴宁	1700	1857	1880	157	1931年《萍北夏兰戴氏三修族谱》

---

[1] 1989年我在博士论文《明清时期湘鄂皖赣浙地区的人口迁移》(未刊)中曾写道:"如果说入籍是从法律上肯定了移民的土著身份,那么祠的建立和谱的修撰则是从心理上固定了移民关于家乡的新概念。"广西教育出版社1997年1月出版的刘正刚《闽粤客家人在四川》第315页有同样的句子,只不过增加了"族产的设置"一词。

续表

地点	姓氏	原籍	迁入时间	建祠时间	初修谱时	入迁至始修谱(祠)年数	资料来源
铜鼓	邱	莆田	1700		1810	110	1941年《邱希进公支重修族谱》
万载	邱	福建	1700		1846	146	1891年《邱氏族谱》

说　明：1700年指乾隆年间。

　　本表只包括那些有修谱或立祠年代明确的宗族。不明始修族谱或宗祠年代者不计入。据上述20个氏族修建宗祠和修撰族谱的时间研究，速度最快的为110年，最迟的为232年。平均时间为159年。一般说来，无论是修谱还是建祠，都要在移民迁入的160年后才有可能。也就是说，移民从旧的本土宗谱中游离出来，需要160余年的时间。一个5口之家必须经过160年的发展，若其人口的年平均增长率为10‰，仅能达到25人，若其年平均增长率为20‰，则能达到120人，这时可说是一个家族形成了。然而，要在如此长的时间里保持20‰的高增长率，并不是一件容易的事。

　　由于浙赣地区的宗族重建着眼于氏族的重建，所以有许多的宗族重新建立时，其人口并不止120人。当然，也有不少的小家族在修撰族谱时，人口并未达到120人的规模。此类小族无力建祠，甚至修谱也感到力不从心，因而至清代末年乃至民国年间，也只修有手写之草谱，无力刊刻。

　　重建的家族或宗族多仿效原籍宗族模式，族谱的续修也多上承原籍的世系。如《江山黄氏宗谱》中记曰："迄道光十三年间，命四子年仅及冠，回故乡省祖墓，祭先祖，查旧谱录，路途遥远，往返数日不便携取，族繁丁众，故略抄本支序及根源世系带出。"至光绪三十年(1904年)，该族人口未超过50人，世系简单，分支几无。谱中所记大部分是谱序、族规等老谱中的内容。云和郑氏于乾隆年间迁入，关于修谱，《郑氏宗谱》记曰："于是立德公于光绪二年正月二十四日吉旦，告父母，别妻子，遂束装南往，独赴闽中，至汀州入武平，访西坑太祖之遗迹也，祭祖庙，拜宗亲。在闽诸太祖考诘其来意，德公俱以实告诸太祖，乃大悦曰：'此儿果然义勇绝伦，不忘根本，千里追宗，是光吾族矣。'尔时旋通族众,即将宗谱详记一部,命携归浙,托先灵之感应,一路平安,往返三月始归,将谱稿呈先太祖考阅而藏之。"新的家族在原籍宗族的影响下建立起来了。

三 宗族与"会"

在移民迁入新地至建立祠堂、修撰族谱的 100 多年时间里,移民社区的结构是怎样的一种形态呢?除了以"家"为单位的活动以外,移民家庭乃至家族之间的联系又是什么呢?从目前的研究来看,"会"是宗族形成前家庭之间重要的联系方式。

江山县邹氏宗祠建立时,开化县邹氏前往祝贺。在祝贺江山邹氏的《济美祠堂记》一文中,他们提及开化邹氏的活动,"惟我先世所建殷公、禧公祠于北源村,不以祠名,而曰十一会,将以待后贤而集成也"。江山邹氏的祠堂以"济美"命名,而开化的"祠"则以"会"命名,因为开化县邹氏"谬膺明经,自惭谫陋,恐无以对先人",即屋舍简陋不足以称作祠堂的缘故。何以称作"十一会",我以为是由十一支邹氏支派合股而得名。

宗人合股置产的目的是为了形成宗族活动的经费,即后来的族产。在宗族尚未建立之时,合股资产的积累就是为了兴建宗祠和修撰族谱。所以,虽然开化邹氏建有殷公、禧公祠,实际上不妨将它看作一笔资产,在简陋的房屋之外,一定置有田产或其他产业,以积累资财供开族之用。《袁郡学前林氏宗谱》在记载包家山桂崇系的族产时说:"道光十九年又起清明丁会,以为报本追远,创立门首迟田连大垅里共计一百二十五把。"这 125 把是田亩的数量,为"族"中公产。由于合股构成,故称"丁会"。"丁会"合股的方式与"十一会"可能有所不同,它是按丁摊派而成,而不是根据每支系一股合成的。清明是祭祀祖先的时候,以"清明"命名,就是意含此"会"所设是为了祭祖,也可为以后建祠修谱积累财产。由于桂崇系本身没有修撰独立的族谱,但在修撰《袁郡学前林氏宗谱》时,桂崇系应纳的资金当出自"清明丁会"。

对于一些人口不多的"宗族"来说,只有通过创办"会"才能够有效地积累资产,为开族做准备;支派众多,人口众多的"氏族"可以通过按丁征收钱粮达到为族积聚资财的目的;人口零落的"家庭"则连设立"会"都不可能,只能以手写族谱来了却那个遥遥无期的宗族之梦。

氏族建立以后,宗祠之外,还有族产,用于每年的祭祀开销。《袁郡学前林氏宗谱·叙记》记载:"我谱自光绪己卯续修族谱以来,至今虽未及三十年,而世事纷更,人多散亡。兼之自己卯后,老祠尝田以及祠宇店屋遭不良首事孚宗、先初、炳成、秀山私行当卖,以作新祠为名,以败祖宗为实。迭次数目,未经核算。"这里说的是宗祠尝田以及房屋等财产。祠产之外,还有丁会二所,"虽前人置有丁会二所,一在万邑礼路,一在宜邑莲塘,民田已有三四十亩之多,余钱不下五六百串之数。光绪己卯续修一概化为乌有"。以上族产只是在光绪年间的修谱活动中用得一干二净了。所以本次修谱立祠,必须重新敛钱聚财。在我看来,光绪续修族谱时,已将二所丁会的资产用尽,也正因为用尽了丁会的财产,宗祠尝田才得以保留。按照该谱《登仕郎逢成公传》中说,宗祠尝田有千余亩之多。说明宗祠财产并未在修谱中耗尽,耗尽的只是丁会之产。宗祠和丁会的关系应是这样的:丁会是族中成员合股财产的管理方式,以一个个支派为单位。宗祠是全体族中成员合作建立的,祠产供祭祀用,不再以合股的形式出现了。

《袁郡学前林氏族谱》卷首墓志中有《天后娘娘像图记》,记曰:"万载县株树潭于乾隆年间立庙祀奉,光绪乙亥我裕后祠进会一股,捐钱十千文。又袍会一股,捐钱一千文。"楮树潭是万载县最大的商业市镇,也是赣西北最大的商业市镇,天后宫的设立,是为镇上和万载县的客家人建立起一处会馆。会馆的建设以合股的形式进行,林氏拥有其中一股产权。袍会的设立也是如此。由此可见,"会"不仅是宗族的一个准备形态,也是各宗族合作兴办公共事业的一种集资和管理方式。

在第五章中,我曾引乾隆《石城县志》说客籍移民万乾倡永佃,起田兵。因石城"邑大户为多,万乾恐势不能胜",联客纲头目郑长春等,组织"集贤会",纠宁都、瑞金、宁化等处客户一岁围城六次。这里的"集贤会"是一种以地缘关系为纽带的政治组织,它借用的是客家人常用的"会"的形式,以争取永佃权。

当移民迁徙在外,需要有一个公共场地进行活动时,会馆也就出现了。会馆既是以合股的方式修建的房舍,投资者即拥有对它的管理权。由于会馆不以赢利为目的,所以它的本质仍是公共福利事业,而不是经营性的组织。

中国移民史

第六卷 下 清时期

葛剑雄 主编

曹树基 著

复旦大学出版社

第八章

台湾的移民垦殖

清代台湾的移民垦殖是中国移民历史上最重要的事件之一。其所具有的大陆移民不可比拟的重要意义在于，通过大规模的移民活动，17世纪以前一直是"化外之域"的台湾岛成为中国领土不可分割的一部分。

与南方的其他地区相比，台湾是开发最晚的区域，"但也是汉人比例最高，汉化速度最快的边区"[1]。由于台湾开发时间多半不及二三百年，现代式的产权登记制度尚未形成，逃税的"隐田"又多，地主必须保存大量地契以证明其产权。尤其是由于近代台湾未经历过一次急风暴雨式的革命，因此留下了大量开发时期的老字据、档案、族谱等原始资料。台湾的学者在长达几十年的时间里，做了大量的资料整理和搜集工作，进行了大量有关移民、垦殖及台湾社会史方面的研究，所取得的成果为中国其他区域研究难于望其项背。因此，本章主要根据台湾学者的已有成果，按照本书的体例和要求，对清代台湾移民史诸问题做一简单的介绍。由于上海地区台湾版图书收藏有限，阅读更难，

---

1 尹章义：《台湾开发史研究》，台湾联经出版事业公司1989年版，第3页。

所叙当有缺漏和错误之处,亦在所难免。有兴趣的读者可以直接阅读台湾学者的有关著作。

第一节

台湾地理和人口背景

一 地理环境和土著居民

台湾地处中国的东南海域,隔海与福建省相望。台湾海峡的最窄处只有150公里。本岛之外,其西面有由60多个岛屿组成的澎湖群岛,其北面、东南和南面还有十几个小岛点缀在万顷碧波之中。

台湾本岛东西窄,南北长。高大的山脉贯穿于全岛南北,台湾中央山脉山体庞大,山峰高耸,主峰玉山海拔达3 997米,是中国东部的最高峰。中央山脉向东西两侧倾斜,在西部形成较为宽阔的海边的平原,在东部则几乎是与海面垂直的断崖,平原相当狭小。台湾西部与福建沿海隔海相望,日后构成台湾本岛最早的移民区。东部的开发则要晚许多,直至清代中期以后,汉族移民才渐次进入。所以,一般把台湾中央山脉的西缘称为前山,把中央山脉东侧的狭窄平原称为后山或山后。

不大的台湾岛有如此高大的山脉,其地形之陡峻,可以想见。由此造成的各地河流成网,河流短促且急湍,河口港湾众多,成为台湾地理的特殊景观,如蛤仔港、鸡笼、红毛港、鹿港、北港(笨港)、安平、打狗、东港等都是著名的港口,也是早期大陆移民的落脚点。

台湾北半部属于温带或亚热带,南半部则属于热带。这里雨量充沛,日照充足,作物生长期长,十分有利于农业的发展。然而在17世纪中叶以前,台湾原始土著民族或从事采集,或从事狩猎,农业还处于相当原始的状态。他们人口不多,耕地也少,即便是平原冈地,也到处是一片榛莽。

今天我们称为"高山族"的台湾少数民族,按照台湾学者的研究,大致可以划分为九个大的族群,他们是泰雅、赛夏、布农、曹、鲁凯、排湾、卑南、阿美和雅美。各族群皆由若干部落所组成,他们分布在前山、中央山区和后山的广大区域中。

据17世纪中叶荷兰人的调查,荷兰统治区内的山地土著人口约为4万—6万,区外则无统计。据此推测,当时全岛的土著人口大约为10万。

二 清领台湾以前的移民

1. 郑成功收复台湾之前的移民

汉人最早移民经营的地方是澎湖群岛。连横在《台湾通史》中提及元大德年间(1297—1307年),"澎湖居民日多,已有一千六百余人。贸易至者岁常数十艘,为泉州外府"。汪大渊在《岛夷志略》中也说:"泉人结茅为屋……山羊之孳生,数万为群。"可知当时澎湖群岛上的移民主要是隔海相望的泉州人。也正因为人口众多,政府为加强管理和防范,于澎湖岛上设立巡检司。

此时汉人是否涉足台湾本岛呢? 按照常识推测,澎湖群岛与台湾本岛之间只隔有狭窄的一条海峡,横渡台湾海峡定居于澎湖的汉人渡过澎湖海峡登上台湾本岛应当是轻而易举之事。只是台湾本岛的土著居民剽悍排外,移民台湾所遭遇的不是地理的而是种族的障碍。连横在《台湾通史》中说:"当宋之时,漳、泉边民渐来台湾,而以北港为互市之口。"说明宋时闽南人仅在与澎湖相对的北港与土著互通贸易而已。

明洪武年间(1368—1398年),朱元璋采取海禁政策,尽徙澎湖屿民于内地,并废巡检司,中央政府放弃了对这一片海区的行政管理。尽管如此,澎湖群岛仍有汉人居住,此犹如浙江沿海的玉环岛,虽为政府弃之,但仍有众多的福建移民居住其地,生聚繁衍。与玉环相比,澎湖距离大陆更远,中央政府的禁令更难得到有效的贯彻执行。所以,明万历三十二年(1604年)荷兰殖民者侵入台湾时,首先入据澎湖。荷兰人夺取停泊在澎湖的汉人渔船600艘,役使汉人1500人,为其在澎湖筑城。可见澎湖岛上汉族人口仍有数千人。

明代后期,由于台湾岛上土著民族的强悍,一般的农业移民视其为禁土,倒是有实力的海盗集团常常涉足其间。嘉靖四十二年(1563年),在福建都督俞大猷追击下,海盗林道乾率部遁入台湾。林部的足迹遍及台湾的南部和中部一带,只是他们并未久驻,在官军的追击下旋即离去。万历年间,海寇林凤拥其党羽万人入据台湾魍港,后遭官军的打击而离岛。

天启元年(1621年),颜思齐和郑芝龙率部众到达台湾。颜氏为福建漳州府海澄县人,郑氏为泉州府南安县人,二人以通商居于日本,因在日本犯事,举兵入据台湾,在北港一带结寨自保,屯田垦殖。由于有颜氏军事力量作为保证,时漳、泉一带人口多来投奔,前后达数千人,皆安排垦殖。以后颜氏死,郑芝龙率部屡犯福建沿海州县,后受招抚,授海防游击,积功至总兵、都督。崇祯年间,闽地大旱,福建巡抚熊文灿和郑芝龙合议,"招饥民数万人,人给银三两,三人给牛一头,用海舶载至台湾,令其芟舍开垦荒土为田……其人以衣食之余纳租郑氏,后为红夷所夺"[1]。尹章义对这一资料的准确性表示怀疑,他认为荷兰殖民者在1636年才请苏鸣冈等人由印尼到台湾来担任开发台湾的"垦首",不可能在此之前有数万汉人耕垦于此[2]。对这一记载的合理解释是,郑芝龙迁来饥民的大部分入台后不久,陆续回迁原籍了。与台湾的荒榛莽原相比,饥荒过后的家乡要比台湾好得多。无论如何,郑芝龙迁民入台,开创了大规模移民台湾之先河。

天启四年(1624年),即在颜思齐部据台的三年后,荷兰人从澎湖群岛上入侵台湾。他们在今安平建筑城堡,并以此为据点,向四周的肖拢、麻豆、诸罗山等地扩展。1641年,在赶走了占据鸡笼、淡水的西班牙人以后,荷兰人的势力达到了岛北。明代郑芝龙所率海上集团与

---

[1] 黄宗羲:《赐姓始末》,载《台湾文献丛刊》第25种,台湾经济银行研究室1958年版。
[2] 尹章义:《嘉义发展史》,《汉声》第23辑。

荷兰人发展贸易,获得巨大的经济利益。清初,台湾完全为荷兰人侵占。

荷兰人据台的中心是在安平赤嵌城。在组织拓垦的同时,他们还积极开展对台南地区土著民族的怀柔和教化的工作。在台的荷兰官民大约有600余人,兵士大约有2 200余人。

在荷兰据台期间,台湾西部的北港一带成为大陆渔民的避风良港,农业垦殖也有一定的基础,土著民族的势力也向东部山区退缩。到17世纪中叶,即明末清初"居住澎湖百姓有五六千人,原在台湾有二三万人,俱系耕渔为生"[1]。这二三万居住于台湾的汉人,就包括郑芝龙时期从大陆迁入台湾的移民后裔以及偷渡潜入的汉族农民或留台不归的渔民。

2. 郑成功开发台湾时期的移民[2]

顺治十八年(1661年)三月,郑芝龙之子郑成功在大陆抗清失利后,率部数万乘船200多艘进军台湾。同年十二月,荷兰军队投降,郑成功收复台湾。

还在这年五月,郑成功以赤嵌为中心,改赤嵌为东都明京,设承天府,在北路一带(今之嘉义)设天兴县,南路一带(今凤山)设万年县。尽管政区辖境颇大,但是其真正的行政区域仅限于浊水溪及下淡水溪流域,即以西南平野为限。对于赤嵌地区的土著民族(熟番),多加抚绥教化,对于山地土著民族(生番),则采取分离政策,以土牛为界,置隘勇、隘丁以防。

登陆之初,除派小部分军队围住荷兰军队外,郑成功派军队于冲后镇、智武镇、虎卫右镇等地分派汛地屯垦。不久发布命令,命令各官兵家属于驻地随人口多少圈地,或作农田,或作庄屋,永为世业,但不许圈占土民及百姓的现耕土地,不许滥伐森林。所开田地,必须明报田亩面积,不得隐瞒。命令颁布后,再遣部队分扎北路新港仔、竹堑等地,开汛屯垦。当年十二月,郑成功率所部1 000余员文武将官及士

---

[1] 施琅:《靖海纪事》。
[2] 参见曹永和《台湾早期历史研究》(台湾联经出版事业公司1979年版)与程大学《台湾开发史》(台湾众文图书公司1991年版)的有关章节。

卒,备10日粮,巡视新港、目另溜湾。所见平原膏沃,军民安居,甚是满意。他认为这就是古代寓兵于农之法,可以长治久安。

明郑时代屯田开垦的土地,共有40余处,屯营所在地以盐水港一带为多,凤山次之,台南更次之。因为台南海边地带,适宜开垦的土地极少,而赤嵌街(今台南市)附近,早在荷兰殖民时期即已开垦就绪,所以屯田的重点,是在偏北的嘉义、盐水港和南部的凤山地区;郑成功死,郑经嗣位,才逐渐由南部地区向北部地区拓展。

在荷兰人占据的时代,虽然也有部分汉人进入台北盆地,但他们人数太少,只限于台北平原的四周,尚未进入有组织的开发时期。在明郑时代之初,这里还是郑氏政权流放犯人的地方,也谈不上有意义的开发活动。郑氏驱荷之后,开始在营盘(新庄街)、鸡笼等地屯兵戍守,招佃开屯。其主要屯垦地点,一是台北盆地的局部,即从淡水地方溯淡水河而上,开拓沿岸的台北平原一部分;一是鸡笼地方,由驻守官兵开屯招佃。据《台湾省通志稿》卷7《人物志》的记载,王锡琪就曾招集漳泉流民前去开辟。从屯垦的规模来看,明郑时期对台北平原的移民垦殖仅限于沿岸的一小块地方而已,未进入台北平原的中心地带。

荷兰人以赤嵌为中心的拓垦,北至今台南县麻豆镇,南至今高雄县冈山镇。至郑经(1662—1681年)时,新开垦的地区,已有以下各地:

(1) 开发诸罗(今嘉义)一带的平原,将"生番"土著驱逐于东部山地,招附"熟番";

(2) 开垦凤山北部的平原;

(3) 开拓今嘉义北部的水连沙地方,并深入到今彰化市附近的半线地方;

(4) 从大甲溪口边登陆,开拓竹堑地方(即今新竹市);

(5) 开拓淡水河下游的台北平原,再沿淡水河而上,开拓沿岸的台北平原;

(6) 开屯琅峤(今台岛最南端的恒春)。

很显然,郑氏时代移民垦荒的重点仍在于台湾西南部平原地区。

这里不仅是当年郑芝龙等人拓殖的旧地,也是荷兰殖民者经营的主要区域。但是,与荷兰入据时期相比,郑氏时期的移民加大了对这一区域北部的拓殖。并开始向台中及台北地区作试探性的拓展。这样大规模的垦殖活动仅靠郑氏的几万军人显然是不够的,在进行军队屯垦的同时,郑氏政权还鼓励各种民间的私垦活动,并大量招徕流民进行垦殖。

康熙元年(1662年),清廷为了断绝大陆民众对郑氏的接济和支援,下令迁界。北自辽东,南至广东,各省沿海居民,皆内迁30里,坚壁清野。结果引起一片混乱,人民游离失所,故业尽失,闽、粤居民,反而渡海以求生计。据《台湾郑氏始末》卷4的记载,郑氏政权此时大肆"招沿海居民不愿内徙者数十万人,东渡以实台湾。……内地民皆破产,哀号自尽,至是为成功所招"。招入的流民大部分是漳、泉两州的闽南人,他们或自领土地垦殖,或被屯田士卒招为佃农。正是有了大量的劳动人手的补充,才有可能开展较前代更为广泛的垦殖活动。

除了郑氏政权招徕外,还有自由注入的漳、泉移民,他们的人数无从获悉。

郑成功复台前迁入的汉族人口,据荷兰末代长官揆一在《被忽视的台湾》一书中说,除妇孺外,有2.5万壮丁。假定这一估计为真,至少有人口5万以上。郑成功收复台湾时,率2.5万将士第一批迁台,以后又有郑经等人陆续率部迁台。郑成功还一再要求将士将家眷迁往台湾,如此,郑部及家属人口合计当在5万左右。清廷迁界,郑氏乘机广为招徕,不愿内徙的闽、粤残民数十万人,渡海迁台。再加上历年偷渡的闽、粤移民,台湾汉族的总人口可能达到15万人左右。加上10万左右的土著人口,到郑氏时代的末期,全岛人口约为25万。

据乾隆《续修台湾府志》的记载,明郑时代屯垦和招徕移民开垦的土地面积共达18 443甲(据《赤嵌笔记》:一甲土地约等于11.31亩),其中田为7 534甲,园为10 919甲。荷兰时期已开垦的耕地田园约1万甲。经过郑氏政权时期的移民开垦,台湾的田园土地增加了两倍。

第二节

从移民偷渡到政府招垦[1]

康熙二十二年（1683年）七月，郑克塽降清。清在台湾设一府三县，即台湾府属之台湾、凤山、诸罗三县；台湾府属福建省。

台湾平定后，清廷为了收买民心，防止台民反抗，除了采取抚绥政策外，颁布台湾清查流民的命令。其基本精神是严格监视台湾人民，禁止无业游民留台，并强制他们迁回原籍。一时郑氏"文武官员、丁卒与各省难民相率还籍，近有其半"，以至于"人去业荒"[2]。据此可知，郑氏时期台湾汉族人口的半数离开台湾回到大陆。

不仅如此，清廷还颁布有关审验渡航，限制汉人渡台的条例。其基本精神大致有三：其一，欲渡航台湾者，先发原籍地主照单，经分巡台厦兵备道稽查，由台湾海防同知审验后许之；潜渡者严罚。其二，渡航台湾者，不准携带家眷，已渡台者，亦不得接引家眷。其三，广东人民不得渡台。第一条命令的本意是由原籍政府验明迁移者身份，有劣迹者不得流动；第三条命令在于不准进行跨省际的人口迁移；第二条命令与内地移民条例的最大差别就在于渡航台湾者，不准携带家眷。不准携带家眷，迁入者就不可能长期定居务农。这实际上是禁止农业人口来台垦殖。而符合条件的渡台者，只能是来回于海峡两岸的商人了。

由于担心台湾人口的增殖，在清政府的条例中，不仅规定一般的百姓不准携带家眷来台，就是赴任的文武官员也不得例外。清朝政府害怕台湾可能再次成为汉人反清的基地。

闽南及粤东地区人多地狭，田少山多，人口外移是缓解资源危机

---

[1] 参见陈亦荣：《清代汉人在台湾地区迁徙之研究》，私立东吴大学印。
[2] 施琅：《靖海纪事》。

的有效途径。所以尽管禁令森严,福建沿海,尤其是漳州、泉州的闽南人还是向台湾偷渡不绝。台湾的地方官,面对人少地荒的局面,也希望能够招徕足够多的劳动人手,开疆辟野,增加赋税。如第一任台湾知府蒋毓英就曾因为"见其井里萧条,哀鸿未复",遂招集流亡[1]。再如康熙二十九年(1690年)上任的诸罗知县张㺤"见邑治新造,多旷土,招徕垦辟,抚绥有方,流民归者如市"[2]。就连靖海将军施琅也说:"念……兆庶之弃业亏课也,则又委参将陈君讳远致者……殚心招徕之。"[3] 只是由于初期禁令尤严,招徕不易,移民入台的速度并不是很快。首任台湾总兵杨文魁在《台湾纪略碑》中说:"靡芜极目,藉人耕垦,始无旷土,奈阻于洪涛,招徕不易。"[4] 尽管招徕不易,但人口的迁入始终在不断地进行。

很显然,中央政府对于台湾的封禁既有悖于台湾开发的历史潮流,也有违于台湾地方官的意愿。至康熙中期,虽然时有励行督察,但禁令已大为松弛,潜渡之风有愈演愈烈之势。台湾西部海岸的各港口,北自鸡笼,南至恒春,以及东部海岸的蛤仔难(宜兰)及钓鱼台(台东)等较大港口,都布满潜渡者的足迹。直至康熙末年朱一贵乱后,政府在番界立石,限禁人民越垦,但偷渡之风仍未稍敛。

偷渡来台的流民冒风险而至,自然不敢携带家眷,而内地各津渡对妇女之禁尤严,因此而造成台湾人口中严重的性别比例失调。时人指出:"男多于女,有邨庄数百人而无一眷口者,盖内地各津渡,妇女之禁既严,娶一妇动费百金,故庄客佃丁稍有赢余,复其邦族矣。或无家可归,乃于此置室,大半皆再醮、遣妾、出婢也。"[5] 因为无女可娶,多数男丁不得不迁回故里,而其他无家可归或不愿回原籍家乡者,只能娶寡妇、妾、婢等女子。这各色女子属于郑氏时代迁入的汉族人口,并不是说流民之中还有这等女人。蓝鼎元指出:"粤民全无妻室,佃耕行佣,谓之'客子',每村落聚居千人、百人,谓之'客庄'。……统计台湾

---

1 康熙《台湾府志》卷10《艺文志·蒋郡守传》。
2 康熙《诸罗县志》卷3《秩官志》。
3 《靖海将军侯施公功德碑》,康熙《台湾府志》卷10《艺文》。
4 康熙《台湾府志》卷10。
5 康熙《诸罗县志》卷12《杂纪志·外纪》。

一府,惟中路台邑所属,有夫妻子女之人民。自北路诸罗、彰化以上,淡水、鸡笼山后千有余里,通共妇女不及数百人;南路凤山、新园、琅峤以下四五百里,妇女亦不及数百人。"[1] 台湾县在郑氏政权时即已开垦,其汉族人口多在清朝收复台湾前已经迁入,多有妻室。而北部和南部各地,则属清代平定后的流民开垦地区,几无妇女可言。由此可知,诸罗一带流民所娶寡妇等人实际上是居住于台湾县的汉族妇女,而台湾县之北部和南部的广大地区则几乎没有女人。蓝鼎元在《纪十八重溪示诸将弁》一文中议及朱一贵乱后大埔庄的情形时说:"中有女眷者一人,年六十以上者六人,十六以下者无一人,皆丁壮力农,无妻室,无老耆幼稚。"[2] 流民不仅无妻,而且无子。于是"乡间之人至四五十岁而未有室者比比而是,闺女既不可得,或买掠贩之女以为妻,或购掠贩之男以为子。女则十四五岁至二十岁,男则自五六岁至十五六岁,均不为讶"[3]。

渡台垦荒的流民没有妻室,更易造成台湾社会的不稳定。当时的地方官也认为,应当允许妻子在内地者,呈明给照,搬眷来台。只有家室迁来,才可以编定保甲,使之成为良民。当流民都有家室之牵扯时,才会致力于谋生之道,无暇为非。至雍正十年(1732年),朝廷同意部分开放渡台之禁,大批在台流民家眷,得以搬迁入台,由此而导致台湾人口激增。乾隆五年(1740年)朝廷又颁禁令,禁止移民引家眷入台。五年后,又准许移民迁眷入台。时隔一年,复又禁止。政府在对待移民家眷入台的政策上屡屡变化,朝令夕改,反映了当时的中央政府对待台湾开发的犹豫以及对大批闽、粤移民集聚于台岛的惶恐不安。

无论中央政府在"禁"和"开"之间如何反复,人民渡台已成不可阻挡之势。乾隆《台湾县志》有以下记载:

> 内地穷民在台营生数十万……其父母妻子,俯仰乏资,急欲赴台就养,格于例禁,群贿船户,冒顶水手姓名挂验,女眷则用小渔船夜载出口,私上大船抵台,复有渔船乘夜接载,名曰"灌水"。

---

[1] 蓝鼎元:《平台纪略》。
[2] 蓝鼎元:《东征集》卷6。
[3] 康熙《台湾县志·舆地志》。

一经汛口觉查,奸艄照律问遣,故刑当其罪,而杖逐回籍之民,室庐抛弃,器物一空。更有客头,串通习水积匪,用湿漏小船收藏数百人,挤入舱中,将舱盖封钉,不使上下,乘黑夜出洋,偶值风涛,尽入鱼腹。比到岸,恐人知觉,遇有沙汕,辄赶骗离出船,名曰"放生",沙汕断头,距岸尚远,行至深处,全身陷入泥淖中,名曰"种芋"。或潮流适涨,随波漂溺,名曰"饵鱼"。……穷民因迫饥寒,不顾行险,相率陷井。

他们或者使用伪造的官府照单,或冒充为商船水手,或混入兵差船中潜渡,或买通守口兵役私放。组织偷渡也成为一种职业,有一种专营偷渡的客头船户,用种种方法将欲渡台者运至台湾,从中牟利。直到乾隆二十九年(1764年),福建巡抚吴士功为解除来台移民之苦,上疏请开台民携眷之禁[1]。部议核准改例,准许在台有业良民,可各回原籍接眷过台。至此,闽、粤良民渡台之禁不复存在,迁移入台更多。

从一份嘉庆年间签署的渡台契约中隐约可见当年渡台客民的艰辛:

> 立请约人彭瑞澜,今因合家男妇老幼共九人往台湾,路途不属,前来请到亲罗亚亮亲带至台湾。当日三面言定,大船银并小船钱总铺插花在内,共花边银叁拾壹员正,至大船中一足付完。其路途食用并答小船盘费,系澜自己之事。此系二家甘愿,不得加减。口恐无凭,立请约,付炤。
>
> 批明:九人内幼子三人。
>
> 见请代笔兄瑞清
嘉庆九年正月二十五日[2]

渡台的航程充满艰险,订下契约以后,渡台客民实际上是将自己一家的生命交给了客头。正因为如此,所以挑选可靠的客头就显得非

---

[1] 吴士功:《清准台民搬眷并严禁偷渡疏》,载《台案汇录丙集》,《台湾文献丛刊》第176种,台湾银行经济研究室编印。
[2] 转引自黄湘玲:《客家〈渡台带路切结书〉》,《汉声》杂志第24辑,第84页。

常重要。而在本例中,所谓"亲罗亚亮"可能为彭氏的亲戚,将一家九口的生命托付给亲戚罗氏当然要比托付给其他不相识的客头人要安全得多。尽管如此,双方还是要订下这份契约,将双方议定的条件一一写下,以恐日后反悔。另外,契约中提及的全程花费为花边银31元整,也确实是一笔不小的数字,移民往往是卖尽原籍家产,方可凑得盘缠,踏上不归之路。海上移民历程比起大陆上的移民来,要艰难得多。

乾隆二十九年禁令开放之后,一般的良民百姓移渡台湾不再存在法律方面的障碍。但仍有禁止所谓"奸民"渡台的禁令。直至光绪元年(1875年),由于日本亟谋入侵台湾的刺激下,沈葆桢奏除禁止人民渡台及入山垦殖的一切禁令,开始于福建厦门、广东汕头、香港等地各设招商局,往台者免费乘船,官府给予口粮、耕牛、农具、种子,鼓励人民入台耕垦。招得潮民2000余人,其中800名安插于大港口及埤南等处。后停办汕头招垦局,并于前山就近招募。后山腴地不多,平原狭窄,交通不便,土著民族集中,移民成效不大。

从康熙二十二年(1683年)严禁内地汉民入台到乾隆二十九年(1764年)解除台民不得携妻入台的禁令以及良民准予迁台,计为81年。从乾隆二十九年至光绪元年(1875年)的政府招垦,其间达111年。至此,内地汉人进出台湾,不再存在任何法律上的限制和障碍了。

第三节

移民人口及其原籍分布

一 移民人口的估测

清代200余年间,台湾人口在大陆移民和移民人口的自然增殖中迅速增加。乾隆四十七年(1782年)福建巡抚雅德奏报"台湾府属实在土著、流寓民户男妇大小共九十一万二千玖百二十名口"[1]。从后面的记载来看,这一数据还存在一些问题。

嘉庆十六年(1811年)的台湾人口数有两个,一是道光《福建通志》卷48《户口》中所载的23.2万户,190.2万口;另一数据是《嘉庆一统志》中所载24.5万户,178.7万口,其中有近12万人口的差额。按照户均人口数作一估计,前者的户均人口达到了8.3人,而后者的户均人口为7.3人,户均人口数之多令人惊讶。陈亦荣认为省志中的户口数可能是加上了噶玛兰厅4万余丁数所造成的,其他差额则无法确知其由。我以为人口数字的差异可能在于对刚移入人口是否纳入台湾户籍的看法不同而造成。

光绪二十年(1894年)日人伊能嘉矩在编《台湾通志稿》时,汇集各县、厅采访所得,全岛人口为50.7万户,254万人,户均人口为5人。《台湾省通志稿》补其所缺之台东直隶州人口部分,其时户数为50.8万,人口为254.6万,数字变化不大。光绪三十一年日本人在台湾从事人口调查,当年全台人口为312万人,其中包括了以上历年数据中不曾计入的大约10万土著民族人口。

从1894年至1905年的11年间,台湾人口的年平均增长率为16.8‰,而从嘉庆十六年(1811年)至光绪二十年的83年间,台湾人口的自然增长率仅为3.5‰。再从乾隆四十七年(1782年)至嘉庆十六年的30年中,人口的年平均增长率却达到了25‰。这一系列数据所显示的台湾人口增长速度杂乱无章,毫无规律,说明人口数据本身存在错误。

若从嘉庆十六年至光绪三十一年的95年为期进行计算,台湾人口的年平均增长率为4.8‰,嘉庆以后,大规模的人口迁入已经停止,所以这一人口增长率可近似地看作人口年平均自然增长率,与全国人口的增长速度相近。所以我认为嘉庆十六年的台湾人口数大体是准确的,而光绪二十年据各县册籍汇总所得数据显然低估了当时的人口。

据此而假定乾隆四十七年至嘉庆十七年的台湾人口的年平均自

---

[1] 台北"中研院"历史语言研究所《明清史料》戊编第二本,中华书局1987年影印本。

然增长率为 6‰左右，至嘉庆十七年台湾原有人口数约为 108 万。这一期间迁入的移民及其后裔人口则达到 80 余万，占原有人口的 80％左右。从表 8-1 的统计来看，乾隆年间大陆对台湾的移民人口最多，嘉庆年间虽然减缓，但仍具有相当大的规模。

表 8-1 渡台始祖渡台时间统计

年 代	康熙(二十二年起)	雍正	乾隆	嘉庆	道光	咸丰	同治	光绪(二十年止)	合计
年 数	40	13	60	25	30	11	13	20	212
人 数	152	131	987	200	151	43	17	6	1687
百分比(%)	9.0	7.8	58.5	11.9	8.9	2.6	1.0	0.3	100
年平均	3.8	10.1	16.5	8.0	5.0	3.9	1.3	0.3	8.0

资料来源：陈亦荣《清代汉人在台湾地区迁徙之研究》。陈氏根据王世庆、王绵云《台湾公私藏谱目录初稿》(《台湾文献》第 29 卷第 4 期，1978 年)、张淑芳《清代安溪移民台湾之研究》(《高雄文献》第 5、6 期合刊，1980 年)以及他本人所得族谱补充统计所得。

说　明：渡台始祖的渡台年代，除确知的外，以一世为 25 年折算。

由于不准携眷入台的禁令于乾隆二十九年废止，所以，乾隆年间的移民高潮出现在乾隆中期以后。又因嘉庆年间的移民迁入速度仍保持较高的速度，仅比雍正年间略低，所以从乾隆四十七年至嘉庆十六年人口增长中的机械增长部分仍然是相当大的。从这一角度出发，可以认为乾隆四十七年的台湾人口数是大体可信的。

清时台湾编审户口，"有家室者均编，客户、单丁不与焉"[1]。至乾隆四十七年(1782 年)，老移民在禁令解除以后，大多将家眷迁来台湾，新来的单身移民则可能未编入户口册中。在扣除乾隆四十一年至四十七年的移民人口的自然增殖以后，还需加上未计入户口统计中的单身移民，因此，估计乾隆四十一年的台湾汉人约为 90 万。此即本书讨论的移民数量。

二　移民的原籍分布

大陆迁台移民原籍地主要有三大板块：一为泉州移民，他们入

---

[1] 康熙《诸罗县志》卷 6《赋役志》。

台最早,多分布在平坦肥沃的沿海平原。二为漳州人及厦门人,他们中的一部分随郑成功收复台湾时首批入台,之后,主要在施琅平定台湾后大量迁入,分布于距海较远的丘陵地带和各条河(溪)的中上游流域。三是客家人,他们本来就在闽、粤山地,距海较远,迁台时动作最慢,时间最晚,抵台后多分布于南部低山和溪谷低洼处,在北部则分布于平原,这也是清代中期分类械斗后重新迁移的结果。根据日据时代对台湾汉人分省籍调查,整理出各地各类移民的数量见表8-2。

表8-2 日据时期台湾各地汉人祖籍调查 单位:百人

祖籍	台北	新竹	台中	台南	高雄	台东	花莲	澎湖	合计
福建	7 161	2 171	7 362	9 793	3 871	37	99	670	31 164
泉州府	3 990	992	3 418	5 374	2 388	23	47	582	16 814
漳州府	2 846	1 065	3 611	4 238	1 293	10	46	86	13 195
汀州府	174	55	83	76	36	—	1		425
龙岩州	26	19	61	25	27		2		160
福州府	67	15	121	35	27	2	3	2	272
兴化府	5	17	5	32	33	1	—		93
永春州	53	8	63	13	67	1			205
广东	43	3 533	1 077	205	920	12	72	1	5 863
潮州府	18	518	547	113	128	2	21	1	1 348
嘉应州	19	1 683	383	71	769	9	35		2 969
惠州府	6	1 332	147	21	23	1	16		1 546
其他	56	117	99	106	106	—	—	5	489
合计	7 260	5 821	8 538	10 104	4 897	49	171	676	37 516

资料来源:转引自陈亦荣:《清代汉人在台湾地区迁徙之研究》第四章。

各类移民人口的多少实与各地距离台湾的远近有关,与台湾隔海相望的厦门是大陆渡台的主要港口,迁入的人口最多。在泉州府各县中,又以厦门港所在的同安县迁入人口为最多,次则安溪、晋江等县。泉州之外,次则漳州。雍正年间台湾知府沈起元在《条陈台湾事宜状》中说:"漳、泉内地无籍之民,无田可耕,无工可佣,无食可觅。一到台地,上之可以致富,下之可以温饱,一切农工商贾,以及百艺之末,计工授值,比内地率皆倍蓰。"[1] 而自施琅平台以后,则"严禁粤中惠、潮之民,不许渡台"[2],广东人口迁台所受限制要比福建人口大得多。在浙江玉环岛的开发过程中亦可见,政府对于邻县之间人口迁移的容纳力要大大强于省际之间的人口迁移。

至于各类移民在台湾岛内不同地区的分布,是清代中期以后多次分类械斗后的结果,留待下文论述。

第四节

移民对台湾各地的垦殖

在荷兰占台及明郑时期,外来移民大都集中于台岛西南一隅,即以今台南市为中心的区域中。荷兰殖民者建立的赤嵌城,郑成功继之定作东都明京,作为政治中心的地位没有改变。这一格局一直延续到清朝收复台湾,赤嵌城成为台湾府城,仍保持着台湾政治中心的地位。

如上述,无论在荷兰占据时期还是在明郑政权时期,以今台南城为中心的台湾西南地区都是当时垦殖的重点。荷兰人和明郑政权都致力于对这一区域土著番民的抚绥教化,因此,平原地区的土著大体已经开化,而"生番"则居于中央山地。可以说,除了近海的一些尚未开垦的区域外,台湾西南平原在清朝收复台湾之前,已经大体开垦成熟了。

兹分别论述台湾西南地区以外的其他各区的垦殖过程。区域开发的过程,本质上也就是移民的过程。

---

1 《皇朝经世文编》卷84《兵政》。
2 乾隆《续修台湾府志》卷11《武备》。

一　嘉义地区的开发[1]

嘉义旧称"诸罗"。清朝收复台湾之后，设一府三县，台湾、凤山之外，就是诸罗。诸罗地理位置为三县最北，县城设于八掌溪畔台湾西南平原的最北端。

就辖境而论，三县之中，诸罗辖地最广。其滨海一边南起新港溪，大抵为现在盐水溪的中下游，近山则南起罗汉门，即今高雄县内门、旗山一带及冈山溪的中、上游。诸罗县北境并没有确切的划定，因为当时都是尚未开发的"番部"。

在荷兰占据时期，嘉庆一带的平原是当时最大的鹿场，荷兰人的统治基本上没有涉及这一区域。因此，这一广袤的平原便成为颜思齐和郑芝龙部的主要活动地。到明郑时代，郑成功部开始了在嘉义一带的垦殖。最北到达斗六门（今斗六），即今云林县，向东到达林圯埔，即今天的竹山地区。斗六门以南，郑氏部将吴智武进驻诸罗山，另一部将率部屯垦今天的嘉义鹿草乡。这两个地区都位于八掌溪以北，这一带即是明郑政权屯垦的北缘。

康熙二十二年（1683年）施琅平台后，明郑政权的官兵及家属大部被遣送回大陆。八掌溪以北只有几个郑氏屯垦点，官兵遣返后，复成荒原草莽，人迹少见。所以，清设诸罗一县，地方官遂以招徕垦荒为急务。康熙二十九年至三十四年担任诸罗县令的张玽，就是因为"招徕垦辟、抚绥多方，流民归者如市"而被县志立传。

目前所见最早的老字据是康熙二十四年（1685年）十月垦户沈绍宏向诸罗知县请求开垦"北路鹿野草荒埔"的垦照，即开垦许可执照。鹿野草又称鹿仔草，也就是今天的嘉义县鹿草乡，即原来郑氏部将的屯垦地。康熙三十四年（1695年），辛承贤、韩玉等人请求在"蚊港北中桁"，即今天嘉义市布袋镇开筑鱼塘。这一时期，这一地区已经陆续有汉人前来开发。在康熙三十四、三十五年间重修的《台湾府志》中，

---

[1] 据尹章义：《嘉义发展史》，《汉声》第23辑，台湾《汉声》杂志社，1989年；《台湾北部拓垦初期"通事"所扮演的角色及其功能》，载《台湾开发史研究》，台湾联经出版事业公司1989年版。

嘉义境内虽然没有坊、里和街,但已有了九个庄。各庄庄名和位置大致如表8-3。

表8-3 康熙三十四、三十五年间(1695、1696年)诸罗县的九庄及其方位

庄 名	位 置	甲 数	庄 名	位 置	甲 数
井水港	台南县盐水镇	1	鹿仔草	鹿草乡鹿草	2
龟佛山	鹿草乡竹山	2	南势竹	义竹乡南势竹	1
大丘田	布袋镇	2	龟仔港	朴子镇龟仔港	1
槺 榔	朴子镇大、小木康榔	1	诸罗山	嘉义市	10
打 猫	民雄乡	2	合 计		22

从表8-3甲数的分布中可知,诸罗县近半数的人口居住于诸罗县城之中,县城之外人口只有一二甲,可见人烟仍很稀少。康熙《诸罗县志》卷7《兵防》说:"当设县之始,县治草莱,文武各官皆侨居佳里兴,流移开垦日众,极远不过斗六门,北路防汛至半线(按今彰化)、牛骂(按今清水镇)而止,皆在县治二百里之内。"垦民所至仍大致囿于明郑时期开垦的地域。

康熙四十年(1701年)以后,随着流民的大量涌入,嘉义地区进入了全面开发的新时期。康熙四十七年,垦户詹升请垦打猫梅仔坑寮口荒埔(现今梅山乡梅山一带)。《诸罗县志》中的"梅仔坑"条也有"山之西有汉人耕种其中"的记载。村庄数量也在增加,大量的水利设施在兴建。

据尹章义先生的研究,《诸罗县志》中共记载有32条灌溉渠,其中有8条的长度在"十余里"以上。康熙三十一年开凿了5条,三十九年开凿了1条,四十二年至四十九年开凿了14条,五十三年至五十六年开凿了12条。这显示了康熙四十二年至四十九年以及五十三年至五十六年,是嘉义水利发展的两个高潮,也可能是移民迁入的两个高潮,因为如此巨大工程的兴建,需要投入大量的人力,绝不是零星庄民所能承担的。

至康熙末年,嘉义平原的水田化过程大体完成。康熙五十六年出版的《诸罗县志》说:"三十年来,附县开垦者众,鹿场悉为田,斗六门以

下鹿獐鲜矣。"嘉义水田一年两熟,由此而成为台湾最富庶的地区。

农业的发展带动了商业的繁荣和市镇的发展。在康熙三十五年的《台湾府志》中,嘉义地区还没有一个街市,而在康熙五十六年的《诸罗县志》中,由南而北出现四个沿海街市:笨港街、土狮仔街(六脚乡大涂狮)、猴树港街(朴子镇朴子)、井水港街。内陆则有打猫街和县城中的镇安街、太平街和十安街等闹市区。其中井水港街和打猫街是康熙三十五年以前的村庄,其他几处则是康熙三十五年以后新兴的聚落和市镇。

由于平原地区的水源来自山区,加上明郑政权覆亡时,有汉人逃入山中,因而嘉义山区的开发较早。康熙四十七年詹升请垦梅仔坑一事表明汉人已经入山垦殖,日据台湾初期的调查表明,当地有关于康熙二十四年前后朱氏和萧氏入山垦殖的说法。至康熙六十年朱一贵乱,诸罗东部的大山中有数以百计的人响应,蓝鼎元曾率兵入山征剿。这说明嘉义东部山区已经成为汉族移民的垦殖地。

汉族移民的入山垦殖,需与山中的番族发生往来,就比在平野地带更需要会说番语和熟习番情的媒介人材,即通事。清代将顺从政府而相当汉化的番族称为"熟番",不顺服且未汉化的称为"生番",尚未汉化但愿意顺服政府的称为"化番"。嘉义山中的番族属于"化番",仍相当剽悍、强横。担任通事者,不仅充当翻译,而且充任社区的公务人员,其职责相当于今日之社区警察、税务官、村长、会计、汉番协调人等等。往往由几十个人组成一个通事集团,人兼一职或数职。朱一贵乱时,番族各社乘乱叛变,通事多被杀害。次年经政府恩威并举,各番社始平。在这一过程中,原来在通事集团中担任"夥长"职务的吴凤被地方官任命为通事,他与当地阿里山各番社建立了良好的关系,吴家也得以在山中拥有广大的土地。

乾隆三十四年(1769年),阿里山番人在一场殴斗中误杀了吴凤。吴凤死后,杀死吴凤的番社恰巧发生传染病流行,并使阿里山其他番社也受到了影响。番民在其头目的倡导下,埋石立誓,不再杀汉人。以至于乾隆五十一年林爽文起兵反清,阿里山各番社不再以汉人为敌,而是应清廷之征,出兵帮助政府剿杀林爽文,因而大受清廷嘉奖。

清政府护番保产以及安抚、荣宠等政策对番民产生很大的影响。误杀吴凤一事则强化了番民的凶神信仰,使得嘉义山区的各番社产生了相当强烈的自我约束力量,也认为是吴凤的亡灵在保护他们,他们因而崇拜吴凤,称其为"阿里山忠王"。民间的传说则称吴凤是他们的保护神。因此,吴凤死后嘉义山区汉番关系一直是相当融洽的,山地的垦殖也进行得顺利而平静。

二 台中地区的开发[1]

台中地区即清末设省时的台湾府地,位于台湾中部。台湾府之南部即浊水以南、八掌溪以北的地区,在叙述嘉义垦殖史时已有涉及,兹不再论。因此,本文中的台中地区仅指浊水以南的台湾府辖地。

据《诸罗县志》卷7记载:"康熙四十九年时,数年间,流移开垦之众,又渐过半线(按:彰化)、大肚溪以北矣。此后流移日多,乃至日南、后陇、竹堑、南堑,所在而有。至康熙五十六年,半线以至淡水,水泉沃衍,诸港四达,犹玉之在璞也。流移开垦,舟楫来往。"仅仅几年工夫,半线、大肚溪以北乃至淡水地区,到处都可见到外来移民的身影。然而,就整个区域而言,尚留有很大的开发余地。

康熙五十四年(1715年)诸罗知县周钟瑄"查附近县治如诸罗山、哆啰啯、目加溜湾、麻豆、萧垅、新港等六社,番汉错居,向皆自举通事……因查县北如打猫、他里雾、柴里三社,均属附近,番习见长官……亦令自举通事自输。……唯是西螺以上,北抵淡水,去治日远,番顽蠢益甚,又性多猜忌,出山数里外即瞿瞿然忧其不返。……故西螺以北番社之有藉于通事,又与斗六门以南各社不同,亦势使然也"[2]。直至康熙末年,西螺溪及斗六门以北的台中和台北地区还是"生番"的天下,汉人迁入不算很多,不像斗六门以南地区,皆是"熟番"或"化番","汉番错居"表明地区垦殖已经达到较高的程度。

因此,诸罗县的行政管理,其邮传最北者止于大肚铺,即今大肚溪

---

1 据尹章义:《台湾北部拓垦初期"通事"所扮演的角色及其功能》,载《台湾开发史研究》。
2 康熙《诸罗县志》卷6《赋役志》。

畔。陆路防汛增设八里坌、大甲、猫盂、吞霄、后垅、中港、竹堑、南嵌等一汛七塘,其中后垅、大甲、猫盂、吞霄、中港等地位于台中地区。水师防汛虽在鹿仔港以北设崩山、后垅、中港、竹堑、南嵌、淡水、鸡笼七港,但皆未设防。就整体而言,诸罗县的行政范围在斗六门以北相当有限,在大甲溪以北则几乎全无。所以有人说:"往年自大甲溪而上,非县令给照,不容出境。"[1]尽管如此,以这些汛塘地为基点,大量移民因而得以北上,展开垦殖。《诸罗县志》卷7说:"前此越境有禁,人犹冒险以逾大甲。"反映的就是移民冒险北上拓垦的事实。

政府对大甲溪以北无心涉及。《诸罗县志》卷7指出大甲溪以北"遂为政教不施,稽察不及之乡,徒寄耳目于三五通事"。当时活跃于此的著名通事为张达京和林秀俊,他们不仅充任汉番之间交涉的中间人,而且本身就是大垦户。

张达京是广东潮州大埔人。来台之初,在今天彰化员林、埔心、社头一带拓垦,由于福建泉州、漳州移民多在台南一带垦殖,所以后来的广东移民多集中于诸罗县境。陈梦林说:"今之流民大半潮之饶平、大埔、程乡、镇平、惠之海丰。"张达京即其中的一员。张达京因熟习番语,在岸里社归附时任通事。

康熙五十四年(1715年)岸里社"始行内附"[2],算是"化番"。次年政府将今台中平原的大部分土地划归他们耕种,其理由是:"此处人番并无妨碍,不是野番时常出没之所,汉人皆不敢到……批赏穆等各社番黎前去耕种凿饮开辟……"[3]然而在实际上,政府仍待他们如生番,康熙六十一年在"逼近生番处所相去数十里或十余里,坚石以限之,越入者有禁"[4]。

由于政府对于番产实行保护政策,番地只能租给民人耕种,不许买卖。所以在番地开垦的汉人,必须在经得番人的允许后才可承租,代番纳饷,招佃垦荒。在雍正四年(1726年)浙闽总督高其倬的摺中,

---

[1] 黄叔璥:《台海使槎录》卷6《番俗六考》。
[2] 觉罗满保:《题报生番归化疏》,康熙《诸罗县志》卷11《艺文志》。
[3] [日]伊能嘉矩:《台湾番政志》。
[4] 康熙《诸罗县志》卷8《番俗杂记·番界》。

有关于该地汉庄的记载：

> 蓝张兴一庄，其地向系番人纳饷二百四十两，原任总兵张国原认垦其地，代番纳饷，招垦取租。数年之前，提督蓝廷珍转典其庄，现聚垦种田土者已二千余人。[1]

张国，泉州人，康熙四十四年(1705年)任北路营参将，四十八年升任福州城守副将。张国代番纳饷就是在参将任上的几年中。其庄设于大肚溪猫雾束山以东的平原上，与划界而居的岸里等社毗邻而居。张国离任，则将田庄转典给提督蓝廷珍。大批移民受招而来，成为张国或蓝廷珍的佃农，数量竟达2 000余，从此也可见张国田庄面积的广大了。

一般的民庄也出现了。雍正十年，张达京以其字"振万"为名设一垦号，与岸里番社订立"给垦约字"，割地换水，以资灌溉。可见此前张达京等垦首已经垦有相当大的田地。次年，张达京又以"分水灌溉以换地"的方式取得番社山中四块草地。由此可见，张达京作为通事，同时又作为垦户主持了台中平原部分地区的开发和水利事业。

林秀俊是福建漳州府漳浦县人，是台北地区有名的通事。除任台北地区通事外，他还曾任大甲德化社通事。德化社下辖五社，散布于今天大甲溪与大安溪一带的滨海平原上。大片番地经林秀俊之手，转与汉民垦种。当时地多人少，林氏遂以低租额吸引拓垦者，以至于至乾隆年间，政府出面要求佃农增加租额。

林秀俊还曾任猫里社(今苗栗)或后垅社通事。同治《淡水厅志》在《建置门》中记载："乾隆三十四年，众佃按甲科派所置。其水发源于合番坪，在龟山头筑石塘以潴之，由林秀俊分开圳道，灌溉田四百四十八甲。"据尹章义先生之研究，林秀俊本人垦庄遍及台中、台北各地，凿大渠数条。可以说，台中平原的开发与林秀俊的工作有密切的关系。

一般的垦户随着财力的积蓄和人口的增多，形成了地方大族。如著名的张士箱家族，康熙末年曾以云林仑背为中心开展垦殖。他们招

---

[1] 《高其倬奏闻事摺》(雍正四年十一月初八日)，台北故宫博物院编：《官中档雍正朝奏折》第六辑，第831页。

民开垦,辟田野,筑水圳,成为当地首富。以后相继向今彰化、台中和台北地区投资,成为当地最有声望的家庭之一。只是张士箱死后,财产为后代所分,以家庭为中心的一大垦号便迅速衰落。

再如彰化县施氏,也是名重一时的大垦户。施氏的最大贡献是修建彰化县八堡圳。八堡圳由沙连下堡浊水庄分流浊水溪之水,使之疏通。灌溉区域包括东螺东保等八堡,计达103庄,灌溉面积约有1.9万余甲,约合内地20余万亩。当时的彰化县仅十三堡半,可见此圳灌溉面积之大。开凿此圳的地方大族施长龄,因此壮举得以留名青史,其事迹见《彰化县志·人物志》。

山区的开发也在同时或稍后进行。仅以今台中县东势地区为例[1],就可见这一开发过程的曲折和艰难。东势位于台中县中部,地当大甲溪和大安溪之间。境内除大甲溪沿岸的平原外,大多是起伏的山地。雍正年间,虽有汉民入垦,却规模甚小。乾隆年间,入垦人口增加。乾隆四十年(1775年)广东潮州府大埔县人刘启东率众来垦,建立石冈仔庄。尔后刘启东又越过大甲溪,入山砍伐。在遭到番族的抵抗后,刘启东实施武装护垦,最终在大甲溪东岸,建立起聚落,即今天的东势街。

刘启东赖以致富的是樟脑油生意,他将东势附近出产的樟脑油销往大陆,获得厚利。又从家乡招募人手,来台垦殖。直到今天,当地的居民还能回忆起他们的先祖大多种田或作木工,此外,就是帮人制作樟脑油。樟脑油曾经是晚清台湾的三大出口品之一,东势一地的樟脑油产量占出口总值的一半。林业经营构成东势开发史的主要特色。

东势以南的水沙连番地迟至嘉庆后期才得到大规模的垦殖。嘉庆二十年(1815年),水沙连的隘丁黄林旺与嘉义人陈大用、彰化人郭百年等,领得垦照后,带领民壮佃丁1000余人,进入番界,但随即被官方逐回。直到咸丰年间(1851—1861年),郑勒先通番成功,汉人才得以大量入垦埔里,形成较大村落。而全面垦殖则是在清末由政府招垦局主持完成的。

---

[1] 据奚松:《台中、苗栗地区客家人入垦台湾中部山区》,《汉声》第24辑,台湾《汉声》杂志社,1990年。

东势以北,隶属于苗栗县的内山地区,因番害严重,垦殖进程缓慢。同治年间(1862—1874年),原居住于苗栗杨梅坜地方的佃农黄南球一家迁至山地边缘,不久,便创立"金万成垦号",组织人马深入内山进行垦殖。在积聚了充分的资金以后,又组建"黄南球垦号"独立开垦狮潭地区。除了稻米的生产外,黄南球也以樟脑采制作为最大的富源,以至在光绪年间(1875—1908年),成为富甲一方的首富。

正是由于大量移民的迁入,使得台中地区逐渐成为人口稠密之区和物产丰阜之区。雍正元年(1723年),分诸罗县设彰化县。再晚至光绪十三年始有苗栗、台湾、云林三县之设,次年又设埔里社厅。

三 台北地区的开发[1]

1. 台北、新庄平原

如上引资料所述,康熙年间,大甲溪以北地带为政令不及之区。人民北上,须经诸罗县令给照,方许逾越。实际上,也有私自越境前去的偷垦者。加上台北地区设有八里垒、南嵌等溏汛驻兵,更易吸引移民前往。蓝鼎元就说过:"若安设官兵,则民不待招而自聚,土不待劝而自辟。"[2] 又说:"地无美恶,经理则善,莫如添兵设防。"[3] "有官吏、有兵防则民就垦如归市,立致万家,不召自来,而番害亦不待驱而自息矣"[4],道破军事戍守与移民垦殖之间的关系。

康熙五十五年(1716年)五月,政府于台北正式设立淡水营(今新竹),加强了对台北地面的武装守备。此时,台北的流民众多,土地垦殖也进入了一个新的高潮期。正如台湾北路参将阮蔡文有诗曰:"近日流亡多,云欲事耕耘。"[5] 更具体的记载则见于《诸罗县志》。

《诸罗县志》卷12《杂记志》中说,在新庄平原的南端,"摆接附近,内山野番所出没,东由海山出霄里,通凤山崎大路。海山旧为人所不

---

[1] 据尹章义:《台北平原拓垦史研究(1697—1772年)》,《台湾开发史研究》。
[2] 蓝鼎元:《谢郝制府兼论台湾番变书》,《治台必告录》卷1,见《鹿洲文集》。
[3] 蓝鼎元:《覆制军台疆经理书》,《东征集》卷3。
[4] 《东征集》卷6。
[5] 阮蔡文:《祭淡水将士文》,康熙《诸罗县志》卷11《艺文志》。

到,地平旷,近始有汉人耕作,而内港之路通矣"。霄里在今桃园一带,凤山崎在今新竹凤山溪,内港原指台北大湖,此处指新庄平原,广义则应指整个台北平原。新庄平原缘溪开辟之后,台北平原中的居民,便可以由陆路南连竹堑,不必绕道八里垒走滨海线了。

同书进一步议及台北平原的垦殖和发展,"武胜湾、大浪泵等处,地广土沃,可容万夫之耕。……若半线置县设营而分兵五百于淡水,因为立市廛,通商贾于福州、厦门,不数年淡水一大都会矣"。为此主张设巡检于新庄平原之淡水,如能设置守备,则"招徕益众,户口益滋,田野益辟"。雍正元年(1723年)于今新竹地设立淡水厅(今新竹),雍正九年于八里垒设巡检。乾隆二十八年(1763年),淡水厅同知胡邦翰至淡水兴直保(今新庄),撰文说:"北为峰子峙山,南为龟仑山,东面摆接山,西枕八里垒山,四面环绕,平原广阔,水田肥美,实为台北要区,天然巨镇也。中有新庄街一道,商贩云集,烟户甚重,凡内地人民赴台贸易由郡来北路,必至于是。"胡焯猷则以"市肆聚千家之烟火"来形容新庄市之繁荣[1]。可见这一时期,新庄平原开垦已具相当规模。

2. 桃园、新竹地区

竹堑埔(今新竹)在康熙中期还相当荒凉,《裨海纪游》描述当时的情景:"不见一人一屋","途中遇麋鹿群逐队行,甚多","既至南嵌,被荆度莽,冠履俱败,真狐貉之窟,非人类所能至也"。到康熙五十四年(1715年)阮蔡文到此勘履时,已是"鹿场半为流民开"了。康熙末年,更是气象大变,据《台海使槎录》记载,"昔日近山皆土番鹿场,今则汉人垦种,极目良田,遂多于内山捕鹿"。

康熙三十年,福建同安人王世杰,率子侄、乡人180余人,开垦竹堑埔至凤山崎(今湖口)一带的土地,共39庄。雍正三年(1725年),漳州人郭文光偕106人垦角堑社桃仔园地,广东陆丰人徐立鹏垦红毛港(竹北)、新庄仔(新竹)及杨梅坜(桃园)之野。雍正九年,徐立鹏等人开垦竹北二堡地方。乾隆二年(1737年),姜朝凤开拓红毛港。乾

---

[1] 《明志书院案底》。

隆四年,泉州人林耳顺垦竹南中港社。到乾隆六年,何士兰等人开辟淡水厅内湖等地;薛启隆等集佃垦宵里大圳,渐达虎茅庄(今桃园)。至乾隆二十七年,胡邦翰任淡水同知,垦荒中港、头份、新浦、犁头山、石牌、麻园、员山、九芎等地。乾隆三十九年、四十年,漳州饶平人林钦堂垦头重埔及员山一带地方,陆丰人彭乾和兄弟垦树圮林[1]。

道光十四年(1834年),姜秀銮等人从城中大户及乡下佃户中集得本银万余元,分为25股,姜秀銮和林德修二人任垦首,形成新竹东南山区有名的"金广福垦号"[2]。他们以北埔为中心,从事垦殖,垦田达数千甲。

3. 宜兰平原

宜兰平原地处台北地区的东北部,中央山脉的东部。其三面环山,东面靠海,平原万顷,溪流分注,沃壤千里。乾隆三十二年(1767年),汉人林汉生曾招众入垦蛤仔难,为番人杀害。乾隆四十八年,福建漳州人吴沙和淡水人柯有成等招闽、粤流民200余人,辟三貂岭地。三貂岭距蛤仔难仅一二日程,吴沙曾因贸易事进入宜兰,十分熟悉宜兰的情况。

嘉庆元年(1796年),吴沙再次进入宜兰。他率乡勇200余人,佃家随后,至乌石港(今头城镇)筑土堡以居,开田辟地。吴沙的武力拓垦遭到番人的拼死抵抗,其弟也为番人所杀。正在此时,番社中流行痘症,人多死,不得已而他迁。吴沙强行施药,所活凡百数十人。番人视之为神,纳土为谢,吴沙得地数十里。次年,吴沙在淡水厅申请垦照,募得漳籍移民及泉州和粤籍移民千余人,拓展田土。乌石港后称为头围,此时已拓垦至二、三、四围。吴沙立乡约,设隘防,募丁壮。四方移民纷至沓来,视为乐土。嘉庆三年,吴沙死,其侄吴化代领其事,进垦至五围,宜兰平原亦垦殖完毕。嘉庆十七年,清朝于此设噶玛兰厅(今宜兰县)[3]。

---

[1] 以上各条资料见程大学编:《台湾开发史》附录《台湾开发史大事年表》。
[2] 据吴学明:《〈北埔姜家史料〉的发掘和"金广福"史实的重建》,《历史、文化与台湾——台湾研究研讨会五十回纪录》,台湾风物杂志社1988年版。
[3] 姚莹:《噶玛兰厅原始》,《噶玛兰厅志》卷7《杂识》。

四　台南平原以南区域的开发

如前所述,在荷兰占据时期和明郑时期,台南平原已得到较为充分的垦殖。人口也较台湾其他地区更为密集,因而容纳移民的空间较小。而在台南平原的南部,情况则有不同,其近山丘陵,还有大片荒地,地多人少,可供垦殖。康熙中期来自广东嘉应州的客家移民,在闽南人还未来得及完全垦辟的屏东地区,拓荒垦殖。

移民们在屏东建立的第一个据点位于今屏东县万丹乡。他们安营扎寨,垦荒种植的那片荒芜低地,后取名为滥滥庄。大约在康熙四十年(1701年),来自广东嘉应州的客家人分几路向高屏低洼平原进发,往西一路越过隘寮溪,在一片低地上建立起新的居民点,名粜籴村;顾名思义,这个村庄历史时期曾经是一个粮食交换的集散地,是这一带稻谷输出的中心地。不远处又有一个原名"顿物庄"的竹南村,是当年官府囤聚粮食的地方。客家移民终于从"滥滥"走向"粜籴",走向"顿物",而今天的滥滥庄已不再是客家人的居民点,早已为闽南人所定居。

客家移民的另一个据点长治,位于今屏东县东部山脚下,康熙三十五年从广东蕉岭迁来的客家人邱永镐发现这块平原后即着意开垦。康熙三十八年,他又从原籍招来移民扩大开垦。以后又凿圳引水,垦成水田600甲。移民沿下淡水及东港两溪展开拓垦,大小村庄星罗棋布。屏东地区的丘陵地带,就是这样一步一步地开拓出来的。

康熙六十年朱一贵起事时,这里的13大庄、64小庄共纠合一万余众,卷入其中;据此可见移民人口的众多和开垦田地的广阔。

五　台东地区的开发

还在康熙中期,陈文、林侃合伙行商,往来沿海,寄居花莲。而嘉庆年间,吴沙对蛤仔难地方的垦殖,则意味着对台东地区拓展的开始。

嘉庆十七年(1812年)李享等人率众继续向东部地区拓展，入垦奇莱(今花莲、吉安、寿丰一带)。

道光年间，在前山垦殖的闽人郑向，越过中央山脉与卑南境内的番人互通贸易，并传授耕种之法。到同治末年，卑南一带的汉人村落在宝桑有50余家，在璞石阁有40余家，花莲港有40余家。

同治十三年(1874年)沈葆桢为加强台湾防务，在台推行开山抚番，彻底开放内山番界之禁，奖励汉民拓垦番地。这年六月，清兵由安平港乘船至后山，于卑南登岸，招抚东部番社。并派兵勇，分南、北、中三路开凿至后山的道路。

政府从大陆招徕移民入台垦荒，招徕人口的一部分进入后山，另一部分进入前山番地。光绪元年(1875年)在南路番地琅峤设恒春县，在后山番地设卑南厅。光绪十三年改卑南厅为台东直隶州，汉民开拓日广。

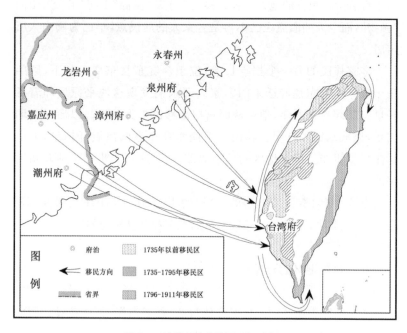

图8-1 清代台湾的移民开拓示意图

第五节

移民社会：分类械斗与社区整合[1]

台湾移民社会和内地移民社会最大的不同点在于，内地移民社会仅有移民与土著的冲突，而少有移民与移民之间的冲突，尤其是激烈的冲突。台湾移民不仅要面临土著的压力，还要应付来自不同原籍的移民的挑战。不同原籍之间移民的分类械斗构成台湾移民历史最明显的特征。

一 汉族与土著民族

如前所述，台湾的先住土著可以分为若干族群，汉人统称为"番"。以我们今天的观点，所谓的"番"即非汉人的意思，并无贬义，姑且用之。

早在荷据时代和明郑时代就已经开展了对番人的招抚和劝化工作。清统一台湾伊始，即开始招抚流亡和归化土番的工作，命番社头目为土官，以司管束。又设通事，司理汉番之间的沟通，并兼理土番的教化。

由于清朝政府积极推行抚番政策，"生番"自愿归化者日多。凤山、诸罗两县"熟番"已达46社之多，而其他"生番"见"熟番"饱食暖衣，也纷纷来归。康熙六十年（1721年）朱一贵起事之后，台湾增设彰化县和淡水厅，土番归化者益多。

乾隆三十一年（1766年），全台分为南北两路，分置理番同知，专司理番抚番之责。雍正五年，制定民番界域，当时大小熟番已有93

---

[1] 参见尹章义：《台湾开发史的阶段论和类型论》，《台湾开发史研究·序》；陈亦荣：《清代汉人在台湾地区迁徙之研究》。

社,番社大者给水陆地 500 甲,中者给 400 甲,小者给 300 甲,用于耕猎,严禁汉民侵入。一般说来,在政府的保护下,汉人与熟番的关系大体是平安相处的。尹章义指出:

> 在番汉杂居的情况下,要维持"庄社各守相安","地方事务"的合作必不可免的,不但通事、土目、社丁和垦首、保甲、族正、耆老们要合作应付政府交办的"公事",如递送公文,踏勘土地、灾情,报告地方特殊情况(如漂流至各地的外国人)、办理军工大料之外,地方上修桥、铺路、整修圳路、赈济灾荒也要大家合作。至今仍能看到的是在"社口""旧社"等以番社为名的地方,其地的庙宇往往也是番汉合建。其中最著名的则是淡水通事赖科,于康熙五十一年纠合民番建"干豆门灵山宫"——今天台北关渡的妈祖庙,是虎尾溪以北最古老的寺庙。也就是说,在宗教信仰上也是彼此合作相容。[1]

这和大陆内地的情况相同,经过一段时间的彼此相洽,番族便逐渐整合于汉族之中了。

居住于中央山地及前山或后山的"生番",是汉族入垦的最大障碍。入山垦殖的汉族移民除了取得政府的垦照外,还必须有足够的能力处理好与番族的关系。他们或采取抚绥的方针,通过联姻(如不少汉族通事娶有番妇,甚至成为番族头目的女婿)、施药(如吴沙开辟宜兰)以及贸易、教以农耕等多种方式保持与番族的友好关系;或者采用武装对抗的手段,招徕丁勇,设置隘线,实行武装垦殖。政府则对中央山地及两侧的生番居住区实施封禁,严禁汉人进入,以保护汉族垦民的利益,也严防番人对汉人的屠杀和对汉庄的掠夺。

直到清代末年,为了巩固边防,根除番害,政府解除番地禁垦之令,全面推行开山抚番政策,奖励并组织人民入山垦殖。前山的若干生番居住区和后山地带,大都是在这一时期开发的。

---

[1] 尹章义:《台湾开发史的阶段论和类型论》,《台湾开发史研究·序》。

二 汉族移民之间

从表8-2中显示的数据来看,台湾汉族人口的98%以上来自闽、粤两省。其原籍以府为单位进行分析,泉州移民占45%,漳州占35%,汀州占1%,福建其他地区占2%。另外15.6%来自广东的嘉应、潮州和惠州。在光绪十三年(1887年)之前,台湾一直是福建省辖的一个府,因此,来自粤省的移民则成为"隔省流寓",他们入垦所得各种利益和占有各种资源都可以视作侵占了闽人的权益。加上闽南的福佬人(汀州人除外)和广东的客家人属于不同的语系,相互之间的沟通就存在许多障碍。

所以,在汉移民开发台湾的过程中,除了移民与土著民族的矛盾冲突外,福佬和客家两个语群的关系也成为台湾社会冲突的焦点之一。而泉州、漳州两大移民群人口的数量又远远大于广东三府,故两府移民本身又成为占有相对多数的势力集团,他们之间也会形成激烈的矛盾冲突。更有甚者,不同县籍的移民人口之间也会发生激烈冲突。这种移民分原籍和分语群之间的矛盾冲突,往往以大规模械斗的形式表现出来,简称为"分类械斗"。通过"分类械斗",各地移民社会由一种平衡状态转化为另一种平衡状态,这一过程,社会学称之为"整合",对以后台湾社会的发展至为重要。

1. 分类械斗

在台湾的移民开发史上,大规模的分类械斗始自康熙末年,终于光绪初年。而以乾隆四十七年(1782年)至同治六年(1867年)之间的械斗最为频繁,咸丰朝达到高峰。表8-4显示历代分类械斗发生的次数和频率。

就械斗发生的地区而言,则以嘉庆十七年(1812年)增置的噶玛兰厅为最高,其次为淡水厅(包括今基隆市、台北县、台北市、桃园县、新竹县、苗栗县及台中县的一部分),再次为彰化县(今彰化县、南投县、台中市及云林县、台中县的一部分)。大致说来,台湾的分类械斗随土地开发的进程而有加剧的趋向,越是开发晚近的区域,分类械斗

表 8-4　清代台湾分类械斗的时间演变

年　代	康熙(二十二年起)	雍正	乾隆	嘉庆	道光	咸丰	同治	光绪(二十年止)	合计
次数	1	1	3	8	11	7	5	2	38
每十年发生次数	0.25	0.77	0.50	3.20	3.67	6.36	3.85	1.00	1.79

资料来源：黄秀政：《清代台湾的分类械斗事件》，转引自陈亦荣：《清代汉人在台湾地区迁徙之研究》。

的发生频率越高，而在最早开发的台南地区，分类械斗的发生频率最低。

这一现象可以做如下解释：台南地区在明郑时代已获开发，各籍移民已在这一区域安然相处，社区整合基本完成，除非特大的外界压力，否则不易动摇固有社会的结构。随着台湾中部和北部地区开发的进程，来自大陆的移民越来越多，且原籍纷纭，相互之间的冲突在所难免。尤其是到了清代后期，区域开发已大体结束，人口与土地的矛盾也相对紧张，各籍移民之间的矛盾也日渐尖锐，故引发械斗的可能性也在增加。

台湾最初的械斗发生在台南地区。康熙六十年闽人朱一贵的反清事件，导致了台湾一次大的社会动乱。凤山县下淡水溪流域(今屏东地区)的广东客家人助清平乱，使这一政治事件转化为闽、粤分类械斗。如前所述，康熙中期以后广东客家迁台后，在台南等地并没有找到可供开垦的荒地，只得沿下淡水溪南下，在今屏东丘陵地带拓荒垦殖，生息繁衍。这一区域的福建移民大多在明郑时代即已迁入，广东移民渡台后，大多成为闽人的佃农或小租户；佃家与佃主之间，小租户与大租户之间的矛盾冲突极易转化为地缘的冲突。另外，广东移民渡海多在福建厦门港口，所受台籍客头盘剥尤多，与闽人之间的仇恨因而由来已久。道光年间的资料说："地方安靖，闽每欺粤，凡渡船、旅舍，中途多方搜索钱文，粤人积恨难忍，逢叛乱，粤合邻庄聚类蓄粮，闻警即藉义出庄，扰乱闽之街市村庄，焚抢房掠闽人妻女及耕牛、农具、衣服、钱粮无算，拥为己有，仇怨益深。"[1] 在平定朱一贵事件中，以"义

---

[1]《台湾采访册·纪事》。

民"自称的粤人"肆毒闽人……诸泉、漳多举家被杀、被辱者",所杀者已经不分是否参与叛乱,而是以是否闽人分类了。这次分类械斗波及凤山、台湾和诸罗三县,即当时清设政区的整个台湾。

这种因人民起义(台湾学者称为"民变")引发的社会动乱曾不止一次地引发台湾的分类械斗。乾隆五十一年(1786年)福建漳州府平和县人林爽文在彰化县揭竿反清。事件平定后,义民却"好事轻生,虽贼人败退,犹剽掠不已。漳、泉、闽、粤之人转相仇杀,淡水复大扰";义首林凑等收复彰化后,仍"日出焚毁漳人庄舍,彰化县漳人庄凡数十营,林爽文倡乱,犹心恃两端,及数被义民蹂躏,从贼心益坚。有贼目陈泮、吴领者……益纠众为报复计,凡泉人庄舍,贼亦焚之"[1]。这其中既有闽、粤分类械斗,又含有漳、泉之间分府械斗,错综复杂。

再如嘉庆十年(1805年)吴淮泗等在沪尾起事,次年义首王松率领乡勇入鹿港守备。王松所率乡勇皆为漳州移民,因与轿店小夫口角冲突,死伤数人,引发泉、漳移民的分类械斗,互相焚杀,数月不止。因一些细小冲突而引发的大规模分类械斗,在清代台湾屡见不鲜。然究其根源,都以经济利益的争夺为原因。

以台北地区为例,潮州移民刘和林在雍正年间取得对台北土地的垦殖权后,积极招垦开拓。刘除开垦了数百甲的土地外,还开凿了"刘厝圳"。刘厝圳于乾隆二十八年(1763年)开成,定名为"万安坡大圳",长达20余里,贯穿了整个新庄平原,总灌溉面积在1 300甲左右。然而潮州系的刘厝圳分享了泉州系张厝圳的水源,双方为争夺水源展开长达数年的诉讼,双方的接触也呈现出暴力的趋向,最后虽以付水租给张家收场,但闽、粤之间已形成难于弥合的裂痕。在未来的闽、粤冲突中,刘家和张家当然会卷入残酷的厮杀中去。这种为争夺土地或水利资源所引起的冲突是引发分类械斗的主要原因。

咸丰三年(1853年)艋舺发生"顶下(厦)郊拼"大械斗。"行郊"为商业及祖籍人群组织;"顶下郊拼"即"顶郊"与"下(厦)郊"间的拼斗,前者指泉郊、北郊和顶郊,各独占与泉州、上海及上海以北港口的贸

---

[1]《平台纪事本末》。

易,且包括了泉属南安、晋江和惠安等所谓"三邑"人,俗称"顶郊人";后者为泉属同安人,即俗称"下郊人"的商业组织,专门从事与厦门之间的贸易。顶郊人的力量略占优势,下郊人力量则显稍弱。双方械斗时间长,残酷激烈,可视作职业团体间械斗,又可视作泉州人分县籍械斗。这是为争夺商业资源而展开的械斗,在台湾商品经济发达的清代,这类械斗也有其代表性。

各类械斗情况可见表8-5。

表8-5 清代台湾分类械斗的种类演变

时　　间	闽粤	漳泉	异县	异姓	职业团体	合　计
康熙二十二年—乾隆四十六年	2	1	—	—	—	3
乾隆四十七年—同治六年	7	20	1	3	2	33
同治七年—光绪二十年	—	—	—	2	—	2
合　　计	9	21	1	5	2	38

资料来源:同表8-4。

从分类械斗的种类来看,清代台湾分类械斗的大部分在福建泉州、漳州移民之间进行,次则为闽、粤两省移民的械斗。如前述,这主要是由于台湾移民的大部分是泉州人和漳州人的缘故。另外,同治七年(1868年)以后,以地缘分类的械斗基本停止,分类械斗主要在姓氏间进行,不妨称之为氏族之间的械斗。这类械斗在大陆内地尤为常见。

2. 人口的迁移

在一个地区开垦之初,各籍移民大体插花而居,地域分野并不十分明显。然而"稍有乱变,则漳泉必分域而居,莫不按剑相待。泉庄中有一漳人,则必乘夜遁去矣。漳庄中有一泉人,亦即逃命不遑矣"[1]。这仅仅指村庄中异籍人口的迁移,更多的则是区域性的分类人口的迁移。

如嘉义地区的北港街(旧名笨港),原为泉、漳移民杂居之处,乾隆

---

[1] 道光《彰化县志》卷11《杂识志》。

四十七年（1782年）漳、泉分类械斗，漳人避难迁至东面，另立新港街。道光三十年（1850年）漳、泉再次械斗，北港街的漳州人多移住新港街，而新港街的泉州人则移向北港街。

道光六年今苗栗、中港一带闽、粤械斗，十三年桃园一带"闽粤各庄，造谣分类，互相残杀"，苗栗铜锣一带"靠山粤匪无故焚掠闽庄，公然掠抢"，十四年又蔓延至八里垄、新庄一带，闽、粤移民展开长达六年的械斗。直到道光二十年中英鸦片战争爆发，台北情势紧急，粤人变卖产业，迁到今桃园、新竹、苗栗一带的粤人区，居住在台北的粤人所剩不多了。

今天台湾各籍人口的分布，就是清代各籍移民分类械斗后重新迁移的结果。尽管如此，却不能认为各籍移民皆分域居住，互不杂居。在今天的彰化平原上，从方言分区的角度看，这里已是闽南方语区，但该地事实上居住着许多广东客家人。最近的一个调查有如下记载：

> 寻访彰化地区的客家人，我们在暖暖的冬阳下跑了永靖、田尾、溪湖、埔心四个村落。一路上，我们看到最典型的客家地名牌，包括饶平村、陆丰村、海丰村、义民村等。
>
> 饶平、陆丰、海丰都是客家原乡的地名，义民则指台湾客家移民为保卫乡土而殉身的特殊信仰，照理讲，这一带应布满客家聚落才对。可是，我们在途中不曾听到一句客家话，人人都操闽南语。
>
> 更奇的是，在不远的路途中，我们一连拜访了五个三山国王庙……三山国王本是客家人的特殊地方信仰……说明这一带应属客家开发地区。然而当我们问及庙祝及当地百姓，对客家移民在此的来龙去脉，鲜少有能答上腔的。[1]

这就涉及台湾客家移民中的"福佬客"问题。所谓的"福佬客"是指祖籍客家，却操福佬（闽南）语的一群人。这可归结于清代中期以后的大规模分类械斗，械斗结束后，大部分的客家人迁徙他乡，所以留下了大量的客家地名和三山国王庙，而留居的客家则被迫放弃了对自己祖籍、原方言的认同和坚持，完全模仿成了闽南人。

---

[1]《寻找台湾的客家人：彰化平原上的福佬客》，《汉声》第24辑。

迁移或认同成了清代台湾移民社会整合的两种基本形式。

第六节

移民拓垦过程中的经营形态

一 土地经营形态与垦号的性质

尹章义将开发台湾过程中的各种经营形态归纳为"番垦"和"汉垦"两大类。

番垦中有集体经营、个体经营和组合经营三种形式。所谓的集体或个体经营,指的是番社成员以社群或个体的方式垦殖土地;组合经营,除了政府组织的番屯以外,还有番汉合作和汉人代营两种方式。由番人提供土地、人力,汉人提供资金与技术,合作开发水利资源、开凿圳渠等合作方式称为番汉合作;番社委托汉族通事等管理垦务称作汉人代营。

汉垦可分为官营和民营两类。官营土地中有政府经营者,荷兰及明郑时期官方经营的土地在清统一台湾后由政府接收,称为"官庄";也有军屯的,即明郑时代的屯垦及清代各驻军营盘附近的垦田;还有一种为官吏垦殖,即明郑时代鼓励官员垦荒的田地,清初亦然,此种于雍正以后为政府所禁止。

民营可分为以下三种形式:

合伙经营。其特点是在契约关系的基础上合伙经营,他们所结成的组织称为"垦号",著名的垦号如台北平原的陈赖章垦号、陈和议垦号、林天成垦号和张吴文垦号及新竹东南丘陵的金广福垦号等。另外,如吴沙率领漳州、泉州和广东三籍移民开垦宜兰平原,都是组成垦号合伙垦殖的。他们多半由通事、文武官吏、士族、商人、富农等富裕阶层合伙，筹集大量的资金，从政府手中请领垦照，召佃开垦。投资者居住于城市甚至大陆，一部分人在现地经营，从事实际开垦的工作，成为名副其实的"垦首"。

群体经营。其特点是以家族或同乡的力量进行开拓，开拓群体带有较浓厚的血缘和地缘的色彩，云林的张士箱就是以宗族力量进行拓垦的著名例子，他们本身是投资者也是经营者，佃农也多半来自大陆的族亲和同乡。

个体经营。以个人力量进行的拓荒垦殖极其困难，这是由于开发过程中的通番、申请垦照、筹资、招募人手以至备办种子、农具等工作相当繁杂，而修建水利更不是单个小农所能承担。因此，个体经营的例子在台湾垦殖史上并不多见。

在这三种民营方式中，以契约关系为基础的合伙经营是台湾拓垦过程中最基本的形态，也是台湾移民独有的经营方式。从留存至今的若干种契约文书中可以看出，清代台湾的"垦号"具备了现代企业制度的一些基本特征。

其一，清代台湾的"垦号"已经是独立的法人，它拥有独立的资产，具有法人资格，承担民事责任。

从设置的程序上看，"垦号"是"垦首"向政府申请，并在政府注册的以农地垦殖为主要经营内容的企业。刘铭传指出："有力之家，视其势高而近溪涧淡水者，赴县呈明四至，请给垦单，召佃开垦。"[1] 刘铭传所称仅指"垦号"对无主荒地的开垦，这种荒地又称"官地"。官给垦照的内容及格式可见《清代台湾大租调查书》第一章第一节《垦照》中所载各文件，其中时间最早的当属淡水陈赖章垦号请得的"大佳腊垦荒告示"，其文如下：

> 台湾府凤山县正堂纪录八次署诸罗县事宋，为垦给单示以便垦荒裕课事，据陈赖章禀称，窃照，台湾荒地现奉宪行劝垦，章查上淡水大佳腊地方，有荒埔壹所，东至雷厘、秀朗，西至八里分、

---

[1] 刘铭传：《量田清赋申明赏罚摺》(光绪十二年四月十八日)，载《台湾文献丛刊》第27种，《刘庄肃公奏议》卷7。

干豆外,南至兴直山脚内,北至大浪泵沟,四至并无妨碍民番地界,现在招佃开垦,合情禀叩金批给单示,以便报垦升科等情,业经批准行查,票著该社社商、通事、土官查勘确覆去后,兹据社商杨永祚、伙长许聪、林周、土官尾帙斗谨等覆称:祚等遵依会同伙长土官,踏勘陈赖章所请四至内高下不等,约开有田园五十余甲,并无妨碍,合就据实具覆各等情至县。据此,合给单示付垦。为此示给垦户陈赖章,即便招佃前往上淡水大佳腊地方,照四至内开荒垦耕,报课升科,不许社棍闲杂人等骚扰混争。如有此等故违,许该垦户指名具禀赴县,以凭拿就。该垦户务须力行募佃开垦,毋得开多报少,至干未便,各宜凛遵毋忽!特示。

　　　康熙肆拾捌年柒月二十一日给　　　　发淡水社大佳腊地方张挂。[1]

这份垦照从法律上确定了陈赖章垦号的法人地位,包括垦号名称[2]、开垦范围、垦户职责、纳税义务等等。对于属于土著的荒地,承垦者也必须得到番民的允可及政府批准,给予"(番)垦字",并向番社输纳"番租""番饷",才被视为合法。在获得土地所有者的允许并订立相应的合同后,垦户才从法律意义上获得了土地的垦殖权。

垦号合约具有企业章程的性质。试以金广福垦号的创立为例说明之。

台湾新竹东南山区一直是土著"番族"的聚居地。清代中期,这一区域的"生番"活动频繁,与汉人屡屡发生冲突。且因地邻城郊,引起政府重视。道光十四年(1834年)冬,淡水同知李嗣业谕令粤籍移民姜秀銮和闽籍移民林德修(后为周邦正)集资筹划防番开垦事宜,政府一次性资助银一千元。经过姜、林两人的努力,于是就有金广福垦号的产生。

《北埔姜家史料(二)》[3]中有一份姜秀銮与林德修订立的合约,其

1　这份文件收录于《台湾惯习记事》第二卷第二号及《清代台湾大租调查书》第一章第一节"垦照"中,两本稍有出入,此依尹章义《台北平原拓垦史研究》标点,告示时间据前述二文补。
2　尹章义的研究表明,"陈赖章"是垦号名称而不是人名。
3　《北埔姜家史料》皆转引自吴学明:《金广福垦隘与新竹东南山区的开发(1834—1895年)》,台湾师范大学历史研究所专刊(14),1986年。以下不另说明。

内容如下：

同立合约人 姜秀銮/林德修 今因城南一带山高地窄，杂色林木茂密，生番猖獗，从前隘察建设未周，其地又皆崎岖早瘠，垦种维艰，是以隘粮无资，日久荒废，生番叠出，扰害庄民。上年十二月间厅宪李念民瘼，先给银壹千元，著姜秀銮建隘楼拾伍座，雇募隘丁壹佰陆拾名，分驻巡防。又议兴建公馆围墙肆处，以为佃人栖止之所。所需隘粮，除石碎仑官隘肆拾名，官月给银壹佰余元，并移拨各处隘谷数百石外，不敷尚多，兹蒙厅宪谕饬 姜秀銮/林德修 劝捐定股整本，招佃开垦，就地取粮。但开辟伊始，租税俱无，隘丁按月支食，急难缓待，若不设法筹备，窃恐旋举旋废。经 銮/修 等以遵谕议等事，佥请蒙批，据禀年额隘粮经费不敷，公议向各殷户鸠捐番银壹万余元，以资支用，仍就一带山地招佃开垦，田园收取租利，并就本山采取酉兼、藤、什木、柴、炭、楗项稍资补贴，以免费尽隘废等语，事属可行。惟酉兼、藤、楗料例禁私售，仍应卖给军工匠首，以杜私贩出洋。候给示谕遵照办理。该总理等即将捐户银数花名分晰造册，并存交何人，另禀声明，以凭立案等因在案。銮爰集城乡绅耆妥议，就殷户中劝捐先定贰拾股，约计本银万余元，以为收售山利生息之资，备支应用。并举姜秀銮与林德修贰人为总垦首，合串户名金广福。凡有呈禀事件及赎佃给垦之事，俱应通同盖以公戳并 銮/修 贰人戳记。其内外一切事宜，在山中銮为办理，逐件知会在城登记簿籍稽考。其在外者修当力任设立公所，派人分办。他如掌收本银生息及收售山利，并收租给隘，出纳钱银等项，俱各依公所议订簿籍，调拨股伙中秉正谨慎之人，分司其事，不得推诿。所招之佃，不问何籍，惟用妥人。赎垦田园俱应立定年限，届期交还。至所招各伙，务宜体念公事公办，踊跃齐心，共成其事。每股应津本银定期交清，不得推诿。将来垦成田园之日，丈明甲数,照股均分,按甲供纳大租,以给餼粮。所有应行规条,开列簿籍,各宜遵守。今欲有凭,同立合约壹样贰纸,各执一份为照。

一议:招股贰拾股,鎣管在庄拾股,修管在城拾股,其每股中招有数伙合本者,俱各照样另立大小股合约,盖以公记,编号立簿分执各照。

道光拾伍年贰月　　同立合约人　九芎林庄总理姜秀鎣(戳)
　　　　　　　　　　　　　　　　西　门　总　理林德修(戳)

这份合约的内容相当丰富,它包括垦号设立的起始、垦号名称、垦首职责、集股、资金运用、资金管理、招佃原则、大股与小股的合约形式、土地开垦成功后的利益分配等,极类似于一份股份公司的设立章程。计划集得的1万元,可视作公司的注册资金。在同年二月以后姜、林续定的第二份合约中,对第一份合约有所修改,如对总股份数的改动、对垦号公章的使用和管理、垦首报酬等都做出新的明确规定。

并不是所有的垦号在申请设立时都筹备有资本金,尤其是那些官荒地的请垦者。政府对于这类垦号采取了控制的方法,在规定的时间内不能开垦成熟,则取消原垦户的开垦权,《张广福文件》3-B1-3[1]中一份订立于乾隆二年(1737年)二月的合同就说得非常清楚:

同立合同林天成、陈鸣琳、郑维谦因康熙伍拾玖年合同陈梦兰、朱焜侯、陈化伯公置北路淡水大佳腊、八芝连林、沪尾、八里坌、兴直等处五庄草地,其大佳腊四庄经已节次开垦,惟兴直一庄未暇整理,是以外人有请垦之举,而陈与郑在厦,林在淡,不忍袖手,出头招佃开圳垦耕,贴纳饷课,仍与杨、许互控多年,一肩独任,计费有银一千二百零一钱二分。但杨许互控之案亦经凭公劝处冰释,而兴直应得之庄,林亦不甘归己,两相推让,遂于本月初二日置酒会请公亲会议,将兴直五大股之庄,作为拾小股,每股各得一分,其余五分以酬林为数年劳苦费用之资,则此拾分之庄,林自得其七分,而陈得十分之二,郑得拾分之一,各照议约掌业……三面议定,同立合同叁纸,各执为照。

---

[1] 本文所引《张广福文件》皆转引自尹章义《台北平原拓垦史研究》一文,以下不另说明。

在兴直庄荒地的垦殖权面临取消的严峻情势下,在淡水当地以及远在大陆厦门的垦首们开始招佃开垦了。这意味着垦号实际投资的开始。垦首们在请得对土地的垦殖权后听其荒芜而实际并不注入资金的做法,是不合法的,由此可能引发竞垦者的觊觎。雍正年间林天成垦号因竞垦原属陈赖章垦号的"佳腊草地"就引发了一场诉讼。据尹章义的研究,在陈赖章于康熙四十八年(1709年)请得这块荒地的垦殖权后,并未招佃垦荒。康熙五十六年转给功加垦号时,仍是"草地",即荒地[1]。雍正年间这片土地仍处于荒芜状态,就给后来的林天成以竞垦的理由。

由此可见,以契约关系为基础的台湾垦号具备了企业法人的基本功能,从而构成与其他形式的产业组织最大的不同之处。这样,垦号作为台湾拓垦时期的一种企业组织,它与政府、其他产业组织及个人在权利与义务的界定上,就有相当清晰的边界。因此,从下文的分析中可以看出,垦号自身的利益激励和风险约束机制也就发育得相当完善;它的股权流通和交易虽然十分频繁但却相当有序。

其二,以契约关系为基础的清代台湾垦号实行的是有限责任制度。这是现代股份制形式的一种。

从形式上说,有限责任公司的股东人数较少,一般为几人或几十人,且相互之间彼此信任。从现有的资料来看,清代台湾的契约制垦号,少则几人,多则数十人,未见有更大规模的。在上引姜秀銮与林德修所订合约中,金广福垦号的(大)股东人数是相当固定的,20股股本的所有者仅20人或更少。由于大股本往往由小股本所凑集而成,实际股东的人数可能超过大股本的数量。垦号并不与小股东们发生关系,只是要求大股东与小股东按照统一的格式订立相互之间的合同。对于契约制垦号来说,大股东的人数是不能轻易变更的,即股份数不能轻易变更。在大股东不能承担其应尽的义务的前提下,如果有新的股东愿意介入,股东可以发生变换,但人数并不因此发生变更。在《北埔姜家史料(二)》中,有一份订于道光十三年(1833年)的合约透露了

---

[1] 尹章义:《台北平原拓垦史研究》,《台湾开发史研究》,第81—83页。

这一信息：

> 立合约字林垂裕、刘阿若、范阿台……，缘本年向竹堑社垦户廖财官兄弟给出员山南重埔青林山埔一带。……（四至略）原议五年开荒为限，俟五年限满之日，将垦成水田或旱园山埔，悉照垦约作十二股均分。除垦户廖财官兄弟抽回二份，其余众佃十人，各得一份，依阄造化，各管各业，不得横行强占。五年限内，应宜建寮募丁，保安耕种，凿圳筑埤，垦成田园。一切隘丁口粮，建庄建隘需用银钱谷石，委系照十股匀派，各宜踊跃，不得推诿观望。如若应派公费有敢刁抗不出者，众伙将其人名字注销，另招妥人入份，理应同气同声，相友相助。

这份公司章程性质的合约，规定不能按照股份份额投资或追加投资者，将由他人代替。对于在初次投资以后不能追加投资的，此合约中虽未规定处置方法，但可理解为存在注销该股东底股的可能性。在《北埔姜家史料（二）》一份道光十六年姜秀銮、周邦正同各捐户订立的合约中，就有如下条款：

> ……当即遵行筹议，定作三十大份，每份该捐银一千元，共计三万元，编金广福字号，开张生理，招垦埔地，以资隘费。业经将情禀明在案，但捐银之数多寡既已不同，而股份之归彼此亦难预定，爰公议立约分执。……所虑者粮费浩大，入不供出，难垂永久，此去三万元捐银开用明白外，若有欠缺之处，应就各原捐之数，按头匀摊加捐应用，不得有违。如是有违，立将该户所捐银元递照有给元垦违限抛荒之例，尽行抹销，以便捐补足用，庶不致贻误公事……

从这一规定中可以看出，股东对垦号承担有限责任，即以股东出资的金额为限。当股东不敷加派或为规避风险，可能拒绝追加投资。在一般的情况下，股东出售股份，其售价可能低于股东所支出的资金，所遭受的损失仅仅为投入资金与出售价格之差额；最坏的情况下是无人收购其股份，股东损失了他的全部股本金，但并不涉及其他。从以后的情况来看，实际上的情形比这份合约所规定的要好得多。当小股东不愿继续投资时,他们大都将自己的股权出售给垦号中的其他大股东。对于非契约制的垦户而言,情况则非如此。《北埔姜家史料(二)》中一份年代不详的《姜殿邦禀稿》记载了垦户陈长顺个人投资3万余元进行垦殖,却终因资本不继,倾家赔垫,赔不堪赔,最终向官府禀请退办的例子。一个个人独资的非公司性垦号,对债务负有无限清偿的责任,破产时不仅将垦号资本赔尽,也将家庭财产赔进。这类垦户与契约制垦号有着很大的不同。

台湾垦殖中的风险主要来自两个方面,一是由于预算的不足导致资本的短缺,而缺乏追加资本,就可能带来投资损失。最典型者可以"胡同隆垦号"的遭遇为例:先是陈和议垦号于康熙五十二年(1713年)由赖科和王谟、郑珍、朱焜侯所组成,雍正二年(1724年)王、朱二人的股份为邓旋收购,尔后因邓旋资金不足,又将其股份的部分卖与胡诏的胡同隆垦号,要求胡诏"预先垫出资本,开圳以成田园"。同时,赖科股份的一半也在赖科死后由其堂弟卖与徐闽。由于凿渠开圳的工程是那样庞大,所需资金过巨,股东不堪重负。之后,赖科的剩余股份退出垦号,其他股东也逐渐将他们的股权卖与胡诏。胡诏独力支撑,不胜重负,在将股权卖与"张吴文垦号"及其他垦户后,心力交瘁,含恨而殁。胡诏所有田庄出售的价银为9 560两之巨,而胡氏及其合伙人投下的资本远不止此[1]。事实上,不仅开圳如此,拓垦过程中"隘线"的建设与维持也是一个巨大的投资。如金广福垦号的资金投入的主要方向就是隘寮、隘墙的建设和隘丁的工资。没有牢固的隘线用于"防番",新竹东南山区的拓垦就不可能成功。吴学明的研究表明,由于金广福垦号投入的资金过于巨大,小股东大多不胜负担,多将股底出售,至光绪年间,姜秀銮等五家就占了粤籍股权的一半以上[2]。如果在垦殖过程中既要凿修大圳,又要防止番人"埋伏截杀",所遭遇的风险就更大了。

另一类风险往往由自然灾害所引起,投资甚大的田园美地可能一夜之间为洪水冲崩,化为砾石。如乾隆二十四年(1759年)八月的

---

[1] 见尹章义:《台北平原拓垦史研究》,《台湾开发史研究》,第69—70页。
[2] 吴学明:《金广福垦隘与新竹东南山区的开发》,第74页。

一场洪水,就曾将台北地区海山庄东南一带张家田园冲崩200余甲,石头溪因而改道[1]。不仅如此,刘和林趁此机会从八里坌巡检处得到在冲毁地上开凿大圳的许可,并获得成功。刘、张两家从此陷入长时间的互控诉讼案中。

高风险也同时意味着高利润。在台湾拓垦的过程中,一大批业户、垦首通过拓垦积累起大量的财富,成为一方的首富。因此,一大批在城商人,包括在大陆的商人或地主及渴望得到土地的小农都投入到这一极具诱惑力的事业中。为了规避风险,股东们出售自己的股权;为了获取利润或获得土地,商人和农民又购买他人的股权。从上引各例中可以看出,清代台湾股权的转移是相当频繁的,它反映的是清代台湾产业资本一种特殊的流动方式。

在一个以资本运动为主要特征的拓垦社会中,人与人之间的关系也出现一些新的变化。具体说来,不仅垦号内部股东间的关系以资本作为纽带,就是垦首与佃农的关系也往往与资本相联系。

一般说来,契约性垦号的设立通常是亲朋好友相互筹划、相互协商的结果。基于原有的血缘的、地缘的或业缘的关系,垦号股东之间的关系往往是比较密切的。以金广福垦号为例,垦首姜秀銮和林德修(周邦正)分别为粤籍和闽籍股东的召集人和代表者,粤籍股东多为在乡的农地垦殖者,而闽籍股东则多为在城的商人。协调两籍股东相互之间的关系,则依据均衡投资的原则。如上引资料所称,最初的协议是筹资1万元,分属20大股,后更改为筹资3万元,分属30大股。实际情况是,粤籍股东集资达到1.5万元,闽籍股东只筹得1.26万元。闽粤双方为了维持股权平均,乃将粤籍多于闽籍的资金计为以后的追加投资,结果闽、粤股东各捐银1.26万元,合计2.52万元,每股面值为1000元,合计为25.2股[2]。在这个例子中,股东认购股权采取的是协议认购的方式,而这一点,恰恰是有限责任制度最基本的特征。

在对工程的投资上,垦户与佃户往往采取合作的方式,共同投资。

---

[1] 尹章义:《台北平原拓垦史研究》,《台湾开发史研究》,第103页。
[2] 道光十六年十二月姜秀銮、周邦正同各捐户瑞四和、林恒升等同立合约字,见《北埔姜家史料(二)》。

一份乾隆十三年(1748年)垦户李余周给佃户杨端的佃批执照中即有"后来开筑大圳,工力浩大,业佃公议帮贴"的协议[1]。又如刘和林父子在开拓万安圳大圳的过程中,因为乏资,几乎停滞。众佃户集资支援,"备出佛银贰陆百大员",才使工程在乾隆二十八年(1763年)得以完成[2]。另外,在《台湾公私藏古文书影本》第二辑中,有一份乾隆六十年林登选与佃农订立的编号为 09-03-02-546 的合约,上言"业三佃七鸠出工本银元","募工"开凿大圳。其中佃户的投资甚至超过了业户。显然,业户、佃户就一特定的水利工程项目集资,双方都是工程的受益者。

总之,清代台湾契约制垦号中的有限责任制度最大限度地保证了股东对利润的追求和对风险的防范。这也是台湾的拓垦在短时间内能够取得成功的奥秘所在。

其三,以契约关系为基础的台湾垦号在经营管理上颇具特色。

综上所述,既然垦号股东之间的关系是一种投资的关系,那么,投资者就不一定是经营者,这就意味着投资和经营已有适度的分离。在一些大的垦号中,往往是投资者决定投资方向,经营者管理项目建设。投资者聘请经营者,经营者或为股东,或为雇佣,由此而形成股东经理体制。

上举乾隆二年二月林天成、陈鸣琳、郑维谦等人所订合同,知三个股东当中,只有林天成在淡水管理经营土地之开垦,陈、郑两人皆居住于厦门,实为"遥领垦首"。在金广福垦号中,闽籍股东皆为不在乡的股东,他们居住于新竹城中,主要经营商业,对金广福的投资仅为他们投资计划一个部分。就连闽籍股东的代表者周邦正,也不在垦地居住,垦地事务全由经理姜秀銮负责。但从上引契约中也可以发现,几乎所有涉及垦务的合约都由两个垦首联合签署,并加盖垦号公章及两人私章。垦号的公章及姜、周两人的私章都是由政府颁给的,作为法人信用的标志。在道光十五年(1835年)二月金广福垦号姜秀銮与

---

1 1932年《中和庄志》第三章"开垦佃批实例(一)",转引自尹章义:《台湾开发史研究》,第126页。
2 [日]山田伸吾:《台北县下农家经济调查书·水利篇》第二章,第126—127页,转引自尹章义:《台湾开发史研究》,第103—107页。

林德修所订的一份合约中,有"官给垦户金广福之公戳,存于公所,公举收掌。遇有公事应用,公同取盖,并銮、修二人戳记,合批明照"[1]的记载。在政府眼中,姜氏、周氏是金广福垦号不可或缺的法人代表。在这个例子中,作为大股东的姜秀銮和周邦正同时兼任垦号经理的工作。另外,公戳的"公举收掌"及"公同取盖"一事颇令人不解,在半数股东居城的情况下,如何能做到"公举"和"公同"呢?目前所见契约未发现垦号有"股东大会"和"董事会"之类的组织存在。

再看一个台北平原的例子。大约自乾隆十六年(1751年)开始,张士箱等人陆续买入新庄地区海山庄的拓垦权,并交由洪克笃管理,而由张世沛帮办。该垦号几经分析,至乾隆二十五年,垦号易名为"张必荣",洪克笃和张沛世仍为张必荣垦号的经理人。尹章义根据《永泰淡水租业契总》中所载若干合约进行研究,发现乾隆二十六年后洪克笃为张沛世所取代。事情起于这一年刘和林垦号在被水冲毁的张必荣圳基上重修大圳,引发诉讼,而张氏认为在这场争端中,洪克笃表现不佳,且有舞弊嫌疑,因而将洪克笃辞退,改由张沛世任经理。在这个例子中,作为经理的洪克笃其雇工身份是相当明显的。当然,洪克笃的被辞也可能与该垦号由合伙变为独资有关。

经理的工资与股权红利有严格的区别。在上引道光十五年(1835年)二月金广福垦号姜、林所订合约中,还对经理的工资做出明确的规定。其条款曰:"姜秀銮、林德修二人为垦户首,务宜尽力设法开垦。至垦成田园之日,有功在前,酬劳在后。应分别大小功劳,先踏出二人功劳田外,余作三十股摊分,合批明照。"又曰:"金广福生理得利银元,先作二八抽分付与。"也就是说,在开垦过程中,以金广福股本金的经营所得利润中的20%作为对两人的酬劳,即工资。在开垦结束以后,垦成田园的20%亦作为工资付与两位垦首。在其余的30份中,垦首还要按照各自股份的比例分得相应的田园地产。

如上述,《张广福文件》一份编号3-B1-3的合同提到林天成在维护兴直庄垦权的诉讼案中,尽心尽力,调解讼案,并追加投资本 1 200

---

[1] 《北埔姜家史料(二)》。

余元,终于使这块土地开垦成功。在最后分配时,股东们将该庄50%的股权作为对林数年来的酬劳;我以为其中亦含有对林氏追加投资的回报。结果林天成拥有兴直庄70%的股权。总之,在台湾契约制垦号中,经理工资和股权红利的区别是非常清楚的。

在垦号的管理中,会计制度是非常重要的环节。《北埔姜家史料》记载了金广福垦号从道光十六年(1836年)至光绪十二年(1886年)若干年份的收支明细,其中包括埔底银(出租土地收入)、新垦隘粮(垦熟丈明甲数前的隘粮)、股东出资(包括股本金和配股金)、隘粮大租(佃户所承担的隘租)等四项。在支出项中,主要支出用于隘的修筑和维持。从这50年的账目来看,大多数的收支明细是清楚的,这说明上引姜秀銮、林德修所订合约说的"他如掌收本银生息及收售山利,并收租给隘,出纳钱银等项,俱各依公所议订簿籍,调拨股伙中秉正谨慎之人,分司其事,不得推诿"一句并非虚词。

从金广福垦号及其他垦号的事例中可以发现,台湾拓垦时期的最大投资实际上是对水利及其隘线的投资,其中开支最多者则是雇工的工资。所见各种契约,多是股东之间及业户与佃户之间的合同,少有提及雇工者。然仔细分析,则可发现雇工是台湾拓垦过程中最为活跃的力量之一。

一类雇工为隘线上驻守的隘丁。据吴学明的研究,从道光十五年至道光二十九年(1835—1849年),金广福垦号所设隘寮从最初的15所增加到40所;道光十六年隘丁人数多达341人,道光二十九年降为150人,同治、光绪年间均为121人[1]。金广福垦号的一份清单记载:"顾丁一五〇名,每名月给工银一元五角,米五斗,铅药六办"[2]。同治年间的资料称:"隘丁一二一名,每名每年给粮谷三三.三三石",以银一元购谷一石计,每年仅隘丁工资就需费用4 000余元;加上修筑隘寮、隘墙及武器、弹药和金广福公馆方面的开支,就构成金广福垦号支出的绝大部分。在道光十五年至二十年的开支账目中,开凿水圳的支

---

[1] 吴学明:《金广福垦隘和新竹东南山区的开发》,第101页。
[2] 道光二十一年(1841年)姜秀銮、周邦正等同立合约字,附贴清单,《北埔姜家史料(二)》。

出仅占总支出的 12.47%[1]。

一类雇工为开圳的雇工。在台北地区,垦号最大的开支当属开凿水圳。契约中留下了大量的雇工记载,如林天成开垦兴直庄时,就曾请林鼎光在庄中"帮督匠工,开筑埤圳"。一份乾隆三十八年(1773年)大坪林圳的五庄合约中记载,该垦号开圳时,"设流壮为护卫,请石匠以开凿……自乾隆十八年续接,日与血战,多历年所",7 年以后此圳才告竣工[2]。此类记载甚多,不胜枚举。再如上引资料中所称林登选与佃农合开大圳,"业三佃七,鸠出工本银元","募工"开凿。很显然,开圳的劳力不会是佃户,而是外请的雇工。关于雇工的数量,由于开圳工程大都十分浩大,工期长久,所雇工人当为数不少。乾隆年间刘和林垦号在海山庄开圳,就"率众数百人壅水筑圳"[3]。从这个例子中看,大的垦号确实具有了大的农垦企业的规模。

许涤新、吴承明先生认为自由雇佣劳动是资本主义生产关系的核心。他们认为研究雇佣关系,"不能单看劳动者是否人身自由,更重要的是看雇主,考察雇主的经营性质。就是说,要看他们是受雇于资本呢,还是受雇于别的东西。"此外,"资本主义雇佣劳动,须在同一资本下有一定的量"[4]。从这两条标准进行考察,我们都不能否认清代台湾垦号的资本主义性质。尹章义认为清代台湾垦号已经"形成了现代资本主义型企业化的经营方式"[5];陈其南认为"此种以大资本家为主的'垦首组织'可以说是早期汉人开拓台湾的最主要形态"[6]。两位学者评价都是合适的。

二 土地所有权制度与佃农的身份

清政府在台湾实行的是护番保产政策,因此,番族的土地只能租

---

[1] 吴学明:《金广福垦隘与新竹东南山区的开发》,第107页。
[2] [日]山田伸吾:《台北县下农家经济调查书》,第112—117页,转引自尹章义:《台湾开发史研究》,第118页。
[3] 《水圳原由便览》第二纸《刘此万告状稿》,转引自尹章义:《台湾开发史研究》,第102页。
[4] 许涤新、吴承明:《中国资本主义的萌芽》,人民出版社1985年版,第18—21页。
[5] 尹章义:《台北平原拓垦史研究》,《台湾开发史研究》,第148页。
[6] 陈其南:《家族与社会:台湾和中国社会研究的基础理念》,台湾联经出版事业公司1990年版,第64页。

与民人耕种,而不准卖给汉人。垦首代番社交纳"番饷"给政府,并纳地租给番社而取得"垦批",即土地的开垦权后,招佃开发。

荒地开垦成熟田以后,向政府报升土地获得土地所有权。然而,这种土地所有权在名义上是不完整的,因为,除了向政府交纳田赋外,还必须向社番交纳番租。由于番租定于土地尚未开垦时期,租额极低,对于垦首而言,只有象征的意义。垦首因此被称为"业户"或"业主"。佃农向垦首租种土地,若不自耕则而再招租佃则称为"二佃"。二佃向佃户交纳的田租称为"小租",垦首向政府交纳的田赋称为"大租"。因此"业主"也被称为"大租户",佃户称为"小租户",二佃为"现耕佃农",此即台湾的"一田二主"现象。

佃户即"小租户"的身份是复杂的。根据周翔鹤对百余份佃户与业主所订合约的研究[1],在清代由大陆赴台的移民当中,有相当一部分具备有一定的经济能力,在租垦业主的荒地时,他们必须有一笔资金,包括:犁分银即永佃权的保证金;水利设施的投资,主要指修建支渠或毛渠的费用;牛犁等工本即耕牛、农具和种子费用等;还要准备住房和第一年的生活费用;合计每承租一犁份即五甲土地,平均需支付大洋100元左右的费用。这批移民与赤贫的移民不同,赤贫的佃农在台湾多成为二佃,携有一定资本的移民则多成为佃户或"小租户"。

佃户向业主所交地租一般为初年4石,次年6石,第三年8石,永为定例。乾隆末年福建巡抚和福建总兵在奏折中说:"彰化、淡水田皆通溪,一年两熟。约计每田一甲可产谷四五十石至七八十石不等,丰收之年,上田有收到百余石者。"[2] 清代内地的双季稻并不普遍,而台湾中北部地区几乎全是双季稻,因此,每甲产量平均为60石并不过分;周翔鹤以每甲产量定为30—40石确实偏低。在以每甲产量30—40石的前提下估算一犁份土地佃户的年收入可见表8-6。

这一计算存在一些问题,一是在考虑佃农的生活费用时仅计算一名佃人的费用,而未包括家属;二是在双季稻耕作制度下,每个佃农

---

1 周翔鹤:《清代台湾给垦字研究》,载《清代区域社会经济研究》下册,中华书局1992年版。
2 台北"中研院"历史语言研究所编:《明清史料》戊编第四本,中华书局1987年版(影印本),第737页。

表 8-6　清代台湾租种五甲土地佃户年收入结余

时间	每甲产量(石)	总产量(石)	地租量(石)	佃户所得(石)	扣除生产生活费用后结余	
					稻谷(石)	折银(元)
第一年	20	100	20	80	19.4	14.6
第二年	30	150	30	120	59.4	44.6
第三年	40	200	40	160	99.4	74.6

资料来源：周翔鹤：《清代台湾给垦字研究》。

耕种 5 甲水田，即 50 余亩水田是否可能？佃农或者得到其他家庭成员的帮助，或者需雇工，尤其在夏季农忙季节更是如此。因此，我把每甲平均产量定为 60 石，每年佃户所得比周氏计算多出 100 石左右。这 100 石左右的开销足以支付佃农家庭的日用开支或雇工开支，因此，表 8-6 中对于佃农收入结余的计算仍是可以接受的。

根据对这 100 余份契约的研究，台湾佃户耕种的土地多为一犁份。若在垦荒之初没有遇到大的自然灾害，耕种五甲土地的佃农地位是稳固的。在地位稳固并有较多的积蓄以后，佃户可以再行租地，并把土地转租给二佃，成为名副其实的"小租户"。若遇合适的机遇，还有可能成为"大租户"，即业主。台湾各区的开发过程中就出现许多由"小租户"转为"大租户"的例子。

总之，大陆移民用自己的智慧和劳动开拓了台湾，使台湾成为中国最富裕的省份之一。以耕地计，荷兰时代的末期全台有大约 1 万甲，明郑时代结束时为 3 万余甲。清代移民开垦的田地中大多为隐田，升科田地只有 6 万余甲，清代后期刘铭传清理台湾田地时，清出田地近 43 万甲。日据台湾以后，从 1898 年至 1903 年，共清出台湾耕地 77.7 万甲。这些耕地是移民开发台湾的结果。

以出产计，清代台湾就已经成为中国主要的商品粮产地，也是中国最大的糖产地之一。蓝鼎元说台湾"糖、米之利甲天下"，成为大陆一个主要的粮食和糖的供应地。另外，台湾丘陵山区所产的茶业、樟脑以及其他经济作物种植与外贸对于中国经济的发展都有举足轻重的作用。

第九章

岭南的客家移民

本章叙述的岭南地区,指的是南岭以南地区,即广东、广西两省。清代岭南地区的人口迁移主要是客家人的迁移。清代以前居住于广东潮州、惠州、嘉应州和韶州一带的客家人,在清代前期就开始迁往珠江三角洲地区以及高州、雷州、廉州和海南岛,也迁往广西东南部地区。清代后期,居住于广西和居住于广东珠江三角洲地区的客家相继和土著发生大规模称之为械斗的武装冲突。广西客家人在洪秀全的率领下,发动了太平天国运动,并从广西北上,席卷半个中国。广东的客家人在政府的安排下,迁往高州、雷州、廉州、海南岛以及广西中部和东部地区。两广客家的迁移彼此相互关联,故并作一章论述。

与前面各章比较,本章的论述不仅包括清代前期,也包括清代后期。这是因为,岭南地区的移民是一个连续的过程,清前期迁入的客家人在清后期的同治年间再次进行迁移,只是后期的移民是前期移民的后裔。

第一节

广　　东

一　移民背景：迁海与复界

大约在明代中期，广东潮州府和惠州府的北部山区以及韶州、南雄二府形成一个客家人居住区。从明代后期开始，居住于此的客家人便不断向南部迁移。万历年间，惠州府永安（今紫金县）和归善（今惠州市）的汉人与畲民发生冲突，致使人口大量死亡，于是大批居住于兴宁和长乐的客家人迁入永安、归善[1]，以至于"山谷中多良田，流民杂居"[2]。客家人还迁入了邻近的博罗县，他们"鳞集棋布"，"闽之汀漳亦间至矣"[3]，并以"兴宁约""长乐约"的形式组织起来。崇祯年间，客家人组成"兴长约"，与土著发生械斗[4]，此实为清代珠江三角洲地区土客械斗之滥觞。

明代后期客家人逐渐南下的事实说明，在北部山区以外的平原或丘陵地区，也可能存在可供开垦的土地。从以后的叙述中可知，从粤北山区向珠江三角洲的过渡的丘陵地带，就有着面积广阔的荒地可供开垦。至于广东西部绵延于高州、肇庆、罗定境内的云雾山及其边缘丘陵地带，人口较少，自然就成为粤东、粤北客家人新的入迁地。

一般说来，除了个别地区外，沿海平原土著集聚的程度最高，可供开垦的荒地最少，珠江三角洲地区新近淤出的沙田，也成为邻近土著

1　万历《惠州府志》卷2。
2　道光《永安县三志》卷末《邑事》。
3　顾炎武：《天下郡国利病书》卷100《广东七》。
4　崇祯《博罗县志》卷1。

觊觎的对象,根本不容外来人置喙。然而,清代广东客家移民除了密集分布于上述各丘陵或山区外,还大量迁入珠江三角洲平原。客家移民的这一流迁方向与清代初年的迁海与复界有密切的关系。

康熙元年(1662年),即郑成功入台后的第二年,清廷为了断绝大陆民众对郑氏政权的接济和支援,下令迁界。北自辽东,南至广东,各省沿海居民,皆内迁30里,坚壁清野。在福建沿海,迁海令下,沿海人民多有迁入台湾者;迁入内地者,因迁移距离太短,未引起大规模的人口迁移,姑且不论。在广东,迁界本身对人口流动的影响不大,但在复界以后引发了大规模的人口迁移,并对广东社会带来久远的影响。

广东沿海地区迁界始于康熙元年,光绪《新宁县志》卷14《事纪略》详述其始末如下:

> 康熙元年三月迁海岛及海滨居民于内地五十里,赈贫民不能迁者。……三年五月续迁近海居民。按府志云:"自康熙壬寅有海禁之旨,时惩于东荣之乱。恐迁民仍通海舶,当道临海,勘定界址,先划一界,以绳直之,其间多有一宅而半弃者,浚以深沟,别为内外,稍越跬步,死即随之。徙各乡居民,使空其地,又于界上筑城,建墩台营房,排人户捐钱修筑,民至窘匮。迁民贫者行乞街市,露宿衢道,往往饥死。"

广东迁界是指康熙元年(1662年)和康熙三年的两次迁界。迁界的距离大于其他省份,大约以50里为率。迁海范围广,所迁人口就多,造成的死亡人口也多。由于广东与台湾并非隔海相望,不仅人民反对迁界,政府官员也颇有微词。如同书记载又说:

> 前督李率泰遗疏清边界,其略曰:"臣先在粤,民肖有资生,近因迁移,渐渐死,十不存八九。为今计,虽不复其室家,但乞边界稍宽,则耕者自耕,渔者自渔,可以缓须臾死矣。"海民至今德之。及御史杨雍建条奏,诏可之,遣都统特某、副统鲁某、户部侍郎雷某会同平藩尚可喜巡勘,议撤排栅,改设各汛墩台,盖为迁民地也。

康熙四年就有官员对迁界一事提出异议,只是还不敢提出复界之议,故乞求"边界稍宽",即将边界台墩地垦作民田;因边界台墩之地正处于界上,可作界外处理。这一建议为政府采纳后,巡抚王来任于康熙七年明确提出复界之议:

> 粤负山面海,疆土原不甚广,今概于滨海之地,一迁再迁,流离数十万之民,每年抛弃地丁钱粮三十余万两。地迁矣,又在在设重兵以守其界内,立界之所,筑墩台,树椿栅,每年每月又用人夫、土木修整,动用不赀,不费公家丝粟,皆出之民力。未迁之民日苦派办,流离之民各无栖止,死丧频闻,欲生民不困苦,其可得乎?臣请将原迁界急弛其禁,招徕迁民,复业耕种与煎晒盐觔。斥将港内之河撤去其椿,听民采捕,海内之兵尽撤,驻防沿海州县,以防外患于国,不无小补,而祖宗之地又有不轻弃之。

两广总督周有德也具疏,言迁民哭诉,"自立界以来,尽失旧业,乞食无路","但垦早开一日,早救一日之命",并提出了展界复业的具体措施。康熙帝从周有德所请,一面设兵防守,一面安插迁民,毋误农时[1]。实施复界是在康熙八年(1669年)间。海岛之禁的全面放开则在康熙二十三年。

各地迁海的强度存在不同,民国《东莞县志》卷32《前事志》有如下记载:

> 先是台湾投诚官房星海倡迁海之议,奉旨令徙内地五十里,至是科、介二大人审度虎门形势,划为边界,西自圳头山、东望莲花峰、中驻蚁公岭,分插三旗,在旗外者凡八十余乡,刻日尽迁于旗内,寻于三旗相对处路筑长堑为防,山列敦台为守,海树椿栅为栏,居民片帆不许出海,违者罪至死。

> 二年八月再立边界,东莞复迁入三十里。……先是海南栅乡以近虎门寨,留为护卫,至是亦迁。

> 三年二月东莞有观望未即入界者,副将曹志尽执杀之。五月续迁近海居民。

---

[1] 《清圣祖实录》卷27,康熙七年十一月十三日戊申。

大约是由于东莞的地理位置特别紧要,康熙元年的迁界就达50里之多,次年内迁加30里,合计迁界达80里。不仅民众皆往内迁,连驻守在虎门附近的护卫兵丁也一律内迁。至康熙三年五月,这一迁海过程仍在进行。一县之地内迁80里,很难想象还能剩有多少地方了。

香山则不相同,虽然光绪《香山县志》卷22《纪事》说康熙元年和三年经历了二次迁徙,且迁徙的地段为黄梁都、沙尾、北山、奇独澳、黄旗角、潭洲、龙眼都、小榄、古镇、黄围,但光绪《新宁县志》卷14《事纪略》却有不同的说法:

> 香山横石矶口子宜撤也。当年迁立边界之时,以香山必不可迁,议设官兵防守此土。香山之外,原有澳彝,以其言语不通,不事耕种,内无驻足之处,况居香山数百年,迁之更难,时已奉命免迁矣。是县与澳皆为内地也。所宜防者,防其通外海耳,当时奉行者反于横石矶立一口子,日食米粮计口而受,每几日放一关,其一切用物皆藉奉禁稽查留难,皆不令出。计县与澳共户口数万,断绝往来生业,坐养致困,愁苦难言。若论其地未迁,则为界内之人,其横石口子似宜免设,使其人得以贸易于内,以通有无。

香山县因辖有澳门之缘故而予免迁,只设卡严查人民往来。其理由是,澳门为葡萄牙人居住达数百年,葡人不通汉语,不事耕种,所需之生活用品皆从内地贸易购得,如果香山迁界,势必造成澳门地方的孤绝,导致澳门人口的生活困难。澳门的存在免去了香山迁界之苦,对于香山来说,实在是非常幸运的了。

二 客家人的迁入与分布

1. 零星的移民分布区

清代岭南地区的人口迁移,主要是客家人口的迁移。原居于粤东、粤北地区的客家人除了以上各章中提及的迁入四川、江西和台湾等地以外,还大量迁入珠江三角洲地区及广东其他府州。

民国《赤溪县志》卷8中提及明末清初广东客家的迁移时说,吾粤客族"于明季清初又多迁移于广属之番禺、东莞、香山、增城、新安、花县、清远、龙门、从化、三水、新宁,肇属之高要、广宁、新兴、四会、鹤山、高明、开平、恩平、阳春以至于阳罗、高、雷诸属州县,或营商寄寓,或垦辟开基,亦先后占籍焉"。罗香林先生曾引《崇正同人系谱》卷1之语说:"此外则广州属之增城、东莞、新安、番禺、花县、龙门、从化、香山、三水等县,又西江之肇阳罗、沿海之高、雷、琼、廉等州县,广西全省各州县,湖南毗连广东各州县,在在皆有吾系,大抵皆在清初康、雍、乾各朝代,由梅州及循州之人,或以垦殖而开基,或以经商而寄寓。此盖为最后移殖者。"[1]

根据这一记载进行研究可能蕴含着这样一种危险,即将一些零星的移民分布区与规模性的移民区混为一谈,而零星的移民并不是本书讨论的对象。从香山县的有关记载看来,该县就不能算是客家人的移民区。

根据民国《香山县志》卷3《氏族志》的记载,在全县364个迁移时代明确的氏族中,清代迁入的达182族,占全县氏族总数的50%;其中有109个氏族来自新会和顺德,29族来自广州府其他沿海县,按本书规定,都不可算作移民。另有迁自广东其他府的氏族共32个,其中迁自惠州和嘉应州的客家移民氏族共15个,另有3个来自福建的氏族,合计也只有18族,仅占全县氏族总数的5%。由于当地古老氏族每族平均所含人口大大多于清代移民氏族,所以,清代移民的人口比例还要低得多。根据各族人口所作统计,民国年间这18个氏族人口不足4 000人。当时全县户数约为18万户[2],4 000人口约为800户,移民仅占当地人口的0.4%,真可谓微不足道。

依光绪《新宁县志》的记载,香山县因未遭受迁海之难,其人口的变动就比经历迁海与复界的沿海县份要少得多,故而清代并无大量外地移民迁入。由于清代香山的外来人口多来自新会和顺德两县,说明这两县所受迁界影响不大。

从清代后期土客械斗的资料来看,新会虽受迁海影响,却未有客

---

[1] 罗香林:《客家研究导论》,兴宁希山书藏发行,1933年,第66页。
[2] 民国《香山县志》卷2《舆地·户口》。

家迁入。也算是一个基本没有移民的县份。南海县可能也是如此。

2. 广州府

花县。花县于康熙二十四年(1685年)析番禺、南海二县而设。设县之初,人口稀少,于是有招民垦荒之举措。首任知县王永名"招四方流民,授廛垦田"[1]。罗香林先生认为,此时招入的垦荒者大部分来自江西及广东嘉应州及惠州府属各县,如民国《花县志》卷9《人物志》有《袁钊传》云:"袁钊字燕北,其先赣人,康熙中割南(海)、番(禺)西北壤置花县,募民开垦,其高祖才,应募至,遂家于邑之蓝坑乡。"即是一例。

民国《花县志》卷4《经政志·户口》云:"康熙二十五年建花县,始于南、番二县割拨户口人口共五千二百二十二户,男丁共七千七百四十三丁,妇口共六千七百七十五口。"按每户5计,应有人口2.6万左右。至宣统年间,"东隅一万二千五百八十四户,西隅六千五百二十六户",合计户数为一万九千余户,人口约为10万,是建县时的土著后裔。民国二十三年(1934年),"本年各局报按册,六局总数男丁约共一十五万二千五百余丁,女口未报。访诸舆论,全邑现时男女丁口当有二十八九万云……今时各局所报尚非之数,盖只据从前清乡册约略禀报,而非挨户稽查也",1953年花县人口仅有24万,可知那只是一个大致的估计数。然其中土客户比例倒是可以相信的,记载说:"客户共七万余丁口,土户共约二十二万丁口。"客户占全县总人口的24%—25%,近四分之一。

从康熙二十四年建县至宣统年间(1909—1912年),花县土著的人口年平均自然增长率为5.8‰。据此可以假设从建县之始至乾隆四十一年(1776年)的90年中,土著人口的年平均增长率比后期为高,若为7‰,则有土著约1万户,5万人口。此时客家移民的人口占全县人口的四分之一,则有人口1.2万左右。

增城。增城的情况与花县相似。嘉庆《增城县志》卷一中有《客民》的专门记载:"客民者来增佃耕之民也。明季兵荒叠见,民多弃田

---

[1] 道光《广东通志》卷257《王永名传》。

不耕。入版图后,山寇仍不时窃发,垦复维艰。康熙初伏莽渐消,爱谋生聚,时有英德、长宁人来佃于增,葺村落残破者居之。未几永安、龙川等县人亦稍稍至。清丈时山税之占业寝广,益引嘉应州属县人杂耕其间,所居成聚,而杨梅、绥福、金牛三都尤伙。"英德和长宁(今新丰)地处粤北山地的边缘,与广州府毗邻,在清代初年得以捷足先登,移民垦荒。以后迁入的是地处稍远的永安(今紫金)和龙川两县移民,最后才是嘉应州属县的人口迁入垦殖。随时代的早晚,移民的迁出地由近及远,显示出很强的规律性。

该志卷1《里廛》中记载的各都移民村数,其中杨梅、绥福、广福三都的移民村庄最多,次则清湖和金牛等都,合计土著村庄421个[1],移民村只有86个,如果各村平均人口大体相同,移民村庄的分布可以大体反映移民人口的分布。以村庄数计,移民村约占全县村庄总数的17%,由于移民迁入较晚,每村平均人口较少,所以移民人口的比例要低于此数。按照本书第五章对赣南自然村人口的统计,清代前期所建村庄人口一般只有清代以前所建村庄人口的一半左右,若此,增城移民人口只占全县人口的10%左右。

嘉庆《增城县志》卷1《户口》对该县户口的记载极其复杂,兹录如下:

> 洪武二十四年户一万四千九百六十八,口五万二千九百三十八。弘治五年开除龙门,实存户一万二千二百六十二,口四万二千八百七十;崇祯十五年豁除绝户外止存户一万零四十八,口二万九千五百零五。国朝康熙二年豁除绝户外止存九千八百一十六,口二万六千三百五十四;康熙四十九年爬平男子一万七千四百四十五丁,妇女一万二千八百九十四口。至乾隆二十一年编查滋生人丁二万零二十一丁,又自乾隆三十六年停止编审至乾隆六十年查报滋生人丁五万二千一百二十七丁,又自嘉庆元年至二十四年查报滋生人丁九万六千九百二十一丁,连旧管人丁

---

[1] 金牛都土著村庄中有4村为客民杂处村,统计中折算成2个纯移民村。由此可知移民村庄在大多数情况下是以纯粹形态存在的。

实共一十九万零。

洪武年间的数字是人口数,至明末已转为纳税单位,是毫无疑问的。直到康熙四十九年(1710年),从所记丁数与妇女之比值看,应是人口统计了。但是否包括全部人口,则不可知。乾隆二十一年(1756年)滋生人丁2万,乾隆三十年至六十年又滋生人丁5万余,不像是纳税单位的增加,可认为这所谓的"滋生人丁"已是"人口"了。这样,乾隆末年增城县人口约为10万,嘉庆末年为20万。从康熙四十九年至乾隆六十年,增城人口的年平均增长率为13.7‰,而从乾隆六十年至嘉庆二十四年(1819年),人口的年平均增长率达到29‰,显然太高。从嘉庆二十五年至1953年,增城人口从20万增加至30万人,年平均增长率为3‰,这一较低的增长率也同样表明嘉庆年间的增城人口数存在浮夸。假定这一时期增城的人口年平均增长率为5‰,嘉庆二十五年的增城人口仅有15.5万;从乾隆四十一年(1776年)至嘉庆二十五年人口年均增长率为7‰,乾隆四十一年则有人口11.4万。按照上引资料,乾隆六十年的增城人口约为10万,与我估算的数据存在差距,或许是这10万人口中没有包括尚未入籍的移民所引起的。据此估算,乾隆四十一年,增城县移民及其后裔大约为1万人口。与花县相比,增城并非新设之县,县中可供开垦的土地当少于花县,接纳的移民数也就少于花县。

番禺。番禺县紧邻广州市,在地方志的记载中,不见客家移民的踪迹,只见罗香林先生在《客家研究导论》一书中有以下记载:

>番禺的客家,亦是康、乾以后,才自嘉、惠等地搬去的。去年三四月……我个人曾在沙河等地调查客家状况,该市保生堂杨炽生君曾对我说:"番禺一邑,以旧慕德里司及鹿步司二地为客人杂居,其地在广州东北,各有客家三四万人,昔年称东北六社。二司客人多自嘉应州及惠、韶二州所迁入。"出广州小北门,迤北至沙河、瘦狗岭、龙眼洞、柯木塱,其间系少数本地系人外,大部分居民皆为客家,就中以徐、杨、张、范、陈、周、王、李、刘等姓丁口最多。徐姓多来自蕉岭,张姓则来自惠州及江西二派,杨姓则来自

兴宁。各姓迁移的年代，大概皆在雍、乾二朝，迄今多传世八九代。

1953年番禺县人口有58.3万，以5‰的年均增长率回溯至1933年，番禺人口约为53万人。客家人约为7万，占全县人口总数的13.2%，低于花县客家人的比例，却略高于增城的客家。1953年番禺人口为增城县人口的1.94倍，但番禺是广州府的附郭县，乾隆四十一年其人口对增城人口的比例应该更高一些，设此年番禺人口为25万，其中13%为客家人，则有3.2万人口。

再如佛冈地方，"国初自惠、韶、嘉及闽之上杭来占籍者，为客家"[1]。其人口及比例不详。由于佛冈为新设之厅，类似花县，该地移民比例不会太低。从化、龙门、清远、三水等县移民人口的比例可能与增城相当，占当地人口的10%左右。1953年此五县人口约为108万，大约相当于3.5个增城县人口；如是，乾隆四十一年（1776年）这五县人口约为40万，客家移民则为4万人左右。

新安（今深圳和香港）。如上所述，广州府东南部的东莞县是迁海最为严重的地区，其南的新安县（今深圳）则更有过之而无不及。康熙二十七年（1688年）刊刻的《新安县志》卷3《地理志》对迁海一事记载甚详，兹略作节录如下：

> 康熙元年二月，大人科、介行边立界，邑地迁三之二。三月差总镇曹、总统马督同营兵折界，驱民迁入内地。民初不知边界之事，虽有示先出，而民不知徙及，兵至而弃其资，携妻挈子以行，野栖露处，有死丧者，有遁入东莞者、归善及流远方不计道里者。
>
> 康熙二年八月，大人伊、石再看粤疆，续立界，邑地将尽边焉。总督卢以邑地初迁已多，会疏免续迁，止迁东西二路，共二十四乡。[2]

新安迁海的强度非常大，邑境迁去三分之二后，还被强行迁去24

---

[1] 道光《佛冈厅志》卷3《土俗》。
[2] 同书另一记载记作"二十四围"，实为村。

村。由于土地大部分被迁入界内,故被撤县并入东莞。因迁海而被撤县,在康熙迁海史上也是罕见的了。迁民之苦,难以述说,该志记载:"时豪民富客常有不用赀买而拾养迁民子女者,奚啻千百焉。至于壮年之民,散投各营以图养口,其余乞食异乡者,沿途皆是,辗转于道旁者,何处蔑有……时上台及县长官俱日谋安插,但迁民多而界内地少,卒莫能救。"康熙八年虽随复界而复县,但新安地方元气大伤,并不能够随复界或复县而迅速得以恢复。

于是有招民垦荒之举。同书记载说:"况新安地方,兵民杂处,又值迁折初复,土多民寡,间有招集异县人民垦辟荒田,诚恐奸歹叵测,保甲宜严。"招徕移民的过程延续了相当长的一段时间。其卷10《人物志》中记载康熙九年上任的知县李可成,"来自展界复县之初,哀鸿未集,悉心招徕,给以牛种,督耕劝课……考试儒生,严革冒籍"。又记知县张明达,"康熙十七年任时,哀鸿甫集,招徕抚绥"。

香港学者萧国健在《谱牒中所见明清之际来港之客族》[1]一文中列有香港地区的各种族谱所记氏族迁入情况,清时香港属新安县辖,该地移民情况可大致反映新安县移民情况。据萧国健所引资料,宋代迁入4族,元代7族,明代7族,清初至乾隆年间迁入的达34族。就族数而论,清代前期迁入的氏族占香港氏族总数的65%,但考虑到年代较为久远的氏族其所含人口较多这一规律,香港地区的清代移民人口的比例应当较此为低。只是,在湖南平江、汝城和醴陵三县,清代移民氏族占全县氏族的比例大约为30%[2],远比新安县为低,可见新安县与湖南上述三县移民不属一个类型,因此,对于新安历代氏族人口只能作出大致的估计,即宋代氏族人口相当于清代氏族人口的4倍左右,元明氏族则为2倍,如此,清代香港地区移民氏族之人口相当于全县人口的44%左右。

嘉庆《新安县志》记载了土客籍自然村的数量,据此可对根据族谱所作研究作一检核。见表9-1。

---

1 《族谱与香港地方史研究》,香港显朝书室1982年版。
2 参见《中国移民史》第五卷《明时期》中的有关章节。

表 9-1　嘉庆年间(1796—1820年)新安县土客籍自然村分布

管辖者	土　著	客　籍	合　计	客村比例(%)
典　史	65	6	71	8.5
县　丞	60	44	104	42.3
官富司	298	194	492	39.4
福永司	154	31	185	16.8
合　计	577	275	852	32.3

资料来源：嘉庆《新安县志》卷2《都里》。

嘉庆年间的新安县分为四个辖区，各辖区的方位不甚明确。推测县丞辖区和官富司辖区为近海地，即迁界地区，包括了今日的香港地区，移民迁入较多，客籍人口的比重较大。这一区域的土著与客家在同一时期建村，因此，村庄的大小可能相同。从结果看，客籍自然村的比例与客籍氏族的人口比例相同。

从全县情况看，客籍村庄的比例约占全部村庄的近三分之一。一般说来，在非迁界地区，土著村庄的人口要比迁界地区为多，假定土著村庄的人口为客家村庄的2倍，则客家人口相当于全县人口的25‰左右。

据嘉庆《新安县志》卷8《户口》记载，乾隆五十八年至嘉庆二十三年(1793—1818年)新安县共约24万人。假定这是嘉庆年间的人口数，以7‰的速度回溯至乾隆四十一年，有人口约18万，合计有客家移民4.5万人。

东莞的移民比例比新安更少，结合周边地区的情况看，该县清代移民占总人口的20%大概是合适的。1953年该县人口达76万之众，相当于2.5个增城，乾隆四十一年东莞人口可能达到28万，其中清代移民人口为5.7万左右。

新宁(今台山市)。新宁县地处广州府西南滨海，受迁界影响较大。复界以后有潮州、惠州和嘉应州等地客家人迁入。有关新宁县客家人的分布、数量等问题不见于清朝前期的记载，而在清代后期咸丰、同治年间的土客大屠杀中，才见有大量的有关记载。这次大械斗的结果有二，一是大批客家人进行了再次迁移，他们多迁往广东西部地区以及广西；一是将土客居地重新划界，分新宁设赤溪厅以安置客家。

民国《赤溪县志》卷8《赤溪开县事纪》中对于土客械斗的前因后果及过程有详细的记载,通过分析,可以知道客家移民在这一区域的活动情况。

最初的客家人是在复界以后迁入的,在"事纪"《溪民迁居之始》条下有以下记载:

> 边界虽复,而各县被迁内徙之民,能回乡居者已不得一二。沿海地多宽旷,粤吏遂奏请移民垦辟以实之,于是惠、潮、嘉及闽、赣人民挈家赴垦于广州府属之新宁,肇庆府属之鹤山、高明、开平、恩平、阳春、阳江等州县,多与土著杂居。以其来自异乡,声音一致,俱与土音不同,帮概以客民视之,遂谓为客家云。

关于招垦的过程,则有记载:

> 雍正十年,督粮道陶正中至新宁、开平、恩平等县,劝令垦民悉领地开耕。时新宁知县王暠亦以垦辟自任,详报省宪,开畴图图,准立新户升科,完纳粮税。乾隆初惠、潮、嘉人来垦者仍众,至是生齿日繁。

客家人的迁入主要在雍正(1723—1735年)至乾隆前期,主要是在地方官的招垦政策推动下进行的。一旦客家人立足于此,他们便绳绳相引,移民遂成大观:

> 客民习劳苦,繁生育,又善引族属,故所在占籍皆能自辟村居,繁殖人口。计由雍乾始迁,以迄咸丰初仅百十余年,鹤、高、开、恩等县不具论,即新宁一邑,客民人口已不下三十万,而所居地虽多僻瘠,以宁邑方舆计之,殆占三分之一焉。

以新宁县客家移民人口年平均自然增长率为7‰计,回溯至乾隆四十一年(1776年),新宁县的客家移民大约为17.5万人。

合计之,清代前期广州府接受的客家移民大约有37万余,他们主要来自潮州、惠州和嘉应州等地,也有少数来自江西南部地区。

3. 肇庆府

开平县。顺治六年(1649年)析恩平、新兴、新会三县地设置开平县。雍正十年(1732年)又析新会、开平二县地置鹤山县(1959年与高明合并成高鹤县)。这两县的设置与花县情况相似,说明这一区域存在开垦的潜力。

民国《开平县志》卷21《前事志》记载说:"先是客籍散居县属者不一,自雍正十年粤督鄂必达以开垦荒地招惠、潮二府贫民给赀来此。虽他族逼处,然一向相安。"至同治五年大械斗结束后,巡抚蒋益澧将该县客人凡男妇2万余口给口粮安插于广东西部地区和广西。由于这是一次完全性的迁移,此后开平县不再存在客家人,故此数可视作开平客家的总数。以每年平均增长7‰计,乾隆四十一年开平县的客家人大约为1.2万人。即使考虑到大械斗中有大量的客家人口死亡,但其乾隆年间的总人口也不会超过1.5万人。1953年的开平人口为鹤山县的一倍左右,据此推测乾隆四十一年开平县人口约为15万—16万人,客家人占全县人口的10%左右。

鹤山县。鹤山开县之前,清军曾招徕惠、潮客家人来此垦荒,到康熙四十七年(1708年)已形成17个村落[1]。在客家开荒之时,也有邻县的土著迁入垦殖,而立县之请,始于土著。道光《鹤山县志》卷3《事纪》说:"先是南海、顺德各县民伍德彝等承垦荒田,因请立县。总督鄂弥达、巡抚杨永斌檄委粮驿道陶正中勘议详题,置鹤山县。"伍德彝等105户邻县移民又捐钱筑城,在地方事务中颇占主动,客家移民在地方事务中的作用远不如伍氏等族。雍正十年(1732年)鹤山县令黄大鹏说:"附城村庄向多惠、潮人民陆续迁移居处,今建城招垦,来者益夥。若听其接踵而来,恐漫无稽查,滋事必多。若拒之他适,殊非建县开荒之意。"为此他提出解决的办法是,"今将现在有田耕种,住居年久者,查明丁口,编立保甲,其新穷民令各村保长随时查报,取具歇家的保,俟伍德彝等一百五户招佃垦荒,按田亩多寡,拨给安插"。邻县移民显然掌握了对荒地的支配权,新来的客家移民只能成为他们的佃户。伍氏的成功可以看作是政府对他们捐款筑城一事的回报。

新来的客家人大都依山而居。道光《鹤山县志》卷2《地理·风

---

[1] 道光《鹤山县志》卷11《杂纪》。

俗》中说:"惠、潮来民多农鲜贾,依山而居,以薪炭耕作为业,故其俗朴而淳,与土著差异。"如此,鹤山客家形成两个居住地,一是近城的老客家聚居处,他们在设县以前即迁入开垦;一是近山的新客家聚居处,他们在建县以后迁入,是伍德彝等人的佃农。

在鹤山县七都中,附城都土籍5图,垦户共11图,附城都西共2图为新设,称为一图、二图。土籍指原有土著居民,垦户则为伍德彝等邻县移民所编,而新设2图,则应是近城的老客家。除附城都外,得行都寄籍共2图,还有会一图、东一图寄籍共2图,可能是雍正十年(1732年)以后的迁入者。合计鹤山客家有图6个,其他人口则编图47个。客家图仅占全部图的11.3%。从上引文中可见,雍正十年黄大鹏始行编图;垦户伍德彝等105户所编11图,是按规定编的。据各类图的数量可推知各类人口的数量。

1953年鹤山县人口为20万,仅及增城人口的三分之二,推测其乾隆四十一年(1776年)人口数约为7.6万,其中移民人口约为0.8万。

恩平。道光《恩平县志》卷15《风俗》说:"近多惠、潮、嘉人来寄籍,勤耕读,知向上,土著视之,无分畛域。其桀黠者则好斗健讼,无知之徒,从而效之。"其人口数不详。如果肇庆府属各县客家人口的比例约占当地人口的10%左右,嘉庆二十五年(1820年)该府人口有255万,客家人约有25万。以7‰的年均增长速度回溯至乾隆四十一年(1776年),客家人口约为18万,大约每县1万人的规模。这与上文根据开平及鹤山二县资料所作分析是大体吻合的。

4. 罗定州和高州府

清代前期,罗定山区接受了不少移民,雍正年间,东安县,"迩来附籍者众"[1]。西宁县,"土著者稀,五方杂处"[2]。假定该州客家移民也占总人口的10%左右,嘉庆二十五年(1820年)罗定州人口即为68万,其中客家移民则有近7万人口。以7‰的年平均增长率回溯至乾隆四十一年,则有客家移民5万人。

---

[1] 雍正《罗定州志》卷1《物产》。
[2] 道光《广东通志》卷93。

雍正五年三月广东巡抚杨文乾奏:"……惟是潮州各属地方人多田少,又兼上年被水,各县冬间米价稍昂,贫民有往高、雷、廉等府就耕谋食者,今闻二麦茂盛,俱陆续回籍力田。亦间有未回者,臣已捐发盘费口粮委员前往,查其盘费不敷,无力回籍者,量给盘费,领回安插。"[1] 由此可知清代前期潮州人已向广东西部迁移,只是此时的广东政府并不赞成这一迁移,仅作为受灾后的权宜之计,灾后力主劝回原籍。实际上,有相当一批客民并未返回,而是在当地留居下来。

与罗定州毗邻的高州府信宜县,就是客家移民的留居地之一。咸丰元年(1851年)信宜县大寮山区发生凌十八起义,实质上是客家移民的起义。最近的一份调查表明,凌族的始祖凌铭公,明末清初从福建汀州府迁至信宜钱排地方。同年三月广东巡抚叶名琛在一份关于凌十八的奏稿中说:"查信宜县居民,向分旧图、新图。旧图皆系该县土著,新图如大寮、莲塘多系广西种山客民。两图构衅寻仇,积不相能,已非一日。"[2] 所称"广西种山客民",是因山区客民来往于两省之间,给人造成误解。如凌十八的兄弟和父亲就是在广西地面耕种的。

在光绪《信宜县志》卷2《舆地九·都图》中,记有"旧都:坊郭都、一都、三都、四都、五都、顺乡都、感化都、怀乡都。新都:信丰都、从善都、定康都、感化都"。又有图、堡、甲的记载。无论从都名、图名还是甲的名称来看,都不见有大寮、莲塘等地名。由此推测光绪《信宜县志》中记载的都、图、里是同治年间安置新宁一带迁来的客家人后重新编制的。

在"旧都"中,有感化、怀乡两都为典型的移民地名[3],土著绝不可能以此作为都名的。推测在同治年间新的客家移民迁入后,旧有的移民都也作为"旧都"对待了。如此,则清代前期的客家移民约占全县人口的20%。

以图数记,信宜县的旧图(围)有11个,其中的怀乡围疑为老移民所建,故略而不计。假定咸丰初年也是如此,土著就有10图,客家移

---

1 《朱批谕旨》,中国第一历史档案馆藏。
2 转引自刘佐泉:《凌十八起义与客家》,《湛江师范学院学报》1992年第1期。
3 参见《中国移民史》第五卷第五、六章中对移民地名的分析。

民至少有 2 图,即大寮和莲塘。如此,客家人占当地总人口的 23%。

该志卷 4《经政五·赋役》记载,"雍正九年至嘉庆二十三年口一十八万五千二百四十一"。事实是,从雍正九年(1731 年)编审户口起至嘉庆二十三年(1818 年)未再新编户口,故这一数据当看作雍正九年之人口。至乾隆四十一年(1776 年),该县有人口约 25 万,客家人占其中 23%—25%,就有 6 万左右。正因为信宜山区居住着为数众多的客家人口,所以,凌十八在仓促之间,可以聚集起三四千人的队伍,与清廷对抗。

至于高州府其他县的移民情况,因未见资料,不便妄测。从后引资料中可见,在清代前期,高州府属的石城和吴川两县有人向雷州半岛移民,可见这一区域并不缺少人口。

5. 雷州府和廉州府

雷州府。罗香林先生在《客家研究导论》中引用钟用苏《粤省民族考源》,认为同治六年(1867 年)广州、肇庆两府人口向西部地区的迁移,"尤以高州的信宜、雷州的徐闻为最众",但据以下资料,徐闻的客家移民应是清代前期迁入的。

宣统《徐闻县志》卷 1《舆地》引旧志说:"徐之言语三,有官语,则中州正音也,士大夫及城市居者能言之;有东语,亦名客语,与漳、潮大类,乡落通谈;又有黎语,即琼、崖、临高之音,惟西乡之言,他乡莫晓。"现存宣统以前的徐闻县志只有康熙年间编纂的两种,从宣统《徐闻县志》卷 5《赋役志·户口》中可以推测康熙以后,还有嘉庆《志》:"按丁口旧志载,康熙至雍正年共五千有奇,嘉庆间增至十万七千有奇,此后鸠居日广,生齿日繁,历载来版籍所登应视前数为更倍蓰,顾嘉庆迄今代远年湮,案卷朽烂,其间衰旺若何,隆替若何,固无从查核。"所以,宣统《志》中所说"东语",即客家话,在嘉庆以前即已存在了。

徐闻县的人口减少始于明代后期,"万历二十四年大旱,赤地千里,是年斗米价银二钱五分,民多茹树皮延活,饥死者万计";清代初年灾害频仍,"顺治十年,徐大饥,病伤、虎伤人民,死者殆尽,先是壬辰癸巳,土人张彪与骆家兵相杀,连年不解,继复荒残大饥,瘴发,阖室而死,百仅存其一二焉",人口大量死亡;此后不久,又遭迁界之灾,直至

"康熙七年展界,设卫所……招垦给牛种"[1],移民活动就在这一背景下展开。

康熙十一年(1672年)《雷州府志》指出移民的来源,"近奉严旨招抚安插,户口之册岁上,牛种之给难周,如遂、徐二邑土著绝少,插地报垦,大半吴(川)、石(城)流民。今年东庄,明年西市;今岁告垦,来岁抛荒,将来莫大隐患,实始于此"[2]。复界之始,远方客民还来不及迁入,邻地人口捷足先登,以后雷州才成为粤东客家人的移民地。

鉴于徐闻一带客家方言通行于乡村的事实,估计当地的客家人当占总人口的40%左右是没有问题的。而在海康和遂溪两县客家人稍少,假设只有10%,即可对该府客家移民的数量做此推测:嘉庆二十五年(1820年)雷州府人口为68万,其中10.8万为徐闻县人口,客家人至少有4.3万,另二县总计50万人口中亦有5万左右为客家移民。以7‰的速度回溯至乾隆四十一年(1776年),约有客家移民7万人。

廉州府。道光《钦州志》卷1《舆地·物产》中说:"按糖油二种,旧志略而不详,缘州属在雍正初地尚荒而不治,自乾隆以后,外府州县人迁居钦者,五倍土著。人力既集,百利具兴,山原陵谷皆垦辟,种植甘蔗、花生,为榨油漏糖之资。"钦州地处较雷州更为僻远,移民的迁入更晚。只是五倍于土著的移民之中,到底有多少为客家人,尚不可知。

在灵山县,文献记载说:"灵山方言,僮汉之外,又有仍操福、潮音者。如平、吉、颜族,自福来十余传矣,犹操土音。"[3]闽人的迁入可能要追溯至道光以前的十余代,至少也应在明代中期已经迁入,而潮人的迁入可从上引《钦州志》的记载中知其迁自乾隆时期及以后。

今日钦州、防城和灵山一带的客家人大约有40余万人,在浦北、合浦两地也有同样数量的客家人[4],占当地人口的20%左右,扣除同治年间从广、肇地区迁入的客家人,老客家在当地人口中的比例至少

---

1 宣统《徐闻县志》卷5《赋役志》。
2 转引自宣统《徐闻县志》卷5《赋役志》。
3 道光《廉州府志》卷4《舆地·风俗》。
4 徐杰舜:《广西客家的源流分布和风俗文化》,《客家学研究》第2辑,上海人民出版社1990年版。

应占 15%。嘉庆年间廉州府人口约为 44 万,这一人口数不确,因为至 1953 年,这一区域的人口达 193 万,133 年间的人口年平均增长率高达 11.1‰,显然偏高。如果年均增长率为 5‰,嘉庆二十五年廉州府人口数就应有 99.5 万。再以 7‰的年平均增长率回溯至乾隆四十一年,有人口 73 万余人,其中客家移民约有 11 万人。

罗香林先生指出,同治年间新宁一带的客家向广东西部及广西迁移时,有部分迁入了海南岛,"其远者且渡海至海南岛崖县及定安等地,与乾隆时自惠州搬至沙帽岭的客家比庐而居,但不为老客所喜"[1]。这就是说,乾隆年间就有客家人迁入海南岛,只是其人数不详。

三 土客械斗和客家人的再迁移

广州和肇州两府各属县中客家移民的分布,以新宁为最多。而新宁县的土客矛盾又似乎比其他各县要尖锐得多。土客分歧的焦点在于学额,"乾隆初惠、潮、嘉人来垦者仍众,至是生齿日繁,读书人士难归原籍,各请就近入籍考试。鹤山、高明、开平、恩平等县客民占居者众,得与土民一同应考,独新宁客民屡请入籍与试,皆为土著所阻。迨乾隆二十九年,客童廖洪等赴都察院具控。奉谕旨,着广东巡抚图萨布查奏,经部议覆准新宁另编客籍考试,取进文武生员,于是客童有上进之阶,膺贡举而登仕版者代有人矣"[2]。在新宁以外的各县,由于客家移民大体仅占当地人口总数的十分之一左右,难以对土著的学额产生大的威胁。新宁则不相同,客家人口众多,乾隆后期已达 15 万人之众,可能占该县人口总数的三分之一左右。他们对土著权利的侵占要比其他县严重得多。这也就为日后该县以学额为中心的土客冲突埋下了伏笔。

兹根据《赤溪开县事纪》的记载,叙述其过程如下:

咸丰四年(1854 年)恩平县有红巾会徒起事,围攻县城,"知县郭

---

1 罗香林:《客家研究导论》,第 62 页。
2 民国《赤溪县志》卷 8《赤溪开县事纪》。

象晋专募客勇防守,时高明、开平、鹤山等县城及肇庆府城亦有贼来攻,悉募客勇守之,俱无患";红巾会众又攻打新宁县城,"知县杨德懿调各堡乡团分防要隘,复谕客绅杨锦澜等招募客勇到城固守";不久鹤山县城破,知县被杀,"寻该县客绅举人马从龙、张宝铭等奉总督叶名琛谕饬,统带客勇协助官军,收复城池,连破沙河、江门、长沙等贼营,擒获土贼大鲤鱼、何困仔等斩之"。在得到省宪的嘉奖后,客勇在新任鹤山知县的率领下搜剿余贼,"时为贼目及附贼者多土属人,闻剿惧之,乃煽布谰言,谓客民挟官铲土,土众惑之,因是仇客分声,乘势助匪,杀掠客民,客民起而报复,遂相寻衅,焚掳屠戮而成械斗矣"。

开始时械斗只限于鹤山一隅,以后蔓延邻县。同《事纪》概括道:"客民居于鹤山之双都各堡、高明之伍坑各堡及开、恩二县之金鸡、赤水、东山、大田、萌底、横坡、沙田、郁水、尖石等处共二千余村,悉被土众焚毁掳掠,无老幼皆诛夷,死亡无算,而鹤、高、开、恩等县之土属村落亦被客民焚毁,掳掠千数百区,无老幼皆诛夷,死亡亦无算。据故老相传,当日土客交绥,寻杀至千百次,计两下死亡数至百万。"虽然械斗持续了十几年,但死亡人口达到百万之众,却是有些夸大了。

高要和阳春二县的械斗双方在土客士绅的调解下,"斗事遂归沉寂"。阳江厅因客民不多,就逃到新宁客家人聚居的那琴、那扶等处,求得庇护。新宁县客人主要居住于县西境,这里客民人口众多,居民富足,"当土人分东西路前来攻逼时,西路客众多援助,故能与斗千百次,相持十余年",土客械斗相持时间最长,械斗规模最大,以至于恩平、开平、鹤山和阳春等县的客民也纷纷来投,遂成客民聚集的中心地。不仅如此,东莞、新安等地的客民也"邀来助势"[1]。同治四年(1865年)的遣散客民就是以此地为中心展开的。

同《事纪》记载:同治四年六月总督瑞麟、巡抚郭嵩焘会奏云:"……那扶客产原居十之七八,赤水、金鸡居十之五六。客民始以分散居住与土民仇杀,而终为所并。今以十数万之众并集于此三处,附近土民心怀惴惴,急谋远徙之。"在与土著的仇杀中,新宁客民在那扶等

---

[1] 民国《赤溪县志》卷4《经政志·户口》。

三地取得了优势,土著退避他处。然而三地地方逼狭,不足以安置十几万客民,就有迁客民于他处之议。迁往清远、英德及广西的客民受到当地政府的拒绝,难以成行;如从清远返回的客民数万人就无处安插。这年十月,"委员到境,劝谕客众他迁,发给资费,大口八两,小口四两,派勇分途保护往高、廉、雷、琼等府州县及广西贺县、贵县、容县、武宣、平南、马平、雒容、柳城、荔浦、修仁等县,觅地居住谋耕,准各县一律编籍考试。至是开平、恩平及新宁西路一带无复有客民足迹,而客属村居田产概为土人占有矣"。

对于未被遣散的客民,则于同治六年(1867年)于新宁县南部划设赤溪厅,后又改厅为县(1953年撤销并入台山县)。民国《赤溪县志》卷4记载赤溪厅共设5堡,共户3 625丁,22 590口。此处"丁"的含义不详,但人口只剩2万余。同治六年委员吴福田《查办新宁土客息斗联和善后事宜通禀》中提及客民"现有三万余众",以后"随因驱除游民或迁徙别处及新安、东莞等处客民多有归去乃减去三分之一",所以剩下的人口只有2万余人了。

光绪十七年(1891年),赤溪编查保甲,共有6 842户,55 369口。从同治六年至此的24年间,赤溪人口翻了一倍多,年平均增长率为38‰,令人难以相信。同书又说:"县属山多田少,人民生活维艰。查近二十年来县民挈眷往南洋各埠寄居谋生者,计每年不下数百家,故历次编查户口多有漏报。"原来县志作者将外出南洋的人口也统计在县册当中了。

新宁的客民外迁者大约为十几万人,肇庆府属的客民外迁者也大约有此数。同治八年,开平、恩平、高明和阳江等县的客民迁散到广东西部和广西地区的,"以旧有田庐悉为各县土著占踞,无可抵换,均不甘服",要求督抚准援照新宁土客换产成案办理。光绪初年由寄居于广西和高州、雷州的客家士绅出面赴京都察院具诉,要求回原籍旧居。最初曾国荃允许客民复居,土民不允,只愿缴价折补,客民不允。一直拖至民国年间,此案遂消,客民复居未果。

客民迁入广东西部各地的,以高州的信宜和雷州的徐闻两县为最多。信宜之所以能够接受大量移民,与凌十八起义以及清军对起义的镇压有关。两年多的战争导致了当地人口的大量减少,移民得以大量迁入。在光绪《信宜县志》卷 2《都图》中,旧图只有 65 甲,新图则有 108 甲。如前述,新图为安置的客家人,而旧图则为土著和清代前期迁入的客民,同治年间安置的客家人以甲数计已占当地人口的 62%,而实际人口多于里甲的编制,人口比例还会超过这一数值。据同书卷 4,光绪十二年该县有人口 30 万,按照赤溪县的情况,客家人口的增长可能会达到一个相当高的速度,以年平均 20‰ 的速度回溯至同治六年(1867 年),有人口约 20 万,若客家移民占其中 62%,就有 12 万人。若是,新宁一带迁出的客家人的半数迁入了信宜一带丘陵山区。

第二节

广　西

在清代以前的历次移民大潮中,广东和广西是受波及最少的地区。与广东相比,广西地处更为偏僻,人口也更稀少,中原汉人因其居民中少数民族人口较多,多称其为"僮瑶之区"。平乐县令引陈光龙说,平乐地方"穷崖邃谷不可以庐,每行数十程,始得一村,村复萧然无多户,民与瑶僮相杂,诛茅编竹,略蔽风雨……僮尤善迁,数年辄易其地,瑶则堪岩为藩,深箐为幕,汉人恒不敢入"[1]。历代汉人多以为宦、为商或为军的形式迁入,人口不多,没有明显的迁移高峰。民国《贵县志》卷 2《风尚》的记载说:"三代以前,政教不通。秦徙中县民,杂处西瓯,汉吴兴学,公纪迪教于郁林。历唐及宋至元,士族代有占籍,父老相传多山左与江左之族云。"自称祖先来自山东者,号称南宋时为征蛮而来,来自江浙一带的,多为明代戍守军人的后裔。兹将各府清代移民情况叙述如下。

---

[1] 光绪《平乐县志》卷 1。

一　平乐府

平乐县。康熙七年(1668年)平乐县令陈光龙将平乐一带人口减少的原因归结为明清之际的战争,他说:"自顺治八年始入版图,复遭孙逆之变,土著之民十亡八九,连年招抚,惟楚之道(州)、永(州)、东粤之阳(山)连(山)、江右之安福、吉水受廛居多焉,然去留靡常,无安土重迁之累,不可以恃为户口。嗟乎,生聚之为急,抚循之维艰,为民上者,其可不加之意乎?"[1]最初的迁入者并未定居,但随着时间的推移,不少流民定居而成为移民。正如该志所载,民国时县人议及本县汉族人口的职业时说:"来自东粤者多设商肆,来自三楚者多操工业,而来自江西、福建亦不乏人。其散处乡村者,溯其籍贯,以四省流寓为多,安居乐业,已成土著。"关于若干大族的迁入时代,则有记叙如下:

附城乡以陈、李、黄、张、潘、刘、王等姓为大姓,皆于清代来自湖南、广东;

上盆乡以黄、张、陆、吴、莫、马等姓为大姓,民治村吴姓于明代迁来,其余各姓皆于清代由湖南、江西而来;

世平乡以刘、罗、林、许、何、曾、邓、梁等姓为大姓,皆于清代由湖南、广东、福建等省而来;

榕津乡以廖姓为大姓,于清初由湖南迁来;

张家乡以李、陶、莫等姓为大姓,于唐代由湖南随征到此;

同安乡以李、陶等为大姓,于明末自湖南来;

兴宁乡莫、宾等姓为大姓,莫姓来自山东,于宋咸淳二年有莫国麟者封昭庆侯,奉令征蛮,来居斯土,现有人口三千余,宾姓于宋代来自湖南,现有人口千余;

大布岭乡以莫、翟、陶、李等姓为大姓,李姓自唐代来,莫、翟、陶等姓皆于宋代来,各姓人口现均有千余;

阳安乡以陶、欧等姓为大姓,陶姓于唐代由山东来,欧姓于元

1　民国《平乐县志》卷2《户口》。

代由江西来,现有人口各二千余;

  金华乡以陈、黄、张、韦、欧阳、钟等姓为大姓,如九洞村之张姓、鱼口村之韦姓,始迁来时距今约三百年,泥塘村之欧阳、钟等姓、南蛇村之韦姓,始迁来时距今约二百年。[1]

  在以上提及的各姓氏中,共有 16 个氏族迁自清代以前,其中迁自唐代和宋代的氏族有 10 族,每族人口多在千人以上,由此而构成平乐县土著之主体。清代有 23 族,其中 20 族由湖南、广东、江西和福建四省迁入,据此可以判断清代移民迁入的大致方向。清代移民氏族占迁入氏族总数的 50% 左右。

  在本书第五卷中,我们知道,在湖南汝城,一个唐代的氏族至民国年间约有人口 5 000—7 000 人,宋代的氏族约有 3 000 人,明代氏族约有 1 000 人,清代氏族平均只有 200 人。汝城与平乐相距不远,然其清代移民氏族只占全部氏族的 28%,而平乐则高达 50%,说明两地的移民类型不同。因此,平乐县清代以前氏族的平均人口就会少于汝城,而清代移民氏族的平均人口也可能会略多于汝城。以清代以前氏族平均每族人口 1 000 人计,平乐县清代以前氏族可折算为 80 个标准清代氏族,如是则清代移民人口约占全县人口的 20%。

  正因为平乐县汉人多在唐宋时代即已迁入,他们的后裔在清代汉人中占有绝对多数,故该县方言中,以官话为主,湘、粤、赣、闽四省方言次之。按照民国《平乐县志》卷 2《方言》的记载,湘方言不等同于官话,而客家话又不等同于广东话和福建话,作者关于各地方言的划分标准,我们不很清楚。然而,从该志卷 3《杂税》的记载看,来自广东的移民相当广泛,"山可种花,地可种麻,而土著之民,皆不习劳,往往招广东阳山人种植,地主收租而官收公税……招种之人去来无定额"。广东阳山属粤西北之连州,与平乐府毗邻。更多的广东移民则来自广州府和肇庆府,可能是客家移民的再迁移。

  广州和肇庆两府人口迁入广西,并不始自同治年间,他们在清代前期即已迁入。民国《钟山县志》卷 15 有以下记载:

---

[1] 民国《平乐县志》卷 2《社会》。

所谓广肇堂者,广州、肇庆两属合称之谓也。事缘大桥市肇庆人索嘉应犽客博债,欲以其绸裤作抵,被殴伤,诉之广肇会馆,集众捕犽,又被击败。肇人遂潜回粤,召无赖三千余人,藉报复为名,沿途索饷,时鲤鱼寨不与,焚其庐舍,至英家,复被犽客击败溃走。自是犽人之无赖者遂接踵而起,蹂躏地方,良善无虚日。于是富、贺、昭又起土客相斗之祸,在富则土强客弱,在贺则土弱客强。昭惟黄姚一带,被害特甚,我两里从不招犽客,故无间可入亦云幸矣……记曰犽客固好乱,而广肇人实作俑焉。广肇人自英家败后,凡侨寓三县者皆弃资走去,所留者仅少数执艺人而已,歹人酿祸波及良民不幸者,非独土人也。

这一事件发生在咸丰四年(1854年),与同治年间广东客家的再迁徙无关,说明在清代中期以前,客家人即已迁入。这次客家与广州、肇庆两府人的冲突,可能是来自嘉应州的客家移民与广肇两府来广西贸易的商人之间的冲突。肇庆人在失利后,回原籍"召集无赖三千余人",是因为当地的广、肇移民甚少,仅靠不多的商贾,不足与客家移民抗衡。这一次客家与广肇府人的械斗,可以看作同时代广州和肇庆两府地面发生的土客大械斗的延伸部分。不仅如此,客家人与广、肇府人的械斗在某种程度上转化为客家人与广西土著之间的械斗,所称"在富则土强客弱,贺则土弱客强",指的就是富山、贺县两县客家人与当地土著力量的对比。钟山所处之二里没有招募过客家移民,也就没有卷入这次是非争斗。这次械斗的结果是,广州、肇庆两府的商人退出平乐,客家人则以胜利者的身份留居了下来。

贺县。民国年间的贺县方言,有瑶话、僮话、客话、广东话、湖南话,然却"各依其土以为话,究不若官话之通行也"[1]。客话位居各汉语方言之首,可能暗示着客家人在贺县的势力超过了其他各地来的移民人口,只是由于该地最为通行的还是官话,所以尽管"在贺则土弱客强",却仍不能说客家人口超过了土著。"土弱客强"可能仅仅指卷入械斗的土著和客家。

---

[1] 民国《贺县志》卷2《社会部·风俗》。

以贺县东南丘陵山区的信都镇为例,"总各区市场粤音居多,以经商大率皆粤人,讲官话者独少,而明晓者亦多。端南市外有惠、潮、嘉客人,其在家与家人谈话,常操客声,土人多不相通,以其出市则操本土音,日久则几不知其为客人者"[1],官话仍是主要交际语言,市场中则以粤语为主。至于客家话,则主要在客家人社区中使用,客家人外出仍使用当地土语。既然客家语言没有在当地占有优势,就说明客家移民的数量是不多的。

再从姓氏上看,在贺县,姓氏"以李、张、黄、陈四姓为最大姓,亦为著姓,世居土著者多,人口约占合邑十分之二;其他僻姓如羯、刁、沙、龚,皆来自东粤,清代中叶迁贺,人数无多"[2]。土著居民仅4个大姓,就占有全县人口总数的20%,更可见土著居民人口的众多了。

昭平县。万历年间因政府对猺僮之民的动乱实施镇压后曾招佃输耕,从粤北翁源县引入移民,清代广东移民继续迁入,民国年间昭平形成"土客丛集"的局面[3],客家移民也有相当的数量。

嘉庆二十五年(1820年)平乐府人口有近36万人。可是,根据下文中我对广西清代人口的理解,这一数字显然是偏低的。以平乐府辖境计,1953年这一地区有人口163万,133年间的人口年平均增长率高达11.4‰。即使扣除同治年间广、肇客家迁入引起的人口增长,平乐府的人口年平均增长率仍然高达10.8‰。要在百余年的时间里维持如此高的人口增长率,是不可能的。假定实际的年平均增长率为5‰,嘉庆二十五年平乐府人口将达到75万左右,以其中20%为移民计,则有移民人口15万左右。再以7‰的年平均增长率回溯,乾隆四十一年(1776年),约有移民11万,其中的大部分应是广东迁入的客家人。

二　浔州府

桂平县。民国《桂平县志》卷31称:"至于明代,江西、福建、广

1　民国《信都县志》卷2《方言》。
2　民国《贺县志》卷2《社会部·民族姓氏》。
3　民国《昭平县志》卷7。

东各省氏族来者弥繁",汉族人口的迁入从明至清是一个连绵不断的过程。该志又引道光《志》云:"县之西南多狼少僮,僮居北河姜里,所见亦罕,惟宣一、二里则无村无僮,十罗九古之名皆僮村也。其有自粤东、福建、江西迁来者,杂处于村中,谓之客籍,而土著者为僮人。"在桂平县,来自闽、粤、赣的客籍人口是与土著人口混杂而居的。

客家人的迁入,引起了土著居地的变化。如该县的江口圩,"旧在圩西对岸,为瑶人贸易场,乾隆间迁今地。清世瑶人远遁,外籍日众,圩渐繁盛"[1]。显然是客家移民聚居的结果。

贵县客家移民的活动见于民国《桂平县志》卷33的记载。道光二十八年(1848年)贵县土客械斗,土人获胜,客家移民与矿徒奔赴桂平金田,成为太平天国起义队伍的第一支武装力量。其经过如下:

> 狼僮曰土,广东潮、惠人曰来。来人富豪温阿玉艳土人农氏女美,唊夫家退婚不可,强娶之,遂相仇杀。来人败走,附金田。初土来既斗,适陈香晚纠众三千由宾州入贵县龙山出棉村,声言寻仇。土人误为来人,勾结集团练御之,杀千余人,乃遁去。北岸来人乃约南岸黄阿左、叶阿长各股数千人由瓦塘渡江屯覃塘,钟阿春、杨捞家、徐阿云等率众万余由东津渡江、屯大墟,土人殊死抵御,互杀四十余日,贼遂饱掠去,来人势孤,急挈家奔南岸及桂平蒙墟等处,至是遂合矿徒赴金田从(洪)秀全。

从械斗规模看,贵县客家动用了1万余人的力量,从郁江南北两岸对土著发动攻击,虽一时得手,却因客家人口在全县人口中仍属少数,颇感势力孤单,只得投奔洪秀全。在上述记载中,有"南岸黄阿左、叶阿长各股数千人"字样,"股"是客家人合约制宗族组织的一种形式。在以前的章节中已有论述,此不赘。

参加械斗的贵县客家若有1.5万人,与家属合计就有6万以上,投奔桂平金田的客家只是其中的一小部分。光绪《浔州府志》还说:"来人败走,无归者附金田以叛",其人数只有三千余人,"贼党……会

---

[1] 民国《桂平县志》卷31。

来人率男妇老弱三千余人败走无归,乃合博白教徒数百聚郁林白马江,出桂平大洋墟大莫村,屯定子桥旱雷岭……于离城三十余里之牛儿岭渡江,一经会合,势遂滋蔓";石达开就是其中之一。事实上,贵县的客家不可能全部抛弃家业参加反政府的行列,与土著的械斗案直到金田起义发生后还未了结[1],当时主办土客械斗案的广西按察使姚莹于咸丰元年(1851年)夏天有《致左江道杨书》,信中说:"顷以贵县土人互相仇杀一案,蔓延已久,其势岌岌,中丞深以为虑,令弟与仲铭二兄会衔出示谕止,欲解散其众,必须公正严明大员往为查办。"如果贵县客家皆投金田,姚莹就没有必要来处理此案了。说明客家在贵县代代相生,至今贵县还是广西客家一个重要的聚居地。

当时贵县有多少人口呢?已知嘉庆二十五年(1820年)浔州府的在籍人口约64万,和平乐府人口数一样,这一数字也是低估的。按同样方法测算,此年浔州府人口约为107万,依1953年贵县人口在浔州府地四县中比例,贵县人口约为32万,回溯至道光二十八年(1848年)则有人口约37万,参与械斗的客家人占其13％左右,以后虽有部分客家人投奔太平天国,但在同治年间却有广、肇等地的客家人迁入,客家移民的比例可能并未改变。因此,嘉庆二十五年浔州府的客家人数约为14万。以7‰的速度回溯,乾隆四十一年(1776年)浔州府人口约79万,其中客家移民约10万。

三 郁林州和梧州府

郁林州与广东高州府毗邻,也是清代前期客家移民集中的地区。道光年间的记载是:"北流墟市最多,广东惠、潮流民聚众结盟,夜聚晓散。"[2] 这是一个安徽桐城籍的地方官观察所见,说的仅仅是墟市中客家人的活动。而在嘉庆初年,知县孙希元就说过:"北流五方杂处,风气不齐,城市商贾辏集,多南海人……官坡多闽人,吉京冲、龙山坡间

---

1 见罗尔纲:《金田起义考》,见罗尔纲:《太平天国史实考》,生活·读书·新知三联书店1985年版。
2 道光《桐城续修县志》卷13《人物志·赵之璧传》。

多惠、潮人,轻悍好斗,然勤于力田,邑内空荒多为垦辟。"[1]这些客家人仍是以耕田垦荒为主要活计的农民。其迁入时间,当自清代前期始。

据今人的调查,原郁林州属的博白和陆川两县客家移民的人口最多,占当地居民总数的一半以上[2]。从北流县客家人分布的情况看,博白和陆川两县的客家人在清代前期即已迁入,乾隆时人指出陆川方言,"县北语音似近广东高州,谓之地老话;县南语音近广东翁源,谓之新民话,县城则两种话兼讲"[3]。可见陆川的客家人主要来自广东韶州府之翁源县,与广东潮、惠、嘉地区的客家人不属一个系列。所以说,虽然同治年间该地有接受肇庆府客家移民的可能,但其客家人的主体部分应是清代前期迁入的。

由于博白、陆川两县的客家人比例较高,具有特殊性,北流、兴业(治今玉林市西北)两县的客家人比例较低,平均计之,郁林州客家移民的比例占当地人口总数的三分之一。嘉庆二十五年(1820年)郁林州人口为56万,依前例进行修正为95万左右,其中客家人约有32万;回溯至乾隆四十一年(1776年),客家人口大约为23万。

梧州府四周为客家移民区所环绕,不可能没有客家移民涉足其中。如光绪《容县志》卷4《风俗》中说:"容县闽、楚、江、浙人多有迁寄此者,且与粤东接壤,东人经商更众,而土著实稀。"但是,由于叙述过于简略,不便分析。而乾隆《梧州府志》卷24《杂记》中言:"康熙三年自五月至十月,广东徙民至梧者数千人。知府黄龙查给钱米,仍随地安插,岁时赈恤,愿往别邑者,量给路费,全活甚众。"这指的是迁界之民的安插,而不是客家人的迁移。依对周边地区客家移民的分布状况来看,梧州府人口中有10%的客家移民是不成问题的。嘉庆二十五年梧州府有人口共69万,其中客家人大约有7万。回溯至乾隆四十一年,客家移民及其后裔大约只有5万左右。

---

1 光绪《北流县志》卷9《风俗》。
2 徐杰舜:《广西客家的源流、分布和风俗文化》。
3 民国《陆川县志》卷4《舆地·风俗》引乾隆《县志》。

四 其他地区

柳州府

同治年间广东广州、肇庆两府客家向广西的再迁移,对于广西中部地区带来深刻的影响。民国时人称:"客家人此族为近八十年因广东土客斗争,难以立足,陆续西迁而来者。性殊强悍,勤苦耐劳,男妇终岁工作不辍,智识亦较僮人为优。近来县属各大市场及柳河沿岸多为该族聚居,经济权亦渐为该族所操纵,百姓人及僮人瞠乎其后也。闻其初来时,亦殊穷苦,然能以勤俭自持,努力奋进,由雇农而佃农而自耕农,迨今成为大地主者不少。"[1] 所记甚详,可见柳城县的客家的确是同治年间从广东移入的。

同治十年(1871年)刊行的《象州志》卷下《纪人》也说:"近因粤人、闽人渐至,颇艺杂粮。"其中闽人夹杂其中,不知何因。大致说来,所记仍是指同治六年由广东迁来的移民。

桂林府

在桂林府与柳州府的交界处,有桂林府属永福县。道光时人吴敬纶在《城厢建筑粤东会馆序》一文中说:"永福县治南百余里有寨沙墟,山环以绿,水绕而甘,称乐土焉。道光甲午秋,余兼理邑篆,因公诣其区,民皆敦庞纯朴有古怀葛风,询之多自粤东来,或耕食凿饮,或服贾牵车,由由然,爱得我所,不忍离去。顷之有耆老进而请曰,吾侪来此或数十年,或三世常沐太平之泽,固已老有所终,幼有所长矣。"[2] 寨沙墟于民国年间改为榴江县,1951年与雒容、中渡合并为鹿寨县。从所述看,粤东移民是清代前期迁入的,他们为农为贾,因担心年久后代忘记祖宗,遂于墟市上建筑粤东会馆,"为东人讲约之所,使后世子孙知吾侪之自东也"。可知当地的粤东移民人数不会太少。

从方言来看,民国时人说:"榴邑乃僮、瑶杂处,官话(按:包括客

---

[1] 民国《柳城县志》卷4《民族》。
[2] 民国《榴江县志》卷3。

话在内)占十分之六,僮语占十分之三,瑶语占十分之一,普通交际皆以平话为问答。"客家话不如平话流行,说明客家人口少于其他汉族人口。

桂林府属全州与湖南永州府相邻,关于其人口由来,民国时人说:"全县人数,总计三十八万六千四百余人,一百余姓,唐、蒋为多,人数约占百分之五十……原籍多系湘、赣、宁、浙等省,始迁年代大半在宋元及明,唐代、清初亦有之,其详不可考。"[1] 清初的移民份额很少,且无福建移民,就自然村统计来看,此判断大体不差。

表9-2 广西全州升平、恩德两区自然村(族)建村情况

时代 \ 原籍	本区	湖南	江西	江苏	浙江	安徽	山东	河南	其他	合计
宋以前	16	—	—	—	—	—	1	—	—	17
宋代	10	3	29	—	2	—	7	3	—	54
元	1	3	10	1	—	—	—	—	—	15
明初	22	23	15	1	—	—	1	—	—	62
明中后	21	22	10	3	—	1	—	—	4	61
清初	8	17	2	—	—	—	—	—	—	27
清中后	6	5	2	—	—	2	—	—	—	15
合计	84	73	68	5	2	1	9	5	4	251

资料来源:民国《全县志》第二编《社会》。
说　　明:(1) 原志统计以村族为单位,如1村中有n族,本统计作n村处理。故称为"自然村(族)",与一般的自然村单位不同。
(2) 原志统计中将盘、奉、扶、书、艮、蓝等姓有作为外来移民的,本表均作土著处理,列入"宋以前"的"本区"栏中。这些姓是少数民族姓氏,具体分析参见本书第五卷第三章的有关论述。

从自然村(族)的情况来看,全州类似于湘南。除土著外,其人口的主要来源是宋代、明初来自江西及其他省的移民。清代的移民多来自相邻的湖南永州府,来自其他地区者寥寥。可以肯定,来自广东或福建的移民并没有深入桂林府北部地区。

庆远府

柳州府以西的庆远府也曾是广东潮、惠客家人的迁移地。如宜山

---
[1] 民国《全县志》第二编《社会》。

县白土地方,地处山区少数民族人口居住区,例禁汉民"窜处";然而,"乾隆间有广东潮、惠客民潜入,盘踞占欺,官弗之禁。后遂公引党类,大肆剽夺,瑶甚苦之"[1],安徽籍巡检江澐发兵700人,将客家人驱逐出境,至今当地已无客家人居住。

思恩府

思恩府的移民可能不多。民国《迁江县志》第二编《社会·方言》中说:"邑为岭峤边地,土客杂处,言语各殊,民(按:指清代时之来自各省者)所操言语均为普通话(按:即官话),与桂林音大同而小异,土人(按:指明时代之来自山东者)所操言语咸为土语(按:俗称为狋话),比官话相差甚远。"竟然没有提及客家话,可见当地的清代移民来自四面八方,各自均不成规模,所以该县也就没有形成大面积分布的新方言。

民国《上林县志》卷6《社交部·户籍表》中指出当地的澄江、镆耶、尚仁、镇墟、凤起等乡土客混居,但客民人数不详,迁自何时亦不知。

清代前期客家移民曾深入至思恩府西部的百色地区。这是因为百色山区盛产八角,客家人为种植八角而来。道光二十一年(1841年),"阳万土民黄卜能挟嫌纠众,先后致毙广东客民黄德亨等五十九命",起因是"八角盖客民种植日蕃,获利滋甚,土民妒嫉,苛求不遂所欲,因而害及十数家",实为争夺经济利益所导致。地方官的处理意见则是,"有司以客民重利盘剥为辞……驱客民他徙,或还故里,不许复入土地,放债置产"。至光绪元年,被驱客民的后代图谋恢复,"嘉应监生宋元清联名十数人赴营及有司陈诉,以各姓先人寄居阳万,世艺八角,获利丰盈,土官需索不遂,任其恶目,招党纵杀,遂有道光二十一年之事,子孙流亡日久,今请准复业,以广皇仁"。此案报省查办,在查办期间,宋元清与寄居贵县的嘉应州籍客民黄祥英"入黔为匪",以后就抚,随征积功,便以复祖业为名,再次与当地土人厮杀,最后为百色地方官所镇压。[2] 这一场械斗,断断续续进行了三十余年,终以客家移

---

1 民国《怀宁县志》卷18。
2 光绪《百色厅志》卷8。

民失败而告结束。

又据徐杰舜上引文,桂西南的太平府崇左县、宁明县均有较多的客家人分布。他们于何时迁入,在当地人口中的比例如何,则不可得知。

五 太平天国与客家外迁

道光三十年十二月初十日,即1851年1月11日,洪秀全领导的拜上帝会在桂平县金田宣布起义,建号太平天国。起义之前后,除了有贵县3 000客家人投奔洪秀全外,还有本县及各地来的投奔者。

民国《桂平县志》卷33《纪事》中说:"苏贼十九扰中渡、木根各处,窜劫马平、罗秀,旋连结客民依附洪秀全。"是为本县的客民投奔者。光绪《郁林州志》中也说:"道光三十年九月,上帝会匪陆川赖九至水车江传播妖术,胁人入会,众至数千。……赖九……与紫荆山洪逆潜通,挟妖术惑众,设坛传教,礼拜上帝,七日一次……纠聚博白、陆川匪党五六千到州南四十里水车江……十月,赖九匪入紫荆山,与发逆洪秀全合。"他们在水车江与来自贵县的3 000客家人会合,进入紫荆山区。

一般说来,此时加入拜上帝会并进入紫荆山区的起义者多是客家人,太平天国的领袖如洪秀全、杨秀清、石达开、韦昌辉、萧朝贵、冯云山等皆是客籍。上述三支投奔者和紫荆山区的烧炭工人合计,大约有人口1万余人,这就是金田起义的基本队伍。

从太平天国金田起义到定都天京,到底有多少客家人离开了广西呢?咸丰二年(1852年)三月广西巡抚邹鸣鹤奏太平军围攻桂林事说:"此次贼匪约有二三千人,该匪扬言尚有六七千人踵至。"同月又奏:"侦探贼众男妇约四五千人。"[1] 咸丰二年夏季剿捕档中也有记载,咸丰二年四月十一日上谕:"广西巡抚邹鸣鹤另片奏称省城内外兵勇二万余人,贼匪男妇约共五六千人,平乐、昭平、荔浦等处已无会匪滋

---

[1] 王先谦:《咸丰朝东华续录》卷14。

扰,全帮俱在其内。是该匪除妇女外,真贼不过数千人。"罗尔纲先生认为邹鸣鹤的数字,是根据太平天国公开宣布和他们所派的侦探的报告得来[1],较为可靠。这就是说,从金田起义到攻打桂林,太平军的兵力并未增加。

直到太平军冲出广西,进入湖南境内,道州、江华、永明境内有2万余人,郴州有二三万人,茶陵州有几千人加入太平军,遂使太平天国军力大增。由此可见,由广西客家人发动的太平天国革命,对于广西的客家人口影响并不很大,随军外迁者只是客家移民中很少的一部分。

尽管如此,广西客家人仍是太平天国的领导者和太平军的基础。他们携家属同行,构成相当奇特的军事移民,定居地则是以南京为中心的地区。在残酷的战争之后,究竟有多少广西客家人能够在长江中下游地区生存下来,目前还是一个谜。

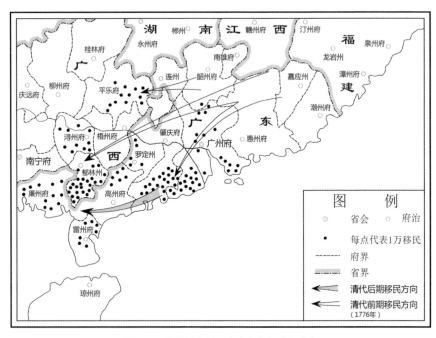

图 9-1　清代岭南地区客家人的迁移与分布

1　转见罗尔纲:《太平天国史》,中华书局1991年版。

第十章

太平天国战后的移民

第一节

战争中的人口流动

太平天国的领袖和他们的家属大约 1 万余人在突破清军对广西全州的封锁后,向北冲击进入了湖南境内。湘南一带大约有 5 万多人加入了太平军的队伍。罗尔纲引汪士铎的话称,太平天国"过岭则首招道州、桂阳、郴州之奸民,至长沙则湘东奸民皆从之,至武昌则湖北之奸民皆从之"[1]。也正是从进入湖南境内开始,其成员已经从较为单纯的客家人转而成为多种原籍的人口构成,太平天国已不再是地方性的民众叛乱,已具有了人民革命的普遍意义。

经历了"三藩之乱"以来一个半世纪的和平发展,长江中游地区人

---

[1] 罗尔纲:《太平天国史》卷 1《序论》,中华书局 1991 年版。

口众多,人地矛盾突出。太平军的到来,无疑给缺少土地、生计窘迫的劳苦大众提供了一条生路,或者说一线生机,两湖人民纷纷加入太平军,"迨陷武、汉,裹胁男妇老幼水陆东下,合前数五十万有奇,至安庆增至七十余万"[1]。罗尔纲先生认为:太平军在武汉时的 50 万人,攻南京时的 70 万人,都是把非战斗人员以及老年人、儿童、妇女包括在内的。而当时太平天国的军队,大约还不到 10 万人。如此规模的军事行动,事实上也是一次规模巨大的移民行动。这种携家属同行的做法,不仅在太平天国初起时就是如此,还可以追溯到广东信宜县凌十八起义,可说是客家人善于迁徙的民系特征的一个反映。

为了使带有大量家属的太平军队伍能够保持高度的机动作战能力,太平天国的领袖们设计了"男女馆"制度,实行男女分居,其目的是减少家属对军人的拖累。大大小小的"男女馆"分布在以南京为中心的各太平军占领区,形成一个个的移民点。谢介鹤在《金陵癸甲纪事略》中议及南京的"男女馆"中的各省籍人口时说:"其时男馆,广西约千五百人,广东约二千九百人,湖南约万人,湖北约三万人,安徽约三千人,各省约二千人,金陵约五万人,镇江、扬州约五千人。女馆广东、西约二千五百人,湖南约四百人,湖北约二万五千人,安徽约三千人,镇、扬约万人,金陵约十万人。"[2] 合计男馆中人口为 10 万,女馆中人口约 14 万余。这仅仅指馆中的人口,并不包括编入军队的将士。由于男性人口多在外征战,南京城中女馆的人口比男性为多。随着战争的进程和与战争相伴随的大屠杀,这部分流动人口大多死于清兵的屠刀之下,仍以南京为例,攻城和防守战争中死亡者不计,仅天京(太平天国定都南京之后,改南京为天京)内讧,太平军相互屠杀死亡者就达 3 万余人。天京破城之后,清兵对城中居民的屠杀,就包括对太平军男女馆中十几万人口的屠杀。因此,太平军的进军过程中引发的人口迁移,最终并没有构成本书意义上的移民。

与太平军军队不同的是湘军的构成。曾国藩以同乡、师生、亲友等各种关系纠合一批乡间士绅,以他们作为军队的将领骨干,招募湖

---

[1] 张德坚:《贼情汇纂》卷 11。
[2] 中国近代史资料丛刊《太平天国》(四),神州国光社 1954 年版,第 655 页。

南乡间的农民组成湘军,充当镇压太平天国的主要力量。湘军成员的家属留在原籍,并不随军行动,湘军行动所涉及的人口迁移就比太平天国方面要少得多。天京破城之后,除部分水师外,大部分的湘军被解组还乡,其中可能有部分在返乡途中停留下来,构成战后安徽、江苏、浙江等省外来移民的一部分,但大多数湘军士兵都回到了家乡。就总体而言,湘军以及稍后组建的淮军对于当时的移民并未产生很大的影响。滞留在战区各地的军人在以后的统计分析中皆被包括在内,不另列计算。

未被解组的湘军和淮军形成了以后军阀的一部分。他们中的各级官员携家眷前往各个驻地,退役后大多居住于上海、天津、北京、苏州等城市,形成一批较为特殊的移民群体。唯其人数太少,亦不多言。

太平天国引起的移民浪潮不是在战争期间,而是在战争结束之后。这场战争以长江中下游以及浙江北部这一中国人口最密集的地区为中心,两军在此相持时间长达十几年,战事激烈、残酷,由此而导致人口的大量死亡。除战争导致的人口死亡外,战争引发的灾荒和瘟疫更使人口锐减,太平天国战后的移民就在这一背景下展开。

第二节

苏 南 地 区

一 战争与人口死亡

1. 战争中的人口死亡

从咸丰三年(1853 年)太平军攻下南京,至同治三年(1864 年)天京(南京)陷落,江苏地区始终是太平军与清军争夺的焦点。战争异常激烈残酷,扬州、镇江等城几度易手,常州、无锡、苏州、江阴等地也都成为战场。在长达12年的战乱中,苏南及苏北的扬州受害最深,人口损失也最大。不仅作为战争中心的南京城饱受摧残,其他江南城市也多如此,如常州,咸丰八年四月"初一日贼大至,旦夕仰攻,枪驳雨注,前者伤,后者进,阅五昼夜,血溢城闉。守御死者万余人。初六日贼自东门入,短兵接巷战,死锋镝者二万余人,而老弱妇女饮刃自缢赴河池死者又二三万人,盖六日亡五万人,而城外义民不与焉……忠义姓名可考者,男女四万八千七百七十余人"[1]。仅常州城中死者就达5万人口,城外尚不在此数。同治三年毛祥麟描述从上海至南京途中所见江南之残破情形:

> 自沪至昆,炊烟缕缕,时起颓垣破屋中。而自昆至苏境转荒落,金阊门外瓦砾盈途,城中亦鲜完善,虎丘则一塔幸存,余皆土阜。由是而无锡、而常州、而丹阳,蔓草荒烟,所见一律。其余宿莽中,时露砖墙一片,或于巨流内横乱石数堆者,皆贼负隅处也。两岸见难孩数千同声乞食,为惨然者久之。余若奔牛、吕城、新丰诸镇,向称繁庶,今则一望平芜,杳无人迹;偶见一二乡人,皆骨立声嘶,奄奄垂毙。问之,则云一村数百人,今什不存一矣。……江宁城濠两岸,铅丸累累,沙中白骨纵横,想见历年战斗之苦。城中房屋,惟西南尚称完善,然亦十去四五,东北则一览无余矣。……秦淮水遏不流,岸曲河房,尽成灰烬。皇城旧址,蹂躏尤深,行四五里,不见一人,亦无一屋。[2]

类似的记载除大量见于地方志外,还大量见于当时官员们的奏折以及各种文人的记载,此不多列,关键的问题在于如何估算战争中死亡的人口数。在此之前,还必须对当时江苏省的人口数据进行必要的讨论。

2. 人口统计数字的含义

战争造成的人口损失数,一般可根据战后、战前的人口数计算,但

---

[1] 光绪《武阳志余》附《团练纪实》。
[2] 毛祥麟:《甲子冬闱赴金陵书见》,转见刘石吉:《明清时代江南市镇研究》,中国社会科学出版社1987年版,第75页。

由于战前和战后的人口统计质量太差,我们不敢轻易采用此类数字。

在《简明中国移民史》第八章中,我采用了同治十三年(1874年)户部清册中的江苏省人口数,是年江苏省人口为1 982.3万。我原认为战后的统计数是地方政府为朝廷对战乱区进行赈济或豁免赋税而上报的,一般说来不会隐瞒,却不曾料及这一数据是不完全的,其中缺少了若干府州的人口数。江苏有两个布政使司,江宁布政使司驻于南京,辖江宁、扬州、淮安、徐州四府和通州、海州二直隶州以及海门厅,江苏(苏州)布政使司驻苏州,辖苏州、松江、常州、镇江四府和太仓直隶州。姜涛经过对户部《清册》的仔细研究,发现同治末年恢复造报的,仅有江宁布政使司所辖的府州,而江苏布政使司所辖的地区则不在其内[1]。因此有必要按照各府战前战后的人口数对战争中的人口损失重新进行估测。

王业键曾作《太平天国叛乱对苏南人口的影响》[2]一文讨论这一问题。他以户部清册中道光三十年(1850年)江苏人口数4 400万作为基点,以《嘉庆一统志》中嘉庆二十五年(1820年)江苏各府人口的比例数作为道光三十年江苏各府人口推测的依据。这一做法受到姜涛的批评,他指出:"《嘉庆一统志》中江苏各属人口分布的比例是不正确的,战后的有关统计,不仅单位(人口、人丁)不统一,时点也很不一致,失之毫厘,谬以千里。因而他们的结论也是不能令人信服的。"《嘉庆一统志》中的江苏人口之所以不准确,在于江宁布政使司所属江宁等府州的数据大体反映了嘉庆初年的男丁状况,而江苏布政使司所属苏州等府州的数据大体反映了嘉庆末年的人口状况[3]。就是说,江宁布政使司的人口数实际上是人丁数,由此造成嘉庆年间江苏人口的低估。由于姜涛并没有披露他的证明过程,有必要在此对这一假说进行以下检验。

先讨论江苏(苏州)布政使司辖区中人口数字的内涵。

同治《苏州府志》卷13记载嘉庆十五年、二十五年和道光十年的

---

1 姜涛:《中国近代人口史》,浙江人民出版社1993年版,第71—72页。
2 *Paper on China*, vol. 19, 1965, Appendix, Table B.
3 姜涛:《中国近代人口史》,第163、155页。

人丁数分别为319.8万、338.8万和341.3万,同时又记嘉庆二十五年苏州全府男丁女口总数为590.8万。将《嘉庆一统志》中的苏州府丁口"原额"43.9万和"滋生"部分的547.6万相加,即为591.4万,与府志记载的人口数基本相同。可见《嘉庆一统志》中苏州府的人口数不是"丁"而是"口"。何以《嘉庆一统志》中苏州原额"丁口"与滋生"丁口"相加竟然与地方志中人口数相等,则不清楚。一般说来,"原额丁口"在人口统计中是不用考虑的。本节采用《嘉庆一统志》中的数据以供分析。

光绪《松江府续志》卷14记载嘉庆二十一年松江府的男丁数为1 307 614,女口数为1 056 799,另有男幼童81 288名,女幼童37 273名,合计人口为248.3万。从男丁与女口的比例来看,松江府成年男女的性别比为124,表明这一数据有相当的可靠性,而幼年男女之间性别比差距太大,是调查者对幼年女童的户口登记根本不重视所致。《嘉庆一统志》中记载的松江府滋生"丁口"为264.6万,与《松江府志》记载相近,这可能是《松江府志》对幼童登记出现差错而引起的。地方志与《嘉庆一统志》记载的近似,说明后者数据是人口而不是"人丁"。

光绪《嘉定县志》卷4云:"我朝康熙间,续生人丁著令永不加赋,驯至嘉庆,户逾十万。今且十减其五,无亦粤寇之余,流徙涣散,二十年休养,未足复生聚之旧欤"。嘉定县嘉庆年间"户逾十万",其本身就说明"户"是人口统计的单位。《嘉庆一统志》中嘉定县所属之太仓州丁口共177.9万,州辖五县:镇洋(并入今太仓)、太仓、嘉定、崇明和宝山,20世纪30年代,此四县人口总数为110万,嘉定占其22%[1];1953年四县人口增至119万人,嘉定县占24%,可见嘉定县人口比例与其他县相比变化不大。只是嘉定深受太平天国战争的影响,人口死亡较多,而崇明则不然。据此估计战前嘉定人口在太仓直隶州中的比例一定要高于22%—24%的比例,可能达到30%左右。如此,太仓直隶州的总人口可能为35万户、170万人,与《嘉庆一统志》的记载相吻

---

[1] 江苏省政府调查,见《中国经济周刊》24卷20期。转引自胡焕庸:《论中国人口之分布》,华东师范大学出版社1983年版,第69页。民国年间的统计数多不可信,此取相对值以供比较。下文引民国江苏各地人口数均据此,不另说明。

合。由此可见,嘉庆年间太仓州的人口统计是人口而不是"人丁"。

据当时人的观察,镇江府属溧阳县"道咸之间实在男丁四十余万,城陷后逃亡杀掠,至同治四年册报实在男丁满四万云"[1],表明统计单位是"男丁"而不是人口。道光十四年,该县人丁346 443,按照上引同治《苏州府志》的记载,从嘉庆十五年至道光十年,苏州府"人丁"年平均增长率为3.4‰,20年后的"道咸之间",该县人丁约为37万,根本不像时人所称"四十余万"。又知镇江府属丹徒县(今镇江市)咸丰九年(1859年)人丁数为33万[2],与溧阳人丁数相近。20世纪30年代镇江县人口达52万,而溧阳仅32万,镇江人口已大大超过溧阳了,此时镇江四县人口总数为155万。1953年镇江四县一市人口为176万,镇江市、丹徒县的人口合计为53.6万,溧阳县人口为40.3万,两地人口的比例大致是稳定的。近代以前镇江城市尚未发展,丹徒县人口略少于溧阳,近代以来,有周边人口向镇江集中的趋势。扣除这一因素,可以认为太平天国战争前镇江府各县人口的数量是大体相当的。如此,道光末年镇江府"人丁"数约为140万。然而,在《嘉庆一统志》中,镇江府丁口为223.5万,道咸之间,其丁口可能增长至247.5万,其中男丁140万,女口约为108万,性别比为130,处于苏州府的性别比值134和松江府的性别比值124之间。显然,《嘉庆一统志》中的镇江府人口数也不是"人丁"而是人口。

常州府可以江阴县为例。据光绪《重修江阴县志》卷4,道光十九年(1839年)该县人口为97.8万,其中男性56.5万,女性41.4万,是为人口而非"人丁"。

至此我们已经证明《嘉庆一统志》中江苏布政使司的各属府、州的"人口"数就是人口,不是"人丁"。从苏州的例子中,我们还证明,嘉庆、道光年间江苏布政使司辖府、州中所谓的"人丁"也已不是清代前期的"纳税单位",而是"男子"数。松江府的"男丁"包括了大部分的男子,所谓的"男幼童"只占全部男人数的5.9%,使人猜想可能指男性婴儿;故其"男丁"不可理解为"成年男子"。所以,"人丁"的增减实际

---

[1] 周湘:《溧灾纪略》,光绪《溧阳县续志》卷16。
[2] 光绪《重修丹徒县志》卷12。

上就是"男子"数的增减,其增减的幅度可大致看作是人口变动的幅度。

再来看看江宁布政使司辖区"人口"数。

道光二十七年江宁府属溧水县"男丁"数为18.5万[1],同年高淳县"男丁"数为18.9万[2]。以年平均增长率3.4‰的速度回溯至嘉庆二十五年(1820年),二县合计有"男丁"34万左右。江宁府属县还有句容、上元、江宁、江浦和六合五县,20世纪30年代,句容、溧水、高淳、江浦、六合、江宁和南京市共有人口238.2万,溧水、高淳占其14.3%;1953年这六县一市有人口304.5万,溧水、高淳二县占其16.4%。可以这样说,溧水、高淳两县人口在江宁府总人口中的比例大约在15%左右。假定嘉庆末年溧水、高淳两县男丁占江宁府男丁的16.4%,则当时江宁府的人丁数则约为207.3万。与《嘉庆一统志》记载的江宁府丁口187.4万相差不多,可见,《嘉庆一统志》中江宁府的"丁口"实为"男丁"而不是人口。

光绪《海门厅图志》卷11记载道光二十七年(1847年)该厅"丁口"为78.3万人,同治八年增加为84.7万人,年平均增长率为3.4‰,以此速度回溯至嘉庆二十五年,海门厅"丁口"应为72万左右。《嘉庆一统志》中记载的海门厅"丁口"只有24万,因此,可判定这24万"丁口"实际上是"男丁",即人口的一部分。又由于此"男丁"数与该县实际人口之间的差距约为3倍,故此"男丁"很可能为"成年男子"数,不包括男性幼童。

道光三十年通州如皋县有113.7万口,至同治四年增至117.2万口[3],年平均增长率只有1.9‰,可推测嘉庆二十五年的口数约为107万。《嘉庆一统志》记载的通州"丁口"只有98.3万,通州辖如皋、泰兴和通州(今南通市)三州县,民国年间如皋人口数相当于三县人口的39%,故嘉庆末年通州人口应为274.4万。显然,《嘉庆一统志》所载通州"丁口"的确是"丁"而不是"口"。另外,通州"人丁"与实际人口的

---

1 光绪《续修溧水县志》卷6。
2 光绪《高淳县志》卷7。
3 同治《如皋县续志》卷2。

差距也就在 2.8 倍,与海门的同一值接近。同治《宿迁县志》卷 9 记载道光九年全县有 51.4 万丁,咸丰十年(1860 年)有 76.1 万丁。徐州府辖有 8 县,宿迁仅为八县之一,徐州府的"丁"当有 300 万—400 万。《嘉庆一统志》中所载徐州府人口数仅为 184 万,显然是指"男丁"。相反,宿迁县之"丁"则是人口。从道光九年至咸丰十年,宿迁县人口的年平均增长率为 12.7‰,不合情理。另外,1953 年宿迁县人口仅有 58.6 万,道咸之间似乎不可能达到 50 万—70 万之众。正因为同治《宿迁县志》的记载存在问题,所以我们不能据此准确推测徐州府的人口数。

这样,循着姜涛提出的思路,我们证明了嘉庆年间江苏省两个布政使司确实存在两个不同的人口申报系统,也存在两个不同的申报单位。江宁布政使司所报的"丁口"单位看起来仍是乾隆以前常用的"人丁",但已经不是"纳税单位",而是"成年男子"了。它不是一个固定不变的额,而是随总人口增减而变化的。江苏布政使司存在两种人口统计单位,即人口和"人丁",人口指全体人口,人丁指"男子",但不专指"成年男子"。明确这一点,对于我们准确使用清代中后期江苏省的人口数据,是非常重要的。

剩下的问题是,何以江宁布政使司会采用"男丁"作为统计的单位?要知道,从乾隆后期开始,人口调查就已经从"丁"转为"口"了。将《嘉庆一统志》与《嘉庆会典》及户部清册所载数据进行比较分析,我们发现,江宁布政使司事实上也存在另外一个统计口径"人口"。在《嘉庆一统志》中,苏州和江宁两个布政使司总"人口"合计为 2 645.8 万,其中江苏布政使司合计为 1 603.0 万,江宁布政使司合计为 1 042.8 万。《嘉庆会典》中的嘉庆十七年(1812 年)江苏省人口数为 3 784.4 万,扣除《嘉庆一统志》中记载的江苏布政使司辖区人口,余 2 181.4 万为江宁布政使司辖区人口,是《嘉庆一统志》中江宁辖区"男丁"数的 2.09 倍。同样在户部清册中,嘉庆二十五年的江苏人口为 3 951 万,扣除上述江苏布政使司辖区人口,余 2 348 万为江宁辖区人口。这证明嘉庆年间江宁布政使司的人口调查与全国其他地区是同一口径的,只是结果不见于《嘉庆一统志》罢了。

根据海门和如皋的经验,将各府"丁数"乘上 2.8—3.0 倍,则为当地人口数。由于海门和通州地处苏北东南一隅,这一比例能否反映整个江宁布政使司辖区人口的实际情况,很难肯定。以苏州府人口年平均增长率 3.4‰的速度计算,咸丰元年(1851 年)江苏布政使司人口数约为 1 822.9 万,是年户部清册中江苏省的人口数为 4 430.3 万,扣除江苏布政使司辖区的人口数,所余 2 607.4 万为江宁布政使司辖区人口。据此可知,江宁布政使司辖区人口从嘉庆二十五年的 2 304.7 万增至咸丰元年的 2 607.4 万,年平均增长率为 4.1‰。这一时期江苏人口的年平均增长率为 3.8‰,江宁布政使司辖区高于江苏布政使司辖区。

在计算江宁布政辖区人口时,我们还应将通州与海门厅排除在外。嘉庆二十五年江宁四府一州的人丁数为 920.5 万,人口数为 1 958.3 万,至咸丰元年,此四府一州的人口数为 2 224.5 万,人口的年平均增长率为 4.25‰。

以年平均增长率为 4.25‰计,咸丰元年江宁布政使司辖区通州、海门以外的男丁数约为 1 045.4 万,同期人口数为 2 224.5 万,人口数为"男丁"数的 2.13 倍。即 1 个男丁,相当于 2.13 人。这一比例与根据《嘉庆一统志》和《嘉庆会典》所做分析相当接近;由此可见海门和如皋 2.8—3.0 的同一比例偏高。

二 战前战后的人口估测

太平天国战后江苏的人口数存在很大的问题。在同治十三年(1874 年)的户部清册中,江苏省人口仅有 1 982.3 万。姜涛经过对户部《清册》的仔细研究,发现同治末年恢复саоの,仅有江宁布政使司所辖府州的人口数,而江苏(苏州)布政使所辖的地区则不在其内[1]。在以前的研究中,我们以为战后的统计数是地方政府为朝廷对战乱区进行赈济或豁免赋税而上报的,一般说来不会隐瞒,却不曾料

---

[1] 姜涛:《中国近代人口史》,第 71—72 页。

及这一数据是不完全的。看来,轻信官修史书的记载的确是很危险的。

依据地方志进行战后人口数量的分析,还存在记载单位不一致的问题。但是,在经过本文上述各府人口数字的分析以后,我们有可能洞悉这些数据的内涵了。在江苏布政使司没有战前战后"人口"数据的地区,我们采用"人丁"的增减来进行推测,这是因为清代后期江苏布政使司所辖地区人口统计中的"丁"或"男丁"已经部分具备了人口统计的意义。计算的方法之一,在"丁"数之外加上女口,就可以得出全体人口数。男丁与女口之比,依上文中例子,可以定为130,即有100个女人就有130个男子,以此累计;方法之二,仅考虑"丁"的增减,并假定"丁"的增减幅度大体反映了人口的增减幅度,从而求出战后的人口数。由于各地男女性别比例可能存在很大差异,所以更趋向于第二种方法的计算。在江宁布政使司辖区,则按照1个"男丁"相当于2.3人的比例对各府战后人口进行估算。

另外,战后的人口统计还存在一个时点不一致的问题。按照人口学的要求,我们设定一个统一的时点,以供讨论和比较。苏南各地方志有关战后人口的记载,多在同治四年(1865年),在此以后的记载,依人口自然增长率回溯,就可将战后的人口统计时间大致统一起来。

兹将战后各府人口叙述如下:

苏州府。同治《苏州府志》卷13记载,同治四年全府人丁数为128.8万,较咸丰元年的365万减少了65%,咸丰元年(1851年)苏州府的人丁数根据嘉庆年间的人丁数依3.4‰的年均增长率推得。根据表10-1,咸丰元年苏州府人口数为654万,战争中损失65%,同治四年仅有人口229万,人口损失425万。

松江府。据表10-1,咸丰元年松江府人口约为316万,据光绪《松江府续志》卷4,同治三年松江府男妇为263万,人口减少10.2%,达30.0万。

太仓直隶州。太仓直隶州所辖五县所受兵燹程度不一。由于长江阻隔,崇明县与兵火无缘,人口无损。嘉定县人口损失如上引资料所述,约在半数。太仓州镇洋县嘉庆二年(1797年)有人口20万,咸丰元年可能达到 24 万,同治八年仅存 13.2 万[1],推测同治四年的人口数约为 13 万。太仓直隶州人口损失率为 46%。《嘉庆一统志》中太仓直隶州人口总数为 178 万,至咸丰元年应为 197 万,崇明以外各县人口总数可能有 131 万,战争中的人口死亡率为 40%,死亡人口约为 52 万。

镇江府。镇江府各县在战争中都蒙受了巨大的损失,已知丹徒县咸丰九年丁数为 33.2 万,回溯至咸丰元年,约为 32.5 万,同治六年仅存 10.8 万,人口损失 67%。溧阳县于咸丰元年丁数约 36.6 万,同治四年仅存 4 万,人丁损失 89%。合计两县人丁损失率为 78.6%。咸丰元年镇江府人口约为 247.4 万,若人口损失 79%,则达 195.5 万。

常州府。根据光绪《无锡金匮县志》卷 8 的记载,道光十年(1830 年)两县合计有人丁 59.8 万,至咸丰元年,应有人丁 64 万,同治四年无锡、金匮两县仅余人丁 21 万,人丁损失率为 67%。又据光绪《重修江阴县志》卷 4,道光十九年江阴县人口为 97.8 万,至咸丰元年,约有人口 101.5 万,同治三年降为 10.2 万,光绪二年复上升为 30.9 万,其中男性为 17.7 万,女性为 13.3 万,可见光绪二年(1876 年)的人口数较为真实,而同治三年的数据则不可信。据此数上溯,同治四年约有人口 29.9 万,战争中的人口损失率达到 70.5%。然而,在当时长江北岸的靖江县,由于未受战争影响,人口却在增长[2]。嘉庆二十五年常州府人口数约为 389.6 万,至咸丰元年可达 431.4 万,设其靖江人口占全府 8 县人口的八分之一,余七县则有人口约 377.5 万,人口损失约为 69%,达 260.5 万人。

江宁府。已知嘉庆二十五年江宁府丁数为 187.4 万,若以人口为"丁"的 2.13 倍的比例折算人口,为 399.2 万人。至咸丰元年,就有人口 452.9 万。依溧水和高淳之例,可推测江宁府之人口损失比例:已知道光二十七年溧水、高淳两县"男丁"数为 37.4 万,咸丰元年可达 37.8 万,同治十三年两县仅存"男丁"9.2 万,估计同治四年仅有 9 万,

---

1 宣统《太仓州镇洋县志》卷 7《赋役》。
2 同治《靖江县志》卷 4。

人口损失率为76%。由于江宁府为太平天国战争的中心，各县受损程度可能不会有太大的差异，即使江北六合、江浦两县也不例外。因此，可以推测该府战争中损失人口达到了344.2万。

扬州府。地处长江北岸的扬州府在太平天国战争中蒙受了重大的损失。然就其范围来说，仅涉及该府西南部的仪征、甘泉、江都三县。以甘泉县（1912年并入江都县）为例，该县嘉庆十四年的"丁口"数为66.6万，光绪七年减少为24.0万[1]，将时间分别定于咸丰元年和同治四年，甘泉县的人口损失率高达72.5%，与江宁府的人口损失率相当。设此三县占扬州府八县总人口的八分之三，则扬州府战争中人口损失率达27%。嘉庆二十五年扬州府的丁数共计326.8万，折算成人口约为696.1万，至咸丰元年应有人口约为789.8万，战争中死亡人口占27%，达到173.8万。

需要说明的是，由于至今为止还没有从地方志或其他文献中找到江宁、扬州等地每户男丁与人口比值为1∶2.13的证明，所以上述有关计算实际上是建立在这样一种假设的基础之上的，即咸丰元年江苏各地的人口总和与户部清册中江苏人口总数4430.3万应当吻合。从人口学的角度看，这一比例意味着每1个男丁同时对应0.8个妇女和0.33个幼童。假设一个家庭有两个成年男子，则意味着这个家庭有1.6个妇女和0.66个儿童，共4.26个人口。妇女和儿童的人口可能被低估，实际的家庭人口接近5人，符合我们关于中国家庭规模的基本认识。

三 移民垦荒

南京城在这场大屠杀中人口损失特别严重，战后设立招垦局，安徽、湖北及苏北的移民于是大量迁入。据同治十三年（1874年）《上江两县志》卷7记载，城区中人口的70%来自湖北和安徽，加上一批来自其他地区的移民，土著真的是所剩无几了。

---

[1] 光绪《甘泉县志》卷4。

不仅城区成为移民的天下,乡村中的移民人口可能更多。同书卷6说:"荒乱之余,元气未复,且本地农民无多,招人佃种,工本倍费,而荒芜已久,无力壅培,岁获比前不及一半。"招民开垦的过程可能延续了相当长的一段时间,时任两江总督的李宗羲在同治十二、十三年(1873、1874年)《招垦荒田酌缓升科章程》中说:"查江宁、常州、镇江三府已垦成熟田地,通扯不及十分之五,此外抛荒地甚多,大约无力垦种者有之,招佃无人者有之。"[1] 战争结束七八年后,这些地区仍然有一半以上的土地未得到开垦,主要原因在于战争中损失的人口实在太多了。

所以,光绪《句容县志》卷6说:"自同治初,温州、台州、安庆等处棚民寄居于此,即以垦山为事。至光绪十四年,荆、豫客民又来开垦耕种,兼开诸山。"如本卷第七章中所述,来自温州、台州、安庆等地的棚民在清代中期以前就已迁入浙西、苏南和皖南一带的丘陵山区,同治初年乱后,他们捷足先登,进入江宁府中心地带。他们的迁入,可能属于自发的人口迁移,而光绪十四年(1888年)大批湖北及河南人口迁入苏南垦荒,则可能是政府继续招垦的结果。

直至民国年间的人口统计中,仍有未入籍的移民作为"外籍居民"登记在册。在1933年江宁县56.2万人口之外,这种"外籍居民"共有2 704人,他们"多为若干年前来此垦殖之客民"[2]。清代迁入的客民基本都已入籍,这些未入籍者,是客民中的极少部分和较晚时间迁入者。

在南京东南的宁镇丘陵地区,河南客民特别活跃。他们主要来自豫东南丘陵山区,据称仅由河南光山一县向苏南、浙西、安徽和江西近60个地方输送的移民就有100万以上;20世纪20年代,一位学者甚至在南京附近编成了一本豫南民歌选集,这反映出河南移民在宁镇丘陵地区人口之众多[3]。事实上,来自湖北的移民多来自鄂东丘陵地区,即黄州府地区,和相邻的豫东南光州连成一片,形成一个规模很大

---

1 《增辑经世文统编》卷39。
2 胡焕庸:《江宁县之耕地与人口密度》,载胡焕庸:《论中国人口之分布》。
3 何炳棣:《1368—1953中国人口研究》,第155页。

的移民输出地。

直到常州南部的荆溪县(今宜兴县),来自长江中游的移民仍在各地移民人口中占有相当大的比例。光绪八年(1882年)《宜兴荆溪新志》卷3记载,荆溪户22 477,内有楚、豫客户650、温、台等处客户639,江北客户1 387,移民户占全县户数的11.9%;在荆溪全县109 821口中,楚、豫客户2 286人、温、台客户647人、江北客户1 420人,移民人口由于江北客户人口有误,不详。这一统计似乎表明,在宜兴一带,移民补充的强度远远不及南京附近,移民人口只占全县人口的十分之一强。然而,这一统计却与其他资料的记载相互抵牾,同书卷3引《田亩记》曰:"土人畏楚氛之恶,尽招淮扬客民,予以开垦,一年之间,骤然数万。"又说:"同治三年克复后人数稀少,凡客户在地开垦者,悉编入册。"这说明理论上并不存在因客民不在册而造成漏记的可能,但客户的人口数却是低估了。另外,光绪六年宜兴册报人丁113 723,荆溪册报人丁75 578,而宜兴通计大小男口只有116 959,丁数除外,老幼仅3 000余人,不足三十分之一。不仅如此,对于渔户的统计更显破绽:荆溪渔户384户,口数只有674,"通计一船不及二口,皆未可据信,因县册如此,仍之",表明了县志作者的怀疑和无奈。从上引文献的记载看,仅苏北的客民一年之中迁入的就达数万人之多,绝不可能仅占全县人口的十分之一。

太平军战士中的大部分是来自两湖地区的农民,对于战后来自两湖地区的客民,苏南的土著带有深深的敌意。尽管如此,因来自两湖及河南一带的移民是政府组织的,土著不满,却也无奈,所采取的对抗措施仅仅是大力招垦苏北移民。上引《田亩记》中提到招垦一事时说:"小民生计,上安能尽为代谋?招之自下,顺民情者,主爱客;招之自上,倚官势者,客压主。或占种而不顾,或负租而不还,垦辟以后,擅予他人,取其田赀,田主不能过问。……若初垦之时,斗狠强夺,受害之状,官弗见也;既垦之后,起征潜逃,代偿之,官弗闻也。至于显而争讼,隐而诱窃,强而劫略,弱而逃逋,遭累更不胜言。"种种劣迹,皆官招楚、豫客民所致。在上述背景下,苏南土著大力招募苏北移民迁入苏南。

这样,在苏南地区,至少形成了两个大的移民集团,即河南、湖北移民集团和本省苏北地区移民集团。苏南地区除扬州府西南属县外,其他地区幸免于战祸。1990年我在苏北进行调查,发现自明初接受移民之后,苏北另一次接受移民就是在太平天国战争时期,相当数量的苏南人口在战乱中逃到苏北南部的一些县,一部分人一直没有返回原籍。战后,许多苏北人渡江南来,或购置田产,或承租耕种。由于迁出的人太多,以至本地的大片土地抛荒[1]。句容县"同治初,虽承平未久,民气未复,而居乡者多土著,即所招佃户,大半江北之人"[2]。据南京大学历史系在金坛县所作调查,太平天国后,江北人在金坛购买或租种土地的非常之多,当时两斤大麦或一只鸡就可以换到一亩土地,八百文钱也可买到一亩地,有的江北人在金坛购地可达数百亩[3]。尽管存在统计的不确,看来,苏北人可能取代楚、豫客户成为苏南地区最大的移民群。在这一事例中,可以看出民间的招垦甚至比政府组织的移民更有力量。

唯有苏南地区东部的苏州、松江、太仓等地很少发现有外来移民介入,这固然是因为这一区域人口损失相对较小,但更主要的是由于土著抵制外来人口的迁入。所以,这一带田地的垦复速度很慢。19世纪末,苏州府新阳县(今属昆山、太仓)仍有10万亩以前课税的土地抛荒[4]。

四 移民人口的数量估测

在战争波及地区人口死亡的同时,战争未波及地区的人口仍呈增长的趋势。清军将战争有效地遏止在扬州以南的地区,苏北地区之大部得以保全,非战区的人口仍保持持续的增长。兹将各府人口的变动列于表10-1。

---

1 光绪《淮安府志》卷2。
2 光绪《续修句容县志》卷6。
3 茅家琦:《太平天国后江南农村土地关系试探》,《太平天国史论文选》,生活·读书·新知三联书店1979年版。
4 《皇朝道咸同光奏议》卷29。

表 10-1　太平天国前后江苏省人口的变动　　　　单位：万人

府州厅	1851年人口	1865年人口	人口变幅(%)	人口增减数	1953年人口	1865—1953年均增长‰
苏州府	654.1	228.9	-65.0	-425.1	313.2	3.6
松江府	293.0	263.0	-10.2	-30.0	198.6	-2.0
太仓州	196.9	145.0	-26.4	-52.0	119.4	0.5
镇江府	247.5	51.9	-79.0	-195.5	187.9*	10.7
常州府	431.4	167.2	-61.2	-260.4	442.3	11.2
江宁府	452.9	108.7	-76.0	-344.2	304.5	11.9
扬州府	789.8	616.0	-27.0	-173.8	652.8	0.7
小　计	3 065.6	1 580.7	-50.9	-1 481.0	2 218.7	3.9
海门厅	79.1	83.8	+5.9	+4.7	136.7	5.7
通　州	303.8	311.4	+2.5	+7.6	415.4	3.3
淮安府	395.8	418.2	+5.7	+22.4	598.2	4.1
徐州府	444.7	469.9	+5.7	+25.2	544.1**	1.7
海　州	141.3	149.3	+5.7	+8.0	212.2	4.0
小　计	1 364.7	1 432.6	+5.0	+67.9	1 906.6	3.3
合　计	4 430.3	3 013.3	-32.0	-1 413.1	4 125.3	3.6

说　明：＊扬中县划丹徒、丹阳和泰兴三县设，故其中三分之一人口划归通州。
　　　　＊＊新沂县人口的各50%分属徐州府和海州。

合而计之，江宁、扬州、镇江、常州、苏州、松江六府和太仓直隶州在太平天国战争中共死亡人口1 481万。同一时期，苏北地区人口净增加了67.9万，这是按照战前苏北人口的自然增长率所作出的估计。死亡人口与增加人口相互抵消，人口仍减少了1 413万，战后人口约为战前人口的68%。

据表10-1，太平天国战后同治四年（1865年）的江苏省人口为3 013.3万，又知68年之后的1933年江苏省人口（包括南京市，但不包括上海市）为3 294.7万，再20年后的1953年为4 125.2万，两个时期的人口年平均增长率分别为1.3‰和11.9‰，显然，1933年的江苏省人口数被严重低估。这也就是本文仅采用民国数据作为相对比例关系分析的理由。从1865年至1953年，江苏省的人口年平均增长率为 3.6‰。若加上上海人口中原有江苏人口的数量,太平天国战后至 1953 年的江苏人口年平均增长率可能达到战前 3.8‰的水平。从总体上说,太平天国战后,扣除上海兴起的因素,江苏人口的增长水平与战前基本一致。

在净死亡人口达到总人口三分之一的情况下,江苏人口竟然保持与战前一致的增长速度,这至少说明就全省而言,战后并无补充人口的需要,实际也就意味着太平天国战争确实是对江苏过密人口的一种抑制。分府分析,只有江宁、镇江和常州三府依靠移民补充了人口。

从表 10-1 中可以看出,在江苏各府中,松江府和太仓州的人口增长有些异常。松江府的人口呈负增长,可能与人口流入上海有关。太仓州辖之宝山县之若干乡镇划归上海,也是导致太仓州人口统计较少的原因。将松江和太仓排除不计,以苏州府为例,太平天国战后的人口年均增长率为 3.6‰,仅比战前的水平略高或相当。此正如以上所说,太平天国对苏州人口造成的损失,并不足以在战后造成弥补性的高速增长,其原因就在于战前苏州府的人口压力已经太大,战后土著仍循原有的生活方式,人口的增殖一如既往。苏南镇江、常州和江宁三府的人口年平均增长率高达 10‰—12‰,与江苏其他地区有明显不同,是由外来移民所引起。

在移民集中的区域,土著与移民之间往往展开生存竞争,两类人口的自然增长率有趋同的现象[1]。假定江宁府的 108.7 万土著人口从 1865 年开始以 7‰的速度增长[2],1953 年土著后裔约 200 万,是年江宁地区实际人口为 304.5 万,其中约 104.5 万为移民后裔。扣除民国在南京建都以后迁入的移民及后裔 40 万,太平天国战后迁入的移民为 64 万,以同样的增长率回溯到光绪十五年(1889 年)——我们以此点作为移民人口计算的标准时点,当时有移民人口约 41 万。镇江、

---

[1] 关于这一理论,可参见曹树基:《明清时期移民氏族人口的增长——长江中下游地区族谱资料分析之一》,《中国经济史研究》1991 年第 4 期。
[2] 至于土著与移民这两类人口的年平均自然增长率究竟为多少,这里只是一个估计值:高于无移民地区的人口增长水平而低于移民地区的总人口增长水平。

常州两府战后合计土著人口约219.1万,以7‰的速度发展人口,至1953年可达400万,1953年实际人口为630.2万,移民后裔达230万。民国时期常州地区无锡、常州等城市崛起,1953年两市人口合计为87.8万,设其中半数为来自外地的移民,太平天国战后移民后裔约为190万。再以同样的增长率回溯至1889年,移民人口约有122万。

1865年江宁、镇江、常州三府土著人口约为327.8万,以上述增长率计,1889年增加至385万。同年三府移民人口及后裔约有163万,总人口为573万,移民占三府总人口的28.4%。假若将土著人口的年平均增长率定为5‰,则1889年的移民人口及后裔可达到260万左右,占总人口的45%。由于没有这一区域人口原籍的调查,这一估计还是相当粗略的。按照现有数据所作统计表明,太平天国战后的1889年,苏南地区接纳了大约160万—260万移民人口,占当地人口的28%—45%。移民主要来自安徽、湖北和苏北,设外省移民占移民总数的一半,苏南战后接纳的外省移民大约为80万—130万。据表10-1,苏北人口从太平天国战后至1953年的90年间年平均增长率为2.7‰,是因大批人口外迁之故,其中包括迁入苏南者。尤其是扬州府人口的增长率仅为0.7‰,几为停滞。假设战后扬州府的人口自然增长率为4‰,1953年应有人口872万,实际人口仅有653万,有220万左右的人口(含后裔)外迁了。除部分迁入上海外,还有部分迁入了苏南。只是目前我们还无法求出他们迁往各地的人口数量。

这样一个繁杂的推论,尽管还缺少确切的根据,但由于我们都只假定了上限或下限,所以我们认为苏南在太平天国战争之后接受的外省移民仅为100万左右,与战争中损失的1480万人口相比,移民补充人口仅占死亡人口的7%。苏北人口向苏南的移动,是人口从密集区向稀疏区的移动,这就是从全省范围观察,战后人口增长与战前大体相同的缘由。当然,就宁、镇、常三地而言,1889年迁入这三地的移民约占当地人口总数的比例甚大,他们的迁入对于这一区域的经济恢复和发展有非常重要的意义。

第三节

浙　江

一　战争与人口死亡

1. 战争中的人口死亡

从1860年初太平军从皖南进入浙江,至1863年杭州失守,战争波及浙江全境,浙西、杭州附近、浙北太湖之滨、宁(波)绍(兴)地区及浙赣交界的金(华)衢(州)地区所受损失最为严重。

浙江北部的杭州、嘉兴和湖州三府是太平军与清军反复争夺的地区,战争历时长,战况激烈,人口死亡亦多。如杭州城,就有一次受屠14万人的记载[1],其战争创伤几乎可与南京相提并论。又如临安县,"同治初年兵燹之余,招集流亡,仅存丁口八九千人"[2]。再如昌化县(今并入杭州市临安区),"洪杨之役,由淳窜昌,首当其冲,民气凋残,垂六十余年,未易恢复原状"[3]。又如杭州府东部的海宁县,县人冯氏于咸同年间撰《花溪日记》,其中写道该县长安镇"被烧房屋十之七,沿乡数里尽伤残。被掳千余,死难被杀万余。鱼池积尸,两岸皆平,前后所陷市镇,惟此为最惨"。未全陷于战者只有菱湖、花溪、沈塘、冯家桥等寥寥几处而已[4]。从东到西,莫不一派破损、凋残之景象。

湖州府之长兴县,"兵燹之余,民物凋丧,其列于册者孑遗之民仅

---

[1] 佚名:《东南纪略》,光绪年间刊本。转见《太平天国文献汇编》第5册,第232页。
[2] 宣统《临安县志》卷1。
[3] 民国《昌化县志》卷首。
[4] 冯氏:《花溪日记》,《太平天国文献汇编》第6册。

十之三焉;田赋之人仅十之四焉。故家遗俗十不存五;而城垣桥庙官廨之修复者仅十之三,而颓废者十之七焉"[1]。而在孝丰,战后户口仅存三十分之一[2]。尽管长兴和孝丰两县位于湖州之西,然湖州之东部各县与杭州城近,所受战争之摧残当不比西部各县为轻。

嘉兴府如嘉兴县,由于战争,"户口流亡,田亩荒秽,东南各乡庄尤甚"[3],其他各县的记载大体如是。

地处浙西丘陵山区的严州府,是太平军与清军多次厮杀之地。关于这一区域人口死亡的情形,何炳棣先生在他的书中引用了德国地理学家李希霍芬的观察报告:

> 桐庐、昌化、於潜、宁国等地到处都是废墟,每城仅数十所房屋有人居住,这些都是十三年前的太平天国叛乱者造成的。连接各城的大路已成狭窄小道,很多地方已长满难以穿越的灌木林。……无论是河谷中的田地,还是山坡上的梯田,都已为荒草覆盖,显然没有什么作物能在这枯竭的土地上繁衍。[4]

严州府的例子说明,在太平天国战争期间,甚至连偏远的山地也不可能成为人民的避难之所。由于战争持续时间太长,兵刃下逃脱的生灵,并不一定能够逃脱灾荒和饥馑的袭击。

金衢盆地是太平军进出浙江、江西两省的孔道,战争中人口损失甚巨。民国《龙游县志》卷首《叙例》中说:"最后经咸同间洪杨之乱,屠戮至惨,丁壮逃亡。"近人徐映璞指出同治元年(1862年)八月,"疾疫大作,江南、浙江各军,十病六七,死者不可胜计。衢州人民,死者尤众,往往不得棺木,随死随埋,而荷锸者亦死。衢(州)、龙(游)、汤(溪)、寿(昌)各县,至数十里无人烟"[5]。

浙江其他一些地区也程度不一地受到战争的影响,同治三年左宗棠给朝廷的奏报中提及浙江各地的残破情形时说:"计浙东八府,惟

---

[1] 同治《长兴县志》卷首,光绪元年(1875年)长兴知县恽思赞《序文》。
[2] 光绪《孝丰县志》卷4。
[3] 光绪《嘉兴县志》卷11《田赋下·土客交涉》。
[4] 转引自何炳棣:《1368—1953中国人口研究》,第240页。
[5] 徐映璞:《两浙史事丛稿》,浙江古籍出版社1988年版,第199页。

宁波、温州尚称完善,绍兴次之,台州又次之。至金华、衢州、严州、处州等处孑遗之民,则不及从前二十分之一矣……其浙西三属,惟嘉善、石门、平湖、桐乡等县素赖蚕桑为生计,数年之后或可复元,其近山各县情形与金、严等处相似。"[1] 处州、温州、宁波、绍兴等地,由于未引发战后的移民,本章不赘。

2. 战前、战后的人口估测

据户部清册的记载,战前的咸丰元年(1851年)浙江人口3 010.7万,战时的咸丰十年(1860年),浙江上报人口1 921万,缺了被太平军所占的杭州仁和等20余县人口数。可是同治五年至十二年(1866—1873年)之间,浙江上报人口从未超过700万,同治十二年也只有1 084万[2],显然太低。直到光绪二十四年(1898年),户部清册中的浙江人口数也都偏低。

宣统年间(1909—1912年)人口调查,浙江人口达1 807.2万。1932年,据《内政调查统计表》,浙江人口数为2 054.6万[3],1953年则上升到2 286.6万。这三年的人口统计数字是浙江近代人口数字中可信度较高的。据此,1910—1932年间浙江人口的年平均增长率为6.1‰,1932—1953年间为4.3‰,从1910—1953年,浙江人口的年平均增长率为5.6‰。一般说来,宣统年间的人口统计数有偏低之嫌,然从上述三个数据的排列看,浙江似乎是一个例外。

太平天国战后恢复初期的人口增长率比以后的时期为高。若是,则从1865年至1910年的浙江人口增长率可能超过6‰的速度,达到7‰左右。在不考虑移民迁入的情况下,测算的结果是,1865年浙江人口约为1 329.6万。如果扣除外省移民迁入的因素,1865年的浙江土著人口数量可能还要少一些。总之,太平天国战争期间浙江人口的损失至少在1 681万以上,占战前人口的55.8%。当然,这些损失的人口中有一部分逃入了上海,成为上海的新移民。然从以后的分析来看,这类人口的数量并不很多。

---

1 左宗棠:《浙省被灾郡县同治三年应征钱粮分别征蠲折》,《左文襄公全集·奏稿》卷9。
2 梁方仲:《中国历代户口、田地、田赋统计》。
3 转见胡焕庸:《论中国人口之分布》,第70页。

二 移民垦荒与移民人口的估计

面对太平天国战后大量的人口死亡而土地荒芜的状况,清政府自然以招民垦荒为急务。"同治三四年间,地方新复,有司急于求治,又虑催科之无所出,仅以招垦为得计,而不暇谋其久远。"[1] 兹以府为单位将浙江各地移民过程与移民人口的估测叙述如下:

1. 嘉兴府

战后迁入嘉兴府的移民分属本省绍兴、宁波、温州、台州等地区以及外省的河南、湖北、江苏(苏南)几大集团,其中以绍兴移民最为活跃。在嘉兴府的海盐澉浦、秦驻乡,有不少绍籍客民寄居,"种木棉及山薯为业,俗与土著稍异";惠泉乡有绍兴客民,同时还有温州籍客民杂居[2]。在嘉兴县新塍镇,"光绪初,大府下垦令,于是楚、闽、浙东诸客民来垦荒,所产籼米岁万石"[3]。又有记载说嘉兴县最初的招垦始自同治初年,"同治初年有司招徕垦复,初只宁、绍、温、台四府农民负耜承垦,土民因荒地不甚爱惜,听其搭棚居住,择肥翻垦,兼以插种杂粮,无关粮额,置不与较。光绪五年豫、皖、湖广及江北客民闻风而踵至,各招侪类,日聚日繁,客强土弱,屡有欺凌土著,占借窃夺,争斗衅端,甚酿命盗巨案"[4]。可见最初的移民来自本省,以后才有外省的客民流入。正是由于外省流民的大量迁入,才导致土客冲突的白热化,直到出现土客之间大规模械斗,酿成命案。

按照土著的说法,客民在以下几个方面对土著利益构成了威胁:客民来去无常,随意迁移,田租无着;客民不仅垦荒,而且择肥翻垦,侵占有主田地;客民强悍,易于起衅,往往与土著争竞,纠众械斗。为此,光绪五年(1879年)浙江布政使司颁发《土客善后章程》十条,其基本精神是:将客民编入保甲,由客总具保并管理;垦荒必须由政府核给

---

[1] 《申报》1881年5月16日。
[2] 民国《澉浦补录》。
[3] 民国《新塍镇志》卷3。
[4] 光绪《嘉兴县志》卷11《田赋下·土客交涉》。

牌照,不得侵占有主土地;垦田必须照章完租,不得逃避;土客冲突,由客总、圩董调处,或报官处,不得纠众械斗。次年,政府派员清查田亩,按亩编查,将客垦户及所垦田亩另立清册。可惜的是,客户田亩清册内容不见于县志记载,故其人口数亦不知详。

光绪七年嘉兴知县加强了对外来客民的管理,"分温、台、宁、绍、河南客民为三大帮(每帮设客总、棚长、甲长名目,专稽客民户口、籍贯)。设清垦局延绅选董,订章编查(每庄分圩选董协同客总督圩、保、棚长人等逐一编查,定其所垦田地有主者为客佃,无主者作为客垦,各给门牌执照,分别承租完粮,遇有土客争竞事件,由董报案核办)。自后每岁举行"[1]。

尽管如此,随着客民的越来越多,土客冲突仍在所难免。光绪八年,"局绅程瑞生、石芳采等以客民续到秀水、海盐二县,叠酿巨案,避祸来嘉(兴)者,安插为难",于是由政府重申前约,即《土客善后章程》。也就在这一年,"知府许瑶光示禁客民续到"[2],移民的入迁方告结束。

在战后的二十几年中,究竟有多少外来移民迁入嘉兴府呢?光绪《嘉兴府志》卷20《户口》载有该府乾隆三十四年(1769年)、乾隆五十四年、嘉庆四年(1799年)和道光十八年(1838年)的人口数,分别为231.4万、241.6万、253.4万和293.4万,其间的人口年平均增长率分别为2.3‰、5.3‰和3.9‰。从乾隆三十四年至道光十八年,69年间的年平均增长率为3.5‰,与苏南地区的增速相同。以此速度推算,咸丰元年嘉兴府应有人口306万。又据同书,该府战后同治十二年(1873年)仅存人口95.3万,推测同治四年仅有人口93万,是为战前人口的30.4%,损失人口达213万。

1932年原嘉兴府地区人口数为138.0万,1953年为155.1万。从同治十二年至1932年,嘉兴地区的人口年平均增长率为6.4‰,1932年至1953年则为5.9‰。与全省同期人口增长率相似,据此认为,嘉兴府1873年的人口数是准确的。

也正是由于1873年至1932年嘉兴府的人口年平均增长率与全

---

1 光绪《嘉兴县志》卷11《田赋下·土客交涉》。
2 同上。

省水平相近,所以对该地移民的数量就不可能估计过多。如果假定移民的迁入对嘉兴府的人口年平均增长速度所产生的作用仅仅只有1‰的话,那么,截止于光绪十五年(1889年),在嘉兴府的138.0万人口中,土著人口约为130.5万,移民人口仅有7.5万,占人口总数的5%左右。光绪初年嘉兴府每县的客民人口大约有1万余人,也就足以引起地方社会的动荡了。

2. 杭州府

昌化县。在杭州府属西部的昌化县,"客民纷纷盘踞,以四、七两都及外五都占大多数,不似他处之纯粹族居"[1]。客民在昌化县的三个都占有优势,加上零星分布于其他都者,可大约估计昌化县的客民有3都之多。民国年间昌化县共有11都,客民都占总都数的27.3%。11都共辖13里,其中四、七都及外五都合计有5里,占总里数的38.5%,以庄计,11都共辖115庄,其中四、七都及外五都辖有37庄,占总庄数的32.3%[2]。估计客民比例约占全县乡村人口的三分之一左右。除都、里、庄外,还有四市,依富阳的经验,战后市镇中的人口多为外地客民,因此,昌化县客民在全县人口中的比重至少应占35%。

民国《杭州府志》卷57《户口》记光绪九年(1883年)昌化县人口数为3.7万,从以后的论述中可知,这仅仅指当地的土著,而不包括移民。以客民占全县人口35%计,有客民人口2万,同书又记载光绪三十四年昌化县人口有6.5万,已将客民包括其中了。从光绪九年的5.7万至三十四年的6.5万人口,年平均增长率为5.1‰,是为人口的自然增殖。

光绪十五年的客民人口大致与光绪九年相同,增加不多,不另述。

富阳县。富阳县战争中的人口损失很大。光绪《富阳县志》卷6《绅民殉难表》中登录的死亡男女竟达数千人,不知姓名者不知其数。该卷还说:"计自咸丰十年春粤贼蹂躏,至同治二年八月始经克复,匪前户口四十余万,自遭烽燹、兵死、疫死、饿死、病死,江南各乡尚存十

---

[1] 民国《昌化县志》卷首。
[2] 民国《昌化县志》卷1《舆地·疆域》。

之三四,西北两区迭为战场,村落俱成焦土,人民无一孑遗。上下百里间,几至炊烟断绝,寇祸之烈为自来所无。今历太平四十余年,客民杂居,间存一二土著,而元气凋伤,生机不畅,此又地运之厄也。"同书卷14《武备·兵事》中又说:"迨至(同治)二年正月,上江败贼下窜,最后为花旗贼,遇屋即火,逢村便屠。又以乡村无可掠食,见民之有肥胖者,即杀以为粮。由是瓜删草剃,村落尽成灰烬,黎民无复孑遗矣。按粤寇之祸,江南各乡遗民尚剩十之二三,江北则无十之一二,以较南方收复尚迟六阅月,此六月中,日死民当以万计。"从这两条记载中可知,富春江以南的地区人口损失率至少达到60%左右,江北地区土著所剩不多,可能仅占当地人口的5%左右。所以同书卷15《风俗》比较富春江南北两区的差异时说:"北乡自经匪乱,人少产多,恒以一人而领十数家之业,凭藉有资,田功不尽勤力,又土客杂处,势常相逼。南乡多山少田,居民终岁勤劳,造纸易钱,只足购米,积蓄颇难。"从土著、客民的人口比例而言,富春江北是移民密集的地区。

民国《杭州府志》记光绪八年富阳县男女丁口共 13.1 万,二十三年达到 16.8 万。据光绪《富阳县志》卷 12《户口》,光绪二十三年江北三区共 8 151 户,男女合计为 34 487 人。江南三区有 22 875 户,男女合计 132 745 人;可见光绪八年的人口几乎完全为富春江南之人口[1]。江北土著几乎死亡殆尽,类似情形在苏南和皖南一带多有所见。据此可知,富春江北人口的大部分应是移民,至少应有 3 万人。移民人口占全县人口的 17.9%。同治四年该县土著约为 12 万。

临安县。临安县地处富阳县之北,与富阳县人口损失最为惨重的富阳西北区毗邻,人口损失率极高。"同治初年兵燹之余,招集流亡,仅存丁口八九千人。三年,劝招开垦,客民四集,自此休养生聚。二十余年始有丁口土客四万余人"[2];民国《杭州府志》记载光绪九年临安县有 9 148 户,37 601 口,光绪二十一年的人口为 45 544 人。由此可

---

[1] 光绪三十一年朱寿保作《富阳县新旧志较记》认为这一统计数存在很大的漏报,笔者不以为然。1932 年该县人口为 20.5 万,1953 年为 21.8 万,前期的人口年平均增长率为 5.9‰,后期为 3.1‰,均与人口发展规律大致相符。即使有漏记,误差也不会很大。
[2] 宣统《临安县志》卷 1。

知《县志》中所说的"丁口八九千人"实指户数,亦可知光绪九年的临安人口皆为土著。

光绪三十四年,临安人口为4.8万,1932年为8.3万,1953年为10.5万;从光绪三十四年至1953年的人口年平均增长率高达17.9‰,从光绪二十一年起计算仍高达14.6‰。光绪年间人口数明显低估。这说明即使在光绪二十一年,移民也未完全入籍,或者此后仍有移民迁入,按照7‰的速度回溯,光绪二十一年的人口数应为7万,同年土著人口则为4.2万[1],移民人口至少为2.8万。回溯至光绪十五年,临安县移民人口约为2.7万人,占总人口的38.6%。同治四年的土著人口约为3.4万。

余杭县。据光绪《余杭县志稿·户口》,光绪十六年余杭县土著男女大小约66 759人[2],二十四年增为68 724人;这一年另有客民男女大小为28 499人,客民占全县人口的29.3%。余杭县的土著、客民人口统计是为奉办团练保甲举行的,具体步骤是:"每庄由甲长分册、造册,无论土客,或耕种,或佣工,逐一注明。无人保者,由甲长与保正编为零户,附于册后",可信度较高。余杭东部与海宁县及嘉兴府毗邻,海宁及嘉兴府的移民人口不多,故认为余杭县的客民多集中于与临安、富阳接壤处。回溯至光绪十五年,客民人口约为2.7万,占同年余杭县总人口的29%。同治四年的土著约为5.8万。

於潜县。在《杭州府志》中,光绪八年於潜县(并入今杭州市临安区)男女大小丁口16 586人,二十三年增为34 842人,宣统三年(1911年)增为41 333人。1953年於潜人口为73 236人。从以前各县的论述中可知,光绪二十三年所增者为客民人口,然从光绪二十三年至宣统三年,再至1953年的人口年平均增长率都高达14‰以上,说明前两个年份的人口数显然低估。按照7‰的速度回溯,光绪二十三年该县的人口数约为5万,其中移民人口约为3.2万。光绪十五年则有移民约3万人,占全县人口的63%。同治四年土著人口约为1.5万。

---

[1] 将移民(包括移民和土著混合人口)的年均增长率定为7‰,土著略低,定为5.6‰,与同期浙江人口增长速度同。
[2] 民国《杭州府志》的记载基本相同。

新城县。民国《杭州府志》记光绪八年新城县（并入今杭州市富阳区）男女丁口为34 560人，三十四年为46 362人。1953年该县人口为74 562人。依上例修正后，光绪三十四年的人口应为5.5万，其中移民约有1.6万。回溯至光绪十五年，客民约为1.4万。同治四年的土著人口为3.2万。

海宁州。民国《杭州府志》记光绪九年的海宁州人口仅4.3万，光绪十八年增为33.1万。光绪九年的人口数显然不确。1953年该县人口为35.6万，光绪十八年后的人口年平均增长率仅为1.2‰，由此可知光绪十八年的人口数偏高。若以5.6‰的速度回溯，光绪十五年的海宁人口实为25.0万。依嘉兴府例，移民占人口总数的5%，其中有移民1.3万人。同治四年（1865年）土著约为22万。

钱塘县、仁和县。民国《杭州府志》中记载光绪九年钱塘、仁和两县（两县1912年合并为杭县，1958年并入杭州，1961年析出并入今杭州市余杭区）人口为22.8万，宣统三年猛增至68.0万。1932年杭州市和杭县人口为88万，1953年合计为109.1万。从宣统三年至1932年的人口年平均增长率为13‰，1932年以后则为10.8‰。对于杭州市而言，这一增长速度大致是可以接受的，同时也证明宣统三年的人口数大抵不差。依照以前我们对杭州府各县人口数的认识，光绪后期的人口才可能包括移民。如是至宣统三年，钱塘和仁和两县土著可能达到26.5万，而移民则有41.5万。客民占人口总数的61%。回溯至光绪十五年，两县客民数为35.8万。同治四年土著约为20.7万。

近人王映璞在其《太平军在浙江》一文中引一来源不详的资料称："杭州自咸丰十一年十一月二十八日为李秀成攻占后，迄今二年又三月矣，兵火交加，粮食乏竭，饿死、疫死、锋刃死者，不知凡几。其盛时，居民为八十一万人，及至收复之后，兵民才七万余人而已。"[1]从行文中看，似为当时经历者的观察，这7万人口，应当是指杭州城中的残存者，并不包括郊县。战后杭州城中人口如真的只有7万，那么郊区人口则有13万—14万，与邻县情况类比，略比同期富阳县人口为多，可

---

[1] 王映璞：《两浙史实丛稿》，第219页。

能离事实相距不远。

亢树滋在《随安庐文集》卷2中说"杭州市则十七八均为客民",比笔者所得比例为高,这是因为上文的计算,不仅包括杭州市区,而且包括郊区。依战后南京之例,客民可能更多地集中在市区,相对来说,郊区的移民比例则要低一些。如此,则完全可与亢氏所言吻合。

这样,我们可以对太平天国战后杭州城的人口构成作出这样的描述:战后杭州的土著大约只剩7万人口,移民可能达到16万左右。以后陆续有杭州难民返乡者,杭州土著的比例可能增加。但无论如何,太平天国以后的移民已经深刻地改变杭州城的人口构成则是不争的事实。

光绪《余杭县志稿》中不仅有移民数量的记载,而且对移民原籍也记叙甚详。各籍移民中,以来自绍兴府的最多,达50.3%,次则宁波和温州,分别占15%和11%,再次则为河南、苏南和本省台州府,分别在4%—6%之间。推测杭州城中的移民比例也大体如是,这样,战后的移民便成为浙江绍兴人口向杭州的迁移。由于杭州城市及城郊还有相当数量的土著居民,所以,本省移民的迁入不可能根本改变省会杭州原有的文化风貌。另外,民国年间杭州城市人口的迅速增加,又在很大程度上稀释了清代客民的比例,也使战后大移民对于杭州的影响大大减弱。

乾隆四十九年(1784年)杭州府人口为207.5万[1],也按3.5‰的年平均增长率推算,1851年应有人口261.3万。民国《杭州府志》记光绪九年全府土著人口仅有62.1万,分县累计的实为59.5万,这一误差可能由于分县统计中有若干县的人口数为光绪八年所造成。只是需要指出的是,这一统计是不确的,因为其中海宁州的数字错了近20万。据对各县战后(同治四年)土著人口的估算,是年全府土著人口为72万,占战前人口的27.6%,净损失人口189.3万。光绪十五年(1889年)外来客民为51.9万,占同期全府人口的41%。光绪十五年杭州府人口为126万,原杭州府地区1932年人口为189.1万,1953

---

[1] 乾隆《杭州府志》卷44。

年为212.8万。1889年至1932年的人口年平均增长率为9.5‰，1932年至1953年为5.9‰，1889年至1953年的人口年平均增长率为8.4‰，即使考虑到杭州城市人口的迅速增长，这一增长速度也嫌偏高，可见1889年的杭州府人口数略偏低。若以7‰的速度回溯，此年杭州府人口应为137万，比上文的分县估计数多出11万人口，误差为8%左右。

3. 湖州府

湖州府没有同治年间的人口数，根据战争的情况分析，其人口损失不在杭、嘉之下。如光绪元年长兴知县恽思赞说："兵燹之余，民物凋丧，其列于册者孑遗之民仅十之三焉。"[1] 所谓"列于册者孑遗之民"是不包括客民的土著人口，可推知长兴县的人口损失高达70%。

安吉县。安吉县"咸丰间编排保甲"，"男妇大小丁口"共13万有奇，至同治三年清厘户口，土著户仅存3 500户，男妇大小丁口6 838，内男丁5 149，女丁1 689；棚民烟户78，男妇大小丁口144，其中男丁115，女丁29[2]。尽管同治年间土著男女性别比过于失常，但无论如何，残存的土著人口最多只有1万左右，人口损失超过92%。

孝丰县。孝丰县(并入安吉县)的情况又是如何呢？由于咸丰间编审的卷册毁于兵火，同治《孝丰县志》卷4《户口》的作者"访之故老"，故老云："咸丰六年编排保甲，实在男丁十四万有奇，女丁及老幼并十五万有奇。"故老所云将女丁和老幼计为1万，而男丁就达14万之多，显然有误。但若以为该县男女大小丁口为14万—15万，似合情理。因为，1953年安吉、孝丰两县人口分别是10.5万和10.8万，推测咸丰年间的两县人口亦相似。同治十年，孝丰县土著户仅存2 557，男女大小丁口7 366，人口的损失率与安吉县完全相同。

德清县。嘉庆八年德清县合计男女丁口为39.1万[3]，估计咸丰元年人口可达46万余人，战后人口不详；至1953年只有15.6万人口。按下文中的估计，1865年该县土著可能只有6万余人，战争中土

---

[1] 同治《长兴县志》卷首《序》。
[2] 同治《安吉县志》卷4《户口》。
[3] 民国《德清县志》卷4《食货·户口》。

著的损失率达到了87%。

乌程县。乌程县（今湖州市地）的战前人口不详，同治十一年（1885年）"实在人丁"为36.1万，其中男大小丁为21.2万，女大小口为14.9万。看来，乌程县在战争中受到的损失要小于湖州西部三县。推测归安县（今湖州市地）的情况与乌程相似。

在一个不大的区域中，人口的损失何以会如此悬殊，这可能与同治元年的传染病的流行有关。同治《孝丰县志》卷8《祥异志》说："同治元年六、七月瘟疫，民遭兵戈者半，遭瘟疫者亦半。"在安徽宁国、广德一带，这次瘟疫始于同治元年五月，然后向四周蔓延，所造成的人口损失超过了战争本身。湖州府的西部和南部也是这次大瘟疫的流行区。

战后外地客民主要迁入湖州府的西部和南部，时人指出："郡西山田荒旷尤多，温台人及湖北人咸来占耕。自同治至光绪初，湖北人蔓延郡东。"[1]湖北人明显要比温台客民为多。又有记载说："两湖客民入境，争垦无主废田。"[2]不仅在西部的安吉和孝丰等地充斥客民，南部的武康县（并入德清县）也同样是客民"纷至沓来，视为利薮"[3]。相信人口遭受重大损失的德清县也是如此。

在孝丰县，如果把1 565名棚民也算作土著的话，同治十年的土著人口共8 931人，而客民则有11 794人。以后历年土著客民的人口都有变化，至光绪元年，土著人口合计为8 182名，而客民则达到13 157人，客民占人口总数的61.7%。

同治十年，安吉县的土著（含棚民）人口为12 665名，来自"宁绍湖广安庆"等地的客民10 848人，占全县人口的46.1%。

长兴县。长兴县同治六年至十年的户数一直为1万户，2.2万"丁口"，同治十一年突然增至35 593户，79 588丁口。我以为这突增的户数极可能是包含了客民的结果。当然，其中也可能有对土著户口清理的因素在内。根据这一人口数的变化，推测长兴县的移民人口至

---

1 民国《南浔志》卷30。
2 同治《湖州府志》卷18《金其相建玖磐山书院碑略》。
3 《申报》1881年5月14日。

少占当地人口的半数以上。

粗略地估计,至光绪十五年(1889年),湖州府西部三县的客民人口可能达到7万。

南部的德清和武康两县客民迁入情况不明,但可依毗邻之余杭县例作一比较,客民可能占全县人口的30%左右。以德清为例,1953年该县人口为15.6万,回溯至光绪十五年,约有人口10万,设其中30%为客民,则有客民3万,土著7万,同治四年的土著仅有6.2万。

1953年的武康县人口仅6.3万,依德清例推测,光绪十五年的客民约为1.2万,与湖州西部各县的情况相同。

1953年,吴兴县和湖州市人口合计只有69.1万,这其中还包括了清代归安县人口,以归安人口为乌程人口的一半计,同治十一年两县人口可达54万,从此时至1953年的人口年平均增长率仅为3.1‰。人口的低增长率说明这一区域战后不曾补充人口。即使真的有客民迁入,其数量必定是很少的。

1820年湖州府有人口256.8万,至1851年可能增至285.2万,如上述,同治初年的人口可能仅存70万左右。战争中人口损失达到215万,占战前人口的75%左右,比上文中据长兴县比例做出的估计略高。

4. 严州府

严州府地处浙西丘陵山区,太平军由徽州入浙江,几次经过此地,清军与太平军也曾在这里激战。光绪九年《严州府志》卷36记载在两军激战中,该府阵亡"义民"达2 600多人,"殉难"阵亡民人妇女达1 080人。"义民"应该是指参加民团与太平军作战阵亡的成年男子,并非一般的战祸中死亡者。如分水县(并入桐庐县),列入"义民"的只有寥寥十几人,实际上这个县已经非常残破了。

李希霍芬对战后的移民曾有以下观察:"外来移民已经开始进来了,在分水河谷我发现相当数目的新移民,大多来自浙江的宁波和绍兴,但也有少数来自其他省份。"由于这次移民以本省人为主,而宁波、绍兴二地在战争中受创也重,向外输出人口有限。又因为平原农民不适应山地耕作,所以向山地的移民进展缓慢。严州府知府说道:

> 查严郡各属田地荒芜，人民稀少，较他郡情形，蹂躏更甚。……今欲招垦，必须外来之户乐于耕种。……无如外来垦户，由江西者则有衢之荒田可耕，由宁绍来者则有杭属之荒田可耕，惟严郡居中，止有徽州一路。徽、严交界地方皆系荒产，断不肯舍此适彼。惟查有棚民一项，向来以种山为业，地方农民不与为伍。自咸丰十年后，粤匪滋扰，棚民僻处深山，未受大害，较农民尚胜一等。昔日无田可种，而不能不种山；今日有田可种，而能改种山为种田，田之出息究胜于山。各棚民非不愿种，实不敢种，须设法招之使种。[1]

严州府的棚民人数少，势力单薄。长期以来，他们受土著歧视，以至发展到不敢租种土著田地。致使这位知府要设法"招之使种"。移民的稀少于此可见一斑。

根据上述严州府知府的看法，移民过程进展很慢，除了分水、桐庐一带，别处似乎不见有移民踪迹。如1987年我在淳安调查，当地人能指出的温州客民所建村庄只有寥寥几处。

以1953年的人口数作比较，分水县人口少于昌化，桐庐县则比余杭县人口略多。据此，可知光绪十五年分水县人口约为4.5万[2]。设其与昌化县移民比例相同，移民占总人口的35%，仅有移民1.6万。与余杭类比，光绪十五年桐庐县人口约有9.5万左右，其地形与富阳县近似，仅江北地方可能接受移民，依富阳例，设移民占全县人口的18%，则有1.7万人。两县移民合计为3.3万人左右。

5. 金华府和衢州府

金衢盆地是浙、闽、赣三省的交通孔道。太平军几经出入，又在衢州、金华两城与清军展开争夺战，致使人口损失较多。在它的边缘区人口死亡率一般有四分之一左右。如江山县咸丰九年(1859年)人口有25.5万，同治十年(1871年)仅余18.4万[3]，减少了28%。又如常

---

[1] 戴槃：《定严属垦荒章程并招棚民开垦记》，《皇朝经世文编》卷10。
[2] 在1932年的调查中，分水县人口数记为4万整，1953年为6.7万，20年中人口的年平均增长率高达26.1‰，可见民国年间分水县人口大大被低估。修正后1932年分水人口约为6万，再以7‰的速度回溯，光绪十五年仅有人口4.5万。
[3] 同治《江山县志》卷1。

山,光绪《常山县志》卷51中记载战争中死亡的"义民"人口达1 800人之多,看来已包括全县死于兵祸的全部成年男子。1836年该县乡丁、市丁(成年男子)合计为5 924人,假定道光十九年至咸丰九年(1839—1859年)成年男子的年平均增长率为3.9‰,1859年就应有成年男子6 479人。战争中死亡1 800人,占总数的28%。由于江山县战前的人口时点为1859年,所以常山的时点也定于同一年,比较的结果,江山、常山两县人口的损失率竟然相同。

战争中心区的人口损失要重得多。如金华县,道光二年(1822年)人口为27.9万,若年平均增长率为3.5‰,1851年应有30.8万。但同治十三年(1874年)连客民在内仅有11.9万人[1],人口损失超过20万人,占战前总人口的61%。减去其中的客民人口,损失肯定超过70%,类似浙北各府情形。

战后移民主要来自江西及本省的温州、台州和处州。在龙游县,"乱后业田之户,多系客民","绝鲜土著,其江(西)、闽、温、台、处客民半因家乡无田可耕,来此开垦";几年以后"客民愈聚愈多,客民强而土著所由贫也"[2]。江西籍移民多来自赣东北,温、台籍移民多来自平阳、瑞安、永嘉等县,处州籍移民多来自云和、景宁和龙泉三县。

在衢州、龙游、金华这一中心地区,依上引龙游县资料,客民数量大抵与土著相当。战前西安、龙游、金华三县人口总数不详,1953年三县(含金华市区)人口为89.7万,光绪十五年人口约为57.8万。其中客民占半数,则有人口28.9万。以5.6‰的速度回溯到同治四年,则有土著人口25万。据1953年人口数,金华县人口占三县人口的34%,推测太平天国战前三县人口可达90万。战争中的人口损失达72.2%。

边缘地区客民数少,如开化县,同治间县令汤肇熙说:"大抵土民居十之五,客民三,棚民二。"[3]客民占总人口的30%。江山县则称"少

---

[1] 光绪《金华县志》卷12。
[2] 民国《龙游县志》卷30。
[3] 汤肇熙:《出山草谱》,光绪十年刊本。

客民"[1],估计客民不足10%。兰溪县于光绪六年(1880年)查办保甲,统计人口,"城乡大小男丁"41 457口,"客民大小男丁"4 010口[2],客民仅占土著的十分之一。

1820年金华府人口数为255.0万,衢州府人口不详。按照1953年人口比例计算,衢州府人口约占金华府人口的43%,估计1820年衢州府人口为110万人,合计两府人口为365万,至1851年则有405万,扣除衢县、龙游和金华三县人口后,尚余人口315万。战争中损失人口占25%,则余237万人;移民约为土著的10%,有24万左右。两府合计移民为52.9万[3]。

绍兴、宁波、温州和台州及处州北部诸县,战争中的人口损失也很严重,但战后没有外地移民迁入。

总之,太平天国战争中,浙江全省人口损失达1 680万人以上,战后移民仅有132万人。假定其中30%为外省移民,则人数仅有40万,说明浙江的人口损失主要是通过内部的移民加以恢复的。但这一过程是漫长而艰难的,以至直到1953年,浙江的人口数量还没有恢复到1851年的水平。

第四节

安 徽

一 战争与人口损失

安徽是太平军与清兵作战的主要战场之一。最初的战争在长江

---

[1] 同治《江山县志》卷1。
[2] 光绪《兰溪县志》卷2。
[3] 《简明中国移民史》对战前人口低估,导致对当地移民数量的低估。

沿岸进行,安庆、池州、铜陵和芜湖等沿江城市争夺激烈,几度易手。以后战事转移到巢湖平原,庐江成为战争的中心。当太平军东进浙江时,皖南丘陵山区饱受战祸。至于靠近南京、扬州的滁县一带,更是双方必争的战略要地。安徽全省陷入这场大战乱中,时间长达11年。

同治二年(1863年)曾国藩自安庆东下,他的观察是这样的,"自池州以下,两岸难民,皆避居江心洲渚之上……壮者被掳,老幼相携,草根掘尽,则食其所亲之肉。风雨悲啼,死亡枕藉。……徽、池、宁国等属,黄茅白骨,或竟日不逢一人。"[1]关于皖北,曾氏则说:"舒、庐、六、寿、凤、定等处,但有黄蒿白骨,并无民居市镇,或师行竟日,不见一人。"与皖南是同样的残破。为此,曾国藩十分感叹地说:"安徽用兵十余年,通省沦陷,杀戮之重,焚掠之惨,殆难言喻,实为非常之奇祸,不同偶遇之偏灾。纵有城池克复一两年者,田地荒芜,耕种无人,徒有招徕之方,殊乏来归之户。"[2]安徽的残破是令人吃惊的。直至民国年间人指出:"安徽以长江中游屏蔽太平天国首都,受兵之祸尤烈,曾国藩驻在皖南徽州数年,万山之中,村落为墟。皖北则益以苗捻之役,又大兵后累以凶年,人民死丧无数。"[3]与曾国藩所说正可对照。

据《嘉庆一统志》,嘉庆二十五年(1820年)安徽人口为3 205.7万(不包括屯丁、灶丁),分府合计的结果只有2 835.4万。这主要是安庆府人口数字的缺漏造成的:该府"原额丁口"达381.7万,而"滋生丁口"只有176万。根据对明代洪武年间分府人口数比较,安庆府的人口数是庐州府的1.15倍,与凤阳府相当。在《嘉庆一统志》中,明代庐州府地区(清代庐州府和六安州)人口多达498.1万,而明代凤阳府地区(清代凤阳府、颍州府和泗州)的人口数多达990.3万,据此判断安徽分府人口与全省人口中370.3万人口差额实为安庆府缺载之数,如此,嘉庆二十五年的安庆府人口约有546.3万。

如果加上屯丁、灶丁数,嘉庆二十五年安徽省人口则有3 410.1万,只是这批人口不是分府统计,无法归入各府栏下。

---

1 曾国藩:《曾文正公全集·奏稿》卷18《沿途察看军情贼势片》。
2 曾国藩:《曾文正公全集·奏稿》卷21《豁免皖省钱漕折》。
3 民国《安徽通志稿·民政考·户口》。

据户部清册,至咸丰元年(1851年)安徽人口为3 763.1万。从嘉庆二十五年至咸丰元年,安徽人口的年平均增长率为3.3‰,与江苏、浙江两省极近似。1934年安徽省人口为2 266.8万[1],1953年原安徽省人口增至3 058.3万[2]。从1934年至1953年安徽省的人口年平均增长率为16‰,显然太高,可见1934年的安徽省人口数偏低。

二 移民分布

太平天国战后安徽荒地甚多,时人指出:"各省之中以皖南北荒田为最多,其他地方亦以皖南为最盛,如宁国、广德一府一州,不下数百万亩。"[3]于是同治初年安徽设善后招垦总局于临淮,又在凤阳、定远两地各设招垦分局,规定"如有外来客民,情愿领田耕种,取具得保,由总局察验实系安分农民,一体借与牛力籽种,准其开垦,其续价收租,较土著之民一律办理"[4]。移民招垦工作全面展开。

1. 皖南地区

广德州。广德地处苏、浙、皖三省交界地,太平军入浙和从浙江撤退,都经由广德,与清军的争夺战也十分激烈。当地人口的大量死亡,除战争的影响外,还在于因战争引起饥荒和瘟疫流行。幸存的本地人曾描述这场大灾祸:"自庚申二月贼窜州境,出没无时,居民遭荼,或被杀,或自殉,或被掳,以及饿莩疾病,死亡过半。……庚申(按:1860年)至甲子(按:1864年)五年中,民不得耕种,粮绝,山中藜藿薇蕨都尽,人相食,而瘟疫起矣。其时尸骸枕藉,道路荆榛,几数十里无人烟。"战后,"江督曾侯出示招垦,于是楚、豫各邻省之民,络绎来归,垦集境内,垦荒纳税,并入籍与考,不久客民即为土民";在客民中,"湖北人居其四,河南人居其三,江北人居其一,浙江人居其一,他省及土著

---

[1] 胡焕庸:《论中国人口之分布》,第67页。此数据包括英山县的人口数和立煌县(今金寨县)人口的一半。立煌县人口数缺,设为20万人,其半数由河南商城县划入,故不计入。
[2] 包括金寨县人口的一半及划入湖北之英山县和划入江西省之婺源县的人口。
[3] 《皇朝经世文编》卷40《皖省垦荒议》。
[4] 唐训方:《兴办屯垦告示》,《唐中丞遗集·条教》。

共得其一"[1],这里的江北人指的是皖北来的移民。广德州广德县之移民与土著人口的构成可见表 10-2。

表 10-2　1850—1953 年广德县人口变动

年　份	总人口	土　著	比例(%)	客　民	比例(%)
1850	309 008	309 008	100	0	0
1855	310 994	310 994	100	0	0
1865	6 328	5 078	80.2	1 250	19.8
1869	32 713	14 720	45.0	17 993	55.0
1880	129 548	19 981	15.4	109 567	84.6
1953	243 219	—	—	—	—

资料来源:光绪《广德县志》卷 16。《中华人民共和国人口统计资料汇编(1949—1985年)》,中国财政经济出版社 1988 年版。

战争期间的人口损失率高达 93.5%。至同治六年(1880 年),全县人口中移民已占近 85%,土著仅占 15%。这是一个相当典型的人口重建式移民区。

从 1880 年至 1953 年,广德县的人口年平均增长率为 8.7‰,考虑到 1880 年以后仍可能有移民迁入,人口自然增长率只能大致定为 7‰,即与江苏、浙江的情况相似。据表 10-3,1851 年广德州人口约 64.7 万,其人口损失率为 93.5%,战后仅有人口 4.2 万。1953 年郎溪县(即清代建平县)有人口 16.2 万,为广德县人口的三分之二,而战前建平县人口比广德县人口略多。可以断定,移民迁入建平的规模不及广德。据此推测,1880 年建平县人口大约 8 万,约占广德县人口的 62%,其中移民人口约 5.8 万,两县合计移民约 16.8 万,至 1889 年则有移民人口 18 万左右。是年移民占全州人口的 80%,移民是土著人口的 4 倍整。

宁国府。宁国府的人口损耗,除了太平天国战争的因素外,还有战后的瘟疫流行。如在宁国县,"同治元年乱定,五月宁国瘟疫流行,全境死亡枕藉,无人掩埋。见程子山《劫后余生录》:据乡老言,宁民死于锋镝者十之三,死于瘟疫者十之七,散于四方来归者不及十分之

---

[1] 光绪《广德州志》卷 16《田赋志·户口》。

一,至今土著少,客籍多,足以征之"[1]。死于瘟疫的人口远远多于战争中的被害者。

同治初年来自两湖、河南及皖北的农民大量迁入宁国县,至19世纪60年代末,该县六乡之中,仅上西乡有"本籍男丁、女丁"2 307名,其余非本籍男女丁则有7 697名[2]。客民是本籍土著男女丁的3.3倍,换言之,客民已占全县总人口的76.9%。由于移民仍在继续,有可能在光绪中期,客民比例还会增加。

泾县战后土著稀少,"同治初年,有创议令楚南北之人挈家而来佃此土者,于是趾踵相接,蔽江而至,至则择其屋之安好者踞而宅之,田之腴美者播而获之,不数年,客即十倍于主"[3]。广德县移民约占土著的5倍有余,而泾县竟达10倍,可见泾县土著人口的死亡,有可能比广德更甚。

再看宣城。嘉庆十一年(1806年)的宣城县人口为107.6万,依年平均增长3.3‰的速度,到太平天国起事的咸丰元年(1851年)就有124.4万,战后的1868年降为25.1万[4]。然而,这25.1万人口并不都是土著,还包括外来的移民。民国年间的调查表明,宣城县因在太平天国战后"而移入之外籍农民,估计约有百分之九十,其中以两湖籍占最多数,皖北次之"[5],这意味着在1868年的25.1万人口中,可能有22.6万左右是战后移入的客民,土著只有2.5万,大约与广德县的土著人口相当。

1953年宣城县人口为58.8万人。1868年至1953年的宣城县人口年平均增长率为10.2‰,不可能完全是人口自然增殖的结果,究其原因,是因为1868年的人口数字中并未包括全部移民人口[6]。

1 民国《宁国县志》卷14《灾异》。
2 同治《宁国县通志·食货志·户口》。
3 《申报》1883年7月6日。
4 光绪《宣城县志》卷7《户口》。
5 金陵大学农业经济系编:《豫鄂皖赣四省之租佃制度》,第7页,1936年。转引自李文治编:《中国近代农业史资料》第一辑,生活·读书·新知三联书店1957年版,第172页。
6 据民国《宁国县志》卷14《杂志》中的《客民入籍原案》记载:光绪七年(1881年),宁国县将客民入籍的年限定为同治十三年(1874年)。此后的迁入者必须在住满20年后方可入籍。宣城的情况不详,估计在1868年的25.1万人口已经包括了客民,否则难于理解当地客民占全县人口总数90%的这一事实。

宁国、泾县及宣城的例子表明，战争中的人口损失和战后的移民补充，宁国府和广德县都极为相似，且比广德县同比略高。据表10-3，1851年宁国府人口总数约为402.9万，人口损失以95％计，战后仅余人口20万左右，每县土著平均约剩3.3万。

1953年，原宁国府地区人口为142.0万，仍只有战前人口的35％，以7‰的速度回溯至1889年，约有人口91.5万。尽管泾县、宁国和宣城三县移民比例高达90％左右，但考虑到地处深山区的太平、旌德等县移民比例可能较低，设宁国府移民占该府总人口的70％，就有移民人口约64.1万，土著人口仅27.4万；以7‰的年平均增长率回溯至1865年，仅有土著23万左右。战争中人口损失达到380万，损失率达到94％，正可与上述推论吻合。移民人口是土著人口的2.3倍。从上引资料来看，这并不是一个过高的估计。

池州府。除了战争中的人口死亡外，同治元年的大瘟疫也袭击了池州。如在石埭县（今属石台县），"同治元年闰八月，疾疫盛行，死亡枕藉，同治三年正月居民陆续回里，各户人口仅存十分之一二"[1]。从广德、宁国和石埭的例子中，可见同治元年的大疫对当地人口的耗减起了非常大的作用。

乾隆四十一年（1776年）青阳县有43万人，至1851年则可能为55.7万左右，战后的1889年只剩5万人口[2]；1953年青阳县人口约为14.4万，从1889年至此的年平均增长率近17‰；这可能是1889年人口中未包括全部外来移民所造成。按照7‰的年均增长率回溯，1889年青阳县人口可能为9.3万，依贵池县例，移民占总人口的70％，则有6.5万，土著约2.8万，战争中的人口损失率达95％。

再如贵池县，据20世纪30年代的调查，"贵池县以垦荒身份移入的农民，约占全县的70％左右，其中以桐城、庐江二籍为最多，约占全部移民的百分之八十，其余如怀宁、湖北各县者，亦均有之"[3]。以移民占土著的比例计，池州战后的移民比例可能与广德州和宁国府相

---

1 民国《石埭备志汇编·大事记稿》。
2 光绪《青阳县志》卷10。
3 金陵大学农业经济系编：《豫鄂皖赣四省之租佃制度》，第7页。

同,只是来源以江北移民为主。

光绪七年(1881年)贵池县"粮册户、屯卫户、方外僧道户"合计为21 324户,88 471人,"寄籍户"3 945户,14 960人[1],全县人口合计为10.3万,1953年全县人口为33万,从1881至1953年的贵池县人口年平均增长率为16.5‰,作为人口的自然增长显然是不可能的,说明1881年贵池人口未计入全部客籍移民或此后仍在接受外来的移民。

据表10-3,1851年池州府的人口总数为323.3万,1953年为97.2万,战争结束一个世纪以后的人口仅及战前人口的30%。仍以7‰的年平均增长率回溯至1889年,池州府有人口62.6万。池州沿江地带移民比例较高,靠山地带则可能较低,所以设全府人口中约50%为移民,则有人口约31.3万,土著人口亦为此数,再将土著人口的计算时点定为同治四年(1865年),土著人口仅存26.7万左右,池州府在太平天国战争中的人口损失率达到了92%,约296.6万。

太平府。道光三十年(1850年)繁昌县人口为33万[2],1953年只有23.5万,人口仅为103年前的71.2%。由于繁昌县移民的比例不高,以年平均7‰的回溯至1889年,有人口约20.0万。按照近年的调查,繁昌县人口约30%为战后移民的后裔[3],移民约有6万,土著则有14万人。再以7‰的年平均增长率回溯至1865年,土著人口仅有11.9万。战争中损失人口达到21万人,占战前人口的63.6%。

太平府人口1851年约为173.6万,1953年反倒只有115.9万,仅为1851年的三分之二。与广德、宁国和池州三地相比较,太平府的人口损失要少得多。以7‰的年平均增长率回溯至1889年,该府约有人口74.7万。若其中30%为移民,则有移民22.4万,土著人口52.3万;再以同样的速度回溯至1865年,土著人口约有44.5万,战争中的人口损失129.1万,占该府战前人口的74.4%。

沿江地带的移民大致分为两类。一类自湖北及河南迁来,大抵居住于南部的丘陵地带。如在繁昌县,湖北移民集中于南部的新林、平

---

1 光绪《贵池县志》卷10《食货志·户口》。
2 1989年《繁昌县志》(稿)。
3 此数据由繁昌县伍先华先生提供,他负责组织过繁昌县的氏族调查。

铺两乡。根据调查,这批湖北人来自应山、孝感一带。他们至今讲湖北话,对曾国藩招垦一事仍津津乐道。繁昌北部的江边滩地几乎都由江北无为县的移民所耕种,他们定居在繁昌县北保定、小洲两乡,约占全县人口的25％。

地处长江沿岸的太平府无论在人口损失的比例还是移民在总人口的比例方面,都与相邻的江苏江宁府近似,而与广德、宁国和池州等地则有较大的差别。根本原因,可能在于广德等地除兵灾外,还遭受了饥荒和瘟疫的袭击,人口死亡更多,几乎到了空无一人的程度,移民的入迁也就更多。

徽州府。战争期间徽州人口大量死于屠杀、饥荒和瘟疫。时人指出:"庚申之乱,徽人之见贼遇害者,才十之二三耳,而辛酉五月(按:咸丰十一年),贼退之后,以疾疫亡十之六七。……又贼未退以前,乡村粮食已尽,往往掘野菜和土而食,贼既退,米价每斗至二千钱,肉每斤五六百钱,日不能具一食,绩溪近泾(县)、太(平)之乡村,有至于食人者,于是饥饿而毙者,亦不可胜计。"[1] 关于瘟疫的起时可能有误,应当在次年之五月。

徽州府素来人多地少,人民多以经商为业,服贾四方。对这批居住在外的人口,有的县不将他们列入本籍户口统计之中,有些县则不然。对于这种人口统计制度的差异,我们在进行数据分析时尤应加以注意。

战后徽州府并无移民迁入,所以可将战后人口统统视为土著。祁门县1825年人口为47.0万,1851年可达51.0万,战后六年即1870年该县仅剩10万"大小男妇丁口"[2],死亡人口达41万,占战前人口的80.4％。1953年祁门人口仅有8.1万。

歙县1827年有人口62万,至战前可达66.9万,战争结束后的1869年仅剩31.6万[3],人口损失达35.3万,占战前人口的52.7％。1953年歙县(含屯溪市)人口达40.8万,从1869年至1953年的人口

---

1 胡在渭:《徽难哀音》二编。
2 同治《祁门县志》卷13。
3 民国《歙县志》卷3。

年平均增长率为3.3‰。

黟县人口1801年为24.6万，1851年可能达到29.0万。1867年减少为15.5万[1]，人口损失46.6%。1953年黟县人口只有5.4万。

据此，可以认为徽州人口损失率大约为60%。据表10-3，1820年徽州府人口数为247.5万，1851年约为290.5万，战争中人口损失约为174.3万，剩余土著116.2万。然而1953年原徽州府地区仅有人口95.0万，为太平天国战前人口的32.7%。对此的合理解释是，在1851年甚至更早的徽州府人口，并不是徽州府的现住人口，在某些县，在外经商的徽州人只要未落籍客地的，都属于本县人。这批人口在1953年的人口普查中，全部落籍客居地，由此而造成徽州人口的急剧减少。祁门和黟县的例子就是最好的证明。

2. 皖北地区

安庆府。安庆是清代安徽之首府，太平天国战争期间，著名的安庆保卫战相持时间长达11年之久，战火一次又一次洗劫安庆平原。据表10-3，1851年安庆府人口约为640万，1953年原安庆府人口为321.8万，仅为太平天国战前人口的50.3%。安庆人口除部分死于战火外，还有相当一批迁入皖北其他地区，还有的迁入江南的池州、宁国、广德等地，甚至有大批人口迁入苏南和浙江。安庆府本土的人口，若以年平均增长率为3.3‰的速度计[2]，1889年有人口261.5万。

安庆人迁入池州的为最多。在池州接受的31万移民中，至少有半数来自安庆府。加上迁往其他地区的安庆人口，估计1889年移往外乡的安庆人可能达到40万人。如此，1889年的安庆土著人口大约为300万左右，回溯到1865年则有280万人，较战前损失360万，占总人口的56%。

战前人口相当密集的安庆府在损失一半人口之后，人口压力得到大大缓解。但与江南的一些区域相比，该府人口仍然较多，战后该地区不仅不需要外来移民补充，相反还向外输出移民，成为移民输出的中心之一。

---

1 光绪《黟县四志》卷9《户口》。
2 依据江苏、浙江的经验，非移民迁入区的人口增长速度大大低于移民迁入区，故取此值。

庐州府。在太平天国战争中,庐州府的人口损失比安庆要少得多。据表10-3,1851年庐州府有人口416.5万,至1953年原庐州府有人口434万,以年平均3.3‰的增长率回溯至1889年,仍有人口352.6万。假定战后庐州府外迁人口和安庆府相似,也是40万左右,庐州府土著人口近400万;战争中的人口损失大约只有几十万人。

舒城县1802年有人口40万,以年平均增长率3.3‰计,1851年应有47万人,县志中记载的1869年人口仅剩11万[1],损失人口占战前的78%。然而,1953年舒城县人口多达53.4万,假若1869年的人口只有11万,至1953年的人口年平均增长率高达19.2‰,在当地并未发生规模性移民迁入的情况下,如此高的增长率显然是说不通的。若以3.3‰的速度回溯,1869年的舒城县人口可能多达40.6万,加上外迁的人口,战争中的人口损失就不能说是很多的了。需要说明的是,以前的分析者,包括笔者本人,多为光绪《舒城县志》的这一记载所迷惑,与1953年人口相对照,其不实之处就十分明显了。这就是为什么太平天国战后庐州府会形成对外的移民。

颍州府。安徽西北部的颍上县,道光五年(1825年)有人口27万,至1851年可能达到29.3万人,1867年仅有16万[2]。以前,在某些学者以及我本人的研究中,认为该地人口损失将近半数,然查1953年人口,该县已达65.4万,102年间的人口年平均增长率达到了8.0‰,根本不像是经历过战争摧残尔后补充移民的地区。据表10-3,1851年颍州府的人口为467万,1953年原颍州府地区人口为736.9万,人口的年平均增长率达到了4.5‰的较高水平。即使太平天国战争期间该地人口有所损失的话,也是不多的,很快就为人口的自然增长所弥补。因此,太平天国战后颍州府有可能向外大规模地输出移民。

凤阳府。寿县道光八年(1828年)的人口为77万,1851年可能达到82.8万,而1888年仅存38万[3],人口损失48万,占太平天国战前

---

1 光绪《舒城县志》卷12。
2 光绪《颍上县志》卷3。
3 光绪《寿州志》卷8。

人口的54.1‰。1953年寿县人口为94.0万,即1888年以来的人口年平均增长率为14.3‰,可见1888年的人口数不确。若以7‰的年均增长率回溯至1889年,寿县人口约为60.6万,其中移民可能为22.6万。若是,移民占全县人口的37%,与泗州的移民比例相近。

以凤阳全府计,从1851年的511.3万人口增至1953年的579.7万人口,年平均增长率为1.3‰。比较而言,凤阳府的人口损失要比其他地区少得多,因此,战后的人口增长也就比大规模移民地区要慢许多。依颍州府例,设以4.5‰的年平均增长率回溯至1889年,则有人口436.9万。设其中20%为外来客民,则有87.4万,土著人口仅349.5万。回溯至1865年,有土著约315.2万,是为战前人口的61.6%,战争中的人口损失196.1万,约占战前人口的38.4%。

泗州。安徽另一个太平天国与清军的战争中心区域是东部的泗州。泗县乾隆四十二年(1777年)约有59万人,以3.3‰的年平均增长率计,至1851年应有人口75万。而到光绪十二年(1886年)只有15万[1],损失人口占80%。1953年泗县人口为39.3万,加上从泗县中分出的泗洪县人口55.8万,原泗县人口已达95.1万,从1886年至1953年的人口年平均增长率为28.4‰,这一数字不实是显而易见的。这只有一个可能,即光绪十二年的人口数不实,其中未包括外来的移民。

再看盱眙县(今属江苏省),"咸丰兵乱,户口消亡,人口存什之一"[2]。同治八年(1869年)"实存户"16 574,口51 900;光绪十六年(1890年)实存户30 504,男女丁口13.6万,其中土著10.5万,客民3.1万[3]。从同治八年至光绪十六年的21年中,土著的人口自然增长率高达35.8‰,显然同治八年统计时土著人口有漏载。1953年的盱眙县人口为25.3万,自1890年以来的人口年平均增长率达10.1‰,可见光绪十六年还有未入籍的客民或此后仍有迁入者。

盱眙是移民强度较大的地区,所以可设从1890年至1953年的盱

---

1 光绪《泗虹合志》卷5。
2 同治《盱眙县志》卷2《户口》。
3 光绪《盱眙县志》卷4《田赋》。

眙的人口自然增长率与皖南移民区相同，达到7‰，则1890年全县人口合计为16.4万，其中客民约为5.9万，占该县总人口的36%。由此推测光绪十二年泗县在籍人口中没有包括客民人口。

据表10-3,1851年泗州直隶州的人口有184.2万，至1953年则为210.9万，百余年间的人口年平均增长率为1.4‰，与凤阳府的情况相似。因此，可以推测泗州的五河、天长两县的人口损失远不及盱眙和泗县。依凤阳府例，以4.5‰的年平均自然增长率回溯，1889年有人口约158.9万，其中约20%人口为外来客民，即31.8万，土著人口127.1万；再以同样速度回溯至1865年，土著人口约为114.6万，战争中的人口损失达到69.6万，占战前人口的37.8%。

滁州。滁州经战乱之后，"白骨遍野，蒿莱成林，绝无人烟者四载有余"[1]，"大乱之后，土著十不存三四，大率光州、安庆之人，挈室而来，开垦荒山"[2]。如全椒县，战后"土著什不存三四，田多而人少，故数十年来，邻县如合肥、潜山等客民多侵入其间，或佃山，或佃田，颇获厚利"[3]。当地人说县境中的大多数村庄是太平天国战争以后建立的。据我在当地调查，建立这些村庄的人多来自相邻的合肥一带。

从文献记载的内容来看，皖南地区多称战后人口"十不存一"或"百不存一"，滁州则为"十不存三四"，战争中的幸存者明显比皖南地区为多。从人口数字的比较中也可以看出这一点。1851年的滁州地区人口约70.4万，1953年为62.8万，仅比战前人口略少。以5‰的年平均增长率回溯至1889年，该地区有人口45.9万。设该地移民比例与泗州、凤阳相同，为20%，则有移民9.2万，土著人口为36.7万。再回溯至1865年，土著人口仅存32.7万，战争中的人口损失37.7万，损失率达53.5%。

和州。太平天国战前的1851年和州人口约为50.2万，1953年增为69.6万，人口的年平均增长率为3.2‰，几达战前安徽人口的增长水平，因此可以大致认为这是一个未经战乱摧残和移民补充的地区。

1　光绪《滁州志》卷1《舆地志·兵事》。
2　光绪《滁州志》卷2《食货志·风俗》。
3　民国《全椒县志》卷4《风土志·风俗》。

六安州。1851年六安州人口总数约为168.2万,1953年原六安州地区人口为152.3万(包括英山和金寨县人口的一半)。该地区在太平天国战后并无移民补充,因此假定从1865年至1953年的人口年平均增长率与颍州府同,为4.5‰,1865年的人口总数约为103.1万,战争中的人口损失约为65.1万,占人口总数的38.7%。比较而言,六安州在太平天国战争中的人口死亡并不太多。

3. 移民人口数量的估算

表10-3列出安徽各府战前、战后的人口数及移民的数量。

表10-3 安徽分府、州战前战后的人口变动

人口单位:万人

地区 \ 人口	1820年人口	1851年人口*	1865年人口	战争中损失人口	1889年移民	1953年人口**
广德州	55.1	64.7	4.2	60.5	18.0	40.5
宁国府	343.3	403.0	23.0	380.0	64.1	142.0
池州府	275.5	323.4	26.7	296.7	31.3	97.2
太平府	147.9	173.6	44.5	129.1	22.4	115.9
徽州府	247.5	290.5	116.2	174.3	0	95.0
安庆府	546.3	640.0	280.0	360.0	0	321.8
庐州府	354.8	416.5	400.0	16.5	0	434.3
颍州府	397.8	467.0	690.3	0	0	736.9
凤阳府	435.6	511.3	315.2	196.1	87.4	579.7
泗州	156.9	184.2	114.6	69.6	31.8	210.9
滁州	60.0	70.4	32.7	37.7	9.2	62.8
和州	42.8	50.2	52.3	0	0	69.6
六安州	143.3	168.2	103.1	65.1	0	152.3
合 计	3 206.8	3 763.1	2 202.7	1 785.6	264.2	3 058.9

说　　明:　*据《嘉庆一统志》,嘉庆二十五年(1820年)安徽人口为3 205.7万(不包括屯丁、灶丁),分府合计的结果只有2 835.4万。这主要是安庆府人口数字的缺漏所造成。安徽分府人口与全省人口中370.3万人口差额实为安庆府缺载之数。如果加上屯丁、灶丁数,安徽省人口则有3 410.1万,只是这批人口不是分府统计,无法归入各府栏下。据户部清册,咸丰元年(1851年)安徽人口为3 763.1万。从嘉庆二十五年至咸丰元年,安徽人口的年平均增长率为3.3‰,由于屯丁、灶丁数无法归入各府,所以1820年至1851年的分府人口年平均增长率为5.3‰,据此速度测算1851年分府人口。

　　　　**1953年安徽人口中包括了英山、婺源两县人口。金寨县人口只取半数。

民国《安徽通志稿·民政考·户口》载道,光绪十八年(1892年)安徽全省人口数为2060万,若将时间上溯至战争刚结束时的1865年,人口还将更少。无论如何,表10-3中我根据战争中的人口死亡比率推算的人口数不会是一个低估的值。

逐府研究的结果表明,太平天国战争期间,安徽人口的损失达到了1786万,占战前人口的47.5%。其中皖南人口损失1040.6万,占皖南战前人口的82.9%;皖北人口损失746万,占战前皖北人口的29.7%。从上文的论述中可知,皖南地区的人口损失,在很大程度上是同治元年(1862年)传染病肆虐的结果。

战后各府接纳的移民大约为264万,占安徽全省人口损失的14.8%。皖南地区接受的移民人口约为135.8万,占皖南地区死亡人口的13.1%;皖北地区接受的移民约为128万,占皖北地区死亡人口的17.4%。

皖南地区的移民分别来自河南、两湖和皖北地区。在广德州和宁国府,移民的十分之一自江北迁入,其他均来自外省。而在池州府和太平府,移民的90%左右来自江北。因此,估计皖南地区的移民中来自江北者约有56.5万,占皖南地区移民的41.6%。来自江北的移民主要迁自安庆府和庐州府。

民国《安徽通志稿》还记载光绪十八年安徽全省的客民数为165万,较表10-3中要少100万。究其原因,就在于光绪十八年的官方统计中并未包括未入籍的客民。

皖北地区移民的来源与皖南相同,除了不多的移民来自河南与湖北地区外,庐州和安庆二府仍是重要的移民输出地。此外,有的移民可能来自颍州府。颍州府的人口在战争中不仅未受损失,反而在从1851年至1953年的百余年间以4.5‰的年平均增长率增长,表明这一区域有能力在太平天国战后提供移民,而颍州府外迁人口最可能的移入地则是凤阳府和泗州。

根据这一分析,战后安徽省接受的外来移民中,外省移民可能不足百万。战后安徽的人口调整,在很大程度上是通过省内人口的移动完成的。战后外省移民仅仅补充了安徽死亡人口的5%左右,战后的人口的增长和恢复主要是靠本省人口的自然增长来完成的。

第五节

小 结

太平天国战后苏、浙、皖三省的移民迁徙与分布详见图 10-1。

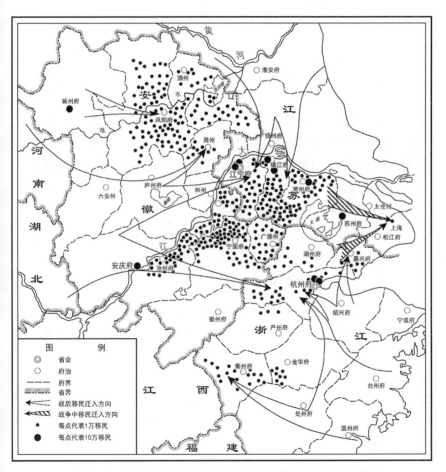

图 10-1 太平天国战后苏、浙、皖三省移民的迁徙与分布(1889 年)

太平天国前的1851年江苏、浙江、安徽三省的人口总数约为11 204万,战争中人口死亡数达到了4 855万,死亡人口占战前人口总数的43.3%。人口如此大规模的死亡除了战争的因素之外、饥荒和瘟疫流行也是重要原因。同治元年(1862年)肆虐于皖南、苏南宁镇地区以及浙江杭州、湖州、严州以及金衢盆地的传染病所造成的人口损失,可能大于战争中其他原因造成的人口死亡。

截止于光绪十五年(1889年),三省各地接纳的移民大约达到了560万左右,其中省际人口迁移不足半数,大约为200万左右。如果将三省视作一个完整的区域,那么区域外迁入的移民则更少。由此可见,太平天国期间苏、浙、皖三省的人口损失并未在战后得到充分的移民补偿,战后的人口恢复主要靠本区域的人口自然增长来完成。

苏州、嘉兴等府的例子还表明,在一些战前人口即已过剩且又未大规模接纳移民的地区,战后人口的增长速度与战前大致相同,并未出现补偿性的高速增长。人口的减少意味着人均占有资源的增加,所以,在许多地区,战后的人民生活明显要好于战前。以皖南为例,在宁国县,"光绪初户口甚简,人民恬嬉不事恒业,……俗呼宁国为小四川。当时生产供过于求,具可想见"[1]。又如何炳棣先生引用胡适之父胡传所言,证明战后人民生活的富裕:

> 余于同治五六年间,目睹徽州、宁国、太平数百里间,居民家有余谷,厨有肉,瓮有酒,餐馔丰盛;时或畅饮至醉,无不尽情重享升平之乐。路不拾遗,夜不闭户。[2]

太平天国导致的人口死亡给中国这块人口稠密区提供了一个实实在在的喘息机会,近代工业在这一区域内首先获得发展,不能说与这种"马尔萨斯式"的人口调整没有关系。

---

[1] 民国《宁国县志》卷4《政治志下·风俗》。
[2] 何炳棣:《1368—1953中国人口研究》,第273页。

第十一章

北方地区的移民

本章讨论所涉及的移民区域,主要指明代长城以外地区,大致可分为三个部分,即东北地区、直隶及山西口外地区(包括内蒙古地区)、新疆地区。

东北的辽东地区是明代辽东都司的处所,除了驻防的军人外,也有相当数量的民籍人口。随着明帝国的崩溃,辽东边卫也随之土崩瓦解,军人大多内撤,其他军余、舍丁和民籍人口或死或逃,留在辽东的已经不多。

直隶口外地区在明代初年是北平行都司的驻地,永乐年间内撤,成为兀良哈三卫蒙古的游牧之地。山西行都司的长城边外诸卫所于此时一并内撤,弃于蒙古,漫长的直隶、山西长城以外地区,基本上没有农耕活动。直到明代后期,才有汉人进入山西口外的土默特地区,进行农耕。明末清初的战乱又一度使这一区域的农业经济陷于毁灭。

西北新疆地区的移民则是清帝国一统疆域的结果。明代西北的边卫未越嘉峪关外,清朝建立后,随着武力征服的成功,驻军防守就不再局限于嘉峪关内了,新疆地区成为驻军屯垦之地,驻军人少,移民垦荒也就提上议事日程。有关嘉峪关内关西地区的移民屯垦，也于此章一并论述。

第一节

清代前期的北方关外移民

一　封禁和招垦[1]

按照本卷第二章的论述，明代后期的辽东大约有 300 万汉人，在明代末年的战乱中，大约有 250 万汉人外迁了。除了在战争中死亡的人口外，辽东土著所剩不多了。杨伯馨在《沈故》中说："盛京土著自开国以来，半隶汉军。"如第二章所析，清兵入关之前，大约有汉军共 159 个佐领，每佐领编 200 丁，共有军人约 3.2 万，合家属约 15 万。据此匡算，清代初年辽东的土著人口大约只有 15 万。

清代初年的辽东环境不利于土著人口的增长，从以下设县编里的情况看，人口的损失是相当惊人的。入关之前清兵掠夺的人口在战乱中到底有多少人能够生存下来，还不清楚。他们大多编为满洲贵族之奴隶，其中部分可能随主人南下入关。虽然同时原处于辽东之外的八旗满人也有迁入辽东的，但估计清代初年的辽东人口可能只有几十万人。这是清代移民发生前东北人口的基本状况。

清初的辽东较明代人口至少减少了三分之二以上，损失不可谓不大。顺治十八年（1661 年）张尚贤说辽东"沃野千里，有土无人，惟几处荒城，废堡、败瓦、颓垣，点缀于茫茫原野中而已"[2]。"自沈阳至

---

[1]　参见张璇如：《清初封禁与招民开垦》，《社会科学战线》1983 年第 1 期。
[2]　《清圣祖实录》卷 2。

卜奎（按：今齐齐哈尔），中间数百里无居民。"[1]这些广阔的空地正是日后关内农民梦寐以求的乐土。地方官希望通过移民来恢复经济，发展生产，依张尚贤的观点，就是"欲弭外患，必当筹画堤防，欲消内忧，必当充实根本，以图久远之策"[2]。战后移民已经成为地方政府的当务之急，只是事涉清朝发祥地，移民之事一波三折。

还在明清战争之际，朝鲜国人每年潜入边境，窃挖人参，猎取禽兽，引起后金与朝鲜的边界交涉。崇德年间（1636—1643年），皇太极在原明代辽东边墙的东段与鸭绿江之间，设置了一条空旷地带，即东边外闲荒，作为封禁区，禁止朝鲜人越江进入禁区采猎定居。这是东北地区设置禁区之始。

顺治年间（1644—1661年）沿明代辽东边墙旧址修筑柳条边，长九百余华里，名曰"盛京边墙"，俗称"老边"。高士奇说："插柳结绳，以界蒙古。"[3]边内为农耕区，边外为游牧区。政府规定，边内人民不能自由进入边外，顺治十八年谕兵部"盛京边外居住庄村，俱著移居边内"[4]，康熙二年（1663年）又迁原居住在边内的蒙古人于边外封地[5]。

顺治八年（1651年）清政府发布了招垦令，"民人愿出关垦地者，令山海关造册报部，分地居住"[6]。两年后，又颁布《辽宁招民开垦条例》，按招民多寡，授以大小官职，并发给移民耕牛、种子、口粮等，鼓励人民出关开垦。直到康熙初年玄烨亲政前，政府仍在鼓励人民出关开垦。此招垦显然是以柳条边作为其边界的。

对于内地的汉民而言，关外长白山地区的人参采运比农业垦殖可能具有更大的吸引力。随着出关人民的增多，就有不少内地民人从事人参的买卖，牟取暴利。顺治十一年为防止人参走私，规定凡出入山海关者必须持有印票，签票验行，不准挟持人参入关[7]。对于农业

---

[1]《黑龙江外纪》卷7。
[2]《清圣祖实录》卷2。
[3] 高士奇：《扈从东巡日录》。
[4]《清圣祖实录》卷5。
[5]《清圣祖实录》卷8。
[6]《清朝文献通考》卷1。
[7] 杨宾：《柳边纪略》。

移民的政策并没有改变。

康熙七年(1668年),亦即康熙亲政的次年,政府"罢辽东招民授官之例"[1],关外之地列为封禁。以后禁令时紧时松,遇有灾害年景,黄河流域诸省百姓往往蜂拥过关,人数之多,难以阻挡。如乾隆八年(1743年)大旱灾,流民增多,乾隆帝下诏开禁让流民通过;乾隆九年、五十七年也分别有变通放民出关的事例。除了这些年份大规模的集中移民外,平时单身佣工或偷渡性移民也已累积成庞大的数量。由于这些移民都是在封禁条件下进行的,所以一般称之为"闯关东"。

康熙九年至二十年,修建南自开原之威望堡,北至吉林市北法特(法特哈)东亮子山上的一条单边,长690华里,名曰"柳边",俗称"新边"。"老边"的西段与"新边"作为与蒙古游牧区的分界线。按理说,新边之内仍是可供移民垦殖的区域。

康熙十六年玄烨派大臣探索鸭绿江的水源,寻访长白山的发祥圣地。大臣回报说长白山中奇迹甚多,宜加封号,永著祀典[2]。长白山被列为每年春秋两祭。玄烨还认为长白山与清朝的"龙脉"相连,就将与发祥地有关的地区,即白山周围的广大地区划为封禁区。有记载提及封禁的范围,"且将盛京以东,伊通州以南,图们江以北,悉行封禁。移民之居有禁,田地之垦辟有禁,森林矿产之采伐有禁,人参东珠之掘捕有禁"[3]。实际上,新边内相当大的一部分地区被封禁了起来。可供移民垦殖的地区主要局限在"老边"和东边之内,亦即明代的辽东界内。

清代的蒙古地区类似东北,长期处于法律上的封禁和事实上的招垦之中。在对东北地区实施封禁的同时,清政府也对长城以北地区采取封禁政策,主要是不让汉蒙接触,以致联合抗清。顺治十二年曾下令"各地口内旷土,听兵垦种,不得往口外开垦牧地"[4]。康熙年间(1662—1722年),政府提倡开垦荒地,如康熙二十二年规定,"凡内地

---

1 《清圣祖实录》卷23。
2 光绪《吉林通志》卷1。
3 民国《海龙县志》卷2。
4 《大清会典事例》卷166《户部·田赋》。

民人出口,于蒙古地方贸易耕种,不得娶蒙古妇女为妻"[1],事实上已经承认了内地民人出口开垦。大批河北、山东、山西等地的农民纷纷涌出口外开垦,康熙帝说:"今巡行边外,见各处皆有山东人,或行商,或力田,至数十万之多","今河南、山东、直隶之民往边外开垦者多"[2]。对于这些口外移民,康熙本人也采取了容留的态度,康熙五十一年五月他说:"伊等皆朕黎庶,既到口外种田生理,若不容留,令伊等何往?"[3]并未对移民实施驱逐的强硬政策。

就蒙古方面来说,部分蒙古贵族希望开垦种植,发展农业。喀尔喀蒙古就曾向清政府提出开垦土地,发展农业的要求。时值准噶尔部反清,战事频繁,军粮成为西北用兵的当务之急,"边外积谷,甚属紧要"[4],康熙三十一年在山西长城的杀虎口外和归化城附近进行屯田,把大小黑河沿岸的土地"分画九区,招民认种"[5],形成农业垦殖区。

因蒙古人不谙农耕,清政府令理藩院派遣熟悉农业的官员去蒙古地区教民耕种[6],官员每一二年轮换一次,包括开垦播种,引河灌田,田间管理,适时收获,有的还配给牛种、农具等。有些地方官员便"乞发边内汉人与蒙古一同耕种"[7]。这也是汉人大量迁出口外的原因之一。

尽管清政府对口外蒙古地方的移民采取的是默许和容忍的态度,但并不意味着对这类移民毫无约束。在乾隆年修撰的《蒙古律例》《大清会典则例》《理藩院则例》等文献中,可以发现大量有关禁止内地农民私入蒙地垦种,禁止内地商人随意到口外经商贸易,不许内地民人携眷进入蒙地,以及各种不许蒙汉联姻、不许蒙人招留汉人等一系列政策规定。在有些文献中,禁令的强调有时还是相当严厉的。如乾隆十四年(1749年)九月规定:"嗣后,将容留民人居住,增垦地亩者严

---

[1]《大清会典事例》卷976《理藩院》。
[2] 王先谦:《东华录》,康熙四十六年(1707年)七月戊寅,康熙四十八年七月庚寅。
[3]《清圣祖实录》卷250。
[4]《清圣祖实录》卷153。
[5]《清圣祖实录》卷154。
[6]《清圣祖实录》卷203。
[7]《清圣祖实录》卷181。

行禁止,至翁牛特、巴林、克什克腾、阿鲁科尔沁、敖汉各处亦应严禁出典开垦,并晓示察哈尔八旗,一体遵照。"[1]细查各种记载,在每隔一段时间强调或重申禁令的同时,对以往的移民事实总是采取既往不咎的处理方法,所谓"严定招垦之禁,已佃者不得逐,未垦者不得招"[2]。这无异于告诉后来者,移民事实上是合法的。另外,口外蒙古地区的官府招垦却是允许的,如在热河地区,热河都统的招垦是允许的,不受禁令约束,土默特地区的官府招垦也不存在问题,这样,从法律上讲,移民出关就不完全是违法的。在长达200余年的封禁中,禁令的强调和重新颁布是有时间性的,而移民的过程则是长时间的,持续不断的。这就形成了事实上的移民和文献中一系列禁令相互并存的奇特现象。

二 移民的迁入和分布

1. 辽东地区

顺治年间辽东、辽西地区是移民的乐园。康熙初年移民继续大量涌入。如康熙二年(1663年)上谕:"盖州、熊岳地方,安插新民……并令海城县督率劝垦。"[3]康熙五年,"以奉天之白旗堡、小河西两处地亩,令民耕种……广宁、宁远两县旷地,给民开垦"[4]。

顺治十年(1653年),辽阳设府,下设辽阳、海城两县,这是东北地区设置州县的开始。可惜的是,这一时期没有人口统计数字,也就无从知道设县时的人口多少。按理说,最初的州县可能为安置土著而设,可依康熙二十年《辽阳州志》卷15的记载,即辽阳设县时的人民,"俱系招徕",似乎明代残存的辽东土著已不存在。

康熙元年至四年(1662—1665年),设锦州府,领锦县、广宁县和宁远州,这标志着辽东西部的移民垦殖取得了很大的成效。又将辽阳改为州,增设承德(1914年改名沈阳)、盖平、开原、铁岭四县,皆隶属

---

[1] 《清高宗实录》卷348。
[2] 《清史稿·藩部一》。
[3] 《清圣祖实录》卷8。
[4] 《清朝文献通考》卷2。

于奉天府,这意味着辽东东部的中部和北部地区得到了强有力的开发和发展。只是相对明代而言,辽东东部的南端未设州县,移民可能进入不多。直到雍正四年(1726年)才分盖平设复州,八年以后又于辽东半岛的最南端设宁海厅(金县,今大连市金州区),标志着这一区域的移民垦殖有了很大的进展。但与辽东中北部地区的设县时代相比,已经晚了60多年。

清代前期辽东地区设县的顺序与移民进入的方向有关,即移民由东到西,由北往南。虽然山东移民从胶东渡海比绕道山海关要便捷得多,但是政府指令由山海关官员造册报送,分地安置,迫使出关移民不得不从山海关出。相对而言,胶东海路则无人问津了。这说明,清初辽东的移民垦荒,基本上是受政府控制的。

康熙《辽阳州志》卷15中说:"州属户口,俱系招徕,三年起科,其从前徙民于康熙七年归并承德、开原、铁岭,而所存招民编审数目及丁银开列于后。"是说辽阳州由徙民组成,且这些徙民于康熙七年并入新设之承德等三县。当然,这里并不是说人口的归并,而是指纳税单位的归并。

辽阳州设27里,因此时距分设新县时间不远,可以将此27里看作是康熙初年辽阳人口的规范编制:每里编民110户,合计全县编民为2 970户。只是从这27里的名称上,我们发觉其中可能有土著人口的存在:

丰乐社　昌平社*　白塔社　南庄社　韩家社　锦文社　兴盛社*　安乐社*　首山社　河北社　河南社　永平社*　峨眉社　纸房社　河工社　黄屯社　乘山社　丰盛社*　永盛社*　开张社*　向化社*　兴宁社*　德邻社*　太平社*　里仁社*　亲睦社*　清平社*

在有关明代山东、河北等地移民史的论述中,我们已经证明,"向化""兴宁""丰盛""德邻"等表示对生活美好祝愿,对外来人口表示亲睦的地名,为典型的移民地名。在辽阳27社中,带"*"的社名均为移民地名,共14社,另有13社极可能为土著。其他各县的里社名称亦然。

康熙十六年《铁岭县志》卷下记载的里社数有 20 个,推测所含人口约有 2 200 户。其里社名如下:

常盛社　安丰社　新兴社　繁裕社　奉化社　仁美社　常益社　阜乐社　保宁社　淳安社　归善社　和济社　绥怀社　嘉善社　庆成社　广惠社　作新社　新恩社　锡福社　履泰社

所有社名皆含移民之意。康熙十九年《锦州府志》卷 4 所载锦州府属下三州县 75 社,也全是移民地名,无一例外。土著社的数目如此之少,反映出清代前期辽东地区作为自由民的明代土著实在是所剩不多了。

在清代初年的辽东,从设县和编社里的情况看,土著人口仅存于辽阳和海城,这和第二章中的有关论述是吻合的。土著人口最多只有 30 里,约 3 300 户,以每户 5 人计,不足 1.7 万人。如果说还有一些零星的土著人口的话,总数也不过在 2 万人左右。

锦州府三州县有里社共 75 个,平均每县里社 25 个。移民每户人口少,以平均每户 5 人计算,合计每县移民人口为 1.4 万。这也是清代初期辽东设县时的人口规模,在没有土著的地区,也大致是移民的迁入规模。依州县的分布,也就大致明了移民的分布。

康熙初年辽西三县有人口 4.1 万,嘉庆二十五年(1820 年)有人口 43.4 万,年平均增长率为 15.7‰。人口增长速度比人丁的增长速度略高。表 11-1 反映了辽东两府清代前期的人丁增长情况。

表 11-1　清代前期奉天、锦州两府人丁的增长

原籍 时代	奉天府属		锦州府属		合　计	
	人丁	年均增长率	人丁	年均增长率	人丁	年均增长率
康熙七年(1668年)	7 953	—	8 690	—	16 643	—
雍正十二年(1734年)	23 796	16.7‰	23 680	15.3‰	47 476	16.0‰
乾隆六年(1741年)	28 258	25.4‰	25 156	8.7‰	53 514	17.2‰
1668 年—1741 年		17.8‰		14.9‰		16.4‰

资料来源:乾隆四十三年(1778年)《盛京通志》卷 35、卷 36《户口志》。

由于奉天、锦州的人口几乎全由移民构成,所以这里的人丁数就不能简单地认为是与人丁脱节的纳税单位,而是成年男子。所以,人丁的增长速度才可能与人口的增长速度大体相同。与锦州府相比较,奉天府地域广阔,容纳移民的能力更强,移民高峰的形成迟于锦州府。

嘉庆二十五年(1820年),锦州、奉天(含兴京)人口分别达43.4万和132.3万,从康熙初年至此时,两府人口的年平均增长率分别为15.7‰和18.5‰;两府平均人口年平均增长率为17.7‰,略高于人丁数的增长。在一个半世纪的长时间中,移民的人口增长似乎长期保持一个相当均匀的速度,这是在封禁条件下有限制的人口迁移造成的。在南方移民区,往往是招垦令下,移民蜂拥而入,人口迅速饱和,不可能出现此类情形。

据户部清册,咸丰元年(1851年)辽宁人口达到258.1万,从嘉庆二十五年至此的31年间,人口的年平均增长率为13.1‰。据此,我们可以认为从乾隆四十一年(1776年)至嘉庆二十五年的两府人口年平均增长率较此略高,设为14‰,则乾隆四十一年的辽东人口约为96万。按10‰的年均增长速度,同年两府明代土著人口的后裔可增至6万左右,移民人口及后裔有90万左右。未取得户籍的流民不在统计之列。

2. 吉林和黑龙江

柳条边外的吉林地区,即当时的吉林将军辖区,是清政府封禁的重点。流民最初大多流入长白山区,采参扑珠,淘金伐木。据《柳边纪略》卷1记载,当时"采山者,山东、西人居多,大率皆偷采者也。每岁三四月间趋之若鹜,至九十月间乃尽归,……岁不下万余人",和定居的移民有所不同。同书卷3又记载,到康熙中期,"乌拉、宁古塔一带采取已尽,八旗分地徒有虚名,官私走山者,非东行数千里入黑金阿机界中或乌苏里江外,不可得矣"。走山的掘参者因资源的缺乏,转向平原从事农业垦殖。

与走山的流民同时进入平原地带的是内地谪发而来的各种各样的流人。高士奇扈从康熙巡视时,曾在松花江畔的吉林乌拉发现从直隶各省谪发而来的流人几千户[1]。他们一般是兵丁或营造战舰的水师,也拥有一份土地自垦。由于地阔人稀之地劳动力需求很大,流民纷至沓来。雍正五年(1727年)置永吉州,安插管理新到移民。乾隆初,因为加强封禁,撤销了永吉州建置,却仍然将宁古塔等地的流民安插在吉林乌拉地区。

今天吉林西北部的伯都讷地区,也是流民集中的地方。这里官庄、旗地较多,流民受雇耕种于此。雍正五年在这里设置了长宁县,乾隆元年(1736年)裁撤。乾隆初年封禁令颁布后,已迁入伯都讷的流民大多入籍。到嘉庆十五年,新旧移民已经有万户左右,于是设置了伯都讷厅。

乾隆以后,为安排京旗的生计,政府组织在京闲散旗人往吉林垦殖。旗人不谙耕垦,招募汉人为其耕作。生计失当者亦出售其土地予汉人,这对于汉族流民,自然有很大的吸引力。

道光四年(1824年),鉴于伯都讷的许多田地名义上属京旗所有,实际都雇流民耕种,又从不来人经营管理,久而为流民占有,因而决定在京旗土地上实行屯田,以增加财政收入。按规定,只有吉林、伯都讷等地有地纳粮的民人才能承垦,但实际上却有大量流民潜垦,并因而流入伯都讷。

关内移民在进入吉林乌拉、伯都讷地区的同时,还沿辽河和柳条边墙北上,进入伊通河流域。嘉庆年间在郭尔罗斯前旗蒙地聚集了大批关内流民,他们应蒙古牧主的招募而来。嘉庆四年,查出流民达2 330户。为避免酿成动乱,当局承认既成事实,第二年在长春堡设立长春厅,归吉林将军管辖。长春地处关内流民进入伯都讷和吉林乌拉地区的交通要道,流民居留较多。据《清仁宗实录》卷164和《吉林通志》卷2,嘉庆十一年,长春厅流民又增加了7 000多人。十三年,查出新来流民3 010户。十六年,编定民户11 781,丁口61 755。

嘉庆二十五年吉林地区的民籍人口已达56.7万,依辽东人口的增长速度,将吉林地区从乾隆四十一年(1776年)至嘉庆二十五年间

---

[1] 《扈从东巡日录》卷下。

的人口年平均增长率定为15‰,则约有移民人口30万人。

今黑龙江省东部的长白山区,是清代宁古塔副都统辖区,从属吉林将军。顺治年间,以前流放在开原东尚阳堡的罪犯改拨于此,大小官庄中的耕作者都是流放的犯人。他们或在官场倾轧中失势,或是政治斗争的牺牲品,或是盗贼赌徒、刑事罪犯,也有一批无辜的老百姓。有一批文人学者跻身其中,留下了一批如《宁古塔纪略》《绝域纪略》《柳边纪略》等记载当地历史、地理风物的宝贵文献。到康熙初年,又改发罪犯于齐齐哈尔。《黑龙江外纪》卷6说:"其杂犯每岁接踵而至,无虑数百人……齐齐哈尔今有三千余名,余城亦千名以外。"康熙七年(1668年)以后,加强了对柳边以外地区的移民控制,罪犯也改发南方,再不逾边而北了。

至嘉庆、道光年间,移民沿嫩江两岸逐次进入了黑龙江西部地区,多成为郭尔罗斯后旗(今黑龙江省肇源县)、杜尔伯特旗(今黑龙江省安达市附近)等地蒙古王公的佃户。更多的移民则是经双城堡至呼兰,进入今绥化、海伦、青冈、拜泉一带。有的也进入宁古塔东部地区[1]。嘉庆年间(1796—1820年),在拉林河和呼兰大荒沟查出的流民各达几千人之多。

嘉庆二十五年,黑龙江地区有人口约16.8万。该区地处严寒地带,大规模的移民不多,人口的自然增长率仅可定为10‰左右,因此,乾隆四十一年约有移民人口11万。

乾隆四十一年东北地区的移民人口合计约有131万。这百余万移民并不足以承担开垦东北的重任,更大的移民潮有待于将来。

3. 土默特地区[2]

如上述,为了西北用兵解决粮食供应,康熙年间(1662—1722年),清政府曾于土默特地区开展屯田,设置粮庄13所,定额234顷,乾隆二年(1737年)定额增至2 6□□。雍正时期(1723—1735年)放垦土地招徕山西民人,仅十三□(□35年)一年就放垦4万顷。到乾

---

1 参见孙占文:《黑龙江省史探索》,□□出版社1985年版。
2 参见邹逸麟:《明清时期北部农□带的推移和气候寒暖变化》,《复旦学报》1995年第1期;李辅斌:《清代直隶山西口外地□□□略》,《中国历史地理论丛》1994年第1期。

隆八年,归化城都统普查土默特两旗土地,原来的7.5万顷土地,经过开垦,牧地只剩下1.4万顷,仅占20%,垦去土地多达6万余顷[1]。

至乾隆初年,土默特平原的垦殖范围已西达包头黄河边,"山陕北部贫民由土默特而西,私向蒙人租地垦种,而甘省边民亦复辟殖,于是伊蒙七旗境内,凡近黄河、长城处,所在多有汉人足迹"[2];北至大青山下,"山西人携家开垦",其田地"散布山谷间,山土饶沃"[3]。康熙末年土默特一带始有余粮外运,雍乾时期,"北略军粮,岁给于此,内地无挽输之劳"[4]。除供军需之外,土默特还有粮食供应京师或北方其他省区,如乾隆年间太原粮缺,则往往由归化城一带输入粮食[5];陕西同州等府历来产粮不足以供民食,"其商贩者赴归化城……贩卖粮食"[6]。归化城俨然是一个区域性粮食输出中心。

清政府自雍正末年陆续在山西口外设置了丰镇厅和宁远厅,乾隆四年设绥远城直隶厅。乾隆二十五年又在这一地区新设归化城(治今呼和浩特市)、和林格尔、清水河、托克托城和萨拉齐等五个直隶厅。乾隆年间,这新设的六厅称为归化城六厅,隶属山西。归化城地区的移民多来自长城口内各邻县。如清水河厅,"所辖之属,原系蒙古草地,人无土著,所有居民皆由口内附近边墙邻封各州县招徕开垦而来,大率偏关、平鲁两县人居多"[7]。可说是长城内侧的人口向长城外侧迁移,也是农区人口向牧区的迁移,它标志着农业区域的拓展和农牧分界线的北移。

清水河一带,因口内近长城各州县人民前来垦殖,乾隆初期的十几年间,"民人寄寓者十万有余"[8]。可是在户口统计中,乾隆年间只见有1800余户在籍人口,以每户5口计,合计人口不会超过1万人。再看《嘉庆一统志》,嘉庆二十五年(1826年),归化城六厅人口只有

---

1 《清高宗实录》卷198。
2 潘复:《调查河套报告书》,第219页。
3 夏之璜:《塞外囊中集》《入塞囊中集》卷3。
4 方承观:《从军杂记》,《小方壶斋舆地丛钞》二帙。
5 岳震川:《赐葛堂文集》卷3《赠单雪樵先生序》。
6 乔光烈:《最乐堂文集》卷1《上陈大中丞论黄河运米赈灾书》。
7 光绪《新修清水河厅志》卷14《户口》。
8 同上。

12.1 万,纳税田亩为 302.4 万亩,仅合 3 万顷土地,为垦荒土地的一部分。一般说来,每户农民最多只能垦种 50 亩土地,此 3 万余顷纳税土地,就需要 6 万户农民,合计则有 30 万人口。其中除少数蒙古人外,多数应为汉人。我以为嘉庆年间的归化城户口仅指在当地入籍的移民及其后裔而言,而那些邻县来的垦殖者,实在没有必要落籍于此。户籍上的人口与实际从事农耕的移民人数有相当大的差距。

在今天陕西以北的伊克昭盟和更北的乌兰察布盟地区,康熙三十六年(1697 年)还只允许开垦近长城的沿边地带,雍正八年(1730 年)扩大到长城以北的 50 里之内。至乾隆八年(1743 年),50 里以北的地方也允许移民了。只是在清代前期,这里的移民人口还不多。

4. 察哈尔地区

山西、河北口外的察哈尔地处内蒙古高原,草场辽阔,其地因为蒙古察哈尔部的牧场而得名。清代初年,政府于此设立御马厂、太仆寺及礼部等牧场,又逐渐设置王庄 132 所。康熙九年清廷将古北口、罗文峪、冷口及张家口外的大片土地拨给镶黄、正黄等七旗兵丁作为庄田[1]。旗人招募汉人从事耕垦,农业活动渐渐展开。

在察哈尔地区,最初的河北和山西内地农民多春来秋去,称为"雁行人",以后定居者日多。雍正年间的张家口外山谷中已经有不少汉人居住。雍正二年,察哈尔都统丈量察哈尔右翼四旗的土地,仅私垦一项就有近 3 万顷[2]。清政府于雍正初年设立张家口、独石口、多伦诺尔三个直隶厅,称为"口北三厅"。乾隆前期的张家口和独石口两厅的入籍人口达 7 823 户,至少有人口 4 万左右。多伦诺尔在乾隆前期,"未经招民垦种,并无村窑聚落"[3],是一个土产集散地和宗教市镇,估计三厅移民总数可能达到 4.5 万人。

张家口也是一个商业中心,雍正年间已有 90 余家店铺,60 年后达 190 多家。乾隆年间张家口同知属下有村落 286 个,每村 21 户,约计 6 000 户,每户平均 5 人,约 3 万人。张家口占有三厅人口总数的一

---

[1] 《清圣祖实录》卷 32。
[2] 乾隆《口北三厅志》卷 1《地舆》。
[3] 乾隆《口北三厅志》卷 5《村窑·户口》。

半以上。

据《口北三厅志》的记载,张家口、独石口两厅征粮田亩达到6 004顷。以在籍人口计,每户承担77亩征粮地。从技术上讲,以5口之家耕种如此大量的纳税土地也是难以胜任的。春来秋去的"雁行人"可能充当了农业雇工的角色。在纳税田亩之外,移民们可能还垦有其他尚未纳税的地亩,如此大量的耕地正是依靠定居的移民和未定居的流民共同耕垦的。

5. 热河地区

清代直隶北部古北口、喜峰口以外的热河地区是北方边外农业发展较快的地区。康熙八年清政府曾将古北口外热河一带的荒地拨给八旗垦种,始行开垦之时,旗地就多达近2万顷。康熙遣人教之树艺,提供牛种[1]。汉人随之流入耕垦,农业发展很快。

康熙四十七年(1708年)热河行宫建立后,热河成为清廷重要的政治活动中心,移民的聚集越来越多。在热河附近的波罗和屯,"周围数里,人家村舍栉比鳞集,烟火稠密"[2]。在喀喇沁左旗地区,一份乾隆十七年(1752年)的《汉人佃户调查表》证明,移居的汉人中80%为直隶农民。据乾隆十三年统计,喀喇沁中旗有103个汉屯,汉族农民约4.3万人。

雍乾之际在热河地区相继设置了热河、喀喇和屯、塔子沟、八沟、四旗、乌兰哈达、三座塔等7个直隶厅。乾隆四十三年升热河厅为府,将其他厅分别改为滦平县、建昌县、平泉州、丰宁县、赤峰县和朝阳县,属承德府辖。这标志着该区域农业开发的成熟。表11-2显示承德府属各县人口数。

将乾隆四十七年、道光七年两个年份进行比较,各州县中,只有滦平县人口下降,平泉州人口大抵未变。两地均处承德府南境,反映了在乾隆以后的日子里,承德府南境不再接受移民,南境原有的人口也可能北迁。所以各县当中,唯有最北部的赤峰县人口增长最快,翻了4倍有奇。承德府城人口的增长,是承德城市地位上升的结果。

---

[1] 汪灏:《随銮纪恩》,《小方壶斋舆地丛钞》一帙。
[2] 同上。

表 11-2　清代承德府属县人口变化

州、县	乾隆四十七年 (1782 年)	道光七年 (1827 年)	州、县	乾隆四十七年 (1782 年)	道光七年 (1827 年)
滦平县	106 630	45 769	平泉州	154 308	158 055
丰宁县	72 079	115 973	建昌县	99 093	163 875
赤峰县	22 378	112 604	朝阳县	61 220	77 432
承德府	41 496	110 171	合　计	557 222	783 897

资料来源: 道光《承德府志》卷 2《田赋》。

在热河各县中,东部的开发快于西部。建昌和朝阳两县的建立意味着汉人的大量聚集,并影响到了当地蒙人的生活,清政府只得划出一块土地,分给蒙人维持生计。到道光年间(1821—1850 年),承德西部的喀喇沁右旗因"商民日集,占垦地亩日广",终至"蒙古人无地牧养牲畜"[1]。

据《嘉庆一统志》,表 11-2 中所列道光七年的人口数据实为嘉庆二十五年数。据此可知从乾隆四十七年至嘉庆二十五年(1782—1820 年),人口的年平均增长率为 8.4‰。这已接近那个时期人口的自然增殖率了。可见乾隆以后该地的移民迁入已经不多,并出现本府南境人口向北境迁移的趋势。

6. 内蒙古东部地区

我们将承德府北部的内蒙古昭乌达盟、哲里木盟称为内蒙古东部地区。昭乌达盟今仍属内蒙古。哲里木盟今属辽宁,卓索图盟已划入承德府境,不另叙述。

昭乌达盟各旗的开垦自乾隆末年才达到一定规模,其中尤以南部各旗开垦程度最高。嘉庆五年,清廷对于敖汉旗的移民"免于驱逐撩荒,并定立章程,钉桩划界,严禁越界牧厂",当地有"大揽头一百六十余名,又有小揽头,渐次加增,即有数倍之多,辗转招种……遂使民人挟资携眷陆续聚居,数十年来生齿日繁,人烟稠密,实有数千口之多"[2]。北部的克什克腾、巴林等旗也有移民迁入。

---

[1] 中国第一历史档案馆《阿勒清阿奏喀喇沁王控商民不给抽分地铺银两》。转引自马汝珩、成崇德:《康乾时期人口流动与长城边外开发》,《清史研究》1993 年第 2 期。
[2] 中国第一历史档案馆《宫中朱批奏折》珠үo阿奏 4/327/3,杨廷璋奏 4/383/1。转引自马汝珩、成崇德:《康乾时期人口流动与长城边外开发》。

在哲里木盟东部,乾隆中期,内地农民已有流入科尔沁地方开垦种植的。当时汉民归辽东的铁岭和开原管辖。嘉庆七年有移民在科左后旗垦种,四年以后设图昌厅,已有汉人近4 000户,约有2万人口。郭尔罗斯前旗乾隆年间也有流民开垦,嘉庆中期,移民已达7 000余人。

最令人惊讶的是,汉族移民已深入到外蒙古(今蒙古国)。康熙、雍正年间,清政府一度在外蒙古一些河谷地带实行屯田,乾隆以后开始了移民开垦。嘉庆年间,仍有汉人潜入外蒙古地方开垦。尽管这一区域的移民人口不多,但汉人移民到达漠北冻土地带的事实的意义已经超越了移民历史的本身,体现了一个民族争取生存空间的毅力和为之做出的努力。

合计之,至乾隆四十一年(1776年),北方边外的移民人口大约为203万。他们的迁移和分布见图11-1。

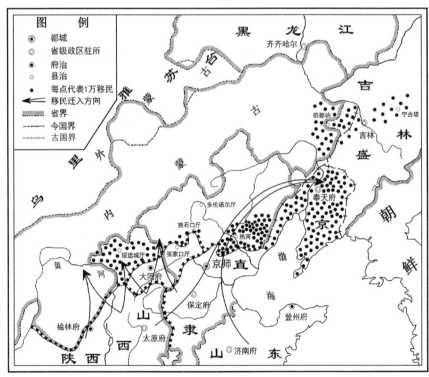

图11-1 清代前期北方地区的移民迁入与分布(1776年)

第二节

西北地区的屯垦

明末清初,以前游牧于伊犁河流域的蒙古准噶尔部崛起,并向东扩张,17世纪80年代,准噶尔控制了包括今新疆、西藏、青海、甘肃西部和内蒙古大部以及境外西起巴尔喀什湖、东至蒙古高原的广大地域。

康熙二十九年(1690年)开始,清军对准噶尔部的进攻展开反击。从漠北草原到阿尔泰山,从青海湖畔到西藏高原,清军与叛乱的准噶尔部及其他部族展开激战。到雍正二年(1724年),清军获胜,稳定了青藏及蒙古高原的形势。乾隆二十年(1755年),聚集在伊犁一带的准噶尔部发生内乱,清军趁势进军,扫清准噶尔势力,至乾隆二十四年平定全疆。

在这场波及中国北部和西北部、长达百年的战争中,移动最为频繁的是那些大大小小骑在马背上的蒙古部落,他们在蒙古高原、青藏高原和天山南北纵横驰骋,军事移动与部落迁移合二为一。他们迁移范围虽广,人数却不多,而且缺乏定居的意义,所以我们重点论述的还是汉人对这一区域的移民和屯垦活动。

一 关西地区[1]

关西指甘肃河西走廊西部嘉峪关外至敦煌一带的区域。明代初年陕西行都司设七卫于此,明中期后卫所被吐鲁番蚕食,关西成为蒙古人的游牧地,"千里沃壤,鞠为茂草,无复田畴井里之遗"[2],清初划

---

1 参见蒿峰:《清初关西地区的开发》,《西北史地》1987年第1期。
2 《重修肃州新志·柳沟卫》。

关自守,无暇顾及关西。清军征准部时分兵两路,一路进占巴里坤,一路进占科布多(阿尔泰山以北地区),关西成为两路大军的主要通道,也是相对稳固的最近的后方。为保证前线粮草的供应,康熙决定在关西实施屯垦。同时实施屯垦的地区还包括科布多和巴里坤,但科布多实施的是军屯,军撤则屯撤,没有引发长距离的移民运动。

康熙五十四年(1715年),西路军中办理粮饷事务的吏部尚书富宁安在关西的西吉木、达里图一带招民垦种。清廷在甘肃招徕无业贫民,政府提供所需种子、耕牛和农具。垦户以每户20亩土地为额,多垦不限,十年升科,所收赋税粮草就近供军用。至五十六年,在西吉木、达里图和锡拉谷尔三地安插了906户,约计4 500人[1]。在西吉木设立赤金卫,达里图设立靖逆卫,在锡拉谷尔设立柳沟所。在此二卫一所之上设立靖逆厅。

雍正四年(1726年),沙州开始移民垦荒,所招2 405户垦民分别来自甘肃各地。以每户5人计,沙州移民达1.2万余人。政府提供沿途口粮,到达沙州后又借与种子、房价和口粮,议定三年起科,每户分土地百亩,两年后改为"近水地五十亩"[2]。在康熙移民成功的基础上,雍正年间的移民规模有所扩大。

雍正二年设安西直隶厅,领安西卫,后设沙州卫,柳沟所升卫,赤金卫改所。雍正十一年,清廷设立安西兵备道,四卫一所俱归该道统辖。

至乾隆元年(1736年),关西四卫一所共有民户3 560户,升科土地148 919.7亩,待升科土地1 021.6亩,每户耕种土地42亩。已接近户均50亩土地的规模。

雍正以前的安西二卫一所中驻防的兵丁和武职官员都属肃州镇管辖,卫所官员则由肃州道员管辖。移民由政府招募,移民向官府借牛种,土地升科后向国家提供赋税,这都表明移民的身份不是军人而是民籍,属于民屯的性质。从行政管理的角度讲,安西卫所的管理仍有类于明代的边卫,军卫之下辖有民籍人口。

---

[1] 《清圣祖实录》康熙五十六年二月。
[2] 乾隆《重修肃州新志·沙州卫条》。

在官方统计的民户之外,实际上还有一些自由移民进入关西垦荒,类似西南山地中的客民。同时驻守的军士在操练之余也私垦土地。雍正十年(1732年),陕西经略鄂尔泰认为"西方用兵,挽运烦费,嘉峪关以西必须大兴屯垦",提议将这部分未经允许开垦的土地及财产登记没收,由官府募役兴屯;结果查出"员弁种三百四十五石土地","客民私垦地一千八百十七石",合计为2 162石土地[1]。"石"指种子,一石种子下种五亩[2]。依此比例,查出的2 162石土地为10 810亩。如每户耕50亩,仅能招募210户。以此为基础的官屯规模是很小的。

四年后,官屯停办,改为军屯,查出官屯地亩4 580石[3],比客民垦地增加一倍,约为400多户的耕地。乾隆五年改为民屯。

乾隆七年(1742年),安西民户达6 682,3.3万余人,耕地达22.6万亩[4]。至乾隆二十四年,关西卫所改为府县,标志着该地区的开发进入了新阶段。

嘉庆二十五年(1820年),安西州人口达到77 873人。从乾隆七年至此,人口的年平均增长率为11.2‰,显然,这不是人口自然增长的结果,而是移民迁入所致。以此增长率测算,乾隆四十一年安西人口约5万左右。

二 新疆地区[5]

新疆平定时,天山北路人烟稀少,当年游牧于此的准噶尔部众或被清兵屠杀,或染瘟疫而死,所余不多的人口逃往沙俄或哈萨克。受准噶尔部威迫而来的回(维吾尔)族移民,基本已全部迁回南疆。天山北路的辽阔大地上基本无村落居民。

为巩固新疆的边防,清政府在伊犁、乌鲁木齐等地派驻八旗军队。

---

1 乾隆《重修肃州新志》靖逆卫条。
2 据《敦煌随笔》卷下《屯田》:乾隆五年,"佛家营、鸦儿河、白杨河三处渠道新设渠夫三十名,每名给三京石籽种地,共计四百五十亩"。
3 乾隆《重修肃州新志》安西卫条。
4 《敦煌随笔》户口田亩总数。
5 参见张丕远:《乾隆在新疆施行移民实边政策的探讨》,《历史地理》第9辑,上海人民出版社1990年版。

又派绿营军队实行军屯,乾隆二十三年(1758年)十月,陕甘总督黄廷桂奏称:"明岁新旧屯兵共达一万七千名"[1],并允许屯田兵丁携带家口入疆垦种,以每名兵丁带家属3口计,迁入的人口有5.1万,这有类于明代初年的卫所移民。只是屯田的绿营兵毕竟有限,新疆地方亦无民可募。乾隆二十六年,清政府开始招募外省移民来新疆屯垦。

新疆的移民事务由陕甘总督负责,首先从邻近的甘肃安西、肃州、甘州、凉州所属州县招募贫民携带家属前往新疆。政府提供车辆、粮食、衣服、帐篷,甚至建房以候移民的到来。

新疆也欢迎各省资送移民,由于朝廷的支持和鼓励,各地资送移民十分踊跃。以甘肃为例,乾隆四十一年迁往新疆者为624户,三年后武威等县迁往乌鲁木齐一地的就有1 887户。成千上万的移民从甘肃、陕西和四川等省奔向新疆。

原来罪犯流放至东北,从乾隆二十三年开始,改发巴里坤、乌鲁木齐等地。为招徕更多的人口,朝廷规定发往新疆的罪犯可减轻刑期,服刑屯田期间可携带家属,刑满后编入民屯,成为平民。这使得罪犯纷纷要求发往新疆,他们及家属的人口约有1万人。

自由垦殖也是新疆移民迁入的主要方式。开始时对商人认垦土地还有一些限制,以后"听其广垦,均给执照永远营业"。商人在认垦大批土地后,又招募雇工前往耕种,由此迁入的移民数量很大。

为了防止汉人与少数民族杂居,清政府没有组织汉族移民迁入绥来县(玛纳斯)以西地区。政府组织南疆回(维吾尔)民迁入伊犁地区,到乾隆三十三年已达6 383户,而汉人迁入的极少。

汉族移民最主要的定居区是乌鲁木齐和巴里坤。乾隆三十一年至四十年(1766—1775年),每年平均移民4 500人,乾隆四十一年至五十年(1776—1785年),每年平均移民约3 400人,乾隆五十一年至六十年(1786—1795年),每年平均移民约1 800人,乾隆六十一年至嘉庆二十七年(1796—1812年),每年平均移民约1 700人。

据《西域图志》卷33记载,除乌鲁木齐和巴里坤外,乾隆四十二年

---

1 《清高宗实录》卷572。

新疆其他地区各族人口计31万余人，同年移民人口为23万余人。根据上述移民速度，再减去商民迁入数，当年乌、巴两地人口约为12万，这样，全疆共有移民35万人左右，汉族移民及其后裔占全疆人口的53％。乾隆四十二年后汉民入疆的人口和在总人口中的比重仍在继续增加之中。至乾隆六十年，乌鲁木齐和巴里坤两地的移民人口已达17万余人[1]。

从同治三年（1864年）开始，阿古柏等大乱新疆，沙俄也在1871年侵占伊犁。除巴里坤一地外，全疆失陷达十四年之久。兵乱之中，人亡地荒。此后，在左宗棠出兵收复的过程中，人口的损失又十分惨重，清代前期移民垦田的成果大部丧失。

第三节

清代后期的移民和放垦

在清朝统治者实行封禁条件下迁入东北的汉族移民，主要集中在今辽宁省，进入今吉林、黑龙江及其以北、以东地区的很少，所以东北依然存在一片巨大的人口空白。如在黑龙江以北的几十万平方公里64屯之内，只有不足1万人的居民。当沙俄势力向远东扩张时，侵略者如入无人之境，轻易地攫取了中国大片领土。1858年的《瑷珲条约》迫使清朝放弃了黑龙江以北的土地，两年后的《北京条约》又使中国失去了乌苏里江以东大片领土。

咸丰四年（1854年），黑龙江将军奕格奏请招民开垦，七年，御史吴焯复奏黑龙江呼兰城迤北地方，荒原百余万垧，平坦肥沃，可招民垦荒，却遭清政府拒绝。面对沙俄步步进逼的侵略行径，开禁放垦，移民实边的呼声日益高涨，终于促使清政府在1860年首先开放了哈尔滨

---

[1]《乌鲁木齐事宜·户口》。

以北的呼兰河平原,第二年又向移民开放了吉林西北草原,大规模的东北移民垦殖由此展开。

甲午战争后,沙俄加紧了对东北的渗透,1897年在东北修建中东铁路,意在进行拓殖侵略,并有每年移民满洲的计划。1901年《辛丑条约》签订后,大量赔款使清政府财力大窘。由于边境地区的移民放垦,可得实边筹款之双重效果,光绪三十年(1904年),全部开放东北各边荒地。

《北京条约》允许俄国商人在蒙古自由贸易,并可随意来往于北京,使蒙古的安全受到实际的威胁。正如山西巡抚岑春煊在《奏请开垦蒙地案一折》中所言:

> 近来俄人之势日益强盛,蒙古人众日趋贫弱。库伦办事大臣、伊犁领队大臣等驻防各官奏称:需训练蒙兵及屯田。或称:蒙兵不足恃,中俄边境,防不胜防。俄人越境测探金矿,盖由于自科布多至喀尔喀四部地域,皆无人烟之故。[1]

在这样的形势下,清政府决定开放蒙地,允许蒙古王公招垦。国家还设立押荒局、垦务总局,督导开垦事务;各地也先后设立垦务局、办务局、垦务公司具体进行开垦事务。

兹将各地移民和开垦事务分述如下。

一 奉天地区

1. 中朝边境地区[2]

中朝边界地区主要位于今辽宁和吉林两省的东部边境区。在清代前期向东北的移民浪潮中,辽宁是接受移民最多的区域,但这只是针对柳条边内的区域而言,而与朝鲜交界的大片禁区仍未有移民的介入。嘉道之际,有部分流民进入鸭绿江禁区,如嘉庆八年(1803年),上谕军机大臣,"有无赖匪徒在高丽沟一带聚集,搭盖窝棚私砍树

---

[1] 转引自[日]田山茂:《清代蒙古社会制度》,商务印书馆1987年版,第289页。
[2] 参见张杰:《清代鸭绿江流域的封禁和开发》,《中国边疆史地研究》1994年第4期。

木等事",应留心查禁[1]。道光八年(1828年),彭浚奏称:"盛京边外新添户口至二三万之多,尽系种地谋生,诚恐占种官荒,日积月多,驱逐不易,请饬严禁。"[2] 这一时期流民定居的可能性不大,他们中的大部分当被驱逐。

直至咸丰年间(1851—1861年),鸭绿江流域的形势发生了根本的转变:一方面八旗驻军多调入关内,对付太平天国和捻军的起义;另一方面西方列强发动的第二次鸦片战争也牵制了大量的八旗兵力,再就是流民进入鸭绿江流域,已经有了自己的社会组织,"东沟(按:今辽宁东港市)、通沟(按:今吉林集安市)等处,私垦之豪据为己地,敛财编户,自成风气"[3]。清政府虽然没有解除封禁,但也没有力量来驱赶流民了。

同治二年(1863年)四月,清政府命令盛京地方官员调查鸭绿江流域流民聚垦一事。盛京八旗副都统恩合报告:"盛京东边一带,旷闲山场,树木稠密,奸民流民聚众私垦,历年既久,人数过多,经理稍失其宜,即恐激成事端,利未兴而害立见,于根本重地殊有关系。"[4] 十一月一份更为详细的报告指出:"自东边门外至浑江,东西宽百余里至二三百里不等,南北斜长一千多里,多有垦田、建房、栽参、伐木等事。自浑江至瑷江,东西宽数十里至三四百里不等,南北斜长约二千余里,其间各项营生与前略同。然人皆流徙,聚集甚众,已有建庙、演戏、立会、团练、通传、转牌。"[5] 移民社会已初具规模,然而,清廷却以"地方又多与朝鲜边境毗连,均须详慎妥协"为由,决定维持现状。

同治六年在鸭绿江地区垦田的移民何名举等前往盛京,呈请升科,即要求承认流民垦地的所有权。他们声称已开垦土地达数百万晌。清政府做出开放禁地的决定,并派员勘察,确定开垦方案。

同治八年秋,盛京将军上疏称:"自凤凰门迤南至旺清门北,查得

---

1 《清仁宗实录》卷118。
2 《清宣宗实录》卷138。
3 徐世昌:《东三省政略》卷6。
4 《清穆宗实录》卷64。
5 《清穆宗实录》卷85。

已垦熟地九万六千余晌,男女十万余人。"[1] 直到光绪二年(1876年)开始在鸭绿江流域设置州县机构。

首先设立的是安东县(治今辽宁省东港市),又设凤凰城直隶厅(今凤城市),次年再设宽甸县、怀仁县(今桓仁县)、通化县和岫岩州。中日甲午战后,日本控制了朝鲜,清政府加紧了对鸭绿江流域的管理,光绪二十八年(1902年)于通化县地增设临江县(今吉林省临江市),于怀仁县属地设辑安县(今集安市)。光绪三十三年,东三省总督徐世昌划临江县以东地添设长白府,设安图、抚松二县,以加强对鸭绿江流域的管理。

2. 海龙、昌图、洮南三府

海龙府地处辉发河流域,包括海龙、东丰、柳河、辉南、盘石等县。清代初年为大围场之鲜围场、东流水围场所辖。光绪四年设海龙厅,丈出升科地8.6万公顷。光绪二十八年大围场开放,海龙厅升为府,辖柳河、东平、西安、西丰四县。宣统元年(1909年)又设辉南直隶厅。

嘉庆十一年(1806年)在柳条边北边外的科尔沁左翼设昌图理事通判,这标志着移民已越过柳条边出外垦殖并得到政府的默许。光绪三年昌图升府,所辖之辽源、奉化、怀德和康平等县分别于光绪二年后陆续设立。

洮南府原为科尔沁右旗之游牧地。光绪初年,蒙古王公招民人开垦,光绪十七年"来垦者约千户,每户交纳租银二三十两,种地一二百晌"[2]。光绪二十八年设局放丈土地,并于光绪三十年设洮南府辖靖安、开通、安广、醴泉四县。

上述各地皆属奉天所辖。如上述,嘉庆二十五年(1820年),锦州、奉天(含兴京)人口合计为175.7万,据户部清册,咸丰元年(1851年)辽宁人口达到258.1万,在户部清册中,同治元年至光绪二十三年间(1862—1897年)人口由284万增加到496万,年平均增长率为16‰,似乎还没有多少新移民人口。而1908年猛增到1100万人,比

---

[1]《清穆宗实录》卷264。
[2]《东三省政略》卷2《蒙务上》。

两年前的户部清册多出 600 万人,显然其中包括了新移民。扣除土著人口的增长,尚多了 500 万。

如上所述,清代末年的奉天辖境较嘉庆二十五年已经扩大了许多,新增了兴京府、凤凰厅、长白府、海龙府、辉南厅、昌图府和洮南府。在辖境内也增加了一批直隶厅,如营口厅、庄河厅即是,此外还有县级单位的设立。仅就辖区范围而言,清代末年的辖境较清代中期已经扩大了一倍。从这一点看,清末户部清册人口数字有其合理性。只是清末人口统计和清中期一样,可能未包含旗人及驻军户口。

二 吉林和黑龙江

1. 吉林

清代初年,吉林地属宁古塔将军,后改吉林将军。清代前期的中原移民大多为流放的罪犯,咸丰、同治年间放垦后,移民大量迁入,新县大量设立,至光绪三十三年(1907 年)建吉林行省,辖境划分为西南、西北、东南、东北四道。

长春府的北部原为蒙古郭尔罗斯前旗游牧之地,乾隆年间,蒙古王公即有招流民垦荒一事。至嘉庆年间,查出该地已垦地 2 656 顷,居民 3 330 户,因未便驱逐,设长春厅,光绪十四年升厅为府。宣统元年(1909 年),设西南路分巡兵备道,驻于府。

西南路分巡兵备道所辖州县大多于光绪年间新设,其中更以光绪末年新设为多。该区南部在咸丰、同治年间先后出放大量荒地,却并未设县,光绪年间继续放生熟地,移民涌入,光绪八年,升伊通河巡司为州。由于移民人口的聚集越来越多,光绪末年至宣统年间,相继有一批新的州、县设立:如濛江州、农安县、长岭县、桦甸县、磐石县、舒兰县、德惠县、双阳县即是。

西北路道治滨江厅,即今哈尔滨市。光绪三十二年置厅,分隶黑龙江省,宣统元年(1909 年)后专属吉林。西北路道所辖厅、州、县中,以新城府历史为最古老,其前身为嘉庆十五年(1810 年)所设伯都讷厅,是吉林地方流民迁入较早的地区。咸丰十年(1860 年),吉林将军奏请开放拉什河、阿什河地区,导致移民大量流入。以后在此设阿城、双城、榆树、五常和舒兰五厅、县,后双城、五常升府。该地成为吉林地区重要的农垦区。

东南路道所处的东部地区开禁较晚,如南荒围场于光绪七年才弛禁,二十八年设延吉厅和珲春厅。其他如宁安府、东宁厅等,皆于光绪末年方设置。东北路道所辖各府、厅的设置也大体如是。

2. 黑龙江

康熙年间黑龙江地属黑龙江将军,光绪三十三年,罢将军,设黑龙江巡抚,改为行省。

咸丰十年(1860年),黑龙江将军特普钦奏准开放呼兰平原,并制有《呼兰放荒章程》,于是"民屯大起,直隶、山东游民流徙关外者,趋之如鹜"。光绪初年,呼兰地区已是"三城相望,粮产丰饶,商贾因之麇集,流民居户不下十有余万,尤以呼兰厅城为最"[1]。由于呼兰平原的地理条件好,"地气和暖,土脉膏腴,为关外所艳称",人口的流入非常迅速,光绪初年的人口已达到很大的规模。

稍北的通肯河地区开垦较迟,光绪二十一年(1895年)黑龙江将军增祺奏请开放通肯河流域,光绪三十年,在新垦地置海伦厅,四年后升府。

今吉、黑二省西部和内蒙古东部郭尔罗斯前旗在光绪十六、十九年开放了新安镇、伏龙泉地,至二十二、二十三年前后大体开放完毕。光绪二十六年开放扎赉特旗,四年后设大赉厅。郭尔罗斯后旗于光绪二十七年由黑龙江将军招垦,五年后设肇州厅。同期杜尔伯特旗也全面开放,光绪三十三年设安达厅。

光绪末年,黑龙江几乎所有的地区都有移民的分布,也都有府、州、县的设立,但总的看来,移民的迁入主要集中在南部的呼兰平原和通肯河流域。所以,光绪三十四年黑龙江巡抚程德全奏准《沿边招垦章程》以后,分别在汉口、上海、天津、烟台、长春等地设立边垦招待处,对应招者减免车船费,不增押租。对招垦有力人员也进行奖励。移民

---

[1] 徐宗亮:《黑龙江述略》卷2《建置》。

本身能招徕移民十人者，既抵垦地后，为百户长；百名者为屯长；三百名以上者，以土地四方照半价卖给。这表明，至清代末年，在东北三省中，黑龙江的移民接纳仍有潜力，大规模的移民开发还有待于将来。

尽管黑龙江巡抚在内地几处重要口岸都设有招垦机关，但进入黑龙江垦荒者主要还是北方几省人口，尤以山东移民为多。他们往往先只身而来，然后回原籍携带家小、引亲朋同来定居。

嘉庆二十五年（1820年）吉林人口56.7万，以10‰的年均增长率计，至宣统三年（1911年）有人口约为132万，实际上，该年的吉林省人口已达553.8万，其中清代后期放垦后迁入的移民及后裔应有422万。是年黑龙江人口为322.1万，两省移民人口合计为844万。

宣统三年制定了东三省移民实边章程。尽管当年就爆发了推翻清朝的辛亥革命，但章程的内容却由新成立的民国政府在实际上实行了。

三 热河地区

虽然河北口外的热河是清代前期农业垦殖发展较快的地区，但仍有大片土地未被开发。该区的北部山区和坝上高原，因为是清朝皇家的狩猎围场，封禁甚严，移民的浪潮还未波及。

木兰围场开辟于清康熙二十年（1681年），沿用至嘉庆末年，时间长达140年。道光元年（1821年），木兰秋猎才停止，但围场仍派有八旗兵丁看守，在"放围以前，驻防之外，绝无居民"[1]，"全围直荒野耳"[2]。直到1844年，法国传教士俞克（R. E. HUC）路经木兰围场时见到的情景仍是"无数的鹿及獐在这广阔的林苑中漫游。老虎、野猪、花豹及野狼亦复不少"[3]，可见当时该地仍处于人口稀少的原始状态。

同治二年（1863年），经当时任热河都统的瑞麟奏请，政府允许

---

1 光绪《围场厅志》卷6《田赋》。
2 光绪《围场厅志·凡例》。
3 毕梅雪、侯锦郎：《木兰图与乾隆秋季大猎之研究》，故宫丛刊甲种（台湾），1982年。

"招佃开垦围场边荒"[1],面积达 8 000 余顷。但此时的放围垦荒只限于围场边缘地区,主要围场并未开放,对于围场的中心部分仍是严禁垦殖的。

光绪初年,热河都统锡良奏准成立垦务局,丈放围场荒地 2 300 顷招民领垦。光绪二年(1876 年),清政府设围场厅,开始对垦荒的移民实施行政管理。二十九年,热河地方政府为解决财政问题,经热河都统锡良奏请,将"东围伊逊、布敦二川,西围孟奎、卜格、牌楼三川"及"五川外所余三十五围之中……无碍围座者"[2]全部开放招垦。两年后,清政府批准练兵处请开围场屯垦之奏,将原来所余各围尽数放垦。农业人口急剧增加,"近而关内,远而山东之民,裸负子来,荷锸云屯"[3]。两年以后,围场境内的入籍人口达到了 4.9 万。

1917 年围场县入籍人口达到了 8.9 万,较十年前的人口增加了 82%,年平均增长率达到了 68.6‰。20 世纪 30 年代末,围场境内的可耕地大部分得以开垦,坡地也大都变成了耕地。至 1934 年,围场县耕地已达 100 万亩[4],接近目前的耕地数量。围场内的植被遭到大量破坏,沙化面积扩大,水土流失问题日益严重。

在围场以南的承德府,除了乾隆年间设置的一批州、县外,光绪三十年设隆化县,与围场南境毗邻,是可看作围场招垦的延伸部分。

在热河地区的北部,原属承德府的赤峰县,光绪末年升为直隶州。在承德府东部,光绪三十年,以垦地多熟,升朝阳县为府,以建昌县隶之。总之,随着土地开辟日多,人口增加,行政区也随之增加或作相应的调整。

四 绥远、察哈尔地区

清代后期的内地移民大量进入河套地区,这是因为,黄河在道光

---

1 光绪《围场厅志》卷 6《田赋》。
2 锡良:《开放围场荒地设局招垦裕课而济要摺》,《锡良遗稿》第一册。
3 光绪《围场厅志》卷 6《田赋》。
4 满铁经济调查会编:《哀哉热河》,汤尔和译。转引自邓辉:《清代木兰围场的环境变迁研究》,《北京大学学报》(历史地理学专刊),1992 年。

年间改行南道,在北道沿岸淤出了大片土地,这些土地近北河各支流,为发展灌溉提供了条件。河套地区由是而出现了兴修水渠的热潮。一时"晋、秦、燕、豫贫民争趋之,日操畚锸者常数万人"[1]。至清代末年,河套地区已垦土地近万顷,并设五原厅,以辖其民。只是由于"渠道淤塞,水不敷用,逐渐荒芜,及民国五年浇地仅5 000顷,至六年减至4 000顷,七年又减至3 500顷,后套垦务之败坏,概可见矣"[2]。垦地的缩小也意味着移民人口有回迁的可能。

在清代前期所设的口北三厅中,多伦诺尔厅尚无移民垦殖。道光年间有流民迁入垦荒。至二十年(1840年),在多伦诺尔北部,"俱有游民私行垦种数百顷","而游民日聚日众"[3]。二十五年"多伦诺尔营外正蓝旗游牧界内,现在续垦园地,添盖房屋"[4]。这表明移民的规模扩大,并且已经定居。

光绪九年口北三厅中张家口厅和独石口厅的户数分别为2.4万户和0.56万户。从乾隆二十年(1755年)至此,两厅的户口年平均增长率分别为10.8‰和7.8‰。张家口人口增加之迅速是因为贸易的发展所致,而独石口厅的人口增长可大致看作人口自然增长,即使有移民的因素,也不重要。光绪九年,多伦诺尔厅有0.9万户[5],皆为清代后期的移民。

清代末年这一区域的移民进入了一个新阶段。《辛丑条约》签订以后,山西分摊了沉重的巨额赔款,巡抚岑春煊无法筹集款项,多次奏请清廷放垦山西口外的蒙古牧地。光绪二十七年十一月,下诏云:"晋边西北乌兰察布、伊克昭二盟,蒙古十三旗荒地甚多,土脉膏腴,自应及时开垦,以实边储,同时诏谕察哈尔蒙地也一律招垦。"[6]清廷委派贻谷为蒙旗垦务督办大臣,主持绥远及察哈尔地区的垦务并于丰镇、张家口、包头等地分设丰宁垦务局、察哈尔左翼垦务总局及包头垦务

---

1 顾颉刚:《王同春开发河套记》,《禹贡》第2卷第12期,1935年。
2 《调查河套报告书》,第46—47页。
3 《清宣宗实录》卷341。
4 《清宣宗实录》卷419。
5 光绪《畿辅通志》卷96《经政略》。
6 《清德宗实录》卷490。

分局,负责各地垦地的丈放。放垦的范围几乎包括了热河以西所有的蒙古草原地区。

在贻谷主持垦务的六年中,先后放垦蒙地 8.4 万顷,其中有察哈尔右翼四旗 2.5 万顷,察哈尔左翼四旗 2 万余顷,绥远城八旗牧厂地 0.4 万顷,杀虎口驿站地约 0.8 万顷,伊克昭盟各旗 1.9 万顷,乌兰察布盟各旗 0.8 万顷[1]。从光绪二十八年起,政府陆续在上述地区设置陶林、兴和、东胜等直隶厅。

清代前期迁入外蒙古的汉人非常之少,自从光绪六年库伦办事大臣招垦以来,汉人移民日益增加。到民国初年,迁入外蒙古的汉人已有 10 万之众,其中 5 万为农业移民,而同期的蒙古人也不过 54 万。

---

[1] 宝玉:《清末绥远垦务》,《内蒙古史志资料选编》第 1 辑下册(内部资料)。

第十二章

海外移民

清代前期的移民运动结束以后,在北方仍有大片土地,为其后的移民开垦提供了空间。只是因为清政府的封禁政策,使得这一过程十分缓慢。直到民国年间,才有大规模的移民运动发生。在长江下游地区,清朝与太平天国的战争虽然造成了大规模的人口损失,但这一区域人口特别密集,战后的人口稀疏区并不很多。所以,战后移民的数量不多。在东南沿海地区,人口的持续增长,导致了人口压力的日趋沉重,他们在国内已难于寻找到可供移民的场所。于是,移民海外就成为人口输出区减轻人口压力的主要方式。

中国人口的海外移民有着悠久的历史。在以前的各卷中,我们没有花费专门的篇幅来讨论这一种形式的移民,这是因为,清代以前海外移民的规模很小,历史文献中留下的有关记载太少,不足以据之构成专门的篇章。因而,本章以专门的一节,概述清代以前中国人口的海外移民。同时,本书第七卷中也没有涉及海外移民,因此本章也对清末以来至民国时期的海外移民进行了简要的叙述。

第一节

海外移民的历史追溯

中国史籍中最早记载的海外移民事件是所谓的"徐福东渡"。关于这一事件,在本书的第二卷中,作者已经做了详细的讨论。从秦代至1840年,中国古代的海外移民大致可以分为四个阶段,兹分别论述如下。

一 第一阶段:秦汉至隋时期

这一时期大致可以看作海外移民的发轫阶段。尽管秦朝已经开始了零星的海外移民,但以后的很长一段时间里,海外移民仍少有发生。这主要因为,这一时期中国与周边国家以及海外的联系相当有限。西汉以后,中外交往的主要路线有两条,一是北方的"丝绸之路",由中原通往中亚、西亚及欧洲;一是南方的"通夷海道",由中国南海通往东南亚、南亚一带。除了各国使节来往之外,还有民间的商人往来其间,"有译长属黄门,与应募者俱入海,市明珠、璧琉离、奇石异物,赍黄金杂缯而往,所至国皆禀食为耦,蛮夷贾船转道之"[1]。还有僧侣弘法,如高僧法显的南亚、东南亚之行;还有对外战争,如三国时孙权遣将军卫温、诸葛直将甲士万人浮海求夷洲及亶洲。随着中外交往的展开,出现了非主动性迁居的海外移民现象。如"黄门译长"本意在于入海贸易,但半途遭风袭,有的被溺死,有的过了好几年才回到故乡。这种商船因海事而被迫羁留当地是常有的事,这些羁留者成为事实上的永久居留者。再如僧侣弘法因行途不利可能滞留当地,战争失利、

---

[1] 《汉书·地理志》粤地条。

伤病士卒也可能永久留居当地。所有这一些都可能成为事实上的海外移民。只是,他们的人口不多,不可能形成规模。

二 第二阶段:唐宋元明时期

这一时期的海外移民大都是在中外交往的过程中形成的。不同的是,由于中外交往更为频繁,海外移民多有发生,自发的主动性迁移也不鲜见。除了个人零星的迁移外,还有具有一定规模的人口迁移。

这一时期中国南方的"通夷海道"在中国对外贸易中发挥着越来越重要的作用,成为中国对外贸易的主要路线。因此,海舶失事造成的商人羁留外域也就成为海外移民的主要形式之一。后唐同光二年(924年),"有中国大沙船一艘,在爪哇之三宝垄附近沉没,船客漂流到岸,其管舱者献宝物于直葛(Tegal)王,得王之允许,招集余众,定居其地,受优良之待遇"[1]。僧侣求法弘法交往也可能造成僧侣羁留当地。在唐朝高僧义净所撰《大唐西域求法高僧传》和《南海寄归内法传》中即载有多名僧人在求法途中羁留海外直到死去,如"贞固弟子一人,俗姓孟,外怀业,梵号僧迦提婆,随师共至佛逝……后恋居佛逝,不返番禺"[2]。除了商人和僧侣,还有避难者顺"通夷海道"亡命海外。如公元10世纪时阿拉伯一名旅行家游历到印度尼西亚苏门答腊,看到"有许多中国人在此岛耕种,尤以巴邻旁为多",据说这些中国人就是唐末黄巢起义军攻打广州城之后避难到此的[3]。唐朝迁居海外的汉人,大多自称为"唐人",而称中国为"唐"或"唐山"。宋人朱彧在《萍洲可谈》中说:"北人过海外,是岁不还者,谓之住蕃。诸国人至广州,是岁不还者,谓之住唐"。

宋朝的海外移民更多,官修史书中也开始有了记载。如《宋史·外国列传》载:"咸平五年(按:1002年),建州海贾周世昌遭风飘至日

---

[1] 转引自李长傅:《中国殖民史》,商务印书馆1937年版,第60页。
[2] 转引自冯承钧:《中国南洋交通史》,上海书店出版社1984年版,第57页。
[3] 转引自李长傅:《中国殖民史》,第60页。

本凡七年。……乾道七年（按：1071年），闽人有浮海之吉阳军者，风泊其舟抵占城（按：今越南中部），其国方与真腊战，皆乘大象，胜负不能决。闽人教其王当习骑射以胜之，王大悦"；又高丽"王城有华人数百，多闽人因贾舶至者，密试其所能，诱以禄仕，或留强之终身"。《宋会要》也载有类似例子，如北宋末年海禁松弛后，"入蕃海商……时有附带曾经赴试人士及过犯停替胥吏过海入蕃，或名为住冬，留在彼国，数年不回，有二十年者，取妻养子"。再如《夷坚志》所载一例，说"泉州人王元懋，少时祇役僧寺，其师教以南蕃诸国书，尽能晓习。常随海舶诣占城国，王嘉其兼通蕃书，延为馆客，仍嫁以女。留十年而归"。这是归来的一例，此外，可能还有未归者。同样，国外史籍中也有相同的记载。如《高丽史》就载有中国人在高丽国任司空尚书右仆者，于1118年死于高丽。此外还有泉州人萧宗明做高丽国权知阁门祇侯，福州人胡宗旦做权直翰林院等。

元人著作中关于海外移民的记述更多。汪大渊在《岛夷志略》中说："国初，军士征阇婆，遭风于山下，辄损舟，一舟幸免，唯存钉灰，见其山多木，故于其地造舟一十余艘，若樯柁、若帆、若篙，靡不宜备，飘然长往。有病卒百余人不能去者，遂留山中，今唐人与番人丛杂而居之。"又如周达观所撰《真腊风土记》中所指出的，"国人交易，皆妇人能之，所以唐人到彼，必先纳一妇人者，兼亦利其买卖故也。……唐人之为水手者，利其国中不着衣裳，且米粮易求，妇女易得，居室易办，器用易足，买卖易为，往往皆逃逸于彼"。

明朝前中期的海外移民多见于史籍，《明史》中就有不少有关的记载。如"吕宋（按：今菲律宾）居南海中，去漳州甚近……先是闽人以其地近且饶富，商贩者至数万人，往往久居不返，至长子孙"。又如"婆罗，又名文莱……万历时，为王者闽人也；或郑和使婆罗，有闽人从之，因留居其地"。还有"嘉靖末，广东大盗张琏作乱，官军已报克获。万历五年（1577年）商人诣旧港（按：今印尼巨港）者，见琏列肆为蕃舶长，漳泉人多附之"。郑和七下西洋，随行者马欢、费信、巩珍所撰著作也记有诸多类似例子。如马欢《瀛涯胜览》载："国人多是广东、漳、泉州人逃居此地，人甚富饶，地土甚肥。……昔洪武年间，广东人陈祖义等,全家逃于此处,充为头目,甚是豪横,凡有经过客人船艘,辄便劫夺财物。"

三 第三阶段：明后期至清中期

大致从明隆庆元年(1567年)到清道光二十年(1840年),在中国海外移民史上,这是一个承前启后的时期。这一时期移民的数量大大多于前代,但又比其后的移民数量少得多。这一时期的移民既和前代一样,表现为自发的性质,但亦和后来相同,即强迫性的、被动的移民也已开始发生,其特征就是华工出国的形式在这一时期已经出现。概括地说,这一时期是中国海外移民由个别的迁移转向大规模迁移的过渡时期。

政治斗争中的失败者,即今天所谓的政治避难者增加。在明清鼎革之际,一批明朝遗臣中的反清人士的逃亡和"忠臣义士"的避难,构成大规模海外移民的序曲。如郑成功部将杨彦迪、陈上川等人率众3 000余人逃亡安南、真腊(今柬埔寨)。这些逃亡者及其后裔自称"明乡人",当时逃亡越南、柬埔寨、泰国、缅甸的"明乡人"很多,往往聚居成村,村曰"望乡台",居民均为明朝的"忠臣义士"[1]。另外,康熙年间实行的迁界,造成从山东至广东沿海居民的大内迁,很可能有一批沿海居民在迁海前后逃往海外,以谋生计。再如明清之际活跃于沿海地带的海盗,他们常集众数千,挑战官府,失败后多向海外逃窜。如第八章中所述,台湾岛也曾是他们活动的场所之一。明时海上武装势力首领、泉州人林道乾在遭到官军的清剿后,率众逃往越南、柬埔寨。海上大盗林凤,拥众数千,逃往吕宋。再就是被招募或掳掠的华工,这一时期人数还不多,但时有发生,多半是秘密、隐蔽地进行。

---

[1] 参见温雄飞:《南洋华侨通史》,商务印书馆1929年版,第86页。

第二节

近代海外移民

一 大规模海外移民的历史背景

1. 迁出地的背景

广东省是海外移民的主要迁出地,珠江三角洲又是广东最主要的海外移民迁出地。珠江三角洲的中心地区有"三邑",即番禺、南海和顺德,外围也有"三邑",即新会、开平和恩平。番禺和南海同属广州府,素为望县,手工业发达,尤以冶铸、纺织著名。南海的佛山镇是当时中国的四大名镇之一,其人口之多,商业之繁荣,可与广州相埒。顺德的缫丝和番禺的制糖业闻名中外。新会、开平和恩平三邑在地理上毗邻,各县赴省会都须经过新会。这三县以农业为主,时人多有往番禺、南海、顺德打短工的习俗。可以说,番禺等地手工业的发展对于农村人口的转移确实起到了积极的作用。

鸦片战争给了广东经济以致命的打击,直接的经济损失多达白银1 950万两,其中英国在战争中直接向广东政府索要666万余两。战后又通过不平等条约向中国政府索取2 100万两,广东负担了其中的70%。战争期间由广东政府支出的清军兵饷也多达白银449万两。据估计,第一次鸦片战争中,广东地方政府的财政损失相当于广东全省18年的地丁银收入[1]。财政损失最终要转嫁到劳动人民身上,战后广东经济的恶化与此有密切的关系。

中英《南京条约》签订之后,各国商船是否载运鸦片,中国政府无

---

[1] 转引自李春辉、杨生茂主编:《美洲华侨华人史》,东方出版社1990年版,第22页。

权过问。结果导致鸦片的不断输入,白银不断流出。据统计,1842—1849年间,输入中国的鸦片平均每年达3.9万箱,1850—1854年间,增加到每年5.4万箱,1855—1859年更增加到每年6.9万箱。相应地,英国从贩卖鸦片中的获利,1843—1850年间每年多达200万英镑,1850年以后更增至每年300万至400万英镑[1]。除了倾销鸦片,西方殖民者还大量倾销洋纱、洋布、洋铁、洋油等商品,对于广东的手工业造成极大的摧残。顺德的缫丝业因敌不过洋货的冲击,出现了"洋织盛而土机衰"的局面。第二次鸦片战争以后,洋铁也开始输入,珠江三角洲的冶铁业遭到沉重打击,原先经营粤铁的商人"十散其九"。手工业的衰落,导致大批手工业者失业。从某种意义上来说,也对周边地区的农村和农业经济产生恶劣的影响,人口的压力更为突出。

所以,从19世纪50年代开始,新宁、开平、恩平一带的土客矛盾日趋尖锐,终于酿成本卷第九章中所述说的"土客大械斗"。除了械斗中大批土著和客家人口的死亡外,还有大批客家西迁到广东高州、廉州、雷州等府以及广西等地。政府又设赤溪厅安置留居的客家人,地域狭小的赤溪难于容纳过多的人口,赤溪遂成为海外移民的主要迁出地。同样,在新宁、开平、恩平、鹤山等地,人口的海外迁移成为缓解当地人口压力的主要形式。

这一切,形成了广东、福建地方人口外移的推力。

2. 迁入地的背景

1492年哥伦布发现新大陆。随后,北美和加勒比海地区沦为欧洲殖民者的殖民地。1519年麦哲伦横渡太平洋抵达亚洲,东南亚地区也随之沦为西方殖民者的殖民地。以后,澳大利亚和新西兰相继沦为他们的殖民地。这就是所谓的"地理大发现"。

殖民地的开发以美洲为最早。开发过程中所需要的劳动力,无法由当地的劳动力全部提供,西方殖民者通过迁入劳动力来满足其需求。那时主要迁入的劳动力是白人契约奴、罪犯和非洲黑人奴

---

[1] 转引自李春辉、杨生茂主编:《美洲华侨华人史》,东方出版社1990年版,第23页。

隶。大规模的迁入非洲黑奴,演化成一场持续近 400 年的黑人"奴隶贸易"。被掠夺的非洲黑奴总数估计多达近 6 000 万人[1]。到 19 世纪初,欧洲各国相继宣布禁止贩卖黑奴,由是"新大陆"断绝了来自非洲大陆的劳动力供给,而开发殖民地的劳动力需求却并没有减弱。相反,由于殖民地的扩大,劳动力的需求进一步增强了。中国人口众多,劳动力资源丰富,劳动力价格也相对低廉。1840 年以后,西方殖民者便将掠夺劳动力的目标对准中国。19 世纪 50 年代至 80 年代,中国大批华工的外迁在很大程度上满足了美洲殖民地开发的需求。

东南亚地区殖民地的开发同样也需要大量的劳动力。在东南亚地区,不仅橡胶园、农场中需要大量的劳动力,就是在城市、矿山、码头、港口、道路的修建上,也需要大批的劳动力。于是,中国成为殖民者掠夺劳动力的重点地区。

澳大利亚和新西兰地区的开发要晚于美洲和东南亚。1788 年抵达澳大利亚的第一批移民是英国人,其中多数为犯人。从 1788 年至 1850 年共迁入英国移民 18.7 万人,其中犯人为 14.6 万[2]。1840 年停止迁入犯人后,澳大利亚立即出现劳动力短缺的局面。在这种情况下,"悉尼政府委员会"开始考虑雇用华人和印度人。第一批华人正是在这种情况下于 1847 年进入澳大利亚的,以后便源源不断地被迁入。华人迁入新西兰始于 1853 年,由澳大利亚转入,1866 年以后才由中国直接迁入。

西方殖民者的非洲殖民地主要在南非。从 17 世纪中叶开始,开普殖民地的督军首先考虑迁入华工,但直到 1802 年英国殖民者抢夺了开普殖民地后,才开始大批迁入华工。

可见,在殖民地的开发产生了对劳动力的强劲需求以后,随着"奴隶贸易"的禁止,中国遂成为各殖民地劳动力的主要供给地。殖民地开发对廉价劳动力的需求构成中国海外移民的强大拉力,这是中国海外移民高潮形成的重要条件。

---

1 Willian Foxfer, *The Negro People in American History*, New York, 1954, p. 26.
2 Douglas Pike, *The Quiet Continent*, Cambridge University Press, 1962, p. 11.

3. 迁移中介的背景

海外移民的迁出条件和迁入条件都具备以后,是否能够完成迁移,还取决于迁移中介的条件是否成熟。鸦片战争以后,清政府已经无法再闭关自守,被迫开放的五个通商口岸,既是输入鸦片的重要港口,也是中国人外迁的出口。只是在1840年以后的一段时间里,中国人口的海外移民还只是以隐蔽的方式进行的。西方殖民者并不满足于现状,1859年,英法联军就向清政府施加压力,要中国政府承认华人的"任便出洋"。1859年4月6日,广东南海、番禺两县贴出的"联衔告示"中出现了"自毋庸阻其随外人出洋"的条文。隔三日,广东巡抚的告示又称,如自愿出洋,"毋庸禁阻,令其任便与外人立约出洋"[1]。迫于殖民者的压力,1860年,在《北京条约》的有关条款中,清政府承认中国人赴英国殖民地或外洋别地做工,于是以前暗地进行的"苦力贸易"便公开化、合法化了。

1863年,清政府与美国签订《中美天津条约续增条款》,称:"大清国与大美国切念人民前往各国或愿常住入籍或随时往来,总听其便,不得禁阻。"1866年,清政府迫于无奈,又与英法签订了招工章程条约二十款,即《续定招工章程条约》,允许英法殖民者在中国任意招募劳工。在这一背景下,大规模的海外移民高潮终于形成。

二 移民高潮的形成:"苦力贸易"

1. 移民高潮时期:1840—1912年

移民高潮的形成很大程度上是"苦力贸易"的结果,而"苦力贸易"则是西方殖民者一手策划和操纵的。

大规模海外移民的主体是华工,华工出国却不是合法招募和应募的,而是带有掠夺或贩卖的色彩。所谓的"苦力贸易"就是"奴隶贸易","苦力"一词系英语Coolie的音译,其语源出自突厥语Kuli,意指

---

[1] 参见陈翰笙主编:《华工出国史料汇编(2)》,中华书局1980年版,第178—179页。

奴隶[1]。西方文献上并不使用这一名词,更多的是使用"契约工人"(Indentured Labour)一词指代苦力,掩饰其贩卖性质。

将华工称为"苦力贸易"是就其实质而言。在这个过程中,签订"契约"的方式有两种,一种是由外国公司招工,中国人"应募",签订的契约上写明"应募地点、工作性质、年限、工资数额和预付工资数"等项;另一种称为"赊单工"或"赊欠单工",即向船主赊欠船票,到目的地后从工钱中扣付。从表面看,这种"契约"签订建立在自愿的基础之上,完全合情合理,但问题是,签订"契约"是一回事,履行"契约"又是一回事。不仅如此,就连签订本身也是强迫的。所以说,"苦力贸易"的本质是贩卖,因而也被称为"猪仔贸易"。

从文献记载上看,带有掠夺贩卖性质的华工出国早在16世纪初期就开始了。最早的一例可能是《明实录》所载明正德十二年(1517年)葡萄牙人在广州"招诱亡命,诱买子女"一事。两年后葡萄牙人又在广东屯门"掠买良民,筑室立寨"。同年,还有记载说葡萄牙人在海上公开掳掠华工到荷属东印度的果阿充当苦力的事情[2]。西班牙殖民者侵占菲律宾后,从1571年起也开始招徕中国帆船客商去菲经营,并诱使中国人定居马尼拉。荷兰殖民者则在17世纪初将在西里伯斯岛实行的"盗人制度"应用到中国,实行"多派战舰,窥伺中国,掳其丁口以归,用以实我岛属"的海盗政策。1620年荷兰殖民者掳掠华工去巴达维亚垦殖,英国殖民者在18世纪末19世纪初占领新加坡后,也大规模地招徕华工[3]。所有这些,都是中国"苦力贸易"的先兆,在当时还是非法的、隐蔽的。

1846年12月7日,英国商人德滴(Tait)声称受西班牙政府之托来厦门建立领事馆,德滴获准后开办德记洋行。该洋行后来专事苦力贸易,被国人称为"大德记"卖人行[4]。德记洋行的建立拉开了"苦力贸易"的序幕。

---

1 据朱杰勤:《东南亚华侨史》,广东高等教育出版社1990年版,第127页。
2 见陈翰笙:《华工出国史料汇编(4)》,中华书局1981年版,第176页。
3 参见华金山编:《福建华侨史话》,福建省华侨历史学会1983年,第12页;李春辉等:《美洲华侨华人史》,第50页。
4 见陈翰笙:《华工出国史料汇编(3)》,中华书局1981年版,第153—162页。

德记洋行建立后，开始"招工"。一般由洋行雇用的"客头"（或称"猪仔头"）操办，"客头"将"搭客"或"新客"（契约劳工）带到洋行，由洋行负责运送到各殖民地。在运送之前，则集中在 Barracoon（葡语，音译"巴巴坑"，又称"猪仔馆""卖人行""咕叽行"等，指囚禁奴隶和罪犯的场所）里。当时，洋行每将一名劳工交给船主或受货人代表可得60—75元，扣除付给负责"招工"的"客头"20—30元，可净赚40元左右，利润丰厚。船主或受货人代表在将劳工运到目的地后也可获得一笔可观的利润。在当时，承运华工出国是航海业中最获利的一项业务，所以有很多的"猪仔头"乐此不疲。

继德记洋行建立后，英商塞姆（Syme）也来到厦门，建立起合记洋行，也设有专门的"猪仔馆"。接着，英商康诺利（Connoly）和美商布莱特雷（Bradley）也加入了厦门贩卖劳工的行列。这些经营苦力贸易的商人，一般都有一道护身符，即外国领事馆的领事。这些披着"领事"外衣之名而大行"苦力贸易"之实的人，使得"苦力贸易"这一肮脏的交易迅速兴起，并逐渐公开化、合法化。

"商人领事"享有治外法权，"猪仔头"在其保护下肆无忌惮，当时在厦门曾发生数起贩卖劳工纠纷，均为"商人领事"所包庇。如1847年一个叫李树发的"猪仔头"被扭送到道台衙门，但英国领事出面要求行使领事裁判权，结果李树发不仅被无罪释放，而且还获得605元的赔偿费。1851年2月，迫于英国的压力，厦门海关还做出这样的承诺：在没有事先向英国领事提出要求的情况下，不得逮捕英国雇佣的中国人员。这样，连"猪仔头"也有了护身符，"苦力贸易"也就百无禁忌了。1852年形成了"苦力贸易"的一个高峰，据估计，当年有4 000余人被贩卖出国，另有8 000—15 000人已签订契约[1]。

1852年3月，美国苦力船罗伯特·包恩号华工暴动失败，惨遭屠杀，幸存者逃回家乡，说出实情，群情激愤。11月2日捕获合记洋行雇用的一名"猪仔头"，扭送参将衙门，但被洋行老板索回。22日厦门举行罢市，要求交出"猪仔头"。直到24日，洋行仍拒绝交人。1 500

---

[1] 陈翰笙：《华工出国史料汇编(2)》，第4页。

名群众到洋行游行示威,英国水兵开枪打死8人,重伤16人。这时,清政府却反诬群众"滋事斗殴",对群众的正义要求"一律严加禁止"[1]。风波过后,群众自发抵制"苦力贸易",惩处"猪仔头",使苦力贩子在1853年头几个月内无法拐骗到一个华工,也使得"苦力贸易"中心由厦门转移到广东汕头。

汕头这个并未开放的口岸很快就成为"移民出洋主要地点"。1852年11月至1853年3月,有1 925名契约华工被贩运到哈瓦那,500名被贩运到秘鲁;1854年有838名被贩运到古巴;1855年有3 012名被贩运到哈瓦那,1 150名被贩运到秘鲁。据估计,1852—1858年间,从汕头贩运出去的契约华工达4万名[2]。

和汕头一起兴起"苦力贸易"的还有澳门和金星门一带。澳门的"苦力贸易"开始于1851年,主要贩运苦力到古巴。1853年时,"澳门方面经办的向古巴移民的业务","业已基础稳固,成为长期的事业"[3]。1855年澳门有5所"猪仔馆",并有"无数的人从事贩卖中国人的买卖"[4]。金星门从1849年贩运70名契约华工到秘鲁开始,每年贩运1 000多名前往南美洲,到1853年多达1 870名[5]。

香港,当时作为已经割让给英国的"自由港"成为厦门、汕头、澳门、金星门等地"苦力贸易"的转运站。

第二次鸦片战争后,苦力贸易的中心转移到了广州,驻扎在澳门的殖民者在广州黄埔用屯船建立了一座"水上猪仔馆",被称为"黄埔的外国猪仔屯船制度"[6]。它以洋行为东道主,以香港的运输公司为租船经纪人,以美国的船只为主要运输工具。这时,广州的"苦力贸易"已转向公开化,1859年11月10日,英国招工专员在广州西门挂出了"招工公所"的牌子,大肆宣传招工章程,当年年底就有119名契约华工"应募"前往英属西印度[7]。1860年《北京条约》订立以后,香

---

1 陈翰笙:《华工出国史料汇编(3)》,第153—162页。
2 同上。
3 陈翰笙:《华工出国史料汇编(2)》,第50页。
4 陈翰笙:《华工出国史料汇编(3)》,第9—11页。
5 陈翰笙:《华工出国史料汇编(2)》,第89—92页。
6 陈翰笙:《华工出国史料汇编(4)》,第264页。
7 陈翰笙:《华工出国史料汇编(2)》,第232—233页。

港、广州、汕头、厦门等地纷纷建立招工公所及其分支机构，形成了一个完整的网络。1859—1866年英国在广东地区的招工公所招募了大约12 600名契约华工[1]。1864年10月10日，西班牙胁迫清政府订立《和好贸易条约》，规定"凡有华民情甘出口在日斯巴尼国（西班牙）所属各处承工，俱准与日斯巴尼亚国民人立约为凭"，"一并由通商口岸各口前往"[2]。这使得澳门的"苦力贸易"再次兴盛，该条约是澳门"买卖华工全盛时期即将到来的标志"，同年被贩运的契约华工达10 712名[3]。在1866年英法同清政府签订《续订招工章程条约》时，澳门的"猪仔馆"由原先的10家增至35—40家，有些商人竟然经营多家"猪仔馆"，以至于澳门总督不得不于1871年规定每个商人至多只能设立两所馆舍。1873年，澳门的"猪仔馆"增加到300余所，从事"招工"的人多达3万—4万[4]。据不完全统计，1864—1873年间，由澳门贩运出国的契约华工多达147 729人[5]。

就在澳门"苦力贸易"愈演愈烈的时候，契约华工在秘鲁受虐待的消息传出，引起举世震惊。随后，"古巴招工视为奴畜"的消息也传了出来，使清政府不得不采取相应的措施。1869年6月12日，清政府照会英、法、俄、美、西等国，申明"凡有招工者只准有各国之商设局办理，凡承工者只准前往有约之国承工，凡装载工人者只准有约各国之船装载前往"[6]。1873年3月，英国也认为"有制定新的立法的必要"，"贩卖苦力应视为奴隶贸易"，"凡与贩卖苦力有直接或间接关系的行动"，都应依法严惩。嗣后又公布了三个新法案，规定载客船舶不得安装铁栅、铁门，除从香港直接出口的船舶外，其他苦力船舶一概不准在香港补充粮水或安装设备等[7]。1873年12月29日，澳门总督发布公告，从这一天起三个月以后，禁止从澳门装运苦力出洋。

到1874年3月底，"苦力贸易"名义上已经结束。

---

1 陈翰笙：《华工出国史料汇编(2)》，第347页。
2 陈翰笙：《华工出国史料汇编(1)》，中华书局1985年版，第513—528页。
3 陈翰笙：《华工出国史料汇编(6)》，中华书局1984年版，第147页。
4 陈翰笙：《华工出国史料汇编(1)》，第251—252页。
5 李春辉等：《美洲华侨华人史》，第78页。
6 同上。
7 陈翰笙：《华工出国史料汇编(4)》，第403—404页。

然而,实际上的"苦力贸易"并没有结束,大批契约华工通过各种途径依然源源不断地被贩卖到各殖民地。据不完全统计,1881—1930年间仅被贩运到转运中心海峡殖民地的就有830万人,其中契约华工600万人。他们中的大部分被转运到世界各殖民地种植园和矿山从事耕作和劳动[1]。契约华工还被运送到其他国家和地区,仅1904—1910年间就有约7万人被运到南非开金矿[2]。1903—1912年间先后有7批契约华工2 200人被运到德国殖民地南太平洋西萨摩亚岛[3]。1906—1910年间有多达55万人被贩运到沙俄远东地区[4]。

1912年中华民国建立后,临时大总统孙中山颁发《大总统令外交部妥筹禁绝贩卖猪仔及保护华侨办法文》和《大总统令广东都督严行禁止贩卖猪仔文》,这是中国官方明令宣布"苦力贸易"的结束。

2. 民国时期的海外移民

虽然以"苦力贸易"为内容的移民高潮已经结束,但在以后的时期中,仍有大规模的移民外迁。这主要因为,民国时期的中国政治多变,社会不稳,经济不时出现衰退和危机,自然灾害频仍,而人口的压力依然存在。也就是说,移民迁出地的推力并未减弱。在这种情势下,沿海居民由于已具备迁移基础,海外移民便经常成为他们一种谋求生计的选择。

就迁入地而言,因受第一次世界大战的影响,在对外投资方面,英国失去了四分之一,法国失去了三分之一,德国则失去了全部的对外投资,欧洲殖民者对海外殖民地的控制削弱。大战之后,殖民地普遍出现独立运动。苏联社会主义的胜利和欧洲内部的变化,改变了世界的格局。1929年爆发的全球性的经济大萧条,导致了全球性的经济大混乱和大规模的失业。以后又发生日本入侵中国(1931年),意大利征服埃塞俄比亚(1935年),西班牙爆发内战(1936年),随后是第二次世界大战的爆发。战争中断了海外移民的迁移路线,而经济大萧条

---

1 彭家礼:《十九世纪开发西方殖民地的华工》,《世界历史》1980年第1期。
2 陈翰笙:《"猪仔"出洋》,《百科知识》1979年第5期。
3 陈翰笙:《华工出国史料汇编(4)》,第126页。
4 郭梁:《华侨出国述略》,载郑民、梁初鸣编:《华侨华人史研究集(一)》,海洋出版社1989年版,第126页。

则削弱了迁入地的吸引力,国际间人口迁移的拉力削弱,不仅如此,险恶的国际形势甚至对定居的移民产生反推力,使这一时期的海外移民时断时续,并时而回迁。

可以将这一时期的海外移民分作三个阶段,兹论述如下:

第一阶段,从1912年至1919年。在迁出地,中国经历了失败的共和制时代、军阀混战时代和国内战争时代的早期。在迁入地,世界经历了第一次世界大战的磨难。但由于世界大战的战场主要在欧洲,对移民迁入地影响不大,海外移民依然按照原有的轨迹进行。原有的主要劳工市场趋于饱和,因此,这一时期人口主要迁往欧洲、俄国地区。如1916—1918年间惠民公司招募了3万名契约华工赴欧,1917年1—4月间仅从青岛出发赴欧洲的契约华工就有40 172人,还有家属5 517人,共45 689人[1]。当然,华工流向的变化,并不意味着传统迁出地和迁入地之间已经停止迁移,事实上,其间的迁移从未停止过,只是规模比高潮期要小了许多,而且移民的身份大多为自由移民,且多为原有移民的家属,而不是契约华工本身。

第二阶段,从经济大萧条开始的1929年到太平洋战争爆发的1941年。这一时期中国经历了国内战争和抗日战争两个时期,世界则经历了经济大萧条和大萧条后的复苏以及世界大战之间和期间区域性局势的动荡。这一时期的有些年份,回迁人口甚至超过外迁人口。如1931年外迁移民14万—15万,回迁的却有28万;1932年外迁移民13.2万,回迁的却有27万。据厦门、汕头、琼州三口岸统计,1930—1934年间"净回迁"人数多达35.4万。在大多数年份中,外出移民的数量超过回迁人口。据统计,1935—1937年间,仅厦门口岸外迁移民每年就多达6万人[2]。

第三阶段,从1941—1949年。其间中国经历了抗日战争和解放战争两个时期,世界则经历了第二次世界大战和从大同盟到"冷战"的两个时期。在1945年以前,战争在太平洋地区展开,海外移民几乎停止,1945年以后,人口外迁与移民回迁并盛。世界大战刚刚结束时,

---

1 陈翰笙:《华工出国史料汇编(10)》,中华书局1984年版,第44—47页。
2 田方、陈发棠主编:《国际人口迁移》,知识出版社1986年版,第282—283页。

移民回迁甚多。不久国内战事又起,回迁停滞,外迁骤增。新中国建立后,除了少量的人口回迁外,外迁基本停止,海外移民告一段落。

三 移民规模和移民流向

1. 移民规模的估计

1840—1949年的中国海外移民过程中到底有多少人口外迁,并无确切的统计数。有关数据散见于当时的各种文件、书信、海关关册和档案中,且大多数只有某一年或某一时期的数字,且多为估计数。这些估计数之间相差颇为悬殊,令人难以把握。

据陈翰笙估计,18—20世纪间,从中国贩运到海外的"猪仔"不少于六七百万[1]。据朱杰勤估计,从19世纪中叶到20世纪中叶,被拐骗出洋做苦工的中国人约有百万人[2]。在已有各家的估计中,他们两人的估计大致代表了最高限和最低限,即这一时期外迁人口数约在100万—700万之间。

陈泽宪曾收集了国外各地有关当局公布的中国移民如契约华工入境数以及中国海关历年贸易年册内的移民出国数。结合有关著作进行综合分析,得出各时期移民规模的估计数。见表12-1。

表12-1 1801—1925年间中国海外移民数估计   单位:万人

时间	1801—1850	1851—1875	1876—1900	1901—1925
移民数	32	128	75	65
年平均	0.64	5.12	2.88	2.60

资料来源:据陈泽宪《19世纪盛行的契约华工制》,载吴泽主编:《华侨史研究论集(一)》,华东师范大学出版社1984年版,第84—87页。

根据陈泽宪的分析,1801—1925年间中国外迁的移民总数为300万。这一数字是根据可考的各种来源的数据相互印证综合考证出来的,较为可信。问题是,陈氏所用资料的来源尚难以涵盖所有迁出的契约华工,至于国外有关当局公布的移民入境数,对于有严格移民登

---

1 陈翰笙:《"猪仔"出洋》。
2 朱杰勤:《东南亚华侨史》,第148页。

记的国家来说是可靠的,也是相对准确的,但对于更多的没有严格移民登记的国家来说,可能连基本数据都没有,更不用说准确数字了。此外,从中国海关关册中得到的移民出国统计数字也有明显缺陷,它只记载了官方管辖范围内能够统计到的移民数,对于更多的包括劫掠、偷渡在内的移民就不可能在统计中显示出来。从"苦力贸易"的特点来看,这类移民又是相当重要的。另外,陈泽宪所收集的海外有关政府资料并不完全,例如海峡殖民地地区的报告就没有收入。如新加坡海峡殖民地政府统计表明,仅1881—1930年,经由新加坡转运到其他地方的"苦力"就有500万人之多[1]。又据不完全统计,包括新加坡在内的海峡殖民地,1881—1930年间入境的中国移民就多达830万人,其中大部分转运到其他地方[2]。这一数字既没有包括此前和此后的移民,也没有包括不经过海峡殖民地的移民。如上述,1906—1910年间俄国招募的55万移民就没有经过海峡殖民地,惠民公司招往欧洲的移民也是如此。合而计之,1881—1930年间外迁的中国人总数当在千万人以上。

陈泽宪估计1851—1875年间海外移民人数就有128万之多,而其所列的1801—1850年的移民又主要在1840年之后,再加上1875—1880年间的出国移民数,估计从1840—1880年的外迁移民总数在150万人以上,甚至可能达到200万人以上。

1930年以后的外出移民是这样进行估计的:据估计,1938年海外华侨人口总数为784万人,1956年为1421万人[3],二者之差为637万人。增加的华侨人口来自两个途径,一是原有华侨人口的再生产,即侨生人口,另一是迁入的新移民。假定原有华侨人口的年平均增长率为5‰,1956年他们的人口也只有860万左右。其余的563万则为1938年以后新迁入的海外移民。以泰国为例,1932—1945年间迁入泰国的中国移民有47.4万人,1945—1955年间有26.8万人[4]。换言

---

1 华金山编:《福建华侨史话》,第146页。
2 彭家礼:《十九世纪开发西方殖民地的华工》。
3 见李长傅:《中国殖民史》;台湾侨务委员会编:《侨务统计》,侨务委员会1984年版;台湾华侨志编纂委员会编:《华侨志(总志)》,海天出版社1956年版。
4 郭梁:《华侨出国述略》。

之,1930—1955年间迁入泰国一地的中国移民就多达70万人以上。又据统计,仅1937年一年,迁入新加坡的中国移民就多达40.3万[1]。以此两地类推,1930—1949年间外迁的中国移民肯定超过300万人。只是从1956年的海外华侨人口数分析,1938年的华侨人口有低估的可能。总之,1840—1949年间的中国外迁移民总数大约在1 500万左右。

延续一个世纪的中国海外移民运动,大约迁出了1 500万左右的人口,平均每年的外迁人口为15万人。在国内人口迁移中,随着移民定居时间的延续,其后裔人口总是大大超过移民人数本身,而在海外移民中,1956年的华侨人口也不超过1 500万人,移民人口的自然增长率是一个负值。究其原因,这主要应当归结为"苦力贸易"式的海外移民,生活和劳动条件的艰苦使大多数苦力难以生存。又由于海外移民存在交通的困难,大多数移民未能携家属前往,人口的自然增长率则更低。

2. 移民流向

在"苦力贸易"时期,移民的流向与西方殖民者的海外殖民地相联系,即由中国沿海地区迁往各殖民地,主要有东南亚地区、北美地区、南非地区、澳大利亚和新西兰,其中以东南亚地区为最多。以"苦力贸易"全盛时期的1851—1875年为例进行观察,移民流向和流量可见表12-2。

表12-2　1851—1875年中国海外移民的流向和流量　单位:万人

地　区	人　数	地　区	人　数	地　区	人　数
西印度群岛	3.0	英属圭亚那	2.0	古　巴	13.5
秘　鲁	11.0	巴拿马	2.5	美　国	16.0
加拿大	3.0	澳大利亚	5.5	新西兰	0.5
夏威夷	2.5	菲律宾	4.5	马来半岛	35.0
东印度群岛	25.0	其　他	4.0		

资料来源:转引自陈泽宪:《19世纪盛行的契约华工制》。

---

[1] 庄为玑、林金枝、桂光华:《福建晋江专区华侨史调查报告》,《厦门大学南洋研究所集刊》1958年号。

由表 12-2 可见,中国海外移民的主要流向是亚洲(主要又是在东南亚地区)、美洲(北美和拉美)和澳洲(澳大利亚和新西兰),其中以亚洲为最多,占一半以上;其次是美洲,占三分之一强。

在民国年间,中国海外移民的流向有所变化。主要表现为:欧洲和俄国成为重要的迁入地;东南亚地区仍然是重要的移民迁入地,这一时期大约五分之四的海外移民流入该地区;北美和澳洲的流量大减,主要是迁入地实施限制移民入境的政策和排华政策所致;另外,这一时期出现了较大规模的移民回流。

这样,东南亚地区便成为中国海外移民迁入的主要地区,大约 90% 的移民流入东南亚,8% 左右流入北美和拉美地区,其余则相对分散。在东南亚地区,中国移民分布较为集中的有泰国、印度尼西亚、马来西亚、新加坡、菲律宾、缅甸、越南、柬埔寨、老挝等地;在北美地区主要为美国和加拿大;在拉美则主要为秘鲁和古巴;在非洲地区主要为毛里求斯、马达加斯加和南非;在东亚地区主要为朝鲜和日本;在南亚地区主要为印度和尼泊尔;在欧洲地区主要为俄国、英国和法国。

海外移民的迁出地主要集中在东南沿海地区,其中又以广东、福建两省为主要。广东移民占总量的 60% 左右,福建占 30% 左右。广东省的迁出地主要分布于珠江三角洲和潭江流域、潮汕平原、兴梅客家地区和海南岛;福建移民地区主要分布于晋江、厦门、莆田、龙溪和龙岩等地区[1]。

海外移民也表现出强烈的分籍迁移的趋向,往往同一迁出地的移民流向同一迁入地。原籍珠江三角洲地区和潭江流域的移民主要流向美国、加拿大、印度尼西亚、马来西亚和新加坡;原籍潮州地区的移民主要流向泰国、越南、柬埔寨和印度尼西亚;原籍兴梅客家地区的移民主要流向印度尼西亚、马来西亚、新加坡和越南;原籍海南岛的移民主要流向印度尼西亚、马来西亚、缅甸和越南;原籍晋江地区的移民主要流向菲律宾、印度尼西亚、新加坡和马来西亚;原籍莆田地区的移

---

[1] 参见朱国宏:《中国人口的国际迁移之历史考察》,《历史研究》1989 年第 6 期。

民主要流向新加坡、马来西亚和印度尼西亚;原籍龙溪地区的移民主要流向印度尼西亚、菲律宾、新加坡和马来西亚;原籍厦门地区的移民主要流向菲律宾、新加坡、马来西亚、印度尼西亚和缅甸。

四 移民方式和移民动因

1."苦力贸易":特殊的移民方式

洋行通过"猪仔头"或"苦力贩子"进行所谓的"招工"活动。其方式不外乎诱骗和劫掠。在得到洋行给予的活动经费后,"猪仔头"盯住目标(可以是老乡、亲人或路人)后,设法引到茶楼、酒馆或赌场,以钱财利诱之。然后再将他们引诱到"猪仔馆"签约画押变成"猪仔",从此不再有活动的自由。如果诱骗不成,"猪仔头"便采取强行劫掠的办法,由几个"苦力贩子"伏在路边,一俟行人路过,便一哄而起,强装入麻袋,背到"猪仔馆",卖为"猪仔"。这种劫掠行为,甚至发生在光天化日之下。如"苦力贩子"出其不意地在大街上指责某人欠其债务,强行劫掠而去。这种时候,即使旁边有官兵也徒唤奈何。此外,"苦力贩子"有时也用"迷药"将人迷倒,然后带到"猪仔馆"。

洋行为了达到"招工"的目的,"初则平买,继则引诱,再则掳掠",三管齐下,而又以后两种为普遍形式,这就是丝毫不亚于非洲"奴隶贸易"的"苦力贸易"或"猪仔贸易"。

通过"招工"来的中国人一律被投入"猪仔馆"。在"猪仔馆"里,"猪仔"们丧失了自由,他们被剥光衣服,在胸前各自按照准备把他们送去的地方,分别打上印记。关于"猪仔"的境遇,英国船长有如下描述:

> 苦力都被关在奴隶屯集所一样的木棚里,十到十二人一间,里面肮脏不堪,每间12×24英尺,只有卧身之地,棚顶极低,地面铺竹。他们共有五百人左右,几乎都是一丝不挂的。这许多人被诱迫来到该城之后,就被监禁起来,门外都有"闲人免进"的英文牌子。

关于"猪仔"的签约,马丁(W. A. P. Martin)是这样描述的:

> 据说苦力订立合同是出于自愿的。为了明确这一事实,笔者访问了澳门。招工馆的门如一般所说是开着的,但每一边都有一个手拿重棒的葡萄牙人站岗,苦力出门就有丧失生命的危险。我参观订立合同的台子,苦力排队走上,一个葡人把合同很快地读给他听,他也许一个字也没有听懂,于是捉住他的手,将他的大拇指用力按在合同纸上打手印,这就是自愿签订合同。[1]

第二次鸦片战争后,这种"猪仔馆"从陆地移到了海上,即用屯船方式建立"水上猪仔馆",称为"猪仔屯船制度"。其实质与前述"猪仔馆"完全相同。这种屯船都是特制的,屯船内"黑洞洞的,一点光线见不到","猪仔铺位排成长列,直贯全舱",舱内"最宽处不能两人并立,空气令人窒息","事实上都已变成牢狱"[2]。

"猪仔"们被分为生人和熟人两种。"生人"是未答应出洋的刚被拐骗来的"猪仔","尚须天天设法打骂,通令答应出洋",生人才"谓之熟人"。"每逢打人,并发辫在柱上,用木棍打、手打,到说愿去,方肯放手"。他们中有的被捆绑拇指或脚趾,悬空吊起来毒打,有的被装进竹笼,扔进水中浸泡,几被淹死;有的被捆住双脚,用点着的香头烧灸;有的被双手合掌,再用一根竹签用力敲进两掌当中;有的被用竹竿踩压。[3]"生人"变成"熟人"以后,签约画押,运送出洋。

被招募来的契约华工由"苦力船"运往世界各殖民地。"苦力船"是由殖民者雇用的运输船,既运货物和普通旅客,也运"猪仔"。船舱内塞满了"猪仔",拥挤不堪,每人只能坐或卧在船舱地板上,翻身都有困难。船舱的门和窗都装有监狱般的门闩和栅栏。正对着关"猪仔"的舱口,安有小炮,以防止"猪仔"闹事。

当时的航船从中国的口岸到世界各殖民地需要很长的时间。从香港到夏威夷需要 56—75 天,到美国加州需要 75—100 天,到秘鲁则

---

1 华金山:《福建华侨史话》,第 15 页。
2 陈翰笙编:《华工出国史料汇编(2)》,第 297 页。
3 同上。

需要 120 天。如此漫长的旅程，需要备足水和粮食，因而也要求限载一定数量的旅客。在"苦力贸易"猖獗的时候，运载"猪仔"的"苦力船"为了多赚钱，常常大量超载。每一只船所载人员都超过船的法定载客数额几倍甚至十倍。

成倍超载的"苦力船"拥挤不堪，而船上通风设备一般都不好。特别是从中国到中美洲的航线，有两次要经过赤道地区，通常要在烈日炎炎的赤道线上航行 100 日左右，船上的人都苦不堪言。由于船上大量超载，粮水不敷供应，船主便扣减粮水，导致船上"猪仔"的大量死亡。这种"苦力船""再现了黑奴船上的恐怖景象"，"即使是非洲奴隶贸易最盛时期，'中程航道'中出现过的最黑暗情景，也比不上中国奴隶船上那样可怕"[1]。正因为如此，这种"苦力船"被称作"鬼船"或"海上浮动地狱"。

"苦力"在"海上浮动地狱"病死、饿死、渴死、打死、抛下海死、抛弃在荒岛上死以及不堪忍受折磨自尽而死的，不计其数，海上死亡率极高。如 1856 年英国船波特兰公爵号自香港装载 332 名"猪仔"去古巴，中途死亡 128 名，死亡率达 39％。同年英国船约翰嘉尔文号装 298 名"猪仔"去古巴，途中死亡 135 名，死亡率高达 45％[2]。据不完全统计，19 世纪 50 年代运往秘鲁的"苦力船"，海上死亡率高达 32％—40％，60 年代前半期为 30％，60 年代中期以后为 19％；19 世纪 50 年代初期在运往古巴的船上，"猪仔"的死亡率高达 45％[3]。

"猪仔"也因不堪忍受船上的迫害而发生暴动，结果导致大批华工死亡。这类事件，见诸史料记载的就有 48 起，其中属于暴动的有 38 起，26 起取得胜利。最早一次暴动发生在 1850 年 9 月 7 日，结果该船返棹回华。暴动失败意味着大批"猪仔"的死亡，如罗勃特·包恩号苦力船暴动，475 名"猪仔"只剩下 125 名；又如 1865—1866 年间普罗约登扎号苦力船发生暴动，380 名"猪仔"只剩下了 42 名[4]。

---

1 陈翰笙编：《华工出国史料汇编(2)》，第 465 页。
2 陈泽宪：《19 世纪盛行的契约华工制》。
3 陈翰笙编：《华工出国史料汇编(4)》，第 123—162 页。
4 同上。

大批被称作"苦力"或"猪仔"的中国移民就是以这样的方式迁移到海外的。事实上,经过海上漫长航行抵达迁入地的移民,并非幸运者,因为等待他们的不是遍地黄金,而是同样悲惨和苦难的命运。但这已不是本书叙述的范围,于此不赘。

2. 移民的动因

在"苦力贸易"的前期,由于受到洋行"招工广告"的欺骗,不少华人为生计所迫,主动"应募",订约出洋。在"苦力贸易"的后期,大多数的"猪仔"都是被"猪仔头"诱骗、胁迫或劫掠而来。

"苦力贸易"结束后发生的海外移民大多数是自愿的、主动的迁移。对于他们的迁移动因,根据中国太平洋学会1935年对广东和福建两省所做的调查,迁移者外迁的原因如表12-3所示:

表12-3 民国时期中国向海外移民的原因

迁 移 原 因	占百分比(%)	迁 移 原 因	占百分比(%)
经济压迫	69.95	行为不检	1.88
南洋关系	19.45	地面不靖	0.77
天　　灾	3.43	家庭不睦	0.77
企事业发展	2.87	其　　他	0.88

资料来源:引自陈达:《南洋华侨与闽粤社会》,商务印书馆1939年版,第43页。

在表12-3中,经济压迫的原因和追求企事业发展的原因可归为经济动因,二者占全部原因的三分之二强,是这一时期最重要的迁移动因。南洋关系、行为不检、地面不靖、家庭不睦等可大致归为社会动因,四者之和占有近四分之一,仅次于经济动因。政治动因在表上没有显示,主要与政治的时期性相关,也与政治动因与其他动因交叉有关。例如"南洋关系"原因,从社会联系上说,可归为社会动因,而其中也含有因经济压力、政治压力而凭借南洋关系外迁的动因。"地面不靖",也可以是政治动因的隐讳说法。所以,截然地将各种动因区分开来是困难的。值得注意的是,表中单列天灾作为原因,实际上在动因分类上可归为自然灾害驱动,既可作为独立因素,又可从中分解为其他因素,如天灾往往与经济原因相联系,有时很难区分开来。而自然灾害确实是历史上经常发生的,似也可考虑作为一种动因。这样,这一时期迁移动因除了经济动因、社会动因和政治动因外,还可以加上自然灾害动因。

第三节

海外移民对移民迁出地的影响

和本书其他几章不同的是,本节不再对移民迁入地做进一步的分析,因为移民迁入地已经不在中国境内,不属于本书讨论的范围。本节讨论海外移民对移民迁出地社会产生的影响。

一 移民对迁出地人口的影响

以上各章对国内移民的估计与海外移民不同。在乾隆四十一年(1776年)国内各地接受的移民中,不仅包括移民本身,而且包括他们的后裔。而在对海外移民人口的估计中,是不包括他们的后裔的。以上1 500万海外移民指的是有迁移行为的人口,而在国内移民中,则无法析出。然而,由于海外移民的人口自然增长率极低,在"苦力贸易"时期,甚至呈负增长,所以,直至1956年,海外华侨的人口还不及1 500万。也就是说,即使考虑移民后裔,将时间定于1949年,海外移民的人口不仅不会增加,反而还会有所减少。

1949年的中国人口大致达到5.6亿,海外移民的人口数量只及中国人口总数的2.5%左右,影响不太大。对于广东、福建两省则不然,1953年两省人口为4 784万(广东含钦州地区人口),回溯至1949年大约为4 650万,同年,两省在海外的人口大约为1 400万,在外人口约占在内人口的30%,占总人口的23%。也就是说,广东、福建两省人口中有近四分之一的人口成为海外移民。

如果将海外移民人数与闽、粤两省移民迁出地的人口相比较,亦即与上文中提及的移民输出区的人口相比较,这一比例还会上升,可能达到迁出地总人口的三分之一左右。事实上,在侨乡的一些县,海外县籍人口已和祖籍县人口大体相当,就充分说明了海外移民对侨乡人口的巨大影响。

再就闽、粤两省人口数的增减做一分析。如在本卷第九章中所说,在民国时期的广东侨乡,存在着将海外移民统计在本地户籍的现象,由此而导致人口的高估。因此,我们不采用民国时期的人口数。另外,如在前几章中所述,清代末年的户口调查准确性差,在未经仔细的核对考证之前,不可轻易地使用。因此,笔者采取嘉庆二十五年(1820年)人口数与1953年人口数字对比,对闽、粤两省的人口变化作一说明。

嘉庆二十五年的闽、粤两省人口合计为4 010.4万,至大规模海外移民发生前的1840年,大致有人口4 400万左右。从1840年至1949年,两省人口仅增加250万左右,人口的年平均增长率仅为0.5‰。扣除闽、粤两省人口不计,同期中国人口的年平均增长率为2.8‰,是19世纪中叶以来中华大地屡遭战乱所致。假定从1840年至1949年,闽、粤两省人口的年平均增长率也为2.8‰,1949年两省有人口5 951万,较实际人口多出1 301万,与当年中国海外华侨的数量基本吻合。换言之,若将海外移民计算在内,从1840年至1949年,闽、粤两省人口的年平均增长率约为2.95‰,仅比扣除闽、粤两省人口的中国人口年平均增长率相当或略高。这一估算的意义是,1840年以后的战乱所导致的人口大规模死亡实际上是对中国过密人口的一个调节,马尔萨斯的观点在此得到了有力的证明。

在国内移民中,移民大多数举家迁移,或者在迁入新地后的一段时间里,回家乡接眷属同迁。当一个新家庭在新地建立后,与原籍家乡的联系就开始变得淡薄。海外移民则不同,在大多数情况下,外迁人口多为中青年男性,而留居家乡的则多为女性、老人和儿童。移民迁出地所出现的严重性别失调,对于人口的增长制约极大。

海外移民成家的方式一般有三种:一种是回乡成婚,一种是在当地成婚,一种是既在当地成婚,又回乡娶妻。回乡成婚者,有携带外迁的,也有留在原地的;在迁入地成婚,有在当地建立家庭,也有携带回国的;再如两地成婚,有合在一处的,也有分开成家的。在早期移民中,成功的移民往往有一妻数妾;另一类是"两头家"家庭,即在两地均组成家庭。这种特殊家庭的形成无疑是海外移民的一个特点。

二 移民对移民迁出地经济的影响

海外移民对移民迁入地经济的影响,除了由于人口减少所直接导致的一系列变化外,更重要的是他们的迁移对家乡所带来的间接的经济影响。这种影响主要包括两个方面,一是国内的侨汇收入,即侨汇;另一是海外移民社会形成的资本对国内的投资。

侨汇收入对于移民家庭来说,是直接增加了家庭收入,改变了移民家庭在迁出地的经济地位。对于国家而言,则是增加了外汇收入。由于移民规模庞大,这种侨汇的数目是相当可观的。

华侨资本对国内的投资影响更为深远。移民在迁入地逐渐形成华侨社会,凭借华侨的努力,华侨资本不断增加,迄今已是世界上最重要的一种国际资本。华侨资本的一部分投资于国内。据统计,1862—1949年间华侨资本在国内的投资额高达7亿元人民币(1955年币值)[1]。华侨投资的方向主要是作为移民迁出地的福建和广东,其次是旧中国经济最发达的城市上海。投资状况见表12-4。

表12-4 中国近代华侨资本投资状况　　　单位:人民币元

地 区	时 间	投资总额	投资企业数	平均每年投资额
广东	1862—1949	386 179 575	21 268	4 438 731
福建	1871—1949	139 189 807	4 055	1 784 484
上海	1900—1949	107 347 000	187	2 146 940
合计	1862—1949	632 716 382	25 510	7 189 958

资料来源:林金枝:《近代华侨投资国内企业概论》,第35页。

---

[1] 林金枝:《近代华侨投资国内企业概论》,厦门大学出版社1988年版,第35—36页。

华侨资本对国内的投资几乎遍及工业、农业、矿业、交通运输业、商业、金融业、服务业和房地产业等,这种投资对于促进国内的经济发展无疑是有益的。从1949年以前的情况来看,华侨资本投资的重点在房地产业、商业和工业。

事实上,华侨资本投资对国内经济发展的影响并不限于1949年以前。1949年以后,尤其是1978年以后,这种投资也是十分重要的。广东、福建两省近20年来的经济快速发展与华侨资本的投资是分不开的。而且,可以预计,这种影响仍将继续下去。

三 移民对移民迁出地社会的影响

大规模的海外移民对迁出地社会发展也有着重要的影响。这种影响同样有直接和间接之分。直接的影响在于人口的减少,缓解了当时当地的社会压力,但同时由于青壮年男性的大量外出,造成了迁出地新的社会矛盾。间接的影响主要指华侨的活动对国内政治、教育和文化等方面造成的影响。

海外移民对国内政治的影响主要是通过华侨社会的作用而实现的。如在辛亥革命期间,就有不少华侨直接参与其事,他们或者身体力行,或者捐款捐资。在抗日战争、国内革命战争期间,华侨的参与和捐资都起了重要的作用。

华侨对国内教育的投资具有鲜明的地域性,陈嘉庚在厦门兴办集美学村就是生动的一例。直到今天,对国内的教育投资仍是海外华侨投资的重点。值得指出的是,华侨对教育的投资在很大程度上是一种无偿捐献,并不以取得投资利润作为目的。显然,大批华侨学校的兴办对于侨乡社会的发展起了积极的作用。

移民迁出地的文化深受外来文化的影响。其影响体现在移民及其后裔对迁出地居民的生活观念、生活方式等各个方面。另外,海外移民对迁出地的社会事业的发展也有积极的影响,如城镇建设、社区管理、医疗卫生等。以至在今天,华侨资本仍然是侨乡现代化建设中的一个重要资源。

第十三章

民族人口迁移

本章讨论少数民族人口的迁移与境外其他民族的入迁。

由满洲贵族建立的清朝,是自元朝被推翻后,北方少数民族又一次君临中原,成为各族人民的统治者。满族人口是清代少数民族人口中最特殊的一支,其迁移过程在第二章中已有详述。本章所要叙述的是满族以外的其他各少数民族人口的迁移。除了个别少数民族人口的迁移规模较大,人口较多外,其他少数民族人口的迁移多以族或部落作为叙述的单位。尽管从人数上说,族或部落的人口并不很多。

除了构成中华民族的各少数民族人口的迁移活动外,境外其他民族的入迁也是本章讨论的主要内容。自明代后期开始,西方传教士进入中国内地进行传教活动,清代初年经历了从允许传教至禁教的跌宕曲折,直至清代后期,西方列强用坚船利炮轰开了紧闭的国门,帝国主义的殖民成为异域民族迁入的主要形式。因本书第七卷未涉及此内容,本章对民国时期这类移民情况也有所涉及。

第一节

少数民族的迁移

一 土尔扈特蒙古的回归[1]

1. 土尔扈特蒙古的先世和西迁

土尔扈特蒙古是蒙古部落中古老的成员之一。按照《史集》的记载,王罕所率的克列特部是"蒙古人的一种,居住在斡难、怯绿连两河沿岸的蒙古人地区"。王罕曾与铁木真联盟,对铁木真统一蒙古各部起了重要作用。以后,铁木真击败克列特部,该部成为铁木真辖下蒙古部落的一部分。因为王罕家族中的克列特人曾充任过成吉思汗的护卫,而土尔扈特方言中"护卫军"亦被称为土尔扈特(tougud),因此,克列特便被称为土尔扈特。

15世纪时,土尔扈特蒙古投靠瓦剌首领脱欢大师,由于受到西喀尔喀蒙古的进攻,16世纪末到17世纪初,包括土尔扈特在内的四卫拉特牧地不断从漠北移向漠西,其西南方向则不断向伊犁河流域转移,东南则向青海推进。这样就形成了明末清初游牧于我国西北地区的卫拉特蒙古部落。土尔扈特蒙古游牧于新疆塔城西北部的雅尔地区。

17世纪初期,土尔扈特蒙古的人口迅速增加,势力也迅速增长。据1616年的报告,当时的土尔扈特蒙古首领和鄂尔勒克有军队1万人。人口的增长和牲畜总头数的增长使牧地显得缺乏,各部之间的矛盾也随之尖锐起来。为了寻求新的牧场并避开卫拉特内部的纷争,和

---

[1] 据马汝珩、马大正:《漂落异域的民族——17至18世纪的土尔扈特蒙古》,中国社会科学出版社1991年版。

鄂尔勒克率部西迁。

大约在1630年左右,和鄂尔勒克率领土尔扈特蒙古部落经过哈萨克草原,越过乌拉尔河,来到伏尔加河下游放牧。这里有一望无际的大草原,水草肥美,气候温和,土尔扈特人扎下营寨,把这一地区当作自己新的家园。

2. 土尔扈特蒙古与俄国、中国的关系

在最初的年代里,土尔扈特人的生活是相当安宁和平静的。俄国人的向东扩张虽然对土尔扈特人构成某种潜在的威胁,但他们与土尔扈特之间的交往还算是和平的。土尔扈特人在市场上出售毛皮等物,购回日用物品。不久,出于控制土尔扈特蒙古人的目的,沙俄在贸易中对土尔扈特人加以种种限制,双方发生冲突,甚至是大规模的军事冲突。1643年,土尔扈特军队在与俄国人的战争中失利,土部士兵"渡过捷列克河的18.8万人当中,仅有1.5万幸存了下来"。和鄂尔勒克也在战斗中死亡。

17世纪中,书库尔岱青成为土尔扈特蒙古的最高统治者,他建立起一个以土尔扈特蒙古部为中心的游牧民族的封建汗国——土尔扈特汗国,西方著作称为卡尔梅克汗国。在他执政的时期里,土尔扈特人多次与沙俄谈判,表示对俄国的臣服,但在实际上却能保持土尔扈特汗国在伏尔加河下游的游牧区域。表面上对俄国的臣服而实际上的独立是这一时期土尔扈特执政者的既定方针。

顺治三年(1646年),书库尔岱青派遣使者向清政府进表呈贡。以后又不断派使者前往中国北京,一直保持着对清朝的朝贡关系。只是由于经新疆、嘉峪关的路线为准噶尔部所阻,所以他们的使者不得不绕道漠北,经西伯利亚、库伦、张家口等地,抵京师"表贡方物"。

康熙四十八年(1709年)在土尔扈特派出萨穆坦为首的使团来到北京后,清政府即组织一个出访土尔扈特的使团,共32人,称"图里琛使团",随萨穆坦返回土尔扈特。至于清政府为何对于地处如此遥远的一个蒙古部落派出大规模的使团,历史学家有许多看法,一般的推测是,清政府与土尔扈特商谈的问题可能是联合抗击准噶尔部,并希望土尔扈特回国。如法国学者加恩认为:"后来事件的发展也提供了证明：中国浪子土尔扈特的归来一事，最初提出于1714年（按：指图里琛出访土尔扈特的时间），后来由于中国对厄鲁特人的征伐而拖延下来，直到18世纪中叶厄鲁特人被乾隆消灭以后，才能真正实现，而这时距离提出这个问题已有60年了。我们设想一下，土尔扈特人若不是由于中国甘言许诺而长久以来怀有重归故土的想法，怎么可能在1771年突然决定离开他们已经生活了一个世纪的国土，同时又冒着旅途上种种风险，而且前途未卜，就回到故土去呢？"可见康熙时期图里琛使团的出访对于60年后土尔扈特人的东迁有着极其重要的作用。

1761年，19岁的渥巴锡继承汗位，而俄国却扶植已经东正教化了的土尔扈特贵族敦杜克夫家族，企图取代渥巴锡。土尔扈特汗国处于动荡之中。俄国人从顿河流域招募哥萨克人定居于伏尔加河流域，俄罗斯农民也在政府的组织下大量地迁入，土尔扈特汗国与哥萨克及其他邻近民族的关系紧张，草场的缺乏，粮食的短缺都是引发大规模动乱的导火索。加上处于扩张时期的沙俄无休止地向土尔扈特征兵，渥巴锡决定发动武装起义，东返中国。

3. 土尔扈特蒙古的东归与安置

1771年1月4日，渥巴锡宣布了东返计划，其理由是：俄国女皇已命令把自己的儿子和五位达官贵族的儿子送到彼得堡，而且还要从卡尔梅克选出1万名新兵派往俄国军队中去，"为了遵守本族法规和保护卡尔梅克民族，除了摆脱此间的庇护出走外，别无他法。为此要求众人随行"。群众高呼："我们的子孙永远不当奴隶，让我们到太阳升起的地方去。"次日起义，踏上东返之路。

居住于伏尔加河东岸的土尔扈特人皆步入东归的行列，西岸部落则未随行。全部队伍共33 360余户，168 000余人。起义的部队拼死通过了沙俄的包围圈，在哈萨克草原经历了严寒和风雪的袭击。7月8日，土尔扈特的前锋在伊犁河流域的察林河畔与前来相迎的清军相遇，结束了漫长而艰苦的东归行程。到达伊犁的土尔扈特户数为15 793户，66 073人，途中死亡人数超过了半数。

对于这场伟大的行军，德昆赛在《鞑靼人的反叛》一书中指出："从最早的历史记录以来,没有一桩伟大的事业能像20世纪后半期一个主要鞑靼民族跨越亚洲无垠的草原向东迁返那样轰动于世和那样激动人心的了。"马汝珩等则认为,土尔扈特的东迁表明"中华民族之间长期形成的凝聚力与向心力绝非任何力量所能切断的"。

土尔扈特的青壮年多在战斗中牺牲,"其投来者内,皆为老弱孤独,妇女儿童甚众,摇晃行走而来。至其游牧处观之,则饥饿疲惫者甚多"。于是乾隆帝命令负责安置工作的舒赫德,"分拨善地安置,仍购运牛羊、粮食,以资养赡,置办衣裘庐帐,俾得御寒"。各地调运来的物资计马牛羊20余万头,米麦4万多石,茶2万余封,羊裘5万多件,棉布6万多匹,棉花近6万斤,还有大量的毡庐等。

1772年东归的土尔扈特安置的地区是这样的:和硕特部已移居珠勒都斯,郡王巴木巴尔移居济尔噶朗,贝勒默们图移居精河,渥巴锡移居斋尔,策伯克多尔济移居和布克塞尔。以后渥巴锡部请准清政府迁居于珠勒都斯草原游牧。至此,土尔扈特诸部的游牧地基本确定,沿袭至今。

二 陕甘回民起义后的回民迁移

1. 陕甘回民起义

西北地区是一个多民族聚居的区域,回族是各少数民族中人口最多的民族。在与汉民族长时间的共同生活中,由于宗教和习俗的不同,汉回之间,多有龃龉,双方械斗亦时有发生,但均未酿成大乱。唯有同治年间的回汉冲突,竟构成巨大的社会动乱,此与当时的社会条件密切相关。

同治元年(1862年),太平军扶王陈得才联合捻军经河南闯入陕西武关,一度逼近西安,也一度攻陷渭南。又有石达开部将蓝大顺、二顺兄弟在石军失败后,率残部由四川进入陕西洋县、商州、山阳、商南等地,更有一部绕道河南南阳,进攻陕西,包围凤翔达一年有余,甚至有部分太平军进入甘肃。这一切成为西北地区回汉冲突升级的催化剂。

同治元年的春天,陕西华州(今渭南市华州区)汉回械斗,汉民声称将尽歼回种,回族群众携家眷走渭南。关中地区的回民在一些士绅的率领下,"潜造军火、旗帜",揭竿起义[1]。汉族以民团为单位,卷入械斗。汉回屠杀很快波及整个西北地区。

同治元年冬天至第二年夏天,陕西白水县汉民"集团四五千人,即与本处回民互相燹杀";甘肃"平凉府东关外回民闻汉民传言有剿洗回教之语,惊疑变动,将关外太平桥及附近庙宇燹毁。城内汉民乘乱将在城居住回民三十余人尽行杀毙,地方官不能约束"[2];联捷也提及"臣于途次叠据回籍生员……纷纷跪递呈词,力称该回民等或居住村庄房屋被贼烧毁,或在城内居住,地方官恐其勾结外回,全行驱逐出城,甚至扣留其家属。禀请安业,并具连环保结,呈递前来";他还举例说:"臣昨过静宁州时,查知回民在城房屋半数流娼窝住,在乡房屋早经烧毁,田亩一律荒芜,现为汉民把持,不准回民葺修耕种,地方官并不设法开导,办理殊不持平。"[3]在汉回屠杀的大背景下,并不想卷入动乱的一些地方的回民也不能逃脱汉民的逐杀,回民起义的规模随之扩大。

"回民始而寻仇泄愤,继而迁怒杀官,近则攻占城池,负隅自固"[4],如同治二年(1863年)回民攻陷回原城,"先烧鼓楼,后烧东西关,城中汉民杀戮殆尽"[5]。再如平凉府城,烟户数万,遭回民马化龙屠杀后,"纵横数百里,烟火萧条,残黎泣诉,为古今未有之祸"[6]。又如在宁夏府城,回民对"汉民屠戮罄尽"[7]。宁夏周围数百里,汉民几无遗类。

同治三年四月,新疆阿克苏、喀喇沙尔、库车等地的回教徒并起响应。回民起义遍及整个西北大地。

1 曾毓瑜:《征西纪略》卷1。
2 《平定陕甘、新疆回匪方略》卷135。
3 《平定陕甘、新疆回匪方略》卷60。
4 《平定陕甘、新疆回匪方略》卷113。
5 《平定陕甘、新疆回匪方略》卷33。
6 杨毓秀:《平回志》卷5,载《回民起义》(三),神州国光社1953年版。
7 易孔昭:《平定关陇纪略》卷10,载《回民起义》(三)。

2. 起义失败后的回民安置

鉴于地方政府对回民起义束手无措，同治五年，清廷派在镇压太平天国革命中立下战功的左宗棠总督陕甘军务，率兵往西北剿回。左宗棠先后调动湘军、楚军、豫军、川军、皖军、晋军、鲁军、直隶京兵和吉林、黑龙江马队以及蒙兵、藏兵总计约 20 万兵力，此外还有大批地方团练，赴陕征回。

左氏计划的第一步是逼陕西回民入甘。同治七年（1868 年）九月，陕西回族起义军在左军的攻剿下，败退甘肃境内，驻扎在甘肃宁州（今宁县）之董志原。回民起义者大都携家属同行，这类军事行动实际上也构成了一次人口迁移。

陕西北部还有以董福祥为首的回民起义军 10 余万，所以，退守董志原的回族义军还不时向陕境回袭，与陕北董部形成遥相呼应之势。左宗棠先集中兵力攻打董福祥部，董部投降，遂进兵董志原，告示"诛止元恶，归诚免死，只问良莠，不问汉回"。董志原一役，左宗棠杀回民 3 万余人，起义军家属在追杀下跳崖身亡，"坠崖而死者实不下二三万"。所剩回民义军逃至金积堡、河州等地。

金积堡因金积山得名，为灵州（今宁夏灵武市）之一镇。金积堡四周寨堡林立，多至数百所。金积堡墙高体大，堡中有堡，水利完善，物产丰富，是北方贸易的重镇。甘肃回民领袖马化漋以金积堡为中心，控制宁夏和灵州。左宗棠部围困金积堡长达一年半，同治九年（1870 年），为保全金积堡内人民生命，马缴枪投降，次年马化漋父子及亲属、亲信 80 余人被屠，宁夏平定。

左宗棠部在平定宁夏以后，全力进攻河州（今甘肃临夏回族自治州）之起义回部。同治十一年马占鳌率部投降，河州平定。同时西宁回部马永福亦请降，仅剩散居于西宁南部的部分陕回，不肯就抚，最后为左部降服。同治十二年，左部收复肃州。

在平乱过程中，左宗棠对付回民的手段极为残酷，这主要是由于他认为招抚回民比剿回更难，"抚之为难，尤甚于剿。剿者，战胜之后，别无筹划。抚者，受降之后，更费绸缪。各省受降，惟筹给资遣散，令其各归原籍而已。陕、甘则衅由内作，汉回皆是土著，散遣无归，非筹安插之地,给牲畜籽种不可。其未及安插之先,非酌筹口食之资不可,用费浩繁,难以数计"[1]。所以,在金积堡回部投降后,左宗棠将堡内12—60岁的男子尽行杀戮,仅安插老弱妇幼。攻打肃州时,亦将已经投降的1573名回民全部枪杀,又乘夜纵兵入城,杀城中回民百姓。陕甘回民之大部分被左宗棠部消灭。

陕西回民在变乱之前,大约有七八十万之多。自变乱发生以后,残存者仅十之一二,于此十之一二中,只有二三万尚留居西安省城,其余五六万悉流亡于甘肃之宁、灵及河、湟等地。按理在处理陕回时,应将他们遣返原籍,但陕回在陕西产业已被没收充公,一旦迁返,与汉民矛盾势必尖锐。留在当地,也不现实,同样面临与当地汉人的关系问题。为此,左宗棠制定安置回民的三原则:"近城驿非所宜,近汉庄非所宜,并聚一处非所宜",只可"觅水草不乏,川原荒绝无主,各地自成片断者,以便安置"。又因陕回与甘回不能共处,甚至也有甘回与甘回也不能共处者,故应区别对待,不使其"并域而居"[2]。各地投降回民安插情况如表13-1。

表13-1 陕甘回民起义失败后的回民安插

地 区	原籍或身份	人 口	安 插 地 点
金积堡	外来贸易客回	3 000余	平凉大岔沟
金积堡	土回与陕回	12 000余	固原城附近
银川城	土回	全部	灵武吴忠堡
王洪堡	土回	—	灵州附近
马家滩	土回	—	张家川
—	陕回	9 000余	平凉化平
河州	陕回	20 000余	平凉、会宁、隆德、安定等地
西宁	陕回	20 000余	平凉、秦安、清水等地
肃州	土回	2 000余	榆中一带
李得仓部	土回	3 000余	张家川

资料来源:易孔昭:《平定关陇纪略》。

---

[1] 罗正钧:《左宗棠年谱》,台湾文海出版社,第347页。
[2] 易孔昭:《平定关陇纪略》卷11。

这次安插造成了西北境内回民居地的大变动。如银川城中的回民悉数被迁往灵州，原籍陕西关中一带的起义回民全部安插于甘肃境内。从安插地来看，安插回民的固原、平凉、隆德、安定（今定西市安定区）等地皆为干旱山区。这里自然条件极差，不利于农业、畜牧业的发展。迁民居住分散，生活条件恶劣，对于西北回民社会的发展带来了极其不利的影响。

甘肃地方，似乎只有秦州（治今天水市区）及徽县的回民，始终保持冷静，未参加这次变乱，所以战后的迁徙安插，未对二地回民造成影响。

与回民的安插相反，对于卷入回民起义的汉人，外来者遣回原籍，本地土著也给安插，"安插之地，汉回各有攸宜。汉民安插狄道、金县、安定、会宁一带，凡近城驿汉民聚积之处，宜也"[1]。左氏安插汉民的地点与回民迥然有别。

左宗棠还加强对回族聚居区和新迁区的控制，如改金积堡为永灵厅，增设平远县，又把固原州提升为直隶州。在回族居住区强化保甲制度，回民外出需由政府发给护照，否则以私逃论。回民到附近集市购物探亲，也要由百家长到州县衙门领取本牌号签，以凭查验。还不准回民在城市内居住或城市内外"列肆贸易"。显然，被迁徙的回民受到统治者的严厉监控。

三　西北其他少数民族的迁移

1. 哈萨克族[2]

哈萨克族是一个历史悠久、源远流长的古老民族，她是由古代许多部落和部族——其中主要有塞种、乌孙、匈奴、康居、阿兰、钦察等等——逐渐融合而成的。

13—14世纪，大部分哈萨克部落处于金帐汗国的统治之下，另一部分则受察合台汗国的统辖。金帐汗国分裂之后，古代哈萨克各部多

---

[1] 易孔昭：《平定关陇纪略》卷11。
[2] 据贾合甫·米尔扎汗：《哈萨克族》，民族出版社1989年版。

数臣服于白帐汗国。15世纪初,中亚地区建立了许多汗国,哈萨克各部分属几个汗国管辖。

15世纪中叶,白帐汗国的最后一个可汗之子克烈汗和贾尼克汗率领哈萨克诸部东迁楚河流域、塔拉斯河流域,建立了一个独立的哈萨克汗国。其他汗国境内的哈萨克部落,纷纷迁入哈萨克汗国。哈萨克民族因此而形成。

18世纪初,哈萨克族常受到准噶尔部的侵扰,处境艰难。18世纪中叶,清军平定准噶尔部到达伊犁,清帝下谕旨称:"若哈萨克人等投诚前来,将伊大头目酌量赴京入觐,赏给官爵。其所属之人仍于原游牧处安插。"[1] 1755年秋天,清廷向哈萨克派遣了使者,哈萨克亦派使臣来到伊犁将军班第处,建立起朝贡的藩属关系。

1757年,征伐准噶尔残部的清朝军队到达了中玉兹[2]境内,阿布赉汗亲自迎接清朝军队,正式表示归顺清朝,并上表乾隆皇帝称:"臣阿布赉愿率哈萨克全部,归于鸿化,永为中国臣仆。"[3] 乾隆皇帝接受了阿布赉的臣服,颁发了册封阿布赉汗的诏谕并赏赐了厚礼。接着,大玉兹和小玉兹也都向清朝表示臣服,哈萨克各汗国事实上已成为清朝的属国。

清朝政府还在伊犁等地安置自愿迁入的哈萨克人。1766年,清政府敕令伊犁将军:"伊犁等处土地辽阔,人烟愈多愈善。哈萨克如不得游牧地方,或畏惧劫掠,情愿内附者,即行收留。"从这一时期开始,哈萨克族陆续迁到伊犁、塔城、阿勒泰三个地区游牧。迁到伊犁地区的主要是中玉兹的黑宰部落,以及大玉兹的杜拉特、阿勒班部落等;迁到塔城、阿勒泰地区的主要是中玉兹的克烈、乃蛮等部落。

19世纪中叶起,沙俄政府强迫清政府签订了一系列不平等边界条约。其中与哈萨克族关系较为密切的是1864年签订的《中俄勘分西北界约记》和1883年签订的《中俄科塔界约》。通过这些不平等条

---

[1] 《平定准噶尔方略》卷8。
[2] 在古代哈萨克语中,称数词"一百"为玉兹,人们称乌孙率领的一百个骑士为"大玉兹",其他则分别称为"中玉兹"和"小玉兹"。古代哈萨克人认为自己是跟随这三百个骑士繁衍而来的,因此哈萨克人自称是三个玉兹的后代。
[3] 《平定准噶尔方略》卷41;《清高宗实录》卷543。

约,沙俄强占我国西北巴尔喀什湖以东以南的大片领土。原属清朝政府管辖、划界后归入俄属的哈萨克人,因为不愿划归俄国,纷纷迁入划界后的中国境内。

1864年,哈萨克克烈部不愿当俄国的臣民,在阿吉公的率领下,迁入阿尔泰以南的萨坞尔山一带放牧。1871年,哈萨克阿勒班部落,不堪沙俄的压榨,在其首领塔扎别克的率领下,起兵反抗,失败后率千余户牧民投奔中国,被清政府安置在托古斯塔柳(今巩留县)游牧。

1871年,沙俄出兵强占伊犁地区,伊犁地区的各族人民纷纷他徙,以谋生计。1872年,伊犁附近的哈萨克牧民移往昌吉卡伦及索果克卡伦以东地区。1878年,数千名哈萨克牧民从伊犁边境地区迁至天山中部的裕勒都斯草原。有些牧民甚至迁徙到科布多地区。

在1883年订立《中俄科塔界约》期间,哈萨克族人民强烈反对"人随地归"的原则,在清朝分界大臣的努力下,议定划界后的两边哈萨克族牧民,以一年为限,可以自由选择归属国,愿入何国管辖,一律从其自愿。同年,哈萨克乃蛮部落中的加尔波勒德部落头目堆三伯特率100户迁入。1884年,加克比率领1 000户哈萨克人从斋桑泊迁居阿勒泰吉木乃县。直到20世纪初,仍不断有哈萨克人陆续迁入新疆。

2. 乌孜别克族[1]

乌孜别克族是原居住于中亚细亚安集延、浩罕等地的古老民族。大约在元朝时,古乌孜别克人就开始频繁地活动于丝绸之路上。到了16、17世纪,随着丝绸之路的繁盛,乌孜别克人的商业活动有扩大的趋势,进入中国的乌孜别克人也比以前有明显的增加。

这一时期撒马尔罕城的经济获得了较大的发展,成为中亚地区商业贸易的中心之一。在地理位置上,撒马尔罕向东经天山南路或北路到中国,南到阿富汗、印度,西到波斯,西北到欧洲。由于交通的发达,各国的商品货物在这里集散中转,成为各方商品的集散地。新疆南部的叶儿羌作为商业重镇与撒马尔罕遥遥相对,从布哈拉、撒马尔罕等地东来的乌孜别克商人成群结队地来到叶儿羌城,以此作为中

---

[1] 据罗建生:《乌孜别克族》,民族出版社1990年版。

转地,出售或收购货物。有的还途经阿克苏、吐鲁番至甘肃肃州,将货物转销中国内地,然后返回中亚。

18世纪初,锡尔河上游以乌孜别克人为主体的浩罕汗国形成,此外还有两个也是以乌孜别克人为主的汗国,即希瓦汗国和布哈拉汗国与其毗邻。18世纪50年代,清朝统一了新疆,与浩罕汗国、希瓦汗国和布哈拉汗国建立了外交关系。浩罕等汗国得到准商减税的好处,来中国贸易的人数日益增多。他们沿着古代的丝绸之路,结伴成群赶着骆驼、骡马往来穿行在中亚和新疆之间。最初他们在新疆被称为"安集延人""布哈拉人""浩罕人"等,其中以"安集延人"的称呼使用得最为广泛。在新疆的喀什噶尔、阿克苏、吐鲁番、伊犁等城市以及甘肃酒泉一带,活跃着一支支乌孜别克人的商队。因此,就在这条商路上,形成了乌孜别克人大大小小的一批留居地。有些商人还与当地的女子结婚,置产安家成为当地的居民。乌孜别克人较集中地定居在喀什噶尔、叶儿羌、阿克苏以及北疆的乌鲁木齐、伊犁、塔城、奇台、木垒、英吉沙等地。据统计,1828年上述各地的乌孜别克居民达1 567户,以喀什噶尔最多。至19世纪中叶,迁居新疆的乌孜别克人不再限于商人,还包括从事其他职业的人口。1887年,居住在南疆的乌孜别克居民就有2 000户。

3. 塔塔尔族[1]

塔塔尔族的祖先是中国古代北方游牧的突厥汗国统治下的"塔塔儿"部落,即后来的"鞑靼"本部。辽金时代,"鞑靼"成为蒙古高原各部的通称,鞑靼(塔塔尔)部则成为蒙古高原上最强大的部落。他们的牧地和屯营地主要在今贝尔加湖地区。13世纪初蒙古部兴起,兼并了蒙古高原上的各部,也吞并了鞑靼部。塔塔尔人并入了金帐汗国,成为蒙古的一部分。于是,先前随匈奴西迁到乌拉尔山和伏尔加河流域的操突厥语的人,纷纷加入金帐汗国,并称自己为"鞑靼人"。后来,西亚、东欧的蒙古人大批突厥化,泛称自己为"鞑靼人"。到14世纪,这些各种各样的"鞑靼人"改称为"塔塔尔"。15世纪上半叶,以塔塔

---

[1] 据周建华、郭永瑛:《塔塔尔族》,民族出版社1993年版。

尔为主体的喀山汗国取代金帐汗国崛起，塔塔尔民族逐渐形成。

16世纪初，塔塔尔人内部分裂成若干个地方集团，如喀山鞑靼人、克里米亚鞑靼人等，16世纪中叶则被沙俄吞并。从16世纪到19世纪，俄国文献将境内操突厥语的各族统称为"鞑靼人"，而中国新疆的鞑靼人，则因尊重其本民族形成时的自称，称其为"塔塔尔族"。

在16世纪末卫拉特蒙古崛起后，塔塔尔人成为卫拉特的属民。16世纪末至17世纪初，当卫拉特人遭到沙俄的侵略时，塔塔尔人也遭到了战争的灾难，他们逃到了准噶尔部的辖区阿尔泰山以东的科布多南北和额尔齐斯河上游到准噶尔盆地一带。1775年，在清朝平定准噶尔部的叛乱之后，居住在这里的塔塔尔牧民成为清朝的臣民。

19世纪初，有不少塔塔尔族青年，不堪忍受沙俄的压迫和统治，从伏尔加河流域逃难投奔到阿尔泰山北麓以求生计，有的给大玉兹、中玉兹部落的哈萨克牧民当养子养女干活度日。19世纪上半期，沙俄军队越过巴尔喀什湖以东以南的中国边界，侵占大玉兹、中玉兹部落的大片草原，生活在这一区域的塔塔尔族牧民，大约于1830年前后，翻越阿尔泰山来到新疆阿勒泰地区定居。1831年沙俄侵占了阿亚古斯河流域，生活在这里的塔塔尔族人民于1840年前后陆续向中国境内迁移，大部分来到塔城地区定居。

1851年沙俄与中国签订《中俄伊犁、塔尔巴哈台通商章程》。根据章程规定：沙俄在伊犁、塔城设立领事馆，在伊犁、塔城、乌鲁木齐建立贸易圈和侨民区。大批俄罗斯商人和侨民得以迁入，他们还从巴尔喀什湖以东以南地区招募了许多善于交际并通晓俄语、维语、哈语的塔塔尔人，为他们在新疆的商业经营当翻译、保管、采购、会计等，于是就有不少塔塔尔人迁居于伊犁、塔城和乌鲁木齐等城市的贸易圈和侨民区。这些塔塔尔人，后来成为俄罗斯商人的代理人，以后，又由代理人变为巨商。在1882年《中俄伊犁条约》签订以后，伊犁收复，居住在贸易圈和侨民区的塔塔尔人要求加入中国国籍，留居当地从事商业并兼营其他行业。直到20世纪，俄国境内的塔塔尔人还在陆续迁入中国境内。俄国十月革命胜利后，属俄籍侨民的塔塔尔商人、知识分子和牧民等,返回苏联者少,大多留居中国,加入中国国籍,成为中国公民。

4. 柯尔克孜族[1]

柯尔克孜族最初居住于叶尼塞河上游,羁属于匈奴。6世纪中叶称为"黠戛斯",处于突厥统治下。明代,被称为"吉利吉斯"的柯尔克孜族在与瓦剌的冲突中败走西南,迁入阿克苏地区。这一时期,柯尔克孜族与蒙古族发生融合,活动区域从叶尼塞河移到天山之麓,成为天山一带突厥各部落中人数众多的集团之一。

清代初年,被称为"布鲁特"的柯尔克孜族分布在天山南北两侧。天山北部的称为东布鲁特,南部的称为西布鲁特。由于准噶尔部的骚扰,留居在叶尼塞河上游的柯尔克孜族人也大部分迁到了天山地区,与天山的族人汇合。以后,有不少柯尔克孜牧民迁往兴都库什山和喀喇昆仑山一带。在清政府平定准噶尔部的叛乱中,有少部分柯尔克孜族人迁往东北地区。1758—1759年,东布鲁特萨雅克部、萨尔巴噶什部和西布鲁特额德格纳等15个部落,率20万众请求归属清朝,进入伊塞克湖一带游牧。

1895年英俄瓜分帕米尔后,帕米尔地区的不少柯尔克孜人,不理睬沙俄宣布他们"已属俄国百姓",结队返回中国。

5. 锡伯族[2]

明代后期的锡伯人居住在嫩江、松花江流域,隶属于科尔沁蒙古。努尔哈赤逐步统一了女真各部,势力日渐强大,建立起后金政权。科尔沁、郭尔罗斯、杜尔伯特、扎赉特等部先后归附后金,其所属的锡伯人也随之归附。崇德元年(1636年)至顺治五年(1648年),先后设立科尔沁十旗,所属锡伯人分归各旗,成为蒙古八旗的一个组成部分。

康熙三十一年(1692年),清政府将锡伯人从科尔沁蒙古旗内全部抽出,从中挑选出年力精壮者为披甲,编设牛录,分归满洲八旗,遣驻齐齐哈尔等地。从科尔沁部抽出的锡伯族、达斡尔族精壮男丁共

---

[1] 据《中国少数民族》,人民出版社1981年版。
[2] 据稽南、吴克尧:《锡伯族》,民族出版社1990年版。

11 812 名,再从居住在齐齐哈尔附近的锡伯、达斡尔人内挑选壮丁 1 200 名,附丁 2 400 名,编成 24 个牛录,分归满洲上三旗,即镶黄旗、正黄旗和正白旗管辖。这 24 个牛录中,锡伯 19 个牛录,达斡尔 5 个牛录,达斡尔牛录的任官由锡伯人担任,故统称为锡伯牛录。以后,这 5 个牛录的达斡尔人逐渐融合到锡伯人中去了。

尽管锡伯官兵被编入满洲八旗,但锡伯人仍居住于原来的村庄,并未入军营居住。官员难以遥制,调动不便。康熙三十八年,清廷决定将锡伯人调至盛京防守,以补充盛京的兵员不足。

锡伯人迁到盛京后,不再专设锡伯牛录,而是分散各地,披甲效力。今天东北地区的锡伯人,主要居住于辽宁各地,就是这次迁徙的结果。

乾隆年间,清政府平定了大、小和卓的叛乱后,清政府加强了新疆地区的防务。自乾隆二十九年(1764 年)开始,清政府从盛京所属沈阳、凤城、辽阳、开原、广宁、熊岳、复州、岫岩、金州、盖州、锦州、义州、牛庄、兴京、抚顺各城,调遣携眷锡伯官兵 1 020 名,连同家属共 3 275 人,分两批出发西迁新疆伊犁。他们经克鲁伦路和蒙古路抵乌里雅苏台,再从乌里雅苏台向伊犁进发,于乾隆三十年先后抵达伊犁。这就是锡伯族一部分居于辽宁、吉林,一部分居于新疆的由来。

6. 俄罗斯族

如上述,1851 年沙俄与中国签订《中俄伊犁、塔尔巴哈台通商章程》。根据章程规定:沙俄在伊犁、塔城设立领事馆,在伊犁、塔城、乌鲁木齐建立贸易圈和侨民区,大批俄罗斯商人和侨民得以迁入。俄国十月革命前后,有更多的俄人陆续进入新疆一带,在民国年间,他们被称作"归化人"。

1949 年以后,经中苏两国协商,不少俄人陆续迁回祖国,或迁往澳大利亚及加拿大等国。留在中国的俄罗斯人已经不多了。

7. 保安族[1]

清初以前居住于青海同仁地区的保安族,是在元明时期由信仰

---

[1] 马少青:《保安族》,民族出版社 1989 年版。

伊斯兰教的色目人与蒙、藏、回、土民族长期交往,自然融合而成的。保安族所以信仰伊斯兰教,是因为元初驻扎在同仁地区的元军、随军工匠以及商人都信仰伊斯兰教;保安族善于经商,与当年信仰伊斯兰教的色目人中的商人有关;保安族擅长打刀工艺,与元朝蒙古人军队中的西域回回工匠有关;保安族习吃的面食,如油香、馓子、凉面等,是西域民族的传统美食;保安族人体格健壮,多胡须,性格强悍,是色目人的遗传。

清初以前保安族人原居于青海省同仁县隆务河边的保安城、下庄、尕沙日一带,称为"保安三庄"。在保安城内保安人与回、汉等民族杂居,多为历代"守边防番"的"营伍人"和他们的后代。城郊有上、下两庄,上庄住着土族,下庄则为保安人居住。此外,尕沙日除住有保安人外,还有土族、藏族居住。

同治年间保安地区的保安人与当地的其他民族发生械斗,保安族人被迫放弃他们世代居住的家园,远徙他乡。最初,保安人迁至循化地区,居住了二三年后,再次东迁,过积石关,来到了大河家地区。经过一段时间的动荡以后,保安人就在这一区域定居了下来。这就是今日甘肃积石山保安族东乡族撒拉族自治县里保安族的由来。

四 东北地区朝鲜族的迁入[1]

14 世纪末年,朝鲜半岛上的高丽王国发生政变,李成桂自立为王,建立李氏王朝。李氏遣使向明朝朝贡,上表请封,废除高丽族名,改名朝鲜。在明代,居住在辽东境内的朝鲜族人民数以万计,和汉族、女真族杂居,仍称高丽族,又称"土高丽"。

明代辽东地区的汉人有迁入朝鲜的,朝鲜人也有迁入辽东的,甚至有远徙中原者。著名者如明代辽东总兵李成梁,其"高祖英,自朝鲜府内,世授铁岭卫金事,遂家焉"[2]。在清代前期,朝鲜人有陆续向中国境内迁移的,但多为零星的移民,规模不大。

---

1 据傅朗云等:《东北民族史略》,吉林人民出版社 1983 年版。
2 《明史》卷 238《李成梁传》。

清代中期以后,尽管清王朝对其发祥地仍实施封禁政策,但朝鲜人已开始大批越过图们江开荒种地。同治八年(1869年),朝鲜北部发生大饥荒,大批朝鲜移民扶老携幼过江垦荒,同治九年在鸭绿江北岸出现28个朝鲜族聚居乡,光绪七年(1881年),定居在延边地区的朝鲜族移民已达1万余人。光绪九年,集安、临江、新宾等县有3.7万朝鲜族人口。同一时期,乌苏里江流域也有朝鲜族移民迁入定居。

光绪七年清政府在吉林省设立垦荒局,在珲春、延吉、东沟等地设立招垦局,公开募民垦荒。此时朝鲜移民大量进入延边地区进行垦殖,与清政府的招垦有关。清政府还与李朝政府订立条约,放宽朝鲜居民入境的政策,并将图们江北岸长约700里、宽约50里的地带划归朝鲜族专垦区,为朝鲜移民我国东北创造了条件。光绪二十年,清朝政府在延边地区分设镇远堡、宁远堡、安远堡和绥远堡,堡下辖39社,124甲,415个牌。朝鲜族移民的入迁地逐步扩展到海兰河、布尔哈通河、嘎牙河流域,从而使今延边地区形成朝鲜族人民聚集的地区。

1910年日本占领朝鲜后,许多反日的朝鲜人失败后往往跨过鸭绿江、图们江进入中国境内。据《东三省实况》一书的记载,1916年吉林的朝鲜移民有21.6万,黑龙江地区只有700人;1924年吉林有朝鲜移民41万,黑龙江有5 500人。

五 南方少数民族的迁移

1. 彝族[1]

滇东北地区的东川、乌蒙和镇雄三府是彝族的聚居区。在雍正年间的改土归流过程中,大部分奴隶主被杀或被迫逃往四川大凉山区,同时政府组织云南汉民移往滇东北,以达到"可以填实地方,可以移易倮(按:彝族)习"[2]的目的。

凉山地区也遭到清兵的围困和屠杀。鄂尔泰、黄廷桂进兵凉山,添设兵弁,广置汛塘,防堵网逐渐向凉山中心地区推进,压缩凉山彝族

---

[1] 据方国瑜:《彝族史稿》,四川民族出版社1984年版,第562—563页。
[2] 光绪《云南通志稿》卷39《田赋·事例》,雍正十年条引云贵总督高其倬奏疏。

居住区。凉山彝族为争取生存，只得相率逃出凉山，寻找新的生存之地。

彝族奴隶主之间的打冤家也是凉山彝族外逃的原因之一。彝族各家支之间的打冤家相当频繁，同血族的家支之间也经常打冤家，他们有谚语说："亲戚开到哪里，冤家打到哪里。"冤家械斗造成的灾难相当严重，尤其是在近代有了远射程的枪炮以后，杀伤力更强，迫使彝族百姓大量逃离家乡。

今天四川西昌地区和云南丽江地区的彝族都是从凉山迁来的。迁入的时间距今都在10代以内，以5—6代为多，推测迁来的时间已历100年。

2. 苗族

雍正乾隆年间黔东南地区的苗民起义、乾隆嘉庆时期湘黔边地区的苗民起义以及咸丰同治时期贵州的苗民起义，都引起苗族人口的规模性迁徙。其基本流向是湘西地区的苗民迁往贵州和广西等地，贵州苗民则大量迁入云南各地，并经云南迁入越南、老挝和泰国。

3. 畲族

大约从明代后期开始，原居住于福建山区的畲族开始向浙南山区迁徙。蓝玉璋等近年所作《浙江丽水地区畲族情况调查》[1]，根据若干种畲族家谱的记载，认为浙南地区的畲族主要是在万历年间（1573—1619年）迁入的，如该调查所引《雷氏宗祠序》中说："我姓之源广东潮州府海阳县凤凰山，原有大祠。以后我太祖雷进明、进良、进裕、进元四兄弟等人，万历年间移来处州府景宁县七都包封（凤）开垦耕种田。"又如松阳《雷氏宗谱》记载："万历己卯（按：1579年），同三人移浙江处州府景宁县游田仓基藔居焉。"此类记载甚多，不一一列举。

地方志中的记载则有不同，乾隆《青田县志》卷6记载："顺治间迁琼海之民于浙，名畲民，而处郡十县尤多。在青田者，分钟、雷、蓝、盘、娄五姓，力耕作苦，或佃种田亩，或扛抬山舆，识字者绝少，土民以异类目之。……况畲民本属琼海淳良，奉官迁浙，力农务本，已逾百年。"据

---

[1] 《畲族社会历史调查》，福建人民出版社1986年版。

光绪《宣平县志》卷 5 所载,畲人迁入是在顺治十八年(1661 年),"浙江巡抚朱昌祚因闽海交讧,迁海滨之民于内地,给田给牛,俾安本业"。据此可以认为清代的畲族迁入仍有较大的规模,他们可能是政府组织下进行迁移的。

畲族迁入浙南后,再向其他地区迁移。今天分布在温州、金华、嘉兴、杭州等地的畲族都是从浙南迁入的。在太平天国以后的移民浪潮中,浙江的畲族又有迁入安徽宁国一带的,只是人口很少,至今只有 1 000 余人[1]。

第二节

西方传教士的活动

一 清代前期的传教士活动[2]

1. 清代初年的传教

1644 年 6 月 7 日,摄政王多尔衮率领清军进入北京城后,即下令汉人居民一律限三天内从内城迁出,耶稣会士的住所也在迁出之列。当时留在城内的传教士只有汤若望和龙华民二人,汤若望当即呈上一本奏文,请求在城内居住。这一请求次日即获批准,而且有令不许旗兵进教堂骚扰。

鉴于中国当时的历书错误百出,清廷任用汤若望承办修历之事,并任命汤若望担任钦天监的"监正"。汤氏将头前部的毛发剃光,后面拖一条长辫,与驯服的汉人几乎完全一样。在顺治帝临朝以后,汤若

---

[1] 侯法根等:《安徽宁国县云梯公社畲族情况调查》,见《畲族社会历史调查》,福建人民出版社 1986 年版。
[2] 参见江文汉:《明清间在华的天主教耶稣会士》,知识出版社 1987 年版。

望更是成为全国的名人。顺治帝称他为"师父",汤若望可以在任何时间任何地方将奏折亲自交给皇帝,并免去三跪九叩的礼节。有时皇帝也亲临汤氏的住所,独自同汤坐在室中,询问有关天象或朝政问题。汤若望的品级也从五级正品跃升为三级正品,最后他被封为"光禄大夫",一级正品。顺治帝还赐予教堂"钦崇天道"的匾额。总之,汤若望继承了利玛窦的传统,在明清之际的变革中,不仅自身免于灾祸,在北京居住下来,而且取得皇帝的信任和重用,这就为传教士们以后的活动创造了条件。

顺治帝染天花去世后,继位的康熙帝未满7岁,执掌政权的实际是辅政大臣鳌拜。鳌拜是一个守旧分子,他提出废除多尔衮和顺治帝制定的各项政策,恢复入关前的旧制,其中包括反对使用新的西洋历法。按照反对新历法的领袖人物杨光先的观点,"宁可中国无好历法,不可使中国有西洋人"。他控告汤若望错定皇子殡葬的时间和地点时,故意使用一本明朝的历书,致使两位后妃、一位皇子和顺治帝相继死亡,这是蓄意毁灭清朝的统治。于是礼部剥夺汤若望的官职和头衔,和其他三位传教士一道,交刑部议处。刑部宣布汤若望为图谋不轨的首犯,判处绞刑,其他如南怀仁等三位传教士各应杖一百,然后驱逐出境。

1665年4月的一天,正当判处汤若望死刑的公文送到皇帝和皇太后手中时,北京忽然发生地震,并持续三天。天主教徒们认为这是对大冤狱的警告,而迫害传教士的清朝大官们也感到恐惧。于是汤氏四人全部被赦免。汤若望于被释放后次年去世,享年75岁。汤在中国活动了44年,死后同利玛窦葬在一处。在汤若望等人的努力下,全国的天主教徒人数一度多达25万,比利玛窦去世时的人数增加了10倍。

1668年康熙帝亲政,两宫皇太后屡次向他称颂汤若望的西洋历法20年来并无差错,汤之受迫害纯系受人诬陷等。康熙查明真相后下令革除杨光先的职务,任命南怀仁为钦天监"监正",为汤若望平反。虽然禁止传教的命令并未取消,但从各地驱赶到广州的25名传教士则于1670年被获准返回本堂。实际上,这25名传教士中6人已经死去。以后康熙帝两次亲临天主堂,题写"万有真原"的匾额悬挂于天主堂内,还摹写了若干份,分送各省天主堂。此外又题写"敬天"二字之匾,标明敬天即敬天主。

1692年康熙帝发布敕令,准许天主教在中国自由传教。这实际上是一项废除禁教的命令,它指出,天主教的教理与中国的礼教相符,中国政府不禁绝人民信奉基督教。西方传教士进入中国的政治障碍暂时被清除了。

2. 礼仪之争和禁教

南怀仁作为耶稣会中国省区的会长,从北京发出《告全欧洲耶稣会士书》,吁请各国多方面派传教士来中国传教。就是在17世纪末叶,法国取代了葡萄牙和西班牙成为欧洲的霸主,法国路易十四派出6名法籍耶稣会士来华传教,他们都是法国巴黎科学研究院的院士,被法王命名为"皇家数学家"。1688年他们中有5人抵达北京,受到康熙皇帝的欢迎和礼遇。其中张诚和白晋被任命为御前侍讲,康熙亲自跟他们学习几何学、测量学、解剖学和医学,并在宫中设实验室,进行化学和药学的研究。其余3人准许去外省传教。随后的15年中,又有40名法籍耶稣会传教士来到中国。

就在这5位法国传教士抵达北京的10天前,南怀仁已经去世。南怀仁在中国活动了19年,其历史地位可以和利玛窦和汤若望相提并论。死后被康熙帝赐予谥号"勤敏",这是来华所有传教士中唯一获得谥号的传教士。南怀仁死后,法籍传教士在康熙宫廷中仍占有很重要的地位。

17世纪,在中国的传教士内部发生了一场有关名词和礼仪之争,实质上反映的是对于传教的两种不同的方法。一派传教士认为中国有悠久的历史和文化,传教中应注重适应和宽容。其代表者如利玛窦,他尽量使自己中国化,从服饰到语言文字,从尊重中国习俗到打躬作揖,撰文赋诗,利玛窦认为只要不妨碍天主教的根本信仰,他都愿意迁就,并模仿和学习。对于中国人的敬祖和祀孔,也仅仅是对祖先的感恩和崇敬,并无迷信的色彩,可以采取通融的态度。另一派则相反,他们蔑视其他民族的文化和风俗,将传教与欧化等同起来。康熙四十三年（1704年），教皇议定一道通谕，禁止中国的教徒使用"天"或"上帝"，并对祀孔祭祖的礼仪明令禁止。康熙帝认为教皇的禁令干涉了中国的内政，而教皇无权摆布中国人民。由此引发康熙与罗马教廷的冲突。

康熙四十五年（1706年）十二月三十日，康熙通令在中国各地的传教士均须向朝廷领取居留证，并声明遵守利玛窦的成规，违者驱逐出境。这样，一部分拒领居留证者被驱逐。

雍正帝即位后的第二年，即1724年，礼部发布了禁教的命令，由朝廷通令各省，国人信奉天主教者应当放弃，否则处以极刑；各省的西教士限半年离境，前往澳门。以后才允许西教士可在广州永久居留。此时各省西教士共50多人，包括5名主教，其中20余人留在北京，30位到达广州的传教士中有16人逃亡。1732年，雍正帝命西教士去澳门，并尽早回国。这时全国教徒已达30万人，教堂300座。禁教令下，各省教堂皆被没收，改作他用。

康熙以后，北京还有20余名天主教士仍在进行传教工作，其他地区的天主教传教工作则已被明令禁止。尽管如此，传教士还是利用各种方法潜入中国内地。刘准主教说："其初至中国海口也，则深藏船舱，不敢露面。至夜深人静，则改入教友之小船。黎明，开船入河，仍深藏舱内，往往数月不敢出。夏日溽暑，蒸热难堪，及过关卡，则扮作病夫，蒙头盖脑，僵卧不起。若被人觑破，则出钱运动，买人不语。不能，则潜身逃脱，及至传教地方，藏于热心教友家。昼则隐伏，夜则巡行。所遇艰险，所受困苦凌辱，多为后人所不及知，无从记载。"根据统计，1810年仍有欧籍传教士31名在中国内地16个省秘密活动，天主教徒仍有20.5万人。1839年，中国13个省有65名传教士在进行传教活动，天主教徒约有30万人[1]。这说明清政府的禁教政策时张时弛，仍留有天主教传教士回旋的余地。

耶稣会传教士从明代后期进入中国内地，直到1773年教皇解散耶稣会，总共在华活动190年，前后来中国传教者计有472人，他们中

---

1 顾长声：《传教士与近代中国》，上海人民出版社1991年版，第16页。

有不少人死于中国,构成一类特殊的移民。

清代的传教士们在传播西方文化和科学知识方面也如同他们的前辈,做了大量的工作,其中对中国文化影响最大的,当属西方地理学的传入和西洋画的传入。西教士绘制中国地图是从康熙年间开始的,雷孝思组织测量队对中国全境进行测绘,历时 10 年,终于在 1717 年,测量队将名为《皇舆全图》的全国地形图呈现给康熙皇帝。测量队"亲自访问了各省的一切重要城镇","查阅了各地官府收藏的舆图与史书,询问了官吏和耆绅",再遇困难,"也从未停止进行实地测量"。这个全图日后成为绘制中国地图的基础。李约瑟指出这幅地图"不仅是亚洲当时所有的地图中最好的一幅,而且比当时的所有欧洲地图都更好,更精确"。

传教士的另一贡献是介绍西洋画入中国。康乾时代宫中聚集了好几位西洋画家,特别出名的是郎世宁、王致诚等。郎世宁是意大利米兰人,住在北京达 55 年,在宫中任三品官,专职绘画,得到乾隆皇帝的宠幸。他死时近 80 岁,葬于北京。西洋画法对中国民间工艺美术产生很大的影响。

二 清后期至民国年间的传教士[1]

1842 年中英《南京条约》签订后,法国政府派使臣拉萼尼来中国,强迫清政府签订了不平等的中法《黄埔条约》,条约中规定法国人可以在五口建造教堂。不久,拉萼尼又要求清廷批准弛禁天主教,获得清政府的同意后,进而要求发还雍正年间被封闭的天主堂旧址。1845 年道光帝发布谕旨,天主教正式弛禁,但传教地点尚局限于规定的通商口岸和沿海地区。在以后签订的《天津条约》和《北京条约》中,都写上了"传教宽容"条款。天主教传教士可以公开进入中国内地活动,传教的障碍完全被清除。

坐着军舰来到中国内地的传教士,依靠不平等条约的保护在各

---

[1] 据顾长声:《传教士与近代中国》。

省进行活动。他们在各地广占土地,强夺民财,遭到各地人民的反对,酿成大大小小的"教案"。传教士们还把治外法权延伸给教徒,凡教徒作案,地方官无权审讯。显然,清代后期西方传教士们的活动更多地体现了殖民主义时代的特征。

江南地区是天主教耶稣会活动的主要基地。1860年,耶稣会在江南一带有传教据点400余处,教徒7.7万人,传教士50余人,教会小学约90所。1880年,传教据点增至580处,教徒达10万,传教士有90人;到19世纪末,耶稣会在江南的传教点有1 000处,教徒有12万人,传教士达到170人,教会小学约百所。此外,还另有教会办的医院、育婴堂多所。耶稣会在江南一带拥有的土地共约200万亩。

到19世纪末,在华天主教各修会的传教士共约800人,教徒从1860年的40万发展到大约70万人。

在《南京条约》签订后,基督教传教士来到开放的五口及香港传教。第一个到香港开教的是美国传教士罗孝全;第一批到厦门活动的基督教传教士是美国归正会和圣公会的传教士。第一批来到福州的基督教传教士也是美国人。在宁波、镇海等地,美国传教士随英国远征军进入。基督教在中国又称新教,或称耶稣教。它是16世纪从天主教中分裂出来的教派。欧洲的基督教差会组织多于17、18世纪设立,美国的基督教差会则于19世纪初才成立。随着美国经济实力的崛起,美国的基督教差会开始了在中国的一系列传教活动。这就是19世纪下半叶大批美国传教士来到中国的原因。

1860年,基督教传教士达到了100余人,教徒达到2 000人。19世纪末,传教士增至1 500人,教徒增至约8万人。基督教传教士与天主教传教士合计,在中国的西方传教士人数达到2 300多人。

只有俄国的东正教传教团是采取十年轮换一次的形式更换其成员的,其传教士在中国居住的时间不长,兹不赘述。

《辛丑条约》签订以后,中国成为帝国主义列强控制的半殖民地,教会势力得以迅速发展,传教士大量来华。民国建立以后,1918年,天主教传教士大约保持在1 300—1 400名,1914年,基督教传教士大约为5 400人。与清代相比,民国初期西方传教士的人数有了大幅度的增加。

与清代前期的传教士相比,清代后期及民国时期的西方传教士不仅分布在我国沿海市镇,通都大邑,而且深入穷乡僻壤传教布道,进行西方文化的渗透。从某种意义上说,传教士的活动客观上架起了中西文化交流的桥梁,对于近代中西方文化的交流与发展影响深远。

第三节

殖民者与殖民地

一 澳门:从居留地到殖民地[1]

1. 葡萄牙人的居留地

明代后期葡萄牙人在澳门建立居留地,是贿赂广东地方官员的结果。也可以说,葡人居留澳门,得到了广东地方政府的默许,却并未得到明政府的正式许可。在1572年或1573年,出于一个很偶然的机会,贿赂银变成了葡萄牙人每年向中国政府交纳的地租银,共计500两,不久又增加火耗银15两。这笔地租记入了万历《广东赋役全书》,表明葡人承认澳门是中国的领土。另外,中国政府在澳门行使司法权,并对往来商船征收关税,这一切表明此时的澳门处于中国政府的管辖之下。尽管在此前提下,葡萄牙人享受较大的自治权。

从16世纪末至18世纪初,葡萄牙人在澳门的人口并未见有大的增加,居住在澳门的葡萄牙男人大约在1 000名左右。17世纪下半叶,葡萄牙的帝汶总督病死后,一些欧亚混血的葡萄牙人为争夺该岛的统治权展开激烈的战争,土著也对葡萄牙人的统治表示不满,发生

---

[1] 据费成康:《澳门四百年》,上海人民出版社1988年版。

驱逐葡萄牙总督的斗争。葡印总督调动澳门的葡萄牙人介入这场持续10多年的战争，几乎耗尽了澳门的人力和财力。战后，原在澳门居住的葡萄牙男子剩下不足50人，连同后来的迁居者仅有200名男子，600名教士，1500名妇女。澳门在这场战争中大伤元气。

就在这持续的衰落中，一些葡萄牙殖民者还是热衷于扩充他们在澳的殖民权益。从1689年起，澳葡当局对中国居民的居住做出越来越严格的规定，并对葡人与中国人之间的通婚关系做出相应的对策，即规定充任澳门的大小官员都必须有纯粹的葡萄牙血统。对于杀害中国人的葡萄牙凶犯，澳葡当局也拒绝将他们送交中国官府，只是由中国官府审判后，由"夷目自行收管"，不再押往广州复审、处决。

乾隆年间，清政府加强了对澳门的管辖。从1746年起，广东地方当局与澳葡当局多次发生冲突。1750年双方订立《澳夷善后事宜条议》，作为在澳门的葡萄牙和中国居民必须遵守的地方法令。条议中规定中国官府将逐一勘查、登记澳门现有的房屋、教堂等，日后葡萄牙人只许修葺旧有的建筑，不得添建一椽一石。在澳的中国居民犯罪，葡萄牙须禀请中国官员追究，不得私自拘禁、鞭打。而违反中国法令的葡萄牙人，将按照中国法律进行严惩，葡人只是在行政和司法方面享有一定的自治权。另外，葡萄牙人不得随意出澳门，葡萄牙人的居留地只限于澳门。这些条款表明澳门仍是中国的领土，受中国政府的管辖。

康熙后期清廷颁布了禁止中国商人前往南洋贸易的旨令，最初也要求澳门的葡萄牙商人一体遵守；后经葡人请求，特许葡人可以前往南洋。葡萄牙人因祸得福，在中国商人不能前往南洋的情势下，葡人几乎可以垄断中国与南洋的贸易。澳门的对外贸易得以迅速发展。与此相适应的是，1724年澳门的葡萄牙人口增加至3567名，处于长期衰败中的澳门突然获得了生机。可是好景不长，雍正五年（1727年），雍正帝废除了康熙的南洋贸易禁令，在激烈的贸易竞争中，澳门短暂的繁荣犹如昙花一现。

从18世纪末期开始，中国与西方各国，尤其是与英国的贸易发展迅速。随着中外贸易的发展，澳门发生了一系列新的变化。首先，澳门成为大批外国商民旅居、游乐的场所。每年来华的外国商船多至百艘,来华的人数相当可观。按照清政府的规定,外国妇女不得进入广州,只能留居澳门。所以进入广州的外国商人都力争早日离开广州,一年四季都有外国商民及其眷属留居澳门。英、美、普、法、荷、瑞典等国的领事和其他外交官员也都常驻澳门,英国、荷兰的东印度公司也在澳门设置规模巨大的仓库。澳门当地一直男少女多,这对于常年在外的商人和船员具有很大的吸引力。其次,澳门成为走私鸦片的集散地。鸦片作为药材,在以前的数百年间一直由葡萄牙人通过澳门合法地输入中国,数量有限。自 1773 年英国商人将出产于印度的鸦片贩运来华后,在广州发卖,受到中国政府的严禁。英国商人于是将澳门作为走私鸦片的孔道。按照历来的章程,自海外返澳的澳门葡萄牙商船可以不经中国海关检查,即在澳门卸货。英、葡鸦片贩子将鸦片藏在葡萄牙商船船底,偷偷地带入澳门。毒品走私给澳门的葡萄牙商人带来了巨大的财富,一批鸦片贩子成为腰缠万贯的富翁。另外,澳门还成为非法出口"契约华工"的口岸,数以万计的华工从内地偷偷集中到澳门,然后搭乘葡萄牙船抵达南洋各地。

在澳葡萄牙人自恃经济力量增强,再次企图扩展在澳的殖民利益,他们仅获得了拒绝将外籍罪犯送交中国官府审判的特权,其他方面则无进展。

1839 年,林则徐来广东查禁鸦片,同时波及澳门。澳葡当局十分顺从,没有任何抗拒行为。在查禁鸦片同时,还仿照内地编查保甲之法,将澳门的"华夷户口"造册分呈。当地计有中国居民 1 772 户,男女 7 033 口;葡萄牙居民 720 户,男女 5 612 口;英国夷人 57 户。这些都是指定居的澳门人口,流动人口未计在内。从 1724 年至此时的 114 年中,澳门的葡萄牙人年平均增长率约为 4‰。可见,外来人口中定居者仍是不多的。

2. 殖民地的形成

鸦片战争后,葡萄牙政府看到战前骄傲、自信的中国,竟然是如此的软弱和不堪一击,便决心紧随西方列强,加紧侵略扩张,变澳门及澳门附近地区为葡萄牙的殖民地。

1846年亚马留出任澳门总督，加紧了澳门的殖民地化进程。他声称澳葡当局拥有对在澳中国居民的管辖权；又摧毁中国海关南湾稽查口；封闭中国海关，驱逐中国海关官吏和丁役。亚马留不久为中国人所刺杀，中葡之间爆发战争。葡人逐走香山县丞，侵占关闸，拒交地租银。澳门终于被葡萄牙人所占领。

清政府并未承认葡萄牙人对澳门主权的侵夺，也未承认他们对澳门半岛北部和附近一些海岛的侵占。葡萄牙方面则不断对清政府施以诱迫，企图使澳门的殖民地地位合法化。1887年，在英国的策划下，昏庸的清政府与葡萄牙订立中葡《和好通商条约》，正式承认葡萄牙"永居管理"澳门。这样，澳门便成为有条约依据的葡萄牙的殖民地。与香港不同的是，澳门并没有割让给葡萄牙，它仍是中国领土的一部分。

葡萄牙在界址未定之际，积极进行扩张，扩大他们"永居管理"的地区。经过20年的扩张，澳葡当局完全占领关闸以南的青洲岛。由于中国方面的斗争，葡人进占关闸以北及其他地区的计划没有得逞。至此，葡萄牙人占据的区域，基本上和今天的澳门地区相当。

从19世纪末至20世纪，澳门开始了它的近代化进程，人口也迅速增加。1910年澳门人口为7.5万，1927年增至15.7万，1950年达到18.8万。这三个时期葡萄牙籍人口分别为3 601人、3 846人和4 066人。其他国籍的居民一直只有数百人。直到今天，澳门的葡萄牙人不足1万人，居民的大多数仍是华籍人口。

二　香港的割让[1]

明代末年，英国商船开始了在中国沿海的活动。由于没有得到中国政府的允许，英国商船只能停泊在外海，贸易额也很小。他们急切地想占据一个海岛，作为对华贸易的据点。

从1793年至1816年，英国政府曾先后两次派人到北京与清政府

---

[1] 据元邦建：《香港史略》，香港中流出版社有限公司1987年版。

谈判,要求建立外交关系,开辟通商口岸,割让沿海岛屿,但都遭到清政府的拒绝。由于长期以来中国对外贸易的顺差,中国政府对英国政府力图扩大对华贸易不感兴趣。相反,英国方面则因对华贸易逆差,每年必须搜罗大量的墨西哥银元付给中国。英国的工业品无法打开中国的市场,他们便扩大对中国鸦片的走私贸易,以扩大对中国的商品出口。由于鸦片贸易的影响,至19世纪20年代,中国对外贸易从顺差变为逆差。英国每年可从中国运走大量的银元。

随着鸦片走私的日益发展,英国迫切要求在中国东南沿海获得一个岛屿作为根据地。英国方面首先看中的地方就是香港。1840年鸦片战争后,英国强占香港岛,1860年又占九龙半岛界限街以南地方,1898年再强行租借界限街以北、深圳河以南的九龙半岛北部大片土地及附近岛屿。

1841年香港政府公布的香港人口数为7 450人,其中4 350人为农村居民,2 000人为船上居民,其余则多为临时来港的劳工和商人。这一统计中有一村庄为2 000人,实际上可能是200人,当时的实际人口可能为5 450人。

1845年6月,香港人口登记处的报告说当时人口约为23 817人,其中欧洲人为595人,印度人362人。1860年,香港人口达到9.5万。又因占领南九龙地区,人口增到近12万。1898年香港人口达到25.4万,又因九龙半岛的北部被强行租借,1902年,香港人口增至36.1万。

1937年"七七事变",中国内地人口大量涌入香港,香港人口达到100.7万。其中华人为98.4万,外籍人口为2.3万。1950年香港人口达到236万,其中华人约占98%,外籍人口约占2%。

据1985年户口统计,香港人口为546.7万,其中华人为530.5万,外籍人口为16.2万,其中英联邦国家人口为6.5万,非英联邦国家人口为9.7万。

三 各通商口岸租界地

中英《南京条约》订立以后,广州等五口辟为通商口岸。外国商民进入中国港口城市后,为"屯物经商"和"携眷居留",就需要"租地造屋"。1843年订立的《虎门条约》准许英商在五口租地造房,但其活动范围不可越址。这一规定成为外国人在中国土地上攫取"租界"的滥觞。

在1896年中日订立的《公立文凭》第一款中,规定"添设通商口岸,专为日本商民妥定租界,其管理道路以及稽查地面之权,专属该国领事"。这是在条约中明确规定外国享有租界行政权之始,以后形成惯例。外国租界最初为"永租"形式,由于清政府的无能,实际如同割让,界内的行政权、司法权、税收权皆拱手相让,成为事实上的殖民地。

1. 上海[1]

按照《虎门条约》的规定,外国商民可以在五口城市租地造屋。上海的外商虽然都租到了土地,但他们并不满足,希望能够圈出外滩一带的土地,专供外国人租地造屋用。1845年11月,上海道台宣布"划定洋泾浜以北、李家场以南之地,准租与英国商人,为建筑房舍及居住之用"。1854年又公布与英国领事巴富尔商定的《土地章程》,后来被侵华外国人视作上海租界的"根本大法",主要内容有:(1)划定英国侨民居留地界址,约830亩;(2)确定租地办法;(3)规定"永租"和"华洋分居"。这一章程明确规定中国保有居留地的领土主权、土地管辖权、司法权、行政权以及对居留地外人的决议有最后的审核权。英人并不满足此划定的界址,"青浦教案"后,向上海提出扩充租界的要求。1848年11月,上海道台发布公告,宣布英租界北界和西界扩展。英租界面积扩展至2 820亩。

美国人在苏州河北岸地价较廉的地方广置地皮,建造房屋。1848年,美方向上海道台吴健彰提出交涉,要求将虹口划做美国租界,得到吴健彰的口头同意,但没有划定界址,也没有订立任何协议。

法国人则在上海县城和英租界之间的地段租借了房屋,设立领事馆,随后向上海道台提出设立法租界的要求。1849年法国人租到了所要求的12亩土地,在公布文告时,法人经过数月的强蛮交涉,获

---

[1] 据唐振常等:《上海史》,上海人民出版社1989年版。

得了一块面积达986亩的法国专管居留地。

在上海开埠的几年中,英、美、法三国在上海都占有了侨民居留地。这也就是后来习称的"租界"。至19世纪50年代,租界里集中着大约120家洋行,如著名的大英轮船公司、沙逊洋行、丽如银行等。租界内定居的外国人约有200多人。

19世纪60年代,英国和法国租界都在谋求大的扩充。由于太平天国运动的影响,英租界当局往往在自卫的名义下界外筑路,以后又将马路划归界内。另外,由于江浙一带的难民大量涌入上海,地价大涨,造屋出租成为获利最丰的行业,也导致外国老板们大做地产生意。法国人则干脆在北京向恭亲王提出上海法租界的扩界问题,而要挟的筹码则是清廷正要借重英法的兵力对付太平天国。由于战争期间数十万难民逃入租界,就发生了对界内中国居民的管辖权问题。

1862年,上海道台吴煦希望英领事助查租界内的华人人数,以便政府征税,遭到英国方面的拒绝。协商的结果是,由工部局向租界内的华人征收巡捕捐,其中一半转交道台,结果这只是一纸空文,没有实现。从此中国政府在上海租界内的征税权丧失。

不仅如此,中国政府对租界的管辖权也不复存在。在1854年的《土地章程》中,上海的外国租界是统一的,工部局是三国租界的行政机构。至60年代,法国人在法租界内组成一个类似于工部局的组织,对界内中国居民征收高额房捐,并加强巡捕房的力量。中国政府对法租界事务完全没有发言权。在法租界独立之时,英美租界却合并为公共租界。1869年,工部局在英、美、法三国领事的授意下完成对《土地章程》的修改草案,赋予工部局极大权力:不仅有增加征收捐税之权,而且有制定附则之权,它使租界当局可以不受主权国的任何约束而制定所需之"法律"。这样,工部局就更接近于一个"自治政府"。法租界也制定《公董局章程》,施行于法租界内。尽管修改后的《土地章程》未提交中国任何一级政府批准,但在以后的时间里却在租界内严格地执行,清政府对租界内事务完全丧失了权力。

根据修改后的《土地章程》赋予的权力,公共租界和法租界不断通过界外筑路扩大租界的范围。租界方面往往以侨民增多作为扩界的借口。1898年,工部局要求上海道准予扩大租界。上海道台蔡钧拒绝了工部局的要求,其辞称:"上海以地势关系,自初即面积狭小。自租界创设以来,吾国人民麇集,以致时至今日,以面积与居民之众多相较,且有过小之感。实难于租界以外,通融一尺一寸之地,另立租界。若谓洋人之侨居于此者为数常增,则敝道所属之国人且增五倍有余。且本地外侨不仅居住于租界以内,于界外租地建屋者颇为众多。此足见洋人人口之多寡,固无与于租界面积之大小也。"事实上,1900年上海外侨人口只有7 396人,1905年才增至12 328人。直到抗战前,上海的外国人只有7万左右。正如蔡钧所指出的,外国人并不都居住于租界,1930—1937年,上海华界的外国居民约在万人左右。外国侨民的人数多少不是租界扩充的理由。

与其他通商口岸的外国租界相比较,居住于上海的外国侨民应当是最多的了。

2. 天津[1]

1856—1860年第二次鸦片战争,英法联军攻占天津、北京。英、法、俄、美强迫清政府订立《天津条约》和《北京条约》,天津开辟为商埠。1860年在天津划定外国租界,至1900年,天津先后设置9个国家的租界。

如英租界,1860年,英国要求"永租"天津城东南一带为英租界,圈占460亩土地,却始终未与清政府订立合同与协议。1897年,英借口"洋行日多,侨民日众,租界不敷应用",将租界地扩大至1 630亩,1901年则扩张占地3 928亩。

法租界最初占地仅360亩,1900年八国联军入侵后,扩充面积2 000亩。1916—1928年又扩充土地500亩,租界面积合计2 836亩。

又如德租界,1894年俄国串通德、法强迫日本退出辽东半岛后,以有功为借口而向清政府索取租界,1895年占据租界面积1 034亩,1901年达到4 200亩。

至于日租界,1895年《马关条约》订立后,又于次年订立《公立文

---

[1] 据杨大辛:《天津九国租界概述》,收入《列强在中国的租界》,中国文史出版社1992年版。

凭》,其中规定:"中国政府亦允,一经日本政府咨请,即在上海、天津、厦门、汉口等处,设立日本专管租界。"1898年日本获得租界1 667亩,1903年扩充至2 150亩。

八国联军攻占天津和北京,俄国、意大利和奥地利在其占领区设立租界。比利时并未加入八国联军,也追随各国要求在天津设立租界。根据1902年订立的《天津比国租界合同》,比利时竟然获得740.5亩的租界地。

美国在1860年攫取了131亩土地的租界地,1902年私自转让给英国而并入英租界。

以上九国租界总面积为23 350.5亩,当时天津城池的面积只有2 940亩,租界面积是天津城池面积的8倍。

其他如汉口、九江、镇江、广州、厦门、芜湖、杭州、苏州、重庆、沙市等地的租界,由于外侨人口不多,对于中国人口及社会的影响不大,兹不赘言。

四 中东(南满)铁路附属地的移民[1]

出于俄国全球战略的需要,俄国在我国东北地区修筑中东铁路。中东铁路干线西起满洲里,东至绥芬河,长1 408公里。中东铁路支线北自哈尔滨、南抵旅大,长946公里。中东铁路的总长为2 354公里,耗资3亿多卢布。1905年日俄战后,俄国被迫将长春至旅大一段无偿转给日本,后称南满铁路。南满铁路是中东铁路的一部分。

在1896年中俄《合办东省铁路公司合同》中,俄人在修筑铁路时可以占有一定数量的土地,谓之铁路用地,这就是铁路附属地的由来。

据1907年订立的有关合同,中东铁路沿线连同哈尔滨总计拓展土地200 894垧,其中用于铁路建设的仅占20%,其余由铁路公司出租或出售。1910年将铁路用地定为12.6万垧,多余的土地由中国收

---

[1] 参见金德群:《日本帝国主义对中国东北的移民与土地的侵夺》,《民国时期农村土地问题》,红旗出版社1994年版;郭蕴深:《中东铁路附属地》;张绪进:《南满铁路附属地》,载《列强在中国的租界》,中国文史出版社1992年版。

回。俄国在附属地上派驻军队,设置警察、获得司法特权,中东铁路附属地也具有了殖民地性质。

俄属中东铁路附属地上的俄国侨民也不多。最初的俄国侨民是由于俄国向中国渗透和中东铁路修建时迁入的。他们主要居住在中东铁路沿线的城市或铁路附属地里。1920年以前,仅有数百人在黑龙江西部的海拉尔、结尔布尔勒及哈乌勒三河区域从事畜牧业和农业生产。

1917年俄国十月革命后,特别是1920年至1922年沙俄海军上将高尔察克为首的政权复辟活动被粉碎后,大量的白俄自西伯利亚涌入黑龙江地区。以后这些白俄散布于天津、上海等地,但留居黑龙江的俄人仍有相当一部分。1920年和1921年,哈尔滨在偏脸子和正阳河建立了"纳哈罗夫卡""沃斯特罗乌莫夫"两个移民村供其居住。估计高峰时期,黑龙江省聚集的俄国侨民约为20万—25万。他们的身份可视作战争中的难民,1945年以后大多迁回苏联或迁往西方国家,基本无留居中国者。

属于日本的南满铁路附属地的情况则有不同。满铁(全称"南满洲铁道株式会社")第一位总裁后藤新平在《就任满铁总裁情由书》中有如下一段演说:

> 总之,我们在满洲必然居于以主制客、以逸待劳的地位……其得心应手之计,必当第一经营铁路,第二开发煤矿,第三移民,第四兴办畜牧农业设备……其中心以移民为要务。……现在如依靠经营铁路,不出十年将得以向满洲移民50万,俄国虽强也不能向我们开启战端。……我们倘在满洲拥有50万移民和几百万畜产,一时战机对我们有利,则进可做好入侵敌国的准备;于我不利,则岿然不动,持和以待时机。[1]

在进行过小规模的移民尝试后,1929年,满铁成立大连农业公司,制定了500户的移民计划,但开支巨大,效果不佳,1931年"九一八"事变后,只有74户日本农业移民定居了下来。此外,还有一些日

---

[1] 转引自《列强在中国的租界》,第551页。

本自由移民在南满铁路附属地中定居下来。

1932年1月,日本拓务省通过《满蒙移殖民事业计划书》,主张以在乡军人为主体,在全国范围内募集移民。关东军又制定《移民方策》和《日本移民纲要》,认为"向满蒙送进日本农业移民"在国防上确保满蒙掌握在日本手中具有极其重要的意义。随后,在日本陆军省和在乡军人会的参与下,从本州北部各县农村挑选一批退役军人和后备军人,按军队编制,配备武装,安置在佳木斯西南的永丰镇进行屯垦。1932—1936年,日本方面又先后组织5批移民进入中国东北,合计6 112人,耕种土地约18.5万亩。1936年,日本内阁拟定《满洲农业移民百万户移住计划》,第一期10万户,以后每期递增10万户,计划分4期完成。这个计划只实施了2期,因日本战败而停止。

到1945年日本投降时,中国东北有纯日本血统(包括关东军官兵)的人口达120多万,其中各类移民为10.6万户、31.8万人,共占地3 900多万垧,农业移民占用耕地228.2万垧。

第十四章

城市化移民[1]

本章所说的城市化移民,是指随着中国近代工商业的发展,大批农民离开农村,进入城镇从事工业、商业、服务业及其他行业,并定居城镇成为城镇人口的过程。

中国近代城市化移民与以往各种移民运动最主要的不同点,在于迁移过程中的城市化,即由农业人口向非农业人口转化。他们可能从其他省或其他地区迁入,也可能从本省或本地区迁入。这和以前讨论的纯粹是空间上的长距离移民有很大的不同。一般说来,人口越少的市镇,所能吸纳的人口半径就越小;反之则越大。鉴于此,那些小型的农村集市,不在本章的讨论范围之内。需要说明的是,为保持论述的完整性,本章的讨论也会涉及民国时期及新中国建立初期。

---

[1] 参见施坚雅:《19世纪中国的区域城市化》,载《中国封建社会晚期城市研究》,吉林教育出版社1991年版;刘石吉:《明清时代江南市镇研究》,中国社会科学出版社1987年版;樊树志:《明清江南市镇探微》,复旦大学出版社1990年版;陈学文:《明清时期杭嘉湖市镇史研究》,群言出版社1993年版。

第一节

有关定义和研究方法

一 城市的定义

胡焕庸、张善余先生指出:"世界上大多数国家均按居民点的人口规模区分城镇人口和农村人口,并分别规定有具体界线,即线上属城镇人口,线下属农村人口。就七十年代中期而言,这一界线的最低是200人,最高的是10 000人,而采用2 000人或2 500人的国家数量比较多。可见各国之间的差异是很悬殊的。此外,有些国家还兼顾人口的职业构成,其中最基本的指标就是'非农业人口比重'。"

由于各个国家人口有多有少,所以有关城镇人口的规定也就不尽相同。总而言之,城镇人口即意味着较多人口的聚居。中国人口众多,2 000或2 500人以上农村聚落大量存在,因此,对中国城镇的划分,必须考虑人口的职业构成。1955年国务院颁布《关于城乡划分标准的规定》,凡符合下列标准之一的地区,都是城镇:

(1) 市级或县级以上政府所在地;

(2) 常住人口超过2 000,半数以上的居民为非农业人口;

(3) 工矿企业、铁路站、工商业中心、交通要口、中等以上学校、科学研究机关的所在地和职工住宅区等,常住人口虽不足2 000,但在1 000以上,而且非农业人口超过75%的地区;

(4) 具有疗养条件,而且每年疗养人员超过当地常住人口50%的疗养区;

(5) 以上四类中,常住人口超过2万的县以上政府所在地和工商业地区可列为城市,其余为集镇。

1963年又对这一标准进行修改,镇的常住人口提高到2 500—3 000,市的常住人口提高到10万。非农业人口比例提高到80%左右[1]。

在国务院的规定中,凡有较大规模的常住人口,且其中非农业人口占有半数或半数以上者,均可划分为市镇。这一思路,也可以作为我们判别历史时期城市与乡村的基本出发点。

美国学者施坚雅(G. W. Skinner)将1893—1953年的中国城镇概括为满足以下条件者:

(1) 在1893至1953这60年间的任何时期曾起过县或较高级城市作用者或被定为自治市者;

(2) 在这60年间的任何时期发挥地方或更高一级城市的经济中心性功能者;

(3) 在清末20年间人口达到4 000或4 000以上者;

(4) 1953年时人口在50 000以上者。[2]

所谓的"经济中心性功能"地即地理学中常用的"中心地"(central place),按照施氏在同一篇文章中的定义,它必须"具有某些有意义的中心性功能(不仅是经济方面的,也有政治行政、文化和社会方面的),其作用范围不仅是本身的居民,而且也包括该聚居区的腹地及腹地周围的一些村落。在中华帝国的晚期,行政性首府城市都属于中心地范畴,所有能维系一个定期的市场的镇也是如此"。

按照这一定义,一批人口在2 000以上的中心地、通常为中等或一般性集镇便被划入城镇的范畴之中。由此可见,施坚雅对清代晚期中国城市的划分所依据的标准与1955年国务院划分城镇的标准原则上是吻合的。除了县以及县以上政府所在地外,施氏将2 000人口以上的中心地划作城镇,与1955年我国国务院的规定基本相同。在施氏的定义中,中心地若能对一个区域的经济、政治行政、文化和社会具有中心性功能,其中的非农业人口必定会达到一定的比例。由于存在资料研读方面的困难,施坚雅将清代末年人口达到4 000或4 000

---

1 转引自胡焕庸、张善余:《中国人口地理》上册,华东师范大学出版社1984年版,第267—268页。
2 施坚雅:《19世纪中国的区域城市化》,载《中国封建社会晚期城市研究》,第65页。

以上以及1953年人口在50 000以上的地区统统作为城镇,也是有道理的。

然而,如前所述,按照我的理解,随着人口总数的不同,城镇的人口标准也应该有所不同。1955年在中国人口已经达到6亿的情况下,国务院将城镇标准定为2 000人口,那么,在清代中后期中国人口只有4亿左右时,城镇的人口标准当然还可以定得低一些。如果这一思路能够成立,清代江南的大批人口只有100—300户的"市"似乎也应归入城镇的范畴。

刘石吉也有同样的看法。他列举清末常熟、昭文两县所属80个市镇户数中,至少有62个市镇户数未及400,人口未及2 000[1],其余18个市镇中,还包括有概言"数百户"者。显然,在刘石吉看来,这80个市镇都应算作城市的范畴,而在施坚雅的标准中,则不包括。可见,刘石吉所认为施坚雅对长江下游城市化水平估计过低,实在是施坚雅所设标准过高所导致。

在我看来,大凡称为"市"者,人口都较少,一般不会超过2 000人。称为"镇"者,人口稍多,大抵超过2 000。许多市镇史研究著作中列举人口多达数万乃至10万左右的大镇、巨镇,都是以"镇"命名者。但是,并非各地都以同样的标准进行"市"或"镇"的命名,如常熟、昭文两县,大部分的"镇"户数不过100—300,甚至有居民仅有50—60户的港口镇。可见,仅仅依照"市""镇"也无法判别其人口的多少。

不仅如此,对于这些广泛分布于农村的大大小小的"市"或"镇"来说,最大的困难还是我们无法判断其居民的职业构成。依我对中国农村的理解,这些大大小小的"市"或"镇"上的居民主要是由农民组成的。也就是说,在中国农村聚落中,尽管会出现一些诸如三日一次或每日一次的市,但在集市上进行交易的多为农民自身,他们相互之间进行农产品的交易,散市则回到农村。这类市镇常住人口中的绝大多数是农民而不是其他人群。在地方文献中,因其有"市"而称为"市",并不表明居民职业的改变。农民之间的农产交易,本身不需要中间媒

---

[1] 刘石吉:《明清时代江南市镇研究》,第138页。

介。所以,本文也不拟对这类"市"或"镇"的人口加以分析。所以,下文中所指的中国"城市",均不包括这类"市""镇"。

1996年,慈鸿飞发表专文讨论近代中国镇集发展的数量问题[1],他所依据的资料来源除了地方志以外,还包括1933年和1934年国民政府内政部《市镇村落统计》,他并未花力气对国民政府的调查标准进行认真的研究,也没有对"市"或"镇"的功能和居民职业进行分析。他的统计实际已经包括了所有设"市"的超过1 000人口的较大的农村聚落。正因为划分标准的不一致,他才得出了近代中国集镇数量猛增以及20世纪30年代中国有1.5亿人口居住于集镇的观点。殊不知,即便有大量人口居住于这种"集""镇",也不能说明当时中国的城市化水平。农村集市只是农民贸易的场所,不能因为有了农村贸易而将农村人口看作是城市人口。

中型或大型镇的情况有所不同,在清代中后期,许多镇已居住有相当多的人口,万户以上人口的镇也不鲜见。人口众多的大镇,在某种程度上已成为一个"都市",对周边农村人口吸引,大大强于上述"市"及小"镇"。陈学文曾举乌青镇的例子说明大镇对周边农村人口的影响。周边农村的手工业开始向镇上靠拢,如陈庄的竹器业,"清咸同间,竹行一业多在陈庄,同光间,渐移青镇南栅,嗣青镇东栅亦有开设者"[2]。可以设想,一批陈庄的竹器手工业工人也因此而迁入青镇。不仅如此,该镇染坊工人多来自绍兴、南京,冶坊工人来自无锡农村。来自各地的商人和船夫、店员、小贩等则不胜枚举[3]。一般说来,人口越多、商业活动越是活跃的镇,对周边农村人口吸引的半径就越大。乌青镇的各类居民有来自南京、绍兴者,显然非一般蕞尔小镇所能比拟。

由此可见,在排除了大批人口不多的小型市镇后,我们讨论的城市化便与移民密切相连。这实际上也和施坚雅对城市的划分标准吻合了。

---

1 慈鸿飞:《近代中国镇、集发展的数量分析》,《中国社会科学》1996年第2期。
2 民国《乌青镇志》卷21《工商》。
3 陈学文:《明清时期杭嘉湖市镇史研究》,第143—145页。

二 研究的方法

施坚雅在《19世纪中国的区域城市化》中说:"为了分析1893年的中国城市,我准备了一个逾2500张资料卡片的综合材料档,其内容包括下列(按:已见上述)范围的每一个城镇。"具体说来,"有关本材料中城镇的人口估算及其他可反映中心性功能的数据都是从浩繁的资料中系统地搜集与整理出来的。每一个城市的发展水平、所处类别及主要衙门的高级职位等,都按1893年为限加以收录。大多数首府性城市的城墙长度与形状也经过验证。每一个城镇的邮政级别则是按1915年为界加以收录的,其中包括邮局或邮政代理处的级别及其所提供的服务情况。还有800个城镇的资料取自于岛度本开所编辑的分省地名词典,该词典是按1915年的情况收录的。对于反映某些城市规模和功能的资料,还核对了200多个19世纪和20世纪初的府县地名索引,有关1840年至1910年间的情况,则参照了较可靠的西方观察家的游记等;直至1920年的贸易统计资料也编辑整理,以备查用,同时也努力考证了较重要的商业市镇中商人会馆的数目。为了避免对人口和经济功能等数据分析时发生年代性错误,任何城镇,只要是1912年前曾通航或铺设铁路的,对此类情况的日期、地点都加以收录。"

这一考虑周全的城市人口估测方法应当是无懈可击的,只是至今,我们无缘获读他有关所有城镇人口的考证,也不了解这数千个城镇的名称及资料由来。这就是说,在各种资料中,我们并不清楚究竟哪些聚落被他定为城市,又有哪些不认为是城市。当他的统计与其他学者的统计不一致时,我们很难做出清楚的判别。因此,我们在分析1843年和1893年的中国城市人口时,仍然使用施坚雅的统计数据,并对其他学者互不一致的统计做出自己的说明。

由于民国时期的中国城市人口缺少可信的统计,就使严格的分析难以进行。姜涛在列举了一批海外学者用以分析的近代中国城市人口数字后指出:"除少数城市的某些统计外,绝大部分数据缺乏可信的基础,有些甚至是陈陈相因,毫无变动"。故而无法用于对所有的中国城市进行系统、全面的分析和研究。令人奇怪的是,他同时还认为,我们"也许更需要一种理论的模式对有关资料重新建构,以期取得突破性的结果。施坚雅提出的区域系统研究法,就是在这一方面所进行的重要尝试"[1]。殊不知,施坚雅的研究是以对每一个城市人口及其功能进行详尽考察为基础的,假定中国近代城市人口资料真的无法利用,那么,在一大堆残缺不全的资料之上,任何理论模式都不可能建立。关于这一点,施坚雅本人也做了多次的论证和说明。

另外,从逻辑上说,既然施坚雅能够对民国以前的中国城市人口做出估测,我们就有可能对民国年间的中国城市做出同样的估测。比较而言,对民国时期城市人口估测的难度一定小于民国以前。尽管如此,这种估测的工作量仍然是十分巨大的,难以为本书所承担。本章仅仅对民国年间迅速庞大或新兴的城市进行人口来源的研究和解释。

遗憾的是,在目前的条件下,除了一些特大型的大都市外,对于一般的城市和镇,我们难以分清其中的人口原籍构成,对这类城镇的移民分析不可能详细展开。

所以,有关中国城市化过程中移民来源的分析主要集中在较大的城市中,这实在是一个无奈的选择。

第二节

中国城市的兴衰

一 1843—1893 年的中国城市

施坚雅将 1843 年与 1893 年各区域城市化水平列如表 14-1。

---

[1] 姜涛:《中国近代人口史》,第 339—343 页。

表 14-1　1843 年与 1893 年中国各区域城市化水平比较
（缺满洲和台湾）

区　域	1843 年估算数				1893 年估算数			
	城市中心地数量	城市人口（千人）	总人口（百万）	城市人口占总人口比例(%)	城市中心地数量	城市人口（千人）	总人口（百万）	城市人口占总人口比例(%)
长江下游	330	4 930	67	7.4	270	4 750	45	10.6
岭　南	138	2 044	29	7.0	193	2 863	33	8.7
东南沿海	125	1 515	26	5.8	138	1 668	26	6.4
西　北	119	1 408	29	4.9	114	1 301	24	5.4
长江中游	303	3 777	84	4.5	293	3 905	75	5.2
华　北	416	4 651	112	4.2	488	5 809	122	4.8
长江上游	170	1 950	47	4.1	202	2 503	53	4.7
云　贵	52	445	11	4.0	81	714	16	4.5
合　计	1 653	20 720	405	5.1	1 779	23 513	394	6.0

资料来源：施坚雅：《19 世纪中国区域城市化》。
说　　明：城市中心地在此表中为人口在 2 000 以上者。

有关这一时期中国城市化移民的讨论围绕表 14-1 展开。

1. 长江下游地区

施坚雅所指的长江下游区包括安徽沿江及以南地区、浙江中部以北地区、江苏沿江及以南地区。这一区域县级政区大约有 140 余个，县、州、府、省城之外，还有大约 190 个左右的城市，并非以上级别政府所在地，当属人口超过 2 000 的非行政性中心地，也就是上文分析的中型或大型的镇。在樊树志的统计中，清代前期仅苏、松、杭、嘉、湖五府的镇就达到 227 个之多。显然，有相当一批镇未能达到施坚雅"中心地"的标准，也就未达到城市的标准。对本章来说，人口在 2 000 以下的小镇是不用考虑其外来人口的。

1893 年长江下游的城市大幅减少，和太平天国与清军战争的破坏有关，有些镇自咸丰年间残破后，一落千丈，难以恢复昔日的繁盛。据刘石吉统计，在有文献可查的 50 个市镇中，太平天国战后遭到严重破坏至清末未复旧观的约有 16 个市镇[1]，其中如嘉兴府之王带镇，

1　刘石吉：《明清时代江南市镇研究》，第 90—93 页。

"廛市渐废"[1]。王江泾镇,清代前期是远近闻名的丝绸大镇,乾嘉时期"烟户万家"[2],全镇有3条大街,26条弄,丝行、绸行、茶楼、酒肆密集。战争使全镇"尽付一炬""闾里全毁",同治初年,虽经故老尽力招商,但收效甚微,清末人口仅300家;如是,按施坚雅的标准,清末的王江泾镇已经不再是一个城市了。类似的还有嘉兴府的陈庄镇、杭州府的郭店镇和长安镇、湖州府的大钱镇、松江府的新场镇等。有些镇因人口本来较多,虽受重劫,但劫后居民仍然可观,如湖州府双林镇,"存户不及四千家",却也远远超过施坚雅的城市标准。在我看来,对于长江下游而言,太平天国战争造成的城市锐减,对一批原来人口仅为2 000或略多的中型镇的影响最大。这些镇处于城市化的较低级阶段,人口不多,商业活动也不很繁荣,一遇战乱,人口四散,城市亦不复存在。

刘石吉的研究还表明,在这50个市镇中,有些在乱后迅速恢复,还有些在清代末年甚至超过战前的繁荣,如松江府的黄渡镇、一图镇、大场镇,湖州府的南浔镇,杭州府的市桥头,嘉兴府的澉浦镇等。不仅如此,太平天国战后,苏、松、杭、嘉、湖五府还兴起了一批新的工商业市镇,据他的统计,约有100个之多[3]。只是其中哪些市镇超过2 000人,哪些未超过2 000人,则不知详。就原因分析,有因太平天国期间难民聚集或战后客民聚居而成市镇者,如松江府南汇县之南大桥镇,上海县之内、外虹口市和江湾镇,嘉定县之朱家桥市,苏州府新阳县之北陆家桥镇等;有因铁路修建,而成市镇者;有因近上海而成镇者;还有因外商来收买鲜茧而成镇者。然而刘氏的统计并不缜密,这些新兴的市镇中,还混杂有战前即已成镇者。按照樊树志和陈学文书中的统计,仅以镇计,清代末年苏、松、杭、嘉、湖五府的"镇"达到371个,较清代前期的227个增加140余个。然而,这一统计并不能证明表14-1中施坚雅有关1893年长江下游的城市统计存在错误,因为,樊树志和陈学文的统计都没有说明清末增加的镇的人口,也没有说明战后老

---

[1] 光绪《嘉善县志》卷2。
[2] 《闻川志稿》卷1《地理志·沿革》。
[3] 刘石吉:《明清时代江南市镇研究》,第109—117页。

镇人口的减少。由于施坚雅是按照2 000人口以上的中心地标准进行统计的,所以,在未明了他的统计资料之前,我们并不能对他的结果表示怀疑。

同样,施氏的统计也未说明1893年各区人口总数的来源。根据本卷第十章的有关计算,1865年,施坚雅所称之长江下游各府(浙江省之绍兴、宁波和严州三府未计)人口数约为3 535万,以年均增长率为3.5‰计,至1893年,有人口约3 600万,加上移民人口约360万左右,合计人口数为3 960人。已知嘉庆二十五年(1820年)绍兴、宁波两府人口为775万,此两府战争中受害不重,战后恢复较快,但因移民外出较多,故估计1893年的人口数可能与战前持平。嘉庆二十五年严州府人口为146.1万,战争中的损失以75%计,战后仅有人口35万左右。如此,1893年长江下游地区的人口总数约为4 770万左右,比施坚雅估计的4 500万略高一些。按照此数进行调整,1893年的长江下游城市化比率约为10%,与施氏的估计有所差别,但差别不大。

总的说来,从1843年至1893年,长江下游的城市人口大规模减少,只是由于总人口数减少得更多,所以城市化率反而有所提高。太平天国运动毁灭了一批城市,又促使了一批城市的兴起,其中,难民的流动在其中起了一定的作用。另外,上海的崛起使其周边地区的市镇化程度有了很大的提高。大批农村人口转入城市,对这一区域的现代化影响尤大。

太平天国运动对上海人口带来深远的影响。1853年太平军攻克南京,1862年太平军进军上海,致使上海公共租界的人口迅速增加。1855年的英租界和美租界仅2万余人,至1865年增加到9万余人。法租界也从1万余人增加至5万余人,租界人口合计增加11万人。战争中逃入租界的难民共达几十万人,战乱平息后他们大多返回原籍。这11万人口是指未迁返而在上海定居的移民,他们大多来自苏、浙两省,其中不乏拥有巨资的商人或地主。他们的迁入对于早期上海城市现代化的发端有相当重要的作用。至1893年,上海公共租界及法租界的人口增加至30万人以上,人口较1865年翻了一倍有余。同一时期的华界人口约有60万人,上海人口总数大约为90余万。

据本卷第十章的论述,南京和杭州在太平天国运动中的残破是令人触目惊心的。1893年,仅杭州城的外来移民就达到16万人之多,估计南京城至少也应达到这一规模,合计两大都市的外来客民可能达到30余万人。与上海合计,此三大都市的移民人口总计约有60万人之多。加上迁入该区城镇中的移民人口,推测长江下游城市中的移民大约有100万人。需要说明的是,迁入南京和杭州的移民并未增加这两都市的人口数,只是对战争中死亡人口的弥补。

2. 华北地区

据表14-1的统计,从1843年到1893年,华北人口的年平均增长率为1.7‰,而同期的城市人口年平均增长率却为4.5‰。城市人口的增长超过总人口的增长。从长江下游的例子中,我怀疑施氏对1893年的人口有可能低估,低估的幅度约为5%[1]。修正后的结果,1893年华北城市人口在总人口中的比重将下降到4.5%的水平,同期人口的年平均增长率约为2.3‰。

由此可见,这50年中华北地区的城市人口年平均增长率高于同期人口增长率达2.2个千分点。假设城市中土著人口的自然增长速度也是2.3‰,则50年中华北地区因外来人口的迁入而增加的城市人口达到53万之众。这一估测仍不够确切,因为它是建立在所有的城市人口均衡增长的基础之上的。由于这一时期运河沿线大批城市衰落,人口外迁,所以,华北地区其他城市的年均人口增长实际上要高于4.5‰的水平,城市移民的人口数应当在上述53万人口的基础上,再加上衰落城市人口的减少数。

在施坚雅设定的华北大区中,以运河沿线的城市最为重要。明清时期的运河担负着运输漕粮和食盐转运的任务,因此而促进运河城市的繁荣。至清代前期,运河沿岸城市已达相当大的规模,淮安、清江浦(今淮安市清江浦区)、徐州、济宁、临清、德州、天津、通州等都是盛极一时的大城市。如淮安,乾隆时"豪商大贾麇至,侨户寄居者,不下

---

[1] 若是,这八大区1893年的人口数就不是3.94亿,应达到4.1亿。已知1953年这八大区域人口为5.25亿,从1893年至此,人口的年平均增长率为4‰,符合我们对这一时期中国人口增长速度的认识。

数十万","百工居肆,倍于土著"¹。又如清江浦,有"居民数万户","舟车鳞集,冠盖喧阗,两河市梠比数十里不绝。北负大河,南临运道,淮南扼塞,以此为最"²,与清江浦隔河相望的王家营,乾隆时期,客民就达2 000余户,土著十不一二。客民皆商家,镇中粮行、旅舍、轿车厂、大车厂、骡厂林立³。临清镇在乾隆时达到繁盛的极点,有23条街、16个市、29条巷,其他无名街巷尚不计在内。还在明代,临清就是"四方商贾辐辏,多于居民者十倍",清代的情况依然。同时期济宁城内城外的街衢几达300条之多,可见规模之大。

道光五年(1825年),黄河大水,除倒灌洪泽湖外,还冲入里运河,运口受淤,漕运受阻。道光六年江南漕粮改由海道北运,河运的地位开始动摇。咸丰五年(1855年),黄河北徙山东利津入海,黄水冲击山东境内的运河,使山东南运河失去运输价值。同治十一年(1872年),漕粮由招商局承包用海轮转运北上,沿运城镇失去了赖以生存的条件而迅速衰落。以清江浦为例,漕粮改海运后,清江船厂随之停办,原有的船厂工人全部失业,成为无业游民。其他如饮食、旅馆、运输等行业,亦相继衰退。再如临清,漕运停后,闸坝废弛,济运诸湖垦为湖田。民国初年,临清"广积仓街再北无居民","北营左右皆荒场,居民艺禾黍","西门三二人家,已不成其为街市","北门之内,则白骨如莽,瓦砾苍凉"⁴。

仅以临清、清江浦、淮安等几个沿运大城市计,1843—1893年间城市人口的减少就达数十万之多。假设人口减少50万,则此间其他城市中新增外来人口可达到100万人之众。

据《津门保甲图说》,道光二十六年(1846年),天津城内和城关一带有32 761户,198 716人,仅仅是一个中等城市的规模。1860年开埠以后,人口增加较快,1903年统计,天津市人口达到32.7万⁵。估

---

1 乾隆《淮安府志》卷12、卷14。
2 《淮阴风土志》。转引自单树模、范元中:《两淮的兴衰及其河道变迁史略》,载南京师范学院地理系江苏地理研究室编:《江苏城市历史地理》,江苏科学技术出版社1982年版。
3 张震南:《王家营志》卷3。
4 民国《临清县志·建置·街市》。
5 《中国人口·天津分册》,中国财政经济出版社1987年版,第49页。

计 1893 年时的人口可能达到 25 万。由此可见，这一时期，天津还未成为移民的重点，华北地区新增的百万城市移民主要迁入了华北地区中型或大型的城镇。

3. 长江中游地区

施坚雅定义的长江中游地区包括湖北、湖南、江西和陕南以及豫西南及黔西、桂北的一部分。在这 50 年中，这一地区城市人口的年平均增长率仅为 0.6‰，总人口的年均增长率则为 -2.3‰，修正后的人口年平均增长率为 -1.3‰。这一区域的总人口减少，主要在于太平天国运动期间江西人口的大幅下降，而城市人口的停滞不前，则与交通路线的变化有关。

《南京条约》签订之后，随着沿海通商口岸的开放，传统的中原通向广州的交通线沿湘江越南岭和沿赣江越南岭相继衰落。以江西赣江大庾岭通道而言，光绪年间商部派驻江西的官员对此有明确追述：

> （江西）各处市镇，除景德镇外，以临江府之樟树镇、南昌府之吴城镇为最盛。……故货之由广东来江者，至樟树而会集，由吴城而出口；货之由湘、鄂、皖、吴入江者，至吴城而屯存，至樟树而分销。四省通衢，两埠为之枢纽。迨道光二十五年，五口通商，洋货输入。彼时江轮未兴，江西之贩卖洋货者固仰给广东。若河南、襄阳、湖北汉口、荆州，凡江汉之间需用洋货者均无不仰给广东，其输出输入之道，多取径江西。故内销之货，以樟树为中心点；外销之货，以吴城为极点。加以漕折未改，岁运江米出江。每值粮船起运，樟树、吴城帆樯蔽江，人货辐辏，几于日夜不绝。故咸丰以前，江西商务可谓极盛时代。唯彼时省会，转视两埠弗若焉。[1]

五口通商后，洋轮通行。交通工具的改变，对这条商道的繁荣产生重大的打击。商部官员记载说："江轮通行，洋货之由粤入江、由江复出口者，悉由上海径运内地。江省输出输入之货减，樟树、吴城最盛

---

[1] 傅春官：《江西商务说略》，《江西官报》1906 年第 27 期。

之埠,商业亦十减八九。"[1]尽管以后因排运业的发展两镇的繁荣还维持了一段相当长的时间,但因商路的改变而导致的衰落却是不可避免的了。

和江西一样,湖南的湘江水道也是南北交通的重要交通线,五口通商对这条商道造成的影响应是相同的。清末,粤汉铁路湘鄂段的通车,铁路的走向与湘江的流向基本一致,促使这条古老的商道又恢复了活力,一批原先衰落的城市重新崛起。相对江西而言,湖南城市化进程要顺利一些。

湖北地区的城市化进程主要表现为武汉城市规模的扩大和人口的增多。太平天国战争前后的汉口大约有10万人口,汉阳和武昌合计为10万人左右,武汉三镇人口总数为20万人[2]。随着战后英租界的建立和商业的繁荣,至1888年,汉口市区的人口就已超过18万,武汉三镇人口合计约为30万。1890年张之洞督鄂,俄、法、德、日租界相继设立,人口迅速增长。1893年的武汉市人口大约为40万人。从表14-1中的统计来看,这50年间,整个长江中游地区城市人口仅增加10余万人,城市化比率的提高是人口总数大幅下降的结果。将人口下降的城市和其他人口增长的城市相抵不计,城市人口的纯增长几乎就是武汉市人口的增长了。

汉口城市人口的增加得力于外来人口的流入。外来人口主要是外省及本省的商人和本省农村的居民。

4. 长江上游地区

施坚雅定义的长江上游地区主要以四川为主;由于此地区划给其他地区以及从其他省区划入的地区的范围大致相当,故而忽略不计。因此,在这里我们将长江上游区与四川省等同看待。问题是,对于四川人口数字,施坚雅的估计与本卷第三章的估计差距太大。

按照表3-2中的数字,1812年的四川人口仅有2 071万,从这一年至1910年,四川人口的年平均增长率为8.7‰,假定在从1812年

---

1 光绪三十四年(1908年)傅春官:《江西农工商矿纪略・清江县》。
2 民国《夏口县志・丁赋志》。

至 1843 年的 31 年间人口的年平均增长率要比后几十年高一些而设为 13‰，至 1843 年四川人口也仅有 3 050 万。若此，1843 年的长江上游城市人口的比率高达 6.4%，而到 1893 年，按我的同一种估计方法，四川城市人口的比例只有 5.4%，较 50 年前不是上升，而是下降。原因很简单，尽管这一时期城市人口的年平均增长率达到了 5‰ 的较高速度，但四川省总人口增长的速度更快，为 8.7‰。因而城市人口的增长可能主要由城市人口的自然增长所导致。

从表 14-1 中的统计来看，在这半个世纪中，其他几个地区的城市化水平均无明显的提高。补偿战乱后损失的人口不计，因外来人口的迁入而新增加的城市人口大约只有 100 万人。最高限度的估计大概不会超过 150 万人。按照施坚雅的估计，1893 年中国八大区域的城市人口大约为 2 351 万，其中移民人口所占比例约为 4.3%—6.4%。

二　1895—1953 年的中国城市

从 19 世纪末至 20 世纪中叶，在中国的城市化进程中，镇的成长并不见有多大的起色，相反，大中城市的发展却以前所未有的速度进行着。本节不再估计城市化的一般水平，而是就若干大中型城市人口讨论移民与城市发展的关系。仍采取施坚雅的分区方法，论述如下：

1. 长江下游地区

上海是长江下游区最重要的城市。在 20 世纪的城市化过程中，上海城区的扩大和城市人口的增长在中国城市中表现得最为突出。1933 年，上海市人口已经达到 330 万人的规模，成为中国乃至远东地区人口最多的大都市。与 1893 年相比，上海城市人口增加了 240 万人，扣除原有居民的人口增长，外来移民及其后裔的人口约为 220 万左右。

随着国民党政府定都南京，南京人口迅速膨胀。如前述，1933 年，南京人口已达 77 万。排除因政区调整引起的人口增加，因建都而迁入的外来人口大约为 50 万人。

杭州城的人口增加也相当迅速，1933 年前后约有 55 万人口，较

1893年的20余万人口增加了1倍有余。扣除城市人口的自然增长，40年间的外来移民及其后裔至少有20万人。

在民国年间的城市化过程中，苏南城市人口的增长也是相当引人注目的。如无锡市，清代末年的估计数为20万人[1]，1930年为90万人[2]，1953年无锡市人口为58万，据此可见1930年的无锡人口数有可能高估。至1933年，无锡人口可能在45万人左右，除去城市人口的自然增长，大约有20万外来的移民。无锡人口的迅速增加，实在是该地现代工业发展的结果。

珀金斯、饭田茂三郎估计的清末和1930年的宁波市人口分别为26万和21万，而据民国《鄞县通志·舆地志》的记载，1912年宁波城厢人口仅有14.7万，至1928年增加至21.3万，人口的年平均增长率达到了25‰的高速度，扣除人口的自然增长，移民人口约有1万，总数并不很多。类似的城市有常州、温州等。

上海兴起以后，苏州作为工商业中心的地位不复存在，城市人口增加缓慢。据民国《吴县志》卷49记载，光绪末年调查所得苏州城内及附郭共计32 994户，约有17万人，这一数字可能偏低。1930年苏州人口估计为35万，1953年为47万。苏州市区人口的增长速度高于苏南地区人口的增长，扣除苏州市区原有人口以5‰的年均自然增长率的增长，这一时期苏州市区接纳的外来人口约为10万。

镇江衰落的原因有三，一是太平天国战后，米市移至芜湖，贸易额大减；二是运河失去其在交通上的重要性后，镇江作为交通枢纽的地位顿时丧失；三是津浦铁路及宁沪铁路修通之后，南京地位日显重要，从而取代镇江。这三个因素对镇江城市的发展是严重的打击。1930年镇江人口约为15万，1953年则为20万，可能还不及太平天国战前镇江的人口数。

总之，由于政治和经济的双重作用，长江下游地区的城市人口得

---

[1] 清末城市人口的估计数据［美］珀金斯：《中国农业的发展(1368—1968年)》，上海译文出版社1984年版，第388—392页。以后不另说明。
[2] 1930年的城市人口据［日］饭田茂三郎：《中国人口问题研究》(中译本)，北平人人书店1934年版，第100—110页。以后不另说明。

到迅速的发展,大量外来移民进入城市,成为城市中新的成员。在上海、南京、杭州、无锡等四个大城市中,至1933年,外来移民至少在310万以上。若加上其他城市的移民,城市化移民人口的总数可能达到350万。

2. 华北地区

北京城市的人口在民国年间有了较快的增长。清代末年北京内城人口合计为76万,1917年增至81.1万,1935年为111.3万,1948年为151.4万。人口的年平均增长率分别为9.3‰、17.7‰、24.0‰[1]。假设城市人口的自然增长率为5‰,至1933年,外来移民人口可能达到20万人左右。

这一时期天津市人口的增长也相当迅速。王守恂在《天津政俗沿革记》中说:"庚子之后,北省郡县遭罹厄会……往往以天津为乐土,曾无藩篱之限也。考近岁以来,天津拓迹辟地已增于旧十之七,然叠迹累辙,肩摩袂接而至者,又衢巷充溢矣。"义和团运动以后天津城市人口有了迅速的增长,据天津巡警总局的调查,1906年天津人口总数约为35.7万,1909年《天津志》的记载则为42万,1934年天津市区人口可能达到了150万[2]。扣除城市人口的自然增长,外来的移民及其后裔大约为130万人。

1895年中日《马关条约》签订后,日本和西方各国加强了对中国的资本输出,中国民族工商业也得到较大的发展。随着工矿业和交通运输业的发展,产生了一批新兴的大中城市。华北地区新兴的工矿城市如唐山、井陉、焦作,1933年的人口平均达到20万人左右,而它们的前身只是一个小镇或一个小村。属于铁路枢纽的有郑州、蚌埠、石家庄等,也都有惊人的扩展。如蚌埠,原是一个500户人家的渔村,1908年津浦铁路通车后发展迅速,1926年人口达20万。属于帝国主义侵略据点或中心的有青岛,因其特殊地位而迅速膨胀,1930年人口达到32万。

在华北地区的上述各城市中,外来移民人口可能达到了300万人

---

1 《中国人口·北京分册》第二章,中国财政经济出版社1987年版。
2 《中国人口·天津分册》,第49页。

之多。如果加上其他小城市的移民迁入,华北城市中的移民数量可能达到350万人左右。这一城市化移民规模大体与长江下游地区相同。

3. 长江中游地区

再以江西为例,江西四大名镇之一的铅山县河口镇,是明清时期发展起来的茶叶、竹纸等山物土产的加工和贸易中心。民国初年鼎盛时曾经达到10万人口的规模。民国以后,随着中国制茶业的衰落和洋纸的输入,河口及其周围地区的制茶业和土纸业以及柏油业都受到严重的影响,河口经济开始衰落。浙赣铁路修通之后,由于河口不通火车,作为八省通衢的地位迅速被铁路沿线的上饶市所取代。原驻于河口镇的外地商人纷纷他徙,河口从此没落了。

因交通环境的改变,湖南城市也发生类似的兴衰。如湘潭,乾嘉时期,市面十分繁荣,1870年有外国旅行家至此,听说该城有百万人口,虽有高估,却也说明其人口众多。长沙港口先天不足,不宜于船只停靠,湘潭沿江20里,均为天然深水码头,商旅乐于往来。18世纪中叶,湘潭西门外沿湘江20里皆为市场,街衢三重。"富商巨贾,竞争奢靡,酒馆娼寮,充溢里巷,笙歌达旦,车马塞途。"太平天国期间,湘潭也没有受到太大的破坏,曾国藩于此训练湘军时,城市居民仍有3 000余户,城外市区仍在发展。铁路修建以后,地处铁路交通枢纽的株洲迅速崛起,而湘潭则衰落了下去[1]。

长江中游地区城市化发展最快的地区当属湖北。湖北沙市和宜昌在民国年间都有迅速的增长,从清末至20世纪30年代,人口均增加了一倍有余。只因这两个城市原有的人口总数都不多,所接纳的外来人口仍属有限。武汉则不同,在1927年的江汉关的估计中,武汉三镇人口数已经高达158万,但被认为不实。"较为准确的是1928年,武昌按东、南、西、北四大警区进行全面户口调查,三镇城区有人口为85万",1934年增至128.5万[2]。扣除城市人口的自然增长部分,外来移民及其后裔共有80万人。据此我们估计这一时期长江中游区的城市人口中外来移民人口大约为100万。

---

[1] 见张朋园:《中国现代化区域研究·湖南省》,台北"中研院"近代史研究所专刊46号。
[2] 皮明庥主编:《近代武汉城市史》,中国社会科学出版社1993年版,第658页。

4. 东北地区

民国时期是东北城市化进展最为迅速的时期。究其原因，主要是铁路的建设和近代工业的发展，促进了城市化水平的提高，而铁路建设和近代工业的发展是外国资本大量投入的结果。如沈阳，1909年还只有16万人口，沈阳至山海关铁路通车后的1911年人口达到25万，三年间人口增加近9万人。饭田茂三郎估计1930年沈阳市人口为24.5万，可能低估。

再以辽宁、黑龙江两省为例。按照1930年的区划统计，辽宁省的城镇人口（只统计到县城以上）达243万，约占全省总人口的17.1%[1]。黑龙江的城市人口比例与辽宁大体相同，1949年有245万城镇人口，占全省总人口的24%。这一比例可能包括县城以下镇的人口，倘若仍以与辽宁相同的统计口径进行统计，黑龙江城市人口的比例可能还要低一些。

1933年的东北三省人口约为2 600万[2]，该统计数来自1931年《东北年鉴》的记载，与其他种类的估计并无大的差异。假定其中城市人口占总数的17%，则有440万。这一估算与分省估算有些差异，是因为对人口总数的估计存在差异。大致说来，至1933年前后，东北的城市人口大约有500万人。扣除1893年以前就居住于辽宁县城中的这一部分人口，1893年以后新增的三省城市人口约有400万属于移民或移民后裔。

1931年"九一八"事变以后，日本加强对东北的掠夺和移民，促使东北城市人口更为迅速地增长。10年中，各城市的人口都增长了1倍或更多。1942—1943年，长春人口达89万，哈尔滨75万，大连70万，沈阳更高达100万，连同抚顺、鞍山、本溪等，形成一个工矿城市集群。东北地区的城市化在这一时期获得了长足的发展。

5. 其他地区

其他地区除沿海厦门等城市在这一时期有所发展以外，有许多城市在这一时期却停滞或衰落了。如西安，1930年全市人口仅12.5

---

[1] 《中国人口·辽宁分册》，中国财政经济出版社1987年版，第43页。
[2] 胡焕庸：《论中国人口之分布》，第67页。

万,不到1843年的一半。太原、兰州、成都、贵阳、乌鲁木齐等城市,人口仅相当或略高于1843年的水平。另外,虽然昆明等城市人口有所增长,但人口总数不多,兹不赘言。

总而言之,从1893年至1933年的40年间,中国的城市化获得了较快的发展。然而这一发展并不平衡,以长江下游、华北及东北地区城市人口增加最多,增速最快。1933年这四大区域的城市人口中,合计有大约1200万人口系这一时期迁入的移民及其后裔。

最后我想提及的是,在抗日战争中,一些城市如南京、徐州、长沙、衡阳、金华等的人口损失严重,而重庆和一些西南大后方城市人口则激增。如重庆,1937年人口为27万,1945年超过100万;成都1939年人口为30.9万,1945年达到70.1万。这是战争中大量人口西迁的结果。但战后,西迁人口基本都复员返迁,居留的很少,多数城市人口又恢复到战前的规模。

三 对城镇移民人口的总估计

从各种资料的综合分析来看,1933年以后,中国的城市化水平仍处于不断提高的过程当中。一些大城市的人口仍在急剧地膨胀,1949年,上海人口达到了500万人的庞大规模;天津为200万人,北京、南京人口均超过了100万。详述各城市人口的发展将是十分冗长和枯燥的,在此仅从各种估计数字中把握城市人口的变化。

兹将20世纪上半叶中国的总人口、城镇人口、10万人口以上城镇人口、10万人口以下城镇人口的情况列为表14-2。

表14-2表明,珀金斯和施坚雅各自对中国城镇人口的不同指标所作统计相互吻合以后,所得结果可以从1953年和1958年的现代人口普查数字中得到证实。也就是说,当新中国工业化尚未展开以前,大城市人口在城镇总人口中的比重约为60%。另外,由于在近代的人口调查中,对城镇人口的调查在技术方面的困难少于对农业人口的调查,原始数据的相对充分和准确是这两位学者的统计能够成功的基础,虽然可能对某些地区或某些城市的人口统计尚有可作商榷之处。

表 14-2　1900—1958 年中国总人口与城镇人口统计

单位：万人

年代	总人口	城镇人口		10万人口以上城市⑥		10万人口以下城镇	
		人口	占总人口(%)	人口	占城镇人口(%)	人口	占城镇人口(%)
1905	45 430①	2 490③	5.5	1 464	58.8	1 026	41.2
1938	54 444②	4 667④	8.6	2 800⑤	60.0	1 867	40.0
1953	58 789	7 826	13.3	4 753	60.7	3 073	39.3
1958	65 994	10 721	16.2	6 621	61.8	4 100	38.2

资料来源：1. 1953 年、1958 年总人口数引自《中国人口年鉴》，社会科学文献出版社 1986 年版，第 409 页。
2. 10 万人口以上城镇数据引自珀金斯《中国农业的发展，1369—1968 年》附录 5《城市人口统计》(1900—1958 年)。

说　明：①② 珀金斯估计 1893 年总人口为 38 500(±25)万，1913 年为 43 000(±25)万，1933 年为 50 000(±25)万，据此三个数据推算出 1905 年、1938 年的总人口数分别为 4.1 亿和 5.2 亿，可能偏低。此据民国时期中国人口年平均增长率为 5.5‰的速度测算。

③ 施坚雅估计 1893 年中国城镇人口数 2 351 万以及这一阶段城镇人口年平均增长率为 2.5‰，由于 1895 年以后中国城市人口增长较快，以 5‰的年平均速度计算，得出此数。在《简明中国移民史》中，以 2.5‰的速度进行估算，所得数较低，此做修正。

④⑤ 根据珀金斯的统计，1900—1910 年，10 万人口以上城镇人口占城镇总人口的 60.4%，在我的估计中，城镇人口总数已有所提高，故 10 万人口以上城市人口占城镇人口的比例只有 58.8%，而 1953 年和 1958 年此项数据分别为 60.7% 和 61.8%，可见大城市人口在城镇人口总数中所占比例是有规律的，据此推算出 1938 年的这项比例为 60.0% 左右。又知珀金斯统计中 1938 年 10 万人口以上城市约有人口 2 732 万（不包括香港和台湾），但有一批城市缺人口数，如株洲、个旧等。据此认为 10 万以上人口的中国城镇人口可达 2 800 万，据此再推出当年中国城镇人口总数。

⑥ "10 万人口以上城市"指 1958 年人口超过 10 万的城市。

根据表 14-2，我们可以列出 1905—1953 年分阶段的总人口和城镇人口的年平均增长率。假定在没有城市化移民的前提下，城市人口的自然增长速度与总人口的增长速度相同，而实际上城市人口年平均增长率超过总人口年平均增长率的部分，即可视为城镇化移民的结果。估算结果如下：

(1) 1905—1938 年总人口年平均增长率为 5.5‰，设这一时期的中国城镇人口的年平均增长率相同，1938 年中国城镇人口应为 2 992 万，而实际人口为 4 667 万，由此可估算出 1938 年城镇中移民人口（含后裔，以下同）达 1 675 万左右。

这一数据仍是不够完全的。因为在这一期间，还有一些城市的人口出现负增长,考虑到这一因素,城镇中移民人口的数量至少就达到1 800万人的规模。在我们上述估计中,至1933年,在长江下游、华北、长江中游和东北这四个大区中,城市中移民人口的数量约为1 200万人,假定将时间定于1938年,可能达到1 300万以上。仅以上海一市计,这5年间人口就增加了50万人。其余500万移民人口可能分布在长江上游、东南沿海、岭南及西北地区城市中。

(2) 据表14-1,1939—1953年全国人口年平均增长率仍为5.5‰。设此期间的中国城市人口自然增长率相同,1953年中国城镇人口应为5 050万,实际人口为7 826万,可估算出1953年城镇中的移民人口约为2 776万。这一时期也有一部分城市人口减少,移民的数量可能还要多一些,估计在3 000万左右是没有问题的。他们中除了一部分于民国时期迁入城市以外,还有相当大的一批是在解放以后的几年中迁入。新中国的建立,标志中国城市化运动进入了历史上前所未有的崭新时期。

从1905年至1953年,中国城镇人口从2 400多万增加到7 800多万,但1953年中国城镇人口在全国总人口中的比重也只有13.3%,仅相当于1900年世界城镇的人口比重[1]。1953年以后几年中,中国的城市化曾一度以较此之前更快的速度展开,并始终与中国工业化的进程紧密相连。

第三节

城镇人口的由来

对东北地区城市人口的来源,本章第二节已有讨论,不再重复。

在上海市四周,那星罗棋布的小市镇的人口,一般是由本地农业

---

[1] 胡焕庸、张善余:《中国人口地理》上册,第261页。

人口转化而来,有些则是太平天国战争之后迁入的客民,如上海县内、外虹口市,苏州府新阳县的北陆家桥镇等[1]。其他地区的小市镇的人口来源基本也是如此。但在上海、天津这样的大城市中,移民的来源要复杂得多。

一 上海[2]

根据表 14-3 和 14-4,上海人口的绝大部分是外地移民。由于公共租界 1885 年以来的人口调查把上海本籍人口划入江苏省籍之内,所以得不到公共租界内的本籍人口数。邹依仁根据"华界"1930 年到

表 14-3 旧上海"华界"上海籍人口与非上海籍人口

年　代	上海籍人口		非上海籍人口	
	人　数	百分比(%)	人　数	百分比(%)
1930 年	436 337	26	1 255 998	74
1932 年	430 875	28	1 140 214	72
1934 年	488 631	25	1 426 063	75
1936 年	513 810	24	1 631 507	76

资料来源:邹依仁:《旧上海人口变迁的研究》,第 112 页。

表 14-4 旧上海公共租界上海籍人口与非上海籍人口

年　代	上海籍人口		非上海籍人口	
	人　数	百分比(%)	人　数	百分比(%)
1885 年	15 814	15	93 492	85
1895 年	40 470	19	178 836	81
1905 年	67 600	17	322 797	83
1915 年	91 161	17	448 054	83
1925 年	121 238	17	660 848	83
1935 年	236 477	21	884 383	79

资料来源:邹依仁《旧上海人口变迁的研究》,第 112 页。

---

1 刘石吉:《明清时代江南市镇研究》,第 109—117 页。
2 参见邹依仁:《旧上海人口变迁的研究》,上海人民出版社 1980 年版。

1936年间,上海本籍人口与江苏省籍人口的总比例来估算公共租界历年的上海本籍人口的数目。由于"华界"的本籍人口比重一般比租界高一些,因而这种估算对全上海的本籍人口来说,或多或少地偏高。即使如此,估算结果还是证实"华界"与公共租界中上海本籍人口的比例是很低的。

占上海人口70%—85%的移民究竟来自哪些区域呢?民国年间进行过两项调查,结果见表14-5和表14-6。

表14-5 旧上海"华界"非上海籍人口籍贯的构成 单位:千人

原籍\年代	江苏	浙江	安徽	广东	湖北	河北	山东	南方其他	北方其他	合计
1930年	692	342	60	41	24	19	27	31	20	1 256
1932年	644	284	65	22	27	20	26	30	21	1 139
1934年	783	358	87	49	34	37	32	37	10	1 427
1936年	902	413	95	57	35	40	36	43	11	1 632

资料来源:邹依仁:《旧上海人口变迁的研究》,第115页。
说　明:(1)各年均为9月份人数;(2)江苏项中不包括上海籍人口;(3)外国人除外;(4)北平人口列入河北人口中;(5)原表中的其他作北方人口处理。

表14-6 旧上海公共租界非上海籍人口籍贯构成 单位:千人

原籍\年代	江苏	浙江	安徽	广东	湖北	河北	山东	南方其他	北方其他	合计
1885年	24	41	3	21	1	2	0	1	1	94
1895年	61	78	3	31	1	1	2	2	0	179
1905年	101	134	7	55	5	5	3	11	3	324
1915年	139	201	16	45	8	7	5	20	7	448
1925年	187	229	27	51	15	16	12	46	18	601
1935年	355	389	31	53	10	11	15	16	5	885

资料来源:邹依仁:《旧上海人口变迁的研究》,第115页及表14-4。
说　明:(1)江苏籍中不含上海籍;(2)外国人未计入。

苏南、浙西人口大量迁入上海,是从太平天国战争期间开始的。由于上海受到帝国主义军队的庇护,它成为乡间地主和其他有产者避难的场所。据表14-4,上海公共租界中非上海籍人口比例高达85%,而这些非上海籍人口中来自江苏(不含上海本籍)和浙江两省的就占了 70%,反映了太平天国运动期间苏南、浙西人口的迁入对上海人口构成产生的影响。民国以后,迁入上海的江苏人主要来自苏北,浙江人则多来自宁波等地。前者多从事服务业,后者多从事商业,和 19 世纪的情况有很大的不同。

广东籍移民也是重要的一支。广东对外贸易开展较早,外商洋行里中国买办中广东籍的较多,随着上海开埠,外商洋行在上海设立分行,广东籍的买办和经营进出口业务的商人纷至沓来。

19 世纪,安徽移民在上海的地位居苏、浙、粤三省之后,当时的安徽人多由徽州迁来。徽州商人是中国商人中最重要的一个地域集团,他们在长江下游拥有很强的势力。到 20 世纪,公共租界中的安徽人仍一直少于广东人。原因很简单,来自广东的新式商人以进出口贸易为主要业务,贸易额大,市场也大,传统的徽商自然难以望其项背。但在"华界"中,安徽人多于广东人。这里的安徽人多来自淮北,不少是淮河水灾后逃入上海的难民。

二 天津

天津也是一个主要由外来移民构成的新兴工商业城市。从表 14-7 所列 1947 年天津市居民籍别统计中,可以看出天津人口的籍别构成与上海有不同的特点。

表 14-7 1947 年天津市居民籍别统计　　　　单位:百人

人口	天津	江苏	浙江	安徽	广东	河北	山东	南方其他	北方其他	合计
数量	6 887	186	75	44	29	8 060	1 493	52	253	17 107
%	40.3	1.0	0.4	0.3	0.2	47.1	8.4	0.3	2.1	100

资料来源:《中国人口·天津分册》,中国财政经济出版社 1988 年版,第 58 页。

构成天津人口籍别特点的原因在于:

其一,天津本籍人口所占比重达到 40%,远远超过上海的本籍人口比重。与天津相比,上海移民城市的色彩更为浓厚。天津市的本籍人口,可能指来自天津附近的农村人口。

其二，天津的外来移民79%来自河北，即天津成为一级政区以前所属的省。而上海移民中，江苏移民仅占30%左右。将河北、山东合并计算，则天津外来移民的93%来自此两省，而上海移民中仅60%来自江苏和浙江。天津移民中邻省以外的人口迁入不多，故而天津移民的迁移距离逊于上海。从某种意义上说，相对于天津而言，上海更具有国际化大都市的色彩，对于外地人口的吸引力要比天津大得多。

三 武汉[1]

如上所述，近代武汉城市人口的增加，主要由外地人口的流入所造成。《海关十年报告》曾指出："汉口的人口不是纯粹的本地人，由于该港的诱惑，他们来自远近各地，居民成分复杂。"大致说来，移入武汉市内的移民主要有以下几种：

来自全国各地的商人和工匠。叶调元《汉口竹枝词》说："此地从来无土著，九分商贾一分民。"各省来汉的经商者，形成了湖南帮、江浙帮、广东帮、山西帮、四川帮、江西帮、徽州帮、云贵帮、陕西帮等，如盐商多为下江人，"朱楼三十里，一半洞庭商（太湖中的洞庭山）"。票号和钱庄则以山西人为主。各地工匠依行业或原籍在汉口定居，如汉口打铜街上多黄陂人居住，江西吉水来的篾匠多在武昌城西北沿江筑圩定居，以生产筷子为业。

武汉周边农村的农民也在向城市渗透。毗邻武汉市区的黄陂、孝感县的农民和手工业者流入武汉做生意，开作坊或做工役。再如汉川、新洲、鄂州、黄冈等周边州县农民也源源不断进入武汉，从事搬运、车夫、轿夫、厨师、杂役等各种各样的工作。近代农村不断出现的水旱灾荒，也是促使农村人口流入城市的基本原因。由于未见武汉城市人口的分籍资料，所以无法就其人口的原籍构成与上海或天津进行对比。但是，从上海与天津两市的对比中可以推测，除了商人外，迁入武汉的农村人口当主要来自本省农村。武汉市对于外地人口的吸引力

---

[1] 据皮明庥：《近代武汉城市史》第25章。

不会大于天津。

四 北京

据《中国人口·北京分册》记载,1936年6月,全市总人口153.3万,本籍人口65.1万,本籍人口仅占总人口的42.5％,来自河北等30个省区的人口占总人口的57.5％,其中河北籍占40.2％,山东籍占5.6％,其他年份的统计亦相类似。北京市的外来移民原籍构成和天津极其相似。

至于这一期间各地新兴的城市,其人口的大多数当来自附近的农村。城市越大,城市人口越多,对周边人口的吸引力就越大。这些新兴城市的人口大多在20万—30万之间,移民的半径不可能很大。正因为如此,本章论述的城市化移民和以前的移民有很大的不同,我们已无法区别长距离或短距离的人口迁移。对于从农村迁入城市的移民来说,或许迁移的距离不长,但它造成的生活方式的改变却是以往那种长距离的农业移民所不能比拟的。城市化移民迅速地改变着中国的面貌,尤其是改变着中国农村的面貌,这一过程,今天仍然在进行着。

第十五章

移民与近代中国

在前面的十四章中,我们已经分区域地叙述了清代(部分含民国年间)历次移民活动,如清代前期全国范围内的人口迁移,清代后期太平天国运动结束后东南地区的人口迁移,清代末年东北及蒙古地区的移民招垦。以上各章还尽可能详细地叙述了这一时期各种类型的移民活动,既有汉族人口的迁移,也有各少数民族人口的迁移;既有农业人口的迁移,还有中国近代的城市化移民;在叙述了中国境内的移民活动以后,我们还叙述了中国人口向海外的迁移以及帝国主义列强对中国的殖民。因此,本章不拟对以上各章内容再作重复性的解释或阐述,只想从比较的角度,对这一时期的历次移民活动作一总结,以利于加深对本书所述各种事件的理解和把握。

在分区域的论述中,以上各章还就移民活动对各区域经济和社会的影响作了尽可能详细的论述。尽管各章论述的重点不同,但我们已经勾勒出移民与区域经济、社会的发展关系的基本轮廓。本章拟从比较的角度,评述各区域移民运动的特征,即不同的地理背景和文化背景在移民运动中的作用问题,由此而展开对移民社会性质的讨论。

第一节

移民时间和空间的比较

一 历次移民的比较

1. 移民的过程

综合上述各章内容可知,清代至民国年间的移民活动大致是这样展开的:清兵入关实际上可看作满族人口由关外向关内的迁移,也标志着清代人口大规模迁移的开始。清代前期绵延不绝的移民活动在各地开展起来:

从顺治年间开始,中央政府即开展对四川的移民,康熙十七年(1678年)"三藩之乱"平定后,移民活动在更大范围内展开,不仅包括四川,也包括东南丘陵山区以及岭南地区,还包括北方边外地区。

对台湾的移民活动也可以追溯至明代末年甚至更远。然而,大规模的移民则是从康熙二十二年(1683年)平定台湾后才开始的。紧邻四川的陕南地区移民活动开展较晚,康熙末年始,陕南地方政府才开始招民垦荒。雍正、乾隆年间,随着西南地区"改土归流"的展开,汉人深入少数民族村寨,形成规模性的移民。

以上各区的移民运动大部分于乾隆年间即已结束,也有一些区域延续了相当长的一段时间。如台湾,由于清廷对台湾的移民政策暧昧多变,台湾移民至嘉庆年间才全面放开,以至于嘉庆、道光年间,竟然形成移民台湾的一个小小的高潮。又如陕南,由于移民开始时间晚于四川,所以,在嘉庆、道光年间,当四川移民大体结束以后,仍有相当数量的外来人口迁入陕南,其中也包括有四川人口的迁入。再如东北,在政府封禁条件下,灾年移民和偷渡出关成为关内人口外移的主要方式;从清代前期开始,关外移民的过程就没有停息。直隶及山西口外地区的移民过程莫不如此。由于这一类型的移民延续时间长,移民不集中,对于其人口的估计也就相当困难。

岭南地区的移民在清代前期虽已结束,但至清代后期,由于土客之间发生严重的械斗,导致清代前期已经于肇庆府定居的移民再度向西部迁移。这一时期广西地区的土客冲突也表现得相当激烈,以至于成为广西客家揭竿起义的动因之一,由土客之争诱发的太平天国运动这一近代中国最大规模的内战,导致了中国东南地区人口的大量死亡。战后发生了一场规模并不很大的移民活动,作为对战争中人口死亡的补偿。同样,在另一场内战西北回民起义发生之后,对起义回民的安插也构成一次规模不大的移民。

清代末年,在边疆危机的巨大压力下,清政府开放边疆移民,于是引发一场大规模的移民运动。移民的迁入地主要在清代前期的北方边外地区,也包括台湾及其他一些边疆地区。

而以北方边外地区为主要移入地的移民运动在民国年间继续进行,黑龙江成为民国时期移民最大的迁入地。除了边疆的移民开发外,城市化移民是民国时期移民的又一重要内容。边疆的移民垦荒和中国的城市化运动并未随着民国的结束而结束,1949年以后又以与民国时期相同或不同的形式继续进行。

除了上述各次移民以外,从清代前期至民国年间,少数民族人口的迁移始终断断续续地进行着。另外,东南沿海地区向海外的人口迁移也始终在断断续续地进行着。

所有这一切,构成清代至民国年间移民史的主要内容。

2. 移民人口与移民规模

在清代前期至民国年间的历次移民活动中,以清代前期及清代末年的移民规模最大。

从表15-1的统计中可见,乾隆四十一年(1776年)的移民人口及其后裔达到了1 567万,如加上北京城及各地驻防的满族八旗人口大约70万,合计移民人口为1 637万。据本卷第十一章中有关论述,清代后期北疆的放垦,仅东北三省招徕的移民就达1 344万,即使加上绥远、察哈尔以及台湾等地的移民,这一时期的移民总数仍略少于清代前期。

由于清代前期的移民活动延续时间长达100余年,所以,乾隆四十一年的移民人口中已经包括了相当多的移民后裔。以入关满族为例,清代初年入关的满族大约只有25万人左右,而将统计时间截止于乾隆四十一年,即他们迁入的132年后,其人口数至少增至70万。相对来说,清代后期的移民大多是在清末北疆放垦后迁入的,移民的时间相当集中,移民人口中所含后裔人口较少,因此,如果仅仅考虑有迁移行为的人口的话,清代后期的移民人口应当超过清代前期。

然而,移民的人口数量还不能说明移民规模的大小,移民在总人口中的比例或许是考察移民规模的更为重要的因素。乾隆四十一年的中国人口大约为2.75亿[1],是年移民约为中国人口总数的5.2%;清代末年中国人口已增至4亿以上,是年移民人口在全国人口中的比重只有3.3%。尽管移民的绝对数量并没有减少,甚至还有增加,但由于中国人口总数的增加,移民在总人口中的比重呈下降的趋势。

还可将清代移民与明初移民作一比较,在本书第五卷的第十一章中我曾指出:洪武年间中国人口大约为0.7亿,移民人口约有1100万左右,移民人口占全国人口的15.7%。看来,移民的相对规模从明初以来即呈渐次缩小的趋势,这和明初以来中国人口增加的趋势是同步的。

这一趋势或许表明这样一个事实:在中国人口的运动中,移民所起的作用越来越小。然而,由于清代至民国年间的移民仍然具有强烈的地域化倾向,对于区域人口或区域社会而言,移民的作用仍不可低估。另外,由于这一时期的移民含有一些新的因素,如大量的海外移民、殖民者的进入以及城市化运动中的人口变动,移民与中国社会变迁的关系仍是一个值得讨论的课题。

---

1 葛剑雄:《中国人口发展史》,福建人民出版社1991年版,第246页。

二 移民与区域重建和边疆开拓

综合本卷第三章至第十一章的论述,列出表 15-1,以全面揭示清代前期各地移民人口的数量及其分布。

表 15-1 乾隆四十一年(1776年)中国各地的移民迁入 单位:万人

地　　区	总人口	土著人口	百分比(%)	移民人口(含后裔)	百分比(%)
西南地区	2 438	1 483	60.8	955	39.2
其中:					
四　　川	1 000	377	37.7	623	62.3
陕　　南	145	25	17.2	120	82.8
湘鄂西	115	68	59.1	47	40.9
贵　　州	520	500	96.2	20	3.8
云　　南	658	513	78.0	145	22.0
东南地区	3 721	3 547	95.3	174	4.7
其中:					
江　　西	1 685	1 566	92.9	119	7.1
浙　　江	1 936	1 906	98.5	30	1.5
湘　　东	100	75	75.0	25	25.0
华南地区	2 110	1 905	90.3	205	9.7
其中:					
台　　湾	90	5	5.6	85	94.4
广　　东	1 482	1 422	96.0	60	4.0
广　　西	538	478	88.8	60	11.2
北方边外	239	6	2.5	233	97.5
其中:					
辽　　东	96	6	6.3	90	93.7
吉　　林	30	0	0	30	100
黑龙江	11	0	0	11	100
承　　德	56	0	0	66	100
察哈尔	4	0	0	4	100

续表

地区	总人口	土著人口	百分比(%)	移民人口(含后裔)	百分比(%)
土默特	20	0	0	20	100
新疆	22	0	0	22	100
合计	8 508	6 941	81.6	1 567	18.4

资料来源：贵州、云南、江西、浙江、广东、广西人口总数据姜涛《中国近代人口史》附录《1749—1898年分省人口统计》；贵州、云南人口总数中含有未入籍的移民人口。其余各地人口见本卷各章分析。

西南地区以四川和陕南接受的移民最多，移民人口占该地区总人口的70%左右，形成相当典型的人口重建。这两地也是明代初年的移民输入区，经历了明代200多年的和平发展后，都已累积了相当多的人口，经济发展也达到较高的水平。明末清初的社会动乱使四川和陕南遭受严重的破坏，这两个地区清代前期成为移民的重点。

明清之际的社会动乱对贵州和云南的影响较小，在四川大规模接受移民的同时，云贵两省的移民迁入不多，直到雍正、乾隆年间"改土归流"之后，汉人的迁入才蔚成大国。"改土归流"大大压缩了西南少数民族的活动区域，开拓了汉民族的活动空间，移民的活动得以大规模展开。明代迁入的汉族至此已是人口众多，他们中的一部分也向前土司辖地进行迁移。云南的矿业发展较贵州规模更大，所吸收的移民也更多，所以，贵州移民在总人口中的比例之低，在西南地区最为突出。

东南地区赣、浙两省及湘东地区的移民活动，主要发生于三省相连的丘陵山地。在清代以前，山区居民本来不多，在明清之际的动乱中复遭屠戮，人口更少，移民得以大量迁入。尽管东南三省的丘陵山区面积广大，但容纳人口较少。所以，尽管移民遍布各大山区，他们在总人口中的比例甚低。

岭南地区的移民是在区域内部进行的。粤东人口向广州、肇庆等府的迁移是广东省内的人口迁移，而广东移民迁入广西，则可视为岭南人口的区内迁移。粤东人口迁向广肇沿海，是康熙前期迁界造成的地方空虚所致。广东人向广西迁移，则是广西地方人口稀少的结果。

所以，在广东，移民占总人口中的比例甚低，不足4％，而在广西，外来移民在总人口中的比例达到11％以上。

台湾的人口绝大多数是清代新迁入的大陆移民。同样类型的移民区域也包括北方边外的大部分地区。北方长城以外的地区，原是蒙古人的游牧之地，满族成功地与蒙古人结成联盟，明政权的界外之地，遂成清朝疆域的一部分。移民的出关，只是清朝疆域内农业区向北的拓展而已。因此，在这些地区，移民几乎构成当地汉族人口的全部。

辽东的情况比较特殊。辽东在明代是辽东都司的所在地，是明廷与后金对峙的前线。明代末年战争极其残酷，辽东数百万人口大多死亡或逃徙，城市、乡村几乎全部化为废墟。清朝的移民是对辽东人口的重建，明代土著在总人口中的比例微乎其微。

总而言之，清代前期移民可以分为两种类型，一是对于明清之际兵燹之区的人口重建，可称为战乱恢复型移民；一是新开疆域的移民开发，可称为疆域拓展型移民；规模最大的为第一类移民，人口损失的多，人口迁入也就多。这类移民迁入地区本来就是农耕之区，移民迁入之后，农业的恢复和经济的发展相对要容易得多；仅以四川、陕南和辽东三地计，移民的数量即达860万人，约占同期移民总数的55％。第二种类型，即新开疆域的移民要困难一些，如北方边外地区，该区处于传统的农业区之外，农业的开发除了受到人口的影响外，更多则是受到气候条件的制约。再如台湾，原有的农业基础几乎为零，移民的垦殖成功与否，实际上是以水利的成功与否作为基础的。而水圳的修筑，则意味着大量资金和人力的投入，绝非一般小农所能承担。这类移民的人口约有230万，约占同期移民总数的15％。另外，清代以前南方山地少有人口居住，是因为缺乏山地垦殖的基本条件，清代玉米、番薯及马铃薯等新作物的传播使山地的垦殖成为可能。所以，从某种意义上说，清代南方山区的移民也可以看作是农业边疆的拓展。北方边外农业区的拓展是农耕区域在水平方向的拓展，而山区的垦殖则是农耕区域在海拔高度上的拓展。与明代的移民相比较，第二种类型的移民更具有时代的特征。

农耕地区在海拔高度上的拓展受到了生态环境的制约，因而，在某些山区,清代中期农耕区所处海拔高度不仅没有较前期增加,相反还有下降的趋势。清代中期以后,农耕区的拓展保持不断向北推移的势头。清末北方放垦之后,使得清代前期开始的这一趋势继续加强,并延续到民国乃至1949年以后。

清代后期至民国年间,较大规模的城市化移民构成移民运动的另一个新类型。

三 移民输出区的人口分析

综上所述,清代前期的移民来源大致可以分为以下几片:四川及西南等地的移民主要来自湖南、湖北、广东、江西和安徽等省;东南山区及岭南地区的移民主要为迁自闽西及粤东的客家人;台湾地区的移民主要来自闽南的泉州、漳州及广东的潮州、惠州等地;北方边外的移民则来自华北地区的山东、河北和山西。

依照本书各章叙述的内容,我们可知在乾隆四十一年(1776年),西南移民区中来自湖广的移民大约有540万人,属于省内迁移的不计,省际的移民大约有500万;西南地区来自广东的移民大约有157万;来自江西的移民大约有128万。由于我们将标准时点截止于乾隆四十一年,所以,这些数字中已经包括有相当多的移民后裔了。

乾隆四十一年,湖南、湖北两省人口数约为2 901万。此时,两省在外移民及后裔人口已达500万,在外湖广籍人口约占在籍湖广人口的17.2%。在清代前期的移民大潮中,湖广地区大约有七分之一的人口外迁了。由于外迁移民中含有大量的后裔,且外出的移民人口的人口自然增长速度大大快于留在本籍的人口,所以,实际的外迁人口远未达到如此高的比例。

据表15-1,乾隆四十一年广东人口约为1 482万,是年广东迁入四川的移民大约有157万人,迁入江西的约有50万人,迁入广西的约有60万人,迁移台湾的大约有14万人,合计在外省的广东移民约有281万,占是年广东在籍人口的19.0%,略高于湖广向外移民的比例。外出的广东人主要为粤东、粤北地区的客家人,因此,在以府为单位的计算中,客家人居住区中外迁者的比例要大得多。嘉庆二十五年(1820年),广东潮州、惠州、韶州、南雄、嘉应州五地人口总数为718万。由于人口大量外迁,估计乾隆四十一年以上五地总人口亦有此数,即为720万左右,同年迁往他省的移民约有281万,迁往本省的移民约为60万,合计在外人口为340万人,约占在籍人口的47.4%。同样,由于含有大量的移民后裔,且外出人口的自然增长率比留居者为高,故实际的移民也达不到这么高的比例。尽管如此,众多的人口外迁是广东客家地区人口运动的鲜明特点。

福建的客家人外迁的比例与广东客家差不多。乾隆四十一年,福建客家人移入四川的大约有20万,迁入江西约有30万人,迁入浙江南部约有20万,迁入台湾约有1万余人,合计福建客家人迁移在外者大约为70万。嘉庆二十五年福建汀州府的人口有149.5万,乾隆四十一年的人口数可能在130万左右,如加上部分居住在龙岩州的客家人,福建本土客家人的数量可能达到140万人,外出客家移民占在籍人口的50%左右,与广东客家人的外迁比例几乎完全一致。居住在相同环境中的同一民系有着相同或相似的迁移行为,这本身就是一个耐人寻味的研究课题。

据表15-1,乾隆四十一年江西人口约为1 685万,外迁西南地区的移民仅占原籍人口的7.6%,远低于湖广的水平。这并不说明江西人口外迁的动力不如湖广,只能证明在清代前期的"湖广填四川"的浪潮中,湖广因地近西南,占尽移民之利。广东客家人的迁徙能力也绝非一般江西人所能比拟,例如山区是客家人理想的迁入地,江西平原人口则少有可能进行此类迁移。广东人可能泊舟渡海,迁入台湾,江西人则少有涉足台岛者。比较而言,江西人口的外迁空间要小得多。

对于闽南人口而言,台湾是过剩人口最好的疏散地。迁入台湾的大陆移民人口中的80%来自泉州府和漳州府。据此估算,乾隆四十一年泉州、漳州两府迁入台湾的人口大约为68万。嘉庆二十五年,两府人口约为584.6万,以4‰的年均增长率回溯至乾隆四十一年,两府共有人口490万左右。迁入台湾的移民约占本籍人口的13.9%。

闽南人口不仅迁往台湾,也有迁往浙江和江西两省的。综合本书有关各章的叙述,清代前期迁往外省(包括台湾)的福建移民达到120万左右。乾隆四十一年福建人口为1 122万,外出的移民人口占本籍人口的10.7%。

乾隆四十一年山东、直隶(河北)两省的人口总数约为4 200万,同期在外移民约为200万,在外人口占在籍人口的4.8%。由于两省移民人口中以山东籍移民为多,故山东移民占在籍人口的比例高于河北移民。

由此可见,清代前期移民的主要输出地是湖北、湖南和广东,次则福建、江西和山东。地处腹心地带的江苏、浙江、安徽、河南等省区则几乎未受移民大潮之影响,人口的变动主要表现为原籍人口的出生或死亡。

和明代初年相比,湖广和山东地区由移民输入区转变为纯粹的移民输出区。江西的地位没有改变,仍然是重要的人口输出地。广东和福建也开始成为新的人口输出中心。

清代后期乃至民国年间,山东和河北人口继续成为北方边外移民的重要来源;广东和福建沿海也源源不断地向海外输出人口;其他地区则因无处移民,人口的外移基本停止。

第二节

移民人口与移民社会

一 移民人口的增长

根据我们对明代若干移民氏族人口的研究,发觉移民氏族的人口增长速度可能要高于非移民氏族的人口增长。对清代移民氏族的人口分析结果证实移民氏族人口的增长速度实际上是高于非移民接纳区的土著人口的增长速度。而在移民迁入区,在移民人口高速增长的激励下,土著人口的增长速度也有与移民人口趋同的可能。

在长沙地区和赣中地区获得了若干个氏族较为完整的世系资料,可用来作移民输出区人口增长率的研究。详细情况见表15-2。

表15-2 清代长沙、赣中两地区七氏族男性人口的增长

年代	长沙地区		赣中地区		合计	
	人口	年平均增长率(‰)	人口	年平均增长率(‰)	人口	年平均增长率(‰)
1650	295	—	400	—	695	—
1675	390	11.7	520	11.0	910	11.3
1700	750	27.6	685	11.5	1 435	19.2
1725	1 410	26.7	845	8.8	2 255	19.0
1750	2 250	19.7	1 005	7.3	3 255	15.4
1775	3 210	14.9	1 020	0.6	4 230	11.0
1800	3 920	8.4	1 045	1.0	4 965	6.7
1825	4 325	4.1	1 080	1.4	5 405	3.5
1850	4 880	5.0	920	-6.7	5 800	2.9
1875	4 945	0.6	765	-7.7	5 710	-0.7

资料来源:长沙地区(湖南省社会科学院图书馆藏):1906年《宁乡萧氏五修族谱》:支钰、支巨、支礼、支韶、支宝支系;1891年《中湘皇奇林贺氏三修谱》:芳祖房仕溶、仕洪、仕遍支系;英祖房仕高、仕安、仕吟、仕新、仕拱支系;仕举、仕彦、仕广、仕贵、仕廉、仕允、仕襄、仕官、仕孝、仕壳、仕京支系;芩祖房仕正、仕云支系;托祖房、荣祖房;1910年《长沙廖氏三修族谱》:显光、显照支系;1895年《中湘沙塘周氏五修族谱》:鉴、宣、瑾、海、渊、濂支系。
赣中地区(江西师范大学图书馆藏):1903年《清田聂氏重修族谱》:正谋支系;1898年《清江杨氏五修族谱》:孟房、仲房支系;1875年《新淦习氏四修族谱》。
说　明:本表统计对于人口较多的氏族采用抽样的方法,抽样率为20%。以下表同,不另说明。

从两个区域的比较来看,18世纪长沙地区的人口增长速度显然要高于赣中地区,这一现象可能与明代末年长沙地区遭到张献忠部的骚扰而赣中地区则相对平静有关。正因为长沙地区存在人口增长的潜力,至19世纪,该区的人口增长速度仍高于赣中地区,同时期的赣中人口近于零增长,并在19世纪中叶以后出现负增长。

合而计之,从17世纪末开始,湘赣地区的人口发展速度已相当快,18世纪中叶以后,开始迅速降落,进入19世纪以后,人口增长的速度明显放慢,呈现很低的人口增长率。19世纪中叶以后出现负增长,这是太平天国运动对江西的破坏所造成。

假如说,一个原本空旷的区域要比一个人口相对密集的区域人口增殖快,这就蕴含着这样一个命题,人口的增殖受到环境的制约,人口增长的速度取决于他们所处的环境,即资源的多少。这一命题还可以从赣西北地区移民和土著人口增长率的比较中看得更为清楚(见表15-3)。

表15-3 清代赣西北地区客家与土著男性人口的增长

时间	客家		土著		合计	
	人口	年平均增长率(‰)	人口	年平均增长率(‰)	人口	年平均增长率(‰)
1650	—	—	100	—	—	—
1675	—	—	170	22.3	—	—
1700	—	—	310	25.3	—	—
1725	—	—	510	21.0	—	—
1750	315	—	755	16.5	1 070	—
1775	615	28.3	1 335	24.0	1 950	25.3
1800	900	16.0	2 020	17.4	2 920	17.0
1825	1 160	10.6	2 830	14.1	3 990	13.1
1850	1 410	8.2	3 570	9.7	4 980	9.3
1875	1 710	8.1	3 970	4.4	5 680	5.5
1900	1 580	-3.3				

资料来源:江西省图书馆藏以下族谱:

客　　家:1902年《袁郡学前林氏族谱》:宜春县莲塘魁才、魁贤、奇恕、亭子下可望、黄陂坑锡文、恒田锡贤、金瑞上桂、零江桥曰聪、上了山锡瑶、自任、魁山、南庙东庄、新坊受尚、西村佑洲、魁纯、赞塘习正、乌巩荣新、下巩荣蛟三山支系;万载县梓塘坑上献、上春、上伯、沙滩上云山、包家山桂崇、山田坳藻、仕玉、大仓下行宗、桃树坑汉伯、黄草坪汤伯、松岭其烈、西坑燕山、黎源、祥彩支系;萍乡县孔禄支系;1937年《萍乡夏兰戴氏三修族谱》。

土　　著:1908年《萍乡石源李氏家谱》;1920年《奉新帅氏重修族谱》;1898年《萍乡古学前彭氏三修族谱》;1875年《万载辛氏幼房谱》应锡、应运、应煌、应武、应光、应文、汤铭、应翔、应辰、应衢、应原、应环、应微、应璋支系。

从人口年平均增长率的变动情况来看,赣西北土著、客家人口的增长速度都经历了由高到低的过程。这与长沙及赣中地区土著人口的增长模式,大体是相同的。只是我们注意到,从1725年至1750年,土著人口的年平均增长率从21‰以上,快速降低到16.5‰,按照我们在长沙和赣中所见,此后土著的人口年平均增长率应当不断呈下降状态。事实上,从1750年至1775年,土著人口的年平均增长率出现较大的反弹,25年中的年平均增长率竟高达24‰。究其原因,可能与移民的迁入有关。这一时期来自赣南、闽西及粤北地区的客家人在赣西北地区开始了人口的高速增长,样本同期人口的年平均增长率高达28‰。如本书有关章节中所述,空旷的赣西北丘陵山地为客家移民的迁入提供了充足的资源,迁入之始移民人口的高速繁衍就是这样发生的。由此,我们推测在移民人口的高速增长的同时,关于资源的争夺也已展开,土著人口在移民的示范下,也采取了人口高增长的生殖模式。可以说,移民的迁入,激发了土著人口的增殖,这可能是土客之间争夺资源的方式之一。因为,在乾隆时代的赣西北地区,劳动力的缺乏表现得相当明显。关于这一点,在前面的章节中,我们已经做了介绍。

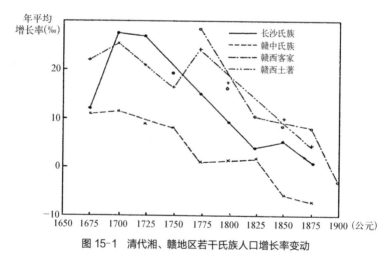

图15-1 清代湘、赣地区若干氏族人口增长率变动

所以,从图15-1中可见,虽然说赣中、长沙及赣西北地区的人口年平均增长率在乾隆以后均呈下降的态势,但人口增殖的高点却有

所不同。赣北地区人口增殖最快的时期处于18世纪中叶以后的25年中,这正是移民迁入以后不久,同时赣中及长沙的人口增长速度已大幅跌落。不同区域的人口增殖模式表现出这么大的差异,其原因就在于各区所处地理环境存在着差异。

地理环境的差异导致氏族人口增长速度的差异,在浙江表现得更为明显。表15-4揭示了不同地形中氏族人口增长率的变动。

表15-4 清代浙江不同区域氏族男性人口的增长

时 间	浙南山地		浙南丘陵		浙北地区	
	人 口	年平均增长率(‰)	人 口	年平均增长率(‰)	人 口	年平均增长率(‰)
1650	—		—		215	
1675	—		—		300	14.0
1700	—		—		340	5.2
1725	—		—		365	3.0
1750	113	—	195		520	14.9
1775	233	30.6	295	17.4	640	8.7
1800	328	14.4	410	13.8	675	2.2
1825	481	16.1	555	12.7	790	6.6
1850	668	13.8	835	17.2	875	4.3
1875	871	11.1	870	1.7	765	-5.6
1900	960	4.1	950	3.4	750	-0.8
1651—1700		—		—		9.4
1701—1750		—		—		8.7
1751—1800		22.0		15.3		5.3
1801—1850		14.6		14.6		5.3
1851—1900		7.4		2.6		-3.2

资料来源:浙南山区:1941年江山县《须江邹氏宗谱》杨泰、挺旺、葵芳、淑景支系;1920年江山县《须江张氏宗谱》;1930年龙泉县《巫氏宗谱》有光、有显、李车坑支系;1932年龙泉县《豫章罗氏宗谱》;1921年云和县《太原郡王氏宗谱》;1919年云和县《汤侯门颜氏宗谱》;1932年云和县《陇西李氏宗谱》蒲泽、桑溪支系;1922年云和县《武威郡石氏宗谱》;1932年云和县《木蕻刘氏宗谱》。
浙南丘陵: 1944年遂昌县《平昌高氏宗谱》万道、万贤、万良、万顺支系;1943年遂昌县《湖山吴氏宗谱》湖山前店坪、潭溪、黄兆、后溪支系;1948年遂昌《钟氏宗谱》;1922年云和县《江氏宗谱》;1931年常山县《朱氏宗谱》大塘三叉坞、冈背上、窝塘、西安上方及寿昌支系。
浙江北部: 1898年上虞县《湖塘陈氏族谱》;1921年上虞县《屠氏宗谱》;1928年萧山县《萧山张氏宗谱》。
说   明:人口较多的氏族统计采用抽样的方式。 人口较少的氏族则采用全面统计。

由于样本偏小,在以 25 年为时段的统计中,氏族人口的年平均增长率忽高忽低,规律表现得并不明显。以 50 年为一时段,各类地形氏族人口增长的规律就看得十分清楚了(见图 15-2)。

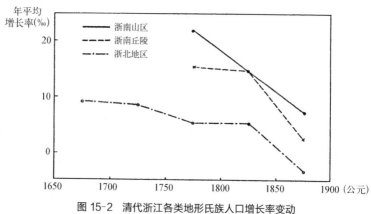

图 15-2 清代浙江各类地形氏族人口增长率变动

在浙江南部的山地和丘陵地区,虽然都是移民氏族,但由于各地地形存在差别,各自人口的年平均增长率呈现很大的不同。山地的移民氏族在迁入之始,其人口增长速度要比丘陵区的同类移民人口增长速度为快,至 19 世纪上半叶才趋于一致。19 世纪下半叶由于丘陵地带所受太平天国运动影响大于山地,所以,丘陵区的人口增长率的下降幅度也大于山地。

在以上有关赣西北移民与土著人口增长率的比较中,已知同一区域中的各类人口增长率是大体相同的。各类人口在争夺资源中相互激励可能是他们的人口增长速度趋同的原因。因此,浙南山地和丘陵区移民人口增长率的变动情况可以看作是这两个区域人口增长情况的反映。与浙北地区的土著相比,浙南地区的人口增长率无疑要高得多。这同样反映了地理环境对人口发展的制约,与清代中前期空旷的浙南山地或丘陵区相比,浙江北部可以说是太拥挤了。

从浙江南部的情况来看,山地移民人口的高速增长是通过频繁的人口迁移来实现的。以龙泉县巫氏为例,始迁祖巫有光于康熙五十二年(1713 年)从福建长汀县宣河里五图江背村迁入,雍乾时期,其后裔至少有6人外迁邻乡,2人分别迁入江西贵溪和福建原籍。由于迁入邻乡的族人收入了族谱,所以,该族人口的增长率并未因此而降低。又如江山县邹氏,雍正六年(1728年)自福建汀州迁入,"葵芳、淑景、杨泰、熙让、克己、挺旺、盛旺诸公遂自闽中迁浙衢江邑城南二十七都之大芦,而杨泰之子孙又徙居定坑、上下作马、高际等处,遂令里名一易,而人丁再振"[1],就非常生动地说明了人口迁移和人口增长之间的关系。

从湖南、江西和浙江三省若干个区域的几十个氏族人口的对比研究中可以得出以下结论:

其一,清代人口处于不断增加之中,而人口的年平均增长率却处于不断降低之中。清代初年人少地稀,人均拥有的自然资源较以后为多,人口的增长速度也就比以后为高。清代后期人多地少,人均拥有的资源较前期为少,人口的增长速度也就比前期为低。

其二,移民迁入区的人口增长率比非移民地区的人口增长率为高,说明移民在迁入较为空旷的区域后,有可能高速发展自己的人口。在移民人口高速增长的示范作用下,移民迁入区的土著人口也可能以较高的速度增长,从而使得移民迁入区的人口迅速增加,人口增长率迅速降低,并与非移民地区的人口增长率趋同。

从本卷第三章有关四川移民和人口数据的分析中可以看出,清代移民运动重建或补充了人口稀疏区的人口,移民人口的高速增长,使得移民迁入区和非移民地区人口密度的差距迅速缩小。从某种意义上说,移民运动正是借助于移民人口的高速繁衍而对人口的布局产生深刻的影响。

最后,需要说明的是,以上氏族的人口增长率并不等同于此一区域的人口增长率,有时尽管样本的数量很大。这是因为,我们目前所见,仅仅是那些氏族完整地保存到今天的族谱,此外有一批绝代的氏族则无法在统计中表现出来。绝代的氏族人口必定呈负增长,考虑到这一因素,可以说,任何以氏族人口所作分析都有高估区域人口增长

---

[1] 江山县1941年《须江邹氏宗谱·世系图引》。

速度的可能。正如我们在以前的章节中估计清代中期浙江人口的年平均增长率约为 3.5‰,表 15-4 中所见浙北地区两个家族的该值就达到 5.3‰,较平均水平为高,而这一区域的人口增长绝不可能高于全省的平均值。因此,以上结论只有比较的意义。

二 从移民到土著:与台湾的比较

按照本卷第八章中所陈述的基本事实,我们知道,清代前期的台湾社会是一个边疆拓展型的移民社会。台湾学者陈其南指出:"从 1683 到 1895 年的两百多年中,台湾的汉人移民社会逐渐从一个边疆的环境中挣脱出来,成为人口众多、安全富庶的土著社会。整个清代可以说是来台汉人由移民社会走向土著化变成土著社会的过程。"作为标志,陈其南指出,台湾"前期社会流动性和不稳定性是十分清楚的,频繁发生的祖籍分类械斗是一个最佳的说明。这或许暗示了一种社会人群认同过程的尝试和危机期,不同的成分寻找着各自的指涉点。随着时序的推进,社会逐渐进入一个稳定的饱和期,产生不同层次的沉淀现象,各种不同的祖籍群在台湾构成了成层的分布状态";"用来确定此种变迁方向的两个指标是:祖籍人群械斗由极盛而趋于减少,同时本地寺庙神的信仰则形成跨越祖籍人群的祭祀圈;宗族的活动则由前期以返唐山祭祖之方式渐变为在台立祠独立奉祀"[1]。这就是陈其南有关移民社会"土著化"理论的基本内容。

同样是边疆拓展型的东北移民社会,从 20 世纪初至 30 年代初,大约只经过了 20 余年的发展,1931 年以后,由于日本帝国主义的侵入,移民的过程中断,甚至出现逆向的移民回流。在移民迁入之初,移民聚落如点状分布于荒原之中,以山东籍移民为主体的移民群也并不像在台湾的华南移民那样存在方言、宗教等诸多的不同和差异,因此,在东北地区,我们并未见到过类似台湾的分类械斗。依我们在本卷各章中的论述,移民在迁入的短时间里,和迁出地家乡的联系还相

---

[1] 陈其南:《家族与社会:台湾和中国社会研究的基础理念》第二章《台湾汉人移民社会的建立及转型》,台湾联经出版事业公司 1991 年版。

当的密切，他们在迁入地不可能建立起自己的宗族组织，而"合约制"的宗族又不是华北地区的传统。所以，直到民国时期，迁入东北的移民还存在大量春去冬归的现象。这也就是在日本占领以后，大量原华北移民迁移回原籍的缘故。总之，20世纪初期的东北社会还处于移民社会的初期，移民的数量也不多，还未经历类似台湾的转型，就被日本入侵这一外加的力量所中断。

处于殖民地时期的东北移民社会的发展走的是一条与台湾社会的转型完全不同的道路。概括起来说，由于人少地多，东北的经营地主经济得到了充分的发展；又由于殖民地时期工矿业的发展，东北地区的城市化水平居于全国领先的地位，大量的移民并未进入农村，而是进入工矿业城市，成为一种新的移民。所以，我们认为，在正常的移民过程中断以后，东北社会被外来的力量拉向现代化方向发展。这和传统意义上的中国移民社会的发展大不相同。

四川虽然是一个战乱恢复型的移民区，但由于战争破坏的程度深，土著人口的死亡多，因此，战后移民所面临的任务实际是要重建四川的人口和社会，这和大陆移民要在台湾建立起一个汉族社会的任务是同样的。在移民之初，台湾的汉族移民首先与土著番族发生冲突，继而移民内部发生分类械斗，且分类械斗的激烈程度要超过与番族的冲突。在四川，迁入的外省移民与四川土著的矛盾冲突并不显著，这可能缘于四川土著本身就是汉族，不存在台湾汉族与少数民族之间的种族冲突。若将四川与东南地区的土客冲突相比较，清代四川外省迁入的移民人口超过了土著，形成了移民重建，土著在与外来人口的斗争中处于劣势，缺乏与移民斗争的力量。

和台湾情况相同的是，四川移民社会是由多省籍移民组成的。它包括来自湖南、湖北、广东、江西、福建、陕西等省的移民，其中人口多者，为湖广和广东两地移民。从比较的角度讲，不同原籍的移民存在不同的方言、宗教和习俗，他们之间冲突一定是不可避免的。嘉庆年间发生的川陕白莲教起义也颇类似于台湾的朱一贵和林爽文起义，前者仅仅表现为人民与政府之间的冲突，后者却引发不同祖籍移民的分类仇杀。何以在清代的四川，我们并未发现类似于台湾移民的分类械斗,不同原籍的移民究竟通过何种方式协调相互之间的矛盾和冲突,这确实是研究四川移民史的过程中一个值得注意的问题。

由于缺少深入的研究,我们并不清楚四川移民社会的内涵和结构。仅能从比较的角度,做些推测。解释之一,台湾的移民按照原籍的不同,以垦号为单位构成其基层组织的形式。按照陈其南的解释,"垦首组织不仅是早期汉人开拓台湾的最主要形态,在边疆的环境下,垦户和佃户的关系,而略具有行政和司法的主从关系";"垦首大户挟其资本和势力,得到官方的协助与保护,割据一方,形同小诸侯";"垦首的存在不仅为官方所承认,而且因此而发生的开垦组织俨然已经是一种社会制度"。在这种情形下,松散的个体小农实际上纳入了一个个垦号的组织系统,一旦出现与其他籍别移民或其他垦号之间的冲突,就会形成集团性的冲突和对抗,其冲突或对抗的规模和破坏力就会相当可怕。相反,在内地如四川地方,除了早期迁入的移民外,大多数移民从政府手中获取了一定数量的土地,成为自耕小农。在自耕小农与政府之间,并不存在其他形式的组织,地方政府对人民的控制并不需要通过诸如"垦号"一类的组织来进行。因此像台湾那种集团性冲突的可能性就不存在。解释之二,如本卷第三章中所述,清代四川移民会馆之数量众多是四川移民社会一个显著的特征。各类移民会馆的设立当然是移民社会冲突、对立的产物,但会馆不是垦号,它不是由某个诸如垦首的实力大户控制的经济、社会组织,而是移民共建的属于移民社会的"公共领域",与其说会馆可以对于所属人民进行控制,不如说进行协调更为准确。只是由于缺乏深入的研究,我们对于清代四川移民会馆的性质和作用了解不多,尤其是对于不同原籍的会馆在处理移民事务中发挥的作用,还知之甚少。但有一点可以肯定的是,各类分籍会馆的设立是分籍移民对立的产物,也应当是相互之间进行协调的场所。数以千计的会馆的存在,标志着四川移民的冲突和对抗始终是以零星的、细小的规模出现。四川移民社会在不间断的小冲突中逐渐地稳定下来,最终演变为和其他地区相同的土著社会。四川乡村中大大小小的分籍会馆只是移民社会的一个残迹。

在东南地区,土著的数量要比四川多得多。以赣南为例,在宁都、瑞金、石城等地,土著的力量相当强大,他们对于外来移民的排斥绝非台湾或四川土著所能比拟。在赣西北的移民中心地万载,移民运动结束以后,土著人口仍占绝对的优势。相对而言,移民只能分布在偏僻的山区,与土著形成地理上的暌隔。也有相反的例子,如在雩都、赣县、南康、大庾四县,由于受到清初战争的影响,河谷地区人口大量死亡,移民迁入于此,而土著则多分布于两侧的山区了。

在总体上说来,东南丘陵山区的移民,即以客家人为主的移民,在迁入之始就处于不利的地位,其所处环境的相对恶劣,甚至成为土著歧视的缘由。在奉新等地,平原土著称居住于山里的客家移民为"山狗子",就是一例。很显然,客家移民的土著化意味着对这种低下的社会地位的否定。

台湾学者对于台湾移民"土著化"的理论说明中,还有重要的一点,即是科举制度的影响。尹章义的研究表明,台湾学校的设置和生员名额的订定,会吸引邻近"科举人口"高密度、高水准地区的人口流入。而生童户籍的规定,又会加速科举社群成员的"土著化"。一旦土著科举社群壮大,产生群体意识,排斥"顶冒"后,土著化的趋势就益为明显[1]。台湾的例子是针对原本不存在一个科举阶层的土著社会而言的。与台湾相反,在大陆东南丘陵山区,客家移民土著化面临的最大问题就是土著对客籍的排斥,即土著为了学额对移民的排斥。为了平衡土客双方的矛盾,政府设立专门的"棚籍"和"棚额"以帮助客籍实施土著化。但事实却是,"棚籍"和"棚额"的设立只是暂时地协调了土客之间的矛盾,却造成了"移民社会"与"土著社会"长久的分裂。直到清代末年,"棚民"一直是东南丘陵山区移民的法律身份。可以说,东南山区移民的土著化过程是不成功的。

设立"棚籍"和"棚额"并不是一厢情愿的政府行为,而是出于对土客关系无法协调后而采取的措施。如在赣南地区,虽然没有设置专门的"棚籍"和"棚额",文献也没有将客家移民指称为"棚民"的记载,但土客之间的关系仍然是不融洽的。在同一方言区的赣南是如此,在赣

---

[1] 尹章义:《台湾↔福建↔京师》,载《台湾开发史研究》。

语区,土客冲突就表现得更为激烈,如在江西龙泉县,居住于山地的客家和居住于县城周围河谷平原处的土著在土地革命时期分属于共产党和国民党两大政治集团,就是典型的一例。

与赣西北比较,浙江南部的土客冲突要缓和得多。这可能与浙江南部山区客籍移民数量较少有关。当移民数量太少而达不到与土著抗衡的人数时,冲突就不可能扩大,对抗就不可能发展。

总之,东南丘陵地区的移民土著化实际就是移民争取土著化的过程,由于移民与土著之间存在方言、风俗等方面的巨大差异,使得移民土著化最终未能全部完成。

在肇庆府的客家移民区,也发生因学额引起的土客之争。在土客械斗结束后,当政府将客家人迁往广西时,明令外迁者准各县一律编籍考试。此批迁入广西的客家移民也就得以顺利地土著化了。

三 移民社会的性质

在大多数的历史学家看来,张献忠领导的农民军,打击了四川的地主阶级;战后,四川的地主无论在人数,或者在实际力量上,都非比昔时,大大地削弱了;于是在清初的移民垦荒中,四川出现了大批的自耕农民,他们不但数量可观,而且在比例上也占有绝对的优势。依他们的观点,明代末年的张献忠领导的农民起义,调整了四川地区的生产关系,缓和了当地的阶级矛盾,有利于社会经济的恢复和发展[1]。这种阶级分析的方法,在对于其他地区战争及移民活动的分析,尤其在对于太平天国运动及其后移民的分析中,并不鲜见,然而却并不可取。

从我们上述各章的分析来看,张献忠领导的农民起义和洪秀全领导的太平天国运动所引发的战争,客观上并不完全是一场以消灭地主阶级为目标的政治革命。革命的领导者也没有后人所认定的明确的阶级意识和观念。战火所及,无论贵族、地主还是平民百姓,非杀

---

[1] 郭松义:《清初四川外来移民和经济发展》,《中国经济史研究》1988年第4期。

即掠。大兵过后,灾荒踵至;灾荒未了,瘟疫又起。区域性的人口死亡,并不分阶级、种族和年龄。对于战争中的受难者来说,无论是明末清初的农民起义,还是清代后期的太平天国运动,都无任何阶级性可言。上引分析中的最大失误,就在于他们只看到了地主阶级人口的死亡,而没有看到农民阶级的死亡,两大阶级人口死亡的概率可能是相等的。从这个意义上说,对于大战之后移民运动的分析,人口学的方法可能比阶级分析的方法更合适,更能说明问题的本质。

因此,尽管从某种意义上说,明代末年李自成、张献忠领导的农民起义是阶级压迫和剥削所造成,但是我们并不能说,战争中所导致的人口大规模死亡也是阶级斗争的成果,更不能说战后自耕农的出现是农民革命的胜利果实。精确的表述应该是,阶级斗争引起了人口的大量死亡,人口的大量死亡带来了生态系统的大变化,大量自耕农的出现则是生态系统变化的结果。

清政府的计口授田对于四川自耕农社会的形成影响极大。与台湾和北方边外地区相比较,四川移民对于土地的开垦要比其他两个地区容易得多。在四川,移民开垦的多是前人抛荒的土地,而在台湾或者北方边外地区,则是在荒原上开垦,难易相差,何其悬殊。在四川,政府对移民实施计口授田,计口授田与良好的自然环境相结合,极易造成土地的细碎化,也易引起人口的超大规模迁入。所以,当移民人口以较快的速度增长时,人口的压力又逐渐形成。清代中期以后四川游民中秘密社会的产生,就反映了这一事实。

台湾的情况则不相同。对于清朝政府而言,这里是他们开拓的新疆土。对于大陆迁入的移民来说,这里完全是一块待开垦的处女地。台湾中部南北纵贯高山大岭,溪流众多,短促而迅急,雨量充沛,积温高,平原地区长夏无冬。大陆来的移民都明白,台湾垦殖成功的关键在于水田化。只有水田化才能带来土地的高产出。台湾开垦的事实表明,水田化运动不仅带来了台湾生态环境的变化,也带来台湾社会结构的变化,一种在大陆所不曾见过的土地开垦形式在台湾迅速地扩展开来。这就是以资本为纽带的"垦首制"土地垦殖方式。

闽粤移民固有的合约制宗族在本土环境中并不能演变出这种具

有现代资本意义的土地垦殖方式,而在台湾的垦殖过程中,竟然顺理成章地演变为股份制,成为资本积聚和管理的方式。这种转变的契机可能在于台湾生态环境与大陆原乡巨大的差别。

台湾移民大都来自福建沿海的泉州、漳州二府以及广东沿海的潮州、惠州二府。这一区域人口密集,地少人多。虽然目前尚未见到有关这一区域明清时期小农家庭及经济的研究论文,但我们有理由相信,至明末清初,该区域人口的过密化已经形成。因此,过密化的农业可能成为这一区域农业经济的基本特征。按照黄宗智先生的解释,农业过密化的基本含义是:在小农生产的过程中,劳动力的投入与资本的投入不成比例,单位劳动力的平均资本投入不是增加,而是减少,单位工作日的平均收入也是同样。总产值的增加是因为投入了家庭成员更多的劳动,而不是单位工作日收入的增长。这种过密化的增长以农业生产的家庭化为支柱,劳动力边际报酬的递减由小农家庭未曾利用的劳动力来吸收[1]。以此解释作为前提,这一区域的小农经济应当是高度过密化的了。

对外移民在很大程度上为多余的劳动力找到了出路,也为资本找到了出路。对于福建及广东沿海的移民迁出地区来说,所谓的"资本"可能并不是农业中的积累,而是对外贸易或其他产业活动中的积累。当人口呈过密化状态生存时,狭窄的土地无法容纳更多的资本。一旦移民他乡,情况马上就有了改变。还在明代后期,闽南地区的外出移民就挟资本前往迁入地,进行农业或其他产业的投资。如在江西赣南,"各省商民亦常流聚其间,皆以种蓝为业"[2]。从当时福建宁德、永福等县的情况来看,种蓝种靛者多为"漳泉延汀之人"[3],推测进入赣南的种蓝者也可能来自上述同一区域。既以"商民"称,说明移民的身份并非一般的农民,而是挟有资本的投资者。明代末年,在东南山区,有关于"箐民"和寮主的记载:

---

[1] 黄宗智:《中国农村的过密化与现代化:规范认识危机及出路》,上海社会科学院出版社1992年版。
[2] 《明穆宗实录》卷26。
[3] 万历《永福县志·风俗》。《闽大记》亦有相同记载。

山主者,土著有山之人,以其山俾寮主执之,而征其租者也。寮主者,汀之久居各邑山中,颇有资本,披寮篷以待箐民之至,给所艺之种,俾为锄植,而征其租者也。箐民者,一曰畲民,汀、上杭之贫民也,每年数百为群,赤手至各邑,依寮主为活,而受其佣值;或春来冬去,或留过冬为长雇者也。[1]

吴承明认为所记为上杭一带事[2],但从行文看,颇有疑问。假如"箐民"来自当地,何必要"春来冬去,或留过冬为长雇"呢?我以为在"寮主者,汀之久居各邑山中"一句中,可能有漏。其本意当为,寮主者,汀之人也,久居各邑山中云云。也就是说,寮主和箐民,都是来自汀州的移民,只是各自的身份不同罢了。按照大多数经济史家的观点,这种"寮主"实质上是具有资本主义性质的租地农场主。而"箐民"则是农业工人。在本卷中,我要强调的是,他们是在福建移民外出的过程中产生的。

嘉庆年间皖南山区查禁棚民,据查禁的文献看,当时富裕棚民预交租金有多达1 000两以上,租期长20年以上,雇工达20—30人者。只是这种富裕的农民较少,一般每人雇工的数量仅有几人[3]。这些棚民的性质有类于资本主义的租地农场主。

在清代前期的陕西南部地区,出现了为数众多的药材厂、木耳厂、香蕈厂等,主要见于严如熤的《三省边防备览》卷9:

> 山内木、笋、纸、耳、香蕈、铁、沙金各厂皆流寓客民所籍资生者。

> 药材之地道行远者为厚朴、黄连两种。……商人写地数十里,偏栽之,须十年方成。常年佃棚户守,连一厂辄数十家。……雪泡山、灵官庙一带,连厂甚多。

---

[1] 熊人霖:《南荣集》卷11《防箐议下》。
[2] 许涤新、吴承明:《中国资本主义发展史》第一卷《中国资本主义的萌芽》,中国社会科学出版社1985年版,第78页。
[3] 同上书,第248页。

[西乡县]耳厂十八处,每厂工匠不下数十人。

经过对这些资料的分析,吴承明先生认为上述各类产业的经营,都可能含有资本主义生产的性质。而如我们所知,无论是皖南还是陕南,都是清代移民聚居的地区。

还有手工业方面的例子。清代前期,在赣西北地区的万载县,"棚栅连络百十里,侨民资竹纸以生";其山场租自土著,"岁赋主息十之一"[1]。在武宁县南部的严阳乡,《邓氏宗谱》中记载其始迁祖"邓亮初公以文坳落拓,假商远恣,于清康熙癸酉年(按:康熙三十二年)由福建上杭仙姑村来武邑买严阳青山数十里,大兴纸厂之利",在一块名为"邓馨远夫妻合碑"中也有同样的记载[2]。如此规模的制纸手工工场应具有资本主义手工工场的性质。同样,在陕南地区,外来移民经营的伐木业及其他手工业中,也有类似的资本主义手工工场的出现。

零零星星散布于各地山区的靛棚和纸厂构成了历史学界所称资本主义的"萌芽"。然而,这只是问题的一方面,假若没有台湾的经验作为对照,我们对于所谓"资本主义"的认识可能永远停留在"萌芽"的层面。第八章详细叙述的台湾水田化运动中资本组合的形式与过程,才使我们认识到中国农业资本主义的真正内涵,资本主义的生产方式在相当大的程度上是特定生态环境中的产物。换言之,相对充裕的土地资源和市场资源相结合,才有可能产生资本主义性质的农业。在明清时期中国大部分地区的农业陷入"过密化"的前提下,资本主义农业确实是不可能得到发展的。

从某种意义上说,移民运动是移民原乡多余的劳动力和资本的地理迁移。只是在四川等地,按丁授田使人均占有的土地资源偏少,移民迁入的数量过多,很快地形成人口过密,新的生产因素没有可能在四川产生。中国资本主义农业之所以出现在一些自然条件独特的移民迁入区,就在于这些区域不可能在较短的时间里接纳大量的人口,这些移民迁入地相对充裕的土地资源部分地满足了上述条件。

---

1 李荣升:《李厚冈集》(嘉庆七年刊本)卷14《邓公岭经行记》。
2 转引自江西省武宁县地名档案。

最后，循着这一思路，我们再来讨论北方边外地区移民社会的特点。按照吴承明先生的观点，东北地区是新垦区，土地辽阔，有不少拥有千亩以上土地的大地主，其开垦的劳动力主要依靠关内移民，而许多移民是到东北佣工，数年后积有钱资即返原籍。因而，东北是中国经营地主最发达的地区。他所采用的调查资料还进一步表明，1909年奉天省拥有3 000亩以上土地的大地主中，自营部分占他们所有土地的13.8%，若将地主拥有田亩的标准降低，当略高于13.8%，此值大于山东的7%—8%。在吉林，1913—1914年地主自种土地占全部耕地的53.7%；而在黑龙江，1933年的调查表明，地主自有耕地的75%都是自营的。由于东北是中国农业商品化较高的地区，尤其在黑龙江，大豆和小麦种植面积占耕种面积的50.3%，这两者又是市场作物。因此，这些经营地主的资本主义性质是比较肯定的了[1]。这一资料表明了这样一个事实，愈往北，经营地主的比例愈高，反之愈低。从上述移民的历史过程来看，清代以来的移民自南向北推进，愈往北，人口密度愈低，土地垦殖的程度愈低。显而易见，经营地主的比例与人口的密度成反比。这与东南山区、台湾等地情况是相同的。

总之，清代及民国时期，移民向边疆和山区的开拓为学者们所称的"资本主义农业"的产生提供了可能。由于移民人口的高速增长和国内染料市场的变化，东南山区以靛业为主营的资本主义农场在清代后期即已衰落，资本主义的萌芽并未长成，却见萎缩和凋零。皖南山区由于垦山引起水土流失，棚民被政府责令下山，租地农场也不复存在。至于陕南山区，清代中期以后，由于开垦过度造成生态环境的恶化，山区农业及手工业也相继衰落，所谓的"新生产方式的萌芽"也不复存在。台湾的大垦户在土地开发过程完成以后，即招佃收租，不再从事土地的经营和管理。在清代及以后的人口增长过程中，土地所有权不断被分割，从清代前期的大约数百名垦首发展到19世纪末20世纪初的大约36 000余名大租户，就是土地所有权的细碎化的结果。由此亦可知随着人口的增加和中国分家制度导致的地权分割，早期

---

1 吴承明：《中国资本主义发展史》第三卷《新民主主义革命时期的中国资本主义》，人民出版社1993年版，第306—309页。

台湾土地垦殖过程中表现出来的资本主义生产方式至此已经荡然无存。黑龙江地区的经营地主在九一八事变后呈萎缩的状态,到土地改革中被彻底消灭。假定没有土地改革的政治运动,东北的经营地主制在未来的发展中,随着人口的增加,也会逐渐地萎缩。

因此,我们可以说,中国各区域农业究竟采用何种生产方式,基本取决于该区域所处的生态环境,即取决于当地人口的密度、土地资源的性质和数量、市场环境和气候等诸种资源因素。所谓"资本主义的农业"并不是对封建土地制度的替代或发展,在中国特定的人口增长背景和中国产权继承制度下,学者们定义的所谓"农业资本主义萌芽"完全没有发展的前景。从这个意义上说,"中国农业资本主义萌芽"命题的本身也是不能成立的。

参考文献

一、古代文献

司马迁:《史记》,中华书局1959年点校本。

范晔:《汉书》,中华书局1962年点校本。

沈约:《宋书》,中华书局1974年点校本。

张廷玉等:《明史》,中华书局1974年点校本。

赵尔巽等:《清史稿》,中华书局1977年版。

陈子龙等:《明经世文编》,中华书局1962年版。

《明穆宗实录》,台北"中研院"历史语言研究所1962年校勘版。

《清太宗实录》,中华书局1985年影印版。

《清世祖实录》,中华书局1985年影印版。

《清圣祖实录》,中华书局1985年影印版。

《清高宗实录》,中华书局1985—1986年影印版。

《清仁宗实录》,中华书局1986年影印版。

《清宣宗实录》,中华书局1986年影印版。

《清穆宗实录》,中华书局1986年影印版。

《清德宗实录》,中华书局1986—1987年影印版。

中央研究院历史语言研究所编:《明清史料》丙编,商务印书馆1936年版。

台北"中研院"历史语言研究所:《明清史料》戊编,中华书局1987

年影印本。

魏源：《圣武记》，世界书局1936年版。

中国科学院历史研究所第三所主编：《锡良遗稿》，中华书局1959年版。

中国第一历史档案馆：《康熙朝汉文朱批奏折汇编》，档案出版社1984年版。

中国第一历史档案馆、中国社会科学院历史研究所译注：《满文老档》，中华书局1990年版。

鄂尔泰等编：《雍正硃批谕旨》，国家图书馆出版社2008年版。

中国第一历史档案馆编：《清代起居注册·康熙朝》，中华书局2009年版。

台北故宫博物院：《宫中档雍正朝奏折》，1977—1980年版。

台北故宫博物院：《宫中档乾隆朝奏折》，1982—1988年版。

冯明珠、庄吉发编：《金川档》，台北故宫博物院2007年版。

中国科学院民族研究所四川少数民族社会历史调查组编：《金川案》，1963年版。

罗绕典：《黔南职方纪略》，贵州人民出版社1992年版。

贺长龄等：《清经世文编》，中华书局1992年版。

奕賡著，雷大受校点：《佳梦轩丛著·东华录缀言》，北京古籍出版社1994年版。

王在晋：《三朝辽事实录》，江苏广陵古籍刻印社1988年版。

计六奇：《明季北略》，上海古籍出版社1996年版。

昭梿撰，何英芳点校：《啸亭杂录》，中华书局1980年版。

陈仁锡：《陈太史无梦园初集》，《续修四库全书》第1381—1383册，上海古籍出版社2002年版。

陈子龙：《明经世文编》，中华书局1962年版。

管葛山人：《山中闻见录》，辽宁省图书馆，1985年版。

长善等：《驻粤八旗志》，辽宁大学出版社1992年版。

张大昌：《杭州八旗驻防营志略》，《续修四库全书》第859册，上海古籍出版社2002年版。

蒋良骐撰,林树惠、傅贵九校点:《东华录》,中华书局1980年版。
顾山贞:《客滇述》,台湾银行经济研究室,1969年版。
李馥荣:《滟滪囊》,光绪四年刻本,国家图书馆藏。
欧阳直:《蜀警录》(《蜀乱》),民国元年重刊本
沈荀蔚等:《蜀难叙略》,中华书局1985年版。
吴伟业:《鹿樵纪闻》,台湾银行经济研究室,1961年版。
王澐:《蜀游纪略》,《小方壶斋舆地丛钞》第七帙第一册,西泠印社出版社2004年版。
彭遵泗等:《蜀故》,国家图书馆出版社2017年版。
卢坤:《秦疆治略》,台北成文出版社1970年版。
严如熤:《三省边防备览》,《续修四库全书》第732册,上海古籍出版社2002年版。
严如熤:《乐园文钞》,三秦出版社2015年版。
仇继恒:《陕境汉江流域贸易表》,陕西通志馆印,1934年版。
倪蜕:《云南事略》,方国瑜编:《云南史料丛刊》卷11,云南大学出版社2001年版。
但湘良:《湖南苗防屯政考例》,茅海建编:《清代兵事典籍档册汇览》第43—46册,学苑出版社2005年版。
爱必达:《黔南识略》,台北成文出版社1968年版。
魏礼:《魏季子文集》,《清代诗文集汇编》卷114,上海古籍出版社2010年版。
罗玘:《圭峰集(外四种)》,上海古籍出版社1991年版。
琴川居士:《皇清奏议》,《续修四库全书》第473册,上海古籍出版社2002年版。
施闰章:《施愚山集》(增订版),黄山书社2018年版。
李荣陛:《李厚冈集》,《清代诗文集汇编》卷351,上海古籍出版社2010年版。
顾炎武:《天下郡国利病书》,上海古籍出版社2012年版。
张鉴:《雷塘庵主弟子记》,《续修四库全书》第557册,上海古籍出版社2002年版。

施琅：《靖海纪事》，福建人民出版社1983年版。

蓝鼎元：《平台纪略》，陈庆元主编：《台湾古籍丛编》第3辑，福建教育出版社2017年版。

蓝鼎元：《东征集》，陈庆元主编：《台湾古籍丛编》第3辑，福建教育出版社2017年版。

蓝鼎元：《鹿洲全集》，厦门大学出版社1995年版。

岳震川：《赐葛堂文集》，三秦出版社2014年版。

黄叔璥：《台海使槎录》，中华书局1985年版。

刘铭传：《刘壮肃公奏议》，朝华出版社2018年版。

王先谦、朱寿朋：《东华录·东华续录》，上海古籍出版社2008年版。

蒋良骐：《东华录》，中华书局1980年版。

张德坚：《贼情汇纂》，华文书局1969年版。

徐世昌：《东三省政略》，吉林文史出版社1989年版。

徐宗亮：《黑龙江述略》，黑龙江人民出版社1985年版。

潘复：《调查河套报告书》，内蒙古大学出版社2017年版。

夏之璜：《塞外橐中集》，乾隆十九年刻本，国家图书馆藏。

乔光烈：《最乐堂文集》，《清代诗文集汇编》卷304，上海古籍出版社2010年版。

方承观：《从军杂记》，《小方壶斋舆地丛钞》第二帙第一册，西泠印社出版社2004年版。

汪灏：《随銮纪恩》，《小方壶斋舆地丛钞》第一帙第四册，西泠印社出版社2004年版。

曾毓瑜：《征西纪略》，《近代中国史料丛刊续编》第65辑，台北文海出版社1979年版。

高士奇：《扈从东巡日录》，吉林文史出版社1986年版。

杨宾：《柳边纪略》，中华书局1985年版。

左宗棠：《左文襄公全集》，台北文海出版社1979年版。

汤肇熙：《出山草谱》，光绪十年刊本。

曾国藩：《曾文正公全集》，中国书店2011年版。

唐训方：《唐中丞遗集》，《清代诗文集汇编》卷 636，上海古籍出版社 2010 年版。

胡在渭：《徽难哀音》，敬亭山诗词学会，2007 年版。

熊人霖：《南荣集》，崇祯十六年刻本，首都图书馆藏。

张震南：《王家营志》，江苏古籍出版社 1992 年版。

西清：《黑龙江外纪》，《小方壶斋舆地丛钞》第一帙第六册，西泠印社出版社 2004 年版。

凌燽：《西江视臬纪事》，《续修四库全书》第 882 册，上海古籍出版社 2002 年版。

陈叔均：《噶玛兰厅志》，台湾银行经济研究室，1963 年版。

陈国瑛等：《台湾采访册》，《台湾文献史料丛刊》第 35 册，台北大通书局 1980 年版。

佚名：《明志书院案底》，《台湾文献丛刊》第 54 种，台湾银行经济研究室，1959 年版。

佚名：《平台纪事本末》，台湾银行经济研究室，1958 年版。

佚名：《增辑经世文统编》，学苑出版社 2010 年版。

王延熙、王树敏：《皇朝道咸同光奏议》，光绪二十八年上海久敬斋石印本。

王应山：《闽大记》，中国社会科学出版社 2005 年版。

程煦元：《澂志补录》，西泠印社出版社 2012 年版。

二、地方志

正德《云南志》，方国瑜编：《云南史料丛刊》卷 6，云南大学出版社 2000 年版。

嘉靖《赣州府志》，明嘉靖十五年刻本影印本，上海古籍书店 1982 年版。

嘉靖《瑞金县志》，明嘉靖二十二年刻本影印本，上海古籍书店 1982 年版。

万历《惠州府志》，万历四十五年增刻本，国家图书馆藏。

万历《永福县志》，台湾学生书局 1987 年版。

天启《赣州府志》,齐鲁书社1996年版。
崇祯《博罗县志》,中国文史出版社2014年版。
顺治《汉中府志》,山西人民出版社2019年版。
顺治《开化县志》,《衢州文献集成》第59册,国家图书馆出版社2015年版。
顺治《宣平县志》,《稀见中国地方志汇刊》第19册,中国书店1992年版。
康熙《城固县志》,《中国地方志集成·陕西府县志辑》第51册,凤凰出版社2007年版。
康熙《崇义县志》,同治八年刻本,国家图书馆藏。
康熙《大清会典》,凤凰出版社2017年版。
康熙《赣县志》,线装书局2001年版。
康熙《赣州府志》,康熙五十二年刻本,国家图书馆藏。
康熙《广信府志》,《稀见中国地方志汇刊》第28册,中国书店1992年版。
康熙《江山县志》,《中国地方志集成·浙江府县志辑》第59册,上海书店出版社1993年版。
康熙《潋水志林》,兴国县地方志办公室,2001年校注重刊本。
康熙《龙岩县志》,康熙二十八年刻本,国家图书馆藏。
康熙《雒南县志》,康熙二年刻本,国家图书馆藏。
康熙《南康县志》,《稀见中国地方志汇刊》第31册,中国书店1992年版。
康熙《宁乡县志》,《中国地方志集成·陕西府县志辑》第31册,凤凰出版社2005年版。
康熙《宁洋县志》,《稀见中国地方志汇刊》第33册,中国书店1992年版。
康熙《铅山县志》,康熙四十九年刻本,江西省图书馆藏。
康熙《衢州府志》,《中国地方志集成·浙江府县志辑》第55册,上海书店出版社1993年版。
康熙《瑞金县志》,书目文献出版社1992年版。

康熙《上饶县志》,康熙二十三年刻本,国家图书馆藏。

康熙《石城县志》,清朝康熙六年刻十一年增订本,国家方志馆藏。

康熙《四川总志》,康熙十二年刻本,四川省图书馆藏。

康熙《台湾府志》,《闽台历代方志集成·台湾志书辑》第4册,社会科学文献出版社2018年版。

康熙《万载县志》,《稀见中国地方志汇刊》第26册,中国书店1992年版。

康熙《西安县志》,康熙三十八年刻本,复旦大学图书馆藏。

康熙《西江志》,康熙五十九年刻本,国家图书馆藏。

康熙《西乡县志》,《清代孤本方志选 第2辑》第9册,线装书局2001年版。

康熙《兴国县志》,康熙二十二年刻本,国家图书馆藏。

康熙《宜春县志》,康熙四十七年刻本,国家图书馆藏。

康熙《雩都县志》,《稀见中国地方志汇刊》第30册,中国书店1992年版。

康熙《玉山县志》,康熙十年刊本,北京图书馆藏。

康熙《诸罗县志》,方志出版社2017年版。

康熙《靖江县志》,《中国地方志集成·善本方志辑》第1编第49册,凤凰出版社2014年版。

雍正《敕修陕西通志》,三秦出版社2014年版。

雍正《四川通志》,雍正十一年刻本,国家图书馆藏。

雍正《万载县志》,雍正十一年刻本,国家图书馆藏。

雍正《常山县志》,《常山旧志集成》第3册,中华书局2012年版。

雍正《处州府志》,《中国地方志集成·善本方志辑》第1编第55册,凤凰出版社2014年版。

雍正《罗定州志》,雍正九年刻本,国家图书馆藏。

乾隆《安远县志》,乾隆十六年刻本,国家图书馆藏。

乾隆《巴县志》,《中国地方志集成·重庆府县志辑》第2—3册,巴蜀书社2016年版。

乾隆《辰州府志》,岳麓书社2010年版。

乾隆《大庾县志》，《稀见中国地方志汇刊》第31册，中国书店1992年版。

乾隆《德阳县志》，乾隆十年刻本，国家图书馆藏。

乾隆《富顺县志》，《中国地方志荟萃·西南卷》第2辑第1册，九州出版社2016年版。

乾隆《赣州府志》，乾隆四十七年刻本，国家图书馆藏。

乾隆《广信府志》，乾隆四十八年刻本，国家图书馆藏。

乾隆《广元县志》，乾隆二十二年刻本，四川省图书馆藏。

乾隆《贵溪县志》，乾隆十六年刻本，国家图书馆藏。

乾隆《桂阳县志》，《中国地方志集成·湖南府县志辑》第28册，江苏古籍出版社2002年版。

乾隆《杭州府志》，乾隆四十九年刻本，浙江省图书馆藏。

乾隆《怀玉山志》，乾隆四十年刻本，国家图书馆藏。

乾隆《淮安府志》，《中国地方志集成·善本方志辑》第1编第50—51册，凤凰出版社2014年版。

乾隆《建德县志》，乾隆十九年刻本，浙江省图书馆藏。

乾隆《江津县志》，《故宫珍本丛刊》第215册，海南出版社2001年版。

乾隆《江山县志》，乾隆四十一年刻本，国家图书馆藏。

乾隆《景宁县志》，乾隆四十三年刻本，国家图书馆藏。

乾隆《开化县志》，乾隆六十年刊本，浙江省图书馆藏。

乾隆《口北三厅志》，内蒙古文化出版社2016年版。

乾隆《龙泉县志》，《中国地方志集成·善本方志辑》第1编第72册，凤凰出版社2014年版。

乾隆《雒南县志》，乾隆十一年刻本，国家图书馆藏。

乾隆《宁州志》，乾隆二年刻本，国家图书馆藏。

乾隆《屏山县志》，巴蜀书社1992年版。

乾隆《铅山县志》，乾隆四十九年刻本，国家图书馆藏。

乾隆《乾州志》，乾隆四年刻本，国家图书馆藏。

乾隆《瑞金县志》，乾隆十八年刻本，国家图书馆藏。

乾隆《商南县志》,《中国地方志集成·陕西府县志辑》第 29 册,凤凰出版社 2007 年版。

乾隆《上犹县志》,乾隆五十五年刻本,浙江省图书馆藏。

乾隆《石城县志》,《中国地方志集成·江西府县志辑》第 83 册,凤凰出版社 2013 年版。

乾隆《威远县志》,《中国地方志荟萃·西南卷》第 4 辑第 4 册,九州出版社 2016 年版。

乾隆《武宁县志》,《明清武宁县志汇编》,江西人民出版社 2009 年版。

乾隆《新宁县志》,乾隆二年点校本,新宁县志点校工作领导小组,2012 年版。

乾隆《兴国县志》,乾隆十五年刻本,国家图书馆藏。

乾隆《续商州志》,《中国地方志集成·陕西府县志辑》第 30 册,凤凰出版社 2007 年版。

乾隆《续修台湾府志》,《闽台历代方志集成·台湾志书辑》第 11—12 册,社会科学文献出版社 2018 年版。

乾隆《洵阳县志》,《中国地方志集成·陕西府县志辑》第 55 册,凤凰出版社 2007 年版。

乾隆《雅州府志》,《中国地方志集成·四川府县志辑(新编)》第 61 册,巴蜀书社 2017 年版。

乾隆《盐亭县志》,《中国地方志集成·四川府县志辑(新编)》第 21 册,巴蜀书社 2017 年版。

乾隆《永宁县志》,中州古籍出版社 2020 年版。

乾隆《沅州府志》,乾隆五十五年刻本,湖南省图书馆藏。

乾隆《袁州府志》,乾隆二十五年刻本,国家图书馆藏。

乾隆《长沙府志》,《湖湘文库(甲编)》,岳麓书社 2008 年版。

乾隆《长兴县志》,乾隆十四年刻本,浙江省图书馆藏。

乾隆《昭化县志》,乾隆五十年刻本,国家图书馆藏。

乾隆《镇安县志点释》,镇安县地方志编纂办公室,1985 年版。

乾隆《重修肃州新志》,《中国地方志集成·甘肃府县志辑》第 48

册,凤凰出版社2008年版。

嘉庆《安康县志》,《中国地方志集成·陕西府县志辑》第53册,凤凰出版社2007年版。

嘉庆《扶风县志》,《中国地方志集成·陕西府县志辑》第34册,凤凰出版社2007年版。

嘉庆《汉阴厅志》,《中国地方志集成·陕西府县志辑》第54册,凤凰出版社2007年版。

嘉庆《绩溪县志》,《中国地方志集成·安徽府县志辑》第54册,江苏古籍出版社1998年版。

嘉庆《旌德县志》,黄山书社2010年版。

嘉庆《马边厅志略》,《中国地方志集成·四川府县志辑(新编)》第68册,巴蜀书社2017年版。

嘉庆《南溪县志》,嘉庆十八年刻本,国家图书馆藏。

嘉庆《钦定八旗通志》,国家图书馆出版社2013年版。

嘉庆《山阳县志》,嘉庆十三年刻本,国家图书馆藏。

嘉庆《四川通志》,《中国地方志集成·省志辑·四川》,凤凰出版社2011年版。

嘉庆《温江县志》,嘉庆二十年刻本,国家图书馆藏。

嘉庆《西安县志》,嘉庆十六年刻本,国家图书馆藏。

嘉庆《续修汉南郡志》,嘉庆十九年刻本,国家图书馆藏。

嘉庆《於潜县志》,嘉庆十七年刻本,国家图书馆藏。

嘉庆《直隶叙永厅志》,《中国地方志集成·四川府县志辑(新编)》第38册,巴蜀书社2017年版。

嘉庆《重修一统志》,中华书局1986年版。

道光《安岳县志》,《中国地方志集成·四川府县志辑(新编)》第27册,巴蜀书社2017年版。

道光《巴州志》,道光十三年刻本,国家图书馆藏。

道光《褒城县志》,《中国地方志集成·陕西府县志辑》第51册,凤凰出版社2007年版。

道光《大足县志》,《中国地方志集成·重庆府县志辑》第7册,巴蜀书社 2017 年版。

道光《德阳县志》,道光五年刻本,国家图书馆藏。

道光《奉新县志》,道光四年刻本,国家图书馆藏。

道光《佛冈县直隶军民厅志》,《中国地方志集成·广东府县志辑》第 12 册,上海书店出版社 2013 年版。

道光《广东通志》,《中国地方志集成·省志辑·广东》第 4—10 册,凤凰出版社 2010 年版。

道光《广南府志》,《中国地方志集成·云南府县志辑》第 43 册,凤凰出版社 2009 年版。

道光《鹤山县志》,道光六年刻本,国家图书馆藏。

道光《徽州府志》,《中国地方志集成·安徽府县志辑》第 48—50 册,江苏古籍出版社 1998 年版。

道光《建德县志》,道光八年刻本,上海图书馆藏。

道光《江油县志》,道光二十年刻本,国家图书馆藏。

道光《靖安县志》,道光五年刻本,江西省图书馆藏。

道光《乐至县志》,《中国地方志集成·四川府县志辑(新编)》第 26 册,巴蜀书社 2017 年版。

道光《丽水县志》,《稀见中国地方志汇刊》第 19 册,中国书店 1992 年版。

道光《廉州府志》,《中国地方志集成·广西府县志辑》第 71 册,凤凰出版社 2014 年版。

道光《龙南县志》,道光六年刻本,江西省图书馆藏。

道光《内江县志要》,道光二十五年刻本,国家图书馆藏。

道光《宁都直隶州志》,《中国地方志集成·江西府县志辑》第 80 册,凤凰出版社 2013 年版。

道光《宁国县志》,道光五年刊本,上海图书馆藏。

道光《宁陕厅志》,《中国地方志集成·陕西府县志辑》第 56 册,凤凰出版社 2007 年版。

道光《萍乡县志》,道光三年刻本,国家图书馆藏。

道光《普洱府志》,道光二十年刻本,国家图书馆藏。

道光《綦江县志》,《中国地方志集成·重庆府县志辑》第 5 册,巴蜀书社 2017 年版。

道光《上饶县志》,道光六年刻本,国家图书馆藏。

道光《石泉县志》,《中国地方志集成·四川府县志辑(新编)》第 25 册,巴蜀书社 2017 年版。

道光《万载县土著志》,道光二十九年刻本,江西省图书馆藏。

道光《万载县志》,道光十二年刻本,江西省图书馆藏。

道光《武宁县志》,《明清武宁县志汇编》,江西人民出版社 2009 年版。

道光《新都县志》,道光二十四年刻本,国家图书馆藏。

道光《新津县志》,《中国地方志集成·四川府县志辑(新编)》第 11 册,巴蜀书社 2017 年版。

道光《兴国县志》,道光四年刻本,江西省图书馆藏。

道光《续修桐城县志》,《中国地方志集成·安徽府县志辑》第 12 册,江苏古籍出版社 1998 年版。

道光《宜春县志》,道光三年刻本,国家图书馆藏。

道光《义宁州志》,道光四年刻本,国家图书馆藏。

道光《永安县三志》,《中国地方志集成·广东府县志辑》第 18 册,上海书店出版社 2013 年版。

道光《永州府志》,《湖湘文库(甲编)》,岳麓书社 2008 年版。

道光《雩都县志》,台北成文出版社 1989 年版。

道光《玉山县志》,道光三年刻本,国家图书馆藏。

道光《元江州志》,道光六年刻本,国家图书馆藏。

道光《云南通志稿》,云南美术出版社 2021 年版。

道光《彰化县志》,《中国地方志集成·台湾府县志辑》第 4 册,上海书店出版社 1999 年版。

道光《遵义府志》,《中国地方志集成·贵州府县志辑》第 32—33 册,巴蜀书社 2016 年版。

咸丰《内江县志》,咸丰八年刻本,重庆市图书馆藏。

咸丰《阆中县志》,咸丰元年刻本,四川大学图书馆藏。

咸丰《云阳县志》,《中国地方志集成·重庆府县志辑》第31—32册,巴蜀书社2016年版。

同治《安吉县志》,《中国地方志集成·浙江府县志辑》第29册,上海书店出版社1993年版。

同治《璧山县志》,《中国地方志集成·重庆府县志辑》第13册,巴蜀书社2016年版。

同治《恩施县志》,《中国地方志集成·湖北府县志辑》第56册,江苏古籍出版社2001年版。

同治《分宜县志》,《中国地方志集成·江西府县志辑》第35册,凤凰出版社2013年版。

同治《赣州府志》,《中国地方志集成·江西府县志辑》第73—74册,凤凰出版社2013年版。

同治《高县志》,《中国地方志集成·四川府县志辑(新编)》第40册,巴蜀书社2017年版。

同治《广信府志》,《中国地方志集成·江西府县志辑》第20—21册,凤凰出版社2013年版。

同治《贵溪县志》,《中国地方志集成·江西府县志辑》第24册,凤凰出版社2013年版。

同治《桂东县志》,《中国地方志集成·湖南府县志辑》第27册,江苏古籍出版社2002年版。

同治《湖州府志》,《中国地方志集成·浙江府县志辑》第24—25册,上海书店出版社1993年版。

同治《会理州志》,《中国地方志集成·四川府县志辑(新编)》第69册,巴蜀书社2017年版。

同治《建始县志》,《中国地方志集成·湖北府县志辑》第56册,江苏古籍出版社2001年版。

同治《江山县志》,《中国地方志集成·浙江府县志辑》第59册,上海书店出版社1993年版。

同治《来凤县志》,《中国地方志集成·湖北府县志辑》第57册,江苏古籍出版社2001年版。

同治《利川县志》,湖北人民出版社2019年版。

同治《酃县志》,《中国地方志集成·湖南府县志辑》第18册,江苏古籍出版社2002年版。

同治《浏阳县志》,《中国地方志集成·湖南府县志辑》第13册,江苏古籍出版社2002年版。

同治《龙山县志》,同治八年刻本,国家图书馆藏。

同治《南康县志》,《中国地方志集成·江西府县志辑》第86册,凤凰出版社2013年版。

同治《南溪县志》,同治十三年刻本,四川大学图书馆藏。

同治《宁国县通志》,同治八年刻本,安徽省图书馆藏。

同治《平江县志》,《中国地方志集成·湖南府县志辑》第8—9册,江苏古籍出版社2002年版。

同治《祁门县志》,《中国地方志集成·安徽府县志辑》第55册,江苏古籍出版社1998年版。

同治《如皋县续志》,同治十二年刻本,上海图书馆藏。

同治《上饶县志》,《中国地方志集成·江西府县志辑》第22册,凤凰出版社2013年版。

同治《苏州府志》,《中国地方志集成·江苏府县志辑》第7—10册,凤凰出版社2008年版。

同治《万安县志》,《中国地方志集成·江西府县志辑》第68册,凤凰出版社2013年版。

同治《新昌县志》,《中国地方志集成·江西府县志辑》第40册,凤凰出版社2013年版。

同治《兴国县志》,兴国县志编纂委员会,1986年版。

同治《盱眙县志》,同治十二年刻本,上海图书馆藏。

同治《续汉州志》,《中国地方志集成·四川府县志辑》第11册,巴蜀书社1992年版。

同治《宣恩县志》,《中国地方志集成·湖北府县志辑》第57册,江苏古籍出版社2001年版。

同治《黟县志》,《中国地方志集成·安徽府县志辑》第57册,江苏古籍出版社 1998 年版。

同治《仪陇县志》,《中国地方志集成·四川府县志辑(新编)》第 52 册,巴蜀书社 2017 年版。

同治《宜昌府志》,《中国地方志集成·湖北府县志辑》第 49—50 册,江苏古籍出版社 2001 年版。

同治《义宁州志》,《中国地方志集成·江西府县志辑》第 15 册,凤凰出版社 2013 年版。

同治《永顺府志》,《中国地方志集成·湖南府县志辑》第 68 册,江苏古籍出版社 2002 年版。

同治《酉阳直隶州总志》,《中国地方志集成·重庆府县志辑》第 21—22 册,巴蜀书社 2016 年版。

同治《雩都县志》,雩都县志编纂委员会,1986 年版。

同治《玉山县志》,《中国地方志集成·江西府县志辑》第 23 册,凤凰出版社 2013 年版。

同治《袁州府志》,同治十三年刻本,上海图书馆藏。

同治《云和县志》,《中国地方志集成·浙江府县志辑》第 68 册,上海书店出版社 1993 年版。

同治《长兴县志》,同治十二年刻本,上海图书馆藏。

同治《重修成都县志》,《中国地方志集成·四川府县志辑(新编)》第 3 册,巴蜀书社 2017 年版。

光绪《百色厅志》,《中国地方志集成·广西府县志辑》第 78 册,凤凰出版社 2014 年版。

光绪《北流县志》,光绪六年刻本,国家图书馆藏。

光绪《崇义县志》,《中国地方志集成·江西府县志辑》第 87 册,凤凰出版社 2013 年版。

光绪《滁州志》,《中国地方志集成·安徽府县志辑》第 34 册,江苏古籍出版社 1998 年版。

光绪《淳安县志》,《中国地方志集成·浙江府县志辑》第 10 册,上海书店出版社 1993 年版。

光绪《大宁县志》,《中国地方志集成·重庆府县志辑》第 30 册,巴蜀书社 2016 年版。

光绪《大清会典事例》,台北新文丰出版公司 1976 年版。

光绪《大足县志》,《中国地方志集成·重庆府县志辑》第 7 册,巴蜀书社 2016 年版。

光绪《德阳县乡土志》,清末抄本,四川大学图书馆藏。

光绪《定远厅志》,《中国地方志集成·陕西府县志辑》第 53 册,凤凰出版社 2007 年版。

光绪《凤县志》,《中国地方志集成·陕西府县志辑》第 36 册,凤凰出版社 2007 年版。

光绪《甘泉县志》,《中国地方志集成·江苏府县志辑》第 43—44 册,凤凰出版社 2008 年版。

光绪《高淳县志》,南京出版社 2013 年版。

光绪《广德州志》,黄山书社 2008 年版。

光绪《贵池县志》,《中国地方志集成·安徽府县志辑》第 61 册,江苏古籍出版社 1998 年版。

光绪《桂阳县乡土志》,光绪三十四年活字本,湖南省图书馆藏。

光绪《湖南兴宁县志》,《中国地方志集成·湖南府县志辑》第 26 册,江苏古籍出版社 2002 年版。

光绪《淮安府志》,《中国地方志集成·江苏府县志辑》第 54 册,凤凰出版社 2008 年版。

光绪《畿辅通志》,河北大学出版社 2017 年版。

光绪《吉安府志》,中华书局 2016 年版。

光绪《嘉善县志》,中华书局 2016 年版。

光绪《嘉兴县志》,《中国地方志集成·浙江府县志辑》第 15 册,上海书店出版社 1993 年版。

光绪《江西农工商矿纪略》,光绪三十四年石印本,江西省图书馆藏。

光绪《金华县志》,《中国地方志集成·浙江府县志辑》第 48 册,上海书店出版社 1993 年版。

光绪《井研志》,《中国地方志集成·四川府县志辑(新编)》第 46

册,巴蜀书社 2017 年版。

光绪《开化县志》,《中国地方志集成·浙江府县志辑》第 54 册,上海书店出版社 1993 年版。

光绪《兰溪县志》,《中国地方志集成·浙江府县志辑》第 52 册,上海书店出版社 1993 年版。

光绪《溧阳县续志》,《中国地方志集成·江苏府县志辑》第 32 册,凤凰出版社 2008 年版。

光绪《平乐县志》,《中国地方志集成·广西府县志辑》第 39 册,凤凰出版社 2014 年版。

光绪《平利县志》,三秦出版社 2015 年版。

光绪《青田县志》,《中国地方志集成·浙江府县志辑》第 65 册,上海书店出版社 1993 年版。

光绪《青阳县志》,《中国地方志集成·安徽府县志辑》第 60 册,江苏古籍出版社 1998 年版。

光绪《荣昌县志》,《中国地方志集成·重庆府县志辑》第 15 册,巴蜀书社 2016 年版。

光绪《上犹县志》,《中国地方志集成·江西府县志辑》第 87 册,凤凰出版社 2013 年版。

光绪《射洪县志》,《中国地方志集成·四川府县志辑(新编)》第 21—22 册,巴蜀书社 2017 年版。

光绪《寿州志》,《中国地方志集成·安徽府县志辑》第 21 册,江苏古籍出版社 1998 年版。

光绪《舒城县志》,《中国地方志集成·安徽府县志辑》第 22 册,江苏古籍出版社 1998 年版。

光绪《顺天府志》,北京出版社 2018 年版。

光绪《泗虹合志》,《中国地方志集成·安徽府县志辑》第 30 册,江苏古籍出版社 1998 年版。

光绪《遂昌县志》,《中国地方志集成·浙江府县志辑》第 68 册,上海书店出版社 1993 年版。

光绪《泰和县志》,道光四年刻本,江西省图书馆藏。

光绪《铜梁县志》,《中国地方志集成·重庆府县志辑》第8册,巴蜀书社2016年版。

光绪《威远县志》,《中国地方志集成·四川府县志辑(新编)》第27册,巴蜀书社2017年版。

光绪《围场厅志》,光绪三十四年刻本,国家图书馆藏。

光绪《乌程县志》,《中国地方志集成·浙江府县志辑》第26册,上海书店出版社1993年版。

光绪《武阳志余》,《中国地方志集成·江苏府县志辑》第38册,凤凰出版社2008年版。

光绪《西充县志》,《中国地方志集成·四川府县志辑(新编)》第53册,巴蜀书社2017年版。

光绪《湘潭县志》,岳麓书社2010年版。

光绪《孝丰县志》,光绪三年刻本,浙江省图书馆藏。

光绪《新繁县乡土志》,光绪三十三年铅印本,四川大学图书馆藏。

光绪《新修清水河厅志》,《中国地方志集成·内蒙古府县志辑》第11册,凤凰出版社2012年版。

光绪《盱眙县志》,《中国地方志集成·江苏府县志辑》第58册,凤凰出版社2008年版。

光绪《叙州府志》,《中国地方志集成·四川府县志辑(新编)》第32—33册,巴蜀书社2017年版。

光绪《续修句容县志》,《中国地方志集成·江苏府县志辑》第35册,凤凰出版社2008年版。

光绪《续修溧水县志》,凤凰出版社2018年版。

光绪《宣城县志》,《中国地方志集成·安徽府县志辑》第45册,江苏古籍出版社1998年版。

光绪《洵阳县志》,《中国地方志集成·陕西府县志辑》第55册,凤凰出版社2007年版。

光绪《颍上县志》,《中国地方志集成·安徽府县志辑》第27册,江苏古籍出版社1998年版。

光绪《永川县志》,《中国地方志集成·重庆府县志辑》第6—7册,巴蜀书社 2016 年版。

光绪《云南通志稿》,光绪二十七年刻本,清华大学图书馆藏。

光绪《重修丹徒县志》,《中国地方志集成·江苏府县志辑》第 29—30 册,凤凰出版社 2008 年版。

光绪《重修彭县志》,《中国地方志集成·四川府县志辑(新编)》第 8 册,巴蜀书社 2017 年版。

光绪《重修天津府志》,《中国地方志集成·天津府县志辑》第 1—2 册,上海书店出版社 2004 年版。

光绪《砖坪地理志》,清末抄本,江西省方志馆藏。

光绪《资州直隶州志》,《中国地方志集成·四川府县志辑(新编)》第 28—29 册,巴蜀书社 2017 年版。

光绪《镇安县乡土志》,台北成文出版社 1969 年版。

宣统《广安州新志》,《中国地方志集成·四川府县志辑》第 58 册,巴蜀书社 1992 年版。

宣统《临安县志》,《中国地方志集成·浙江府县志辑》第 7 册,上海书店出版社 1993 年版。

宣统《太仓州镇洋县志》,《中国地方志集成·江苏府县志辑》第 18 册,凤凰出版社 2008 年版。

宣统《徐闻县志》,岭南美术出版社 2019 年版。

民国《安徽通志稿》,国家图书馆出版社 2020 年版。

民国《安县志》,《中国地方志集成·四川府县志辑(新编)》第 25 册,巴蜀书社 2017 年版。

民国《巴中县志》,《中国地方志集成·四川府县志辑(新编)》第 60 册,巴蜀书社 2017 年版。

民国《苍溪县志》,《中国地方志集成·四川府县志辑(新编)》第 52 册,巴蜀书社 2017 年版。

民国《昌化县志》,《中国地方志集成·浙江府县志辑》第 6 册,上海书店出版社 1993 年版。

民国《赤溪县志》,《中国地方志集成·广东府县志辑》第 35 册,上海书店出版社 2013 年版。

民国《达县志》,《中国地方志集成·四川府县志辑(新编)》第56册,巴蜀书社2017年版。

民国《大定县志》,贵州省大方县县志编纂委员会1985年重印本。

民国《大庾县志》,《中国地方志集成·江西府县志辑》第86册,凤凰出版社2013年版。

民国《德清县志》,《中国地方志集成·浙江府县志辑》第28册,上海书店出版社1993年版。

民国《丰都县乡土志》,民国铅印本,四川大学图书馆藏。

民国《涪州志》,国家图书馆出版社2018年版。

民国《富顺县志》,《中国地方志集成·四川府县志辑(新编)》第34册,巴蜀书社2017年版。

民国《灌县志》,《中国地方志集成·四川府县志辑(新编)》第7册,巴蜀书社2017年版。

民国《广元县志稿》,《中国地方志集成·四川府县志辑(新编)》第19—20册,巴蜀书社2017年版。

民国《桂平县志》,民国九年铅印本,上海图书馆藏。

民国《汉阴县志》,汉阴县地方志办公室油印本,1985年版。

民国《合川县志》,《中国地方志集成·重庆府县志辑》第10—12册,巴蜀书社2016年版。

民国《合江县志》,《中国地方志集成·四川府县志辑(新编)》第37册,巴蜀书社2017年版。

民国《贺县志》,广西人民出版社2015年版。

民国《湖南各县调查记》,民国二十年铅印本,湖南省图书馆藏。

民国《怀宁县志》,黄山书社2018年版。

民国《嘉禾县图志》,民国二十七年刊本,台北成文出版社1975年版。

民国《简阳县志》,《中国地方志集成·四川府县志辑(新编)》第30—31册,巴蜀书社2017年版。

民国《江安县志》,《中国地方志集成·四川府县志辑(新编)》第36册,巴蜀书社2017年版。

民国《江津县志》,《中国地方志集成·四川府县志辑》第 45 册,巴蜀书社 1992 年版。

民国《金堂县续志》,《中国地方志集成·四川府县志辑(新编)》第 5 册,巴蜀书社 2017 年版。

民国《景宁县续志》,《中国地方志集成·浙江府县志辑》第 64 册,上海书店出版社 1993 年版。

民国《开化县志稿》,开化县地方志编纂委员会,2011 年版。

民国《醴陵县志》,《中国地方志集成·湖南府县志辑》第 14—16 册,江苏古籍出版社 2002 年版。

民国《临清县志》,《中国地方志集成·山东府县志辑》第 95 册,凤凰出版社 2004 年版。

民国《榴江县志》,《中国地方志集成·广西府县志辑》第 20 册,凤凰出版社 2014 年版。

民国《柳城县志》,《中国地方志集成·广西府县志辑》第 24 册,凤凰出版社 2014 年版。

民国《陆川县志》,北京燕山出版社 2018 年版。

民国《眉山县志》,《中国地方志集成·四川府县志辑(新编)》第 45 册,巴蜀书社 2017 年版。

民国《名山县新志》,民国十九年刻本,四川大学图书馆藏。

民国《南康县志》,南康区地方志办公室,2017 年版。

民国《南溪县志》,《中国地方志集成·四川府县志辑(新编)》第 35 册,巴蜀书社 2017 年版。

民国《南浔志》,民国十一年刻本,浙江省图书馆藏。

民国《宁冈县志》,黄山书社 2019 年版。

民国《宁国县志》,《中国地方志集成·安徽府县志辑》第 54 册,江苏古籍出版社 1998 年版。

民国《郫县志》,《中国地方志集成·四川府县志辑(新编)》第 6 册,巴蜀书社 2017 年版。

民国《邛崃县志》,《中国地方志集成·四川府县志辑(新编)》第 12 册,巴蜀书社 2017 年版。

民国《全椒县志》,《中国地方志集成·安徽府县志辑》第 35 册,江苏古籍出版社 1998 年版。

民国《全县志》,民国二十四年铅印本,台北成文出版社 1975 年版。

民国《荣县志》,《中国地方志集成·四川府县志辑(新编)》第 5 册,巴蜀书社 2017 年版。

民国《汝城县志》,《中国地方志集成·湖南府县志辑》第 30 册,江苏古籍出版社 2002 年版。

民国《三台县志》,《中国地方志集成·四川府县志辑(新编)》第 18 册,巴蜀书社 2017 年版。

民国《商南县志》,民国八年铅印本,台北成文出版社 1976 年版。

民国《歙县志》,《中国地方志集成·安徽府县志辑》第 51 册,江苏古籍出版社 1998 年版。

民国《什邡县志》,《中国地方志集成·四川府县志辑(新编)》第 8 册,巴蜀书社 2017 年版。

民国《石埭备志汇编》,《中国地方志集成·安徽府县志辑》第 63 册,江苏古籍出版社 1998 年版。

民国《双流县志》,《中国地方志集成·四川府县志辑(新编)》第 4 册,巴蜀书社 2017 年版。

民国《松阳县志》,《中国地方志集成·浙江府县志辑》第 67 册,上海书店出版社 1993 年版。

民国《汤溪县志》,《中国地方志集成·浙江府县志辑》第 52 册,上海书店出版社 1993 年版。

民国《万源县志》,《中国地方志集成·四川府县志辑(新编)》第 57 册,巴蜀书社 2017 年版。

民国《潍县志稿》,《中国地方志集成·山东府县志辑》第 40—41 册,凤凰出版社 2004 年版。

民国《温江县志》,《中国地方志集成·四川府县志辑(新编)》第 6 册,巴蜀书社 2017 年版。

民国《乌青镇志》,民国七年铅印本,上海图书馆藏。

民国《武胜县新志》,《中国地方志集成·四川府县志辑(新编)》第56册,巴蜀书社2017年版。

民国《西乡县志》,民国三十七年复印本,台北成文出版社1970年版。

民国《夏口县志》,《中国地方志集成·湖北府县志辑》第3册,江苏古籍出版社2001年版。

民国《香山县志》,民国九年刊本,台北成文出版社1967年版。

民国《新塍镇志》,民国十二年铅印本,浙江省图书馆藏。

民国《新都县志》,《中国地方志集成·四川府县志辑(新编)》第10册,巴蜀书社2017年版。

民国《信都县志》,广西人民出版社2017年版。

民国《兴文县志》,《中国地方志集成·四川府县志辑》第34册,巴蜀书社1992年版。

民国《叙永县志》,《中国地方志集成·四川府县志辑(新编)》第39册,巴蜀书社2017年版。

民国《续修大竹县志》,中国文史出版社2013年版。

民国《续修陕西省通志稿》,民国二十三年排印本,陕西省政府通志馆藏。

民国《宣汉县志》,《中国地方志集成·四川府县志辑》第61册,巴蜀书社1992年版。

民国《宣平县志》,《中国地方志集成·浙江府县志辑》第65册,上海书店出版社1993年版。

民国《黟县四志》,《中国地方志集成·安徽府县志辑》第58册,江苏古籍出版社1998年版。

民国《永顺县志》,《中国地方志集成·湖南府县志辑》第69册,江苏古籍出版社2002年版。

民国《云阳涂氏族谱》,四川省云阳县双江镇涂氏家族刊印,2013年版。

民国《云阳县志》,《中国地方志集成·重庆府县志辑》第32册,巴蜀书社2016年版。

民国《长寿县志》,《中国地方志集成·重庆府县志辑》第 2 册,巴蜀书社 2016 年版。

民国《昭平县志》,《中国地方志集成·广西府县志辑》第 20 册,凤凰出版社 2014 年版。

民国《昭通县志稿》,《中国地方志集成·云南府县志辑》第 4 册,凤凰出版社 2009 年版。

民国《镇安县志》,民国十五年石印本,陕西师范大学图书馆藏。

民国《中江县志》,《中国地方志集成·四川府县志辑(新编)》第 23 册,巴蜀书社 2017 年版。

《重刊民国龙游县志》,国家图书馆出版社 2017 年版。

奉新县地名办公室编:《江西省奉新县地名志》,1983 年 11 月铅印本。

《繁昌县志(初稿)》,繁昌县地方志编纂委员会办公室,1989 年版。

《常山县志》,浙江人民出版社 1989 年版。

《衢州府志集成》,西泠印社出版社 2009 年版。

三、近代以来论著

《民族问题五种丛书》辽宁省编辑委员会编:《满族社会历史调查》,辽宁出版社 1985 年版。

《中国少数民族社会历史调查资料丛刊》福建省编辑组:《畲族社会历史调查》,福建人民出版社 1986 年版。

白寿彝编:《回民起义》,神州国光社 1953 年版。

毕梅雪、侯锦郎:《木兰图与乾隆秋季大猎之研究》,故宫丛刊甲种(台湾),1982 年

曹永和:《台湾早期历史研究》,台湾联经出版事业公司 1979 年版。

陈翰笙:《华工出国史料汇编》,中华书局 1980—1985 年版。

陈其南:《家庭与社会台湾和中国社会研究的基础理念》,台湾联经出版事业公司 1990 年版。

陈学文：《明清时期杭嘉湖市镇史研究》，群言出版社1993年版。
陈亦荣：《清代汉人在台湾地区迁徙之研究》，私立东吴大学印。
程大学：《台湾开发史》，台湾众文图书公司1991年版。
樊树志：《明清江南市镇探微》，复旦大学出版社1990年版。
方国瑜：《彝族史稿》，四川民族出版社1984年版。
方国瑜：《中国西南历史地理考释》，中华书局1987年版。
费成康：《澳门四百年》，上海人民出版社1988年版。
冯承钧：《中国南洋交通史》，上海书店出版社1984年版。
傅朗云等：《东北民族史略》，吉林人民出版社1983年版。
葛剑雄：《中国人口发展史》，福建人民出版社1991年版。
顾长声：《传教士与近代中国》，上海人民出版社1991年版。
国家民委民族问题五种丛书编辑委员会《中国少数民族》编写组编：《中国少数民族》，人民出版社1981年版。
何炳棣：《1368—1953中国人口研究》，葛剑雄译，上海古籍出版社1989年版。
胡焕庸、张善余：《中国人口地理》，华东师范大学出版社1984年版。
胡焕庸：《论中国人口之分布》，华东师范大学出版社1983年版。
华金山编：《福建华侨史话》，福建省华侨历史学会筹备组1983年版。
黄宗智：《中国农村的过密化与现代化：规范认识危机及出路》，上海社会科学出版社1992年版。
嵇南、吴克尧：《锡伯族》，民族出版社1990年版。
贾合甫·米尔扎汗：《哈萨克族》，民族出版社1989年版。
江文汉：《明清间在华的天主教耶稣会士》，知识出版社1987年版。
江西省测绘局编制：《江西省地图册》，中华地图学社1993年版。
江西省赣县农业区划委员会：《赣县农业自然资源和农业区划报告汇编》，1982年。
江西省瑞金县农业区划委员会：《江西省瑞金县综合农业区划报

告》,1982年。

姜涛:《中国近代人口史》,浙江人民出版社1993年版。

金德群:《民国时期农村土地问题》,红旗出版社1994年版。

金陵大学农业经济系编:《豫鄂皖赣四省之租佃制度》,1936年6月。

李春辉、杨生茂主编:《美洲华侨华人史》,东方出版社1990年版。

李竞能等主编:《中国人口·天津分册》,中国财政经济出版社1987年版。

李慕真,仇为之主编:《中国人口·北京分册》,中国财政经济出版社1987年版。

李文海等:《中国近代十大灾荒》,上海人民出版社1994年版。

李洵、薛虹:《清代全史》,辽宁人民出版社1991年版。

李长傅:《中国殖民史》,商务印书馆1937年版。

梁方仲:《中国历代户口、田地、田赋统计》,上海人民出版社1980年版。

林金枝:《近代华侨投资国内企业概论》,厦门大学出版社1988年版。

刘洪康主编:《中国人口·四川分册》,中国财政经济出版社1988年版。

刘石吉:《明清时代江南市镇研究》,中国社会科学出版社1987年版。

刘瑜主编:《江西省宁冈县地名志》,1984年。

罗尔纲:《绿营兵志》,中华书局1984年版。

罗尔纲:《太平天国史》,中华书局1991年版。

罗尔纲:《太平天国史实考》,生活·读书·新知三联书店1985年版。

罗建生:《乌孜别克族》,民族出版社1990年版。

罗香林:《客家研究导论》,希山书藏1933年版。

罗香林:《客家源流考》,中国华侨出版公司1989年版。

罗正钧:《左宗棠年谱》,台湾文海出版社1973年版。

马汝珩、马大正:《漂落异域的民族——17至18世纪的土尔扈特蒙古》,中国社会科学出版社1991年版。

马少青:《保安族》,民族出版社1989年版。

茅家琦:《太平天国史论文选》,生活·读书·新知三联书店1979年版。

南京师范学院地理系江苏地理研究室编:《江苏城市历史地理》,江苏科学技术出版社1982年版。

南康县农业区划委员会:《南康县农业区划报告汇编》,1982年。

皮明庥主编:《近代武汉城市史》,中国社会科学出版社1993年版。

任桂淳:《清朝八旗驻防兴衰史》,生活·读书·新知三联书店1994年版。

上海市政协文史资料委员会等编:《列强在中国的租界》,中国文史出版社1992年版。

睡虎地秦墓竹简整理小组编:《睡虎地秦墓竹简》,文物出版社1978年版。

宋则行、刘长新主编:《中国人口·辽宁分册》,中国财经出版社1987年版。

孙占文:《黑龙江省史探索》,北方文物出版社1985年版。

台湾华侨志编纂委员会编:《华侨志(总志)》,海天出版社1956年版。

台湾省侨务委员会编:《侨务统计》,侨务委员会1984年版。

唐振常等:《上海史》,上海人民出版社1989年版。

田方、陈发棠主编:《国际人口迁移》,知识出版社1986年版。

温雄飞:《南洋华侨通史》,商务印书馆1929年版。

许涤新、吴承明:《中国资本主义发展史》,人民出版社1985年、1990年、1993年版。

吴学明:《金广福垦隘与新竹东南山区的开发(1834—1895年)》,台湾师范大学历史研究所专刊(14),1986年。

吴宗慈:《江西明清两代之民族问题》(油印本),1938年。

萧国健、萧国钧:《族谱与香港地方史研究》,香港显朝书室1982年版。

徐映璞:《两浙史事丛稿》,浙江古籍出版社1988年版。

杨学琛、周远廉:《清代八旗王公贵族兴衰史》,辽宁人民出版社1986年版。

尹章义:《台湾开发史研究》,台湾联经出版事业公司1989年版。

永丰县农业区划办公室:《永丰县林业区划报告》,1982年。

尤中:《中国西南的古代民族》,云南人民出版社1980年版。

元邦建:《香港史略》,香港中流出版社有限公司1987年版。

张国雄:《明清时期两湖移民研究》,陕西教育出版社1995年版。

张朋园:《中国现代化区域研究·湖南省》,台北"中研院"近代史研究所专刊46号。

郑民、梁初鸣编:《华侨华人史研究集》,海洋出版社1989年版。

中共鹤峰县委统战部等单位合编:《容美土司资料汇编》,1984年。

中国科学院:《中国自然地理·历史自然地理》,科学出版社1982年版。

中国人民大学清史研究所、中国人民大学档案系中国政治制度史教研室:《康雍乾时期城乡人民反抗斗争资料》,中华书局1979年版。

中国史学会主编:中国近代史资料丛刊《太平天国》(四),神州国光社1954年版。

中央研究院历史语言研究所编:《明清史料》甲编第六本,商务印书馆1930年版。

周建华、郭永瑛:《塔塔尔族》,民族出版社1993年版。

朱杰勤:《东南亚华侨史》,高等教育出版社1990年版。

邹依仁:《旧上海人口变迁的研究》,上海人民出版社1980年版。

〔美〕施坚雅:《中国封建社会晚期城市研究——施坚雅模式》,王旭等译,吉林教育出版社1991年版。

〔日〕伊能嘉矩:《台湾蕃政志》,温吉译,台湾省文献委员会,1957年版。

〔日〕饭田茂三郎:《中国人口问题研究》(中译本),北平人人书店1934年版。

〔日〕田山茂:《清代蒙古社会制度》,商务印书馆1987年版。

《铜鼓土纸》,《铜鼓县志通讯》第9期,1982年。

《寻找台湾的客家人彰化平原上的福佬客》,《汉声》第24辑,1990年。

曹树基:《赣、粤、闽三省毗邻地区的社会变动与客家形成》,《历史地理》第14辑,上海人民出版社1997年版。

曹树基:《明清时期的流民和赣南山区的开发》,《中国农史》1985年第4期。

曹树基:《玉米、番薯传入中国路线新探》,《中国社会经济史研究》1988年第4期。

陈翰笙:《"猪仔"出洋》,《百科知识》1979年第5期。

慈飞鸿:《近代中国镇、集发展的数量分析》,《中国社会科学》1996年第2期。

邓辉:《清代木兰围场的环境变迁研究》,《北京大学学报》(历史地理学专刊),1992年。

甘艾:《赣北奉新的"客族"》,《国讯》第238期,1940年。

顾颉刚:《王同春开发河套记》,《禹贡》第2卷第12期,1935年。

郭成康:《清初牛录的数目》,《清史研究通讯》1987年第1期。

郭松义:《从宗谱资料看清代的人口迁徙》,《清史研究通讯》1986年第1期。

郭松义:《清初四川外来移民和经济发展》,《中国经济史研究》1988年第4期。

韩光辉:《清代京师八旗人丁的增长和地理迁移》,《历史地理》第6辑,上海人民出版社1988年版。

蒿峰:《清初关西地区的开发》,《西北史地》1987年第1期。

黄湘玲:《客家〈渡台带路切结书〉》,《汉声》第 24 辑,1990 年。

李辅斌:《清代直隶山西口外地区农垦述略》,《中国历史地理论丛》1994 年第 1 期。

李中清:《明清时期中国西南的经济发展和人口增长》,《清史论丛》第 5 辑,中华书局 1984 年版。

刘敏:《论清代棚民的户籍问题》,《中国社会经济史研究》1983 年第 1 期。

刘正刚:《清代前期广东移民四川原因考述》,《广东社会科学》1995 年第 1 期。

刘佐泉:《凌十八起义与客家》,《湛江师范学院学报》1992 年第 1 期。

马汝珩、成崇德:《康乾时期人口流动与长城边外开发》,《清史研究》1993 年第 2 期。

潘洪钢:《清代乾隆朝贵州苗区的屯政》,《贵州文史丛刊》1986 年第 4 期。

潘洪钢:《清代乾隆朝两金川改土归屯考》,《民族研究》1988 年第 6 期。

彭家礼:《十九世纪开发西方殖民地的华工》,《世界历史》1980 年第 1 期。

秦宝琦:《从档案史料看〈钦定平苗纪略〉的编纂》,《中南民族学院学报》1986 年第 1 期。

吴学明:《〈北埔姜家史料〉的发掘和"金广福"史实的重建》,《历史、文化与台湾——台湾研究研讨会五十回纪录》,台湾风物杂志社 1988 年版。

奚松:《台中、苗栗地区客家人入垦台湾中部山区》,《汉声》第 24 辑,1990 年。

徐杰舜:《广西客家的源流、分布和风俗文化》,《客家学研究》第 2 辑,上海人民出版社 1990 年版。

萧正洪:《清代陕南种植业的盛衰及其原因》,《中国农史》1989 年第 1 期。

萧正洪：《清代陕南的流民与人口地理分布的变迁》，《中国史研究》1992年第3期。

徐杰舜：《广西客家的源流分布和风俗文化》，《客家学研究》第2辑，上海人民出版社1970年版。

颜森：《江西方言的分区(稿)》，《方言》1986年第1期。

尹章义：《嘉义发展史》，《汉声》第23辑，1989年。

张建明：《"湖广熟，天下足"述论——兼及明清时期长江沿岸的米粮流通》，《中国农史》1987年第4期。

张杰：《清代鸭绿江流域的封禁与开发》，《中国边疆史地研究》1994年第4期。

张丕远：《乾隆在新疆施行移民实边政策的探讨》，《历史地理》第9辑，上海人民出版社1990年版。

张璇如：《清初封禁与招民开垦》，《社会科学战线》1983年第1期。

周翔鹤：《清代台湾给垦字研究》，叶显恩主编：《清代区域社会经济研究》，中华书局1992年版。

朱国宏：《中国人口的国际迁移之历史考察》，《历史研究》1989年第6期。

庄为玑：《福建晋江专区华侨史调查的几个问题》，《厦门大学南洋研究所集刊》1958年号。

邹逸麟：《明清时期北部农牧过渡带的推移和气候寒暖变化》，《复旦学报(社会科学版)》1995年第1期。

左步青：《满族入关和汉族文化的影响》，《故宫博物院院刊》1987年第3期。

卷后记

一

读完本卷的作者会发现,求证本期历次移民的数量和规模,仍是本卷研究的基本内容。清时期移民史虽然有其自身的特点,然而与本书第五卷《明时期》相比,各种方法的使用仍大体围绕同一思路展开:确定移民的分布范围—确定各地移民在总人口中的比例—确定各地标准时点的人口数—求出移民的人口数。

明代的移民主要集中于明代初年,我称之为"洪武大移民"。一般说来,至洪武二十六年(1393年),移民大潮基本停歇,因此,无论是有关移民的论述,还是有关移民人口的计算,都大致以洪武二十六年为中心,此年自然成为人口计算的标准时点。清代前期的移民从顺治年间开始,断断续续持续到清代中期,以东南山区的棚民为例,甚至于明代末年就已开始的移民活动,直到嘉庆、道光年间还在进行,时间长达200余年。这不仅为移民过程的论述带来了困难,而且给移民人口的计算增加了难度。举例说,一个康熙年间迁入的移民,至道光年间可能已经繁衍了5—6代,以年平均增长率为7‰左右计,人口已经增加了2—3倍。若以10‰计,则增加了4—5倍。因此,同样一个移民的迁入,人口的含义竟有2—5倍的差距。因此,有必要确定一个标准时间,类似人口普查中的标准时点。我选择乾隆四十一年(1776年)作为清代前期移民运动基本结束的时间。这是因为,至乾隆后期,移民大潮已经基本停歇;从技术上说,乾隆后期的人口统计的对象已基本上从"人丁"转为"人口";而一个相对准确的人口基数是我们分析移民数量的基本前提。基于同样的理由,在有关太平天国战后移民史实的论述中,我们将土著人口的估算时间定于同治四年(1865年),将客民的计算时间定为光绪十五年(1889年)。尽管如此,即使我们从康熙前期算起,至乾隆四十一年,移民运动延续的时间将近100年。所以,本卷各有关章节中所说的移民,往往指的是移民及其后裔,有时移民后裔的人口之多,可能超过了移民本身,这与洪武大移民中的移民人口,有着很大的差别,也与东南地区光绪十五年(1889年)的客民人口,有着不同的内涵。

通过现存的土著、移民村庄的比例来确定移民的比例的方法,不仅在第五卷中得到广泛使用,而且也是本卷常用的方法之一。只是,与清代移民历史有关的村庄资料仅局限于江西一省。由于清代前期移民活动延续时间长,从移民的迁入到乾隆四十一年,移民"母村"可能进行分迁而形成移民"子村",这种分迁可能有一次,也可能有二次或多次。就是说,从一个移民"母村"中可能分迁出1个或n个移民"子村",从这n个移民"子村"中还可能分迁出"子村"的"子村"。由于我们将标准时点截止于乾隆后期,使得移民"子村"的"子村"数量得到了限制。然而,依靠简单的手工劳动,对移民"子村"的统计仍存在很大的困难。这主要因为,移民"子村"可能与"母村"不在同一个乡镇,而跨越乡镇的追踪检索是相当吃力的。显然,在简单的自然村统计,即以自然村为单位,以村庄始建时代及直接迁出地为对象的统计中,会造成对移民比例的低估。可是在另外一方面,由于土著村庄比移民村庄更为古老,古老的村庄人口往往多于年轻的村庄,忽略人口统计的简单的自然村统计事实上也会造成对于土著人口的低估。幸运的是,我在统计分析中发现,这两种低估竟然大抵相当,即可互相抵消。这样,就可用自然村的简单统计代替追踪检索式统计。为了证明笔者的这一观点,在相关的章节中,有时两种统计并存,以便读者明鉴。

除移民数量外,移民和土著的关系也是一个令人饶有兴趣的问题。人口的不同原籍造成了人群之间的冲突和分裂,而建立于地缘基础上的各种利益集团之间展开的资源争夺,对各区域社会造成了深远的影响。直到近代,仍是我们理解这些地区一系列社会问题的基本出发点。因此,对于"土客"冲突的研究成为本卷的重点之一。在各个相关的章节中,我们分别讨论有关移民社区的形成、"土客"田土之争、"土客"学额之争、"土客"械斗与社区整合、移民宗族和宗族构建等一系列问题,力图从各个方面把握"土客"之间冲突的缘由和焦点,从而更深刻地理解移民社会的基本结构和特征。需要指出的是,由于受到资料的限制,这些讨论大抵按重点区域展开。就是说,我们不可能对每个区域移民社会做全面的讨论,只能择其重点,揭示各个地区移民社会最明显的特征。而在最后,我也力图对这一时期移民社会的性质作一概括的论述。

清时期的移民运动导致了中国人口与自然资源的重新组合,故而对中国社会的进程产生深刻的影响。这一影响主要围绕"人与环境"的主题展开,因此而成为本卷讨论的主要线索。以东南山区的移民活动为例,由于山区耕地较少,农业资源不多,所能容纳的人口数较少,相对而言,移民的绝对数量也就不多。然而,正是由于移民的迁入和开发,清代的南方山区在中国经济中的地位日益凸显,其蓝靛业、造纸业、经济作物和经济林业及新的旱地粮食作物种植业,都在清代的经济中占有重要的地位。这也是绝对人口不多的东南山区移民在本书中占有重要篇幅的基本原因。

二

与明代的移民史相比较,在清代移民史的研究领域中,前辈和同辈的学者取得的成果显然要多得多。本书的研究正是在他们工作的基础上进行的,有些则完全是对于他们研究成果的综合。尽管如此,前辈和同辈学者的研究也留下了许多空白和不足。具体说来,在已有的各项研究中,最为薄弱的还是对于移民数量的分析和估测,其次是对于移民的社会、宗族和产业结构的分析和评价。这一切,为我留下了进一步研究的广阔空间，也是本卷可能具有某种学术价值的关键所在。

兹就各有关专题的研究成果做一简单的评述。由于本书涉及的内容多、区域广，所以不可能在一个短短的篇幅中穷尽学术史的源流。笔者采用详近略远的方法，即着力于最新的成果评述，而略谈稍远的研究；除非在这一领域，近些年来没有新成果的出现。学术活动有其很强的承继性，而严肃的学术作品，应当对前人的成果加以继承和发展。以下提到的作者及其作品，除了特别指出的以外，大多已在正文及正文的注释中专门列出，请读者明察。

清兵入关以及相应的满族人口迁移是清代社会最值得注意的一次移民活动。尽管他们人数不多，但对中国社会产生的影响却不是一般的人口迁移所能比拟。所以，我们并不把满族的迁移作为一般的民族迁移来对待。在满族史的研究领域中，许多清史研究学者已经取得了丰硕的成果，本书的研究只是在综合以前各家研究的基础上，按照本书的体例，分别就移民的过程、移民的数量和分布、移民的生产生活以及移民文化等几个方面做了一个综合性的归纳。所引各家的观点分别见于正文及注释。

"湖广填四川"在清代前期移民史上的地位是相当重要的。它的意义在于重建了一个泱泱大省四川的人口，由此而构成清代前期最大规模的区域移民：这不仅指其移民数量的众多，而且指其移民来源的广泛。可惜的是，有关这场大规模移民的史料挖掘，长期以来并未取得大的进展，故而以前的有关论文，仅仅局限于对这一移民运动做一些"举例子"似的简单描述。最近几年来，研究者除了尽力开掘地方志中的各种氏族资料外，还在搜寻档案资料方面做了许多的工作，以至于能够大致以府为单位排列所得资料，并研究各类原籍的移民分布了。张国雄博士、陈正刚博士分别研究湖广（清代的湖南与湖北）对四川的移民和广东对四川的移民，并以相应的氏族资料作为立论的基础。我们知道，湖广和广东移民构成清代四川外来移民的主要部分，由此可见他们的工作对于了解四川移民之真相实在是功莫大焉。

然而，有关清代四川移民的资料实在是太少了，以至于我们无法对各个区域的移民史做出更深一步的分析。尽管如此，最近王笛在他的著作中还是做了新的努力。在对清朝四川人口数据进行重新考订的基础上，他对移民运动结束后的四川人口分布作了翔实的分析，并指出移民分布区域的数量特征。蓝勇也撰文探讨清代四川土著与移民的分布问题，他首次指出战乱中存活土著的比例不等于移民之后的土著比例这一重要的概念，对于移民数量的分析有着非常重要的作用。不仅如此，蓝勇的研究已不再局限于"举例子"似的研究，也不再用一些模糊的概念，如"许多""大量""广泛"等字眼对四川移民的数量规模进行笼统的描述，而是力图求解移民人口的规模和各籍人口的数量。上述各位学者卓有成效的工作给予笔者许多有益的启示，在这些研究的基础上，进一步对清代四川移民的数量和来源做出定量的估计，自信所得结论较之以前更为精确和可靠。

西南地区的移民还包括自陕西南部、鄂西、湘西至云南、贵州这一广阔的区域。在有关的研究中，尤以萧正洪对陕南地区，方国瑜对云南和贵州地区的移民研究最为有力。萧正洪熟练地运用统计学和农学的分析方法和手段，所得结论准确、可靠。我的工作仅在于对移民数量做了进一步的考证。

关于东南山区的棚民和客家移民的研究，早期最有质量的研究成果当推刘敏的有关论文，可惜他的富于开创性的工作未能继续。笔者也曾发表两篇有关江西棚民和客家移民的论文，使这一主题得以深化。但是，对于移民人口的估计仍是一个薄弱环节。最近万芳珍、刘纶鑫在《南昌大学学报(社会科学版)》1995年第2期上发表《江西客家入迁原由与分布》一文，讨论江西各县客家移民的人口数量。万氏等的研究以全面统计作为基础，却明清时代不分，因而其中所得结果与本书有显著的差异。关于移民分迁"子村"的处理，万氏等采取主观确定分迁村庄人口相当于"母村"人口倍数的方法，经我检验，所得结果并不可靠。以奉新县为例，万氏等估计现有客家人口近3万，而我用计算机曾对来自广东、福建和赣南的客家移民"母村"及"子村"的村庄及人口做过翔实的追踪检索式统计，结果表明，1982年的奉新客家只有1.3万人口，与万氏等的统计结果相差悬殊。尽管如此，万氏等对江西几十个县市的几十万个自然村所作统计所花费的巨大劳动令人钦佩。从学术的观点看,通过各种途径力图求解客家移民人口的本身就是值得赞赏的。

在东南棚民和客家的有关三章中,本卷对他人未曾涉足过的清代前期的浙江和湘东移民也有相应的论述。此外,对赣南客家的形成、土客冲突、客家移民社会的形成等一系列问题都做了相当充分的论述,这一切,都是为其他学者所忽视并且又是相当重要的问题。

台湾开发和发展的历史,就是一部移民的历史。关于台湾地方历史的研究,台湾的历史学家做了大量的工作。由于条件的限制,对于汗牛充栋的台湾学者研究著作,笔者未能做到大体浏览,所据仅为上海地区所见的若干种著作而已。由于台湾学者研究的深入,即使是根据几种著作,也能够大体复原移民台湾的历史过程。在此基础上,笔者对台湾"垦号"或"垦首制"经济作了尽可能翔实的分析。

关于岭南地区的清代移民,至今未见有力度的论文出现。而关于土客械斗的论述,却不少见,但土客械斗毕竟只是移民史的部分内容。有关岭南移民历史研究的最大难点仍是移民的数量,笔者本卷中所作研究,只能算是一个尝试。

有关太平天国战后发生于苏、浙、皖地区的移民活动,是一个相当复杂的研究课题。首先,研究者必须确定战前战后的各区的人口数量。在对清代前期移民史的研究中,移民之前的人口数量是无法确定的,因而也就用不着去确定。太平天国战前已经有了相当长一段时间的全国性人口统计,各区域的人口资料也十分丰富和完整。按理说,据此确定战前战后的人口应当是不费力气的。然而,这些貌似完整可靠的人口资料中充满陷阱,不花力气研究这些资料就可能犯大错误。如在《简明中国移民史》中,我对战后清廷户部清册中的江苏人口数深信不疑,结果导致对战争中人口死亡数的高估,也导致对战后人口年平均增长率的高估,从而影响了对移民规模及作用的评价。姜涛在他的研究中指出了以前学者所犯的这一错误(他与我在同时写作各自的著作,故未能指出我的错误),这就促使我在本研究中,花费了相当大的篇幅重新考订和整理苏、浙、皖三省有关地区战前战后的人口数据。在此基础上,有关移民的论述才显得更加可靠和扎实。

本卷第十二章"海外移民"是由朱国宏君撰写的。1994年,他在复旦大学出版社出版了题为《中国的海外移民——一项国际迁移的历史研究》的专门著作。由他来写这一章,确实是最合适不过的。在将他的稿子纳入本书的时候,我根据本书的要求和体例,做了一些调整,目的是使得这一章与前后各章衔接得更好一些。另外,对于这一章中涉及的人口及移民数,则完全按照笔者的观点撰写。如果这种改动出现错误的话,责任当然由我来承担。

本卷第十三章有关民族人口的研究,基本上是综合已有的研究成果。这是因为,直到现在,我始终没有把民族史当作自己的一个研究方向。幸运的是,有关中国少数民族人口的迁移,著述众多。稍为浮泛的浏览,也足以勾勒出迁移的概貌。至于该章涉及传教士和殖民者活动的部分,也是在参考有关著作的基础上完成的。

关于"城市化移民"一章,海外学者的研究为我奠定了坚实的基础。在对各家研究进行认真的分析后,我提出了一系列有关城市化移民的数据。但由于原始统计的缺乏,所做分析都带有相当浓厚的假设成分。更进一步的研究仍寄希望于未来。

最后我想指出的是,在"移民与近代中国"一章中,除了对以前的各章内容进行总结外,我还试图对移民社会的性质进行一些探讨。这一讨论涉及有关中国社会性质的论争。毫无疑问,前辈学者在这方面做了大量的工作,许涤新、吴承明先生主编的《中国资本主义发展史》可谓是集大成的著作。该书无论从理论的阐述还是对资料的发掘,都大大超过了前辈或同辈的学者,使对这一问题的研究达到了很高的水平。以此书为基础,笔者结合台湾移民社会的一些独特的生产形态,进一步讨论移民社会乃至清代中国的社会性质。这些讨论,或许可以使我们获得对中国历史和社会的一些新认识。

三

从1983年至1997年,我涉足中国移民史的研究领域已历15个年头了。这十几年来,许多老师和朋友给过我教育和帮助。是我的硕士导师李长年先生,将我领进史学研究的大门;是我的博士导师谭其骧先生,常以发人深省的提问,激发我研究的兴趣和热情。复旦大学中国历史地理研究所的许多老师和朋友,在我求学和以后的工作期间,始终给我关心和鼓励;华东理工大学文化研究所的朋友们,为我提供了一个良好的环境,让我长期从事专门的研究和著述。1996年9月,承蒙葛剑雄所长的厚爱,我调入复旦大学中国历史地理研究所工作。十年前开始于复旦大学的此项研究最终于复旦大学结束。

最后,我要感谢我的妻子杨亚平,这些年来,她努力操持我们这个小小的但充满繁杂事务的家,让我能够安心研究和写作。她的满足与忍让,是我静心著述的前提与保证。

曹树基

1997年2月23日于上海梅陇

再版卷后记

本卷具有某种象征的意义：我的研究从这里出发，经过一段漫长的道路，又回到起点。概括地说，1983年夏天，因一个偶然的机会，在江西省贵溪县的地名办公室，我读到了编修中的《江西省贵溪县地名志》的资料卡片，从中发现了一个不为人知的明清时期移民史，遂有我以后的硕士论文，以及之后的博士论文。1997年，这一系列研究作为本书的第五卷与第六卷出版。再以后，以移民史与人口史为中心，我在中国疾病史、当代中国史和社会经济史等多个领域里盘桓，历时38年。现在，本卷重版，我又回到了起点。

本以为今生没有机会重拾中国移民史，岂知就在本书第五卷"后记"写完不久，广东人民出版社约我写一部客家移民史，名为"客家的国内播迁"，作为王东教授主编的五卷本《全球客家通史》中的一卷。2021年春季开学之后，我开始了这一卷的写作。当初的青年垂垂老矣，我还有能力写一部新的移民史吗？

客家人的迁移本来就是《中国移民史》第五卷与第六卷的重要组成部分。对于一部新的移民史著作，不能再以估算各地移民数量作为主题，需要另辟新径。在试过多种方法之后，我尝试采用一种新的名为"事件、资源与赋役"的分析框架，即研究明清时期各地重大事件对于资源的影响，再讨论资源与赋役的关系。具体地说，资源主要由人口与田亩构成，人口与田亩的减少与增加，不仅是资源的减少与增加，而且是赋役的减少与增加。这样,民众、资源、社会与国家等多种因素紧密联系在一起。

为了达成研究目的,我又发明了一种新的研究工具,名为"田亩饱和度",即同一区域某一时点的纳税田亩与1949年纳税田亩的数量之比。田亩饱和度越高,垦殖的空间越小,人口增长的空间也就越小;达到一定程度后,田亩饱和度越高,人口移出量越大。在这类地区,人口增长的同时,生活水平下降,农民生计内卷。反之,田亩饱和度越低,人口迁入的可能性越大,人口迁入的数量也就越多。在田亩饱和度低的地区,人口增长并不意味着生活水平下降,实为区域经济增长。于是,田亩饱和度成为测量移民推力与拉力的指标。

例如,在明代,洪武二十四年(1391年)福建长汀县田亩饱和度高达89.9%,故长汀为人口迁出区。同一时期广东兴宁县田亩饱和度只有14.2%,所以,兴宁县是人口迁入区。

例如,在清代,清代初年各地的纳税田亩,本质上是明代后期的赋额,即万历九年(1581年)清丈及以后演变的结果。清代各地田亩饱和度的高低,不仅决定了移民的迁入与迁出,而且决定了移民迁入数量的多少与迁入规模的大小。就一个省区而言,不同的田亩饱和度决定了其所属各府或各县人口迁入的速度与规模。清代初年的四川、台湾与陕西的汉中等地,就属于田亩饱和度极低,且政府大力招徕移民垦荒的地区。资源或潜在资源的多少决定人口迁移的方向,政府的政策决定人口迁移的形态、速度与规模。

假定与田亩数据匹配的人口数据是真实的人口,"人均田亩"与"田亩饱和度"可以配合运用,例如在福建长汀县,洪武二十六年人均5.2亩,户均26亩(以每户5人计),假定每家劳动力为2.3个,则每劳动力平均耕种11.3亩。在田赋足额征收的前提下,人均5亩或户均25亩是一个农户可以耕种的量。而在广东兴宁县,洪武二十六年人均14亩,在赋额不亏的前提下,至少另有1.8倍的人口不在黄册而在田赋实征册中。他们承担田赋而不承担徭役。他们可能是土著,也可能是移民。如果是移民,在有些地区,被称"寄庄"。

采用这一全新的架构与工具重写一部中国移民史,对于我来说,已经是不可能的了。我的计划是采用这一方法,在2021年完成一部客家人的移民史,以作为将来重写中国移民史的示范。

曹树基

2021年8月8日于广州

图书在版编目(CIP)数据

中国移民史. 第六卷,清时期/葛剑雄主编;曹树基著. —上海:复旦大学出版社,2022.1
ISBN 978-7-309-15226-5

Ⅰ.①中… Ⅱ.①葛…②曹… Ⅲ.①移民-历史-研究-中国-清代 Ⅳ.①D632.4

中国版本图书馆 CIP 数据核字(2020)第 138111 号

审图号:GS(2021)6499 号

中国移民史 第六卷 清时期
葛剑雄 主编 曹树基 著

出 品 人/严　峰
责任编辑/顾　雷
装帧设计/袁银昌

复旦大学出版社有限公司出版发行
上海市国权路 579 号　邮编:200433
网址:fupnet@fudanpress.com　http://www.fudanpress.com
门市零售:86-21-65102580　团体订购:86-21-65104505
出版部电话:86-21-65642845
上海盛通时代印刷有限公司

开本 890×1240　1/32　印张 19.375　字数 539 千
2022 年 1 月第 1 版第 1 次印刷

ISBN 978-7-309-15226-5/D·1055
定价:110.00 元

如有印装质量问题,请向复旦大学出版社有限公司出版部调换。
版权所有　侵权必究